河南省新鄉市圖書館古籍普查登記目録

全國古籍普查登記目録

國家圖書館出版社
National Library of China Publishing House

圖書在版編目(CIP)數據

河南省新鄉市圖書館古籍普查登記目録/《河南省新鄉市圖書館古籍普查登記目録》編委會編. --北京:國家圖書館出版社,2017.12
(全國古籍普查登記目録)
ISBN 978 - 7 - 5013 - 6246 - 2

Ⅰ.①河…　Ⅱ.①河…　Ⅲ.①公共圖書館—古籍—圖書館目録—新鄉　Ⅳ.①Z838

中國版本圖書館 CIP 數據核字(2017)第 279425 號

書　　名　河南省新鄉市圖書館古籍普查登記目録
著　　者　《河南省新鄉市圖書館古籍普查登記目録》編委會　編
責任編輯　黄　鑫

出　　版　國家圖書館出版社(100034　北京市西城區文津街 7 號)
　　　　　　(原書目文獻出版社　北京圖書館出版社)
發　　行　010 - 66114536　66126153　66151313　66175620
　　　　　　66121706(傳真)　66126156(門市部)
E-mail　　nlcpress@ nlc. cn(郵購)
Website　 www. nlcpress. com→投稿中心
經　　銷　新華書店
印　　裝　河北三河弘翰印務有限公司
版　　次　2017 年 12 月第 1 版　2017 年 12 月第 1 次印刷

開　　本　787×1092(毫米)　1/16
印　　張　32
字　　數　700 千字

書　　號　ISBN 978 - 7 - 5013 - 6246 - 2
定　　價　280. 00 圓

《全國古籍普查登記目錄》

工作委員會

《全國古籍普查登記目録》

序　言

　　全國古籍普查登記工作是"中華古籍保護計劃"的首要任務,是全面開展古籍搶救、保護和利用工作的基礎,也是有史以來第一次由政府組織、參加收藏單位最多的全國性古籍普查登記工作。

　　2007年國務院辦公廳發佈《關於進一步加强古籍保護工作的意見》(國辦發〔2007〕6號),明確了古籍保護工作的首要任務是對全國公共圖書館、博物館和教育、宗教、民族、文物等系統的古籍收藏和保護狀況進行全面普查,建立中華古籍聯合目録和古籍數字資源庫。2011年12月,文化部下發《文化部辦公廳關於加快推進全國古籍普查登記工作的通知》(文辦發〔2011〕518號),進一步落實了全國古籍普查登記工作。根據文化部2011年518號文件精神,國家古籍保護中心擬訂了《全國古籍普查登記工作方案》,進一步規範了古籍普查登記工作的範圍、内容、原則、步驟、辦法、成果和經費。目前進行的全國古籍普查登記工作的中心任務是通過每部古籍的身份證——"古籍普查登記編號"和相關信息,建立古籍總臺賬,全面瞭解全國古籍存藏情况,開展全國古籍保護的基礎性工作,加强各級政府對古籍的管理、保護和利用。

　　《全國古籍普查登記工作方案》規定了全國古籍普查登記工作的三個主要步驟:一、開展古籍普查登記工作;二、在古籍普查登記基礎上,編纂出版館藏古籍普查登記目録,形成《全國古籍普查登記目録》;三、在古籍普查登記工作基本完成的前提下,由省級古籍保護中心負責編纂出版本省古籍分類聯合目録《中華古籍總目》分省卷,由國家古籍保護中心負責編纂出版《中華古籍總目》統編卷。

　　在黨和政府領導下,在各地區、各有關部門和全社會共同努力下,古籍普查登記工作得以扎實推進。古籍普查已在除臺、港、澳之外的全國各省級行政區域開展,普查内容除漢文古籍外,還包括各少數民族文字古籍,特別是於2010年分别啓動了新疆古籍保護和西藏古籍保護專項,因地制宜,開展古籍普查登記工作;國家古籍保護中心研製的"全國古籍普查登記平臺"已覆蓋到全國各省級古籍保護中心,並進一步研發了"中華古籍索引庫",爲及時展現古籍普查成果提供有力支持;截至目前,已有11375部古籍進入《國家珍貴古籍名録》,浙江、江蘇、山東、河北等省公佈了省級《珍貴古籍名録》,古籍分級保護機制初步形成。

《全國古籍普查登記目録》是古籍普查工作的階段性成果,旨在摸清家底,揭示館藏,反映古籍的基本信息。原則上每申報單位獨立成册,館藏量少不能獨立成册者,則在本省範圍内幾個館目合併成册。無論獨立成册還是合併成册,均編製獨立的書名筆畫索引附於書後。著録的必填基本項目有:古籍普查登記編號、索書號、題名卷數、著者(含著作方式)、版本、册數及存缺卷數。其他擴展項目有:分類、批校題跋、版式、裝幀形式、叢書子目、書影、破損狀況等。有條件的收藏單位多著録的一些擴展項目,也反映在《全國古籍普查登記目録》上。目録編排按古籍普查登記編號排序,内在順序給予各古籍收藏單位較大自由度,可按分類排列古籍普查登記編號,也可按排架號、按同書名等排列古籍普查登記編號,以反映各館特色。

此次全國古籍普查登記工作,克服了古籍數量多、普查人員少、普查難度大等各種困難,也得到了全國古籍保護工作者的極大支持。在古籍普查登記過程中,國家古籍保護中心、各省古籍保護中心爲此舉辦了多期古籍普查、古籍鑒定、古籍普查目録審校等培訓班,全國共 1600 餘家單位參加了培訓,爲古籍普查登記工作培養了大量人才。同時在古籍普查登記工作中,也鍛煉了普查員的實踐能力,爲將來古籍保護事業發展奠定了良好的基礎。

《全國古籍普查登記目録》的出版,將摸清我國古籍家底,爲古籍保護和利用工作提供依據,也將是古籍保護長期工作的一個里程碑。

國家古籍保護中心

2013 年 10 月

《全國古籍普查登記目錄》

編纂凡例

一、收録範圍爲我國境内各收藏機構或個人所藏,產生於 1912 年以前,具有文物價值、學術價值和藝術價值的文獻典籍,包括漢文古籍和少數民族文字古籍以及甲骨、簡帛、敦煌遺書、碑帖拓本、古地圖等文獻。其中,部分文獻的收録年限適當延伸。

二、以各收藏機構爲分冊依據,篇幅較小者,適當合併出版。

三、一部古籍一條款目,複本亦單獨著録。

四、著録基本要求爲客觀登記、規範描述。

五、著録款目包括古籍普查登記編號、索書號、題名卷數、著者、版本、冊數、存缺卷等。古籍普查登記編號的組成方式是:省級行政區劃代碼—單位代碼—古籍普查登記順序號。

六、以古籍普查登記編號順序排序。

七、編製各館藏目録書名筆畫索引附於書後,以便檢索。

《河南省古籍普查登記目録》

工作委員會

主　任：康　潔

副主任：師東坡　孔德超　張德祥

委　員（按姓氏筆畫排序）：

　　　　王繼娜　申少春　江　路　李紅岩　李景文

　　　　周新鳳　崔　波　楊　凡　謝　昱

《河南省古籍普查登記目録》

前　言

　　河南地處華夏腹地,得天獨厚的地理環境使其成爲中華文明的主要發源地,遺留下大批珍貴的文化遺産,古籍文獻即是其重要組成部分。但由於歷史原因,河南的古籍藏量一直没有詳細調查統計。1989 年至 1991 年,河南省文化廳曾組織專家進行了 4 次古籍調查,摸清了部分公共圖書館及文博單位的古籍收藏狀况,發現了一批有價值的古籍,但並未形成詳盡的古籍目録。2007 年"中華古籍保護計劃"實施以來,根據文化部、國家古籍保護中心的部署,在河南省文化廳的領導下,河南古籍普查工作開始穩步推進,公共圖書館、高校圖書館等古籍收藏單位積極行動,經過近 10 年的努力,全省古籍普查取得階段性成果。成立河南省古籍保護中心並對全省古籍普查工作給予具體業務指導;在 1989 年到 1991 年省内古籍調查的基礎上,出版《河南省市縣圖書館古籍善本聯合目録》;全省 19 家收藏單位 222 部古籍先後入選第一至五批《國家珍貴古籍名録》,河南省圖書館、河南大學圖書館、新鄉市圖書館、鄭州圖書館、鄭州大學圖書館、洛陽市圖書館、中國嵩山少林寺藏經閣、南陽市圖書館、開封市圖書館被評爲"全國古籍重點保護單位",另有 534 部古籍入選第一批《河南省珍貴古籍名録》,16 家單位被評爲"河南省古籍重點保護單位";古籍保護人才隊伍逐漸壯大,一批古籍收藏單位古籍保存條件得到顯著改善;全省古籍普查登記基本完成。

　　古籍普查登記是一項專業性很强的工作,著録人員除了需要具有相應的目録學、版本學等知識外,還需要具有一定的實踐工作經驗,需要在普查工作中,一絲不苟、兢兢業業。《河南省古籍普查登記目録》均嚴格按照古籍普查登記規範著録,不僅傾注了各藏書單位古籍普查登記人員的大量精力和心血,也包含着國家古籍保護中心、河南省古籍保護中心諸位專家指導、審校之辛勞,在此向他們表示深深的敬意和誠摯的感謝。

　　隨着河南省各收藏單位古籍普查登記目録的陸續出版,必將摸清全省古籍文化遺産家底,揭示全省各地區的文化脉絡,並修正館藏目録錯誤,實現古籍資源互通有無,從而建立統一的古籍信息數據庫,爲今後有針對性地開展古籍保護工作奠定堅實的基礎。由於時間緊、任務重，加之一些書名、著者、版本之失考，及經驗不足等原因，書中難免存在一些不盡如人意之處，敬請業内專家及廣大讀者批評指正。

河南省古籍保護中心
河南省圖書館
2017 年 8 月

《河南省新鄉市圖書館古籍普查登記目録》

編委會

《河南省新鄉市圖書館古籍普查登記目録》

前　言

　　新鄉市圖書館的前身是中山圖書館,創建於 1928 年。1935 年,更名爲河朔圖書館。1949 年平原省成立,又更名爲平原省圖書館。1953 年平原省撤銷建制,改名爲新鄉市圖書館。新鄉市圖書館組建時,從平原省圖書館接收了 14 萬冊古舊綫裝書,奠定了古籍收藏基礎。在此基礎上陸續徵集、收購、外出重點采購,館藏古籍逐年增加,截至 1988 年底,館藏古舊綫裝書已達 20 萬冊,形成了以古代文獻典籍爲主的館藏特點。

　　我館藏有極其珍貴的善本書共 760 餘種 20800 餘冊,其中有不少是稀有版本。目前已有 141 部古籍善本收入《中國古籍善本書目》,《讀易大旨》等 10 部古籍入選《國家珍貴古籍名録》。2009 年 5 月,新鄉市圖書館被國務院命名爲“全國古籍重點保護單位”,成爲河南省第一家獲此殊榮的地市級圖書館。

　　我館古籍編目由來已久。1955 年,組織專人對館藏古籍進行整理。用“四庫法”進行分編,並采用書名音序進行排列。1957 年,編印出館藏古籍目録第一部《叢書子目書目》。1959 年,編印出第二部《史部書目》。1963 年,編印出第三部《子部書目》、第四部《集部書目》。1978 年結合全國古籍善本書目普查,對館藏古籍重新進行整理,並精選善本。1982 年從數萬冊古籍中選出 60 多部地方志分編上架。1983 年結合書庫調整,又挑選出 13000 餘冊古籍分編上架。1984 年,對古籍進行清查,建立古籍財産登記賬,並修改補充古籍書目卡片,編出《館藏中州文獻書目》。

　　2007 年 1 月,國務院辦公廳頒佈《關於進一步加强古籍保護工作的意見》,拉開了“中華古籍保護計劃”的序幕。我國歷史上第一次由政府組織、參與收藏單位最多的全國性古籍普查登記工作,是“中華古籍保護計劃”的首要任務,也是全面開展古籍搶救、保護和利用的基礎。經過我館老一輩古籍工作者對古籍的整理,雖然建立了基本的目録卡片,但是著録的信息較爲簡單,無法滿足現在的需求。古籍普查工作開展後,我館在各個方面對普查工作給予支持,古籍部由原來的 3 人增加到 6 人,又配置了六臺電腦及兩臺掃描儀,促進我館古籍普查登記工作有序推進,取得豐碩的工作成果,目前共核查、勘定、登記古籍數據 7860 條,上報省古籍保護中心,古籍普查著録基本六項的階段性工作結束。在古籍普查過程中,我們也發現了很多比較珍貴的典籍,比如,對我館館藏特色"中州文獻"做了進一步整理,挖掘出了一些珍貴文獻,爲學術研究提供了更爲全面的資料,對我省古籍保護事業的發展具有重要意義。同時,對古籍原生性和再生性的保護刻不容緩,我館積極推動古籍修復室的建立和古籍影印工作,對古籍進行搶救性和再生性保護。

古籍普查是一件很複雜的事情,並非祇是簡單地按照著錄規則將古籍信息錄入電腦而已,每一個古籍編目人員、每一位古籍管理者都清楚地知道,古籍普查人員要有一定的古漢語、歷史學、版本學、計算機應用等相關知識,並把相關知識轉化爲實際工作能力。我館古籍普查工作人員積極鑽研,克服各種疑難,爲科學、規範地完成普查而努力工作,2017年終於圓滿地完成了我館綫裝古籍的普查登記工作。

中華民族的典藏文獻浩如烟海,其數量之豐富、内容之深厚,舉世無雙。這些豐富的典籍不僅承載了中華民族的傳統文化,並且對世界文明的進程産生了深刻影響,是全人類共有的文化遺産。保護好這些古籍,對促進文化傳承、聯絡民族情感、弘揚民族精神、維護國家統一及社會穩定具有重要作用。

新鄉市圖書館
2017 年 11 月

目　　録

1

410000－2206－0000001　10702/5

欽定春秋傳說彙纂三十八卷首二卷　（清）王
掞等撰　清雍正九年(1731)江西撫署刻乾隆
四年(1739)印本　二十二冊　缺一卷(八)

410000－2206－0000002　10702/6

欽定春秋傳說彙纂三十八卷首二卷　（清）王
掞等撰　清康熙六十年(1721)刻本　二十
四冊

410000－2206－0000003　10702/7

欽定春秋傳說彙纂三十八卷首二卷　（清）王
掞等撰　清雍正九年(1731)江西撫署刻本
二十四冊

410000－2206－0000004　77103－10

感舊集十六卷　（清）王士禎選　（清）盧見曾
補傳　清乾隆十七年(1752)德州盧見曾刻本
八冊

410000－2206－0000005　10702/8

欽定春秋傳說彙纂三十八卷首二卷　（清）王
掞等撰　清刻本　二十四冊

410000－2206－0000006　101/1

十三經古注十三種　（□）□□輯　明萬曆北
京國子監刻本　一百六十二冊　存十三種三
百五卷

410000－2206－0000007　101/2

通志堂經解一百四十種　（清）成德輯　清康
熙十九年(1680)通志堂刻本(新定三禮圖二
十卷配清刻本)　五百八十九冊

410000－2206－0000008　101/3

兩蘇經解七種　（明）焦竑輯　明萬曆三十九
年(1611)顧氏刻本　五冊　存三種五十一卷

410000－2206－0000009　75151－56

新刻舉業古今文脈十四卷　（明）韓敬選
（明）鄒之林註　明刻本　六冊

410000－2206－0000010　79474－87

古詩歸十五卷　（明）鍾惺　（明）譚元春選定
明閔振業刻三色套印本　八冊

410000－2206－0000011　76099－102

古詩歸十五卷　（明）鍾惺　（明）譚元春選定
明刻本　四冊

410000－2206－0000012　39931－36

[乾隆]光州志六十八卷餘十二卷　（清）高兆
煌纂修　清乾隆三十五年(1770)刻本　六冊
存十二卷(餘十二卷)

410000－2206－0000013　76237－56

古文奇賞二十二卷略紀一卷　（明）陳仁錫選
評　明萬曆四十六年(1618)刻本　二十冊

410000－2206－0000014　22634－745

四史四種　（漢）司馬遷等撰　清光緒十年
(1884)上海同文書局石印本　一百十二冊

410000－2206－0000015　13－0017

呂氏春秋二十六卷　（秦）呂不韋撰　明萬曆
四十八年(1620)刻本　八冊

410000－2206－0000016　00018－13

四書集注大全四十三卷　（明）胡廣等輯　明
刻本　十三冊　存三十六卷(一至三十五、四
十三)

410000－2206－0000017　00321－00329

易茇十卷　（清）裴希純撰　清乾隆稿本
九冊

410000－2206－0000018　13－00020

詩集傳二十卷詩序辨說一卷詩傳綱領一卷詩
圖一卷　（宋）朱熹撰　明正統十二年(1447)
司禮監刻五經集注本　五冊　存二十卷(詩
集傳二十卷)

410000－2206－0000019　13－00021

禮記集說十六卷　（元）陳澔集說　明正統十
二年(1447)司禮監刻本　八冊

410000－2206－0000020　13－00022

前漢書一百卷　（漢）班固撰　明萬曆德藩最
樂軒刻本　三十二冊

410000－2206－0000021　13－00023

初學記三十卷　（唐）徐堅撰　明嘉靖二十三
年(1544)沈藩朱胤栘刻本　十六冊

410000－2206－0000022　13－00024

伊川擊壤集二十卷 （宋）邵雍撰　明成化十六年(1480)畢亨刻本　四冊

410000－2206－0000023　13－00025

讀易大旨五卷後傳一卷 （清）孫奇逢撰　清稿本　五冊

410000－2206－0000024　89047－51

四書近指二十卷 （清）孫奇逢纂　清康熙中州學署刻本　五冊

410000－2206－0000025　13－00027

國朝名世類苑四十六卷 （明）淩迪知輯（明）秦嘉楫校　明萬曆三年(1575)刻本　八冊

410000－2206－0000026　13－00028

三子合刊三種 （明）閔齊伋輯　明西吳閔齊伋刻朱墨套印本　十四冊

410000－2206－0000027　13－00029

蘇文六卷 （宋）蘇軾撰　明閔爾容刻三色套印本　六冊

410000－2206－0000028　85119－30

詩緝三十六卷 （宋）嚴粲述　明嘉靖趙府味經堂刻本　十二冊

410000－2206－0000029　64770－72

寧澹語三卷 （明）方大鎮撰　（明）聞一貫詮　明萬曆四十八年(1620)刻本　三冊

410000－2206－0000030　13－00928

古本大學集解一卷 （清）李棠階撰　清稿本　一冊

410000－2206－0000031　0000034－13

南華經十六卷 （晉）郭象註　（宋）林㞦齋（林希逸）口義　（明）王鳳洲（王世貞）評點　（明）陳明卿（陳仁錫）批注　明刻四色套印本　八冊

410000－2206－0000032　13－00616

喪事十戒一卷 （清）李棠階撰　清抄本　一冊

410000－2206－0000033　84565－70

書集傳六卷圖一卷 （宋）蔡沈撰　**朱子說書**

綱領一卷 （宋）朱熹撰　明正統十二年(1447)司禮監刻本　六冊

410000－2206－0000034　80655－60

文選十二卷 （南朝梁）蕭統選　（明）張鳳翼纂註　明萬曆八年(1580)刻本　六冊

410000－2206－0000035　70465－70

選詩七卷 （南朝梁）蕭統選　（明）郭正域批點　（明）淩濛初輯評　**詩人世次爵里一卷**　明淩濛初刻朱墨套印本　六冊

410000－2206－0000036　83956－57

周易本義十二卷易圖一卷五贊一卷筮儀一卷 （宋）朱熹撰　清刻本　二冊

410000－2206－0000037　65030－37

白氏文集七十一卷 （唐）白居易撰　明嘉靖十七年(1538)吳郡伍忠光龍池草堂刻姑蘇錢應龍重修本　八冊

410000－2206－0000038　13－00041

永樂北藏六千三百六十一卷 明永樂十八年至正統五年(1420－1440)刻本　四千三百四十五冊　存四千三百四十三卷

410000－2206－0000039　87617－22

春秋經解十五卷六韻一卷提要一卷 （宋）孫覺撰　清刻武英殿聚珍版書本　六冊

410000－2206－0000040　54938－43

呻吟語六卷 （明）呂坤撰　清乾隆五十九年(1794)刻本　六冊

410000－2206－0000041　21768－836

明史三百三十二卷附錄二卷 （清）張廷玉等修　清乾隆刻本　六十九冊

410000－2206－0000042　88737－38

中庸輯略二卷孝經刊誤一卷 （宋）朱熹刪定　明嘉靖二十四年(1545)刻本　二冊

410000－2206－0000043　88573－78

孝經大全二十八卷或問三卷孝經翼一卷節略一卷 （明）呂維祺撰　清康熙七年(1668)刻本　六冊

410000－2206－0000044　88700－1

論語注疏解經十卷札記一卷　（三國魏）何晏集解　（宋）邢昺疏　清光緒三十年(1904)貴池劉氏玉海堂影元刻本　二冊

410000－2206－0000045　13－00048

宋書一百卷　（南朝梁）沈約撰　宋刻宋元明遞修本　十四冊　存四十九卷(一至二十一、七十三至一百)

410000－2206－0000046　87946－49

春秋取義測十二卷　（清）法坤宏撰　清乾隆五十九年(1794)粵省六書齋刻本　四冊

410000－2206－0000047　87612－16

春秋集傳十五卷　（明）趙汸輯　（明）倪尚誼校訂　清康熙十九年(1680)通志堂刻本　五冊

410000－2206－0000048　87476－83

春秋三十卷　（宋）胡安國傳　綱領一卷提要一卷諸國興廢說一卷　（宋）胡安國傳　列國圖說一卷　（宋）蘇軾著　清乾隆十五年(1750)黃晟槐蔭草堂刻本　八冊

410000－2206－0000049　00052－13

劉氏春秋意林二卷　（宋）劉敞撰　清康熙十九年(1680)通志堂刻本　一冊

410000－2206－0000050　88698－9

論語注疏解經十卷札記一卷　（三國魏）何晏集解　（宋）邢昺疏　清光緒三十年(1904)貴池劉氏玉海堂影元刻本　二冊

410000－2206－0000051　88611－15

孟子趙注十四卷　（漢）趙岐注　音義二卷　（宋）孫奭撰　清乾隆三十七年(1772)曲阜孔氏微波榭刻本　五冊

410000－2206－0000052　87645－52

抗希堂十六種　（清）方苞著　清康熙、嘉慶間桐城方氏抗希堂刻本　八冊　存三種二十卷

410000－2206－0000053　88654－57

四書集註二十一卷　（宋）朱熹集註　清乾隆刻本　四冊　存十七卷(論語一至十、孟子一至七)

410000－2206－0000054　88852－57

四書集註二十一卷　（宋）朱熹集註　清道光七年(1827)愷元堂刻朱墨套印本　六冊

410000－2206－0000055　80502－07

四書集註二十一卷　（宋）朱熹集註　清南海羅瑞棠刻本　六冊

410000－2206－0000056　88748－53

四書集註二十一卷　（宋）朱熹集註　明刻本　六冊　缺四卷(孟子序說一卷、孟子一至三)

410000－2206－0000057　13－00061

四書經正錄不分卷　（明）張云鸞撰　明崇禎四年(1631)吳門徐含靈刻本　十五冊

410000－2206－0000058　89198－245

四書大全辯三十八卷附錄六卷　（明）張自烈撰　明崇禎十三年(1640)石嘯居刻本　四十八冊

410000－2206－0000059　89246－70

四書大全辯六十二卷附錄六卷　（明）張自烈撰　清順治十一年(1654)刻本　二十五冊

410000－2206－0000060　59362－409

經義考三百卷目錄二卷　（清）朱彝尊撰　清乾隆四十二年(1777)盧氏刻本　四十八冊

410000－2206－0000061　86968

四禮疑五卷喪禮餘言一卷　（明）呂坤著　明萬曆四十二年(1614)刻清同治、光緒間補修呂新吾全集本　一冊

410000－2206－0000062　90094－97

坤雅二十卷　（宋）陸佃撰　清康熙正誼堂刻本　四冊

410000－2206－0000063　88744－47

說四書四卷　（清）郭善鄰著　清乾隆四十二年(1777)刻本　四冊

410000－2206－0000064　88819－26

四書正十卷　（清）張于東(張昉)著　（清）閔漢卿糹閱　清康熙十八年(1679)遜敏齋刻

本 八冊

410000 - 2206 - 0000065　86961
四禮翼四卷　（明）呂坤撰　明萬曆刻本
一冊

410000 - 2206 - 0000066　90832 - 90834
十七史蒙求十六卷　（宋）王令撰　清康熙五
十二年（1713）養志堂刻本　三冊

410000 - 2206 - 0000067　59361
經咫不分卷　（清）陳祖範撰　清乾隆二十年
（1755）刻本　一冊

410000 - 2206 - 0000068　90911 - 26
說文解字十五卷　（漢）許慎記　（宋）徐鉉校
定　清刻本　十六冊

410000 - 2206 - 0000069　90619 - 21
漢隸字源五卷碑目一卷附字一卷　（宋）婁機
撰　明末毛氏汲古閣刻本　三冊

410000 - 2206 - 0000070　90207 - 14
六書通十卷　（明）閔齊伋著　（清）畢弘述篆
訂　清康熙五十九年（1720）基聞堂刻本
八冊

410000 - 2206 - 0000071　90151 - 66
隸辨八卷　（清）顧藹吉撰　清同治十二年
（1873）刻本　十六冊

410000 - 2206 - 0000072　22919 - 30
三國志六十五卷　（晉）陳壽撰　（南朝宋）裴
松之注　清刻本　十二冊

410000 - 2206 - 0000073　22749 - 68
隋書八十五卷　（唐）魏徵等撰　明嘉靖十年
（1531）南京國子監刻明清遞修本　二十冊

410000 - 2206 - 0000074　22939 - 48
五代史記七十四卷　（宋）歐陽修撰　（宋）徐
無黨注　明萬曆四年（1576）南京國子監刻明
清遞修本　十冊

410000 - 2206 - 0000075　22949 - 60
五代史記七十四卷　（宋）歐陽修撰　（宋）徐
無黨注　清乾隆十一年（1746）歐陽徵柔刻本
十二冊

410000 - 2206 - 0000076　13 - 00081
重刊許氏說文解字五音韻譜十二卷　（宋）徐
鉉校定　明刻本　十二冊

410000 - 2206 - 0000077　28370 - 459
宋史四百九十六卷目錄三卷　（元）脫脫等修
　明成化十六年（1480）朱英刻南京國子監明
清遞修本　九十冊　缺四十七卷（三百九十
九至四百四十五）

410000 - 2206 - 0000078　20902 - 21
金史一百三十五卷目錄二卷　（元）脫脫等修
　明嘉靖八年（1529）南京國子監刻清順治十
五年（1658）重修本　二十冊

410000 - 2206 - 0000079　22995 - 3044
元史二百十卷目錄二卷　（明）宋濂等撰　明
洪武三年（1370）內府刻南京國子監明清遞修
本　五十冊

410000 - 2206 - 0000080　20414 - 525
明史三百三十二卷目錄四卷　（清）張廷玉等
修　清乾隆四年（1739）武英殿刻二十四史本
　一百十二冊

410000 - 2206 - 0000081　23100 - 458、23475 - 673
二十一史二十一種　明萬曆北京國子監刻本
（三國志、梁書、北齊書、北史、隋書、五代史配
明南京國子監刻本）　五百五十八冊　缺八
十四卷（唐書一百九十二至二百五十、釋音二
十五卷）

410000 - 2206 - 0000082　21536 - 767
十七史十七種　明崇禎元年至十七年（1628 -
1644）琴川毛氏汲古閣刻本　二百三十二冊
　缺三十八卷（宋書一至三十八）

410000 - 2206 - 0000083　21837 - 22121
十七史十七種　明崇禎元年至十七年（1628 -
1644）琴川毛氏汲古閣刻本　二百八十五冊

410000 - 2206 - 0000084　30780 - 879
資治通鑑二百九十四卷　（宋）司馬光編集
（元）胡三省音註　**通鑑釋文辯誤十二卷**
（元）胡三省撰　清嘉慶二十一年（1816）胡克
家影元刻同治八年（1869）江蘇書局重修本

一百冊

410000－2206－0000085　30880－999
資治通鑑二百九十四卷　（宋）司馬光編集
（元）胡三省音註　明崇禎十年（1637）刻本
一百二十冊

410000－2206－0000086　31531－657
資治通鑑綱目前編二十五卷　（明）南軒撰
（明）陳仁錫評閱　**資治通鑑綱目五十九卷**
（宋）朱熹撰　（明）陳仁錫評閱　**續資治通鑑
綱目二十七卷末一卷**　（明）商輅等撰　（明）
陳仁錫評閱　清刻本　一百二十七冊

410000－2206－0000087　31771－879
資治通鑑綱目前編二十五卷　（明）南軒撰
（明）陳仁錫評閱　**資治通鑑綱目五十九卷**
（宋）朱熹撰　（明）陳仁錫評閱　**續資治通鑑
綱目二十七卷**　（明）商輅等撰　（明）陳仁錫
評閱　清康熙四十年（1701）王公行刻本　一
百九冊　缺二十六卷（前編二十五卷、正編二
十）

410000－2206－0000088　32323－26
御撰資治通鑑綱目三編二十卷　（清）張廷玉
等撰　清乾隆十一年（1746）刻本　四冊

410000－2206－0000089　32311－14
御撰資治通鑑綱目三編二十卷　（清）張廷玉
等撰　清乾隆二十七年（1762）陳弘謀刻本
四冊

410000－2206－0000090　31691－770
**御批資治通鑑綱目五十九卷前編十八卷外紀
一卷續編二十七卷**　（清）聖祖玄燁撰　清康
熙內府刻本　八十冊

410000－2206－0000091　32128－90
御批資治通鑑綱目全書一百九卷　（清）聖祖
玄燁撰　清康熙四十六年（1707）刻本　六十
三冊　缺十一卷（十至二十）

410000－2206－0000092　31659－90
御製資治通鑑綱目全書一百二十八卷　（清）
聖祖玄燁撰　清康熙四十六年（1707）蘇州刻
本　三十二冊

410000－2206－0000093　29543－66
**通鑑輯要前編二卷附錄二卷正編十九卷續編
八卷明史輯要八卷**　（清）姚培謙　（清）張景
星錄　清乾隆二十四年（1759）刻本　二十
四冊

410000－2206－0000094　29509－42
**通鑑輯要前編二卷附錄二卷正編十九卷續編
八卷明史輯要八卷**　（清）姚培謙　（清）張景
星錄　清乾隆刻本　三十四冊

410000－2206－0000095　38318－29
通鑑輯要二十九卷附錄二卷明史輯要八卷
（清）姚培謙　（清）張景星錄　清乾隆二十六
年（1761）輝鳳堂刻本　十二冊

410000－2206－0000096　31432－82、31497－530
資治通鑑大全三百八十卷　（元）陳桱續編
（明）路進較輯　清康熙徐氏含經堂刻本　八
十五冊　缺五十六卷（一百六十七至二百二
十二）

410000－2206－0000097　13－00105
少微先生資治通鑑節要二十卷　（宋）江贄撰
（明）劉弘毅編校　明嘉靖三十二年（1553）
詹長卿就正齋刻本　五冊　存五卷（二至三、
五至六、九）

410000－2206－0000098　32315－18
資治通鑑釋文辯誤十二卷　（元）胡三省輯著
（明）陳仁錫訂校　明末刻本　四冊

410000－2206－0000099　30455－72
春秋大事表五十卷輿圖一卷附錄一卷　（清）
顧棟高輯　清乾隆十三年至十四年（1748－
1749）錫山顧氏萬卷樓刻本　十八冊

410000－2206－0000100　32355－70
紀事本末八十卷　（清）谷應泰著　清順治十
五年（1658）築益堂刻本　十六冊

410000－2206－0000101　32335－54
明朝紀事本末八十卷　（清）谷應泰編著　清
順治十五年（1658）刻本　二十冊

410000－2206－0000102　811060－63

華陽國志十二卷　（晉）常璩撰　清刻本
四冊

410000－2206－0000103　32758－69
明季南略十八卷　（清）計六奇編輯　清琉璃
廠半松居士木活字印本　十二冊

410000－2206－0000104　32746－57
明季南略十八卷　（清）計六奇編輯　清琉璃
廠半松居士木活字印本　十二冊

410000－2206－0000105　32734－32745
明季北略二十四卷　（清）計六奇編輯　清都
城琉璃廠半松居士木活字印本　十二冊

410000－2206－0000106　32646－32725
明史藳三百十卷　（清）王鴻緒編撰　清雍正
敬慎堂刻本　八十冊

410000－2206－0000107　32822－45
通志略五十二卷　（宋）鄭樵著　（明）陳宗夔
校　清乾隆十三年(1748)金匱山房刻本　二
十四冊

410000－2206－0000108　34026－27
史異編十七卷　（明）余文龍編輯　（明）余兆
胤校　明刻本　二冊

410000－2206－0000109　33338－41
戰國策十卷　（宋）鮑彪　（元）吳師道注　明
嘉靖刻本　四冊

410000－2206－0000110　33342－45
戰國策三十三卷　（漢）高誘注　清乾隆二十
一年(1756)德州盧氏雅雨堂刻本　四冊

410000－2206－0000111　37528－51
重刻朱文端公三傳五十一卷　（清）朱軾
（清）蔡世遠訂　（清）李清植分纂　清古懽齋
朱龡刻本　二十四冊

410000－2206－0000112　37797－800
崇祀鄉賢錄一卷祀鄉錄一卷建祠祀鄉紀實一
卷　（清）□□輯　清康熙刻本　四冊

410000－2206－0000113　36367－78
理學宗傳二十六卷　（清）孫奇逢撰　清康熙
六年(1667)刻孫夏峰全集本　十二冊

410000－2206－0000114　36354－66
孫夏峰全集　（清）孫奇逢撰　清康熙刻本
十三冊　存二種二十八卷

410000－2206－0000115　36379－86
理學正宗十五卷　（清）竇克勤編輯　（清）竇
克恭等校　清康熙二十七年(1688)刻竇靜庵
先生遺書本　八冊

410000－2206－0000116　36779－88
新鐫繡像旁批詳註總斷廣百將傳二十卷
（明）陳元素撰　（明）黃道周註斷　（明）周
亮輔增補　明崇禎十六年(1643)本立堂刻本
十冊

410000－2206－0000117　36828－31
國朝漢學師承記八卷國朝經師經義目錄一卷
宋學淵源記二卷附記一卷　（清）江藩纂　清
光緒九年(1883)山西書局刻本　四冊

410000－2206－0000118　36820－27
漢書纂十二卷　（唐）劉知幾等評　（明）凌稚
隆校閱　明萬曆十一年(1583)刻本　八冊
存八卷(一至四、九至十二)

410000－2206－0000119　36500－03
歷代名吏錄四卷　（清）張星徽輯著　清雍正
十一年(1733)湖山草堂刻本　四冊

410000－2206－0000120　36536－39、36387－94
朱文端公藏書十三種　（清）朱軾　（清）蔡世
遠訂　清康熙至乾隆間刻本　十二冊　存三
種五十六卷

410000－2206－0000121　38113－32
宋名臣言行錄五種　（宋）朱熹輯　（明）張采
評閱　明崇禎十一年(1638)刻本　二十冊

410000－2206－0000122　38133－52
宋名臣言行錄五種　（宋）朱熹輯　（明）張采
評閱　明崇禎十一年(1638)刻本　二十冊

410000－2206－0000123　36068－83
明儒學案六十二卷師說一卷　（清）黃宗羲輯
（清）賈潤參閱　清康熙三十三年(1694)德
輝堂刻本　十六冊

410000 – 2206 – 0000124　36402 – 05

歷代循吏傳八卷　（清）朱軾　（清）蔡世遠輯
清雍正七年（1729）刻朱文端公藏書本
四冊

410000 – 2206 – 0000125　36387 – 94

歷代名臣傳三十五卷續編五卷　（清）朱軾
（清）蔡世遠輯　清雍正五年（1727）刻朱文端
公藏書本　八冊

410000 – 2206 – 0000126　36727 – 28

呂明德［維祺］先生年譜四卷　（清）施化遠編
清康熙二年（1663）刻本　二冊

410000 – 2206 – 0000127　36717

洛學編四卷　（清）湯斌輯　續編一卷　（清）
尹會一輯　清乾隆三年（1738）懷潤堂刻本
一冊

410000 – 2206 – 0000128　36711 – 13

陸稼書［隴其］先生年譜定本二卷附錄一卷
（清）吳光西重輯　清雍正六年（1728）治一堂
刻本　三冊

410000 – 2206 – 0000129　37778 – 83

南軒先生論語解十卷孟子說七卷　（宋）張栻
撰　宋始祖南軒先生張宣公實際一卷　清康
熙三十六年（1697）笏崎樓刻本　六冊

410000 – 2206 – 0000130　44297 – 98

學宮輯略六卷　（清）余丙捷輯　清乾隆十一
年（1746）終慕堂刻本　二冊

410000 – 2206 – 0000131　37451 – 66

學統五十六卷　（清）熊賜履編　清康熙二十
四年（1685）退補齋刻本　十六冊

410000 – 2206 – 0000132　37495

薛文清公［瑄］年譜一卷　（明）楊鶴彙編　清
康熙五十二年（1713）刻本　一冊

410000 – 2206 – 0000133　37496 – 500

薛文清公行實錄五卷　（明）王鴻撰　年譜一
卷　（明）楊鶴彙編　清康熙五十三年（1714）
刻本（年譜一卷配清康熙五十二年刻本）
五冊

410000 – 2206 – 0000134　37886 – 88

緇衣集傳四卷　（明）黃道周輯　（清）鄭開極
重訂　清康熙三十二年（1693）刻道光補刻本
三冊

410000 – 2206 – 0000135　37563 – 67

仲志四卷　（明）劉天和撰　（明）周鼎重訂
（明）趙時雍輯　明崇禎十三年（1640）刻清康
熙增修本　五冊

410000 – 2206 – 0000136　37524 – 27

諸葛忠武書十卷　（明）楊時偉撰　明萬曆四
十七年（1619）楊時偉刻本　四冊

410000 – 2206 – 0000137　38797 – 802

文獻通考詳節二十四卷　（宋）馬貴與著
（清）嚴虞惇錄　（清）田賦考　清乾隆二十九
年（1764）嚴氏繩武堂刻本　六冊

410000 – 2206 – 0000138　38643 – 45

王損仲史抄不分卷　（明）王維儉撰　明萬曆
刻本　三冊

410000 – 2206 – 0000139　38646 – 49

史記鈔四卷　（清）高塘集評　清乾隆五十三
年（1788）刻高梅亭讀書叢鈔本　四冊

410000 – 2206 – 0000140　38810 – 19

歐陽文忠公五代史抄二十卷　（明）茅坤批評
明刻本　十冊

410000 – 2206 – 0000141　38808 – 09

歐陽文忠公五代史抄二十卷　（明）茅坤批評
（明）茅闇叔重訂　明末刻本　二冊

410000 – 2206 – 0000142　38457 – 498

尺木堂綱鑑易知錄九十二卷　（清）吳楚材等
輯　清康熙五十年（1711）尺木堂刻本　四十
二冊

410000 – 2206 – 0000143　53218 – 21

東萊先生音註唐鑑二十四卷　（宋）范祖禹譔
（宋）呂祖謙註　明刻本　四冊

410000 – 2206 – 0000144　53212 – 17

東萊先生音註唐鑑二十四卷　（宋）范祖禹譔
（宋）呂祖謙註　明刻本　六冊

410000－2206－0000145　53162－74

讀史管見三十卷目錄二卷　（宋）胡寅著　（明）張溥閱　明末刻本　十三冊　存二十四卷（一至四、七至十八、二十一至二十二、二十五至三十）

410000－2206－0000146　53146－61

讀史管見三十卷目錄二卷　（宋）胡寅著　（明）張溥閱　清康熙五十三年（1714）刻本　十六冊

410000－2206－0000147　53540－51

二十二史攷異一百卷　（清）錢大昕學　清乾隆潛欹堂刻本　十二冊

410000－2206－0000148　53279－318

漢書評林一百卷　（明）凌稚隆輯校　明萬曆九年（1581）烏程凌稚隆刻史漢評林本　四十冊

410000－2206－0000149　53447－54

空山堂史記評注十二卷　（清）牛運震撰　清乾隆五十八年（1793）空山堂刻本　八冊

410000－2206－0000150　58059

明史雜詠四卷　（清）嚴遂成撰　清乾隆十二年（1747）刻本　一冊

410000－2206－0000151　53391－98

史通通釋二十卷　（清）浦起龍釋　（清）方懋福等參釋　清乾隆十七年（1752）浦氏求放心齋刻本　八冊

410000－2206－0000152　53266－71

省軒考古類編十二卷　（清）柴紹炳撰　（清）姚培謙評　清乾隆二十三年（1758）敦化堂刻本　六冊

410000－2206－0000153　44775－86

欽定大清通禮五十卷　（清）來保編纂　（清）李玉鳴纂修　清乾隆刻本　十二冊

410000－2206－0000154　00164－13

廣惠編二卷　（清）朱軾纂　（清）劉鎮校　清康熙六十年（1721）刻本　一冊

410000－2206－0000155　46611－14

六部例獻圖六卷　（清）徐鉽　（清）王又槐編輯　（清）王又梧　（清）曲江校　**中樞例限一卷**　（清）王又槐　（清）王又梧編　**秋審章程一卷**　（清）王蔭庭訂　**刺字彙纂一卷**　（清）徐靜夫編輯　（清）王蔭庭校　清乾隆五十六年（1791）刻本　四冊

410000－2206－0000156　46326－73

南巡盛典一百二十卷　（清）高晉纂　清乾隆三十六年（1771）刻本　四十八冊

410000－2206－0000157　46278－325

南巡盛典一百二十卷　（清）高晉纂　清乾隆三十六年（1771）刻本　四十八冊

410000－2206－0000158　44314－15

三事忠告四卷　（元）張養浩撰　清道光十一年（1831）尹經源刻本　二冊

410000－2206－0000159　51296－97

文獻通考紀要二卷　（清）□□撰　清乾隆四年（1739）刻本　二冊

410000－2206－0000160　51292－93

文獻通考紀要二卷　（清）□□撰　清康熙刻本　二冊

410000－2206－0000161　50867－71

畿輔義倉圖不分卷　（清）方觀承編　清乾隆十八年（1753）刻本　六冊

410000－2206－0000162　44302－05

治譜十卷續集一卷　（明）佘自強著　（明）李長德彙　（明）胡璇較　（明）劉顯芳重較　明崇禎十二年（1639）胡璇刻本　四冊

410000－2206－0000163　35742－43

疏草不分卷　（清）許作梅撰　清順治十六年（1659）刻本　二冊

410000－2206－0000164　34200－03

孝肅包公奏議十卷　（清）張純修輯　清康熙五十九年（1720）尊經堂刻本　四冊

410000－2206－0000165　34220－35

御選明臣奏議四十卷　（清）高宗弘曆輯　清刻本　十六冊

410000－2206－0000166　35705－08

重鋟文公先生奏議十五卷　（宋）朱熹撰
（明）朱吾弼編　明萬曆三十二年(1604)新安
朱崇沐刻本　四冊

410000－2206－0000167　34804－09

陸宣公奏議二十二卷　（唐）陸贄撰　明萬曆
刻本　六冊

410000－2206－0000168　35421－532

硃批諭旨不分卷　（清）世宗胤禛批　（清）鄂
爾泰等編校　清乾隆三年(1738)內府刻朱墨
套印本　一百十二冊

410000－2206－0000169　46653－78

工程做法七十四卷城垣做法冊式一卷　（清）
允禮撰　清乾隆元年(1736)刻本　二十六冊

410000－2206－0000170　42984－89

大清一統志表不分卷　（清）徐午輯　**朝代紀
元表不分卷**　（清）萬廷蘭編　清乾隆五十八
年(1793)刻本　六冊

410000－2206－0000171　40565

河南省地理全圖一卷　（清）劉恂繪　清同治
九年(1870)刻本　一冊

410000－2206－0000172　40494－541

[雍正]河南通志八十卷　（清）田文鏡修
（清）楊國楨補修　清雍正十三年(1735)刻乾
隆、道光、同治、光緒遞修民國三年(1914)河
南教育司補刻本　四十八冊

410000－2206－0000173　40542－64

[道光]續河南通志八十卷　（清）楊國楨續修
清同治八年(1869)刻本　二十三冊

410000－2206－0000174　39023－28

汴京遺蹟志二十四卷　（明）李濂纂修　清同
治刻本　六冊

410000－2206－0000175　39017－22

[道光]泌陽縣志十二卷首一卷　（清）倪明進
修　（清）栗郊纂　清道光八年(1828)刻本
六冊

410000－2206－0000176　39046－51

[道光]寶豐縣志十六卷首一卷　（清）李彷梧
修　（清）耿興宗　（清）鮑桂馨纂　清道光十
七年(1837)刻本　六冊

410000－2206－0000177　39040－45

[道光]寶豐縣志十六卷首一卷　（清）李彷梧
修　（清）耿興宗　（清）鮑桂馨纂　清道光十
七年(1837)刻本　六冊

410000－2206－0000178　41609－12

[乾隆]長葛縣志十卷　（清）阮景咸修
（清）李秀生等纂　清乾隆十二年(1747)刻本
四冊

410000－2206－0000179　41618－21

[宣統]陳留縣志四十二卷首一卷　（清）鍾定
纂修　（清）武從超續修　（清）趙文琳續纂
清宣統二年(1910)石印本　四冊

410000－2206－0000180　39465－72

[乾隆]登封縣志三十二卷　（清）陸繼萼修
（清）洪亮吉纂　清乾隆五十二年(1787)刻本
八冊

410000－2206－0000181　39459－64

[乾隆]鄧州志二十四卷首一卷末一卷　（清）
蔣光祖修　（清）姚之琅纂　清乾隆二十年
(1755)刻本　六冊

410000－2206－0000182　39255－58

[光緒]范縣志四卷　（明）唐晟纂修　清光緒
三十三年(1907)國文報館石印本　四冊

410000－2206－0000183　39269－72

[順治]封邱縣志九卷首一卷　（清）余緒修
（清）李嵩陽纂　清順治十六年(1659)刻本
五冊

410000－2206－0000184　39294－298

[順治]封邱縣志九卷首一卷　（清）余緒修
（清）李嵩陽纂　清順治十六年(1659)刻本
五冊

410000－2206－0000185　39286－90

[順治]封邱縣志九卷首一卷　（清）余緒修
（清）李嵩陽纂　清順治十六年(1659)刻本

五冊

410000－2206－0000186　39285

[康熙]封邱縣續志五卷　（清）孟鏐　（清）耿紘祚修　（清）李承紱　（清）李會生纂　清康熙三十六年(1697)刻本　一冊

410000－2206－0000187　39284

[康熙]封邱縣續志五卷　（清）王賜魁修　（清）李會生纂　清康熙十九年(1680)刻本　一冊

410000－2206－0000188　39279－83

[順治]封邱縣志九卷　（清）余縉修　（清）李嵩陽纂　清順治十六年(1659)刻本　五冊

410000－2206－0000189　39860－69

[乾隆]歸德府志三十六卷首一卷　（清）陳錫輅　（清）永泰修　（清）查岐昌纂　清光緒十九年(1893)刻本　十冊

410000－2206－0000190　39888－99

[光緒]光州志十二卷首一卷　（清）楊修田修　（清）馬佩玖纂　清光緒十二年(1886)刻本　十二冊

410000－2206－0000191　39900－29

[乾隆]光州志六十八卷　（清）高兆煌纂修　清乾隆三十五年(1770)刻本　三十冊　存五十九卷（一、八至二十一、二十五至六十八）

410000－2206－0000192　39937

[光緒]光州鄉土志不分卷　（清）胡贊采輯　清光緒三十三年(1907)刻本　一冊

410000－2206－0000193　40062－67

[乾隆]鞏縣志二十卷首一卷　（清）李述武修　（清）張紫峴纂　清乾隆五十四年(1789)刻本　六冊

410000－2206－0000194　39852－54

[乾隆]重修固始縣志二十六卷首一卷　（清）謝聘修　（清）洪亮吉纂　清乾隆五十一年(1786)刻本　三冊　存五卷（五至九）

410000－2206－0000195　40308－19

[乾隆]河南府志一百十六卷首四卷　（清）施

誠修　（清）童鈺　（清）裴希純纂　清乾隆四十四年(1779)刻同治六年(1867)補刻本（有圖）　十八冊

410000－2206－0000196　43418－21

河北采風錄四卷　（清）王鳳生撰　清道光六年(1826)刻本　四冊

410000－2206－0000197　40277－81

[康熙]河內縣志五卷　（清）李櫄修　（清）蕭家蕙　（清）史璉纂　清康熙三十二年(1693)刻本　五冊

410000－2206－0000198　40287－91

[道光]河內縣志三十六卷　（清）袁通修　（清）方履籛　（清）吳育纂　清道光五年(1825)刻本　十冊

410000－2206－0000199　40238－45

[道光]輝縣志二十卷首一卷末一卷　（清）周際華修　（清）戴銘纂　清光緒二十一年(1895)刻本　八冊

410000－2206－0000200　40246－50

[乾隆]輝縣志十二卷首一卷末一卷　（清）文兆奭修　（清）楊喜榮　（清）王楷纂　清乾隆二十二年(1757)刻本　五冊　存九卷（一至九）

410000－2206－0000201　40199－204

[乾隆]獲嘉縣志十六卷首一卷　（清）吳喬齡纂修　清乾隆二十一年(1756)刻本　六冊

410000－2206－0000202　40217－22

[乾隆]獲嘉縣志十六卷首一卷　（清）吳喬齡纂修　清乾隆二十一年(1756)刻本　六冊

410000－2206－0000203　84411－16

重訂易經疑問十二卷　（明）姚舜牧撰　明萬曆三十八年(1610)刻本　六冊

410000－2206－0000204　84435－40

合訂刪補大易集義粹言八十卷　（清）成德撰　清康熙十九年(1680)通志堂刻本　十二冊

410000－2206－0000205　84360－61

蘇氏易傳九卷　（宋）蘇軾著　明末毛氏汲古

閣刻本　二冊

410000 - 2206 - 0000206　91607 - 11
學易記九卷首一卷　(元)李簡撰　清康熙十九年(1680)通志堂刻本　五冊　存八卷(二至九)

410000 - 2206 - 0000207　84183 - 92
御纂周易折中二十二卷首一卷　(清)李光地等編　清康熙五十四年(1715)武英殿刻本　十冊

410000 - 2206 - 0000208　84155、84120 - 30
御纂周易折中二十二卷首一卷　(清)李光地撰　清刻本　十二冊

410000 - 2206 - 0000209　00227 - 13
易璇璣三卷　(宋)吳沆撰　清康熙十九年(1680)通志堂刻本　一冊

410000 - 2206 - 0000210　84410
易象圖說內篇三卷外篇三卷　(元)張理撰　清康熙十九年(1680)通志堂刻本　一冊

410000 - 2206 - 0000211　83574 - 77
周易本義十二卷易圖一卷五贊一卷筮儀一卷　(宋)朱熹撰　清康熙五十年(1711)曹寅刻本　四冊

410000 - 2206 - 0000212　83978 - 83
周易本義十二卷易圖一卷五贊一卷筮儀一卷　(宋)朱熹撰　清康熙五十年(1711)曹寅揚州刻本　六冊

410000 - 2206 - 0000213　41785 - 87
[乾隆]續壽光縣志三十卷　(清)楊廷枚編輯　清乾隆二十年(1755)刻本　三冊

410000 - 2206 - 0000214　中州 01286 - 90
周易函書約存節鈔不分卷　(清)胡煦述　清抄本　五冊

410000 - 2206 - 0000215　41630 - 93
[光緒]順天府志一百三十卷附錄一卷　(清)萬青藜　(清)周家楣修　(清)張之洞(清)繆荃孫纂　清光緒十二年(1886)刻本　六十四冊

410000 - 2206 - 0000216　83970 - 71
周易本義四卷圖說一卷卦歌一卷筮儀一卷
(宋)朱熹撰　清內府刻本　二冊

410000 - 2206 - 0000217　84086 - 87
周易淺義四卷　(清)耿極著　清康熙二十七年(1688)刻本　二冊

410000 - 2206 - 0000218　84429 - 34
易翼述信十二卷　(清)王又樸撰　清乾隆十五年(1750)詩禮堂刻詩禮堂全集本　十冊

410000 - 2206 - 0000219　83958 - 63
周易傳義十卷易圖一卷易說綱領一卷　(宋)程頤傳　(宋)朱熹本義　明正統十二年(1447)司禮監刻本　六冊

410000 - 2206 - 0000220　84004 - 29
周易函書約存十五卷首三卷約註十八卷別集十六卷　(清)胡煦述　清乾隆胡氏葆璞堂刻本　二十六冊

410000 - 2206 - 0000221　84277 - 81、84291 - 300
周易函書約存十五卷首三卷約註十八卷別集十六卷　(清)胡煦述　清乾隆胡氏葆璞堂刻本　十六冊　存三十四卷(約註十八卷、別集十六卷)

410000 - 2206 - 0000222　84329 - 34
周易函書續集十卷　(清)胡煦撰　清雍正九年(1731)葆璞堂刻本　六冊

410000 - 2206 - 0000223　84250 - 54
周易玩辭十六卷　(宋)項安世撰　清康熙十九年(1680)通志堂刻本　五冊

410000 - 2206 - 0000224　84466 - 68
石齋先生經傳九種　(明)黃道周輯　(清)鄭開極重訂　清康熙三十二年(1693)刻石齋先生經傳九種本　六冊　存二種四卷

410000 - 2206 - 0000225　84935 - 42
尚書註疏二十卷　(漢)孔安國撰　(唐)陸德明音義　(唐)孔穎達疏　明崇禎五年(1632)古虞毛氏汲古閣刻十三經注疏本　八冊

410000 - 2206 - 0000226　84943 - 46

尚書纂傳四十六卷　（元）王天與撰　清康熙
十九年（1680）通志堂刻本　四冊

410000－2206－0000227　84927－34

三山拙齋林先生尚書全解四十卷　（宋）林之
奇撰　清康熙十九年（1680）通志堂刻本
八冊

410000－2206－0000228　84635－38

書經近指六卷　（清）孫奇逢纂　清康熙十五
年（1676）一鶴軒刻本　四冊

410000－2206－0000229　84659－62

書經衷論四卷　（清）張英著　清刻本　四冊

410000－2206－0000230　84685－89

書蔡氏傳旁通六卷　（元）陳師凱撰　清康熙
十九年（1680）通志堂刻本　五冊

410000－2206－0000231　85009－18

禹貢錐指二十卷圖一卷　（清）胡渭學　清康
熙四十四年（1705）漱六軒刻本　十冊

410000－2206－0000232　13－00251

李迂仲黃實夫毛詩集解四十二卷首一卷
（宋）李樗　（宋）黃櫄講義　（宋）呂祖謙釋
音　清康熙十九年（1680）通志堂刻本　七冊
存三十九卷（四至四十二）

410000－2206－0000233　45147－50

詩經八卷　（宋）朱熹集傳　清乾隆七年
（1742）怡府明善堂刻五經四子書本　四冊

410000－2206－0000234　85712－35

讀禮通考一百二十卷　（清）徐乾學撰　清康
熙三十五年（1696）昆山徐樹穀刻本（有圖）
二十四冊

410000－2206－0000235　85965－72

禮記二十卷附考證　（漢）鄭玄註　（唐）陸德
明音義　清乾隆四十八年（1783）武英殿刻仿
宋相臺五經附考證本　八冊

410000－2206－0000236　85791－800

禮記集說十卷　（元）陳澔集說　清乾隆十五
年（1750）黃晟刻本　十冊

410000－2206－0000237　85829－38

禮記集說十卷　（元）陳澔集說　清初內府刻
本　十冊

410000－2206－0000238　85955－64

禮記集註三十卷　（明）徐師曾集註　明萬曆
三年（1575）刻清康熙二十六年（1687）補刻本
十冊

410000－2206－0000239　85849－58

禮記章句十卷　（清）任啟運註　清乾隆三十
四年（1769）耿毓孝刻本　十冊

410000－2206－0000240　86126－29

禮記省度四卷　（清）彭頤纂　（清）龔芝麓
（龔鼎孳）鑒定　清乾隆七年（1742）益智堂刻
朱墨套印本　四冊

410000－2206－0000241　13－00262

禮記註疏六十三卷　（漢）鄭玄註　（唐）陸德
明音義　（唐）孔穎達疏　明崇禎十二年
（1639）古虞毛氏汲古閣刻十三經註疏本　二
十冊

410000－2206－0000242　85939－54

禮書一百五十卷圖一百五十卷　（宋）陳祥道
編　（明）張溥閱　（明）盛順糸　明刻本　十
六冊　存二百九十七卷（禮書一百五十卷、圖
一至一百四十七）

410000－2206－0000243　86977、87014－19

抗希堂十六種　（清）方苞著　清康熙、嘉慶
間桐城方氏抗希堂刻本　二十一冊　存七種
七十二卷

410000－2206－0000244　85787－88

太平經國之書十一卷首一卷　（宋）鄭伯謙撰
清嘉慶刻本　二冊

410000－2206－0000245　87004－13

儀禮疏五十卷　（唐）賈公彥等撰　清道光十
年（1830）長洲汪士鍾影宋刻本　十冊　缺六
卷（三十二至三十七）

410000－2206－0000246　87062－73、88377－
84、88385－88

十三經古注十三種　明崇禎元年至十二年

(1628－1639)古虞毛氏汲古閣刻本　二十四
冊　存三種六十五卷

410000－2206－0000247　86996－97
儀禮註疏十七卷　(漢)鄭玄註　(唐)賈公彥
疏　嚴本儀禮鄭氏註校錄一卷續校一卷　清
同治九年(1870)楚北崇文書局刻本　二冊

410000－2206－0000248　88369－76
十三經古注十三種　明崇禎元年至十二年
(1628－1639)古虞毛氏汲古閣刻本　十六冊
　存二種四十八卷

410000－2206－0000249　86579－84
周禮集註七卷　(明)何喬新撰　明嘉靖七年
(1528)褚選刻本　五冊

410000－2206－0000250　34196－99
包孝肅公奏議十卷　(宋)包拯撰　(宋)張田
編　清同治二年(1863)省心閣刻本　四冊

410000－2206－0000251　13－00273
部咨議奏清單不分卷　(□)□□撰　清末刻
本　一冊

410000－2206－0000252　85776
大戴禮記十三卷　(漢)戴德著　(宋)劉辰翁
評　(明)朱養純糸評　(明)朱養和輯訂　明
天啓五年(1625)西湖朱氏花齋刻本　一冊

410000－2206－0000253　87673－88
春秋左傳五十卷提要一卷　(晉)杜預註
(宋)林堯叟補註　(唐)陸德明音義　**春秋左
傳綱目一卷**　(宋)林堯叟著　清刻本　十
六冊

410000－2206－0000254　88218－26
春秋左傳杜注三十卷首一卷　(清)姚培謙學
清乾隆十一年(1746)吳郡陸氏小鬱林刻本
九冊

410000－2206－0000255　88345－60
春秋左傳註疏六十卷　(晉)杜預註　(唐)孔
穎達疏　(唐)陸德明釋文　明萬曆十九年
(1591)北京國子監刻十三經註疏本　十六冊
　存三十卷(一至三十)

410000－2206－0000256　88233－42
春秋左傳杜註三十卷首一卷　(清)姚培謙學
清道光五年(1825)刻朱墨套印本　十冊

410000－2206－0000257　中州01498－506
科場條例六十卷附冒占旗籍例案一卷　(清)
吏部續纂　清抄本　九冊

410000－2206－0000258　中州01458－64
名家詩文選鈔不分卷　(清)□□輯　清抄本
七冊

410000－2206－0000259　88017－28
春秋經傳集解三十卷附考證　(晉)杜預撰
(唐)陸德明音義　**年表一卷**　(□)□□撰
春秋名號歸一圖二卷附考證　(五代)馮繼先
撰　清乾隆四十八年(1783)武英殿刻本　十
二冊

410000－2206－0000260　88401
春秋左氏傳補註十卷　(明)趙汸撰　清康熙
十九年(1680)通志堂刻本　一冊

410000－2206－0000261　87536
微波榭叢書十五種　(清)孔繼涵輯　清乾隆
曲阜孔繼涵微波榭刻本　一冊　存二種二卷

410000－2206－0000262　60067－104
百家類纂四十卷　(明)沈津纂輯　明隆慶元
年(1567)刻萬曆七年(1579)印本　三十八冊

410000－2206－0000263　59595－604
諸子品節五十卷　(明)陳深輯　明萬曆十八
年(1590)刻本　十冊　存四十八卷(一至九、
十二至五十)

410000－2206－0000264　54882－5
程氏外書分類十卷　(明)楊廉編　明刻本
四冊

410000－2206－0000265　13－00291
存古約言六卷　(明)呂維祺撰　清順治刻本
一冊

410000－2206－0000266　64593－602
大學衍義四十三卷　(宋)真德秀彙輯　(明)
陳仁錫評閱　明崇禎陳仁錫刻京都文錦堂印

本　十冊

410000－2206－0000267　64557－62

大學衍義四十三卷　（宋）真德秀彙輯　（明）陳仁錫評閱　明崇禎陳仁錫刻本　六冊

410000－2206－0000268　64495－502

大學衍義四十三卷　（宋）真德秀彙輯　（明）陳仁錫評閱　明崇禎陳仁錫刻本　八冊

410000－2206－0000269　64643－84

大學衍義補一百六十卷首一卷　（明）丘濬撰　（明）陳仁錫評閱　明崇禎陳仁錫刻京都文錦堂印本　四十二冊

410000－2206－0000270　64603－42

大學衍義補一百六十卷首一卷　（明）丘濬撰　（明）陳仁錫評閱　明崇禎陳仁錫刻京都文錦堂印本　四十冊

410000－2206－0000271　64521－56

大學衍義補一百六十卷首一卷　（明）丘濬撰　（明）陳仁錫評閱　明崇禎陳仁錫刻本　三十六冊

410000－2206－0000272　84563－92

大學衍義補一百六十卷首一卷　（明）丘濬撰　（明）陳仁錫評閱　明崇禎陳仁錫刻本　三十冊

410000－2206－0000273　13－00299

大學衍義補一百六十卷首一卷　（明）丘濬撰　（明）陳仁錫評閱　明崇禎陳仁錫刻本　二十九冊　存一百四十四卷（一至四十九、五十六至七十四、八十一至一百七、一百十二至一百六十）

410000－2206－0000274　64703－706

大學衍義輯要六卷　（清）陳弘謀纂　清乾隆元年（1736）陳氏培遠堂刻本　四冊

410000－2206－0000275　64731－36

大學衍義補纂要六卷　（明）徐栻編輯　明萬曆元年（1573）刻本　六冊

410000－2206－0000276　64737－411

大學衍義補纂要六卷　（明）徐栻編輯　（清）

轟明弼評閱　（清）陳纘先訂　清康熙二年（1663）石渠閣刻本　五冊

410000－2206－0000277　64757、64759－60

道一錄五卷圖書秘典一卷　（清）張沐輯　清康熙五年（1666）敦臨堂刻本　三冊

410000－2206－0000278　64747－50

道一錄五卷圖書秘典一卷　（清）張沐輯　清康熙五年（1666）敦臨堂刻本　四冊

410000－2206－0000279　64742

答問三卷　（清）孫奇逢著　（清）孫望雅等編　清順治十三年（1656）刻本　一冊

410000－2206－0000280　58832－35

讀書錄十一卷續錄十二卷　（明）薛瑄著　清乾隆二十六年（1761）吳門薛氏刻本　四冊

410000－2206－0000281　64488－89

讀書作文譜十二卷父師善誘法二卷　（清）唐彪輯著　（清）唐正志等校　清康熙四十七年（1708）刻本　二冊

410000－2206－0000282　55245－54

二程全書（河南程氏全書）六種　（宋）程顥（宋）程頤撰　（宋）朱熹輯　清康熙四十六年（1707）石門呂氏寶誥堂刻本　二十冊

410000－2206－0000283　13－00309

二程全書六十五卷　（宋）程顥　（宋）程頤撰　（明）康紹宗重編　（明）彭綱校正　明弘治十一年（1498）刻本　五冊　存三十八卷（遺書二十五卷、附錄一卷、外書十二卷）

410000－2206－0000284　55320－31

二程先生語錄五十一卷拾遺一卷　（宋）程顥（宋）程頤撰　（清）湯潛菴（湯斌）校正　清康熙二十五年（1686）刻本　十二冊

410000－2206－0000285　55241－4

二程文略二卷　（宋）程顥　（宋）程頤撰　（清）朱璘輯　清康熙三十七年（1698）萬卷堂刻本　四冊

410000－2206－0000286　55344－6

二程先生類語八卷　（明）唐伯元編　明萬曆

十三年(1585)刻本　三冊　存六卷(一至二、五至八)

410000－2206－0000287　54022－69

廣理學備考八十一種　(清)范鄗鼎彙編　清康熙五經堂刻道光五年(1825)洪洞張恢重修本　四十八冊

410000－2206－0000288　54135－7

賈子十卷　(漢)賈誼撰　明刻本　三冊

410000－2206－0000289　59243－8

胡敬齋先生居業錄十二卷文敬胡先生集三卷　(明)胡居仁撰　(明)余祐輯　清刻本　六冊

410000－2206－0000290　54109－11

孔子家語十卷　(三國魏)王肅注　清光緒二十四年(1898)影宋刻本　三冊　存九卷(一至九)

410000－2206－0000291　54074

困勉齋私記四卷　(清)閻循觀撰　清乾隆三十八年(1773)樹滋堂刻西澗草堂全集本　一冊

410000－2206－0000292　59212－7

困學錄集粹八卷　(清)張伯行撰　清雍正四年(1726)儀封張氏正誼堂刻本　六冊

410000－2206－0000293　59158－61

困知記二卷續補一卷外編一卷續記二卷三續一卷四續一卷附錄一卷　(明)羅欽順撰　清康熙刻本　四冊

410000－2206－0000294　64853－54

呂子節錄四卷補遺二卷　(明)呂坤撰　(清)陳宏謀編　清乾隆五十一年(1786)蔣兆奎刻本　二冊

410000－2206－0000295　64847

羅近溪先生語要一卷　(明)羅汝芳撰　(明)陶望齡輯　清光緒二十年(1894)江寧府刻本　一冊

410000－2206－0000296　64833－44

陸子學譜二十卷　(清)李紱撰　清雍正十年

(1732)無怒軒刻本　十二冊

410000－2206－0000297　64782－89

內則衍義十六卷　(清)世祖撰　清刻本　八冊

410000－2206－0000298　54224－8

潘子求仁錄輯要十卷　(清)潘平格撰　清康熙五十六年(1717)刻本　五冊

410000－2206－0000299　54233－5

潛夫論十卷　(漢)王符撰　明正德八年(1513)李夢陽刻本　三冊

410000－2206－0000300　54900－5009

儒宗禮要二十九卷　(清)張能鱗撰　清順治十五年(1658)刻本　十六冊

410000－2206－0000301　55129－30

三魚堂賸言十二卷　(清)陸隴其撰　(清)陳濟編　清乾隆十五年(1750)三蕉書屋刻本　二冊

410000－2206－0000302　59725－28

慎言十三卷　(明)王廷相撰　(明)焦維章(明)姚厚校　明嘉靖十三年(1534)刻本　四冊

410000－2206－0000303　54924－31

呻吟語六卷　(明)呂坤撰　明萬曆二十一年(1593)刻本　八冊

410000－2206－0000304　54932－7

呻吟語六卷　(明)呂坤撰　清乾隆五十九年(1794)新安呂燕昭刻本　六冊

410000－2206－0000305　38717－26

溯流史學鈔二十卷　(清)張沐撰　(清)王渭參證　(清)侯重嘉校閱　清康熙三十三年(1694)敦臨堂刻本　十冊　存十九卷(一至十九)

410000－2206－0000306　59548－53

憲世編六卷　(明)唐鶴徵撰　明萬曆四十二年(1614)純白齋刻本　六冊　存五卷(一至二、四至六)

410000－2206－0000307　54319－21

小學六卷 （宋）朱熹撰 （明）陳選集註 清雍正五年(1727)蓮花書院刻本 三冊 存五卷(一至五)

410000－2206－0000308 54359－68

孝經衍義四十七卷 （清）張能麟纂輯 清順治刻本 十冊

410000－2206－0000309 54369－74

孝義贈言不分卷 （清）雷方曉集編 清乾隆十二年(1747)雷氏刻本 六冊

410000－2206－0000310 54481－504

性理答辯方書七十卷 （明）胡廣等纂修 （明）李廷機校正 明萬曆三十一年(1603)刻本 二十四冊

410000－2206－0000311 54461－5

御纂性理精義十二卷 （清）李光地等撰 清康熙內府刻本 五冊

410000－2206－0000312 54425－30

御纂性理精義十二卷 （清）李光地等撰 清康熙刻本 六冊

410000－2206－0000313 54395

性理辨疑一卷 （明）楊東明著 清順治五年(1648)楊氏刻本 一冊

410000－2206－0000314 55103－6

嵩厓學凡六卷 （清）景日昣述 （清）陶楨 （清）焦欽若訂 清康熙四十一年(1702)刻本 四冊

410000－2206－0000315 54516－9

學蔀通辯十二卷 （明）陳建著 清康熙十七年(1678)啟後堂刻本 四冊

410000－2206－0000316 54543－4

荀子二十卷 （戰國）荀況撰 清乾隆五十一年(1786)嘉善謝墉刻本 二冊 存十卷(一至十)

410000－2206－0000317 55104－6

鹽鐵論十卷 （漢）桓寬撰 明刻本 三冊

410000－2206－0000318 54814

張子正蒙十七卷 （宋）張載撰 （清）張棠

（清）周芳註 清康熙四十六年(1707)刻本 一冊

410000－2206－0000319 54811－12

周子全書六卷 （宋）周敦頤撰 （明）蔣春芳編 明萬曆二十四年(1596)刻本 二冊

410000－2206－0000320 54769－78

朱子聖學考略十卷 （清）朱澤澐撰 （清）高斌訂定 （清）張師載參校 清乾隆十七年(1752)環溪草堂刻本 十冊

410000－2206－0000321 64715－62

朱子語類一百四十卷 （宋）朱熹撰 （宋）黎靖德編 清康熙石門呂氏寶誥堂刻本 四十八冊

410000－2206－0000322 13－00353

老子翼三卷 （明）焦竑輯 （明）王元貞校 明萬曆十六年(1588)金陵王元貞刻本 三冊

410000－2206－0000323 63382－83

莊子翼八卷闕誤一卷附錄一卷 （明）焦竑編訂 （明）干元貞校閱 明萬曆十六年(1588)刻本 四冊

410000－2206－0000324 54921－3

刪定管荀不分卷 （清）方苞刪訂 清乾隆元年(1736)刻本 三冊

410000－2206－0000325 55843－46

管子二十四卷 （春秋）管仲撰 （唐）房玄齡注 清光緒五年(1879)影宋刻本 四冊

410000－2206－0000326 55847－53

管韓合刻二種 （明）趙用賢編 明萬曆趙用賢刻本 七冊

410000－2206－0000327 55480－1

唐荊川先生纂輯武編前六卷後六卷 （明）唐順之撰 明萬曆杭州徐象橒曼山館刻本 二冊 存二卷(前五、後四)

410000－2206－0000328 55703－22

武備志二百四十卷 （明）茅元儀撰 明天啓刻本 二十冊 存五十八卷(八十七至八十九、九十三至九十八、一百二至一百四、一百

八至一百三十四、一百五十八至一百七十六)

410000－2206－0000329　56936－40

儒門事親十五卷　(金)張從正撰　明嘉靖二十年(1541)步月樓刻本　五冊

410000－2206－0000330　13－00362

外科樞要四卷　(明)薛巳撰　明隆慶五年(1571)沈啓原刻本　一冊　存二卷(一至二)

410000－2206－0000331　57906－11

琴譜合璧二種　(明)楊掄輯　明萬曆三十七年(1609)刻本　六冊

410000－2206－0000332　58055－59

庚子銷夏記八卷　(清)孫承澤撰　清乾隆二十六年(1761)刻本　四冊

410000－2206－0000333　58078－81

晦菴題跋三卷　(宋)朱熹撰　明末汲古閣刻清印本　四冊

410000－2206－0000334　58299－302

藝苑名言八卷　(清)蔣瀾纂　清乾隆四十年(1775)懷谷軒刻本　四冊

410000－2206－0000335　13－00369

北夢瑣言二十卷　(宋)孫光憲撰　清乾隆二十一年(1756)德州盧氏雅雨堂刻本　二冊

410000－2206－0000336　13－00370

金瓶梅一百回　(清)金人瑞評　清刻本　十五冊　存六十三回(一至三十八、七十六至一百)

410000－2206－0000337　57824－5

洪範圖說四卷　(清)舒俊鯤撰　清乾隆三十七年(1772)樂道堂刻本　二冊

410000－2206－0000338　57820－3

洪範註補五卷　(清)潘士權補　清乾隆四年(1739)國子監刻本　四冊

410000－2206－0000339　57776－81

太玄經十卷　(漢)揚雄撰　(晉)范望註　**說玄一卷**　(唐)王涯撰　**釋文一卷**　(宋)林瑀撰　明玉鏡堂刻本　六冊

410000－2206－0000340　57696－99

卜法詳考四卷　(清)胡煦撰　清雍正六年(1728)葆璞堂刻本　四冊

410000－2206－0000341　63380

見聞錄一卷　(明)釋智旭(鍾際明)隨筆　**闢邪錄一卷**　(明)鍾始聲撰　明刻本　一冊

410000－2206－0000342　63579－82

南華真經十卷　(晉)郭象註　明刻本　四冊

410000－2206－0000343　63407－22

五燈會元二十卷　(宋)釋普濟撰　清光緒三十二年(1906)玉海堂刻本　十六冊

410000－2206－0000344　57855－7

相宗八要八卷　(唐)釋玄奘譯　清乾隆三十四年(1769)觀音閣釋智全刻本　三冊

410000－2206－0000345　63401－06

御錄經海一滴六卷　(清)世宗胤禛纂　清雍正十三年(1735)武英殿刻本　六冊

410000－2206－0000346　63447

折疑論五卷　(元)釋子成撰　明萬曆三十七年(1609)嘉興楞嚴寺經房刻本　一冊

410000－2206－0000347　60051－66

博物典彙二十卷　(明)黃道周撰　明崇禎八年(1635)刻本　十六冊　存十九卷(一至十三、十五至二十)

410000－2206－0000348　62269

表異錄二十卷　(明)王志堅輯　清康熙四十七年(1708)陳世修刻本　一冊

410000－2206－0000349　75159－62

杜韓集韻三卷　(清)汪文柏輯　清康熙三十五年(1696)洞庭麟慶堂刻本　四冊

410000－2206－0000350　60664－69

對類二十卷　(明)屠隆撰　明聚錦堂刻本　六冊　存六卷(一至六)

410000－2206－0000351　60105－222

佩文韻府一百六卷　(清)張玉書　(清)蔡升元輯　清康熙五十年(1711)內府刻本　一百十八冊　存一百五卷(一至三十九、四十一至

一百六）

410000－2206－0000352　61059－122

潛確居類書一百二十卷　（明）陳仁錫輯　明崇禎五年(1632)刻本　六十四冊

410000－2206－0000353　61437－40

庶物異名疏三十卷　（明）陳懋仁著　明崇禎十年(1637)刻本　四冊

410000－2206－0000354　63016－35

說鈴六十二種　（清）吳震方撰　清康熙四十四年(1705)刻本　二十冊

410000－2206－0000355　60888－927

唐類函二百卷　（明）俞安期纂　明萬曆三十一年(1603)刻本　四十冊

410000－2206－0000356　60928－61

唐宋白孔六帖一百卷目錄二卷　（唐）白居易（宋）孔傳撰　明嘉靖刻本　三十四冊　存六十三卷（一、四至五、十六至十九、二十三、二十六至二十七、四十至四十九、五十四至八十九、九十二至九十三、九十六至一百）

410000－2206－0000357　61775－84

五車韻瑞一百六十卷　（明）凌稚隆輯　明刻本　十冊　存一百九卷（五十二至一百六十）

410000－2206－0000358　61785－815

藝文類聚一百卷　（唐）歐陽詢輯　（明）王元貞校　清光緒宏達堂刻本　三十二冊

410000－2206－0000359　62745－46

避暑錄話二卷　（宋）葉夢得撰　明刻本　二冊

410000－2206－0000360　59321－22

後村雜記三卷　（清）王文治撰　清康熙四十七年(1708)挹香居刻本　二冊

410000－2206－0000361　59172－79

困學紀聞二十卷　（宋）王應麟撰　清乾隆三年(1738)馬氏叢書樓刻本　八冊

410000－2206－0000362　59061－66

呂氏春秋二十六卷　（清）畢沅輯校　清乾隆五十四年(1789)刻本　六冊

410000－2206－0000363　811185－88

李卓吾先生讀升菴集二十卷　（明）楊慎撰（明）李贄評選　明刻本　四冊

410000－2206－0000364　54916－20

山居功課十卷　（明）楊東明撰　明萬曆刻本　五冊

410000－2206－0000365　39559－62

香祖筆記十二卷　（清）王士禛撰　清康熙四十四年(1705)刻本　五冊

410000－2206－0000366　59888－901

義門讀書記五十八卷　（清）何焯撰　清乾隆三十四年(1769)石香齋刻本　四冊

410000－2206－0000367　80487－96

文選六十卷　（南朝梁）蕭統選　（唐）李善注　清乾隆三十七年(1772)長洲葉樹藩海錄軒刻朱墨套印本　十冊

410000－2206－0000368　60027－30

雲谷雜記五卷　（宋）張淏撰　清乾隆三十九年(1774)刻本　四冊

410000－2206－0000369　47829－34

本事詩十二卷　（清）徐釚輯　清雍正刻本　六冊

410000－2206－0000370　65136－38

本事詩十二卷　（唐）孟棨撰　（清）徐釚輯　清康熙四十三年(1704)刻乾隆二十二年(1757)補刻本　三冊

410000－2206－0000371　80436－49

文選六十卷　（南朝梁）蕭統選　（唐）李善註　清乾隆三十七年(1772)長洲葉樹藩海錄軒刻朱墨套印本　十四冊　存五十九卷（一至二十九、三十一至六十）

410000－2206－0000372　76265－70

古文賞音十二卷　（清）謝有煇撰　清康熙四十六年(1707)謝氏師儉閣刻本　六冊

410000－2206－0000373　76606－29

古文淵鑒六十四卷　（清）聖祖玄燁選　（清）徐乾學注　清康熙二十四年(1685)內府刻四

色套印本　二十四冊

410000－2206－0000374　76257－264

古文選粹十一卷　（明）吉人輯　明萬曆刻本
八冊

410000－2206－0000375　76111－42

古遺書三十卷首一卷　（明）潘基慶輯　明萬
曆三十九年（1611）刻本　三十二冊

410000－2206－0000376　77076－85

觀始集十二卷　（清）魏裔介撰　清順治十三
年（1656）刻本　十冊

410000－2206－0000377　76899－904

國朝六家詩鈔八卷　（清）劉執玉選　（清）許
庭堅　（清）鄒榮成參閱　清乾隆三十二年
（1767）刻本　六冊

410000－2206－0000378　77005－14

國朝三家文鈔三十二卷　（清）宋犖選　（清）
許汝霖輯　清康熙三十三年（1694）刻本
十冊

410000－2206－0000379　79568－87

國朝山左詩鈔六十卷　（清）盧見曾纂　清乾
隆二十三年（1758）德州盧見曾雅雨堂刻本
二十冊

410000－2206－0000380　79493－510

國朝詩別裁集三十六卷　（清）沈德潛纂
（清）翁照輯　清乾隆二十四年（1759）刻本
十八冊

410000－2206－0000381　80406－35

六臣註文選六十卷　（南朝梁）蕭統撰　（唐）
李善註　明梅墅石渠閣刻本　三十冊

410000－2206－0000382　79686－89

汜南詩鈔四卷　（清）張邦伸評選　（清）劉曾
戾等輯　清乾隆三十九年（1774）澄虛堂刻本
四冊

410000－2206－0000383　79547－50

詩賦備體十二卷外集五卷附錄一卷　（清）祝
文彥編訂　清康熙二十四年（1685）武林文薈
館刻本　四冊

410000－2206－0000384　79606－13

聖宋文選全集三十二卷　（宋）歐陽修等撰
清光緒八年（1882）鄏城于氏影宋刻本　八冊

410000－2206－0000385　79821－32

宋文鑑刪十二卷　（明）張溥撰　明崇禎吳門
段氏刻本　十二冊

410000－2206－0000386　79887－94

宋四名家詩四種　（清）周之麟　（清）宋升選
清康熙三十二年（1693）弘訓堂刻本　八冊

410000－2206－0000387　80057－68

八大家文鈔八種　（明）茅坤批評　明崇禎元
年（1628）刻本　十二冊　存三種五十八卷

410000－2206－0000388　75480－91

唐宋八家詩八種　（清）姚培謙編　清雍正六
年（1728）遂安堂刻本　十二冊

410000－2206－0000389　75790－97

唐宋八家文讀本三十卷　（清）沈德潛評點
清乾隆十五年（1750）刻本　八冊

410000－2206－0000390　75834－45

唐宋八大家古文讀本不分卷　（清）江承詩選
評　清康熙四十三年（1704）江氏學古堂刻本
十二冊

410000－2206－0000391　75846－49

唐宋八家精選層級集讀本四卷　（清）吳煒重
編　清乾隆二十四年（1759）紫陽書院刻本
四冊

410000－2206－0000392　75798－801

唐人萬首絕句選七卷　（清）王士禎編　清康
熙四十七年（1708）刻本　四冊

410000－2206－0000393　75805－20

唐人五十家小集五十種　（清）江標輯　清光
緒二十一年（1895）江氏影宋刻本　十六冊

410000－2206－0000394　75391－96

唐四家詩四種　（清）汪立名編　清康熙三十
四年（1695）天都汪氏刻本　六冊

410000－2206－0000395　75200－205

唐詩歸三十六卷　（明）鍾惺　（明）譚元春選

明萬曆四十五年(1617)刻本　六冊

410000－2206－0000396　75397－408

唐文粹刪十卷　(明)張溥輯　明末吳門段君
定刻本　十二冊

410000－2206－0000397　80193－204

晚唐詩鈔二十六卷　(清)查克宏　(清)凌紹
乾選　清康熙四十二年(1703)海寧查氏圲詩
塢刻本　十二冊

410000－2206－0000398　80209－16

晚唐詩鈔二十六卷　(清)查克宏　(清)凌紹
乾選　清康熙四十二年(1703)栖同閣刻本
八冊

410000－2206－0000399　80220－23

晚邨先生八家古文精選八卷　(清)呂留良選
　清康熙四十三年(1704)呂氏家塾刻本
四冊

410000－2206－0000400　80521－26

文選刪六卷　(明)張溥刪閱　明崇禎吳門段
君定刻本　六冊

410000－2206－0000401　80236－59

文選註六十卷　(南朝梁)蕭統選　(唐)李善
註　清乾隆三十七年(1772)長洲葉樹藩海錄
軒刻朱墨套印本　二十四冊

410000－2206－0000402　80593－607

文選瀹三十卷　(明)孫月峰(孫鑛)評
(明)閔齊華註　明天啓二年(1622)烏程閔氏
刻本　十五冊

410000－2206－0000403　80527－37

文選章句二十八卷　(南朝梁)蕭統選　(唐)
李善注　(明)陳與郊編　明萬曆二十五年
(1597)顏胤祚刻本　十一冊

410000－2206－0000404　75048－55

明詩百一鈔十二卷　(清)郭其炳撰　清乾隆
三十四年(1769)正誼堂刻本　八冊

410000－2206－0000405　67361－72

梁園風雅二十七卷　(明)趙彥復撰　清康熙
四十三年(1704)刻本　十二冊

410000－2206－0000406　75028－31

明詩別裁集十二卷　(清)沈德潛　(明)周準
輯　清乾隆四年(1739)庸惠堂刻本　四冊

410000－2206－0000407　13－00448

明世文宗三十卷　(明)胡時化輯　明萬曆刻
本　七冊　存八卷(四至五、八至十一、十九、
三十)

410000－2206－0000408　74921－52

明詩綜一百卷　(清)朱彝尊錄　(清)秦實然
輯評　清乾隆刻本　三十二冊

410000－2206－0000409　13－00450

明文奇賞四十卷　(明)陳仁錫編　明天啓刻
本　六冊　存十二卷(五至六、十三至十四、
二十三至二十四、二十七至三十、三十五至三
十六)

410000－2206－0000410　78927－38

全唐名家詩集五卷　(明)朱之蕃輯　明萬曆
四十年(1612)金陵書坊王世茂刻本　十二冊

410000－2206－0000411　78479－598

全唐詩九百卷　(清)曹寅　(清)彭定求編
清康熙四十六年(1707)內府刻本　一百二
十

410000－2206－0000412　78911－26

全唐詩鈔八十卷補遺十六卷　(清)吳成儀選
編　清乾隆二十四年(1759)萬卷堂刻本　十
六冊

410000－2206－0000413　79632－35

榕村詩選八卷首一卷　(清)李光地編　清雍
正八年(1730)江都石川方覿杭州臬署刻本
四冊

410000－2206－0000414　80959－66

阮亭選古詩十七卷　(清)王士禛選　清康熙
三十六年(1697)天藜閣刻本　八冊

410000－2206－0000415　79913－16

唐宋八家詩八種　(清)姚培謙訂　清雍正刻
本　四冊　存三種二十三卷

410000－2206－0000416　77091－102

廣文選刪十四卷 （明）張溥撰 明崇禎段君定刻本 十二冊

410000－2206－0000417 77204－19

皇明文範四十一卷 （明）張時徹輯 明萬曆三年(1575)刻本 十六冊

410000－2206－0000418 77661－74

江左十五子詩選十五卷 （清）宋犖選 清康熙四十二年(1703)刻本 十四冊

410000－2206－0000419 80538－50

文章正宗二十四卷 （宋）真德秀撰 明正德十五年(1520)山西刻本 十三冊 存二十二卷(一、四至二十四)

410000－2206－0000420 80143－44

吳風二卷 （清）宋犖輯 清康熙三十三年(1694)刻本 二冊

410000－2206－0000421 65078－83

襄城文獻錄十二卷金石續錄四卷 （清）劉宗泗輯 清乾隆四年(1739)刻本 五冊

410000－2206－0000422 80759－82

元詩選初集 （清）顧嗣立輯 清康熙三十三年(1694)長洲顧氏秀野草堂刻本 二十四冊

410000－2206－0000423 80971－82

元詩選二集 （清）顧嗣立輯 清康熙四十一年(1702)長洲顧氏秀野草堂刻本 十二冊

410000－2206－0000424 80953－58

元文類刪四卷 （明）張溥刪閱 明崇禎吳門段君定刻本 六冊

410000－2206－0000425 80679－82

玉臺新詠十卷 （南朝陳）徐陵編 （清）吳兆宜注 （清）程琰剛補 清康熙十四年(1675)刻乾隆三十九年(1774)程琰剛補刻本 四冊

410000－2206－0000426 78851－86

御定全唐詩錄一百卷 （清）徐倬編 清康熙四十五年(1706)內府刻本 三十六冊

410000－2206－0000427 80739－50

樂府詩集一百卷 （宋）郭茂倩輯 明末毛氏汲古閣刻本 十二冊

410000－2206－0000428 75334－57

御選唐宋詩醇四十七卷目錄二卷 （清）高宗弘曆選 清乾隆二十五年(1760)刻本 二十四冊

410000－2206－0000429 80107－18

瀛奎律髓四十九卷 （元）方回輯 清康熙四十九年(1710)陳士泰刻本 十二冊

410000－2206－0000430 80099－106

瀛奎律髓四十九卷 （元）方回輯 清康熙五十二年(1713)吳氏黃葉邨莊刻本 八冊

410000－2206－0000431 80131－36

應試唐詩類釋十九卷 （清）臧岳編 清康熙五十五年(1716)本立堂刻本 六冊

410000－2206－0000432 79246－55

朱子論定文鈔二十卷 （清）吳震方輯 清康熙四十二年(1703)刻本 十冊

410000－2206－0000433 83875－86

中州集十卷首一卷中州樂府一卷 （金）元好問輯 明末毛氏汲古閣刻本 十二冊

410000－2206－0000434 64905、83812－14

楚辭章句十七卷 （漢）劉向編集 （漢）王逸章句 清初汲古閣刻本 四冊

410000－2206－0000435 64899－900

楚辭六卷 （清）姚培謙節註 清乾隆六年(1741)刻本 二冊

410000－2206－0000436 74733－42

安陽集五十卷 （宋）韓琦撰 （宋）黃邦寧重修 清乾隆三十七年(1772)晝錦堂刻本 十冊

410000－2206－0000437 64969－70

白雲集四卷 （元）許謙撰 清杭州退補齋刻本 二冊

410000－2206－0000438 65020－29

白香山詩長慶集二十卷後集十七卷別集一卷補遺二卷 （唐）白居易撰 （清）汪立名編 年譜一卷 （清）汪立名撰 年譜舊本一卷 （宋）陳振孫撰 清康熙四十一年至四十二年

（1702－1703）汪立名一隅草堂刻本　十冊

410000－2206－0000439　13－00484

白氏長慶集七十一卷目錄二卷　（唐）白居易撰　明萬曆三十四年（1606）刻本　十二冊

410000－2206－0000440　65055－60

白沙先生文編六卷年譜一卷　（明）陳獻章撰（明）唐伯元纂　明萬曆十一年（1583）刻本六冊

410000－2206－0000441　64972－92

白茅堂集四十六卷耳提錄一卷　（清）顧景星撰　（清）顧昌校輯　清康熙刻乾隆補刻本二十一冊

410000－2206－0000442　65122－25

板橋集六編　（清）鄭燮著　清乾隆刻本四冊

410000－2206－0000443　65126－29

板橋集六編　（清）鄭燮著　清乾隆刻本四冊

410000－2206－0000444　64074－77

抱膝廬文集六卷　（清）劉宗泗撰　清乾隆刻本　四冊

410000－2206－0000445　65084－87

葆璞堂文集四卷　（清）胡煦撰　清乾隆三十七年（1772）葆璞堂刻本　四冊

410000－2206－0000446　65096

抱山集選一卷　（清）王士禧批點　清康熙王氏刻本　一冊

410000－2206－0000447　64953－54

不遮山閣詩鈔前集六卷後集十二卷　（清）沈朝初撰　清康熙懷云亭刻本　二冊

410000－2206－0000448　72185－90

鼂尾集十卷續集二卷後集二卷　（清）王士禎撰　清康熙刻本　六冊

410000－2206－0000449　71453－460

陳檢討集二十卷　（清）陳維崧撰　（清）程師恭注　清康熙三十三年（1694）刻本　八冊

410000－2206－0000450　71530－37

昌黎先生集四十卷外集十卷遺文一卷集傳一卷　（唐）韓愈撰　（唐）李漢編　明萬曆東吳徐氏東雅堂刻清雍正印本　八冊　存三十四卷（一至十七、二十四至四十）

410000－2206－0000451　71544－63

昌黎先生集四十卷外集十卷遺文一卷集傳一卷　（唐）韓愈撰　（唐）李漢編　明萬曆東吳徐氏東雅堂刻本　二十冊

410000－2206－0000452　71626－27

昌黎先生詩集注十一卷　（唐）韓愈撰　（清）顧嗣立刪補　清康熙三十八年（1699）長洲顧氏秀野草堂刻本　二冊

410000－2206－0000453　71628－31

昌黎先生詩集注十一卷　（唐）韓愈撰　（清）顧嗣立刪補　清光緒九年（1883）廣州翰墨園刻三色套印本　四冊

410000－2206－0000454　71632－35

昌黎先生詩集注十一卷　（唐）韓愈撰　（清）顧嗣立刪補　清道光十七年（1837）顧氏應德堂刻朱墨套印本　四冊

410000－2206－0000455　72203－08

蒼谷全集十二卷附錄一卷　（明）王綖選　清乾隆二十三年（1758）密止堂刻宣統三年（1911）印本　六冊

410000－2206－0000456　66217－20

大明一統賦補四卷　（明）莫旦撰　明嘉靖刻本　四冊

410000－2206－0000457　66207－216

高季迪先生大全集十八卷　（明）高啟撰　清初刻本　十冊

410000－2206－0000458　65773－78

定山先生集十卷　（明）莊昶撰　（明）陳常道編輯　明嘉靖十四年（1535）刻本　六冊

410000－2206－0000459　66163

東方先生集一卷　（漢）東方朔撰　（明）呂兆禧校　明刻本　一冊

410000－2206－0000460　66131－38

東里文集二十五卷　（明）楊士奇撰　明刻清康熙補修本　八冊

410000－2206－0000461　66080－127

東坡集四十卷後集二十卷內制集十卷樂語一卷外制集三卷應詔集十卷奏議十五卷續集十二卷附校記三卷　（宋）蘇軾撰　清光緒三十四年（1908）寶華盦盒刻本　四十八冊

410000－2206－0000462　66000－33

東坡全集七十五卷　（宋）蘇軾撰　明寶翰樓刻本　三十四冊

410000－2206－0000463　66048－78

東坡全集一百十五集目錄七卷首一卷　（宋）蘇軾撰　明刻本　三十二冊

410000－2206－0000464　66034－47

東坡先生詩集注三十二卷　（宋）蘇軾撰（宋）王十朋纂　清康熙文蔚堂刻本　十四冊

410000－2206－0000465　66162

董仲舒集一卷　（漢）董仲舒撰　明萬曆、天啓間新安汪士賢刻漢魏諸名家集本　一冊

410000－2206－0000466　65786－97

讀杜心解六卷首二卷　（清）浦起龍解　清雍正二年至三年（1724－1725）無錫浦氏寧我齋刻本　十二冊

410000－2206－0000467　83824－32

杜工部詩集注二十卷　（唐）杜甫撰　（清）張溍注　清康熙三十七年（1698）讀書堂刻本　九冊　存十六卷（一至二、五至十四、十七至二十）

410000－2206－0000468　812875－78

杜工部草堂詩箋四十卷外集一卷　（唐）杜甫撰　（宋）魯訔輯　（宋）蔡夢弼會箋　補遺十卷　（宋）黃鶴集注　清光緒十年（1884）遵義黎氏日本東京使署刻古逸叢書本　四冊　存三十二卷（一至三十二）

410000－2206－0000469　65950－51

杜詩偶評四卷　（清）沈德潛撰　清乾隆十二

年（1747）賦閒草堂刻本　二冊

410000－2206－0000470　65672－81

范文正公集四十八卷　（宋）范仲淹撰　清康熙四十四年（1705）范氏歲寒堂刻本　十冊

410000－2206－0000471　65682－690

范忠宣公全集文集二十卷奏議二卷遺文一卷附錄一卷補編一卷　（宋）范純仁撰　清康熙四十六年（1707）范氏歲寒堂刻本　十二冊

410000－2206－0000472　65580－83

樊南文集箋注八卷　（唐）李商隱撰　（清）馮浩編　清乾隆三十年（1765）慎聚堂刻本　四冊

410000－2206－0000473　66852－63

分類補注李太白詩二十五卷　（唐）李白撰（宋）楊齊賢集注　（元）蕭士贇補注　年譜一卷　（宋）薛仲邕輯　明萬曆長洲許自昌刻本　十二冊

410000－2206－0000474　65527－32

弗告堂集二十六卷　（明）于若瀛撰　明萬曆三十一年（1603）于氏刻本　六冊

410000－2206－0000475　65519－22

桴庵詩集五卷　（清）薛所蘊撰　清順治十一年（1654）刻本　四冊

410000－2206－0000476　65523－26

桴庵詩集五卷　（清）薛所蘊撰　清順治十一年（1654）刻本　四冊

410000－2206－0000477　68314－25

公是集五十四卷　（宋）劉敞撰　清刻本　十二冊

410000－2206－0000478　68440－51

高青邱詩集注十八卷鳧藻集五卷補遺一卷（明）高啓撰　（清）金檀輯注　清雍正六年（1728）文瑞樓刻本　十二冊

410000－2206－0000479　68158

歸愚全集七十七卷　（清）沈德潛撰　清乾隆三十二年（1767）教忠堂刻本　三十五冊

410000－2206－0000480　69246－8

寒石先生文集三卷　(明)理鬯和著　清乾隆
十七年(1752)刻本　三冊

410000－2206－0000481　69242－45

韓退之文約選不分卷　(唐)韓愈撰　清乾隆
果親王府刻本　四冊

410000－2206－0000482　69199－208

韓文十卷　(唐)韓愈撰　(唐)李漢編　明末
刻本　十冊

410000－2206－0000483　69089－92

何文定公文集十一卷　(明)何瑭撰　明嘉靖
四十一年(1562)刻本　四冊

410000－2206－0000484　68899－900

紅藥壇五卷　(清)王鑨撰　清順治十年
(1653)刻本　二冊

410000－2206－0000485　68702

華泉先生集選四卷　(明)邊貢撰　(清)王士
禎選　睡足軒詩選一卷　(明)邊習撰　清康
熙刻本　一冊

410000－2206－0000486　68777－96

晦庵先生朱文公全集八十八卷目錄二卷續集
十一卷別集十卷　(宋)朱熹撰　(明)朱吾弼
重編　明萬曆朱崇沐刻崇禎七年(1634)李寅
賓增補本　二十冊

410000－2206－0000487　65844－855

集千家注杜工部詩集二十卷文集二卷　(唐)
杜甫撰　(元)高楚芳編　明萬曆許氏刻本
十二冊

410000－2206－0000488　69356－57

介亭詩草不分卷　(清)呂公路撰　清乾隆五
十一年(1786)姑蘇望柏堂刻本　二冊

410000－2206－0000489　66447－51

焦氏澹園續集二十七卷　(明)焦竑撰　明萬
曆三十九年(1611)大梁金勵刻本　五冊　存
十六卷(一至十六)

410000－2206－0000490　74269－80

漁洋山人精華錄訓纂十卷自撰年譜二卷
(清)王士禎撰　(清)惠棟注　清紅豆齋刻本

十二冊

410000－2206－0000491　69487－88

景瞻論草不分卷　(明)賀仲軾著　明末刻本
二冊

410000－2206－0000492　69533－34

荊川先生外集三卷附錄一卷　(明)唐順之撰
清康熙刻本　二冊

410000－2206－0000493　69523－32

敬業堂詩集五十卷　(清)查慎行撰　清康熙
五十八年(1719)刻本　十冊

410000－2206－0000494　69519－22

敬一堂詩鈔十六卷　(清)顧八代著　清乾隆
十五年(1750)刻本　四冊

410000－2206－0000495　13－00543

拙軒集六卷　(金)王寂撰　清刻武英殿聚珍
版書本　二冊

410000－2206－0000496　69550－53

矩庵詩質十二卷末一卷　(清)高一麟撰　清
乾隆高氏莫及刻本　四冊

410000－2206－0000497　69544－45

矩庵詩質十二卷末一卷　(清)高一麟撰　清
乾隆高氏莫及刻本　四冊

410000－2206－0000498　88512－17

康齋先生文集十二卷　(明)吳與弼撰　明崇
禎五年(1632)陳懋德刻本　六冊

410000－2206－0000499　68501

考功集選四卷　(清)王士祿撰　(清)王士禎
批點　清康熙刻王漁洋遺書本　一冊

410000－2206－0000500　68488

空同詩選不分卷　(明)李夢陽撰　明末閔氏
刻朱墨套印本　一冊

410000－2206－0000501　67906－10

賴古堂詩集四卷　(清)周亮工撰　清康熙刻
本　五冊

410000－2206－0000502　67081、67084－86

李義山詩集箋注十六卷　(唐)李商隱撰

（清）姚培謙箋注　清乾隆四年(1739)姚氏松桂讀書堂刻本　四冊

410000－2206－0000503　67080、67081－82

李義山文集箋注十卷　（唐）李商隱撰　（清）徐樹穀箋　（清）徐炯注　清康熙四十七年(1708)徐氏花䵷草堂刻本　三冊

410000－2206－0000504　67087－90

李義山詩集三卷附錄一卷　（唐）李商隱撰　（清）朱鶴齡注　清同治九年(1870)廣州淬署刻三色套印本　四冊

410000－2206－0000505　67091－94

李義山詩集三卷附錄一卷　（唐）李商隱撰　（清）朱鶴齡注　清同治九年(1870)廣州淬署刻三色套印本　四冊

410000－2206－0000506　67266－69

劉坦齋先生文集十五卷補編一卷　（明）劉三吾撰　清乾隆二十三年(1758)刻本　四冊

410000－2206－0000507　67118－9

柳柳州集四卷　（唐）柳宗元撰　清同治九年(1870)永康胡鳳丹退補齋刻本　二冊

410000－2206－0000508　67311

林和靖詩集三卷　（宋）林逋撰　（清）陳梓輯　清乾隆十年(1745)陳氏深柳讀書堂刻本　一冊

410000－2206－0000509　67312－20

林蕙堂文集十二卷續集六卷　（清）吳綺著　清乾隆三十九年(1774)裛白堂刻本　九冊

410000－2206－0000510　67718

隴首集一卷　（明）王與胤撰　清康熙二年(1663)刻本　一冊

410000－2206－0000511　67929－34

婁子靜文集六卷　（明）婁樞撰　明嘉靖二十二年(1543)刻清補修本　六冊

410000－2206－0000512　67925－28

婁子靜文集六卷　（明）婁樞撰　明嘉靖王元登刻本　四冊

410000－2206－0000513　67511－74

陸放翁全集六種　（宋）陸游撰　明末海虞毛氏汲古閣刻清毛扆增刻本　六十四冊

410000－2206－0000514　67579－84

鹿忠節公集二十一集　（明）鹿善繼撰　清初刻本　六冊

410000－2206－0000515　67415－6

菉居文集二卷　（明）張緝彥撰　清順治刻本　二冊

410000－2206－0000516　73151－54

魯公文集十五卷　（唐）顏真卿撰　明萬曆二十四年(1596)顏胤祚刻本　四冊

410000－2206－0000517　65511－14

孟東野詩集十卷　（唐）孟郊撰　（唐）宋國材　（唐）劉辰翁評　明吳興凌濛初刻朱墨套印本　四冊

410000－2206－0000518　65317－20

綿津山人詩集二十七卷　（清）宋犖撰　清康熙刻本　四冊

410000－2206－0000519　65329－32

綿津山人詩集二十七卷　（清）宋犖撰　清康熙刻本　四冊

410000－2206－0000520　65321－24

綿津山人詩集二十七卷　（清）宋犖撰　清康熙刻本　四冊

410000－2206－0000521　65325－28

綿津山人詩集二十七卷　（清）宋犖撰　清康熙刻本　四冊

410000－2206－0000522　68274－313

攻媿集一百十二卷　（宋）樓鑰撰　清乾隆四十五年(1780)刻武英殿聚珍版書本　四十冊

410000－2206－0000523　65380－86

牧庵文集三十六卷附錄一卷　（元）姚燧撰　清刻本　七冊

410000－2206－0000524　65387－94

牧庵文集三十六卷附錄一卷　（元）姚燧撰　清刻本　八冊

410000－2206－0000525　65411－30

穆堂初藳五十卷　（清）李紱撰　清乾隆五年
(1740)無怒軒刻本　二十冊

410000－2206－0000526　65431－46

穆堂初藳五十卷　（清）李紱撰　清乾隆五年
(1740)無怒軒刻本　十六冊

410000－2206－0000527　65395－410

穆堂別稿五十卷　（清）李紱撰　清乾隆十二
年(1747)奉國堂刻本　十六冊

410000－2206－0000528　66770－75

南華山房詩鈔六卷　（清）張鵬翀撰　清乾隆
九年(1744)刻本　六冊

410000－2206－0000529　66776－81

南華山人詩鈔十六卷　（清）張鵬翀撰　清乾
隆七年(1742)刻本　六冊

410000－2206－0000530　66303－10

南山全集十六卷　（清）戴潛虛著　清道光三
十年(1850)秀野軒刻本　八冊

410000－2206－0000531　66782－85

南畇文稿十二卷　（清）彭定求撰　清雍正四
年(1726)刻本　四冊

410000－2206－0000532　74713－22

歐陽文忠公全集一百五十三卷附錄五卷
(宋)歐陽修撰　**年譜一卷**　（宋)胡柯撰　清
乾隆十一年(1746)孝思堂刻本　十冊

410000－2206－0000533　72540－47

蘇文忠公詩集五十卷　（宋）蘇軾撰　（清）紀
昀評點　清同治八年(1869)潘國珍刻本
八冊

410000－2206－0000534　72706－17

蘇文忠公詩集五十卷　（宋）蘇軾撰　（清）紀
昀評點　清同治八年(1869)潘國珍刻本　十
二冊

410000－2206－0000535　71958－63

容齋千首詩不分卷　（清）李天馥撰　（清）毛
奇齡選　清康熙三十六年(1697)刻本　六冊

410000－2206－0000536　72843－50

三魚堂文集十二卷外集六卷附錄一卷　（清）
陸隴其撰　清刻本　八冊

410000－2206－0000537　71771－86

施愚山先生詩集五十卷文集二十四卷　（清）
施閏章撰　清康熙施氏刻本　十六冊

410000－2206－0000538　39716

[乾隆]臨潁縣續志八卷　（清）劉沅修
(清)魏運嘉纂　清乾隆十二年(1747)刻本
一冊

410000－2206－0000539　72365－86

**司馬文正公傳家集八十卷目錄二卷年譜一卷
附錄一卷**　（宋）司馬光撰　（清）陳弘謀重訂
　清乾隆六年(1741)培遠堂刻本　二十二冊

410000－2206－0000540　71461

沈佺期集一卷　（唐）沈佺期撰　明刻本
一冊

410000－2206－0000541　71904－5

商文毅公集六卷　（明）商輅撰　清順治十五
年(1658)刻本　二冊

410000－2206－0000542　71858

授研齋詩一卷　（清）宋韋金撰　清康熙四十
四年(1705)刻本　一冊

410000－2206－0000543　66974－81

**宋李忠定公奏議選十五卷文集選二十九卷首
四卷**　（宋）李綱撰　明崇禎十二年(1639)刻
本　八冊

410000－2206－0000544　68869－98

**宋黃文節公文集三十二卷外集二十四卷別集
十九卷首四卷**　（宋）黃庭堅撰　清乾隆三十
年(1765)江右寧州緝香堂刻本　三十冊　缺
五卷(別集一至五)

410000－2206－0000545　72678－93

宋文憲公文集三十卷　（明）宋濂撰　清康熙
五十一年(1712)刻本　十六冊

410000－2206－0000546　72650

宋之問集一卷　（唐）宋之問撰　明刻本
一冊

410000－2206－0000547　72530－39

蘇東坡詩集注三十二卷　（宋）蘇軾撰　（宋）
王十朋集注　清康熙三十七年(1698)新安朱
從延文蔚堂刻本　十冊

410000－2206－0000548　72548－51

蘇老泉先生全集二十卷附錄二卷　（宋）蘇洵
撰　清康熙三十七年(1698)刻本　四冊

410000－2206－0000549　72494－505

蘇文忠公詩集五十卷目錄二卷　（宋）蘇軾撰
（清）紀昀評點　清道光十四年(1834)兩廣
節署刻朱墨套印本　十二冊

410000－2206－0000550　65185－95

曝書亭集八十卷附錄一卷　（清）朱彝尊撰
清乾隆十一年(1746)刻本　十一冊

410000－2206－0000551　65196－207

曝書亭集八十卷附錄一卷　（清）朱彝尊撰
清乾隆十一年(1746)刻本　十二冊

410000－2206－0000552　65208－13

曝書亭詩錄十二卷　（清）朱彝尊撰　（清）江
浩然箋注　清乾隆二十七年(1762)惇裕堂刻
本　六冊

410000－2206－0000553　65214－19

曝書亭詩錄十二卷　（清）朱彝尊撰　（清）江
浩然箋注　清乾隆二十七年(1762)惇裕堂刻
本　六冊

410000－2206－0000554　69751－52

青要集十三卷　（清）呂謙恒撰　清乾隆十五
年(1750)刻本　二冊

410000－2206－0000555　69749－50

青要集十三卷　（清）呂謙恒撰　清乾隆十五
年(1750)刻本　二冊

410000－2206－0000556　69857－58

渠亭山人半部稿一卷　（清）張貞撰　清康熙
三十年(1691)刻本　二冊

410000－2206－0000557　69856

渠亭山人半部稿一卷　（清）張貞撰　清康熙
三十年(1691)刻本　一冊

410000－2206－0000558　72506－29

蘇文忠公詩合注五十卷首一卷目錄二卷年譜
一卷　（宋）蘇軾撰　（清）馮應榴輯訂　清乾
隆五十八年(1793)刻本　二十四冊

410000－2206－0000559　72417－35

素雯齋集三十八卷目錄二卷　（明）吳伯與撰
明天啓三年(1623)刻本　十九冊　存三十
六卷(一至三十六)

410000－2206－0000560　72353－64

司馬文正公傳家集八十卷目錄二卷年譜一卷
附錄一卷　（宋）司馬光撰　（清）陳弘謀重訂
清乾隆六年(1741)培遠堂刻本　十二冊

410000－2206－0000561　38604－09

唐丞相曲江張文獻公集十二卷千秋金鑑錄五
卷　（唐）張九齡撰　清雍正十三年(1735)刻
本　六冊

410000－2206－0000562　67575－76

唐陸宣公制誥十卷　（唐）陸贄撰　明萬曆三
十四年(1606)陸基忠刻本　二冊

410000－2206－0000563　66486－87

眺秋樓詩八卷　（清）高岑撰　清乾隆二十二
年(1757)十研居刻本　二冊

410000－2206－0000564　66649－54

陶菴文集七卷補遺一卷語錄五卷詩集八卷補
遺一卷首一卷末一卷　（清）黃淳耀撰　（清）
李長青輯　清乾隆二十六年(1761)刻本
六冊

410000－2206－0000565　73802－13

文清公薛先生文集二十四卷　（明）薛瑄撰
明弘治二年(1489)刻本　十二冊

410000－2206－0000566　73777－88

文清公薛先生文集二十四卷　（明）薛瑄撰
（明）張鼎編　清雍正薛氏刻本　十二冊

410000－2206－0000567　73789－801

文清公薛先生文集二十四卷　（明）薛瑄撰
（明）張鼎編　清雍正十二年(1734)刻本　十
三冊

410000－2206－0000568　73709

溫飛卿詩集九卷　(唐)溫庭筠撰　(明)曾益注　(唐)顧予咸補注　清康熙三十六年(1697)顧氏秀野草堂刻本　一冊

410000－2206－0000569　73642－43

韋廬初集一卷續集一卷　(清)李秉禮撰　清乾隆五十六年(1791)刻本　二冊

410000－2206－0000570　73637－38

韋蘇州集十卷　(唐)韋應物撰　明末吳郡八詠樓刻本　二冊

410000－2206－0000571　73639

衛源詩集二卷　(清)徐德音撰　清雍正十二年(1734)刻本　一冊

410000－2206－0000572　73624－30

韋齋集十二卷　(宋)朱松撰　清康熙四十九年(1710)朱氏刻本　七冊

410000－2206－0000573　73651－52

緯蕭草堂詩六卷　(清)宋至撰　清乾隆刻本　二冊

410000－2206－0000574　67124－35

王荊石先生批評柳文十二卷　(唐)柳宗元撰　(明)王錫爵評　明刻本　十二冊

410000－2206－0000575　73859－74

王臨川全集一百卷目錄二卷　(宋)王安石撰　清光緒九年(1883)刻本　十六冊

410000－2206－0000576　3724－29

王文肅公牘草十八卷　(明)王錫爵撰　明萬曆四十三年(1615)王時敏刻本　六冊

410000－2206－0000577　83730－33

王文肅公文草十四卷　(明)王錫爵撰　明萬曆四十三年(1615)王時敏刻本　四冊

410000－2206－0000578　74087－90

王惺所先生文集十卷　(明)王以悟撰　明天啓二年(1622)王氏刻本　四冊

410000－2206－0000579　73955－64

王陽明先生全集二十二卷首一卷　(明)王守仁撰　清康熙十二年(1673)俞嶙刻本　二

十冊

410000－2206－0000580　74050－57

王右丞集二十八卷附錄二卷　(唐)王維撰　(清)趙殿成注　清乾隆二年(1737)刻本　八冊

410000－2206－0000581　73842－49

王右丞集二十八卷附錄二卷　(唐)王維撰　(清)趙殿成注　清乾隆二年(1737)刻本　八冊

410000－2206－0000582　73819－26

望溪集不分卷　(清)方苞撰　清乾隆十一年(1746)歙縣程崟刻本　八冊

410000－2206－0000583　73455－68

吳詩集覽二十卷　(清)吳偉業撰　(清)靳榮藩輯　清乾隆四十年(1775)凌云亭刻本　十五冊

410000－2206－0000584　73509－20

吳詩集覽二十卷　(清)吳偉業撰　(清)靳榮藩輯　清乾隆四十年(1775)凌云亭刻本　十二冊

410000－2206－0000585　83864－69

吳詩集覽二十卷　(清)吳偉業撰　(清)靳榮藩輯　清乾隆四十年(1775)凌云亭刻本　六冊

410000－2206－0000586　73501－08

吳詩談藪八卷　(清)吳偉業撰　(清)靳榮藩輯　清乾隆四十年(1775)凌云亭刻本　八冊

410000－2206－0000587　73469－84

午亭文編五十卷　(清)陳廷敬撰　(清)林佶輯　清乾隆四十三年(1778)徐崑刻本　十六冊

410000－2206－0000588　73485－500

午亭文編五十卷　(清)陳廷敬撰　(清)林佶輯　清乾隆四十三年(1778)徐崑刻本　十六冊

410000－2206－0000589　70464

薛文清公手稿一卷　(明)薛瑄撰　明崇禎十

六年(1643)薛繼嚴、薛昌胤刻本　一冊

410000－2206－0000590　71161－76
西山先生真文忠公文集五十五卷目錄二卷
(宋)真德秀撰　(明)楊鶚重修　清雍正刻乾隆補刻本　十六冊

410000－2206－0000591　70298－303
香樹齋詩集十八卷　(清)錢陳群撰　清乾隆十六年(1751)刻本　六冊

410000－2206－0000592　70324－31
香樹齋詩續集三十二卷　(清)錢陳群撰　清乾隆十九年(1754)刻本　八冊

410000－2206－0000593　70304－11
香樹齋文集二十八卷　(清)錢陳群撰　清乾隆二十九年(1764)刻本　八冊

410000－2206－0000594　70409－14
盱江先生全集三十七卷外集三卷　(宋)李覯撰　清雍正李氏刻本　六冊

410000－2206－0000595　70383－86
虛直堂文集二十四卷　(清)劉榛撰　清康熙三十二年(1693)刻本　四冊　存十七卷(八至二十四)

410000－2206－0000596　70381－82
許鍾斗文集五卷　(明)許獬撰　明萬曆四十年(1612)洪夢錫刻本　二冊

410000－2206－0000597　70406－407
許鍾斗文集五卷　(明)許獬撰　明萬曆三十九年(1611)許鶯刻本　二冊

410000－2206－0000598　815751－56
伊川擊壤集十卷　(宋)邵雍撰　(明)吳瀚注
　濟陽邵氏三世名賢行實錄一卷　清康熙八年(1669)刻本　六冊

410000－2206－0000599　70455－59
學易菴詩集八卷　(清)趙寶撰　清康熙二十四年(1685)劉氏刻本　五冊

410000－2206－0000600　73134－37
儼山外集四十卷　(明)陸深撰　明嘉靖二十四年(1545)刻本　四冊

410000－2206－0000601　73402－03
楊椒山先生集四卷　(明)楊繼盛撰　清康熙三十七年(1698)五世堂刻本　二冊

410000－2206－0000602　73404－7
楊椒山先生集四卷　(明)楊繼盛撰　清康熙三十七年(1698)五世堂刻本　四冊

410000－2206－0000603　73408－12
楊椒山先生集四卷　(明)楊繼盛撰　清康熙三十七年(1698)五世堂刻本　五冊

410000－2206－0000604　72929－32
逸德軒聞一稿一卷文稿三卷　(清)田蘭芳撰　清刻本　四冊

410000－2206－0000605　72891－901
飴山全集三十八卷　(清)趙執信撰　清乾隆三十九年(1774)因園刻本　十一冊

410000－2206－0000606　72907－08
亦玉堂稿十卷　(明)沈鯉撰　清康熙二十九年(1690)傳盛社刻本　二冊

410000－2206－0000607　72984－9
堯峰文鈔五十卷　(清)汪琬撰　清康熙二十九年至三十一年(1690－1692)林佶刻本　六冊

410000－2206－0000608　72996－97
有懷堂詩稿六卷　(清)韓菼撰　清康熙四十二年(1703)有懷堂刻本　二冊

410000－2206－0000609　72998－001
有懷堂文槀二十二卷　(清)韓菼撰　清康熙四十二年(1703)刻本　四冊

410000－2206－0000610　73027－32
有懷堂詩槀六卷文槀二十二卷　(清)韓菼撰　清康熙四十二年(1703)刻本　六冊

410000－2206－0000611　73035－40
有懷堂詩槀六卷文槀二十二卷　(清)韓菼撰　清康熙四十二年(1703)刻本　六冊

410000－2206－0000612　74233－36
漁洋山人精華錄十卷　(清)王士禎撰　(清)林佶輯　清康熙三十九年(1700)林佶刻本

四册

410000－2206－0000613　74237－40

漁洋山人精華錄十卷　（清）王士禛撰　（清）林佶輯　清康熙三十九年(1700)林佶刻本　四册

410000－2206－0000614　74241－6

漁洋山人精華錄十二卷　（清）王士禛撰　清初刻本　六册

410000－2206－0000615　74247－54

漁洋山人精華錄十二卷　（清）王士禛撰　清初刻本　八册

410000－2206－0000616　74325－30

漁洋山人精華錄箋注十二卷補注一卷　（清）王士禛撰　（清）金榮注　清雍正十二年(1734)刻本　六册

410000－2206－0000617　74339－46

漁洋山人精華錄箋注十二卷補注一卷　（清）王士禛撰　（清）金榮注　清雍正十二年(1734)刻本　八册

410000－2206－0000618　74331－38

漁洋山人精華錄箋注十二卷補注一卷　（清）王士禛撰　（清）金榮注　清雍正十二年(1734)刻本　八册

410000－2206－0000619　74123－26

漁洋山人詩集二十二卷　（清）王士禛撰　清康熙八年(1669)吳郡沂詠堂刻本　四册

410000－2206－0000620　74127－30

漁洋山人詩集二十二卷　（清）王士禛撰　清康熙八年(1669)吳郡沂詠堂刻本　四册

410000－2206－0000621　74211－14

漁洋山人續集十六卷　（清）王士禛撰　清康熙二十三年(1684)刻本　四册

410000－2206－0000622　83871－74

漁洋山人續集十六卷　（清）王士禛撰　清康熙二十三年(1684)刻本　四册

410000－2206－0000623　65976－78

虞伯生選杜律七言注三卷　（唐）杜甫撰

（元）虞集注　清初敦本堂刻本　三册

410000－2206－0000624　74103

玉瀾集一卷蜀中草一卷　（宋）朱樟撰　清康熙十三年(1674)朱昌辰刻本　一册

410000－2206－0000625　74131－42

玉茗堂全集三十四卷　（明）湯顯祖撰　清康熙三十三年(1694)刻本　十二册

410000－2206－0000626　69714－17

迂齋學古編四卷　（清）法坤宏撰　清乾隆三十九年(1774)刻本　四册

410000－2206－0000627　74433－40

元豐類稿五十卷　（宋）曾鞏撰　清康熙四十九年(1710)長嶺曾國光西爽堂刻本　八册

410000－2206－0000628　70624－27

指南錄四卷指南後錄四卷　（宋）文天祥撰（宋）郭一鶚參閱　明萬曆四十一年(1613)金陵唐氏世德堂刻本　四册

410000－2206－0000629　70595－602

芝庭文稿八卷詩稿十五卷　（清）彭启豐撰　清乾隆十九年(1754)汪美基等刻本　八册

410000－2206－0000630　71107

張弘山先生集四卷　（明）張俊覺撰　清康熙三年(1664)刻本　一册

410000－2206－0000631　72069

牂牁集不分卷　（清）宋至撰　清康熙五十二年(1713)刻本　一册

410000－2206－0000632　71200－203

張龍湖先生文集十五卷　（明）張治撰　（清）彭思眷編輯　清雍正四年(1726)墨香閣刻本　四册

410000－2206－0000633　71204－207

張龍湖先生文集十五卷　（明）張治撰　（清）彭思眷編輯　清雍正四年(1726)墨香閣刻本　四册

410000－2206－0000634　71266－69

正誼堂文集十二卷　（清）張伯行撰　（清）李汝霖選　清乾隆三年(1738)刻本　四册

410000－2206－0000635　71293－96

正誼堂續集八卷　（清）張伯行撰　（清）張朱霖編　清乾隆三年(1738)刻本　四冊

410000－2206－0000636　71117－28

震川先生全集三十卷別集十卷附錄一卷　（明）歸有光撰　清康熙十四年(1675)虞山景氏刻本　十二冊

410000－2206－0000637　71145－60

真西山文集五十五卷目錄二卷　（宋）真德秀撰　清康熙四年(1665)刻本　十六冊

410000－2206－0000638　72085－100

曾文定公全集二十卷首一卷末一卷　（宋）曾鞏撰　（清）彭期編訂　清康熙三十六年(1697)刻本　十六冊

410000－2206－0000639　65969－72

趙子常選杜律五言註三卷　（唐）杜甫撰　（明）趙汸註　**虞伯先選杜律七言三卷**　（唐）杜甫撰　（元）虞集注　清康熙刻本　四冊

410000－2206－0000640　65973－75

趙子常選杜律五言注三卷　（唐）杜甫撰　（明）趙汸注　清初敦本堂刻本　三冊

410000－2206－0000641　70912－19

中山集文鈔四卷奏議四卷詩鈔四卷史論二卷　（清）郝浴撰　清康熙郝氏刻本　八冊

410000－2206－0000642　70790－93

竹澗先生文集八卷奏議四卷附錄一卷　（明）潘希曾撰　明嘉靖二十年(1541)黃省曾刻本　四冊

410000－2206－0000643　70803－808

朱子古文讀本六卷　（宋）朱熹撰　（清）周大璋編　清康熙五十六年(1717)寶旭齋刻本　六冊

410000－2206－0000644　70800－802

朱子古文讀本六卷　（宋）朱熹撰　（清）周大璋編　清康熙五十六年(1717)寶旭齋刻本　三冊　存三卷(四至六)

410000－2206－0000645　82280－83

此宜閣增訂金批西廂四卷　（元）王德信撰　（清）金人瑞批　清此宜閣刻朱墨套印本　四冊

410000－2206－0000646　82540－43

廿一史彈詞輯注十卷　（明）楊慎撰　（明）孫德威輯注　清康熙四十年(1701)習是堂刻本　四冊

410000－2206－0000647　81410－13

新鐫古今大雅北宮詞紀六卷　（明）陳所聞粹選　（明）陳邦泰輯次　明萬曆三十二年(1604)刻本　四冊

410000－2206－0000648　81414－17

新鐫古今大雅南宮詞紀六卷　（明）陳所聞粹選　（明）陳邦泰輯次　明萬曆三十三年(1605)刻本　四冊

410000－2206－0000649　81130－39

苕溪漁隱叢話一百卷　（宋）胡仔撰　清耘經樓刻本　十冊

410000－2206－0000650　81363－64

文心雕龍十卷　（南朝梁）劉勰撰　（清）黃叔琳輯注　清乾隆六年(1741)養素堂刻本　二冊

410000－2206－0000651　40155－62

[乾隆]滑縣志十四卷首一卷　（清）吳喬齡纂修　（清）呂文光增修　清乾隆二十五年(1760)刻本　八冊

410000－2206－0000652　40147－54

[乾隆]滑縣志十四卷首一卷　（清）吳喬齡纂修　（清）呂文光增修　清乾隆二十五年(1760)刻本　八冊

410000－2206－0000653　40179－86

[同治]滑縣志十二卷　（清）姚錕修　（清）徐光第纂　清同治六年(1867)刻本　八冊

410000－2206－0000654　40171－78

[同治]滑縣志十二卷　（清）姚錕修　（清）徐光第纂　清同治六年(1867)刻本　八冊

410000－2206－0000655　40592－96

[乾隆]汲縣志十四卷　（清）徐汝瓚修
（清）杜崐纂　清乾隆二十年(1755)刻本　五
冊　存十二卷(三至十四)

410000－2206－0000656　40586－91

[乾隆]汲縣志十四卷首一卷末一卷　（清）徐
汝瓚修　（清）杜崐纂　清乾隆二十年(1755)
刻本　六冊

410000－2206－0000657　40604－9

[乾隆]濟源縣志十六卷首一卷末一卷　（清）
蕭應植修　（清）沈梻莊纂　清乾隆二十六年
(1761)刻本　六冊

410000－2206－0000658　40614－9

[乾隆]濟源縣志十六卷首一卷末一卷　（清）
蕭應植修　（清）沈梻莊纂　清乾隆二十六年
(1761)刻本　六冊

410000－2206－0000659　40674－79

[同治]郟縣志十二卷　（清）姜篪修　（清）
張熙瑞續修　（清）郭景泰纂　清咸豐九年
(1859)刻同治四年(1865)增刻本　六冊

410000－2206－0000660　40097－106

[康熙]開封府志四十卷　（清）管竭忠修
（清）張沐等纂　清康熙三十四年(1695)刻同
治二年(1863)補修本　十冊

410000－2206－0000661　40089－96

[光緒]開州志八卷首一卷　（清）陳兆麟修
（清）祁德昌纂　清光緒八年(1882)刻本　七
冊　存七卷(二至八)

410000－2206－0000662　76175－210

古逸叢書二十五種　（清）黎庶昌輯　清光緒
遵義黎氏日本東京使署影刻本　三十六冊

410000－2206－0000663　13－00722

稗海七十種　（明）商濬撰　明萬曆商濬刻清
康熙振鷺堂重編補刻本　七十冊　缺十五種
五十七卷

410000－2206－0000664　40107－10

[康熙]考城縣志四卷　（清）陳德敏修
（清）王貫三纂　清康熙三十七年(1698)刻本

四冊

410000－2206－0000665　39717－28

[光緒]臨漳縣志十八卷首一卷　（清）周秉彝
修　（清）周壽梓　（清）李耀中纂　清光緒三
十年(1904)刻本　十二冊

410000－2206－0000666　39711－5

[順治]臨潁縣志八卷　（清）李馥先修
（清）吳中奇纂　清順治十七年(1660)刻本
五冊

410000－2206－0000667　39696－99

[乾隆]林縣志十卷首一卷末一卷　（清）楊潮
觀纂修　清乾隆十七年(1752)黃華書院刻本
四冊

410000－2206－0000668　42140－52

[嘉慶]商城縣志十四卷首一卷末一卷　（清）
武開吉修　（清）周之駸纂　清嘉慶八年
(1803)刻本　十三冊

410000－2206－0000669　39802－07

[乾隆]羅山縣志八卷　（清）葛荃修　（清）
李之杜　（清）謝寶樹纂　清乾隆十一年
(1746)刻本　六冊

410000－2206－0000670　39794－801

[光緒]鹿邑縣志十六卷首一卷全圖十二卷河
渠紀略一卷　（清）于滄瀾　（清）馬家彥修
（清）蔣師轍纂　清光緒二十二年(1896)刻本
八冊

410000－2206－0000671　39778－87

[光緒]重修盧氏縣志十八卷首一卷　（清）郭
光澍修　（清）李旭春纂　清光緒十八年
(1892)刻本　十冊

410000－2206－0000672　39096－99

[嘉慶]密縣志十六卷首一卷　（清）謝增纂
（清）景綸修　清嘉慶二十二年(1817)刻本
四冊

410000－2206－0000673　13－00734

[嘉慶]南陽府志六卷圖一卷　（清）孔傳金纂
修　清嘉慶十二年(1807)刻本　六冊　存二

卷(五至六)

410000－2206－0000674　13－00735
急就篇一卷　(漢)史游撰　清光緒遵義黎氏日本東京使署刻古逸叢書本　一冊

410000－2206－0000675　39640－45
[康熙]南陽縣志六卷首一卷　(清)張光祖(清)李克廣纂修　(清)宋景愈　(清)徐永芝纂　清康熙三十二年(1693)刻本　六冊

410000－2206－0000676　39646－51
[光緒]南陽縣志十二卷首一卷　潘守廉修張嘉謀　張鳳岡纂　清光緒三十年(1904)刻本　六冊

410000－2206－0000677　39625－28
[光緒]南樂縣志十卷首一卷補遺一卷　(清)施有方　(清)陸維炘修　(清)武勳朝(清)李雲峰纂　清光緒二十九年(1903)刻本　四冊

410000－2206－0000678　39619－24
[乾隆]内黃縣志十八卷首一卷　(清)李湞修(清)黃之徽纂　清乾隆四年(1739)刻本　六冊

410000－2206－0000679　40900－01
[順治]淇縣志十卷圖考一卷　(清)白龍躍(清)葛漢忠纂　(清)王謙吉　(清)王南國修　清順治十七年(1660)刻本　二冊

410000－2206－0000680　40908－09
[順治]淇縣志十卷圖考一卷　(清)白龍躍(清)葛漢忠纂　(清)王謙吉　(清)王南國修　清順治十七年(1660)刻本　二冊

410000－2206－0000681　40910－21
[乾隆]杞縣志二十四卷　(清)周璣修(清)朱璿纂　清乾隆五十三年(1788)刻本　十二冊

410000－2206－0000682　40961－64
[乾隆]確山縣志四卷　(清)周之瑚修(清)嚴克嶹纂　清乾隆十一年(1746)刻本　四冊

410000－2206－0000683　39064－71
[宣統]濮州志八卷　(清)高士英修　(清)榮相鼎纂　清宣統元年(1909)刻本　八冊

410000－2206－0000684　39072－79
[宣統]濮州志八卷　(清)高士英修　(清)榮相鼎纂　清宣統元年(1909)刻本　八冊

410000－2206－0000685　41758－61
[嘉慶]涉縣志八卷　(清)戚學標纂修　清嘉慶四年(1799)刻本　四冊

410000－2206－0000686　39591－94
[乾隆]湯陰縣志十卷　(清)楊世達纂修　清乾隆三年(1738)刻本　四冊

410000－2206－0000687　39562－69
[道光]太康縣志八卷　(清)戴鳳翔修(清)高崧　(清)江練纂　清道光八年(1828)刻本　八冊

410000－2206－0000688　39509－12
[乾隆]桐柏縣志八卷首一卷　(清)鞏敬緒修(清)李南暉纂　清乾隆十八年(1753)刻本　四冊

410000－2206－0000689　39519－22
[乾隆]桐柏縣志八卷首一卷　(清)鞏敬緒修(清)李南暉纂　清乾隆十八年(1753)刻本　四冊

410000－2206－0000690　39513－18
[乾隆]通許縣志十卷　(清)阮龍光修(清)邵自祐纂　清乾隆三十五年(1770)刻本　六冊

410000－2206－0000691　42553－40
[道光]武陟縣志三十六卷　(清)王榮陛修(清)方履籛纂　清道光九年(1829)刻本　八冊

410000－2206－0000692　41013－16
[康熙]西平縣志十卷　(清)沈菜纂修(清)李植續修　清康熙九年(1670)刻三十一年(1692)續刻本　四冊

410000－2206－0000693　40977－84

[嘉慶]息縣志八卷首一卷 （清）劉光輝修 （清）任鎮及纂 清嘉慶四年(1799)刻本 八冊

410000－2206－0000694 13－00757

[光緒]續修息縣志不分卷 （清）趙輝棣修 （清）夏緝卿纂 清光緒六年(1880)刻本 四冊

410000－2206－0000695 41235－46

[乾隆]祥符縣志二十二卷 （清）張淑載修 （清）魯會煜纂 清乾隆四年(1739)刻本 十二冊

410000－2206－0000696 41225－34

[乾隆]襄城縣志十卷首一卷 （清）汪運正纂修 清乾隆十一年(1746)刻本 十冊

410000－2206－0000697 64707－18

大學衍義補輯要十二卷首一卷 （清）陳弘謀纂 清乾隆元年(1736)陳氏培遠堂刻本 十二冊

410000－2206－0000698 41219－24

[乾隆]項城縣志十卷首一卷 （清）韓儀修 （清）張延福纂 清乾隆十一年(1746)刻本 六冊

410000－2206－0000699 41207－18

[宣統]項城縣志三十二卷 張鎮芳 施果舜纂修 清宣統三年(1911)石印本 十二冊

410000－2206－0000700 41098－103

[乾隆]新鄉縣志三十四卷首一卷 （清）趙開元修 （清）暢俊纂 清乾隆十二年(1747)刻本 六冊

410000－2206－0000701 41104－08

[乾隆]新鄉縣志三十四卷首一卷 （清）趙開元修 （清）暢俊纂 清乾隆十二年(1747)刻本 五冊 存二十九卷(首一卷、一至二十八)

410000－2206－0000702 41086－97

[乾隆]新鄭縣志三十一卷首一卷 （清）黃本誠纂修 清乾隆四十一年(1776)刻本 十

二冊

410000－2206－0000703 41056－63

[乾隆]信陽州志十二卷首一卷 （清）張鉞修 （清）萬侯纂 清乾隆十四年(1749)刻本 八冊

410000－2206－0000704 41268－71

[乾隆]滎陽縣志十二卷 （清）李煦修 （清）李清纂 清乾隆十二年(1747)刻本 四冊

410000－2206－0000705 41272－75

[乾隆]滎澤縣志十四卷圖一卷 （清）崔淇修 （清）王博 （清）李維嶠纂 清乾隆十三年(1748)刻本 四冊

410000－2206－0000706 41341－48

[嘉慶]濬縣志二十二卷首一卷末一卷 （清）熊象階修 （清）武穆淳纂 清嘉慶七年(1802)刻本 八冊

410000－2206－0000707 41313－16

[康熙]濬縣志四卷 （清）馬秉德纂 （清）劉德新修 清康熙十八年(1679)刻本 四冊

410000－2206－0000708 41317－22

[嘉慶]濬縣志二十二卷首一卷末一卷 （清）熊象階修 （清）武穆淳纂 清嘉慶七年(1802)刻本 六冊

410000－2206－0000709 41038－49

[道光]修武縣志十二卷首一卷 （清）馮繼照修 （清）金皋 （清）袁俊纂 清道光十九年(1839)刻本 十二冊

410000－2206－0000710 41528－47

[乾隆]彰德府志三十二卷首一卷 （清）盧崧修 （清）江大鍵 （清）程煥纂 清乾隆五十二年(1787)刻本 二十冊

410000－2206－0000711 41504－13

[光緒]柘城縣志十卷首一卷 （清）元准 （清）傅鍾浚纂修 清光緒二十二年(1896)刻本 十冊

410000－2206－0000712 41556－59

[嘉慶]正陽縣志十卷　（清）彭良弼修　（清）呂元灝等纂　（清）楊德容補修　（清）賀祥補纂　清嘉慶元年(1796)刻本　四冊

410000－2206－0000713　41560－65

[乾隆]鄭州志十二卷首一卷　（清）張鉞修　（清）毛如誌纂　清乾隆十三年(1748)刻本　六冊

410000－2206－0000714　41524－27

[光緒]鎮平縣志六卷　（清）吳聯元修　（清）王翊運纂　清光緒二年(1876)刻本　四冊

410000－2206－0000715　41391－96

[同治]中牟縣志十二卷首一卷末一卷　（清）吳若烺修　（清）焦子蕃纂　清同治九年(1870)刻本　六冊

410000－2206－0000716　39029－34

[道光]博平縣志六卷　（清）楊祖憲修　（清）烏竹芳纂　清道光十一年(1831)刻本　六冊

410000－2206－0000717　39035－39

[道光]亳州志四十三卷首一卷　（清）任壽世修　（清）劉開　（清）陳恩德纂　清道光五年(1825)刻本　五冊　存四十卷(一至三十九、首一卷)

410000－2206－0000718　41613－17

[道光]長清縣志十六卷首四卷末二卷　（清）舒化民等修　（清）徐德城等纂　清道光十五年(1835)刻本　五冊　缺二卷(一至二)

410000－2206－0000719　41583－94

[光緒]曹縣志十八卷首一卷　（清）陳嗣良修　（清）孟廣來　（清）賈廼延纂　清光緒十年(1884)刻本　十二冊

410000－2206－0000720　41595－606

[乾隆]曹州府志二十二卷　（清）周尚質修　（清）李登明　（清）謝冠纂　清乾隆二十一年(1756)刻本　十二冊

410000－2206－0000721　41622－29

[道光]城武縣志十四卷首一卷　（清）袁章華修　（清）劉士瀛纂　清道光十年(1830)刻本　八冊

410000－2206－0000722　39399－419

[咸豐]大名府志二十二卷首一卷續志六卷末一卷　（清）朱煐等纂修　（清）武蔚文續修　（清）郭程先續纂　（清）高繼珩增補　清咸豐三年(1853)刻本　二十一冊

410000－2206－0000723　42990－97

大嶽太和山紀略八卷　（清）王概撰　清乾隆九年(1744)刻本　八冊

410000－2206－0000724　39441－48

[乾隆]德州志十二卷首一卷　（清）王道亨修　（清）張慶源纂　清乾隆五十三年(1788)刻本　八冊

410000－2206－0000725　39330－37

[光緒]定興縣志二十六卷首一卷　（清）張主敬等修　（清）楊晨纂　清光緒十六年(1890)刻本　八冊　存十八卷(五至十四、十九至二十六)

410000－2206－0000726　13－00800

[道光]東阿縣志二十四卷首一卷　（清）李賢書修　（清）吳怡等纂　清道光九年(1829)刻本　十二冊

410000－2206－0000727　39378－89

[嘉慶]東昌府志五十卷首三卷　（清）嵩山修　（清）謝香開等纂　清嘉慶十三年(1808)刻本　十二冊　存二十六卷(一至十一、二十至二十三、二十六至二十七、三十二至三十七，首三卷)

410000－2206－0000728　13－00803

[光緒]東平州志二十七卷圖一卷首編四卷　（清）左宜似等修　（清）盧崑等纂　清光緒七年(1881)刻本　二十冊

410000－2206－0000729　39109－180

[乾隆]福建通志七十八卷首一卷　（清）郝玉麟等修　（清）謝道承　（清）劉敬與纂　清乾隆二年(1737)刻本　七十三冊　存七十四卷

（一至七十四）

410000－2206－0000730　39181－228

[乾隆]福建續志九十二卷首一卷　（清）楊廷璋等修　（清）沈廷芳　（清）吳嗣富纂　清乾隆三十三年(1768)刻本　四十八冊

410000－2206－0000731　39243－54

[光緒]費縣志十六卷首一卷　（清）李敬修纂修　清光緒二十二年(1896)刻本　十二冊

410000－2206－0000732　39259－68

[乾隆]鳳臺縣志二十卷首一卷　（清）林荔修　（清）姚學甲纂　清乾隆四十九年(1784)刻本　十冊

410000－2206－0000733　39322

[同治]酆都縣新治不分卷　（清）馬佩玖纂　清同治十二年(1873)刻本　一冊

410000－2206－0000734　40084－89

[光緒]高唐州志八卷首一卷末一卷　（清）周家齊修　（清）鞠建章纂　清光緒三十三年(1907)刻本　六冊

410000－2206－0000735　40068－73

[乾隆]高苑縣志十卷　（清）張耀璧纂修　清乾隆二十三年(1758)刻本　六冊　存八卷（一、四至十）

410000－2206－0000736　40080－83

[乾隆]高密縣志十卷首一卷末一卷　（清）張乃史修　（清）錢廷熊纂　清乾隆十九年(1754)刻本　四冊

410000－2206－0000737　40074－79

[道光]續增高郵州志不分卷　（清）左輝春等纂修　清道光二十三年(1843)刻本　六冊

410000－2206－0000738　39870－79

[道光]冠縣志十卷　（清）梁永康修　（清）趙錫書纂　清道光十一年(1831)刻本　十冊

410000－2206－0000739　45219－30

廣興記二十四卷　（明）陸應陽纂　（清）蔡方炳增輯　清康熙二十五年(1686)刻本　十二冊

410000－2206－0000740　43231－42

廣興記二十四卷　（明）陸應陽纂　（清）蔡方炳增輯　清康熙二十五年(1686)刻本　十二冊

410000－2206－0000741　39938－40048

[道光]廣東通志三百三十四卷首一卷　（清）阮元修　（清）陳昌齊等纂　清同治二年(1863)刻本　一百十冊　存三百七卷（一至二百十七、二百四十五至三百三十四）

410000－2206－0000742　39855－59

[光緒]貴縣志八卷　（清）王仁鍾修　（清）梁吉祥纂　清光緒二十年(1894)刻本　五冊

410000－2206－0000743　40566－75

[嘉慶]海州直隸州志三十二卷首一卷　（清）唐仲冕修　（清）汪梅鼎等纂　清嘉慶十六年(1811)刻本　十冊

410000－2206－0000744　40225－58

[乾隆]河套志六卷　（清）陳履中纂修　清乾隆七年(1742)刻本　四冊

410000－2206－0000745　40261－66

[光緒]菏澤縣志十八卷首一卷　（清）凌壽柏修　（清）葉道源纂　清光緒十一年(1885)刻本　六冊

410000－2206－0000746　40135－38

華嶽志八卷首一卷　（清）李榕纂輯　清道光十一年(1831)華麓楊翼武清白別墅刻光緒九年(1883)湘鄉楊昌濬重修本　四冊

410000－2206－0000747　40139－42

華嶽志八卷首一卷　（清）李榕纂輯　清道光十一年(1831)華麓楊翼武清白別墅刻光緒九年(1883)湘鄉楊昌濬重修本　四冊

410000－2206－0000748　40111－34

[乾隆]湖州府志四十八卷首一卷　（清）李堂纂修　清乾隆二十三年(1758)刻本　二十四冊

410000－2206－0000749　64743

答問三卷　（清）孫奇逢著　（清）孫望雅等編

清順治十三年(1656)刻本　一冊

410000－2206－0000750　64744
答問三卷　（清）孫奇逢著　（清）孫望雅等編
清順治十三年(1656)刻本　一冊

410000－2206－0000751　40226－37
[道光]淮寧縣志二十七卷　（清）永銘修
（清）趙任之　（清）吳純夫纂　道道光六年
(1826)刻本　十二冊

410000－2206－0000752　40598－603
畿輔輿地全圖不分卷　（清）劉□勘繪　清末
石印本　六冊

410000－2206－0000753　40597
[乾隆]稷山縣志十卷　（清）韋之瑗纂修　清
乾隆三十年(1765)刻本　一冊　存一卷(一)

410000－2206－0000754　40664－67
[咸豐]濟寧直隸州續志四卷　（清）盧朝安纂
修　清咸豐九年(1859)刻本　四冊

410000－2206－0000755　40808－87
[雍正]江西通志一百六十二卷首三卷　（清）
謝旻等修　（清）陶成　（清）惲鶴生纂　清雍
正十年(1732)刻本　八十冊

410000－2206－0000756　40688－807
[光緒]江西通志一百八十卷首五卷　（清）劉
坤一等修　（清）劉鐸等纂　清光緒七年
(1881)刻本　一百二十冊

410000－2206－0000757　40896－99
荊州萬城堤續志十卷　（清）舒惠修　清光緒
二十年(1894)刻本　四冊

410000－2206－0000758　40684－87
[咸豐]金鄉縣志略十二卷首一卷　（清）李壨
纂修　清同治元年(1862)刻本　四冊

410000－2206－0000759　41514
[康熙]金華府志不分卷　（清）張蓋修　清末
抄本　一冊

410000－2206－0000760　39652－63
[乾隆]歷陽典錄三十四卷　（清）陳廷桂纂
補編六卷　（清）游智開纂　清同治六年

(1867)刻本　十二冊

410000－2206－0000761　39692－95
濂溪志十卷　（明）李楨撰　（清）周誥重修
清乾隆二十八年(1763)刻本　四冊

410000－2206－0000762　39700－10
[乾隆]臨清直隸州志十一卷首一卷　（清）張
度　（清）鄧希曾修　（清）朱鍾纂　清乾隆五
十年(1785)刻本　十一冊

410000－2206－0000763　39684－91
[宣統]聊城縣志十二卷首一卷耆獻文徵五卷
（清）陳慶蕃修　（清）葉錫麟　（清）靳維
熙纂　清宣統二年(1910)刻本　八冊

410000－2206－0000764　39741－43
[乾隆]靈璧縣志略四卷首一卷　（清）貢震纂
修　清乾隆二十三年(1758)刻本　三冊　存
三卷(一至三)

410000－2206－0000765　39744－47
[康熙]靈壽縣志十卷末一卷　（清）陸隴其修
（清）傅維櫏纂　清康熙二十五年(1686)刻
本　四冊

410000－2206－0000766　39848－51
[雍正]樂安縣志二十卷　（清）劉柏修
（清）李方膺纂修　清雍正十一年(1733)刻本
四冊

410000－2206－0000767　39844－47
[光緒]樂亭縣志十五卷首一卷末一卷　（清）
蔡志修等修　（清）史夢蘭纂　清光緒三年
(1877)刻本　四冊　存十卷(六至十五)

410000－2206－0000768　39752－59
[嘉慶]廬江縣志十五卷首一卷　（清）魏紹源
修　（清）儲嘉珩纂　清同治七年(1868)刻本
八冊

410000－2206－0000769　39760－67
[嘉慶]廬江縣志十五卷首一卷　（清）魏紹源
修　（清）儲嘉珩纂　清同治七年(1868)刻本
八冊

410000－2206－0000770　39595－610

[雍正]寧波府志三十六卷首一卷 （清）曹秉仁等修 （清）萬經等纂 清雍正九年(1731)刻乾隆、同治遞修本 十六冊

410000－2206－0000771 40951－60

闕里志二十四卷 （明）陳鎬纂修 （清）孔允植重修 清初孔允植刻本 十冊

410000－2206－0000772 41515

[康熙]衢州府志不分卷 （清）楊廷望修 清末抄本 一冊

410000－2206－0000773 40922－26

[雍正]齊河縣志十卷首一卷 （清）上官有儀修 （清）許琰纂 清乾隆元年(1736)刻同治五年(1866)補刻本 五冊

410000－2206－0000774 40927－32

[同治]清河縣志二十四卷附編二卷 （清）吳棠修 （清）魯一同纂 清同治四年(1865)刻本 六冊

410000－2206－0000775 40943－46

清涼山志十卷 （明）釋鎮澄輯 清乾隆二十年(1755)刻本 四冊

410000－2206－0000776 40947－50

清涼山新志十卷 （清）釋丹巴纂 清康熙四十年(1701)刻本 四冊

410000－2206－0000777 39052－55

[嘉慶]平陰縣志四卷 （清）喻春林修 （清）朱續孜纂 清嘉慶十三年(1808)刻本 四冊

410000－2206－0000778 39080－8

盤山志十卷補遺四卷 （清）釋智樸撰 清康熙三十年(1691)刻本 四冊

410000－2206－0000779 39084－95

[道光]重修蓬萊縣志十四卷 （清）王文燾修 （清）張本 （清）葛元煦纂 清道光十九年(1839)刻本 八冊

410000－2206－0000780 41566－70

[康熙]茌平縣志五卷 （清）王世臣修 （清）孫克緒纂 清康熙四十九年(1710)刻本

五冊

410000－2206－0000781 44009－12

四書釋地四卷 （清）閻若璩撰 清乾隆五十二年(1787)丁氏刻本 四冊

410000－2206－0000782 41946－2033

[光緒]山西通志一百八十四卷首一卷 （清）曾國荃等修 （清）王軒等纂 清光緒十八年(1892)刻本 八十八冊 存一百六十七卷（一至十三、三十一至一百八十四）

410000－2206－0000783 41762－81

[康熙]紹興府志六十卷 （清）俞卿修 （清）周徐彩纂 清康熙五十八年(1719)刻本 二十冊 存五十四卷（一至三十二、三十四至四十三、四十六至五十七）

410000－2206－0000784 41788－93

[光緒]壽張縣志十卷首一卷 （清）劉文煒修 （清）王守謙纂 清光緒二十六年(1900)刻本 六冊

410000－2206－0000785 41782－84

[康熙]壽光縣志三十二卷 （清）劉有成修 （清）安志遠纂 清康熙三十七年(1698)刻本 三冊

410000－2206－0000786 43880－91

水經注四十卷 （北魏）酈道元撰 清刻武英殿聚珍版書本 十二冊

410000－2206－0000787 39533－49

[乾隆]泰安府志三十卷前一卷首二卷 （清）顏希深修 （清）成城等纂 清乾隆二十五年(1760)刻本 十七冊 存二十七卷（一至十五、十九至三十）

410000－2206－0000788 39550－61

[道光]泰安縣志十二卷首一卷末一卷 （清）徐宗幹修 （清）蔣大慶纂 清道光八年(1828)刻本 十二冊 存十三卷（泰安縣志十二卷、首一卷）

410000－2206－0000789 13－00879

泰山志二十卷 （清）金棨撰 清光緒二十四

年(1898)刻本　十冊

410000－2206－0000790　39588－90
[康熙]堂邑縣志二十卷　(清)盧承琰修
(清)劉淇纂　清光緒十八年(1892)刻本
三冊

410000－2206－0000791　42590－91
臥龍崗志二卷　(清)羅景輯　清康熙五十一
年(1712)羅景刻本　二冊

410000－2206－0000792　40965－76
[嘉慶]西安縣志四十八卷首一卷　(清)姚寶
煃修　(清)范崇楷等纂　清嘉慶十六年
(1811)刻本　十二冊

410000－2206－0000793　40989－1012
西湖志四十八卷　(清)傅王露修　清雍正十
二年(1734)吳家龍刻本　二十四冊

410000－2206－0000794　41017－24
西湖志纂十五卷首一卷　(清)沈德潛　(清)
傅王露輯　(清)梁詩正等纂　清乾隆二十年
(1755)賜經堂刻二十七年(1762)增刻本
八冊

410000－2206－0000795　41025－29
西湖志纂十二卷首一卷末一卷　(清)沈德潛
(清)傅王露輯　(清)梁詩正等纂　清乾隆
二十年(1755)賜經堂刻二十三年(1758)增刻
本　五冊

410000－2206－0000796　42303－308
嵩山志二十卷首一卷　(清)葉封撰　清康熙
十八年(1679)刻本　六冊

410000－2206－0000797　42298－302
嵩山志二十卷首一卷　(清)葉封撰　清康熙
十八年(1679)刻本　五冊

410000－2206－0000798　41516
[乾隆]嚴州府志不分卷　(清)吳士進修　清
末抄本　一冊

410000－2206－0000799　41182－205
[道光]新建縣志七十四卷首一卷末一卷
(清)雷學淦修　(清)曹師曾纂　清道光十年

(1830)刻本　二十四冊

410000－2206－0000800　41072－77
[乾隆]新泰縣志二十卷首一卷　(清)江乾達
修　(清)牛士瞻等纂　清乾隆四十九年
(1784)刻光緒十七年(1891)徐致愉增刻本
六冊

410000－2206－0000801　41276－87
[乾隆]徐州府志三十卷首一卷　(清)石傑修
(清)王峻纂　清乾隆七年(1742)刻本　十
二冊

410000－2206－0000802　41312
學海堂志一卷　(清)林伯桐撰　(清)陳澧續
修　清道光十八年(1838)刻本　一冊

410000－2206－0000803　42764－771
元豐九域志十卷　(宋)王存撰　清乾隆四十
二年(1777)福建刻武英殿聚珍版書本　八冊

410000－2206－0000804　43675－86
徐霞客遊記十卷外編一卷　(明)徐宏祖撰
清乾隆四十一年(1776)徐鎮孩浦邨莊刻本
十二冊

410000－2206－0000805　41548－53
[乾隆]章邱縣志十三卷首一卷　(清)張萬青
纂修　清乾隆二十年(1755)刻本　六冊

410000－2206－0000806　41654－55
[光緒]章邱縣鄉土志二卷　(清)楊學淵修
(清)李洪鈺纂　清光緒三十三年(1907)石印
本　二冊

410000－2206－0000807　42799－800
[乾隆]永清縣志二十五篇　(清)周震榮修
(清)章學誠纂　清乾隆四十四年(1779)刻嘉
慶十八年(1813)補刻本　二冊

410000－2206－0000808　41398－497
[雍正]敕修浙江通志二百八十卷首三卷
(清)李衛等修　(清)傅王露等纂　清乾隆元
年(1736)刻嘉慶十七年(1812)補刻本　一
百冊

410000－2206－0000809　51382－91

重修宣和博古圖錄三十卷　（宋）王黼撰　明萬曆二十七年（1599）刻本　十冊

410000－2206－0000810　51806－11
金石錄三十卷　（宋）趙明誠撰　清順治七年（1650）刻本　六冊

410000－2206－0000811　51824－29
金石錄三十卷　（宋）趙明誠撰　清順治七年（1650）刻本　六冊

410000－2206－0000812　58611－12
錢錄十六卷　（清）梁詩正輯　清末石印本　二冊

410000－2206－0000813　51965－72
闕里文獻考一百卷　（清）孔繼汾述　（清）孔昭煥纂　清乾隆二十七年（1762）刻本　八冊

410000－2206－0000814　51957－64
闕里文獻考一百卷　（清）孔繼汾述　（清）孔昭煥纂　清乾隆二十七年（1762）刻本　八冊

410000－2206－0000815　52084－87
石墨鐫華八卷　（明）趙崡撰　明萬曆四十六年（1618）趙氏刻本　四冊

410000－2206－0000816　51759－62
集古錄十卷　（宋）歐陽修撰　清順治四坐堂刻本　四冊

410000－2206－0000817　51763－66
集古錄十卷　（宋）歐陽修撰　清順治四坐堂刻本　四冊

410000－2206－0000818　13－00915
漢書食貨志一卷　（漢）班固撰　（唐）顏師古注　清光緒八年（1882）遵義黎氏日本東京使署刻古逸叢書本（原缺卷下）　一冊

410000－2206－0000819　20596－615
南史八十卷　（唐）李延壽撰　明嘉靖十年（1531）南京國子監刻萬曆十六年至十九年（1588－1591）清遞修二十一史本　二十

410000－2206－0000820　20576－95
南史八十卷　（唐）李延壽撰　明嘉靖十年（1531）南京國子監刻萬曆十六年至十九年

（1588－1591）清遞修二十一史本　二十冊

410000－2206－0000821　13－00918
南史八十卷　（唐）李延壽撰　明嘉靖十年（1531）南京國子監刻萬曆十六年至十九年（1588－1591）清遞修二十一史本　十三冊存五十二卷（四至六、十一至十四、二十七至六十六、六十九至七十三）

410000－2206－0000822　20406－13
北齊書五十卷　（唐）李百藥撰　明嘉靖十年（1531）南京國子監刻萬曆十六年至十七年（1588－1589）、清順治十六年（1659）遞修本　八冊

410000－2206－0000823　13－00920
北史一百卷　（唐）李延壽撰　明嘉靖十年（1531）南京國子監刻萬曆十六年至二十一年（1588－1593）、清順治十六年（1659）遞修二十一史本　十四冊　存四十四卷（三至十五、三十一至六十一）

410000－2206－0000824　27608－999
二十四史二十四種　清光緒二十八年（1902）上海圖書集成印書局鉛印本　三百九十二冊

410000－2206－0000825　23674－24073
二十四史二十四種　清光緒三十四年（1908）上海集成圖書局鉛印本　三百二十六冊

410000－2206－0000826　24768－25478
二十四史二十四種　清光緒二十九年（1903）五洲同文局石印本　七百十一冊

410000－2206－0000827　25479－24186
二十四史二十四種　清光緒十年（1884）上海同文書局石印本　七百八冊　缺二十卷（舊五代史二十五至三十、一百三十七至一百五十）

410000－2206－0000828　26187－896
二十四史二十四種　清光緒十年（1884）上海同文書局石印本　七百十冊

410000－2206－0000829　28000－369
二十四史二十四種　清光緒三十三年（1907）

上海華商集成圖書公司鉛印本　三百七十冊
　缺一百五十五卷(北史一至五,晉書九十六
至一百三,南齊書十至十四,舊唐書七十九至
九十七,唐書七十一至七十二、一百四十一至
一百五十二,宋史十三至二十五,明史八十二
至九十九、一百六至一百十二、一百二十四至
一百三十五、一百八十二至二百七、二百九十
八至三百十一、三百十九至三百三十二)

410000－2206－0000830　12－00930

四史四種　(漢)司馬遷等撰　清光緒十年
(1884)上海同文書局石印本　一百二十八冊

410000－2206－0000831　21336－55

史記一百三十卷　(漢)司馬遷撰　清光緒二
年(1876)武昌張氏刻本　二十冊

410000－2206－0000832　21356－75

史記一百三十卷　(漢)司馬遷撰　(南朝宋)
裴駰集解　(唐)司馬貞索隱　(唐)張守節正
義　清同治五年至九年(1866－1870)金陵書
局刻本　二十冊

410000－2206－0000833　21376－99

史記一百三十卷　(漢)司馬遷撰　**正義一卷**
　(唐)張守節撰　**補史記三皇本紀一卷**
(唐)司馬貞撰　清同治九年(1870)楚北崇文
書局刻本　二十四冊

410000－2206－0000834　21400－423

史記一百三十卷　(漢)司馬遷撰　**正義一卷**
　(唐)張守節撰　**補史記三皇本紀一卷**
(唐)司馬貞撰　清同治九年(1870)楚北崇文
書局刻本　二十四冊

410000－2206－0000835　12－00938

二十四史二十四種　清光緒十年(1884)上海
同文書局石印本　六百十八冊　存二十三種
二千六百七十五卷

410000－2206－0000836　21450－465

史記一百三十卷　(漢)司馬遷撰　清光緒十
四年(1888)上海圖書集成印書局鉛印本　十
六冊

410000－2206－0000837　21466－491

欽定史記一百三十卷　(漢)司馬遷撰　清光
緒十年(1884)上海同文書局石印二十四史本
　二十六冊

410000－2206－0000838　21492－99

史記一百三十卷　(漢)司馬遷撰　清光緒三
十一年(1905)上海久敬齋石印本　八冊

410000－2206－0000839　21500－31

古香齋鑒賞袖珍史記一百三十卷　(漢)司馬
遷撰　清光緒七年(1881)孔氏萬卷堂刻本
三十二冊

410000－2206－0000840　12－00945

史記一百三十卷　(漢)司馬遷撰　(南朝宋)
裴駰集解　(唐)司馬貞索隱　(唐)張守節正
義　清乾隆四年(1739)武英殿刻本　九冊
存五十五卷(五至二十六、三十三至四十一、
五十三至六十八、一百十五至一百二十二)

410000－2206－0000841　12－00946

史記一百三十卷　(漢)司馬遷撰　(南朝宋)
裴駰集解　(唐)司馬貞索隱　(唐)張守節正
義　清同治十一年(1872)成都書局刻四史本
　十一冊　存三十卷(一至三十)

410000－2206－0000842　12－00947

史記一百三十卷索隱二卷　(漢)司馬遷撰
清光緒四年(1878)金陵書局刻二十四史本
十三冊　存一百四卷(一至三十七、四十四至
一百十)

410000－2206－0000843　12－00948

史記一百三十卷　(漢)司馬遷撰　(南朝宋)
裴駰集解　**索隱二卷**　(唐)司馬貞撰　清光
緒四年(1878)金陵書局刻二十四史本　十
六冊

410000－2206－0000844　1200949

史記一百三十卷　(漢)司馬遷撰　(南朝宋)
裴駰集解　(唐)司馬貞索隱　(唐)張守節正
義　清乾隆四年(1739)武英殿刻本　二十
五冊

410000－2206－0000845　12－00950

史記一百三十卷　(漢)司馬遷撰　(南朝宋)

裴駰集解　（唐）司馬貞索隱　（唐）張守節正
義　清光緒十四年（1888）上海蜚英館石印本
八冊

410000－2206－0000846　42998－43009

大清一統輿圖三十一卷　（清）嚴樹森編　清
同治二年（1863）景桓樓刻本（有圖）　十二冊

410000－2206－0000847　42912－982

讀史方輿紀要一百三十卷輿圖要覽四卷
（清）顧祖禹輯著　清光緒五年（1879）敷文閣
刻本（有圖）　七十一冊

410000－2206－0000848　42897－98

地球韻言四卷　（清）張士瀛撰　清光緒二十
三年（1897）刻本　二冊

410000－2206－0000849　12－00956

地球韻言四卷　（清）張士瀛撰　清光緒二十
八年（1902）京都廣文書舍刻本　二冊

410000－2206－0000850　42895－96

地球韻言四卷　（清）張士瀛撰　清光緒二十
八年（1902）刻本　二冊

410000－2206－0000851　42894

地學歌略一卷　（清）葉瀾著　清刻本　一冊

410000－2206－0000852　12－00960

方輿全圖總說五卷　（清）顧祖禹輯　（清）浦
錫齡校訂　清光緒二十七年（1901）上海圖書
集成局鉛印本　四冊

410000－2206－0000853　12－00961

北學編四卷　（清）魏一鰲輯　（清）尹會一續
輯　清道光二十四年（1844）刻本　一冊　存
二卷（三至四）

410000－2206－0000854　1200962

北學編四卷　（清）魏一鰲輯　清同治七年
（1868）刻本　一冊　存二卷（一至二）

410000－2206－0000855　37826

陳學考七卷　（清）曹若枬編輯　清光緒二十
九年（1903）刻本　一冊

410000－2206－0000856　36226－32

大清搢紳全書不分卷　（清）榮祿堂編　清宣

統三年（1911）榮祿堂刻本　七冊

410000－2206－0000857　12－00966

大清搢紳全書不分卷中樞備覽二卷　（清）
□□輯　清光緒十三年（1887）來鹿堂刻本
五冊

410000－2206－0000858　12－00967

大清中樞備覽二卷　（清）□□輯　清光緒十
七年（1891）刻本　一冊

410000－2206－0000859　38309－316

貳臣傳八卷　（清）國史館編　清京都琉璃廠
榮錦書坊刻本　八冊

410000－2206－0000860　38301－8

二十四史分類言行錄四十二卷　（清）錢大昕
輯　清光緒二十八年（1902）上海書局石印本
八冊

410000－2206－0000861　36734－37

古列女傳七卷　（漢）劉向撰　**續列女傳**
（□）□□撰　（明）黃魯曾贊　清光緒元年
（1875）湖北崇文書局刻本　四冊

410000－2206－0000862　37349－72

國朝先正事略六十卷　（清）李元度纂　清同
治五年（1866）循陔草堂刻本　二十四冊

410000－2206－0000863　37373－96

國朝先正事略六十卷　（清）李元度纂　清同
治五年（1866）循陔草堂刻本　二十四冊

410000－2206－0000864　37397－420

國朝先正事略六十卷　（清）李元度纂　清同
治五年（1866）循陔草堂刻本　二十四冊

410000－2206－0000865　37421－44

國朝先正事略六十卷　（清）李元度纂　清同
治五年（1866）循陔草堂刻本　二十三冊

410000－2206－0000866　37339－48

國朝先正事略六十卷　（清）李元度纂　清光
緒十二年（1886）鉛印本　十冊

410000－2206－0000867　43243－258

廣輿記二十四卷　（明）陸應陽　（清）蔡方炳
纂輯　清乾隆九年（1744）四美堂刻本　十

六冊

410000－2206－0000868　12－00982

重訂廣輿記二十四卷　（清）蔡方炳增輯　清光緒四年(1878)刻本　十二冊

410000－2206－0000869　40584－5

續漢書八志三十卷　（晉）司馬彪撰　（南朝梁）劉昭注補　清刻本　二冊

410000－2206－0000870　43509

漢書地理志二卷　（清）汪遠孫撰　清道光二十七年(1847)刻本　一冊

410000－2206－0000871　43812－19

朔方備乘六十八卷首十二卷　（清）何秋濤著　清末石印本　八冊

410000－2206－0000872　43804－11

朔方備乘六十八卷首十二卷　（清）何秋濤撰　清光緒七年(1881)石印本　八冊

410000－2206－0000873　43103－138

太平寰宇記二百卷目錄二卷　（宋）樂史撰　清光緒八年(1882)金陵書局刻本　三十六冊

410000－2206－0000874　43073－101

太平寰宇記二百卷目錄二卷　（宋）樂史撰　清嘉慶八年(1803)紅杏山房刻本　二十九冊

410000－2206－0000875　12－00990

天下郡國利病書一百二十卷　（清）顧炎武輯　清道光三年(1823)刻本　四十四冊

410000－2206－0000876　37316－38

國朝先正事略六十卷　（清）李元度纂　清同治五年(1866)森寶堂刻本　二十三冊

410000－2206－0000877　37308－15

國朝先正事略六十卷　（清）李元度纂　清光緒二十五年(1899)上海圖書集成局鉛印本　八冊

410000－2206－0000878　12－00993

國朝先正事略六十卷　（清）李元度纂　清同治五年(1866)循陔草堂刻本　三十二冊

410000－2206－0000879　12－00995

國朝先正事略六十卷　（清）李元度纂　清同治五年(1866)循陔草堂刻本　三十一冊　存五十八卷(一至三十二、三十五至六十)

410000－2206－0000880　12－00996

國朝先正事略六十卷續八卷　（清）李元度纂　清光緒二十五年(1899)上海圖書集成局鉛印本　九冊　缺四卷(續一至四)

410000－2206－0000881　37659－74

國朝中州名賢集五種　（清）黃舒昺編　清光緒十七年(1891)睢陽洛學書院刻本　十六冊

410000－2206－0000882　37675－89

中州名賢集十九卷　（清）黃舒昺編輯　清光緒十九年(1893)睢陽洛學書院刻本　十五冊　缺三卷(十一至十三)

410000－2206－0000883　12－00999

國朝中州名賢集十二卷首一卷　（清）黃舒昺撰　清光緒十九年(1893)刻本　六冊　存六卷(三、五、七至八、十,首一卷)

410000－2206－0000884　43019－66

天下郡國利病書一百二十卷　（清）顧炎武輯　清道光龍萬育敷文閣刻光緒五年(1879)蜀南桐花書屋薛氏家塾重修本　四十八冊

410000－2206－0000885　43570－653

小方壺齋輿地叢鈔十二帙　王錫祺輯　清光緒十七年(1891)上海著易堂鉛印本　八十四冊

410000－2206－0000886　44150

方輿紀略不分卷邊海邊疆續編不分卷　（清）謝蘭生輯　清刻本　一冊

410000－2206－0000887　44124－42

輿地紀勝二百卷　（宋）王象之著　清咸豐五年(1855)南海伍氏刻本　十九冊　存一百四十九卷(一至八十二、一百三至一百三十五、一百四十五至一百五十九、一百七十四至一百九十二)

410000－2206－0000888　44143

輿地三字經一卷　（清）□□撰　清刻本

一冊

410000－2206－0000889　44123

禹貢圖說不分卷　（清）馬俊良繪　清端溪書院刻本　一冊

410000－2206－0000890　44148

輿圖總論註釋不分卷　（清）謝蘭生著　清刻本　一冊

410000－2206－0000891　44160－61

史記探源八卷　（清）崔適著　清宣統二年（1910）鉛印本　二冊

410000－2206－0000892　441602－63

史記探源八卷　（清）崔適著　清宣統二年（1910）鉛印本　二冊

410000－2206－0000893　22502－05

校刊史記集解索隱正義札記五卷　（清）張文虎撰　清同治十一年（1872）金陵書局刻本　二冊

410000－2206－0000894　12－01014

校刊史記集解索隱正義札記五卷　（清）張文虎撰　清同治十一年（1872）金陵書局刻本　二冊

410000－2206－0000895　12－01015

北史一百卷　（唐）李延壽撰　清光緒三十四年（1908）上海集成圖書公司鉛印本　十六冊

410000－2206－0000896　12－01017

北史一百卷　（唐）李延壽撰　清光緒十年（1884）上海同文書局石印本　一冊　存三卷（二十二至二十四）

410000－2206－0000897　20616－21

南北史補志十四卷　（清）王士鐸撰　清光緒四年（1878）淮南書局刻本　六冊

410000－2206－0000898　12－01020

南史八十卷　（唐）李延壽撰　清同治十二年（1873）金陵書局刻本　十二冊

410000－2206－0000899　12－01022

南史八十卷　（唐）李延壽撰　明崇禎十三年（1640）琴川毛氏汲古閣刻十七史本　八冊

存三十八卷（一至二十五、三十三至四十一、七十七至八十）

410000－2206－0000900　12－01023

舊五代史一百五十卷　（宋）薛居正撰　清掃葉山房刻本　十六冊

410000－2206－0000901　12－01024

舊五代史一百五十卷目錄二卷　（宋）薛居正撰　清同治刻本　八冊　存七十六卷（七十五至一百五十）

410000－2206－0000902　12－01027

五代史七十四卷　（宋）歐陽修撰　清同治刻本　二冊　存十三卷（五十二至六十四）

410000－2206－0000903　21076－87

前漢書一百二十卷　（漢）班固撰　清光緒二十六年（1900）煥文書局鉛印本　十二冊

410000－2206－0000904　21034－65

前漢書一百二十卷　（漢）班固撰　清光緒八年（1882）鉛印本　三十二冊

410000－2206－0000905　36754－55

國史儒林傳二卷　（清）阮元撰　清嘉慶刻本　二冊

410000－2206－0000906　36790

懷學編五卷　（清）王嵩德輯　清光緒三十年（1904）懷郡同善堂石印本　一冊

410000－2206－0000907　36840－871

畿輔人物考八卷　（清）孫奇逢輯　清同治八年（1869）兼山堂刻孫夏峰全集本　八冊

410000－2206－0000908　12－1039

畿輔人物考八卷　（清）孫奇逢輯　清同治八年（1869）兼山堂刻孫夏峰全集本　八冊

410000－2206－0000909　12－1040

畿輔人物考八卷　（清）孫奇逢輯　清同治八年（1869）兼山堂刻孫夏峰全集本　八冊

410000－2206－0000910　12－1042

畿輔人物考八卷　（清）孫奇逢輯　清同治八年（1869）兼山堂刻孫夏峰全集本　八冊

410000－2206－0000911　12－1045

節孝錄一卷　（清）郭風桐纂輯　清光緒刻本　一冊

410000－2206－0000912　36774－77

可恨人五卷人義二卷不義人一卷　（明）賀仲軾著　清康熙四十年(1701)刻本　四冊

410000－2206－0000913　36656－679

歷代名臣言行錄二十四卷　（清）朱桓輯　清光緒二十六年(1900)湖南書局刻本　二十四冊

410000－2206－0000914　36546－599

歷代名臣言行錄二十四卷　（清）朱桓輯　清光緒元年(1875)功城三讓刻本　三十六冊

410000－2206－0000915　36540－51

歷代名臣言行錄二十四卷　（清）朱桓輯　清光緒十七年(1891)上海廣百宋齋刻本　十二冊

410000－2206－0000916　26552－55

歷代名臣言行錄二十四卷　（清）朱桓編　清光緒二十八年(1902)上海寶義書局石印本　四冊

410000－2206－0000917　12－01053

中外地輿圖說集成一百三十卷首三卷　題（清）同康廬主人輯　清末刻本　二冊　存五卷(三十至三十四)

410000－2206－0000918　43389－414

皇朝中外壹統輿圖南十卷北二十卷中一卷首一卷　（清）嚴樹森撰　清同治二年(1863)鉛印本　二十六冊

410000－2206－0000919　43324－55

皇朝大清中外壹統輿圖南十卷北二十卷中一卷首一卷　（清）嚴樹森撰　清同治二年(1863)湖北撫署景桓樓刻本　三十二冊

410000－2206－0000920　42800－809

[嘉慶]安陽縣志二十八卷首一卷　（清）貴泰修　（清）武穆淳纂　清嘉慶二十四年(1819)刻本　十冊

410000－2206－0000921　42810－819

[嘉慶]安陽縣志二十八卷首一卷　（清）貴泰修　（清）武穆淳纂　清嘉慶二十四年(1819)刻本　十冊

410000－2206－0000922　36624－55

歷代名臣言行錄二十四卷　（清）朱桓輯　清光緒二十六年(1900)湖南書局刻本　三十二冊

410000－2206－0000923　36556－563

歷代名臣言行錄二十四卷　（清）朱桓輯　清光緒二十六年(1900)文瀾書局石印本　八冊

410000－2206－0000924　36600－623

歷代名臣言行錄二十四卷　（清）朱桓輯　清光緒十一年(1885)文光樓記刻本　二十四冊

410000－2206－0000925　12－01064

歷代名臣言行錄二十四卷　（清）朱桓編輯　清光緒二十四年(1898)上海宏文閣石印本　八冊

410000－2206－0000926　12－01065

歷代名臣言行錄三十六卷　（清）朱桓輯　清雍正七年(1729)稽古齋刻本　五冊　存十二卷(二十五至三十六)

410000－2206－0000927　36290－305

理學宗傳二十六卷　（清）孫奇逢輯　（清）魏一鼇等編　清康熙六年(1667)刻孫夏峰全集本　十六冊

410000－2206－0000928　36306－21

理學宗傳二十六卷　（清）孫奇逢輯　清康熙六年(1667)刻孫夏峰全集本　十六冊

410000－2206－0000929　36322－37

理學宗傳二十六卷　（清）孫奇逢輯　清康熙六年(1667)刻孫夏峰全集本　十六冊

410000－2206－0000930　36338－53

理學宗傳二十六卷　（清）孫奇逢輯　清康熙六年(1667)刻孫夏峰全集本　十六冊

410000－2206－0000931　12－01074

理學宗傳二十六卷　（清）孫奇逢撰　清康熙

六年(1667)刻孫夏峰全集本　十二冊

410000－2206－0000932　12－01075

理學宗傳二十六卷　(清)孫奇逢撰　清康熙
六年(1667)刻孫夏峰全集本　十二冊

410000－2206－0000933　36703－07

濂洛淵源錄二十四卷　(清)黃嗣東輯　清光
緒三十二年(1906)鳳山學舍刻本　五冊

410000－2206－0000934　36700－02

濂學編三卷　(清)黃嗣東編輯　清光緒二十
二年(1896)漢中刻本　三冊

410000－2206－0000935　21066－75

前漢書一百卷　(漢)班固撰　(漢)班昭續
(唐)顏師古注　清光緒三十一年(1905)上海
久敬齋石印本　十冊

410000－2206－0000936　28460－491

漢書一百卷首一卷　(漢)班固撰　(唐)顏師
古注　王先謙補注　清光緒二十六年(1900)
長沙王氏虛受堂刻本　三十二冊

410000－2206－0000937　12－01083

前漢書一百卷　(漢)班固撰　(唐)顏師古注
清光緒十四年(1888)上海圖書集成印書局
鉛印本　五冊　存二十五卷(十八至十九、二
十七至二十八、三十二至四十、五十七至六十
四、九十四至九十七)

410000－2206－0000938　12－01084

前漢書一百卷　(漢)班固撰　(唐)顏師古注
清光緒十四年(1888)上海圖書集成印書局
鉛印本　七冊　存四十六卷(二十七至二十
八上、三十二至四十、五十七至七十一、七十
八至九十七)

410000－2206－0000939　12－01085

前漢書一百卷　(漢)班固撰　(唐)顏師古注
清光緒三十年(1904)武林竹簡齋石印本
九冊　存九十五卷(一至九十五)

410000－2206－0000940　12－01086

前漢書一百卷　(漢)班固撰　(唐)顏師古注
清光緒石印本　四冊　存二十八卷(二十

七至四十、五十一至五十七、八十四至九十)

410000－2206－0000941　12－01098

[道光]寶豐縣志十六卷首一卷　(清)李彷梧
修　(清)耿興宗　(清)鮑桂徵纂　清道光十
七年(1837)刻本　五冊　存十三卷(四至十
六)

410000－2206－0000942　36688－91

列女傳八卷　(漢)劉向撰　(清)梁端注　清
道光十七年(1837)錢塘汪遠孫振綺堂刻本
四冊

410000－2206－0000943　36692－5

列女傳補注八卷　(清)王照圓撰　清嘉慶十
七年(1812)棲霞郝氏曬書堂刻本　四冊

410000－2206－0000944　36696－99

留溪外傳十八卷　(清)陳鼎撰　清光緒二十
四年(1898)武進盛氏刻本　四冊

410000－2206－0000945　36715－16

洛學編七卷　(清)湯斌撰　清咸豐五年
(1855)商邱陳氏刻本　二冊

410000－2206－0000946　36718－19

洛學編六卷　(清)湯斌撰　清光緒二年
(1876)江蘇節署鉛印本　二冊

410000－2206－0000947　36720－21

洛學編六卷　(清)湯斌輯　清光緒二年
(1876)有不為齋刻本　二冊

410000－2206－0000948　36722－23

洛學編六卷　(清)湯斌輯　清光緒二年
(1876)吳元炳鉛印本　二冊

410000－2206－0000949　36724－25

洛學編四卷　(清)湯斌輯　清道光三十年
(1850)灘儀田倣刻本　二冊

410000－2206－0000950　37874－75

儒林宗派十六卷　(清)萬斯同撰　清宣統三
年(1911)浙江圖書館刻本　二冊

410000－2206－0000951　37878－79

儒行集傳二卷　(明)黃道周輯　清道光二十
八年(1848)刻本　二冊

410000－2206－0000952　43760－63

長白徵存錄八卷首一卷　張鳳臺等輯　清宣統二年(1910)鉛印本　四冊

410000－2206－0000953　43744－51

長白徵存錄八卷首一卷　張鳳臺等輯　清宣統二年(1910)鉛印本　八冊

410000－2206－0000954　37876－77

儒行集傳二卷　(明)黃道周輯　清道光四年(1824)凝遠堂刻本　二冊

410000－2206－0000955　36130－209

滿漢名臣傳滿四十八卷漢三十二卷　(清)國史館編纂　清京都榮錦書房刻本　八十冊

410000－2206－0000956　12－01125

名宦錄不分卷　(清)□□輯　清道光刻本　一冊

410000－2206－0000957　12－011264

名宦錄不分卷　(清)□□輯　清同治刻本　一冊

410000－2206－0000958　53949－50

明儒詠二卷　(清)郭程先著　清道光二十年(1840)挹翠樓刻本　二冊

410000－2206－0000959　36047

明儒詠二卷　(清)郭程先著　清咸豐元年(1851)挹翠樓刻本　一冊

410000－2206－0000960　39420－40

[咸豐]大名府志二十二卷首一卷續志六卷末一卷　(清)朱燨等纂修　(清)武蔚文續修(清)郭程先續纂　(清)高繼珩增補　清咸豐三年(1853)刻本　二十一冊

410000－2206－0000961　39453－58

[乾隆]鄧州志二十四卷首一卷末一卷　(清)蔣光祖修　(清)姚之琅纂　清乾隆二十年(1755)刻本　六冊

410000－2206－0000962　36048－67

明儒學案六十二卷　(清)黃宗羲著　清乾隆四年(1739)慈谿鄭氏二老閣刻光緒八年(1882)馮全垓補修本　二十冊

410000－2206－0000963　12－01142

明儒學案六十二卷　(清)黃宗羲著　清乾隆四年(1739)慈谿鄭氏二老閣刻光緒八年(1882)馮全垓補修本　二十冊

410000－2206－0000964　12－01143

明儒學案六十二卷　(清)黃宗羲著　清乾隆四年(1739)慈谿鄭氏二老閣刻光緒八年(1882)馮全垓補修本　三十二冊

410000－2206－0000965　36265－76

南陽人物志十八卷　(清)劉沛然編　清同治九年(1870)南陽府衙刻本　十二冊

410000－2206－0000966　36277－88

南陽人物志十八卷　(清)劉沛然編　清同治九年(1870)南陽府衙刻本　十二冊

410000－2206－0000967　12－01150

尚友錄二十二卷　(明)廖用賢編纂　(清)張伯琮補輯　清康熙五年(1666)刻本　十二冊

410000－2206－0000968　42906－11

都門紀略十種　(清)楊靜亭輯　(清)徐永年增補　清宣統二年(1910)京都榮錄堂刻本　六冊

410000－2206－0000969　12－01091

前漢書一百二十卷　(漢)班固撰　(唐)顏師古注　清上海同文書局石印本　三十二冊存一百卷(一至一百)

410000－2206－0000970　12－01172

前漢書一百二十卷　(漢)班固撰　(唐)顏師古注　清光緒上海同文書局石印本　二十三冊　存八十一卷(二至十二、十五下、十六、二十至二十五、二十八至四十六、五十一至六十三、七十一至一百)

410000－2206－0000971　12－01173

前漢書一百二十卷　(漢)班固撰　(唐)顏師古注　清光緒上海同文書局石印本　十六冊　存四十三卷(二十一至四十、六十四至六十六、八十一至一百)

410000－2206－0000972　12－01174

漢書一百卷　（漢）班固撰　（唐）顏師古注
清同治八年(1869)金陵書局刻本　七冊　存
五十二卷(一至四十、續漢志一至十二)

410000－2206－0000973　12－01175

漢書一百卷首一卷　（漢）班固撰　（唐）顏師
古注　王先謙補註　清光緒二十六年(1900)
長沙王氏虛受堂刻本　八冊　存三十六卷
(二十九至六十四)

410000－2206－0000974　12－01176

前漢書一百卷　（漢）班固撰　（唐）顏師古注
明刻本　一冊　存三卷(二十八至三十)

410000－2206－0000975　12－01177

前漢書一百卷　（漢）班固撰　（唐）顏師古注
清光緒十三年(1887)金陵書局刻本　八冊
存四十一卷(十九至三十一、七十三至一
百)

410000－2206－0000976　12－01178

前漢書一百卷　（漢）班固撰　（唐）顏師古注
清光緒十三年(1887)金陵書局刻本　十
六冊

410000－2206－0000977　46647

光緒三十二年通商各關華洋貿易論略三卷
（清）上海通商海關造冊處譯　清光緒三十三
年(1907)上海通商海關造冊處鉛印本　一冊

410000－2206－0000978　12－01180

前漢書一百卷　（漢）班固撰　（唐）顏師古注
清光緒十三年(1887)金陵書局刻本　二十
二冊　存七十四卷(一至二十三、二十八至五
十五、六十至六十八、七十七至八十六、九十
七至一百)

410000－2206－0000979　12－01187

[雍正]河南通志八十卷　（清）田文鏡等修
（清）孫灝等纂　清雍正刻乾隆、道光、同治、
光緒遞修民國三年(1914)河南教育司補刻本
三十四冊　存六十八卷(一至五十八、六十
至六十三、六十七至七十二)

410000－2206－0000980　12－01191

前漢書一百卷　（漢）班固撰　（唐）顏師古注

清光緒石印本　十一冊　存四十六卷(十
六至五十七、六十七至七十)

410000－2206－0000981　12－01192

前漢書一百卷附考證　（漢）班固撰　（唐）顏
師古注　清同治十一年(1872)成都書局刻四
史本　五冊　存十九卷(六十九至八十七)

410000－2206－0000982　12－01193

前漢書一百卷　（漢）班固撰　（唐）顏師古注
清光緒十三年(1887)金陵書局刻本　七冊
存二十七卷(一至二十七)

410000－2206－0000983　12－01194

漢書一百卷　（漢）班固撰　（唐）顏師古注
清刻本　三冊　存十五卷(二十至三十、六十
九至七十二)

410000－2206－0000984　20736－75

漢書補註一百二十卷　（漢）班固撰　（唐）顏
師古注　王先謙補注　清光緒二十六年
(1900)上海文瑞樓鉛印本　四十冊

410000－2206－0000985　20776－98

漢書疏證三十六卷　（清）沈欽韓撰　清光緒
二十六年(1900)浙江官書局刻本　二十四冊

410000－2206－0000986　20646－53

後漢書九十卷　（南朝宋）范曄撰　（唐）李賢
注　志三十卷　（晉）司馬彪撰　（南朝梁）劉
昭注　清光緒三十一年(1905)上海久敬齋石
印本　八冊

410000－2206－0000987　20712－27

後漢書九十卷　（南朝宋）范曄撰　（唐）李賢
注　志三十卷　（晉）司馬彪撰　（南朝梁）劉
昭注　清光緒十四年(1888)上海圖書集成印
書局鉛印本　十六冊

410000－2206－0000988　20654－683

後漢書九十卷　（南朝宋）范曄撰　（唐）李賢
注　志三十卷　（晉）司馬彪撰　（南朝梁）劉
昭注　王先謙集解　清咸豐五年(1855)長沙
王氏刻本　三十冊

410000－2206－0000989　37286－97

學案小識十五卷　（清）唐鑑撰　清光緒十年（1884）刻本　十二冊

410000－2206－0000990　37884－85

人譜類記增訂六卷　（明）劉宗周著　清光緒三年（1877）湖北崇文書局刻本　二冊

410000－2206－0000991　12－01207

人譜類記二卷　（明）劉宗周撰　清同治七年（1868）刻本　二冊

410000－2206－0000992　12－01208

人物論二卷　（清）□□撰　清刻本　一冊　存一卷（下）

410000－2206－0000993　37847－48

蜀碧四卷　（清）彭遵泗編　清康熙二十四年（1685）善成堂刻本　二冊

410000－2206－0000994　38101－112

重刊宋名臣言行錄前集十卷後集十四卷續集八卷別集二十六卷外集十七卷　（宋）朱熹（宋）李幼武纂　清同治七年（1868）臨川桂氏刻本　十二冊

410000－2206－0000995　40454－93

[雍正]河南通志八十卷　（清）田文鏡等修（清）孫灝等纂　清雍正刻乾隆、道光、同治、光緒遞修民國三年（1914）河南教育司補刻本（有圖）　四十冊

410000－2206－0000996　12－01212

[乾隆]續河南通志八十卷首四卷　（清）阿思哈　（清）嵩貴纂修　清乾隆三十二年（1767）刻道光、同治、光緒、民國三年（1914）河南教育司遞修本　二十四冊

410000－2206－0000997　12－01213

[乾隆]續河南通志八十卷首四卷　（清）阿思哈　（清）嵩貴纂修　清乾隆三十二年（1767）刻道光、同治、光緒、民國三年（1914）河南教育司遞修本　二十四冊

410000－2206－0000998　40282－86

[康熙]河內縣志五卷　（清）李槤修　（清）蕭家蕙　（清）史璉纂　清康熙三十二年（1693）刻本　五冊

410000－2206－0000999　40267－76

[道光]河內縣志三十六卷　（清）袁通修（清）方履籛　（清）吳育纂　清道光五年（1825）刻本　十冊

410000－2206－0001000　12－01218

[光緒]菏澤縣志二十卷　（清）凌壽柏修（清）宋明在纂　清光緒六年（1880）刻本　一冊　存一卷（十七）

410000－2206－0001001　43277－299

光緒湖北輿地記二十四卷　（清）湖北輿圖局編　清光緒二十年（1894）湖北輿圖局刻本　二十三冊　存二十三卷（二至二十四）

410000－2206－0001002　12－01221

宋名臣言行錄前集十卷後集十四卷續集八卷別集十三卷外集十七卷　（宋）朱熹纂輯（明）張采評閱　清康熙刻本　十八冊　缺四卷（外集一至四）

410000－2206－0001003　38098

宋史列傳一卷明史列傳一卷小學集注六卷（清）孫崇晉輯　清刻本　一冊

410000－2206－0001004　37914－45

宋元學案一百卷首一卷　（清）黃宗羲撰（清）黃百家纂輯　清光緒五年（1879）長沙寄廬刻本　三十二冊

410000－2206－0001005　37946－37985

宋元學案一百卷首一卷　（清）黃宗羲　（清）黃百家纂輯　清光緒五年（1879）長沙寄廬刻本　四十冊

410000－2206－0001006　37986－38033

宋元學案一百卷首一卷　（清）黃宗羲撰（清）黃百家纂輯　清光緒五年（1879）長沙寄廬刻本　四十八冊

410000－2206－0001007　38153－58

宋忠定趙周王別錄八卷　葉德輝編　清光緒三十四年（1908）長沙葉氏刻本　六冊

410000－2206－0001008　37863－65

聖賢像贊不分卷 題(明)冠洋子編 清光緒四年(1878)曲阜會文堂刻本 四冊

410000－2206－0001009 37859－62

皇朝聖師考七卷 (清)鄭曉如撰 清同治八年(1869)廣州華文堂刻本 四冊

410000－2206－0001010 20728－35

後漢書九十卷 (南朝宋)范曄撰 (唐)李賢注 志三十卷 (晉)司馬彪撰 (南朝梁)劉昭注 清光緒二十六年(1900)煥文書局鉛印本 八冊

410000－2206－0001011 12－01233

後漢書九十卷 (南朝宋)范曄撰 (唐)李賢注 志三十卷 (晉)司馬彪撰 (南朝梁)劉昭注 清光緒十四年(1888)上海蜚英館石印本 七冊 存七十五卷(一至六十四、七十四至八十四)

410000－2206－0001012 12－01234

後漢書一百二十卷志三十卷 (南朝宋)范曄撰 (唐)李賢注 志三十卷 (晉)司馬彪撰 (南朝梁)劉昭注 清光緒十年(1884)上海同文書局影印二十四史本 二十冊 存七十三卷(一、四十一至四十八、五十四至一百一十七)

410000－2206－0001013 12－01236

後漢書一百二十卷 (南朝宋)范曄撰 (唐)李賢注 志三十卷 (晉)司馬彪撰 (南朝梁)劉昭注 清乾隆刻本 八冊 存二十八卷(八十四至八十七、九十三至一百四、一百九至一百二十)

410000－2206－0001014 123812

後漢書九十卷 (南朝宋)范曄撰 (唐)李賢注 志三十卷 (晉)司馬彪撰 (南朝梁)劉昭注 清同治八年(1869)金陵書局刻本 十七冊 存六十九卷(一至四十四、五十三至五十七、六十一至六十九、七十四至七十六、八十至八十七)

410000－2206－0001015 12－01239

後漢書九十卷 (南朝宋)范曄撰 (唐)李賢注 志三十卷 (晉)司馬彪撰 (南朝梁)劉昭注 清光緒十年(1884)上海同文書局影印二十四史本 二冊 存六卷(一至六)

410000－2206－0001016 12－01240

後漢書九十卷 (南朝宋)范曄撰 (唐)李賢注 志三十卷 (晉)司馬彪撰 (南朝梁)劉昭注 清同治八年(1869)金陵書局刻本 八冊 存五十五卷(二十六至八十)

410000－2206－0001017 中州00001－4

周易俗說四卷 (清)郝醴著 清光緒十三年(1887)稿本 四冊

410000－2206－0001018 中州00018

劉曾騄詩文鈔不分卷 (清)劉曾騄撰 清宣統抄本 一冊

410000－2206－0001019 中州00032－46

大梁詩集三十四卷後集一卷 (清)王廉撰 清稿本 十五冊 存三十三卷(三至三十四、後集一卷)

410000－2206－0001020 中州00019

帝王盛軌一卷 (清)倭仁輯 清宣統抄本 一冊

410000－2206－0001021 37866－73

聖學宗傳十八卷 (明)周汝登編 清同治十年(1871)刻本 八冊

410000－2206－0001022 37837－46

國朝詩人徵略六十卷 (清)張維屏輯 清道光十年(1830)粵東省城富文齋刻本 十冊

410000－2206－0001023 36255－59

泰西各國名人言行錄十六卷 (清)張兆蓉纂編 清光緒二十九年(1903)上海書局石印本 四冊 缺二卷(十二至十三)

410000－2206－0001024 36262－4

唐縣節孝錄三卷 (清)沈同芳撰 清光緒二十六年(1900)刻本 三冊

410000－2206－0001025 36249－54

桐城耆舊傳十二卷 馬其昶撰 清宣統三年(1911)刻本 六冊

410000－2206－0001026 37449－50

湘軍陸師昭忠祠全錄三卷　(清)曾國藩撰
清同治七年(1868)刻本　二冊

410000－2206－0001027　37491－4
學宮景仰編八卷　(清)黃見三撰　清同治十三年(1874)知足知不足齋刻本　四冊

410000－2206－0001028　38214－17
伊洛淵源錄十四卷　(清)張伯行輯訂　清同治五年(1866)正誼書院刻本　四冊

410000－2206－0001029　12－01261
後漢書九十卷　(南朝宋)范曄撰　(唐)李賢注　志三十卷　(晉)司馬彪撰　(南朝梁)劉昭注　清同治八年(1869)金陵書局刻本　八冊　存六十七卷(五十四至九十、志三十卷)

410000－2206－0001030　12－01262
後漢書九十卷　(南朝宋)范曄撰　(唐)李賢注　志三十卷　(晉)司馬彪撰　(南朝梁)劉昭注　清同治八年(1869)金陵書局刻本　五冊　存三十卷(六十一至九十)

410000－2206－0001031　12－01263
後漢書九十卷　(南朝宋)范曄撰　(唐)李賢注　志三十卷　(晉)司馬彪撰　(南朝梁)劉昭注　清光緒十八年(1892)武林竹簡齋石印本　七冊　存一百四卷(一至四十、五十七至九十,志三十卷)

410000－2206－0001032　12－01264
後漢書九十卷　(南朝宋)范曄撰　(唐)李賢注　志三十卷　(晉)司馬彪撰　(南朝梁)劉昭注　清末刻本　三冊　存三十七卷(十四至四十二、志二十三至三十)

410000－2206－0001033　12－01266
後漢書九十卷　(南朝宋)范曄撰　(唐)李賢注　志三十卷　(晉)司馬彪撰　(南朝梁)劉昭注　清同治八年(1869)金陵書局刻本　五冊　存三十一卷(一至四、二十六至五十二)

410000－2206－0001034　20799－814
後漢書疏證三十卷　(清)沈欽韓撰　清光緒二十六年(1900)浙江官書局刻本　十六冊

410000－2206－0001035　22911－8
三國志六十五卷　(晉)陳壽撰　(南朝宋)裴松之注　清光緒十四年(1888)上海圖書集成印書局鉛印本　八冊

410000－2206－0001036　22931－8
三國志六十五卷　(晉)陳壽撰　(南朝宋)裴松之注　清光緒十三年(1887)江南書局刻本　八冊

410000－2206－0001037　12－01270
三國志六十五卷　(晉)陳壽撰　(南朝宋)裴松之注　清光緒十四年(1888)上海圖書集成印書局鉛印本　八冊

410000－2206－0001038　12－01273
[道光]淮寧縣志二十七卷首一卷　(清)永銘修　(清)雷季伸纂　清道光六年(1826)刻本　四冊　存十一卷(十一至十六、十九至二十二、首一卷)

410000－2206－0001039　12－01274
[道光]輝縣志二十卷首一卷末一卷　(清)周際華修　(清)戴銘等纂　清道光十五年(1835)刻本　一冊　存二卷(十七至十八)

410000－2206－0001040　12－01276
[道光]輝縣志二十卷首一卷末一卷　(清)周際華修　(清)戴銘等纂　(清)易劍重訂　清道光十五年(1835)刻光緒十四年至二十一年(1888－1895)遞修本　八冊

410000－2206－0001041　40187－92
[乾隆]獲嘉縣志十六卷首一卷　(清)吳喬齡修　(清)李棟纂　清乾隆二十一年(1756)刻本　六冊

410000－2206－0001042　40193－98
[乾隆]獲嘉縣志十六卷首一卷　(清)吳喬齡修　(清)李棟纂　清乾隆二十一年(1756)刻本　六冊

410000－2206－0001043　12－012804
[同治]畿輔通志三百卷首一卷　(清)李鴻章等修　(清)黃彭年等纂　清宣統二年(1910)石印本　二百四十四冊

410000－2206－0001044　38296－99

元朝名臣事略十五卷　（元）蘇天爵撰　清刻本　四冊

410000－2206－0001045　37769

浙江鄉試錄不分卷　（清）董兆奎編　清同治元年(1862)刻本　一冊

410000－2206－0001046　37553－58

浙江忠義錄十卷駐防表六卷　（清）馬新貽等纂修　清同治六年(1867)浙江采訪忠義總局刻本　六冊

410000－2206－0001047　37559－62

浙江忠義錄十卷駐防表六卷　（清）馬新貽等纂修　清同治六年(1867)浙江采訪忠義總局刻本　四冊　缺六卷(駐防表六卷)

410000－2206－0001048　37578

忠節錄不分卷　（清）李因篤撰　清刻本　一冊

410000－2206－0001049　37739－42

中興名臣事略八卷　朱孔彰撰　清光緒二十七年(1901)上海書局石印本　四冊

410000－2206－0001050　12－01290

中州八先生凝道錄不分卷　（清）張承華纂輯　清乾隆五十九年(1794)聚星書院刻本　一冊

410000－2206－0001051　12－01292

三國志六十五卷　（晉）陳壽撰　（南朝宋）裴松之注　清光緒三十年(1904)石印本　四冊

410000－2206－0001052　12－01295

晉書一百三十卷　（唐）房玄齡等撰　音義三卷　（唐）何超撰　清同治十年(1871)金陵書局刻本　七冊　存四十八卷(七十五至一百七、一百十六至一百三十)

410000－2206－0001053　12－0129

晉書一百三十卷　（唐）房玄齡等撰　音義三卷　（唐）何超撰　清同治十年(1871)金陵書局刻本　一冊　存六卷(九十五至一百)

410000－2206－0001054　40624－29

[乾隆]濟源縣志十六卷首一卷末一卷　（清）蕭應植修　（清）沈橒莊纂　清乾隆二十六年(1761)刻本　六冊

410000－2206－0001055　40634－39

[乾隆]濟源縣志十六卷首一卷末一卷　（清）蕭應植修　（清）沈橒莊纂　清乾隆二十六年(1761)刻本　六冊

410000－2206－0001056　40630－33

[嘉慶]續濟源縣志十二卷　（清）何荇芳修　（清）劉大觀纂　清嘉慶十八年(1813)刻本　四冊

410000－2206－0001057　40640－43

[嘉慶]續濟源縣志十二卷　（清）何荇芳修　（清）劉大觀纂　清嘉慶十八年(1813)刻本　四冊

410000－2206－0001058　40668－73

[同治]郟縣志十二卷　（清）姜篯修　（清）張熙瑞續修　（清）郭景泰纂　清咸豐九年(1859)刻同治四年(1865)增刻本　六冊

410000－2206－0001059　12－01306

[乾隆]江都縣志三十二卷　（清）黃湘修　（清）程夢星纂　清乾隆八年(1743)刻本　一冊　存四卷(一至四)

410000－2206－0001060　40888－95

[康熙]江南通志七十六卷　（清）于成龍等修　（清）張九徵　（清）陳焯纂　清康熙二十三年(1684)江西通志局刻本　八冊

410000－2206－0001061　43511－12

金陵瑣志五種　陳作霖編　清光緒二十六年(1900)金陵冶麓山房刻本　二冊　存四種七卷

410000－2206－0001062　20622－645

梁書五十六卷　（唐）姚思廉撰　清光緒十年(1884)上海同文書局石印二十四史本　八冊

410000－2206－0001063　22769－786

隋書八十五卷　（唐）長孫無忌等撰　清光緒十四年(1888)上海圖書集成印書局鉛印本

十八册

410000 – 2206 – 0001064　40680 – 83

[咸豐]金鄉縣志略十二卷首一卷　（清）宗穰
辰　（清）李壨纂修　清同治元年(1862)刻本
四册

410000 – 2206 – 0001065　43518 – 520

郡縣分韻考十卷　（清）黃本驥撰　清刻本
三册

410000 – 2206 – 0001066　43193 – 200

李氏五種　（清）李兆洛撰　清光緒二十四年
(1898)上海掃葉山房石印本　八册

410000 – 2206 – 0001067　12 – 01343

隋書八十五卷　（唐）長孫無忌等撰　附考異
（清）薛壽撰　清同治十年(1871)淮南書局
刻本　十二册

410000 – 2206 – 0001068　20815 – 54

舊唐書二百卷　（五代）劉昫等撰　清同治十
一年(1872)浙江書局刻本　四十册

410000 – 2206 – 0001069　37589 – 90

中州道學編二卷　（清）耿介輯　清嵩陽書院
刻本　二册

410000 – 2206 – 0001070　37630 – 58

中州人物考八卷　（清）孫奇逢輯　清道光二
十四年(1844)汜水官署刻本　八册

410000 – 2206 – 0001071　12 – 01353

中州人物考八卷　（清）孫奇逢輯　清道光二
十四年(1844)汜水官署刻本　六册

410000 – 2206 – 0001072　12 – 01354

中州人物考八卷　（清）孫奇逢輯　清道光二
十四年(1844)汜水官署刻本　六册

410000 – 2206 – 0001073　12 – 01355

中州人物考八卷　（清）孫奇逢輯　清道光二
十四年(1844)汜水官署刻本　九册

410000 – 2206 – 0001074　12 – 01356

中州人物考八卷　（清）孫奇逢輯　清道光二
十四年(1844)汜水官署刻本　八册

410000 – 2206 – 0001075　37690

中州人物志不分卷　（明）朱睦㮮著　清末民
國初抄本　一册

410000 – 2206 – 0001076　37712 – 729

中州先哲傳三十七卷　（清）李敏修纂　清刻
本　十八册　存三十五卷(一至二十、二十三
至三十七)

410000 – 2206 – 0001077　12 – 01373

金史一百三十五卷　（元）脫脫撰　清光緒二
十八年(1902)上海文瀾書局石印本　四册

410000 – 2206 – 0001078　12 – 01374

金史一百三十五卷　（元）脫脫撰　清同治十
三年(1874)江蘇書局刻本　二十三册

410000 – 2206 – 0001079　12 – 01376

元史二百十卷附藝文四卷氏族表三卷　（明）
宋濂撰　（清）錢大昕補纂　清同治十三年
(1874)江蘇書局刻本　四十三册

410000 – 2206 – 0001080　12 – 01377

欽定元史二百十卷　（明）宋濂撰　清光緒二
十九年(1903)五洲同文書局石印本　五十
一册

410000 – 2206 – 0001081　23096 – 9

元史譯文證補三十卷　（清）洪鈞撰　清光緒
二十三年(1897)刻本　四册　存二十卷(一
至六、九至十二、十四至十五、十八、二十二至
二十四、二十六至二十七、二十九至三十)

410000 – 2206 – 0001082　37889

佐雜譜二卷　（清）李庚乾輯　清光緒十九年
(1893)四川會文堂刻本　一册

410000 – 2206 – 0001083　36042 – 5

表忠錄四卷　（清）陳廷玉撰　清咸豐二年
(1852)刻本　四册

410000 – 2206 – 0001084　12 – 01387

岑毓英行狀一卷　（清）岑春榮等撰　清光緒
刻本　一册

410000 – 2206 – 0001085　36233

寶公實政彙編不分卷　（清）陳兩儀輯　清乾

隆十二年(1747)刻本 一冊

410000－2206－0001086 12－01392

明史三百三十六卷 （清）張廷玉纂修 清乾
隆刻本 九十九冊 存三百三十二卷（一至
三百三十二）

410000－2206－0001087 30473－92

春秋大事表五十卷輿圖一卷附錄一卷 （清）
顧棟高輯 清同治十二年(1873)山東尚志堂
刻本 二十冊

410000－2206－0001088 28520－627

**東華錄一百八十六卷(天命至雍正朝)續錄三
百三十卷(乾隆至咸豐朝)** 王先謙纂輯 清
光緒十年(1884)廣百宋齋鉛印本 一百八冊

410000－2206－0001089 828628－727

**東華錄四十四卷(天命至雍正朝)續錄二百四
十四卷(乾隆至同治朝)** 王先謙纂輯 清光
緒十年(1884)鉛印本 一百冊

410000－2206－0001090 28728－739

東華錄三十二卷(天命至雍正朝) （清）蔣良
騏輯 清乾隆三十年(1765)湘源刻本 十
二冊

410000－2206－0001091 28740－879

東華全錄四百九十四卷(天崇至咸豐朝) 王
先謙纂輯 清光緒十三年(1887)京都善成堂
刻本 一百四十冊

410000－2206－0001092 53577－53582、
28880－9013

東華全錄四百九十四卷(天崇至咸豐朝) 王
先謙編 清光緒十三年(1887)京都善成堂刻
本 一百四十冊

410000－2206－0001093 12－01403

東華續錄二百二十卷(光緒朝) 朱壽朋編
清宣統元年(1909)上海集成圖書公司鉛印本
五十冊 存一百七十卷(一至一百七十)

410000－2206－0001094 29485－308

東華續錄一百卷(同治朝) 王先謙編 清光
緒二十四年(1898)文瀾書局石印本 二十

四冊

410000－2206－0001095 53583－597

袁王綱鑑合編三十九卷首一卷 （明）袁黃輯
（明）王世貞編 **御撰明紀綱目二十卷**
（清）張廷玉等輯 清光緒三十年(1904)上海
商務印書館鉛印本 十五冊 缺四卷(十七
至二十)

410000－2206－0001096 12－01406

袁王綱鑑合編三十九卷首一卷 （明）袁黃輯
（明）王世貞編 **御撰明紀綱目二十卷**
（清）張廷玉等輯 清光緒三十年(1904)鉛印
本 十四冊

410000－2206－0001097 30219－260

綱鑑會編九十八卷 （清）葉澐輯錄 清刻本
四十二冊

410000－2206－0001098 30267－70

王鳳洲綱鑑會纂四十六卷 （明）王世貞撰
清光緒二十九年(1903)上海經香閣石印本
四冊

410000－2206－0001099 12－01409

御批鳳洲綱鑑會纂四十六卷 （明）王世貞撰
清末刻本 三十冊

410000－2206－0001100 12－01410

重訂王鳳洲先生綱鑑會纂二十三卷 （明）王
世貞撰 清末刻本 十二冊

410000－2206－0001101 12－01411

風燭學鈔四卷 （清）馬時芳輯 清道光十八
年(1838)中毓堂刻本 一冊 存二卷(一至
二)

410000－2206－0001102 811444

馮春暉行述一卷 （清）馮喜廣編 清道光十
六年(1836)蒼福堂刻本 一冊

410000－2206－0001103 36289

李鴻章傳十二章 梁啟超著 清光緒二十七
年(1901)鉛印本 一冊

410000－2206－0001104 36731－2

郎川公事略不分卷 （清）周作淵撰 清乾隆

五十五年(1790)郎川衙署刻本 二冊

410000－2206－0001105 12－01415

梁艮齋先生墓誌表合本一卷 （清）牛兆濂撰
清末石印本 一冊

410000－2206－0001106 12－01416

梁彥臣郭夫人行述一卷 （清）梁振炎撰 清
光緒二十四年(1898)刻本 一冊

410000－2206－0001107 12－01418

藺東崖行述一卷 （清）藺挺達撰 清刻本
一冊

410000－2206－0001108 12－01419

劉警夫行述一卷 （清）劉耀鄉撰 清同治刻
本 一冊

410000－2206－0001109 12－01420

路次卿行述一卷 （清）路一達 （清）路三達
撰 清道光二十五年(1845)刻本 一冊

410000－2206－0001110 12－01421

馮如堂行述不分卷 （清）□□撰 清刻本
一冊

410000－2206－0001111 12－01424

古蓼祝孝子事實一卷附清冊一卷 （清）竇以
綸撰 清光緒三十三年(1907)刻本 一冊

410000－2206－0001112 12－01425

固始祝會亭七旬壽序一卷 （清）祝祐撰 清
刻本 一冊

410000－2206－0001113 36839

漢丞相諸葛忠武侯傳一卷 （宋）張栻撰 清
刻本 一冊

410000－2206－0001114 36832－38

漢關侯事蹟彙編八卷附錄四卷 （清）萬之蕙
輯 清光緒二十五年(1899)刻本 七冊 存
十卷(二至六、八,附錄四卷)

410000－2206－0001115 中州00047－00048

節抄四書說約□□卷 （清）孫肇興撰 清抄
本 二冊

410000－2206－0001116 中州000510

固陵小草一卷 （明）侯應瑜著 清末抄本
一冊

410000－2206－0001117 中州00050

若園詩一卷渡江草一卷 （清）耿念劬著 清
抄本 一冊

410000－2206－0001118 中州00053

潘朝佑文集一卷 （清）潘朝佑撰 清抄本
一冊

410000－2206－0001119 中州00054

四書去郛不分卷 （清）景肇修述 清乾隆五
十年(1785)稿本 十二冊

410000－2206－0001120 36872

紀氏敬義堂家訓一卷 （清）紀大奎述 清嘉
慶二年(1797)刻本 一冊

410000－2206－0001121 36879

江忠烈公行狀一卷 （清）郭嵩燾撰 清刻本
一冊

410000－2206－0001122 36880

江忠烈公行狀一卷附壯節公行狀一卷 （清）
左宗棠 （清）郭嵩燾撰 清咸豐五年(1855)
刻本 一冊

410000－2206－0001123 36881

江忠烈公行狀一卷附壯節公行狀一卷 （清）
左宗棠 （清）郭嵩燾撰 清咸豐五年(1855)
刻本 一冊

410000－2206－0001124 36882

江忠烈公行狀一卷附壯節公行狀一卷 （清）
左宗棠 （清）郭嵩燾撰 清咸豐五年(1855)
刻本 一冊

410000－2206－0001125 12－01448

景賢祠事略 （清）楊塈輯 清道光五年
(1825)刻本 一冊

410000－2206－0001126 12－01450

李國瑞公崇祀鄉賢祠錄 （清）李鶴年撰 清
同治刻本 一冊

410000－2206－0001127 53662－675

增評加批歷史綱鑑補三十九卷首一卷 （明）

袁黃　（明）王世貞纂　清光緒二十八年
(1902)上海富強齋石印本　十四冊

410000－2206－0001128　12－01455
綱鑑易知錄九十二卷明鑑十五卷　（清）吳乘
權輯　清光緒二十四年(1898)上海宏文閣鉛
印本　十六冊

410000－2206－0001129　12－01456
王鳳洲先生綱鑑正史全編三十二卷　（明）王
世貞撰　（明）陳仁錫評　清初友益齋刻本
三十二冊

410000－2206－0001130　30306－345
綱鑑正史約三十六卷　（明）顧錫疇撰　（清）
陳宏謀增訂　清同治八年(1869)浙江書局刻
本　二十冊

410000－2206－0001131　12－01458
綱鑑正史約三十六卷　（明）顧錫疇撰　（清）
陳宏謀增訂　清同治八年(1869)浙江書局刻
本　二十冊

410000－2206－0001132　12－01459
綱鑑正史約三十六卷　（明）顧錫疇編　（清）
陳宏謀增訂　**資治通鑑綱目三編二十卷**
(清)張廷玉等撰　清光緒二十八年(1902)上
海古香閣石印本　六冊

410000－2206－0001133　12－01460
庚辛之際月表一卷　（清）王延釗撰　清光緒
三十三年(1907)京華印書局石印本　一冊

410000－2206－0001134　中州00076－79
禮記輯要四卷　（清）韓逢古撰　清抄本
一冊

410000－2206－0001135　12－01471
羅亦凡大令崇祀名宦錄一卷　（清）楊希閔輯
清光緒五年(1879)刻本　一冊

410000－2206－0001136　12－01472
馬肅齋行述一卷　（清）馬步衢撰　清道光刻
本　一冊

410000－2206－0001137　12－01473
馬肅齋行述一卷　（清）馬步衢撰　清道光刻

本　一冊

410000－2206－0001138　12－01474
孟太淑人行述一卷　（清）丁象震撰　清光緒
刻本　一冊

410000－2206－0001139　12－01476
齊禮堂行述不分卷　（清）齊重義撰　清道光
刻本　一冊

410000－2206－0001140　12－01484
王安瀾墓志銘一卷　馬吉樟撰　清石印本
一冊

410000－2206－0001141　12－01485
王安瀾墓志銘一卷　馬吉樟撰　清石印本
一冊

410000－2206－0001142　12－01488
王安瀾行述一卷　（清）王常懋撰　清宣統刻
本　一冊

410000－2206－0001143　12－01489
王安瀾行述一卷　（清）王常懋撰　清宣統刻
本　一冊

410000－2206－0001144　12－01490
王安瀾行述一卷　（清）王常懋撰　清宣統刻
本　一冊

410000－2206－0001145　12－01491
王安瀾行述一卷　（清）王常懋撰　清宣統刻
本　一冊

410000－2206－0001146　12－01492
王安瀾行述一卷　（清）王常懋撰　清宣統刻
本　一冊

410000－2206－0001147　12－01493
王安瀾行述一卷　（清）王常懋撰　清宣統刻
本　一冊

410000－2206－0001148　12－01494
王安瀾行述一卷　（清）王常懋撰　清宣統刻
本　一冊

410000－2206－0001149　12－01495
王安瀾行述一卷　（清）王常懋撰　清宣統刻

本　一冊

410000－2206－0001150　12－01496

王安瀾行述一卷　（清）王常懋撰　清宣統刻本　一冊

410000－2206－0001151　12－01497

王安瀾行述一卷　（清）王常懋撰　清宣統刻本　一冊

410000－2206－0001152　12－01498

王安瀾行述一卷　（清）王常懋撰　清宣統刻本　一冊

410000－2206－0001153　12－01500

王少白行實一卷　（清）王文烈撰　清光緒刻本　一冊

410000－2206－0001154　中州00082－00087

性理正宗八卷　（清）張伯行纂　清同治二年（1863）杜培誠抄本　六冊　存七卷（一至七）

410000－2206－0001155　中州000105－109

南潯詩稿不分卷　（清）錢九韶著　清咸豐十一年（1861）抄本　五冊

410000－2206－0001156　中州00113－4

南浦未定稿二卷　（清）錢九府撰　清稿本　二冊

410000－2206－0001157　30353－4

國朝翰詹源流編年二卷　（清）吳鼎雯著　清道光十三年（1833）刻本　二冊

410000－2206－0001158　30368－71

稽古錄二十卷　（宋）司馬光撰　清光緒九年（1883）解梁書院刻本　四冊

410000－2206－0001159　30356－67

司馬溫公稽古錄二十卷　（宋）司馬光撰　清同治十一年（1872）湖北崇文書局刻本　四冊

410000－2206－0001160　12－01515

司馬溫公稽古錄二十卷　（宋）司馬光撰　清同治十一年（1872）湖北崇文書局刻本　四冊

410000－2206－0001161　12－01516

司馬溫公稽古錄二十卷　（宋）司馬光撰　清

同治十一年（1872）湖北崇文書局刻本　四冊

410000－2206－0001162　12－01517

司馬溫公稽古錄二十卷　（宋）司馬光撰　清同治十一年（1872）湖北崇文書局刻本　四冊

410000－2206－0001163　30355

紀元編三卷末一卷　（清）李兆洛著　清同治十年（1871）合肥李鴻章刻李氏五種本　一冊

410000－2206－0001164　29567－74

歷代史表五十九卷　（清）萬斯同編　清光緒十九年（1893）上海古香閣石印本　八冊

410000－2206－0001165　12－01520

歷代統紀表十三卷　（清）段長基述　（清）段揩書編次　清嘉慶二十四年（1819）小酉山房刻本　二冊　存三卷（一至三）

410000－2206－0001166　中州00112

二溪山人集一卷　（清）錢冠眾撰　清稿本　一冊

410000－2206－0001167　中州00098

張道生雜誌不分卷　（清）張汪波撰　清嘉慶十八年（1813）抄本　一冊

410000－2206－0001168　中州00110

二灣遊庠紀略不分卷　（清）王紹義著　清光緒二十九年（1903）抄本　一冊

410000－2206－0001169　12－01531

王少白行實一卷　（清）王文烈撰　清光緒十七年（1891）刻本　一冊

410000－2206－0001170　12－01532

王聖田傳一卷　（清）王輅撰　清咸豐刻本　一冊

410000－2206－0001171　38279－82

文文忠公事略四卷　（清）姚協贊撰　良弼校　清光緒八年（1882）文氏刻本　四冊

410000－2206－0001172　12－01538

吳氏同生莊規不分卷　（清）吳其泰輯　清道光三十年（1850）刻本　一冊

410000－2206－0001173　38240－44

續吳先賢讚十五卷　（明）劉鳳撰　明萬曆刻
本　五冊　存十二卷（一至十二）

410000－2206－0001174　12－01540

吳政祥傳不分卷　（清）丁遜之撰　清光緒刻
本　一冊

410000－2206－0001175　中州1545

五濟遺稿一卷　（清）張暉吉撰　清抄本
一冊

410000－2206－0001176　29718－41

御批歷代通鑑輯覽一百二十卷　（清）傅恒編
纂　清光緒三十年（1904）商務印書館鉛印本
二十四冊

410000－2206－0001177　29742－65

御批歷代通鑑輯覽一百二十卷　（清）傅恒編
纂　清光緒二十年（1894）上海書局石印本
二十四冊

410000－2206－0001178　29766－89

御批歷代通鑑輯覽一百十六卷　（清）傅恒編
纂　清光緒二十九年（1903）上海通元書局石
印本　二十四冊

410000－2206－0001179　30118－141

御批歷代通鑑輯覽一百二十卷　（清）傅恒編
纂　清光緒三十年（1904）上海通元書局石印
本　二十四冊

410000－2206－0001180　29698－717

御批歷代通鑑輯覽一百二十卷　（清）傅恒編
纂　清光緒二十九年（1903）上海官書局石印
本　二十冊

410000－2206－0001181　2999－66－30061

御批歷代通鑑輯覽一百二十卷　（清）傅恒編
纂　清同治十年（1871）潯陽萬氏刻本　九十
六冊

410000－2206－0001182　29790－829

御批歷代通鑑輯覽一百二十卷　（清）傅恒編
纂　清光緒三十一年（1905）商務鉛印本　四
十冊

410000－2206－0001183　53598－661

御批歷代通鑑輯覽一百二十卷　（清）傅恒編
纂　清光緒二十五年（1899）新化三味堂刻本
六十四冊

410000－2206－0001184　29894－965

御批歷代通鑑輯覽一百十六卷　（清）傅恒編
纂　清光緒二十四年（1898）湖北書局刻本
七十二冊

410000－2206－0001185　30062－77

御批歷代通鑑輯覽一百二十卷　（清）傅恒編
纂　清光緒二十七年（1901）上海經香閣石印
本　十六冊

410000－2206－0001186　中州1569

楓香詞不分卷　（清）宋犖著　清抄本　一冊

410000－2206－0001187　12－01571

徐珥珊先生傳不分卷　（清）王儒行撰　清同
治刻本　一冊

410000－2206－0001188　38235－37

晏子春秋七卷　（春秋）晏嬰撰　（清）孫星衍
校并音義　清光緒元年（1875）浙江書局刻本
三冊

410000－2206－0001189　38238

楊芬錄不分卷　（清）倭仁　（清）毛昶熙撰
清咸豐八年（1858）刻本　一冊

410000－2206－0001190　12－01576

姚秋浦行述一卷　（清）姚薦撰　清咸豐刻本
一冊

410000－2206－0001191　中州00157

南原詩稿二卷　（清）陳履平著　清宣統抄本
一冊

410000－2206－0001192　12－01591

張一峰行述一卷　（清）張樹誠撰　清光緒三
十一年（1905）刻本　一冊

410000－2206－0001193　37774－76

張中丞專祠錄六卷　（清）侯慶勛輯　清光緒
四年（1878）浮梁侯氏寶岳齋刻本　三冊

410000－2206－0001194　37900－903

曾文正公事略四卷　（清）王定安撰　（清）李

鴻章審定　清光緒元年(1875)京都龍文齋刻本　四冊

410000－2206－0001195　12－01594
趙子美行述不分卷　(清)趙長保撰　清光緒二十一年(1895)刻本　一冊

410000－2206－0001196　37772－73
先儒趙子言行錄二卷　(清)陳廷鈞纂述　清同治九年(1870)楚北崇文書局刻本　二冊

410000－2206－0001197　37770－71
先儒趙子言行錄二卷　(清)陳廷鈞纂述　清同治九年(1870)楚北崇文書局刻本　二冊

410000－2206－0001198　12－01597
正陽佘本初行狀不分卷　(清)步翔藻撰　清同治刻本　一冊

410000－2206－0001199　37579－88
忠武誌八卷臥龍崗志二卷　(清)張鵬翮輯　清同治八年(1869)李澍刻本　十冊

410000－2206－0001200　53955－962
忠武誌八卷臥龍崗志二卷　(清)張鵬翮輯　清康熙四十年(1701)冰雪堂刻本　八冊

410000－2206－0001201　37568－77
忠武誌八卷臥龍崗志二卷　(清)張鵬翮輯　清同治八年(1869)李澍刻本　十冊

410000－2206－0001202　30078－097(1)
御批歷代通鑑輯覽一百二十卷　(清)傅恒編纂　清光緒十三年(1887)上海同文書局石印本　二十冊

410000－2206－0001203　30098－117(2)
御批歷代通鑑輯覽一百二十卷　(清)傅恒等纂　清光緒十三年(1887)上海同文書局石印本　二十冊

410000－2206－0001204　29830－93
御批歷代通鑑輯覽一百二十卷　(清)傅恒等纂　清同治十三年(1874)湖南書局刻本　六十四冊

410000－2206－0001205　29638－97
御批歷代通鑑輯覽一百二十卷　(清)傅恒等纂　清刻本　六十冊

410000－2206－0001206　29575－637
御批歷代通鑑輯覽一百二十卷　(清)傅恒等纂　清光緒二十五年(1899)新化三味堂刻本　六十四冊

410000－2206－0001207　12－01607
御批歷代通鑑輯覽一百二十卷　(清)傅恒等纂　清光緒二十八年(1902)萃文齋石印本　二十冊

410000－2206－0001208　12－01608
御批歷代通鑑輯覽一百二十卷　(清)傅恒等纂　清同治十一年(1872)湖北崇文書局刻本　六十四冊

410000－2206－0001209　30142－169
重訂王鳳洲先生綱鑑會纂四十六卷　(明)王世貞纂　(明)陳仁錫訂　清英德堂刻本　二十八冊

410000－2206－0001210　30170－187
鼎鍥趙田了凡袁先生編纂古本歷史大方綱鑑補三十九卷首一卷　(明)袁黃編纂　清刻本　十八冊　缺二卷(六至七)

410000－2206－0001211　12－01611
鼎鍥趙田了凡袁先生編纂古本歷史大方綱鑑補三十九卷首一卷　(明)袁黃編纂　清末刻本　二十九冊　存三十八卷(一至四、六至三十九)

410000－2206－0001212　30188
歷代甲子紀元表一卷　(清)董醇輯　清咸豐五年(1855)東昌書堂刻本　一冊

410000－2206－0001213　30190
歷代帝王紀年考一卷　(清)王檢心輯　清咸豐五年(1855)慎修堂刻本　一冊

410000－2206－0001214　30191－206
兩漢紀二種　(宋)王銍輯　清光緒二年(1876)嶺南學海堂刻本　十六冊

410000－2206－0001215　30207－218
兩漢紀二種　(宋)王銍輯　清光緒二年

（1876）嶺南述古堂刻本　十二冊

410000－2206－0001216　12－01618

史記正譌一卷　（清）王元啟撰　清光緒二十年（1894）廣雅書局刻本　一冊

410000－2206－0001217　12－01621

周穀田行狀一卷　（清）濮文暹撰　清光緒刻本　一冊

410000－2206－0001218　12－01622

朱步齋行狀一卷　（清）朱靖旬撰　清光緒刻本　一冊

410000－2206－0001219　37552

朱文端公行述一卷　（清）朱必楷撰　清刻本　一冊

410000－2206－0001220　12－01624

祝詒庭行述一卷　（清）祝祐撰　清道光刻本　一冊

410000－2206－0001221　37904－8

岑襄勤公［毓英］年譜十卷　（清）趙藩輯　清光緒二十五年（1899）西林岑春榮河朔使署刻本　五冊

410000－2206－0001222　37909－13

岑襄勤公［毓英］年譜十卷　（清）趙藩輯　清光緒二十五年（1899）西林岑春榮河朔使署刻本　五冊

410000－2206－0001223　12－01627

岑襄勤公［毓英］年譜十卷　（清）趙藩輯　清光緒二十五年（1899）西林岑春榮河朔使署刻本　五冊

410000－2206－0001224　12－01629

陳敬亭先生［心一］年譜一卷　（清）陳樂三編　清咸豐五年（1855）內鄉王檢心刻本　一冊

410000－2206－0001225　37760

思補齋自定年譜(仲升自訂年譜)一卷　（清）徐廣縉撰　清宣統二年（1910）鹿邑徐氏鉛印本　一冊

410000－2206－0001226　37761

思補齋自定年譜(仲升自訂年譜)一卷　（清）

徐廣縉撰　清宣統二年（1910）鹿邑徐氏鉛印本　一冊

410000－2206－0001227　36773

孔子編年四卷　（清）狄子奇編　清光緒十三年（1887）浙江書局刻孔孟編年本　一冊

410000－2206－0001228　36771－2

孔孟編年三種　（清）狄子奇輯　清光緒十三年（1887）浙江書局刻本　二冊　存二種八卷

410000－2206－0001229　36729－30

雷塘庵主弟子記八卷　（清）張鑑錄　清道光三十年（1850）刻本　二冊

410000－2206－0001230　36504－13

歷代名人年譜十卷　（清）吳榮光撰　清咸豐二年（1852）京都正文齋刻本　十冊

410000－2206－0001231　36682－85

李恕谷先生［塨］年譜五卷　（清）馮辰纂　清道光十六年（1836）刻本　四冊

410000－2206－0001232　36686－7

李恕谷先生［塨］年譜五卷　（清）馮辰纂　清末四存學會鉛印本　二冊

410000－2206－0001233　36714

小石山房叢書三十八種　（清）顧湘輯　清刻本　一冊　存二種四卷

410000－2206－0001234　30379－426

建炎以來繫年要錄二百卷　（宋）李心傳撰　清光緒八年（1882）仁壽蕭氏刻本　四十八冊

410000－2206－0001235　12－01643

詳訂世史類編六十一卷　（明）李純卿撰　清乾隆刻本　二冊　存四卷（五十三至五十四、六十至六十一）

410000－2206－0001236　12－01644

御撰通鑑綱目三編二十卷　（清）張廷玉等撰　清光緒二十六年（1900）善成堂刻本　六冊

410000－2206－0001237　12－01645

御撰通鑑綱目三編二十卷　（清）張廷玉等撰　清光緒二十八年（1902）聚和堂刻本　六冊

410000－2206－0001238　12－01646

五千年大事一覽表不分卷　（明）陳敬第編
清末鉛印本　十冊

410000－2206－0001239　12－01647

小腆紀年坿攷二十卷　（清）徐鼒撰　清咸豐
十一年(1861)刻本　十二冊

410000－2206－0001240　30439－50(2)

小腆紀年坿攷二十卷　（清）徐鼒撰　清咸豐
十一年(1861)刻本　十二冊

410000－2206－0001241　30451－4

竹書紀年統箋十二卷前編一卷雜述一卷
（南朝梁）沈約注　（清）徐文靖統箋　清光緒
三年(1877)浙江書局刻本　四冊

410000－2206－0001242　中州00153

壺天詩鈔一卷　（清）宋聖肱撰　清抄本
一冊

410000－2206－0001243　中州00159－00162

西園詩集七卷　（明）彭堯諭著　清末抄本
四冊

410000－2206－0001244　中州00192

鹿邑梁大呂事略一卷梁群英事略一卷附黑水
洋攷一卷　（清）洪符孫著　清抄本　一冊

410000－2206－0001245　12－01661

[乾隆]歷城縣志五十卷首一卷　（清）胡德琳
修　（清）李文藻等纂　清乾隆三十八年
(1773)刻本　八冊　存三十一卷(二十至五
十)

410000－2206－0001246　43157－172

歷代地理沿革表四十七卷　（清）陳芳績撰
清光緒二十一年(1895)廣雅書局刻本　十
六冊

410000－2206－0001247　43173－192

歷代輿地沿革表二十卷　龍學泰撰　清光緒
三十三年(1907)友琴山房石印本　二十冊

410000－2206－0001248　43146－156

歷代地理志韻編今釋二十卷皇朝輿地韻編一
卷紀元編一卷　（清）李兆洛輯　清咸豐十一

年(1861)憶蒼山館刻本　十一冊

410000－2206－0001249　39729－40

[光緒]臨漳縣志十八卷首一卷　（清）周秉彝
修　（清）周壽梓　（清）李耀中纂　清光緒三
十年(1904)刻本　十二冊

410000－2206－0001250　12－01668

[光緒]臨漳縣志十八卷首一卷　（清）周秉彝
修　（清）周壽梓　（清）李耀中纂　清光緒三
十年(1904)刻本　十二冊　存十七卷(一至
十一、十三、十五至十八,首一卷)

410000－2206－0001251　39748－51

[康熙]靈壽縣志十卷末一卷　（清）陸隴其修
（清）傅維檪纂　清康熙二十五年(1686)刻
本　四冊

410000－2206－0001252　39768－71

[光緒]重修盧氏縣志十八卷首一卷　（清）郭
光澍修　（清）李旭春纂　清光緒十八年
(1892)刻本　十冊

410000－2206－0001253　12－01672

履歷不分卷　（清）□□輯　清光緒刻本
一冊

410000－2206－0001254　36726

羅忠節公[澤南]年譜二卷　（清）郭嵩燾編
清同治二年(1863)長沙刻本　一冊

410000－2206－0001255　12－01676

錢警石[泰吉]年譜一卷　（清）錢應溥撰　清
同治刻本　一冊

410000－2206－0001256　12－01677

沈兆霖年譜不分卷　（清）沈兆霖撰　清同治
元年(1862)刻本　一冊

410000－2206－0001257　37849－50

雙池先生[汪紱]年譜四卷　（清）余龍光編
清光緒二十二年(1896)刻本　二冊

410000－2206－0001258　12－01679

高陽太傅孫文正公[承宗]年譜五卷　（明）孫
銓編輯　清刻本　一冊　存一卷(二)

410000－2206－0001259　31172－290

資治通鑑二百九十四卷 （宋）司馬光編集
（元）胡三省音註 釋文辯誤十二卷 （元）胡
三省撰 清嘉慶二十一年（1816）鄱陽胡克家
影元刻本 一百十冊 缺四十八卷（四十至
四十二、九十六至一百十一、一百十四至一百
十五、一百十七至一百二十三、一百二十六至
一百四十五）

410000 - 2206 - 0001260　53782 - 865

校刊資治通鑑全書八種 （清）胡元堂輯 清
光緒十七年（1891）刻本 八十四冊 存六種
三百九十七卷

410000 - 2206 - 0001261　30680 - 779

資治通鑑二百九十四卷 （宋）司馬光編集
（元）胡三省音註 釋文辯誤十二卷 （元）胡
三省撰 清嘉慶二十一年（1816）長沙佚老堂
刻本 一百冊

410000 - 2206 - 0001262　30496 - 539

資治通鑑二百九十四卷目錄三十卷 （宋）司
馬光編集 （元）胡三省音註 清光緒二十六
年（1900）上海圖書集成局鉛印本 四十四冊

410000 - 2206 - 0001263　30608 - 51

資治通鑑彙刻八種 （宋）司馬光編 清光緒
二十六年（1900）上海圖書集成局鉛印本 四
十四冊 存二種三百二十四卷

410000 - 2206 - 0001264　31060 - 171

續資治通鑑二百二十卷 （清）畢沅編集 清
嘉慶六年（1801）桐鄉馮氏補刻本 四十八冊

410000 - 2206 - 0001265　12 - 01691

續資治通鑑二百二十卷 （清）畢沅編集 清
乾隆鎮洋畢氏刻嘉慶六年（1801）桐鄉馮集梧
補刻本 六十四冊

410000 - 2206 - 0001266　31000 - 059

續資治通鑑二百二十卷 （清）畢沅編集 清
同治八年（1869）江蘇書局刻本 六十冊

410000 - 2206 - 0001267　31291 - 318

資治通鑑彙刻八種 （清）畢沅編 清光緒上
海積山書局石印本 二十八冊 存三種二百
九十卷

410000 - 2206 - 0001268　30652 - 79

續資治通鑑二百二十卷 （清）畢沅撰集 清
光緒二十六年（1900）上海圖書集成局鉛印本
二十八冊

410000 - 2206 - 0001269　30580 - 607

續資治通鑑二百二十卷 （清）畢沅編集 清
光緒二十六年（1900）上海圖書集成局鉛印本
二十八冊

410000 - 2206 - 0001270　30540 - 579

資治通鑑彙刻八種 （清）畢沅編 清光緒二
十六年（1900）上海圖書集成局鉛印本 四十
冊 存二種三百二十卷

410000 - 2206 - 0001271　31380 - 395

御批續資治通鑑綱目二十七卷 （明）商輅撰
清乾隆四十七年（1782）刻本 十六冊

410000 - 2206 - 0001272　31880 - 32007

資治通鑑綱目前編二十五卷 （明）南軒撰
（明）陳仁錫評閱 資治通鑑綱目五十九卷
（宋）朱熹撰 （明）陳仁錫評閱 續資治通鑑
綱目二十七卷續一卷 （明）商輅等撰 （明）
陳仁錫評閱 清嘉慶八年（1803）敬書堂刻本
一百二十八冊

410000 - 2206 - 0001273　32008 - 127

資治通鑑綱目前編二十五卷 （明）南軒撰
（明）陳仁錫評閱 資治通鑑綱目五十九卷
（宋）朱熹撰 （明）陳仁錫評閱 續資治通鑑
綱目二十七卷續一卷 （明）商輅等撰 （明）
陳仁錫評閱 清同治三年（1864）刻本 一百
二十冊

410000 - 2206 - 0001274　38283 - 88

王靖毅公［懿德］年譜二卷附錄四卷 （清）王
家勤編 清刻本 六冊

410000 - 2206 - 0001275　12 - 01704

王陽明先生［守仁］年譜二卷 （明）李春芳撰
清刻本 一冊 存一卷（二）

410000 - 2206 - 0001276　12 - 01705

文公朱子［熹］年譜一卷 （清）高愈輯 清刻
本 一冊

410000－2206－0001277　12－01706
許魯齋先生[衡]年譜一卷心法約編一卷　(清)鄭士範編輯　清光緒六年(1880)刻本　一册

410000－2206－0001278　12－01708
顏習齋年譜[元]二卷　(清)李塨著　清光緒三十四年(1908)國學保存會刻本　一册

410000－2206－0001279　38218－19
姚江[王守仁]年譜二卷　(清)張丙煐纂述　清同治十一年(1872)刻本　二册

410000－2206－0001280　38213
頤志齋四譜不分卷　(清)丁晏編　清道光二十三年(1843)刻頤志齋叢書本　一册

410000－2206－0001281　中州 00191
張跛仙詩集不分卷　(清)張履平撰　清同治稿本　一册

410000－2206－0001282　37777
張楊園先生[履祥]年譜一卷附錄一卷　(清)蘇惇元編　清同治三年(1864)錢塘丁氏刻當歸草堂叢書本　一册

410000－2206－0001283　37784－88
孫夏峰全集　(清)孫奇逢撰　清刻本　五册　存四種六卷

410000－2206－0001284　37789－90
徵君孫先生[奇逢]年譜二卷　(清)湯斌編　清乾隆元年(1736)刻本　二册

410000－2206－0001285　12－01726
徵君孫先生[奇逢]年譜二卷　(清)湯斌編　(清)方苞訂正　清康熙十四年(1675)刻本　二册

410000－2206－0001286　12－01727
徵君孫先生[奇逢]年譜二卷　(清)湯斌編　清乾隆刻本　二册

410000－2206－0001287　12－01729
周之琦年譜□□卷　(清)周汝筠撰　清末刻本　一册

410000－2206－0001288　37503－6
朱子[熹]年譜四卷考異四卷　(清)王懋竑纂　清同治九年(1870)永康應氏刻本　四册

410000－2206－0001289　39788－93
[光緒]鹿邑縣志十六卷首一卷　(清)于滄瀾　(清)馬家彥修　(清)蔣師轍纂　清光緒二十二年(1896)刻本　六册

410000－2206－0001290　43203
爐藏道里最新圖考不分卷　(清)張其勤錄稿　清光緒三十二年(1906)鉛印本　一册

410000－2206－0001291　43204
爐藏道里最新圖考不分卷　(清)張其勤錄稿　清光緒三十二年(1906)鉛印本　一册

410000－2206－0001292　12－01749
[嘉慶]洛陽縣志六十卷　(清)魏襄修　(清)陸继輅纂　清嘉慶十八年(1813)刻本　一册　存二卷(六至七)

410000－2206－0001293　39100－107
[嘉慶]澠池縣志十六卷　(清)甘楊聲修　(清)劉文運纂　清嘉慶十五年(1810)刻本　八册

410000－2206－0001294　37890－99
左文襄公[宗棠]年譜十卷　羅正鈞纂　清光緒十一年(1885)湘陰左氏刻本　十册

410000－2206－0001295　中州 00211
恕齋立誠錄二卷　(清)劉國輔著　清抄本　一册

410000－2206－0001296　中州 00212
恕齋文存二卷　(清)劉國輔著　清光緒抄本　一册

410000－2206－0001297　中州 00220
趙惠南家傳錄一卷　(清)趙振先撰　清同治抄本　一册

410000－2206－0001298　42861
秣陵集六卷　(清)陳文述著　清光緒十年(1884)淮南書局刻本　一册　存一卷(一)

410000－2206－0001299　12－01772
[光緒]南陽縣志十二卷首一卷　潘守廉修

張嘉謀　張鳳岡纂　清光緒三十年(1904)刻本　二冊　存二卷(七、十一)

410000－2206－0001300　39611－18
[宣統]寧陵縣志十二卷首一卷末一卷　（清）蕭濟南修　（清）呂敬直纂　清宣統三年(1911)刻本　八冊

410000－2206－0001301　中州00226
思誠齋自課不分卷　（清）楊方英撰　清宣統抄本　一冊

410000－2206－0001302　32191－310
資治通鑑綱目前編二十五卷　（明）南軒撰（明）陳仁錫評閱　資治通鑑綱目五十九卷(宋)朱熹撰　（明）陳仁錫評閱　續資治通鑑綱目二十七卷續一卷　（明）商輅等撰　（明）陳仁錫評閱　清嘉慶十三年(1808)同人堂刻本　一百二十冊

410000－2206－0001303　32319－22
御撰資治通鑑綱目三編二十卷　（清）張廷玉等編　清乾隆十一年(1746)刻本　四冊

410000－2206－0001304　12－01794
資治通鑑綱目前編二十五卷　（明）南軒撰（明）陳仁錫評閱　資治通鑑綱目五十九卷(宋)朱熹撰　（明）陳仁錫評閱　續資治通鑑綱目二十七卷續一卷　（明）商輅等撰　（明）陳仁錫評閱　清嘉慶九年(1804)刻本　一百冊　存七十卷(前編一至四、七至二十一,正編一至六、十八、二十至三十、三十六下、四十三至五十九,續編一至九、十五至十八、二十一、二十四、二十七)

410000－2206－0001305　12－01795
御撰資治通鑑綱目三編二十卷　（清）張廷玉等編　清刻本　六冊

410000－2206－0001306　12－01796
資治通鑑綱目前編十八卷外紀一卷舉要三卷　（元）金履祥編　明嘉靖三十九年(1560)歸人齋刻本　十六冊

410000－2206－0001307　12－01797
御撰資治通鑑綱目三編二十卷　（清）張廷玉

等撰　清乾隆刻本　六冊

410000－2206－0001308　12－01798
御撰資治通鑑綱目三編二十卷　（清）張廷玉等撰　清末刻本　五冊

410000－2206－0001309　12－01800
御撰資治通鑑綱目三編二十卷　（清）張廷玉等撰　清乾隆十一年(1746)刻本　六冊

410000－2206－0001310　12－01802
虎口日記不分卷(清咸豐十一年九月至十二月)　（清）魯叔容撰　清光緒二十二年(1896)刻本　一冊

410000－2206－0001311　12－01809
蒙難記□□卷　（清）李永茂撰　清刻本　一冊

410000－2206－0001312　38183－212
孫徵君日譜錄存三十六卷　（清）孫奇逢撰清光緒十一年(1885)刻孫夏峰全集本　三十冊

410000－2206－0001313　43524－43
乾隆府廳州縣圖志五十卷　（清）洪亮吉撰清光緒五年(1879)授經堂刻洪北江全集本二十冊

410000－2206－0001314　12－01813
乾隆府廳州縣圖志五十卷　（清）洪亮吉撰清光緒五年(1879)授經堂刻洪北江全集本七冊

410000－2206－0001315　43522－23
黔書二卷　（清）田雯撰　清康熙二十九年(1690)刻本　二冊

410000－2206－0001316　43546－53
闕里文獻考一百卷　（清）孔繼汾述　（清）孔昭煥纂　清乾隆二十七年(1762)刻本　八冊

410000－2206－0001317　38159－82
孫徵君日譜錄存三十六卷　（清）孫奇逢撰清光緒十一年(1885)刻孫夏峰全集本　十八冊

410000－2206－0001318　38220－21

遊譜一卷 （清）孫奇逢著 清順治十二年
(1655)刻本 二冊

410000－2206－0001319 38223－30

輶軒博紀四卷 邵松年編 清光緒二十年
(1894)刻本 八冊

410000－2206－0001320 38231－4

輶軒博紀四卷 邵松年編 清光緒二十年
(1894)刻本 四冊

410000－2206－0001321 38222

輶軒語三篇 （清）張之洞編輯 清光緒四年
(1878)刻本 一冊

410000－2206－0001322 83510－49

曾文正公手書日記不分卷(清道光二十一年
至同治十一年) （清）曾國藩著 清宣統元
年(1909)上海中國圖書公司石印本 四十冊

410000－2206－0001323 12－01834

鄧州高氏家傳不分卷 （清）高名世撰 清乾
隆三十五年(1770)刻本 一冊

410000－2206－0001324 12－01836

韓氏家範五卷 （清）韓光照輯 清末石印本
一冊

410000－2206－0001325 12－01837

紀御欽先生家傳不分卷 （清）柯逢時撰 清
光緒石印本 一冊

410000－2206－0001326 12－01838

李仲惠公家傳不分卷 （清）高劍中撰 清光
緒三年(1877)刻本 一冊

410000－2206－0001327 31416－431

資治通鑑考異三十卷 （宋）司馬光撰 清光
緒十年(1884)江右養雲書屋刻本 十六冊

410000－2206－0001328 31406－415

資治通鑑目錄三十卷 （宋）司馬光編 清同
治八年(1869)江蘇書局刻本 十冊

410000－2206－0001329 31396－405

資治通鑑目錄三十卷 （宋）司馬光編 清同
治八年(1869)江蘇書局刻本 十冊

410000－2206－0001330 12－01846

正續資治通鑑纂要二十七卷 （清）魏裔介纂
清末石印本 一冊 存四卷(二十一至二
十四)

410000－2206－0001331 32327－34

御撰資治通鑑明紀綱目二十卷 （清）張廷玉
編 清乾隆十一年(1746)刻本 八冊

410000－2206－0001332 中州00235

仁菴雜鈔一卷 （清）蕭麟德著 清抄本
一冊

410000－2206－0001333 中州00236

王丹君遺著一卷 （清）王詵桂著 清抄本
一冊

410000－2206－0001334 中州00237

崇禎進士田闓奏稿一卷 （明）田闓撰 清抄
本 一冊

410000－2206－0001335 28494－503

欽定明鑑二十四卷 （清）托津等纂 清同治
九年(1870)湖北崇文書局刻本 十冊

410000－2206－0001336 12－01863

明鑑易知錄十五卷 （清）吳乘權輯 清末刻
本 四冊 存十卷(六至十五)

410000－2206－0001337 53561－576

明通鑑一百卷附編六卷 （清）夏燮編輯 清
同治十二年(1873)宜黃官廨刻本 十六冊
存三十四卷(一至九、六十二至七十一、七十
五至八十二、八十七至九十,附編一至三)

410000－2206－0001338 53559－60

御撰通鑑綱目六卷 （清）張廷玉編 清光緒
二十八年(1902)江西太古義記公石印本
二冊

410000－2206－0001339 32549－51

四裔編年表四卷 （清）李鳳苞彙編 清光緒
二十三年(1897)石印本 三冊 存三卷(一
至三)

410000－2206－0001340 32552－55

四裔編年表四卷 （清）李鳳苞彙編 清同治

刻本 四冊

410000 – 2206 – 0001341　53946 – 48

元經薛氏傳十卷　（隋）王通撰　（宋）阮逸注
　清刻本　三冊

410000 – 2206 – 0001342　12 – 01780

江南北大營記事本末二卷　（清）杜文瀾編
清同治八年(1869)上海文富樓鉛印本　一冊

410000 – 2206 – 0001343　38261 – 64

吳氏世德錄四卷　吳重熹輯　清光緒九年
(1883)刻本　四冊

410000 – 2206 – 0001344　38245 – 60

吳越錢氏志二十四卷　（清）錢階泰撰　清嘉
慶三年(1798)錢文翰刻本　十六冊

410000 – 2206 – 0001345　12 – 01874

朱少襄家傳不分卷　（清）范廣衡撰　清光緒
三十二年(1906)石印本　一冊

410000 – 2206 – 0001346　12 – 01875

善化汪君家傳不分卷　（清）李桓撰　清同治
刻本　一冊

410000 – 2206 – 0001347　37793 – 96

增訂春秋世族源流圖考六卷　（清）陳厚耀撰
　（清）常茂徠增訂　清道光三十年(1850)夷
門怡古堂刻本　四冊

410000 – 2206 – 0001348　36214 – 21

古山陽范氏宗譜不分卷　（清）范汝棻撰　清
乾隆二十二年(1757)刻本　八冊

410000 – 2206 – 0001349　12 – 01879

固始吳氏家乘不分卷　（清）吳子健修　清光
緒七年(1881)石印本　一冊

410000 – 2206 – 0001350　12 – 01880

固始吳氏家譜□□卷　（清）吳□輯　清末思
源堂刻本　二冊　存二卷(三上、四下)

410000 – 2206 – 0001351　中州 00247 – 50

綠巖文集八卷　（清）姚肅撰　清宣統抄本
四冊

410000 – 2206 – 0001352　中州 00255

長葛縣武氏家傳一卷　（清）□□撰　清抄本
　一冊

410000 – 2206 – 0001353　中州 00257

河南長葛縣採訪錄一卷　（清）□□輯　清抄
本　一冊

410000 – 2206 – 0001354　12 – 01891

金史紀事本末五十二卷　（清）李有棠撰　清
光緒二十五年(1899)石印本　二冊　存二十
一卷(一至十三、二十七至三十四)

410000 – 2206 – 0001355　32521 – 40

遼金紀事本末二種　（清）李有棠編纂　清光
緒十九年(1893)同文書局石印本　十冊

410000 – 2206 – 0001356　32531 – 40

遼金紀事本末二種　（清）李有棠編纂　清光
緒十九年(1893)同文書局石印本　十冊

410000 – 2206 – 0001357　32374 – 423

歷朝紀事本末九種　（清）陳如升　（清）朱記
榮輯　清光緒二十二年(1896)慎記書莊石印
本　五十冊　存七種五百六十六卷

410000 – 2206 – 0001358　32424 – 65

歷朝紀事本末九種　（清）陳如升　（清）朱記
榮輯　清光緒二十八年(1902)上海捷記書局
石印本　四十二冊

410000 – 2206 – 0001359　32466 – 520

歷朝紀事本末九種　（清）陳如升　（清）朱記
榮輯　清光緒二十五年(1899)石印本　五十
五冊

410000 – 2206 – 0001360　12 – 01899

滿夷猾夏始末記八編　楊敦頤撰　清光緒二
十九年(1903)刻本　一冊　存一編(七)

410000 – 2206 – 0001361　32371 – 3

續明紀事本末十八卷　倪在田輯　清光緒二
十九年(1903)育英學社鉛印本　三冊

410000 – 2206 – 0001362　中州 00264 – 00267

卅肆四卷　（清）張調元撰　清抄本　四冊

410000 – 2206 – 0001363　中州 00274

半葦筆談一卷　（清）秦雲錦著　清抄本

一冊

410000－2206－0001364　36744－53
[新鄉]郭氏族譜不分卷　(清)郭宗棻纂　清
光緒二年(1876)孝思堂刻本　十冊

410000－2206－0001365　12－01913
[新鄉]郭氏族譜十三卷　(清)郭培遠輯　清
乾隆刻本　一冊　存二卷(十二至十三)

410000－2206－0001366　12－01914
黃氏宗譜八卷　(清)黃企先編次　清末刻本
一冊　存二卷(七至八)

410000－2206－0001367　36873－7
商城蔣氏支譜六卷附義莊錄一卷　(清)蔣艮
編　清光緒二十四年(1898)蔣氏世德堂刻本
五冊

410000－2206－0001368　12－01916
[南陽]李氏家譜不分卷　(清)李正炳撰　清
乾隆三十四年(1769)刻本　一冊

410000－2206－0001369　42213－19
[康熙]汝陽縣志十卷　(清)邱天英修
(清)李根茂纂　清康熙二十九年(1690)刻本
七冊

410000－2206－0001370　42221－30
[道光]汝州全志十卷首一卷　(清)白明義修
(清)趙林成纂　清道光二十年(1840)刻本
十冊

410000－2206－0001371　42231－40
[道光]汝州全志十卷首一卷　(清)白明義修
(清)趙林成纂　清道光二十年(1840)刻本
十冊

410000－2206－0001372　42241－50
[道光]汝州全志十卷首一卷　(清)白明義修
(清)趙林成纂　清道光二十年(1840)刻本
十冊

410000－2206－0001373　12－01927
三志合編七卷　(清)黃本驥編　清道光二十
七年(1847)刻本　一冊　存二卷(一至二)

410000－2206－0001374　42034－2133

[雍正]陝西通志一百卷首一卷　(清)劉於義
修　(清)沈青崖纂　清雍正十三年(1735)刻
本　一百冊

410000－2206－0001375　42134－39
[道光]陝西志輯要六卷首一卷　(清)王志沂
纂修　清道光七年(1827)朝阪謝氏賜書堂刻
本　六冊

410000－2206－0001376　12－01930
[光緒]陝州直隸州志十五卷首一卷　(清)趙
希曾等纂修　清光緒十七年(1891)刻本　四
冊　存六卷(一、四至五、八至九、十四)

410000－2206－0001377　中州00275
蘇氏雜著一卷　(清)蘇鵬翥撰　清光緒抄本
一冊

410000－2206－0001378　中州00293
三十六槍譜一卷　(清)萇乃周撰　清抄本
一冊

410000－2206－0001379　中州00294
青龍出海譜一卷猿猴棒一卷　(清)萇乃周撰
清抄本　一冊

410000－2206－0001380　中州00286－288
中氣論三卷　(清)萇乃周撰　清抄本　三冊

410000－2206－0001381　12－01941
[汝南]劉氏宗譜十卷　(清)劉夢興撰　清同
治十二年(1873)又林堂刻本　二冊　存二卷
(五至六)

410000－2206－0001382　12－01942
呂氏宗譜不分卷　(清)呂錫麟撰　清道光二
十五年(1845)刻本　二冊

410000－2206－0001383　12－01943
馬氏家廟圖說一卷　(清)馬丕瑤撰　清光緒
十五年(1889)刻本　一冊

410000－2206－0001384　36128－9
安陽蔣邨馬氏宗譜八卷　馬吉樟纂　清光緒
二十五年(1899)安陽馬氏祠堂刻本　二冊

410000－2206－0001385　46646
光緒三十二年通商各關華洋貿易論略三卷

(清)上海通商海關造冊處譯　清光緒三十三年(1907)上海通商海關造冊處鉛印本　一冊

410000－2206－0001386　12－01946

[曲里]莫氏家譜六卷　(清)莫如翼編　清末石印本　一冊　存一卷(六)

410000－2206－0001387　12－01947

捧甘耳食□□卷　(清)耿方立學　清刻本　一冊

410000－2206－0001388　12－01948

[延津]申氏族譜不分卷　(清)申如塤撰　清同治十一年(1872)刻本　一冊

410000－2206－0001389　36235－48

[毘陵]天井里張氏族譜十二卷　(清)張祖燕編　清道光二十五年(1845)張氏刻本　十四冊

410000－2206－0001390　42173－80

[康熙]上蔡縣志十五卷　(清)楊廷望修　(清)張沐纂　清康熙二十九年(1690)刻本　八冊

410000－2206－0001391　42159－64

[康熙]商邱縣志二十卷首一卷　(清)劉德昌修　(清)葉澐纂　清光緒十一年(1885)刻本　六冊

410000－2206－0001392　42165－72

[乾隆]商水縣志十卷首一卷　(清)張崇樸修　(清)郭熙纂　清乾隆四十八年(1783)牛問仁刻本　八冊

410000－2206－0001393　43978－85

深州風土記二十二卷附表五卷　(清)吳汝綸纂修　清光緒二十六年(1900)文瑞書院刻本　八冊

410000－2206－0001394　43986－93

深州風土記二十二卷附表五卷　(清)吳汝綸纂修　清光緒二十六年(1900)文瑞書院刻本　八冊

410000－2206－0001395　42181－200

[乾隆]盛京通志四十八卷首一卷　(清)呂耀

曾等修　(清)魏樞纂　清乾隆元年(1736)刻咸豐二年(1852)雷以誠補刻本　二十冊

410000－2206－0001396　43784

石亭記事一卷　(清)丁晏著　清道光二十八年(1848)刻本　一冊

410000－2206－0001397　中州002891

棒譜一卷劍譜一卷　(清)莨乃周撰　清抄本　一冊

410000－2206－0001398　中州00311

桐淮書院學規一卷　(清)曹鳴鶴輯　清曹曾矩抄注本　一冊

410000－2206－0001399　中州00313－17

養云齋詩稿五卷　(清)曹謙著　清光緒三十四年(1908)抄本　五冊

410000－2206－0001400　37501－2

[廣東]南海學正黃氏家譜節本八卷首一卷　黃任恒著　清宣統三年(1911)保粹堂刻本　二冊　缺四卷(三至六)

410000－2206－0001401　12－01978

[通遠]岳氏族譜三卷　(清)岳在巘修　清同治五年(1866)刻本　七冊

410000－2206－0001402　12－01979

[通遠]岳氏族譜三卷　(清)岳在巘修　清同治五年(1866)刻本　七冊

410000－2206－0001403　12－01980

[通遠]岳氏族譜三卷　(清)岳在巘修　清同治五年(1866)刻本　五冊

410000－2206－0001404　41694－757

[光緒]順天府志一百三十卷附錄一卷　(清)萬青藜　(清)周家楣修　(清)張之洞　(清)繆荃孫纂　清光緒十一年(1885)刻本　六十四冊

410000－2206－0001405　42294－97

[乾隆]嵩縣志三十卷首一卷　(清)康基淵纂修　清乾隆三十二年(1767)刻本　四冊

410000－2206－0001406　42259－68

[道光]宿松縣志二十八卷首一卷　(清)鄔正

階 （清）鄭敦亮修 （清）石葆元 （清）汪景祥纂 清道光八年(1828)刻本 十冊

410000－2206－0001407 12－01986

[光緒]宿州志三十六卷 （清）何慶釗修 （清）丁遜之 （清）吳振聲纂 清光緒十五年(1889)刻本 二冊 存二卷(四至五)

410000－2206－0001408 42274－77

[乾隆]遂平縣志十六卷首一卷 （清）金忠濟修 （清）祝暘 （清）魏弘謨纂 清乾隆二十四年(1759)刻本 四冊

410000－2206－0001409 42278－85

[光緒]續修睢州志十二卷首一卷 （清）王玫修 （清）徐紹廉纂 清光緒十八年(1892)刻本 八冊

410000－2206－0001410 33036－7

三藩紀事本末四卷 （清）楊陸榮編 清同治三年(1864)粵東三元堂刻本 二冊

410000－2206－0001411 32556－67

聖武記十四卷 （清）魏源撰 清道光二十二年(1842)古微堂刻本 十二冊

410000－2206－0001412 32580－91

聖武記十四卷 （清）魏源編 清道光二十二年(1842)刻本 十二冊

410000－2206－0001413 32592－9

聖武記十四卷 （清）魏源編 清道光二十二年(1842)刻本 八冊

410000－2206－0001414 32600－09

聖武記十四卷 （清）魏源撰 清道光二十二年(1842)古微堂刻本 十冊

410000－2206－0001415 12－01999

宋史紀事本末一百九卷 （明）馮琦撰 （明）陳邦瞻增訂 （明）張溥論正 清光緒二十八年(1902)上海捷記書局石印本 六冊

410000－2206－0001416 12－02001

[通遠]岳氏族譜七卷 （清）岳象賢修 清光緒十三年(1887)石印本 八冊

410000－2206－0001417 12－02002

[新鄉]張氏族譜三卷 （清）張時中撰 清同治九年(1870)刻本 二冊 存二卷(上、中)

410000－2206－0001418 12－02003

[新鄉]張氏族譜三卷 （清）張時中編 清末刻本 一冊 存一卷(中)

410000－2206－0001419 12－02006

朝野旄懿錄二卷 （清）賀淳輯 清乾隆五十一年(1786)刻本 二冊

410000－2206－0001420 36733

校正古今人表一卷 （漢）班固撰 （唐）顏師古注 清道光十五年(1835)東萊翟氏刻本 一冊

410000－2206－0001421 12－02008

河南公立中等蠶桑實業學堂同學錄一卷 （清）河南中等蠶桑實業學堂編 清光緒三十四年(1908)刻本 一冊

410000－2206－0001422 12－02009

河南師範學堂同學錄一卷 李時燦編 清光緒三十三年(1907)刻本 一冊

410000－2206－0001423 37880－83

人表考九卷 （清）梁玉繩撰 清光緒十三年(1887)廣雅書局刻本 四冊

410000－2206－0001424 中州00319－00320

晉齋退聞文集二卷 （清）趙廣恩撰 清同治八年(1869)抄本 二冊

410000－2206－0001425 中州00301

念餘齋文稿不分卷 （清）張凌霄撰 清稿本 一冊

410000－2206－0001426 中州00303

鞏縣劉草窗事略不分卷 （清）劉凌漢等撰 清抄本 一冊

410000－2206－0001427 39481－508

[光緒]重修天津府志五十四卷首一卷末一卷 沈家本 （清）榮銓修 （清）徐宗亮 （清）蔡啟盛纂 清光緒二十五年(1899)天津府署刻本 二十八冊

410000－2206－0001428 42675－78

[道光]皖省志略四卷 (清)朱雲錦輯 清道
光元年(1821)金閶毛上珍傳書齋刻本 四冊

410000－2206－0001429 42604－627
[乾隆]衛輝府志五十三卷首一卷末一卷
(清)德昌修 (清)徐郎齋纂 清乾隆五十三
年(1788)刻本 二十四冊

410000－2206－0001430 42628－651
[乾隆]衛輝府志五十三卷首一卷末一卷
(清)德昌修 (清)徐郎齋纂 清乾隆五十三
年(1788)刻本 二十四冊

410000－2206－0001431 42652－74
[乾隆]衛輝府志五十三卷首一卷末一卷
(清)德昌修 (清)徐郎齋纂 清乾隆五十三
年(1788)刻本 二十三冊 存五十卷(一至
五十)

410000－2206－0001432 42711－12
[萬曆]汶上縣志八卷 (明)栗可仕修
(明)王命新纂 明萬曆三十六年(1608)刻清
康熙五十六年(1717)補刻本 二冊

410000－2206－0001433 42713－14
[康熙]續修汶上縣志六卷 (清)聞元炅纂修
清康熙五十六年(1717)刻本 二冊

410000－2206－0001434 42592－95
[嘉慶]洧川縣志八卷首一卷 (清)何文明修
(清)李紳纂 清嘉慶二十三年(1818)刻本
四冊

410000－2206－0001435 36260－61
太平圖話姓氏綜四卷 (清)任若海撰 (清)
任蓮叔箋補 清道光二十一年(1841)武陟觀
我堂刻本 二冊

410000－2206－0001436 12－02032
崇祀錄一卷 (清)紀運疃等輯 清末刻本
一冊

410000－2206－0001437 12－02033
崇祀名宦錄一卷 (清)陳貴麟撰 清宣統元
年(1909)鉛印本 一冊

410000－2206－0001438 12－02034

崇祀名宦錄一卷 (清)王有齡撰 清咸豐刻
本 一冊

410000－2206－0001439 37791－92
重刻崇祀鄉賢錄二卷 (清)李為淦編 清道
光二十二年(1842)李開鄴刻本 二冊

410000－2206－0001440 12－02036
崇祀鄉賢名宦錄一卷 (清)竇容莊 (清)竇
容邃輯錄 清康熙四十七年(1708)刻本
一冊

410000－2206－0001441 12－02037
會試同年齒錄不分卷 (清)□□輯 清同治
刻本 一冊

410000－2206－0001442 12－02038
會試同年齒錄不分卷 (清)□□輯 清同治
元年(1862)刻本 二冊

410000－2206－0001443 36791－5
會試同年齒錄不分卷 (清)□□撰 清刻本
五冊

410000－2206－0001444 36796－99
會試同年錄不分卷 (清)翁同龢集 清光緒
十八年(1892)京都琉璃廠會文齋刻本 四冊

410000－2206－0001445 36800－03
會試同年錄不分卷 (清)翁同龢集 清光緒
十八年(1892)京都琉璃廠會文齋刻本 四冊

410000－2206－0001446 36522－28
國朝歷科題名碑錄不分卷 (清)李渭湄彙錄
清刻本 七冊

410000－2206－0001447 36529－35
國朝歷科題名碑錄不分卷 (清)李渭湄彙錄
清刻本 七冊

410000－2206－0001448 36514－21
國朝歷科題名碑錄初集附洪武至崇禎科不分
卷 (□)□□撰 清刻本 八冊

410000－2206－0001449 36121－22
名宦鄉賢錄不分卷附江夏陳氏義莊條規
(清)陳鑾撰 清光緒十四年(1888)都門刻本
二冊

410000－2206－0001450　37851－58

山東鄉試第壹房同門姓氏不分卷　（清）□□
撰　清道光二十六年(1846)刻本　八冊

410000－2206－0001451　12－02048

宿松汪氏兩世崇祀錄不分卷　（清）汪維城撰
清末刻本　一冊

410000－2206－0001452　12－02049

題名錄一卷　（清）□□輯　清同治刻本
一冊

410000－2206－0001453　中州00330－3

做瘦園文櫜四卷　（清）曲天申著　清抄本
四冊

410000－2206－0001454　中州00321－9

易菱十卷　（清）裴希純撰　清乾隆四十七年
(1782)稿本（卷九至十配抄本）　九冊

410000－2206－0001455　中州00335

論語新目二卷　（清）裴希純撰　清乾隆抄本
一冊

410000－2206－0001456　中州00341

月灣吟六卷　（清）裴希純著　清稿本　一冊

410000－2206－0001457　中州00342

行既集六卷　（清）裴希純撰　清乾隆四十一
年(1776)稿本　一冊

410000－2206－0001458　中州00343

月灣感遇集一卷　（清）裴希純撰　清乾隆稿
本　一冊

410000－2206－0001459　32614－45

繹史一百六十卷　（清）馬驌撰　清光緒十五
年(1889)金匱浦氏刻本　三十二冊

410000－2206－0001460　12－02062

史鑑節要便讀六卷　（清）鮑東里編輯　清光
緒三十年(1904)雲苑山房刻本　四冊

410000－2206－0001461　12－02064

通鑑紀事本末二百三十九卷　（宋）袁樞撰
（明）張溥論正　清末石印本　十冊　存八十
七卷(八十五至九十二、一百三十四至一百四
十二、一百五十五至二百二十四)

410000－2206－0001462　12－02065

通鑑紀事本末二百三十九卷　（宋）袁樞撰
（明）張溥論正　清光緒二十五年(1899)慎記
書莊石印本　十冊　存九十九卷(一至四十
二、四十九至六十一、一百三十四至一百四十
二、一百五十五至一百六十六、一百九十二至
一百九十九、二百二十五至二百三十九)

410000－2206－0001463　12－02066

元史紀事本末二十七卷　（明）陳邦瞻編輯
（明）張溥論正　清光緒二十一年(1895)上海
積山書局石印本　二冊

410000－2206－0001464　12－02067

左氏春秋紀事本末十四卷　（清）熊為霖編
清心松書屋刻本　一冊　存二卷(一至二)

410000－2206－0001465　12－02068

左傳紀事本末五十三卷　（清）高士奇編輯
清光緒二十五年(1899)慎記書莊石印本
五冊

410000－2206－0001466　38942－49

籌俄龜鑑八卷　（明）陳俠君輯　清光緒二十
二年(1896)賜書堂石印本　八冊

410000－2206－0001467　42596－603

［道光］尉氏縣志二十卷　（清）劉厚滋等纂
清道光十一年(1831)刻本　八冊

410000－2206－0001468　42687－90

［乾隆］溫縣志十二卷首一卷　（清）王其華修
（清）苗于京纂　清乾隆二十四年(1759)刻
本　四冊

410000－2206－0001469　42679－82

［乾隆］溫縣志十二卷首一卷　（清）王其華修
（清）苗于京纂　清乾隆二十四年(1759)刻
本　四冊

410000－2206－0001470　42569－76

［乾隆］武安縣志二十卷圖一卷　（清）蔣光祖
修　（清）夏兆豐纂　清乾隆四年(1739)刻本
八冊

410000－2206－0001471　中州00339

嵩遊草一卷　（清）裴希純撰　清抄本　一冊

410000－2206－0001472　中州00340

裴希純先生詩詞草稿一卷　（清）裴希純撰
清乾隆稿本　一冊

410000－2206－0001473　中州00344

雕蟲小著一卷　（清）裴希純撰　清乾隆抄本
一冊

410000－2206－0001474　中州00359－00360

熊山遺稿二卷　（清）張燨撰　清光緒抄本
二冊

410000－2206－0001475　中州00361

生平集一卷　（清）宋清光撰　清道光抄本
一冊

410000－2206－0001476　中州00367

豫軍紀略一卷　（清）尹耕雲輯　清同治十一
年(1872)王安瀾抄本　一冊

410000－2206－0001477　中州00368－73

陝屬文獻六卷　（清）李鋆輯　清抄本　六冊

410000－2206－0001478　中州00374

鄉型衍歌四卷　（清）□□撰　清抄本　一冊

410000－2206－0001479　42553

[乾隆]武功縣志三卷首一卷　（明）康海纂
（清）孫景烈評註　清乾隆二十六年(1761)瑪
星阿刻本　一冊

410000－2206－0001480　42554

[乾隆]武功縣志三卷首一卷　（明）康海纂
（清）孫景烈評註　清同治十二年(1873)湖北
崇文書局刻本　一冊

410000－2206－0001481　44070－77

五軍道里表十八卷　（清）□□撰　清光緒三
十三年(1907)河南官報局鉛印本　八冊　存
十三卷(一至十一、十七至十八)

410000－2206－0001482　44110－14

[乾隆]五涼考治六德集全志五卷　（清）張之
浚等纂修　清乾隆十四年(1749)文光堂刻本
五冊

410000－2206－0001483　42565－68

[康熙]吳橋縣志十卷　（清）任先覺修
（清）楊萃纂　清康熙十二年(1673)刻本
四冊

410000－2206－0001484　42561－64

[道光]舞陽縣志十二卷　（清）王德瑛纂修
清道光十五年(1835)刻本　四冊

410000－2206－0001485　42509－516

[道光]武陟縣志三十六卷　（清）王榮陛修
（清）方履籛纂　清道光九年(1829)刻本
八冊

410000－2206－0001486　42493－500

[道光]武陟縣志三十六卷　（清）王榮陛修
（清）方履籛纂　清道光九年(1829)刻本
八冊

410000－2206－0001487　42501－08

[道光]武陟縣志三十六卷　（清）王榮陛修
（清）方履籛纂　清道光九年(1829)刻本
八冊

410000－2206－0001488　12－02112

[乾隆]西華縣志十四卷首一卷　（清）宋恂修
（清）俞大猷纂　清乾隆十九年(1754)刻本
六冊

410000－2206－0001489　43557－560

西藏圖考八卷首一卷　（清）黃沛翹輯　清光
緒十二年(1886)刻本　四冊

410000－2206－0001490　41247－67

[光緒]祥符縣志二十四卷首一卷　（清）沈傳
義　（清）俞紀瑞修　（清）黃舒昺纂　清光緒
二十四年(1898)鉛印本　二十一冊　存二十
二卷(一至四、七至十三、十五至二十四,首一
卷)

410000－2206－0001491　中州00382

服制集解四卷　（清）李明揚輯　清光緒十五
年(1889)抄本　一冊

410000－2206－0001492　中州00387

熊耳山人巴蜀詩草十二卷　（清）王爾鑑撰

清抄本　一冊　存一卷(十二)

410000－2206－0001493　中州00388

熊峯詩文雜錄不分卷　（清）王爾鑑撰　清乾隆十九年(1754)抄本　一冊

410000－2206－0001494　中州003898

王爾鑑雜著一卷　（清）王爾鑑撰　清抄本　一冊

410000－2206－0001495　12－02139

新疆國界志五卷山脈志六卷兵事志二卷圖志一卷物侯志一卷　王樹枏撰　清光緒新疆官書局鉛印本　十五冊

410000－2206－0001496　中州00399

喪禮酌二卷　（清）張晗著　清抄本　一冊

410000－2206－0001497　中州00407

研理心得一卷　（清）張晗著　清抄本　一冊

410000－2206－0001498　中州00404

憤遺記事二卷雜稿一卷　（清）李宏志撰　清抄本　一冊

410000－2206－0001499　33345－88

古香齋鑒賞袖珍春明夢餘錄七十卷　（清）孫承澤著　清古香齋刻本　二十四冊

410000－2206－0001500　32800－805

宋遼金元別史五種　（清）席世臣輯　清乾隆、嘉慶間南沙席氏掃葉山房刻本　六冊　存三種一百九十七卷

410000－2206－0001501　12－02163

潛庵先生擬明史稿二十卷　（清）湯斌撰　清刻本　八冊　缺十二卷(一至十二)

410000－2206－0001502　32770－77

東都事略一百三十卷　（宋）王稱撰　清光緒九年(1883)淮南書局刻本　八冊

410000－2206－0001503　34184－95

鄂國金佗粹編二十八卷續編三十卷　（宋）岳珂編　清光緒九年(1883)浙江書局刻本　十二冊

410000－2206－0001504　中州00401

清嶺集不分卷　（清）張曦撰　清抄本　一冊

410000－2206－0001505　中州00403

涉世金鑑四卷　（清）陳伯瑜輯　清稿本　一冊

410000－2206－0001506　中州00394

閨閣春秋記一卷　（清）任仲元輯　清抄本　一冊

410000－2206－0001507　中州00409

[任起山自序]不分卷　（清）任啟元撰　清刻本　一冊

410000－2206－0001508　中州00411

臨漳任氏家傳一卷　（清）任學周輯　清宣統三年(1911)任學周抄本　一冊

410000－2206－0001509　中州00412

劉聖符先生家傳不分卷　（清）牛瑄撰　清抄本　一冊

410000－2206－0001510　中州00413

臨漳王親學行述不分卷　（清）王燕增撰　清抄本　一冊

410000－2206－0001511　中州00414

梧竹軒詩草不分卷　（清）孫肖孫著　清抄本　一冊

410000－2206－0001512　37445－8

咸豐壬子科直省舉貢同年錄　（清）汪元慶輯　清光緒二年(1876)京都會文齋刻本　四冊

410000－2206－0001513　12－02193

道光乙酉科鄉試同年錄不分卷　（清）□□輯　清光緒十一年(1885)刻本　二冊

410000－2206－0001514　12－02194

浙江鄉試錄不分卷　（清）董兆奎編輯　清末刻本　一冊

410000－2206－0001515　12－02195

崇禎五十宰相傳一卷　（清）曹溶撰　清宣統三年(1911)上海國學扶輪社鉛印本　一冊

410000－2206－0001516　12－02196

光緒建元以來督撫年表一卷　（清）陳淑輯

清光緒三十一年(1905)刻本　一册

410000－2206－0001517　36756－58
國朝御史題名不分卷　(清)黃玉圃編　清光緒十年(1884)京畿道刻本　三册

410000－2206－0001518　36883
教官譜二卷　(清)李庚乾輯　清光緒十九年(1893)會文堂刻本　一册

410000－2206－0001519　中州00416－8
增訂臥遊圖記三卷　(清)任俊卿撰　清抄本　三册

410000－2206－0001520　中州00426
李湘浦先生遺稿一卷　(清)李德溥撰　清抄本　一册

410000－2206－0001521　中州00428
心齋詩草一卷力堂遺稿一卷　(清)張希顏撰　清抄本　一册

410000－2206－0001522　中州00429
劉松岩先生傳一卷附墓誌銘一卷　(清)李騤珠撰　清抄本　一册

410000－2206－0001523　中州00430－37
元元心易存質不分卷　(清)李楠著　清咸豐七年(1857)稿本　八册

410000－2206－0001524　41146－51
[乾隆]新鄉縣志三十四卷首一卷　(清)趙開元修　(清)暢俊纂　清乾隆十二年(1747)刻本　六册

410000－2206－0001525　41158－63
[乾隆]新鄉縣志三十四卷首一卷　(清)趙開元修　(清)暢俊纂　清乾隆十二年(1747)刻本　六册

410000－2206－0001526　12－02219
[道光]修武縣志十二卷首一卷　(清)馮繼照修　(清)金梟等纂　(清)孔繼中續纂修　清道光十九年(1839)刻同治七年(1868)孔繼中增刻本　十一册　存十一卷(一、三至十二)

410000－2206－0001527　12－02220
[乾隆]修武縣志二十卷首一卷　(清)吳映白

修　(清)李謨纂　(清)戈雲錦續纂修　清乾隆三十一年(1766)刻本　六册　存十六卷(一至十三、十八至二十)

410000－2206－0001528　36884－88
爵秩全本不分卷　(清)□□撰　清宣統元年(1909)刻本　五册

410000－2206－0001529　36889－96
爵秩全覽不分卷　(清)□□撰　清光緒二十五年(1899)京都榮寶齋刻本　八册

410000－2206－0001530　36897－902
爵秩全覽不分卷　(清)□□撰　清光緒三十三年(1907)刻本　六册

410000－2206－0001531　36903－08
爵秩全覽不分卷　(清)□□撰　清宣統三年(1911)刻本　六册

410000－2206－0001532　12－02225
歷朝狀元錄不分卷　(清)沈一清輯　清光緒三年(1877)刻本　一册

410000－2206－0001533　36909－37187
國朝耆獻類徵七百二十卷　(清)李桓輯　清光緒十年(1884)湘陰李氏刻本　二百九十四册

410000－2206－0001534　38265－76
欽定續纂外藩蒙古回部王公表十二卷　(清)彭蘊章纂　清咸豐九年(1859)刻本　十二册

410000－2206－0001535　37691
中國名相傳二卷　潘博編　清光緒三十四年(1908)上海廣智書局鉛印本　一册

410000－2206－0001536　中州00444
楊貞女傳不分卷　(清)□□輯　清抄本　一册

410000－2206－0001537　中州00445
涉縣楊氏支譜一卷　(清)楊□輯　清光緒二十九年(1903)抄本　一册

410000－2206－0001538　中州00446
烈婦郝張氏行述不分卷　(清)相壽朋撰　清光緒抄本　一册

410000－2206－0001539　中州00447

劉氏實錄不分卷　（清）楊三珠撰　清抄本
一冊

410000－2206－0001540　中州00448

修身瑣言一卷　（清）任光斗撰　清抄本
一冊

410000－2206－0001541　中州00449

[光緒]涉縣鄉土志稿不分卷　（清）任蘭亭著
清光緒三十三年(1907)抄本　一冊

410000－2206－0001542　37743－54

中興將帥別傳三十卷續錄六卷　朱孔彰撰
清光緒十一年(1885)江寧刻本　十二冊

410000－2206－0001543　37762

中州簡明同官錄不分卷　（清）顧琮撰　清光
緒三十二年(1906)刻本　一冊

410000－2206－0001544　37763

中州簡明同官錄不分卷　（清）顧琮撰　清光
緒三十二年(1906)刻本　一冊

410000－2206－0001545　37626－29

中州同官錄不分卷　（清）楊國楨編　清光緒
三十二年(1906)開封吳五道刻本　四冊

410000－2206－0001546　12－02245

宗室王公世職章京襲次簡明全冊不分卷
（清）宗人府編　清末鉛印本　一冊

410000－2206－0001547　38743－45

春秋大事表摘要四卷　（清）顧棟高輯　清光
緒二十八年(1902)曉雲山房刻本　三冊

410000－2206－0001548　12－02247

廿二史紀事提要八卷　（清）吳綏纂　清光緒
二十五年(1899)石印本　四冊

410000－2206－0001549　38848－59

廿一史約編不分卷　（清）鄭元慶述　清聚瀛
堂刻本　十二冊

410000－2206－0001550　38832－39

廿一史約編不分卷　（清）鄭元慶編　清康熙
東昌書業德刻本　八冊

410000－2206－0001551　41288－99

[道光]許州志十六卷首一卷　（清）蕭元吉修
（清）李堯觀纂　清道光十八年(1838)刻本
十二冊

410000－2206－0001552　41323－28

[嘉慶]濬縣志二十二卷首一卷末一卷　（清）
熊象階修　（清）武穆淳纂　清嘉慶七年
(1802)刻本　六冊

410000－2206－0001553　41329－34

[嘉慶]濬縣志二十二卷首一卷末一卷　（清）
熊象階修　（清）武穆淳纂　清嘉慶七年
(1802)刻本　六冊

410000－2206－0001554　41365－69

[嘉慶]濬縣志二十二卷首一卷末一卷　（清）
熊象階修　（清）武穆淳纂　清嘉慶七年
(1802)刻本　五冊

410000－2206－0001555　41373－77

[嘉慶]濬縣志二十二卷首一卷末一卷　（清）
熊象階修　（清）武穆淳纂　清嘉慶七年
(1802)刻本　五冊

410000－2206－0001556　38820－31

廿一史約編不分卷　（清）鄭元慶編　清康熙
三十六年(1697)魚計亭刻本　十二冊

410000－2206－0001557　38435－40

綱鑑擇言十卷　（清）司徒修選輯　清同治九
年(1870)書業德記刻本　六冊

410000－2206－0001558　38429－34

綱鑑擇言十卷　（清）司徒修纂　清道光二十
七年(1847)書業德刻本　六冊

410000－2206－0001559　38364－73

閣鈔彙編不分卷附華北譯著編□□卷　（清）
吳摯父選輯　清光緒二十八年(1902)鉛印本
十冊　存一卷(華北譯著編八)

410000－2206－0001560　38374－76

閣鈔彙編不分卷　（清）吳摯父選輯　清光緒
二十九年(1903)華北書局鉛印本　三冊

410000－2206－0001561　38388－402

閣鈔彙編不分卷 （清）吳摯父選輯 清光緒
三十二年(1906)華北書局鉛印本 十五冊

410000－2206－0001562 38403－28
閣鈔彙編不分卷附北新雜志□□卷 （清）吳
摯父選輯 清光緒三十三年(1907)華北書局
鉛印本 二十六冊 存五卷(北新雜志二十
八至二十九、三十二至三十四)

410000－2206－0001563 38377－87
閣鈔彙編不分卷附華北譯著編□□卷 （清）
吳摯父選輯 清光緒三十年(1904)華北書局
鉛印本 十一冊 存二卷(華北譯著編三十
至三十一)

410000－2206－0001564 中州00450
涉縣五大山形勢考一卷 （清）任蘭亭著 清
任長亭抄本 一冊

410000－2206－0001565 中州00451
儒學管見錄一卷 （清）任光斗輯 清抄本
一冊

410000－2206－0001566 中州00452
涉縣趙雪堂軍門事略一卷 （清）劉翰宸撰
清抄本 一冊

410000－2206－0001567 中州00455
妙香舍詩集一卷 （清）趙作楫撰 清抄本
一冊

410000－2206－0001568 中州00458
來牘匯存一卷 （清）李安瀾輯 清咸豐稿本
一冊

410000－2206－0001569 41381－85
[嘉慶]濬縣志二十二卷首一卷末一卷 （清）
熊象階修 （清）武穆淳纂 清嘉慶七年
(1802)刻本 五冊

410000－2206－0001570 41371－2
[光緒]續濬縣志八卷 （清）黃璟修 （清）
李作霖 （清）喬景濂纂 清光緒十二年
(1886)刻本 二冊

410000－2206－0001571 41379－80
[光緒]續濬縣志八卷 （清）黃璟修 （清）

李作霖 （清）喬景濂纂 清光緒十二年
(1886)刻本 二冊

410000－2206－0001572 41387－8
[光緒]續濬縣志八卷 （清）黃璟修 （清）
李作霖 （清）喬景濂纂 清光緒十二年
(1886)刻本 二冊

410000－2206－0001573 中州00463－490
秋澗先生文集一百卷 （元）王惲著 清宣統
元年(1909)抄本 二十八冊

410000－2206－0001574 中州00495－496
荒徼漫遊錄四卷 （清）高蘭馨著 清抄本
二冊 存二卷(一、四)

410000－2206－0001575 中州00456
聽蕉書屋餘墨雜記不分卷 （清）潘室銘著
清抄本 一冊

410000－2206－0001576 42331－36
[乾隆]鄢城縣志十八卷 （清）傅豫纂修 清
乾隆十九年(1754)刻本 六冊

410000－2206－0001577 12－02304
[乾隆]鄢城縣志十八卷 （清）傅豫纂修 清
乾隆十九年(1754)刻本 六冊

410000－2206－0001578 42409－12
[康熙]延津縣志十卷 （清）余心孺纂修 清
康熙四十一年(1702)刻本 四冊

410000－2206－0001579 42425－28
[康熙]延津縣志十卷 （清）余心孺纂修 清
康熙四十一年(1702)刻本 四冊

410000－2206－0001580 42413－16
[康熙]延津縣志十卷 （清）余心孺纂修 清
康熙四十一年(1702)刻本 四冊

410000－2206－0001581 12－02308
鄢陵文獻志四十卷補遺一卷 （清）蘇源生纂
清同治四年(1865)刻本 十冊 存二十卷
(一至二十)

410000－2206－0001582 12－02309
鄢陵文獻志四十卷補遺一卷 （清）蘇源生纂
清同治四年(1865)刻本 七冊 存二十卷

410000－2206－0001604　38971－74

俄國通志八卷　（英國）陝勒低輯　（英國）傅蘭雅　（清）潘松譯　清光緒二十七年(1901)上海書局石印本　四冊

410000－2206－0001605　38975－78

法國新志四卷　（英國）陝勒低輯　（清）潘松譯　清光緒二十七年(1901)上海書局石印本　四冊

410000－2206－0001606　12－02353

靖康孤臣泣血錄二卷　（宋）丁特起著　清光緒三十二年(1906)國學保存會鉛印本　一冊

410000－2206－0001607　33180－83

國語二十一卷　（春秋）左丘明著　（宋）宋庠補音　清末聚盛堂刻本　四冊

410000－2206－0001608　12－03170－3

國語二十一卷　（三國吳）韋昭解　（宋）宋庠補音　清嘉慶十二年(1807)玉軸樓刻本　四冊

410000－2206－0001609　33164－69

國語二十一卷　（三國吳）韋昭解　（宋）宋庠補音　清嘉慶十二年(1807)務本堂刻本　六冊

410000－2206－0001610　33174－9

國語二十一卷　（三國吳）韋昭解　（宋）宋庠補音　清文盛堂刻本　六冊

410000－2206－0001611　33201－220

國語二十一卷　（三國吳）韋昭解　（宋）宋庠補音　札記一卷　（清）黃丕烈撰　攷異四卷　（清）汪遠孫撰　清同治八年(1869)湖北崇文書局刻本　五冊

410000－2206－0001612　12－02359

國語二十一卷　（三國吳）韋昭解　（宋）宋庠補音　札記一卷　（清）黃丕烈撰　攷異四卷　（清）汪遠孫撰　清同治八年(1869)湖北崇文書局刻本　五冊

410000－2206－0001613　12－02360

國語二十一卷　（三國吳）韋昭解　（宋）宋庠補音　札記一卷　（清）黃丕烈撰　攷異四卷　（清）汪遠孫撰　清同治八年(1869)湖北崇文書局刻本　五冊

410000－2206－0001614　12－02361

國語二十一卷札記一卷考異四卷　（三國吳）韋昭解　（宋）宋庠補音　札記一卷　（清）黃丕烈撰　考異四卷　（清）汪遠孫撰　清同治八年(1869)湖北崇文書局刻本　五冊

410000－2206－0001615　33193－200

國語二十一卷　（三國吳）韋昭解　札記一卷　（清）黃丕烈撰　戰國策三十三卷　（漢）高誘注　清光緒二十二年(1896)上海鴻寶書局石印本　八冊　缺十卷(國語十五至二十一、札記三卷)

410000－2206－0001616　803750－4

國語二十一卷　（三國吳）韋昭解　（宋）宋庠補音　札記一卷　（清）黃丕烈撰　攷異四卷　（清）汪遠孫撰　清同治八年(1869)湖北崇文書局刻本　五冊

410000－2206－0001617　12－02366

國語考異四卷發正二十一卷　（清）汪遠孫輯　清嘉慶武林富元熙刻本　三冊　存二十卷(考異四卷、發正六至二十一)

410000－2206－0001618　32894－917

續後漢書九十卷　（元）郝經撰　清道光刻本　二十四冊

410000－2206－0001619　38864－67

華陽國志十二卷　（晉）常璩撰　清嘉慶十九年(1814)鄰水廖寅題襟館刻本　四冊

410000－2206－0001620　44045

瀛寰全志不分卷　謝洪賚編輯　清光緒三十年(1904)商務印書館鉛印本　一冊

410000－2206－0001621　44046－51

瀛環志略十卷　（清）徐繼畬著　清道光二十八年(1848)紅杏山房刻本　六冊

410000－2206－0001622　44052－57

瀛環志略十卷　（清）徐繼畬著　清同治五年

（1866）總理衙門刻本　六冊

410000－2206－0001623　44058－63

瀛環志略十卷　（清）徐繼畬著　清同治五年
（1866）總理衙門刻本　六冊

410000－2206－0001624　42736－39

[光緒]魚臺縣志四卷首一卷末一卷　（清）趙
英祚等纂修　清光緒十五年（1889）刻本
四冊

410000－2206－0001625　42715－727

[道光]禹州志二十六卷　（清）朱煒修
（清）姚椿　（清）洪符孫纂　清道光十五年
（1835）刻本　十三冊

410000－2206－0001626　42728－31

[乾隆]裕州志六卷　（清）董學禮纂修
（清）宋名立續修　清康熙五十五年（1716）刻
乾隆五年（1740）增刻本　一冊

410000－2206－0001627　42732－35

[乾隆]裕州志六卷　（清）董學禮纂修
（清）宋名立續修　清康熙五十五年（1716）刻
乾隆五年（1740）增刻本　四冊

410000－2206－0001628　42790－97

[光緒]永城縣志三十八卷首一卷　（清）岳廷
楷修　（清）胡贊采纂　清光緒二十九年
（1903）刻本　八冊　缺六卷（二十二至二十
七）

410000－2206－0001629　38684－6

史鑑節要二卷　（清）鮑東里著　清光緒二十
三年（1897）上海書局石印本　三冊

410000－2206－0001630　38711－12

史鑑節要便讀六卷　（清）鮑東里編　清同治
十二年（1873）鮑氏刻本　二冊

410000－2206－0001631　38713－14

史鑑節要便讀六卷　（清）鮑東里編　清同治
十二年（1873）鮑氏刻本　二冊

410000－2206－0001632　38715－16

史鑑節要便讀六卷　（清）鮑東里編　清同治
十二年（1873）鮑氏刻本　二冊

410000－2206－0001633　38709－10

史鑑節要便讀七卷　（清）鮑東里編　清光緒
三十年（1904）上海商務印書館鉛印本　二冊

410000－2206－0001634　38708

史鑑節要便讀六卷　（清）鮑東里編　清光緒
二十八年（1902）有益堂刻本　一冊

410000－2206－0001635　38747－54

四書左國彙纂四卷　（清）高其名　（清）鄭師
成纂　清乾隆三十九年（1774）百尺樓刻本
八冊

410000－2206－0001636　38330－49

通鑑總類二十卷　（宋）沈樞編　清光緒二十
年（1894）京都申榮堂刻本　二十冊

410000－2206－0001637　12－02393

[通史摘抄]□□種　（□）□□輯　清光緒金
陵書局刻本　四十一冊　存十種一百七十
七卷

410000－2206－0001638　38637－8

戰國策去毒二卷　（清）陸隴其撰　清同治九
年（1870）六安求我齋刻本　二冊

410000－2206－0001639　38635－6

戰國策去毒二卷　（清）陸隴其撰　清同治九
年（1870）虞山笪雲臺刻本　二冊

410000－2206－0001640　38727－34

左傳選不分卷　（清）儲欣評　清嘉慶十年
（1805）文盛堂刻本　八冊

410000－2206－0001641　38505－552

尺木堂綱鑑易知錄九十二卷　（清）吳乘權等
輯　御撰資治通鑑綱目三編二十卷　（清）張
廷玉等輯　清道光二十八年（1848）刻本　四
十八冊

410000－2206－0001642　38553－68

尺木堂綱鑑易知錄九十二卷明鑑易知錄十五
卷　（清）吳乘權等輯　清光緒二十四年
（1898）上海宏文閣鉛印本　十六冊

410000－2206－0001643　38569－84

尺木堂綱鑑易知錄九十二卷明鑑易知錄十五

卷 （清）吳乘權等輯 清光緒二十九年（1903）上海商務印書館鉛印本 十六冊

410000－2206－0001644 42760－63
元豐九域志十卷 （宋）王存等撰 清咸豐八年（1858）金陵書局刻本 四冊

410000－2206－0001645 42772－79
元和郡縣圖志四十卷闕卷逸文一卷 （唐）李吉甫撰 清光緒六年（1880）金陵書局刻本 八冊 存三十七卷（一至二十二、二十五至三十四、三十七至四十，逸文一卷）

410000－2206－0001646 42782－87
元和郡縣圖志四十卷闕卷逸文一卷 （清）李吉甫撰 清光緒六年（1880）金陵書局刻本 六冊 存三十七卷（一至二十二、二十五至三十四、三十七至四十，逸文一卷）

410000－2206－0001647 42780－81
元和郡縣補志九卷 （清）嚴觀輯 清光緒八年（1882）金陵書局刻本 二冊

410000－2206－0001648 42788－89
元和郡縣補志九卷 （清）嚴觀輯 清光緒八年（1882）金陵書局刻本 二冊

410000－2206－0001649 42255－58
［光緒］棗強縣志補正五卷 （清）方宗誠纂修 清光緒二年（1876）棗強縣署刻本 四冊

410000－2206－0001650 38441－56
尺木堂綱鑑易知錄九十二卷明鑑易知錄十五卷 （清）吳乘權等輯 清光緒二十九年（1903）上海商務印書館鉛印本 十六冊

410000－2206－0001651 38585－96
綱鑑易知錄二十卷 （清）吳乘權等輯 **御撰資治通鑑綱目三編四卷** （清）張廷玉等輯 清光緒十三年（1887）上海點石齋石印本 十二冊

410000－2206－0001652 53364－65
欽定承華事略補圖六卷 （元）王惲撰 （清）徐郙等補 清光緒二十四年（1898）掃葉山房石印本 二冊

410000－2206－0001653 53361－62
春秋世論五卷 （清）王夫之撰 清光緒二十六年（1900）湖南澹雅書局刻本 二冊

410000－2206－0001654 53363
續春秋左氏傳博議二卷 （清）王夫之撰 清光緒二十六年（1900）湖南澹雅書局刻本 一冊

410000－2206－0001655 12－02429
讀史大畧六十卷首一卷 （清）沙張白著 清鉛印本 三冊 存二十九卷（二十七至五十五）

410000－2206－0001656 12－02430
讀史大畧六十卷首一卷 （清）沙張白著 清鉛印本 三冊 存二十三卷（三十八至六十）

410000－2206－0001657 中州 00520
省身冊一卷困學錄一卷 （清）李啟燦著 清光緒稿本 一冊

410000－2206－0001658 中州 00521
諸子語錄一卷 （清）李啟燦輯 清光緒抄本 一冊

410000－2206－0001659 12－02441
讀史管見三十卷 （宋）胡寅著 明刻本 一冊 存一冊（序、目錄）

410000－2206－0001660 53127－32
讀史筆記十二卷 （清）吳烜著 清咸豐七年（1857）刻本 六冊

410000－2206－0001661 53115－20
讀史鏡古編三十二卷 （清）潘世恩輯 清同治十三年（1874）飛霞閣刻本 六冊

410000－2206－0001662 53121－26
讀史鏡古編三十二卷 （清）潘世恩輯 清同治十三年（1874）飛霞閣刻本 六冊

410000－2206－0001663 53133－39
讀史糾謬十五卷 （清）牛運震撰 清嘉慶二十三年（1818）空山堂刻本 七冊

410000－2206－0001664 12－02449
讀史論略二卷 （清）杜詔著 清光緒三年

（1877）京都敬業堂刻本　一冊

410000－2206－0001665　12－02450
讀史論略二卷　（清）杜詔著　（清）王澍閱
清嘉慶十三年（1808）刻本　一冊

410000－2206－0001666　12－02451
[乾隆]柘城縣志十八卷首一卷　（清）李志魯
纂修　清乾隆三十八年（1773）刻本　四冊
存八卷（十至十六、首一卷）

410000－2206－0001667　12－02454
[乾隆]盩厔縣志十四卷　（清）楊儀修
（清）王開沃纂　（清）鄧秉綸增補　清乾隆五
十年（1785）刻五十八年（1793）增刻本　五冊
存十一卷（一至十一）

410000－2206－0001668　42423－24
[順治]胙城縣志四卷　（清）劉純德修
（清）郭金鼎纂　清順治十六年（1659）刻本
二冊　存二卷（三至四）

410000－2206－0001669　42251－52
[順治]胙城縣志四卷　（清）劉純德修
（清）郭金鼎纂　清順治十六年（1659）刻本
二冊

410000－2206－0001670　42253－4
[順治]胙城縣志四卷　（清）劉純德修
（清）郭金鼎纂　清順治十六年（1659）刻本
二冊

410000－2206－0001671　42429－30
[順治]胙城縣志四卷　（清）劉純德修
（清）郭金鼎纂　清順治十六年（1659）刻本
二冊

410000－2206－0001672　42417－18
[順治]胙城縣志四卷　（清）劉純德修
（清）郭金鼎纂　清順治十六年（1659）刻本
二冊

410000－2206－0001673　中州00522
禮記節抄不分卷　（清）李啟燦輯　清抄本
一冊

410000－2206－0001674　中州00778

寓理集十一卷　（清）殷元福撰　清康熙刻本
一冊　存三卷（一至三）

410000－2206－0001675　中州00779
寓理集十一卷　（清）殷元福撰　（清）俞玉局
參訂　殷太史公傳一卷　（清）劉至東撰　清
抄本　一冊　缺六卷（六至十一）

410000－2206－0001676　中州00776－77
寓理集十一卷　（清）殷元福撰　（清）俞玉局
參訂　清抄本　二冊　存八卷（一至三、六、
八至十一）

410000－2206－0001677　中州00781
責志齋日記不分卷（清光緒十九年至二十五
年）　（清）郭泉聲撰　清稿本　九冊

410000－2206－0001678　中州00761
郭亦琴遺稿一卷　（清）郭泉聲著　清稿本
一冊

410000－2206－0001679　43516－17
江甯府重建普育堂志八卷　（清）涂宗瀛述
清同治十年（1871）刻本　二冊

410000－2206－0001680　43561－66
西域考古錄十八卷　（清）俞浩撰　清道光二
十七年（1847）刻本　六冊

410000－2206－0001681　53977
洛陽伽藍記五卷　（北魏）楊衒之撰　清光緒
二年（1876）石友齋刻本　一冊

410000－2206－0001682　43144－45
南朝佛寺志二卷　（清）孫文川述　陳作霖編
纂　清刻本　二冊

410000－2206－0001683　43567－69
西嶽華山廟碑不分卷　（漢）郭香察書　清末
影印本　三冊

410000－2206－0001684　43067－72
湯陰精忠廟志十卷　（明）張應登編　清雍正
十三年（1735）刻本　六冊

410000－2206－0001685　12－02481
讀史論略二卷　（清）杜詔著　清光緒二十五
年（1899）馬氏家塾刻本　一冊

410000－2206－0001686　53140－45

讀史漫錄十四卷　（明）于慎行撰　清光緒二
十一年（1895）刻本　六冊

410000－2206－0001687　53189－200

讀史任子自鏡錄二十二卷首一卷　（清）胡季
堂編纂　清嘉慶二十一年（1816）培蔭軒刻本
十二冊

410000－2206－0001688　53175－78

讀史提要十二卷　（清）夏之蓉編　清道光二
年（1822）半舫齋刻本　四冊

410000－2206－0001689　12－02485

讀通鑑綱目條記二十卷　（清）李述來著　清
刻本　六冊

410000－2206－0001690　53084－096

讀通鑑論三十卷末一卷　（清）王夫之撰　清
光緒二十六年（1900）湖南澹雅書局刻本　十
三冊

410000－2206－0001691　53987－94

二十二史劄記三十六卷補遺一卷　（清）趙翼
著　清光緒三十一年（1905）上海廣益書局鉛
印本　八冊

410000－2206－0001692　中州00780

間氣集不分卷　（清）郭泉聲輯　清光緒抄本
一冊

410000－2206－0001693　中州00762

責志齋課程一卷　（清）郭泉聲著　清稿本
一冊

410000－2206－0001694　中州00763

澹廬計槀一卷　（清）郭泉聲著　清稿本
一冊

410000－2206－0001695　33389－788

欽定剿平粵匪方略四百二十卷首一卷　（清）
奕訢等纂　清同治十一年（1872）鉛印本　四
百冊　缺二十二卷（四十一至五十、一百十
一、三百二十一至三百三十、四百九）

410000－2206－0001696　33789－34025

欽定剿平捻匪方略三百二十卷　（清）奕訢等

纂　清同治十一年（1872）鉛印本　二百三十
七冊　缺八十四卷（七十一、七十三、七十八
至七十九、一百三十一至一百四十、一百五十
一至一百八十、一百九十一至二百、二百十一
至二百二十、二百四十一至二百五十、二百七
十一至二百八十）

410000－2206－0001697　33226

望炊樓叢書七種　（清）謝家福輯　清刻本
一冊　存三種四卷

410000－2206－0001698　32918－57

荊駝逸史五十八種　題（明）陳湖逸士編　清
道光古槐山房木活字印本　四十冊

410000－2206－0001699　33225

康梁徐謀財害命鐵證書不分卷　（清）劉作楫
纂　清宣統二年（1910）振華實業公司石印本
一冊

410000－2206－0001700　53531－39

二十二史劄記三十六卷　（清）趙翼著　清嘉
慶五年（1800）湛貽堂刻本　九冊

410000－2206－0001701　12－02514

古今史論統編十六卷　（清）俞樾鑒定　（清）
徐永隆編輯　清光緒二十八年（1902）政學書
社石印本　九冊　存十四卷（一至五、七至十
五）

410000－2206－0001702　12－02515

古今史論觀海四編九十卷　題（清）恥不逮齋
主人編輯　清光緒二十八年（1902）石印本
十九冊　存六十四卷（甲一至二、十一至十
九,乙一至六、十至二十,丙一至七、十四至十
七、二十至三十二,丁一至十、十五至十六）

410000－2206－0001703　12－02516

同治丁卯科並補行甲子科浙江鄉試同門硃卷
不分卷　（清）□□輯　清刻本　二冊　存
（第壹房、第拾伍房）

410000－2206－0001704　12－02517

同治丁卯科並補行甲子科浙江鄉試同門硃卷
不分卷　（清）□□輯　清刻本　四冊　存
（第壹房、第叁房、第拾房、第拾伍房）

410000－2206－0001705　12－02518

補行咸豐辛酉科並同治壬戌恩科浙江鄉試同門硃卷不分卷　（清）□□輯　清刻本　四冊
存（第貳房、第玖房、第拾壹房、第拾叁房）

410000－2206－0001706　12－02521

平山堂圖志十卷首一卷　（清）趙之壁纂　清光緒九年（1883）刻本　四冊

410000－2206－0001707　12－02522

隨園圖二卷　（清）竹畦氏作　清同治四年（1865）刻本　一冊

410000－2206－0001708　42753

約園志一卷　（清）徐樹銘輯　清光緒二十三年（1897）刻本　一冊

410000－2206－0001709　12－02524

御製圓明園圖詠二卷　（清）高宗弘曆撰（清）鄂爾泰等注　清光緒十三年（1887）天津石印書屋石印本　二冊

410000－2206－0001710　43720

創建豫南書院存略一卷　（清）朱壽鏞撰　清光緒十七年（1891）刻本　二冊

410000－2206－0001711　43721

創建豫南書院存略一卷　（清）朱壽鏞撰　清光緒十七年（1891）刻本　一冊

410000－2206－0001712　42859－60

明道書院志十卷　（清）呂永輝等纂輯　清光緒二十年（1894）明道書院刻本　二冊

410000－2206－0001713　44023

彝山書院志不分卷　（清）史致昌著　清道光二十三年（1843）刻本　一冊

410000－2206－0001714　12－02530

朱陽書院志五卷　（清）竇克勤輯　清雍正刻本　一冊　存三卷（一至三）

410000－2206－0001715　中州00792－3

蠡社鄉談不分卷蠡社瑣談不分卷　（清）張時中撰　清抄本　二冊

410000－2206－0001716　中州00859

景瞻論草不分卷　（明）賀仲軾撰　清抄本

一冊

410000－2206－0001717　中州0794－804

八卦餘生十八卷　（明）賀仲軾著　清同治十二年（1873）抄本　十一冊

410000－2206－0001718　中州00805－13

八卦餘生十八卷　（明）賀仲軾著　清同治十三年（1874）抄本　九冊　存十七卷（二至十八）

410000－2206－0001719　中州00822－29

夏峰集補遺不分卷　（清）孫奇逢撰　清抄本　八冊

410000－2206－0001720　中州00848

諸儒評一卷　（清）孫奇逢撰　清稿本　一冊

410000－2206－0001721　中州00830－37

絨齋集十六卷　（清）孫用正撰　清稿本　八冊

410000－2206－0001722　43722

創建經正書舍存略不分卷　李時燦等撰　清光緒二十八年（1902）刻本　一冊

410000－2206－0001723　43723

創建經正書舍存略不分卷　李時燦等撰　清光緒二十八年（1902）刻本　一冊

410000－2206－0001724　43724

創建經正書舍存略不分卷　李時燦等撰　清光緒二十八年（1902）刻本　一冊

410000－2206－0001725　43725

創建經正書舍存略不分卷　李時燦等撰　清光緒二十八年（1902）刻本　一冊

410000－2206－0001726　43726

創建經正書舍存略不分卷　李時燦等撰　清光緒二十八年（1902）刻本　一冊

410000－2206－0001727　43727

創建經正書舍存略不分卷　李時燦等撰　清光緒二十八年（1902）刻本　一冊

410000－2206－0001728　12－02557

創建經正書舍存略不分卷　李時燦等撰　清

末刻本　一册

410000－2206－0001729　12－02558

創建經正書舍存略不分卷　李時燦等撰　清
末刻本　一册

410000－2206－0001730　12－02559

創建經正書舍存略不分卷　李時燦等撰　清
末刻本　一册

410000－2206－0001731　12－02561

創建經正書舍存略不分卷　李時燦等撰　清
末刻本　一册

410000－2206－0001732　12－02562

創建經正書舍存略不分卷　李時燦等撰　清
末刻本　一册

410000－2206－0001733　12－02563

創建經正書舍存略不分卷　李時燦等撰　清
末刻本　一册

410000－2206－0001734　12－02564

創建經正書舍存略不分卷　李時燦等撰　清
末刻本　一册

410000－2206－0001735　12－02565

創建經正書舍存略不分卷　李時燦等撰　清
末刻本　一册

410000－2206－0001736　12－02566

創建經正書舍存略不分卷　李時燦等撰　清
末刻本　一册

410000－2206－0001737　12－02567

創建經正書舍存略不分卷　李時燦等撰　清
末刻本　一册

410000－2206－0001738　12－02568

創建經正書舍存略不分卷　李時燦等撰　清
末刻本　一册

410000－2206－0001739　12－02569

創建經正書舍存略不分卷　李時燦等撰　清
末刻本　一册

410000－2206－0001740　12－02570

創建經正書舍存略不分卷　李時燦等撰　清

末刻本　一册

410000－2206－0001741　12－02571

創建經正書舍存略不分卷　李時燦等撰　清
末刻本　一册

410000－2206－0001742　42854

白下瑣言十卷　（清）甘熙著　清光緒十六年
(1890)刻本　一册

410000－2206－0001743　42851－528

汴城籌防備覽四卷　（清）傅壽彤纂輯　清咸
豐九年(1859)刻本　二册

410000－2206－0001744　42850

汴城宣防志略不分卷　（清）張祥河撰　清道
光二十五年(1845)刻本　一册

410000－2206－0001745　44007－08

測地繪圖十一卷附一卷　（英國）富路瑪撰
(英國)傅蘭雅譯　（清）徐壽筆述　清光緒二
十二年(1896)小倉山房石印本　二册

410000－2206－0001746　43728－35

宸垣識略十六卷　（清）吳長元輯　清光緒二
年(1876)刻本　八册

410000－2206－0001747　43736－43

宸垣識略十六卷　（清）吳長元輯　清光緒二
年(1876)刻本　八册

410000－2206－0001748　43428

籌洋芻議一卷　（清）薛福成著　清光緒十一
年(1885)石印本　一册

410000－2206－0001749　42904－05

滇南礦廠圖略二卷　（清）吳其濬纂　（清）徐
金生繪輯　清刻本　二册

410000－2206－0001750　12－02581

鑑罟釋義不分卷　（清）王望如著　清咸豐十
年(1860)刻本　一册

410000－2206－0001751　53321－2

晉史詠二卷　（清）李澍菜著　清宣統三年
(1911)既翕堂刻本　二册

410000－2206－0001752　53323－24

晉史詠二卷　（清）李澍棻著　清宣統三年(1911)既翕堂刻本　二冊

410000－2206－0001753　12－02584

紅樓夢傳奇八卷　（清）陳鍾麟填詞　清刻本　四冊　存四卷(三、五至六、八)

410000－2206－0001754　53330－33

經濟類考二卷　（清）顧九錫著　清刻本　四冊

410000－2206－0001755　53328－29

全謝山先生經史問答十卷　（清）全祖望著述　（清）王廷學重校　清光緒八年(1882)上海王氏刻本　二冊

410000－2206－0001756　12－02590

舊唐書疑義四卷　（清）張道著　清光緒七年(1881)鉛印本　二冊

410000－2206－0001757　中州00840

杉邨老人自識年譜紀略一卷詩稿一卷　（清）史春荃撰　清光緒抄本　一冊

410000－2206－0001758　中州00842

王筠亭詩文稿一卷　（清）王緂撰　清抄本　一冊

410000－2206－0001759　中州00865

吟稿十卷諸色對聯一卷　（清）王文曜撰　清道光抄本　一冊

410000－2206－0001760　中州00871

隨筆親錄一卷　（清）李光燦輯　清抄本　一冊

410000－2206－0001761　53272－76

省軒考古類編八卷　（清）柴紹炳纂　清乾隆二十三年(1758)敦化堂刻本　五冊　存八卷(四至十一)

410000－2206－0001762　53225－30

歷代史論十二卷　（明）張溥撰　清光緒五年(1879)上海祥記書莊石印本　六冊

410000－2206－0001763　12－02605

歷代史論十二卷宋史論三卷元史論一卷　（明）張溥撰　明史論四卷　（清）谷應泰撰

左傳史論二卷　（清）高士奇撰　清光緒五年(1879)上海珍藝書局印本　五冊　缺五卷(歷代史論一至五)

410000－2206－0001764　53239－40

漢書蒙拾三卷後漢書蒙拾三卷　（清）杭世駿輯　清光緒十年(1884)上海同文書局石印本　二冊

410000－2206－0001765　53064－73

欽定明鑑二十四卷首一卷　（清）托津編　清同治九年(1870)湖北崇文書局刻本　十冊

410000－2206－0001766　33155－60

列國歲計政要十二卷　（英國）麥丁富得力編纂　（美國）林樂知口譯　（清）鄭昌棪述　清光緒元年(1875)鄭昌棪刻西學富強叢書本　六冊

410000－2206－0001767　12－02612

烈皇小識八卷　（明）文秉撰　清北京琉璃廠刻明季稗史彙編本　一冊　存二卷(一至二)

410000－2206－0001768　33161－2

羅馬史二卷　（日本）占部百太郎著　清光緒二十九年(1903)商務印書館鉛印本　二冊

410000－2206－0001769　12－02614

欽定滿洲源流考二十卷　（清）阿桂等修　清光緒十九年(1893)杭州便益書局石印本　一冊　存六卷(一至六)

410000－2206－0001770　33118－23

明季稗史彙編二十七卷　題（清）留雲居士輯　清光緒二十二年(1896)上海圖書集成印書局鉛印本　六冊

410000－2206－0001771　12－02618

明季南略十八卷　（清）計六奇編輯　清都城玻璃廠半松居士木活字印本　六冊　存八卷(一至八)

410000－2206－0001772　32726－33

潛庵先生擬明史稿二十卷　（清）湯斌撰　清刻本　八冊

410000－2206－0001773　53508－11

掃葉亭詠史詩四卷　（清）來秀著　清同治十二年(1873)掃葉亭刻本　四冊

410000－2206－0001774　12－02628

史懷十七卷　（明）鍾惺撰　（明）許豸評　清康熙刻本　二冊　存六卷(一至三、五至七)

410000－2206－0001775　53459－88

史記一百三十卷　（漢）司馬遷撰　（明）徐孚遠　（明）陳子龍測議　清光緒六年(1880)刻本　三十冊

410000－2206－0001776　53489－504

史記論文一百三十卷　（漢）司馬遷撰　（清）吳見思評點　清乾隆四十五年(1780)尺木堂刻本　十六冊

410000－2206－0001777　中州00868

雜體合鈔不分卷　（清）劉鐸著　清抄本　一冊

410000－2206－0001778　中州00869

劉警夫詩文集不分卷附周明府詩　（清）劉鐸撰　清抄本　一冊

410000－2206－0001779　中州00843

夢草軒詩稿不分卷　（清）李曉村著　清嘉慶二十一年(1816)抄本　一冊

410000－2206－0001780　中州00872

[來函匯存]一卷　（清）張翰卿輯　清稿本　一冊

410000－2206－0001781　53423－46

史記評林七十卷　（漢）司馬遷撰　（南朝宋）裴駰集解　（唐）司馬貞索隱　明致和堂刻本　二十四冊

410000－2206－0001782　53399－406

史通通釋二十卷　（唐）劉知幾撰　（清）浦起龍釋　清翰墨園刻本　八冊

410000－2206－0001783　53407－14

史通通釋二十卷　（唐）劉知幾撰　（清）浦起龍釋　清光緒十九年(1893)上海文瑞樓鉛印本　八冊

410000－2206－0001784　53415－22

史通通釋二十卷　（清）浦起龍著　清光緒二十五年(1899)上海寶文書局石印本　八冊

410000－2206－0001785　53367－70

史通削繁四卷　（唐）劉知幾撰　（清）紀昀評　清光緒元年(1875)湖北崇文書局刻本　四冊

410000－2206－0001786　53371－74

史通削繁四卷　（唐）劉知幾撰　（清）紀昀評　清光緒元年(1875)湖北崇文書局刻本　四冊

410000－2206－0001787　53375－78

史通削繁四卷　（唐）劉知幾撰　（清）紀昀評　清道光十三年(1833)粵東翰墨園刻本　四冊

410000－2206－0001788　53383－86

史通削繁四卷　（唐）劉知幾撰　（清）紀昀評　清道光十三年(1833)粵東翰墨園刻本　四冊

410000－2206－0001789　53379－82

史通削繁四卷　（唐）劉知幾撰　（清）紀昀評　清道光十三年(1833)粵東翰墨園刻本　四冊

410000－2206－0001790　53512－15

宋論十五卷　（清）王夫之撰　清光緒二十六年(1900)湖南澹雅書局刻本　四冊

410000－2206－0001791　53201－11

桐城先生點勘史記讀本一百三十卷　（清）吳汝綸撰　清宣統元年(1909)直隸官報局鉛印本　十一冊　存六卷(九至十四)

410000－2206－0001792　53516－19

文史通義八卷校讎通義三卷　（清）章學誠著　清宣統三年(1911)上海廣益書局鉛印本　四冊

410000－2206－0001793　53525－30

文史通義八卷校讎通義三卷　（清）章學誠著　清光緒三年(1877)貴陽刻本　六冊

410000－2206－0001794　12－02660

新編分類史論大成□□卷　孫廷翰輯　清末
石印本　十冊　存十卷(十至十九)

410000－2206－0001795　中州00885－6

強恕堂家範四卷　(清)夏錫疇撰　清宣統三
年(1911)抄本　二冊

410000－2206－0001796　中州00916－917

憑良心錄二卷　(清)李棠階撰　清道光八年
至十年(1828－1830)稿本　一冊

410000－2206－0001797　43316－23

皇朝藩部要略十八卷表四卷　(清)祁韻士纂
清道光二十六年(1846)刻本　八冊

410000－2206－0001798　44089－109

全地五大洲女俗通考二十一卷首一卷　(美
國)林樂知輯譯　清光緒二十九年(1903)上
海華美書局鉛印本　二十一冊

410000－2206－0001799　43714－19

大清地粮里甲圖說□□卷附文集雜著　(清)
馬丕瑤著　清光緒七年(1881)刻本　六冊
存三卷(二至四)

410000－2206－0001800　12－02679

浙江全省輿圖並水陸道里記十八卷　(清)宗
源瀚等輯　清光緒二十年(1894)石印本　十
九冊

410000－2206－0001801　中州01040

強齋日記一卷(咸豐元年至二年)　(清)李棠
階撰　清咸豐稿本　一冊

410000－2206－0001802　中州00925

強齋雜稿不分卷　(清)李棠階撰　清稿本
一冊

410000－2206－0001803　中州00926

李文清公[棠階]年譜一卷　(清)□□撰　清
抄本　一冊

410000－2206－0001804　中州00927

強齋奏書合稿一卷　(清)李棠階撰　清稿本
一冊

410000－2206－0001805　32870－93

南疆繹史勘本三十卷首二卷摭遺十八卷卹諡

攷八卷　(清)溫睿臨撰　(清)李瑤補勘　清
道光十年(1830)北京琉璃廠半松居士刻本
二十四冊

410000－2206－0001806　32790－99

南宋書六十八卷　(明)錢士升撰　清嘉慶二
年(1797)南沙席氏掃葉山房刻宋遼金元別史
本　十冊

410000－2206－0001807　33051－65

平播全書十五卷　(明)李化龍撰　明萬曆二
十九年(1601)刻本　十五冊

410000－2206－0001808　33095

平定教匪紀事一卷　(清)勒保撰　清刻本
一冊

410000－2206－0001809　33066－74

平定粵匪紀略十八卷附記四卷　(清)杜文瀾
纂輯　清同治八年(1869)羣玉齋木活字印本
九冊　缺四卷(附記四卷)

410000－2206－0001810　33075－094

平定粵匪紀略十八卷附記四卷　(清)杜文瀾
撰　清同治十年(1871)京都聚珍齋木活字印
本　八冊

410000－2206－0001811　12－02701

平定粵匪紀略十八卷附記四卷　(清)杜文瀾
撰　清同治十年(1871)京都聚珍齋木活字印
本　十二冊

410000－2206－0001812　12－02702

平臺紀略一卷　(清)藍鼎元著　(清)王者輔
評　清雍正十年(1732)刻本　一冊

410000－2206－0001813　33047－50

平浙紀略十六卷　(清)秦緗業　(清)陳鍾英
輯　清光緒元年(1875)申報館鉛印本　四冊

410000－2206－0001814　12－02704

明史紀事本末八十卷　(清)谷應泰著　清刻
本　八冊　存二十六卷(四十三至五十、五十
九至六十一、六十六至八十)

410000－2206－0001815　12－02710

召對錄一卷　(清)釋祖印　(清)釋祖監記錄

清同治十二年(1873)釋空㳒刻本　一冊

410000－2206－0001816　43969－71

山海經十八卷　(晉)郭璞注　(清)畢沅校
清光緒三年(1877)浙江書局刻本　三冊

410000－2206－0001817　43764

長白山江岡志略不分卷　劉建封撰　清光緒
三十四年(1908)鉛印本　一冊

410000－2206－0001818　43765

長白山江岡志略不分卷　劉建封撰　清光緒
三十四年(1908)鉛印本　一冊

410000－2206－0001819　43766

長白山江岡志略不分卷　劉建封撰　清光緒
三十四年(1908)鉛印本　一冊

410000－2206－0001820　43767

長白山江岡志略不分卷　劉建封撰　清光緒
三十四年(1908)鉛印本　一冊

410000－2206－0001821　43768

長白山江岡志略不分卷　劉建封撰　清光緒
三十四年(1908)鉛印本　一冊

410000－2206－0001822　40143－46

華嶽志八卷首一卷　(清)李榕纂修　清光緒
九年(1883)玉泉院刻本　四冊

410000－2206－0001823　43305－310

慧山記四卷　(明)釋圓顯輯　(明)邵寶訂
續編三卷首一卷　(清)邵涵初輯　清同治七
年(1868)刻本　六冊

410000－2206－0001824　43972－77

山志初集六卷二集六卷　(清)王弘撰　清光
緒二十六年(1900)敬義堂刻本　六冊

410000－2206－0001825　43785－93

說嵩三十二卷　(清)景日昣著　清康熙六十
年(1721)嶽生堂刻本　九冊　存三十卷(三
至三十二)

410000－2206－0001826　12－02732

榆図讀史草二卷　(清)李壽蓉撰　(清)周益
注　清光緒十年(1884)鉛印本　一冊

410000－2206－0001827　53506

左史比事三卷　(清)高建章著　清光緒三十
二年(1906)刻本　一冊

410000－2206－0001828　53507

左史比事三卷　(清)高建章著　清光緒三十
二年(1906)刻本　一冊

410000－2206－0001829　44693－700

欽定大清會典一百卷　(清)崑岡等纂修　清
光緒十九年(1893)上海圖書集成印書局鉛印
本　八冊

410000－2206－0001830　44753－62

欽定大清會典一百卷　(清)崑岡等纂修　清
光緒三十四年(1908)商務印書館石印本
十冊

410000－2206－0001831　44701－36

欽定大清會典一百卷　(清)崑岡等纂修　清
乾隆二十九年(1764)刻本　三十六冊

410000－2206－0001832　44737－52

欽定大清會典一百卷　(清)崑岡等纂修　清
乾隆三十九年(1774)刻本　十六冊

410000－2206－0001833　44803－838

欽定大清會典一百卷　(清)崑岡等纂修　清
光緒二十五年(1899)石印本　三十六冊

410000－2206－0001834　45292－441

欽定大清會典事例一千二百二十卷　(清)崑
岡等纂修　清光緒三十四年(1908)上海商務
印書館石印本　一百五十冊

410000－2206－0001835　中州00928

古本大學集解一卷　(清)李棠階撰　清稿本
一冊

410000－2206－0001836　43794－803

說嵩三十二卷　(清)景日昣著　清康熙六十
年(1721)嶽生堂刻本　十冊

410000－2206－0001837　43465－80

增廣海國圖志一百卷　(清)魏源撰　清光緒
二十八年(1902)文賢閣石印本　十六冊

410000－2206－0001838　43481－96

增廣海國圖志一百卷 （清）魏源撰 清光緒二十八年（1902）文賢閣石印本 十六冊

410000－2206－0001839 43429－55

海國圖志一百卷 （清）魏源撰 清光緒二年（1876）平慶涇固道署刻本 二十七冊

410000－2206－0001840 12－02756

海國圖志一百卷 （清）魏源撰 清光緒二年（1876）平慶涇固道署刻本 七冊

410000－2206－0001841 12－02757

海國圖志續集二十五卷首一卷 （英國）麥高爾撰 （美國）林樂知 （清）翟昂來譯 清光緒二十一年（1895）上海書局石印本 一冊

410000－2206－0001842 44915－45291

欽定大清會典事例一千二百二十卷 （清）崑岡等纂修 清光緒十二年（1886）石印本 三百七十二冊 缺二十六卷（一千一百七十至一千一百九十五）

410000－2206－0001843 44839－914

欽定大清會典圖二百七十卷 （清）崑岡等纂修 清光緒二十五年（1899）石印本 七十六冊

410000－2206－0001844 12－02763

欽定大清會典則例一百八十卷 （清）允祹等纂修 清乾隆刻本 九冊 存十四卷（二、七至八、一百八至一百九、一百三十四、一百七十一至一百七十四、一百七十七至一百八十）

410000－2206－0001845 45813－14

大清通禮品官士庶人喪禮傳二卷 劉人熙輯 清光緒十一年（1885）都門刻本 二冊

410000－2206－0001846 45815－16

大清通禮品官士庶人喪禮傳二卷 劉人熙輯 清光緒十一年（1885）都門刻本 二冊

410000－2206－0001847 45817－18

大清通禮品官士庶人喪禮傳二卷 劉人熙輯 清光緒十一年（1885）都門刻本 二冊

410000－2206－0001848 12－02767

典制考辨便讀八卷 （清）馬名駒輯 清刻本 一冊 存四卷（一至四）

410000－2206－0001849 46855－68

西漢會要七十卷東漢會要四十卷 （宋）徐天麟撰 清光緒五年（1879）嶺南學海堂刻本 十六冊

410000－2206－0001850 46819－36

西漢會要七十卷東漢會要四十卷 （宋）徐天麟撰 清光緒十年（1884）江蘇書局刻本 十八冊

410000－2206－0001851 46837－54

西漢會要七十卷東漢會要四十卷 （宋）徐天麟撰 清光緒十年（1884）江蘇書局刻本 十八冊

410000－2206－0001852 中州00938

舉安集□卷 （清）史萬章著 清光緒二十四年（1898）稿本 一冊 存一卷（上）

410000－2206－0001853 中州00946

遭難實錄詩一卷 （清）王金桂撰 清同治七年（1868）抄本 一冊

410000－2206－0001854 中州00948－00949

惜花山館詩稿不分卷 （清）王金桂著 清光緒二十六年（1900）抄本 二冊

410000－2206－0001855 中州00945

王香圃年譜擇錄一卷 （清）王蘭廣撰 清抄本 一冊

410000－2206－0001856 中州00942－00943

靜涵書屋文集不分卷 （清）王蘭廣著 清抄本 二冊

410000－2206－0001857 中州00947

勾湖文集不分卷 （清）王賓王著 清抄本 一冊

410000－2206－0001858 中州00976－992

讀易辯異摘抄不分卷 （清）王輅撰 王輔嗣周易略例一卷 清抄本 十七冊

410000－2206－0001859 中州00970－975

味經堂文集四卷遺集二卷詩集一卷 （清）王輅撰 清抄本 六冊

410000－2206－0001860　中州00963

秀芝堂文集不分卷　（清）申維祺輯　清抄本
　一冊

410000－2206－0001861　中州00964

詩心集不分卷　（清）□□撰　清抄本　一冊

410000－2206－0001862　中州00993

陳烈婦事略一卷　（清）張書唐等撰　清抄本
　一冊

410000－2206－0001863　38965－70

日本維新三十年史十二編附錄一編　（日本）
東京博文館編　（清）上海廣智書局譯　清光
緒二十八年（1902）上海廣智書局鉛印本
六冊

410000－2206－0001864　38958－64

日本新史攬要七卷　（日本）石村貞一編　清
光緒二十五年（1899）石印本　七冊

410000－2206－0001865　34032－4

紹興應試武生紀箭文冊不分卷　（清）紹興府
儒學錄　清寫本　三冊

410000－2206－0001866　34035－44

山東軍興紀略二十二卷　（清）經北草堂編撰
　清同治十三年（1874）濟南書局刻本　十冊

410000－2206－0001867　34045－54

山東軍興紀略二十二卷　（清）經北草堂編撰
　清同治十三年（1874）濟南書局刻本　十冊

410000－2206－0001868　32988－33019

尚史七十卷　（清）李鍇纂　清嘉慶十九年
（1814）晚香草堂刻本　三十二冊

410000－2206－0001869　43313－14

惠濟河輯說四卷首一卷　（清）王儒行撰　清
同治九年（1870）汲古堂刻本　二冊

410000－2206－0001870　43311－12

惠濟河輯說四卷首一卷　（清）王儒行纂　清
同治九年（1870）汲古堂刻本　二冊

410000－2206－0001871　43510

今水經一卷　（清）黃宗羲撰　清刻本　一冊

410000－2206－0001872　43201

臨漳縣漳水圖經一卷　（清）姚柬之纂集　清
道光十七年（1837）刻本　一冊

410000－2206－0001873　12－02815

水道提綱二十八卷　（清）齊召南編輯　清乾
隆刻本　六冊

410000－2206－0001874　43940－47

水道提綱二十八卷　（清）齊召南著　清光緒
四年（1878）霞城精舍刻本　八冊

410000－2206－0001875　43932－39

水道提綱二十八卷　（清）齊召南著　清光緒
四年（1878）霞城精舍刻本　八冊

410000－2206－0001876　43924－31

水道提綱二十八卷　（清）齊召南著　清光緒
七年（1881）上海文瑞樓鉛印本　八冊

410000－2206－0001877　12－02819

水經注四十卷　（北魏）酈道元撰　清刻本
一冊　存七卷（十三至十九）

410000－2206－0001878　中州00999

河陽張氏族譜一卷　（清）張肇坊編　清光緒
抄本　一冊

410000－2206－0001879　中州01000

南陽玄妙觀藏經閣記不分卷　（清）傅壽彤撰
　清抄本　一冊

410000－2206－0001880　中州01001

暫園詩草不分卷　（清）崔懷玉著　清抄本
一冊

410000－2206－0001881　中州01002

喬春園詩集不分卷　（清）喬泰運撰　清抄本
　一冊

410000－2206－0001882　中州01003

柳塘詩集不分卷　（清）吳祖修撰　（清）王瑤
臺著　清王咸慶抄本　一冊

410000－2206－0001883　中州01005

南陽周復初事略不分卷　（清）胡天游著　清
抄本　一冊

410000－2206－0001884　中州 01006

賞雨山房初稿不分卷　（清）趙一德撰　清道光抄本　一冊

410000－2206－0001885　43911－22

水經注四十卷　（北魏）酈道元撰　清刻本　十二冊

410000－2206－0001886　43892－910

水經注四十卷　（北魏）酈道元撰　（清）紀昀等纂修　清刻本　十九冊

410000－2206－0001887　43820－31

水經注四十卷　（北魏）酈道元撰　（清）紀昀等纂修　清乾隆三十九年(1774)錢氏刻本　十二冊

410000－2206－0001888　43832－47

水經注四十卷　（北魏）酈道元撰　清光緒十四年(1888)寧波崇實書院刻本　十六冊

410000－2206－0001889　43848－63

水經注四十卷　（北魏）酈道元撰　清光緒十四年(1888)寧波崇實書院刻本　十六冊

410000－2206－0001890　43864－79

水經注四十卷　（北魏）酈道元撰　清光緒十四年(1888)寧波崇實書院刻本　十六冊

410000－2206－0001891　12－02838

西湖志四十八卷　（清）李衛　（清）傅王露纂修　清光緒四年(1878)浙江書局刻本　二十冊

410000－2206－0001892　12－02839

西湖志纂十五卷首一卷　（清）沈德潛　（清）傅王露纂　清乾隆二十年(1755)賜經堂刻本　六冊

410000－2206－0001893　43654－55

行水金鑑一百七十五卷首一卷　（清）傅澤洪撰　清雍正三年(1725)淮揚官舍刻本　二冊　存二卷(濟水圖一卷、黃河圖一卷)

410000－2206－0001894　43713

浙江沿海圖說不分卷　（清）朱正元撰　清光緒二十五年(1899)鉛印本　一冊

410000－2206－0001895　42876－87

防海輯要十八卷　（清）俞昌會輯　清光緒十一年(1885)星沙明遠書局刻本　十二冊

410000－2206－0001896　43497－504

海道圖說十五卷　（英國）金約翰輯　（英國）傅蘭雅譯　（清）王德均述　清光緒二十二年(1896)上海書局石印本　八冊

410000－2206－0001897　43415－17

河防一覽十四卷　（明）潘印川著　清乾隆十三年(1748)刻本　三冊　存四卷(五至八)

410000－2206－0001898　43304

淮揚水利全圖不分卷　（清）馮道立著　清道光十九年(1839)刻本　一冊

410000－2206－0001899　43514－15

江西水道考五卷　（清）蔣湘南著　清同治十年(1871)資益館刻本　二冊

410000－2206－0001900　44021－22

三江水利紀略五卷　（清）周煒輯　清嘉慶二十四年(1819)書三味樓刻本　二冊

410000－2206－0001901　44018－19

三流道里表不分卷　（清）阿桂等纂修　清嘉慶十六年(1811)刻本　二冊

410000－2206－0001902　33020－35

尚史七十卷　（清）李鍇纂　清嘉慶十九年(1814)晚香草堂刻本　十六冊

410000－2206－0001903　38650－73

十國春秋一百十六卷　（清）吳任臣撰　清康熙十六年(1677)海虞顧氏小石山房刻本　二十四冊

410000－2206－0001904　34028－31

十九世紀外交史十七章　（日本）平田久著　清光緒二十八年(1902)杭州史學齋刻本　四冊

410000－2206－0001905　38923－41

十六國春秋一百卷　（北魏）崔鴻撰　清乾隆四十六年(1781)欣託山房刻本　十冊

410000－2206－0001906　38950－57

斯密亞丹原富五種 （英國）斯密亞丹著 嚴復譯 清光緒二十七年（1901）南洋公學譯書院鉛印本 八冊

410000－2206－0001907 32985－7

史忠正公集四卷首一卷末一卷 （明）史可法撰 （清）史開純集錄 清光緒二十三年（1897）湘南書局刻本 三冊

410000－2206－0001908 33142－3

節本泰西新史攬要八卷 （英國）李提摩太譯 （清）周慶云節錄 清光緒二十七年（1901）夢坡室刻本 二冊

410000－2206－0001909 33144－51

泰西新史攬要二十四卷 （英國）李提摩太譯 清光緒二十二年（1896）華美書館鉛印本 八冊

410000－2206－0001910 46895－47198

九通九種 （清）□□輯 清光緒二十七年（1901）上海圖書集成局鉛印本 三百四冊

410000－2206－0001911 47199－47498

九通九種 （清）□□輯 清光緒二十七年（1901）上海圖書集成局鉛印本 三百冊

410000－2206－0001912 47499－47790

九通九種 （清）□□輯 清光緒二十七年（1901）上海圖書集成局鉛印本 二百九十二冊

410000－2206－0001913 50061－312

三通三種 清咸豐九年（1859）崇仁謝氏刻本 二百五十二冊

410000－2206－0001914 48890－49223

三通三種 清光緒二十二年（1896）浙江書局刻本 三百三十四冊 缺一百三十八卷（通志十六至二十八，通考一百九十九至二百一、二百二十七至三百四十八）

410000－2206－0001915 49698－50060

三通三種 清光緒二十二年（1896）浙江書局刻本 三百六十三冊 存三種六百七十九卷

410000－2206－0001916 49539－697

九通九種 （清）□□輯 清光緒浙江書局刻本 四百七十四冊 存六種一千二百九十卷

410000－2206－0001917 50313－838

九通九種 （清）□□輯 清光緒浙江書局刻本 五百二十六冊 存六種一千五百二十六卷

410000－2206－0001918 44020

三吳水利錄四卷續錄一卷附錄一卷 （明）歸有光纂 清別下齋刻本 一冊

410000－2206－0001919 44144－47

禹貢水道考異五卷 （清）方埏著 清光緒十七年（1891）務本書局刻本 四冊

410000－2206－0001920 42853

丙午日本遊記一卷 （清）程淯輯 清末鉛印本 一冊

410000－2206－0001921 42870－71

長春真人西遊記二卷 （元）李志常述 清道光二十七年（1847）靈石楊氏刻連筠簃叢書本 二冊

410000－2206－0001922 43769

長春真人西遊記二卷附錄一卷 （元）李志常撰 清道光二十六年（1846）守山閣刻本 一冊

410000－2206－0001923 44002

乘查筆記不分卷 （清）斌椿著 清光緒八年（1882）北京琉璃廠琳琅閣刻本 一冊

410000－2206－0001924 12－02877

滇南壯遊集二卷 熊賓著 清宣統三年（1911）鉛印本 三冊

410000－2206－0001925 42900

東遊攷政錄不分卷 劉瑞璘撰 清光緒三十一年（1905）鉛印本 一冊

410000－2206－0001926 42899

東遊日記不分卷（清光緒二十五年六月） （清）沈翊清撰 清光緒二十六年（1900）福州刻本 一冊

410000－2206－0001927 44152－57

俄遊彙編八卷　（清）繆祐孫纂　清光緒二十四年（1898）上海書局石印本　六冊

410000－2206－0001928　42872－73

撫新紀程三卷　袁大化記　清宣統三年（1911）新疆官報書局鉛印本　二冊

410000－2206－0001929　43300

扈從木蘭行程日記一卷（乾隆四十一年）培蔭軒雜記一卷　（清）胡季堂撰　清乾隆四十一年（1776）刻本　一冊

410000－2206－0001930　12－02887

環遊地球新錄四卷　（清）李圭著　清末刻本　一冊　存一卷（三）

410000－2206－0001931　43301

護送越南貢使日記不分卷（清□□年五月初九至二十六日）　（清）馬先登撰　清同治七年（1868）刻本　一冊

410000－2206－0001932　43202

廬山紀游一卷　（清）蔣湘南撰　清光緒十四年（1888）湘南臬署會心閣刻本　一冊

410000－2206－0001933　43521

黔遊雜組不分卷　（清）祝雲書著　清嘉慶元年（1796）瑞蔭堂刻本　一冊

410000－2206－0001934　44003

日遊筆記不分卷　王景禧撰　清光緒三十年（1904）學務處排印局鉛印本　一冊

410000－2206－0001935　42862－67

蒙古遊牧記十六卷　（清）張穆撰　清光緒二十年（1894）石印本　六冊

410000－2206－0001936　44013

隨軺日記不分卷（清光緒十六年至十七年）　（清）韓國鈞著　清光緒二十五年（1899）刻本　一冊

410000－2206－0001937　44014－17

度隴記四卷　（清）董醇著　清咸豐元年（1851）刻隨軺載筆七種本　四冊

410000－2206－0001938　43544－45

秦邊紀略六卷　（清）□□撰　清同治十一年（1872）安徽藩署敬義齋刻本　二冊

410000－2206－0001939　50843－48

欽定三通考證五種　（清）□□輯　清光緒二十年（1894）浙江書局刻本　六冊

410000－2206－0001940　50839－42

三通序三卷　（清）康綸鈞輯　清道光十三年（1833）刻本　四冊

410000－2206－0001941　50849－65

三邑治略六卷　熊賓編　清光緒三十一年（1905）刻本　六冊

410000－2206－0001942　12－02905

三邑治略六卷　熊賓編　清光緒三十一年（1905）刻本　六冊

410000－2206－0001943　50861－65

三邑治略六卷　熊賓編　清光緒三十一年（1905）刻本　五冊　缺一卷（六）

410000－2206－0001944　48857－62

盛京典制備考八卷　（清）崇厚輯　清光緒二十五年（1899）盛京太和山房刻本　六冊

410000－2206－0001945　48850－56

盛世危言八卷　鄭觀應著　清光緒二十六年（1900）待鶴齋鉛印本　七冊　存七卷（一至七）

410000－2206－0001946　46234－57

唐會要一百卷　（宋）王溥撰　清光緒十年（1884）江蘇書局刻本　二十四冊

410000－2206－0001947　45843－82

通典二百卷　（唐）杜佑撰　清同治十年（1871）學海堂刻本　四十冊

410000－2206－0001948　45955－46001

通典二百卷　（唐）杜佑撰　清咸豐九年（1859）崇仁謝氏刻本　四十七冊　缺三卷（一百八十五至一百八十七）

410000－2206－0001949　45923－54

皇朝通典一百卷　（清）嵇璜等纂修　清光緒元年（1875）學海堂刻本　三十二冊

410000－2206－0001950　46002－09

皇朝通典一百卷　（清）嵇璜等纂修　清光緒
二十八年(1902)上海鴻寶書局鉛印本　八冊

410000－2206－0001951　45883－922

欽定續通典一百五十卷　（清）嵇璜等纂修
清光緒元年(1875)學海堂刻本　四十冊

410000－2206－0001952　43139－42

泰西各國采風記四卷　（清）宋育仁撰　清光
緒二十二年(1896)神海山房石印本　四冊

410000－2206－0001953　43011－18

天咫偶聞十卷　震鈞撰　清光緒三十三年
(1907)甘棠轉舍刻本　八冊

410000－2206－0001954　43554

西征述一卷後西征述一卷　（清）蔣湘南撰
清道光十九年(1839)刻本　一冊

410000－2206－0001955　43702

尋視記不分卷　（清）吳藩著　清咸豐十年
(1860)刻本　一冊

410000－2206－0001956　43425－27

出使英法義比四國日記六卷（清光緒十六年
至十七年）　（清）薛福成著　清光緒十七年
(1891)石印本　三冊

410000－2206－0001957　12－02936

各國地輿考十六卷　（清）王省三輯　清末石
印本　一冊　存三卷（六至八）

410000－2206－0001958　12－02937

各國地輿考十六卷　（清）王省三輯　清光緒
二十八年(1902)石印本　一冊　存一卷（一）

410000－2206－0001959　12－02938

各國政治考六卷　（清）錢恂輯　清光緒二十
八年(1902)石印本　一冊

410000－2206－0001960　43423－24

庸盦海外文編四卷　（清）薛福成著　清光緒
二十年(1894)石印本　二冊

410000－2206－0001961　43505－08

漢西域圖考七卷首一卷　（清）李光廷撰　清
末石印本　四冊

410000－2206－0001962　12－02941

列國地說二卷　（美國）衛羅譯　（清）金向敷
述　清光緒二十九年(1903)鉛印本　一冊
存一卷（二）

410000－2206－0001963　12－02942

緬甸國志一卷英領緬甸志一卷緬甸新志一卷
暹羅國志一卷布哈爾志一卷　（清）學部編譯
圖書局編纂　清光緒三十三年(1907)學部圖
書局鉛印本　一冊

410000－2206－0001964　12－02943

日本國志四十卷首一卷　（清）黃遵憲編纂
清光緒二十八年(1902)上海書局石印本　九
冊　存三十七卷（一至三十七）

410000－2206－0001965　42201－12

日本國志四十卷首一卷　（清）黃遵憲編纂
清光緒十三年(1887)匯文書局刻本　十二冊

410000－2206－0001966　12－02948

萬國近政考略十六卷　（清）鄒弢編輯　清末
刻本　一冊　存六卷（六至十一）

410000－2206－0001967　44068－69

五大洲志二卷　（日本）辻武雄著　清光緒二
十八年(1902)鉛印本　二冊　存二卷（上、
中）

410000－2206－0001968　44078－88

五洲地理志略三十六卷首一卷　王先謙撰
清宣統二年(1910)湖南學務公所鉛印本　十
一冊　存三十三卷（一至九、十三至三十六）

410000－2206－0001969　46082－46214

通志二百卷　（宋）鄭樵撰　清咸豐九年
(1859)崇仁謝氏刻本　一百三十三冊　缺三
十一卷（六十八至七十八、一百十六至一百二
十四、一百四十六、一百八十一至一百九十）

410000－2206－0001970　46010－81、51158
－93、51226－269

九通九種　（清）□□輯　清光緒二十七年
(1901)上海圖書集成局鉛印本　一百十六冊
存四種一千三百十六卷

410000－2206－0001971　51194－225

皇朝文獻通考三百卷　（清）嵇璜等纂修　清光緒二十八年（1902）上海鴻寶書局鉛印本　三十二冊

410000－2206－0001972　12－02971

亞洲各國政治考□□卷　（清）錢恂輯　清光緒石印本　一冊　存四卷（五至八）

410000－2206－0001973　44064－67

五洲圖考不分卷　（清）龔柴撰　（清）徐彬續輯　清光緒二十八年（1902）上海徐家匯印書館鉛印本　四冊

410000－2206－0001974　43770－83

亞洲各國志不分卷　（清）學部圖書局編纂　清光緒三十四年（1908）學部圖書局鉛印本　十二冊

410000－2206－0001975　51820－23

安陽金石錄十二卷　（清）武億著　清刻本　四冊

410000－2206－0001976　51584－85

東巡金石錄八卷　（清）嵇璜等纂修　（清）崔應階等輯　清乾隆三十年（1765）刻本　二冊

410000－2206－0001977　51867－98

金石萃編一百六十卷　（清）王昶撰　清嘉慶十年（1805）刻本　三十二冊　存六十六卷（一至五、八至九、十一至二十三、二十八至二十九、三十一至三十三、四十四至四十六、五十二至五十三、五十九至六十、六十二至六十四、八十五至九十七、一百至一百二、一百六至一百十四、一百十九至一百二十、一百二十三至一百二十六）

410000－2206－0001978　34077－96

弇山堂別集一百卷　（明）王世貞著　清光緒廣雅書局刻本　二十冊

410000－2206－0001979　12－02982

霆軍紀略十六卷　（清）陳昌編輯　清末鉛印本　一冊　存二卷（十二至十三）

410000－2206－0001980　34100－07

史外八卷　（清）汪有典著　清光緒三年（1877）刻本　八冊

410000－2206－0001981　34108－115

萬國史記二十卷　（日本）岡本鑑輔著　清光緒二十三年（1897）上海六先書局鉛印本　八冊

410000－2206－0001982　34116－125

萬國史記二十卷　（日本）岡本鑑輔著　清光緒二十七年（1901）讀有用書齋石印本　十冊

410000－2206－0001983　34097

武昌紀事二卷　（清）陳微言撰　清咸豐七年（1857）章門刻本　一冊

410000－2206－0001984　12－02991

吳越春秋十卷　（漢）趙曄撰　（清）汪士漢考輯　清康熙七年（1668）刻本　一冊　存三卷（一至三）

410000－2206－0001985　12－02992

廣漢魏叢書八十種　（明）何允中輯　清乾隆刻本　一冊　存二種十一卷

410000－2206－0001986　34099－9

吳中平寇記八卷　（清）錢勛撰　清光緒元年（1875）申報館鉛印本　二冊

410000－2206－0001987　33238－44

熙朝新語十六卷　（清）余金輯　清刻本　七冊　缺二卷（一至二）

410000－2206－0001988　33163

希臘史二卷　（日本）桑原啟一纂譯　清光緒二十九年（1903）鉛印本　一冊

410000－2206－0001989　32960－5

西魏書二十四卷　（清）謝啟昆撰　清光緒九年（1883）樹經堂刻本　六冊

410000－2206－0001990　38868－99

西政叢書三十二種　梁啟超編譯　清光緒二十三年（1897）慎記書莊石印本　三十二冊

410000－2206－0001991　38900－38931

西政叢書三十二種　梁啟超編譯　清光緒二十三年（1897）慎記書莊石印本　三十二冊

410000 – 2206 – 0001992　33245 – 52

湘軍記二十卷　（清）王定安撰　清光緒十五
年(1889)江南書局刻本　八冊

410000 – 2206 – 0001993　51796 – 97

蒼崖先生金石例十卷　（元）潘昂霄撰　**札記**
一卷　繆荃孫撰　清光緒三十四年(1908)南
陵徐氏刻隨盦徐氏叢書本　二冊

410000 – 2206 – 0001994　51800 – 05

金石錄三十卷　（宋）趙明誠撰　清順治七年
(1650)濟南謝世箕刻本　六冊

410000 – 2206 – 0001995　12 – 03007

金石契不分卷　（清）張燕昌輯　清光緒二十
二年(1896)聚學軒石印本　四冊

410000 – 2206 – 0001996　12 – 03008

金石三例再續編　（清）朱記榮輯　清光緒十
四年(1888)朱氏行素草堂刻本　四冊

410000 – 2206 – 0001997　51831 – 34

金石三例再續編　（清）朱記榮輯　清光緒十
四年(1888)朱氏行素草堂刻本　四冊

410000 – 2206 – 0001998　12 – 03010

金石索十二卷　（清）馮雲鵬編輯　清光緒三
十三年(1907)上海文新局石印本　十二冊

410000 – 2206 – 0001999　51899

授堂金石文字續跋十四卷　（清）武億著　清
刻本　一冊　存五卷（五至九）

410000 – 2206 – 0002000　51900

京畿金石考二卷　（清）孫星衍撰　清乾隆五
十七年(1792)刻本　一冊　存一卷（上）

410000 – 2206 – 0002001　12 – 03013

濬縣金石錄二卷　（清）熊象階纂　清嘉慶七
年(1802)刻重修本　一冊

410000 – 2206 – 0002002　12 – 03014

濬縣金石錄二卷　（清）熊象階纂　清嘉慶七
年(1802)刻重修本　一冊

410000 – 2206 – 0002003　41370

濬縣金石錄二卷　（清）熊象階纂　清嘉慶七
年(1802)刻本　二冊

410000 – 2206 – 0002004　41378

濬縣金石錄二卷　（清）熊象階纂　清嘉慶七
年(1802)刻本　一冊

410000 – 2206 – 0002005　41386

濬縣金石錄二卷　（清）熊象階纂　清嘉慶七
年(1802)刻本　一冊

410000 – 2206 – 0002006　52010

中州金石記五卷　（清）畢沅撰　清末鉛印本
　一冊

410000 – 2206 – 0002007　51798 – 99

金文雅八卷十六卷　（清）莊仲方述　清光緒
十七年(1891)江蘇書局刻本　二冊

410000 – 2206 – 0002008　51665 – 68

歷代鐘鼎彝器欵識法帖二十卷　（宋）薛尚功
撰　清嘉慶二年(1797)儀征阮元小琅嬛山館
刻本　四冊

410000 – 2206 – 0002009　51669 – 72

歷代鐘鼎彝器欵識法帖二十卷　（宋）薛尚功
撰　清嘉慶二年(1797)儀征阮元小琅嬛山館
刻本　四冊

410000 – 2206 – 0002010　51673 – 76

歷代鐘鼎彝器欵識法帖目錄二十卷　（清）孫
星衍輯　清光緒三十三年(1907)玉海堂刻本
　四冊

410000 – 2206 – 0002011　12 – 03028

陶齋吉金續錄二卷補遺一卷　（清）端方輯
清宣統元年(1909)影印本　二冊

410000 – 2206 – 0002012　51560 – 63

碑版文廣例十卷　（清）王芑孫輯　清道光二
十一年(1841)長洲王氏刻本　四冊

410000 – 2206 – 0002013　51394 – 453

碑傳集一百六十卷首二卷末二卷　（清）錢儀
吉纂　清光緒十九年(1893)江蘇書局刻本
六十冊

410000 – 2206 – 0002014　33253 – 6

湘軍記二十卷　（清）王定安撰　清光緒十五
年(1889)上海書局石印本　四冊

410000－2206－0002015　33259－62

嘯亭雜錄十卷續錄三卷　（清）昭槤著　清宣統元年（1909）中國圖書公司鉛印本　四冊

410000－2206－0002016　32972

心史不分卷　（宋）鄭思肖撰　清光緒三十二年（1906）廣智書局鉛印本　一冊

410000－2206－0002017　51294－95

文獻通考紀要二卷　（清）尹會一輯　清乾隆四年（1739）刻本　二冊

410000－2206－0002018　51282－91

欽定續文獻通考輯要二十六卷　汤壽潛輯　清末通雅堂鉛印本　十冊

410000－2206－0002019　51270－81

文獻通考詳節二十四卷　（元）馬端臨撰　清光緒五年（1879）八杉齋刻本　十二冊

410000－2206－0002020　51298－321

文獻通考正續合編三十二卷　（清）盧宣旬編　清嘉慶十五年（1810）略識字齋刻本　二十四冊

410000－2206－0002021　51322－345

文獻通考正續合編三十二卷　（清）盧宣旬編　清嘉慶十五年（1810）略識字齋刻本　二十四冊

410000－2206－0002022　50915－20

五代會要三十卷　（宋）王溥撰　清光緒十二年（1886）江蘇書局刻本　六冊

410000－2206－0002023　48004－9

熙朝紀政六卷　（清）王慶雲撰　清光緒二十四年（1898）刻本　六冊

410000－2206－0002024　48010－3

熙朝紀政四卷　（清）王慶雲著　清光緒二十八年（1902）寶興堂刻本　四冊

410000－2206－0002025　34057－76

野獲編三十卷　（明）沈德符撰　清道光七年（1827）錢塘姚氏刻本　二十冊

410000－2206－0002026　33038－415

逸周書十卷校正補遺一卷　（晉）孔晁注　清乾隆五十一年（1786）餘刻本　四冊

410000－2206－0002027　12－03053

逸周書十卷校正補遺一卷　（晉）孔晁注　清乾隆五十一年（1786）餘刻本　四冊

410000－2206－0002028　34160－71

豫軍紀略十二卷　（清）尹耕雲纂　清同治十一年（1872）刻本　十二冊

410000－2206－0002029　34148－59

豫軍紀略十二卷　（清）尹耕雲纂　清同治十一年（1872）刻本　六冊

410000－2206－0002030　12－03057

豫軍紀略十二卷　（清）尹耕雲纂　清同治十一年（1872）刻本　六冊

410000－2206－0002031　42868－69

元朝秘史十五卷　（清）張穆校　清道光二十七年（1847）靈石楊氏刻連筠簃叢書本　二冊

410000－2206－0002032　32806－821

元史類編四十二卷　（清）邵遠平撰　清乾隆六十年（1795）南沙席氏掃葉山房刻宋遼金元別史本　十六冊

410000－2206－0002033　48014－9

熙朝紀政六卷　（清）王慶雲述　清光緒二十七年（1901）上海天章書局石印本　六冊

410000－2206－0002034　48370－3

皇朝政典掣要八卷　（日本）增田貢著　清光緒二十八年（1902）上海書局石印本　四冊

410000－2206－0002035　12－03064

皇朝政典掣要八卷　（日本）增田貢著　（清）毛澄補編　清光緒石印本　五冊　存六卷（三至八）

410000－2206－0002036　12－03065

皇朝政典掣要八卷　（日本）增田貢著　（清）毛澄補編　清光緒石印本　二冊　存四卷（四至七）

410000－2206－0002037　48876－87

資治新書二集二十卷　（清）李漁輯　清康熙六年（1667）刻本　十二冊

410000－2206－0002038　44763－74

大清通禮五十四卷　（清）來保等纂修　（清）穆克登額等續纂　清道光四年(1824)刻本　十二冊

410000－2206－0002039　46374－81

南巡盛典一百二十卷　（清）高晉等纂　清光緒八年(1882)點石齋石印本　八冊

410000－2206－0002040　44378－82

滿洲四禮集五種　（清）索寧安編　清嘉慶六年(1801)省非堂刻本　五冊

410000－2206－0002041　54564

頤志齋叢書二十一種　（清）丁晏著　清咸豐至同治間山陽丁氏六藝堂刻本　一冊　存二種三卷

410000－2206－0002042　12－03072

碑傳集一百六十卷首二卷末二卷　（清）錢儀吉纂輯　清光緒十九年(1893)江蘇書局刻本　五十五冊　存一百五十六卷(一至十五、十八至七十四、七十七至一百六十)

410000－2206－0002043　52053－54

淳化閣帖釋文十卷　（清）徐朝弼集釋　清嘉慶十七年(1812)刻本　二冊

410000－2206－0002044　51698

國山碑考一卷　（清）吳騫輯　清乾隆四十六年(1781)刻本　一冊

410000－2206－0002045　51753

漢碑徵經一卷　（清）朱百度撰　清光緒十五年(1889)廣雅書局刻本　一冊

410000－2206－0002046　12－03078

寰宇訪碑錄十二卷　（清）孫星衍　（清）邢澍撰　清光緒十一年(1885)刻本　八冊

410000－2206－0002047　12－03079

補寰宇訪碑錄五卷　（清）趙之謙編　清光緒十二年(1886)刻本　二冊

410000－2206－0002048　12－03082

歷代石經略二卷　（清）桂馥輯　清光緒九年(1883)刻本　二冊

410000－2206－0002049　12－03084

明清進士題名碑錄不分卷　（清）李周望輯　清康熙刻本　一冊

410000－2206－0002050　52088

石鼓文釋存一卷　（清）張燕昌述　清光緒二十八年(1902)刻本　一冊

410000－2206－0002051　51612－23

陶齋藏石記四十四卷藏磚記二卷首一卷　（清）端方撰　清宣統元年(1909)刻本　十二冊

410000－2206－0002052　51624－35

陶齋藏石記四十四卷藏磚記二卷首一卷　（清）端方撰　清宣統元年(1909)刻本　十二冊

410000－2206－0002053　44373－4

名法指掌二卷　（清）沈辛田輯　清乾隆三十八年(1773)橋西草堂刻本　二冊

410000－2206－0002054　50952－57

五服釋例二十卷　（清）夏燮撰　清同治七年(1868)刻本　六冊

410000－2206－0002055　50866

義莊條規不分卷　（清）馬丕瑤著　清光緒十五年(1889)粵西撫署刻本　一冊

410000－2206－0002056　48306－65

皇朝掌故彙編內編六十卷首一卷外編四十卷首一卷　張壽鏞等編　清光緒二十八年(1902)求實書社鉛印本　六十冊

410000－2206－0002057　12－03097

昭代典則二十八卷　（明）黃光昇輯　明萬曆刻本　二冊

410000－2206－0002058　48303－4

周禮政要四卷　（清）孫詒讓著　清光緒二十八年(1902)上海石印書局鉛印本　二冊

410000－2206－0002059　44271

風憲忠告不分卷　（元）張養浩著　清道光二十八年(1848)徐澤醇刻本　一冊

410000－2206－0002060　中州 01010

夢松軒詩集不分卷 （清）喬泰清著 清抄本
一冊

410000－2206－0002061 中州01013
尋樂堂四書講義八卷 （清）何昱著 清光緒
二十五年(1899)抄本 四冊

410000－2206－0002062 中州01017
積錦寶藏一卷 （清）黃允中撰 清抄本
一冊

410000－2206－0002063 中州01018
五朵山居遊覽集一卷 （清）任輝第著 清光
緒元年(1875)稿本 一冊

410000－2206－0002064 中州01024
魏茝亭詩集不分卷 （清）魏佩撰 清陳子荃
抄本 一冊

410000－2206－0002065 51379－80
渤海藏真不分卷 （唐）鍾紹京等書 （清）
□□輯 清宣統元年(1909)上海文明書局石
印本 二冊

410000－2206－0002066 12－03114
學部第一次審定初等小學暫用書目一卷
（清）京師督學局編輯 清光緒三十二年
(1906)鉛印本 一冊

410000－2206－0002067 51603
大梁書院藏書總目五類不分卷 顧璜編輯
清光緒二十四年(1898)大梁書院刻本 一冊

410000－2206－0002068 51604
大梁書院續藏書籍目錄不分卷 顧璜編輯
清光緒三十年(1904)大梁書院刻本 一冊

410000－2206－0002069 33334－7
戰國策三十三篇 （明）陸樹聲評注 清刻本
四冊

410000－2206－0002070 33319－33
戰國策三十三卷 （漢）高誘注 札記三卷
（清）黃丕烈撰 清同治八年(1869)湖北崇文
書局刻本 五冊

410000－2206－0002071 33324－8
戰國策三十三卷 （漢）高誘注 札記三卷

（清）黃丕烈撰 清同治八年(1869)湖北崇文
書局刻本 五冊

410000－2206－0002072 12－03126
戰國策三十三卷 （漢）高誘注 札記三卷
（清）黃丕烈撰 清同治八年(1869)湖北崇文
書局刻本 五冊

410000－2206－0002073 12－03127
戰國策三十三卷 （漢）高誘注 札記三卷
（清）黃丕烈撰 清同治八年(1869)湖北崇文
書局雕本 五冊

410000－2206－0002074 33363－4
張文襄幕府紀聞不分卷 題（清）漢濱讀易者
撰 清宣統二年(1910)鉛印本 二冊

410000－2206－0002075 33279－84
治臺必告錄八卷 （清）丁日健輯 清同治六
年(1867)知足知止園刻本 八冊

410000－2206－0002076 12－03132
中東戰紀本末八卷首一卷末一卷 （美國）林
樂知譯 蔡爾康纂輯 清光緒二十八年
(1902)鉛印本 二冊 存二卷(一至二)

410000－2206－0002077 33308－11
中俄約章會要三卷續編一卷 （清）總理衙門
編 清光緒八年(1882)同文館鉛印本 四冊

410000－2206－0002078 12－03136
中外通商始末記二十卷 （清）王之春編 清
末琴雅仙館石印本 一冊 存二卷(十、十
五)

410000－2206－0002079 33299－306
中西紀事二十四卷 （清）夏燮撰 清同治七
年(1868)刻本 八冊

410000－2206－0002080 33287－98
中興別記六十一卷 （清）李濱撰 清宣統二
年(1910)鉛印本 十二冊

410000－2206－0002081 53978－9
宦鄉要則七卷 （清）張鑑瀛錄 清光緒十年
(1884)三餘堂刻本 二冊 存四卷(一至二、
六至七)

410000－2206－0002082　12－03153

警察講義錄三編　（清）楊寶書編輯　清光緒
三十二年（1906）鉛印本　六冊

410000－2206－0002083　44282

居官要則不分卷　（清）陳慶滋撰　清光緒刻
本　一冊

410000－2206－0002084　12－03156

典章□□卷　（清）□□輯　清末刻本　一冊
存二卷（八至九）

410000－2206－0002085　12－03158

欽定吏部則例八十七卷　（清）恩桂修　（清）
薛鳴皋纂　清乾隆武英殿刻本　十二冊　存
三十二卷（漢官品級考一至四,滿官品級考一
至四,銓選滿官四至六、二十七至四十七）

410000－2206－0002086　44274－77

歷代職官表六卷　（清）嵇璜等纂修　（清）黃
本驥輯　清光緒八年（1882）上海王氏刻本
四冊

410000－2206－0002087　44278－80

歷代職官表六卷　（清）黃本驥輯　清道光二
十六年（1846）湘陰蔣瓛刻三長物齋叢書本
三冊

410000－2206－0002088　53045

武英殿聚珍版程式一卷　（清）金簡撰　清乾
隆四十二年（1777）浙江刻武英殿聚珍版書本
一冊

410000－2206－0002089　52050

楚寶目錄不分卷　劉人熙編輯　清光緒十四
年（1888）刻本　一冊

410000－2206－0002090　44272－73

莅政摘要二卷　（清）陸隴其撰　清光緒六年
（1880）吳門刻本　二冊

410000－2206－0002091　44165－82

牧令書二十三卷　（清）徐棟輯　清道光二十
八年（1848）楚興國李煒刻本　十八冊

410000－2206－0002092　44186－202

牧令書二十三卷　（清）徐棟輯　清道光二十

八年（1848）楚興國李煒刻本　十七冊

410000－2206－0002093　44218－34

牧令書二十三卷　（清）徐棟輯　清同治四年
（1865）刻本　十七冊

410000－2206－0002094　44261－70

牧令書輯要十卷　（清）徐棟輯　（清）丁日昌
重編　清同治七年（1868）江蘇書局刻牧令全
書本　十冊

410000－2206－0002095　44251－60

牧令書輯要十卷　（清）徐棟輯　（清）丁日昌
重編　清同治八年（1869）湖北崇文書局刻牧
令書四種本　十冊

410000－2206－0002096　44241－50

牧令書輯要十卷　（清）徐棟編　（清）丁日昌
重編　清同治七年（1868）江蘇書局刻牧令全
書本　十冊

410000－2206－0002097　44240

牧令芻言不分卷　陳際唐撰　清光緒三十二
年（1906）刻本　一冊

410000－2206－0002098　44206－17

牧民寶鑑七種　（清）王文韶編　清光緒三十
四年（1908）河南官紙印刷所石印本　十二冊

410000－2206－0002099　44238－39

牧民忠告二卷　（元）張養浩著　清同治七年
（1868）姑蘇書局刻本　一冊

410000－2206－0002100　中州01033

齊勇毅公奏稿一卷　（清）齊慎撰　清抄本
一冊

410000－2206－0002101　中州01034

李山子百柳詩不分卷　（清）李青撰　清道光
四年（1824）抄本　一冊

410000－2206－0002102　51709－22

彙刻書目初編十卷續編二卷　（清）顧修編
清光緒元年（1875）長洲陳氏夢園刻本　十
四冊

410000－2206－0002103　51941－50

昭德先生郡齋讀書志二十卷　（宋）晁公武著

（宋）姚應績編　附志二卷　（宋）趙希弁撰
校補一卷　王先謙撰　清光緒十年（1884）
長沙王氏刻本　十冊

410000－2206－0002104　51704－07
開有益齋讀書志六卷續志一卷金石文字記一
卷　（清）朱緒曾述　清光緒六年（1880）金陵
翁氏茹古閣刻本　四冊

410000－2206－0002105　52080－83
江刻書目三種　（清）江標輯　清光緒元和江
氏靈鶼閣刻本　四冊

410000－2206－0002106　52969－76
御刻三希堂石渠寶笈法帖三十二卷　（清）梁
詩正等編次　清末影印本　八冊

410000－2206－0002107　44307－08
式敬編五卷　（清）楊景仁輯　清光緒五年
（1879）詒硯齋刻本　二冊

410000－2206－0002108　44283－88
學治臆說二卷續說一卷說贅一卷佐治藥言一
卷續一卷庸吏庸言二卷　（清）汪輝祖纂　庸
吏餘談一卷讀律心得三卷蜀僚問答二卷
（清）劉衡編　漁洋山人手鏡一卷　（清）王士
禎撰　勸諭牧令文一卷　（清）黃輔辰撰　清
同治十年（1871）湖北崇文書局刻本　六冊

410000－2206－0002109　44299－300
學治臆說二卷續說一卷說贅一卷佐治藥言一
卷續一卷　（清）汪輝祖纂　清同治七年
（1868）湖北崇文書局刻本　二冊

410000－2206－0002110　44315－17
庸吏庸言二卷讀律心得三卷蜀僚問答二卷
（清）劉衡編　漁洋山人手鏡一卷　（清）王士
禎撰　勸諭牧令文一卷　（清）黃輔辰撰　清
同治三年（1864）四川藩署刻本　三冊

410000－2206－0002111　51346
預備立憲京內官制全案不分卷　（清）載澤等
撰　清光緒開智圖書公司鉛印本　一冊

410000－2206－0002112　中州01035
周芳園詩稿不分卷　（清）周華林撰　清光緒

十八年（1892）抄本　一冊

410000－2206－0002113　中州01036
儀禮探珠不分卷　（清）杜培誠輯　清道光三
年（1823）抄本　一冊

410000－2206－0002114　中州01037
儀禮輯解不分卷　（清）杜培誠輯　清抄本
一冊

410000－2206－0002115　中州01038－01039
近思續錄十四卷　（清）杜培誠輯　清光緒十
九年（1893）抄本　二冊

410000－2206－0002116　中州01041
讀史詩鈔一卷　（清）孫天敘輯　蔗軒詠史詩
一卷　（清）孫天敘撰　清抄本　一冊

410000－2206－0002117　中州01042
女三字經一卷女弟子規一卷　（清）申傅氏撰
清光緒抄本　一冊

410000－2206－0002118　中州01044－49
浪遊草詩集六卷　（清）杜曰讓著　清乾隆杜
氏抄本　六冊

410000－2206－0002119　中州01051
覺癡館詩草一卷　（清）婁心竹撰　清光緒抄
本　一冊

410000－2206－0002120　中州01055
覆盆見日記一卷　（清）吳炳南撰　清抄本
一冊

410000－2206－0002121　中州01063
硃書七篇一卷　（清）杜熾撰　清抄本　一冊

410000－2206－0002122　中州01060
杜惺齋先生讀孟三篇硃書七篇合鈔　（清）杜
熾撰　清光緒二十一年（1895）抄本　一冊

410000－2206－0002123　中州01054－01055
杜惺齋文集二卷　（清）杜熾著　清抄本
一冊

410000－2206－0002124　中州01056－01057
悠遊餘興草二卷　（清）沈良斌撰　清光緒稿
本　二冊

410000－2206－0002125　中州01061

槐蔭齋詩集一卷　（清）王亨衢撰　清抄本
一冊

410000－2206－0002126　中州01062

竹天閣詩集一卷　（清）李匡濟撰　清抄本
一冊

410000－2206－0002127　44311－12

在官法戒錄摘鈔四卷　（清）陳宏謀編　清同
治七年(1868)楚北崇文書局刻五種遺規摘鈔
本　二冊

410000－2206－0002128　48225－34

欽定中樞政考七十二卷　（清）明亮　（清）納
蘇泰纂修　清刻本　十冊　存十卷(二十八、
三十一至三十七、三十九至四十)

410000－2206－0002129　48305

欽定訓飭州縣規條一卷　（清）田文鏡編　清
道光十二年(1832)刻本　一冊

410000－2206－0002130　44306

欽頒州縣事宜一卷　（清）田文鏡　（清）李衛
撰　清咸豐九年(1859)錢塘許氏刻宦海指南
本　一冊

410000－2206－0002131　44281

欽頒州縣事宜一卷　（清）田文鏡　（清）李衛
撰　清同治七年(1868)江蘇書局刻牧令全書
本　一冊

410000－2206－0002132　44309

作吏要言一卷　（清）朱敏齋撰　清光緒二十
八年(1902)天津開文書局石印本　一冊

410000－2206－0002133　44301

佐治藥言一卷續一卷　（清）汪輝祖纂　清同
治七年(1868)湖北崇文書局刻牧令書四種本
一冊

410000－2206－0002134　48277

裁嚴郡九姓漁課錄一卷　（清）戴槃著　清同
治六年(1867)戴槃刻本　一冊

410000－2206－0002135　48278

裁嚴郡九姓漁課錄一卷　（清）戴槃著　清同
治六年(1867)戴槃刻本　一冊

410000－2206－0002136　48390－403

長蘆鹽法志二十卷　（清）黃掌綸等纂修　清
嘉慶十年(1805)刻本　十四冊　存八卷(一
至二、九至十二、十五至十六)

410000－2206－0002137　52109－24

善本書室藏書志四十卷附錄一卷　（清）丁丙
輯　清光緒二十七年(1901)錢塘丁氏刻本
十六冊

410000－2206－0002138　52979－89

玉簡齋叢書十二種　羅振玉輯　清宣統二年
(1910)上虞羅振玉刻本　十一冊　存七種二
十四卷

410000－2206－0002139　53056

元氏誌錄一卷　（□）范疇銘撰　清刻本
一冊

410000－2206－0002140　51976－81

直齋書錄解題二十二卷　（宋）陳振孫撰　清
光緒九年(1883)江蘇書局刻本　六冊

410000－2206－0002141　51363－78

八史經籍志十種　（日本）□□輯　清光緒九
年(1883)鎮海張壽榮刻蘇州振新書社印本
十六冊

410000－2206－0002142　12－03265

八史經籍志十種　（日本）□□輯　清光緒九
年(1883)鎮海張壽榮刻本　三冊　存二種
五卷

410000－2206－0002143　51361－62

補晉書經籍志四卷　吳士鑑纂　清光緒二十
一年(1895)刻本　二冊

410000－2206－0002144　中州01064

芸香齋詩集一卷　（清）仝步蟾撰　清抄本
一冊

410000－2206－0002145　中州01069

吳子釋義一卷　（清）翟鵬齡撰　清抄本
一冊

410000－2206－0002146　中州01070

尚書編年不分卷　（清）翟鵬齡輯　清抄本
一冊

410000－2206－0002147　中州 01072
澹香齋詩文集一卷　（清）楊修品撰　清抄本
一冊

410000－2206－0002148　中州 01084
椒香軒詩草一卷　（清）高殿舉著　清抄本
一冊

410000－2206－0002149　中州 01082
玉汝［高道成］年譜一卷附訪師紀略　（清）李
桂馨輯　清光緒抄本　一冊

410000－2206－0002150　中州 01083
高雲峯事略一卷　（清）李蘭溪撰　清抄本
一冊

410000－2206－0002151　51605－08
道藏目錄詳註四卷　（明）白雲霽撰　清影印
本　四冊

410000－2206－0002152　中州 01099
李汝霖詩集一卷　（清）李汝霖撰　清抄本
一冊

410000－2206－0002153　中州 01108－01109
彭芳洲遺著不分卷　（清）彭始搏撰　清抄本
二冊

410000－2206－0002154　51582－83
讀書敏求記四卷　（清）錢曾著　清道光二十
七年（1847）番禺潘氏刻海山仙館叢書本
二冊

410000－2206－0002155　12－03313
集古錄五卷　（宋）歐陽棐撰　清道光十五年
（1835）刻本　一冊　存二卷（一至二）

410000－2206－0002156　51830
今古學考二卷　廖平述　清光緒十二年
（1886）成都刻四益館經學叢書本　一冊

410000－2206－0002157　51702
科學書目提要初編不分卷　王景沂編輯　清
光緒二十九年（1903）北洋官報局鉛印本
一冊

410000－2206－0002158　51951
求古錄禮說補遺不分卷　（清）金鶚撰　清同
治六年（1867）刻本　一冊

410000－2206－0002159　51973
勸藏書說不分卷　曹廣權撰　清光緒二十七
年（1901）刻本　一冊

410000－2206－0002160　12－03320
書目答問四卷輶軒語一卷　（清）張之洞編
清光緒元年（1875）刻本　三冊

410000－2206－0002161　48404
憲政編查館奏城鎮鄉地方自治章程一卷
（清）奕劻等撰　清宣統二年（1910）上海商務
印書館鉛印本　一冊

410000－2206－0002162　48382－7
籌濟編三十二卷　（清）楊景仁輯　清道光十
二年（1832）刻本　六冊

410000－2206－0002163　12－03327
大清法規大全一百五十九卷　（清）政學社編
清宣統二年（1910）政學社石印本　十二冊

410000－2206－0002164　45812
大清郵政章程二十六章通郵局所彙編二編
（清）郵政總署編　清宣統元年（1909）鉛印本
一冊

410000－2206－0002165　44430－79
東三省政略十二卷　徐世昌撰　清宣統三年
（1911）鉛印本　五十冊

410000－2206－0002166　44480－529
東三省政略十二卷　徐世昌撰　清宣統三年
（1911）鉛印本　五十冊

410000－2206－0002167　44530－579
東三省政略十二卷　徐世昌撰　清宣統三年
（1911）鉛印本　五十冊

410000－2206－0002168　44580－629
東三省政略十二卷　徐世昌撰　清宣統三年
（1911）鉛印本　五十冊

410000－2206－0002169　44630－657
東三省政略十二卷　徐世昌撰　清宣統三年

（1911）鉛印本　五十冊

410000－2206－0002170　44680－92

東三省政略十二卷　徐世昌撰　清宣統三年
（1911）鉛印本　十二冊　存一卷（四）

410000－2206－0002171　12－03335

俄國陸路通商章程附續增稅則不分卷　清同
治元年（1862）刻本　一冊

410000－2206－0002172　44383－94

福惠全書三十二卷　（清）黃六鴻著　清康熙
三十三年（1694）寶翰樓刻本　十二冊

410000－2206－0002173　56414－23

福惠全書三十二卷　（清）黃六鴻著　清康熙
三十八年（1699）金陵種書堂刻本　十冊

410000－2206－0002174　44395－6

福建票鹽志略不分卷　（清）吳大廷編輯　清
同治五年（1866）福建鹽局刻本　二冊

410000－2206－0002175　12－03339

光緒會計表四卷　（清）劉嶽雲纂　清光緒二
十七年（1901）教育世界社石印本　三冊　存
三卷（二至四）

410000－2206－0002176　46817－8

海陵從政錄一卷　（清）周際華撰　清道光十
九年（1839）家蔭堂刻本　二冊

410000－2206－0002177　52925－36

欽定四庫全書簡明目錄二十卷　（清）紀昀等
纂　清光緒五年（1879）墨潤堂刻本　十二冊

410000－2206－0002178　52805－924

欽定四庫全書總目二百卷　（清）紀昀等纂
清同治七年（1868）廣東書局刻本　一百二
十冊

410000－2206－0002179　52505－632

欽定四庫全書總目二百卷　（清）紀昀等纂
清同治七年（1868）廣東書局刻本　一百二十
八冊

410000－2206－0002180　52633－736

欽定四庫全書總目二百卷　（清）紀昀等纂
清同治七年（1868）廣東書局刻本　一百四冊

存一百八十一卷（一至一百十八、一百三十
八至二百）

410000－2206－0002181　52183－312

欽定四庫全書總目二百卷　（清）紀昀等纂
清同治七年（1868）廣東書局刻本　一百三
十

410000－2206－0002182　52409－504

欽定四庫全書總目二百卷　（清）紀昀等纂
清同治七年（1868）廣東書局刻本　九十六冊

410000－2206－0002183　52313－408

欽定四庫全書總目二百卷　（清）紀昀等纂
清同治七年（1868）廣東書局刻本　九十六冊

410000－2206－0002184　51636－39

通德遺書所見錄七十二卷　（清）孔廣林輯
清光緒十六年（1890）山東書局刻本　四冊

410000－2206－0002185　中州01110

詩集一卷　（清）張鳴南撰　清抄本　一冊

410000－2206－0002186　中州01111

喻學俗說一卷聖學引機一卷　（清）楊銘藎撰
清抄本　一冊

410000－2206－0002187　中州01115

周易正宗六卷　（清）陳徵典著　清光緒二十
三年（1897）稿本　六冊

410000－2206－0002188　中州01123

張榮萬詩集一卷　（清）張榮萬撰　清抄本
一冊

410000－2206－0002189　中州01126

三餘堂吟草一卷　（清）王諟甫撰　清稿本
一冊

410000－2206－0002190　中州01130、01145－47

易會八卷　（明）鄒德溥撰　清抄本　四冊
存四卷（三、六至八）

410000－2206－0002191　46814－6

續增河東鹽法備覽三卷　（清）姚楷撰　清宣
統二年（1910）刻本　三冊

410000－2206－0002192　46805－13

增修河東鹽法備覽八卷　（清）江人鏡等纂
清光緒八年(1882)河東兵備道兼鹽法使署刻
本　九冊

410000－2206－0002193　12－03376

河南減漕錄二卷　清宣統元年(1909)石印本
　一冊

410000－2206－0002194　12－03377

河南廳州縣契稅明細表四卷　（清）河南廳編
選　清宣統元年(1909)石印本　一冊　存一
卷(一)

410000－2206－0002195　46799－800

荒政輯要九卷首一卷　（清）汪志伊纂　清道
光二十一年(1841)豫省聚文齋刻本　二冊

410000－2206－0002196　46797－8

荒政輯要九卷首一卷　（清）汪志伊纂　清同
治八年(1869)楚北崇文書局刻本　二冊

410000－2206－0002197　46788－93

荒政叢書十卷附錄二卷　（清）俞森輯　清宣
統三年(1911)文盛書局石印本　六冊

410000－2206－0002198　中州01127

汝陽高烈婦傳不分卷附陳宋二烈婦詞　（清）
胡玉如等著　清抄本　一冊

410000－2206－0002199　中州01133

二余文集不分卷　（清）余本初　（清）余海峰
撰　清抄本　一冊

410000－2206－0002200　中州01148

立雪山房詩鈔一卷　（清）程海銕撰　清稿本
　一冊

410000－2206－0002201　中州01154

溯洛堂詩文集一卷　（清）程元章撰　清抄本
　一冊

410000－2206－0002202　中州01149

薔城吟稿二卷　（清）馮樹蕷著　清宣統元年
(1909)抄本　二冊

410000－2206－0002203　46869－72

吉林農安戊巳政治報告書四卷　壽鵬飛編
清宣統三年(1911)吉林官書局鉛印本　四冊

410000－2206－0002204　46873－76

吉林農安戊巳政治報告書四卷　壽鵬飛編
清宣統三年(1911)吉林官書局鉛印本　四冊

410000－2206－0002205　46877－80

吉林農安戊巳政治報告書四卷　壽鵬飛編
清宣統三年(1911)吉林官書局鉛印本　四冊

410000－2206－0002206　46885－88

吉林農安戊巳政治報告書四卷　壽鵬飛編
清宣統三年(1911)吉林官書局鉛印本　四冊

410000－2206－0002207　46889－92

吉林農安戊巳政治報告書四卷　壽鵬飛編
清宣統三年(1911)吉林官書局鉛印本　四冊

410000－2206－0002208　47794－803

江南製造局記十卷首一卷附一卷　魏允恭等
纂　清光緒三十一年(1905)上海文寶書局石
印本　十冊

410000－2206－0002209　46794－6

重刊救荒補遺書二卷　（宋）董煟編　（明）朱
熊補遺　清同治八年(1869)湖北崇文書局刻
本　三冊

410000－2206－0002210　中州01151

聖俗喚醒論一卷　（清）邵寶華撰　清抄本
　一冊

410000－2206－0002211　中州01159－62

窺園易補四卷　（清）劉應標著　清光緒二年
(1876)稿本　一冊

410000－2206－0002212　中州01163

折中參義一卷　（清）劉應標著　清光緒二年
(1876)稿本　一冊

410000－2206－0002213　47792－3

救荒活民類要不分卷　（元）張光大編　清光
緒三年(1877)刻本　二冊

410000－2206－0002214　47791

救荒六十策不分卷　題（清）寄湘漁父輯　清
光緒二十四年(1898)汴梁朱聚文齋刻本
一冊

410000－2206－0002215　46688－90

欽定康濟錄四卷　（清）陸曾禹輯　清同治三年(1864)浙江撫署刻本　三冊

410000－2206－0002216　46691－96

欽定康濟錄四卷　（清）陸曾禹輯　清同治三年(1864)浙江撫署刻本　六冊

410000－2206－0002217　46697－708

康熙政要二十四卷　章梫纂　清宣統二年(1910)鉛印本　十二冊

410000－2206－0002218　46709－720

康熙政要二十四卷　章梫纂　清宣統二年(1910)鉛印本　十二冊

410000－2206－0002219　46721－732

康熙政要二十四卷　章梫纂　清宣統二年(1910)鉛印本　十二冊

410000－2206－0002220　46733－744

康熙政要二十四卷　章梫纂　清宣統二年(1910)鉛印本　十二冊

410000－2206－0002221　46745－756

康熙政要二十四卷　章梫纂　清宣統二年(1910)鉛印本　十二冊

410000－2206－0002222　804039－050

康熙政要二十四卷　章梫纂　清宣統二年(1910)刻本　十二冊

410000－2206－0002223　804051－062

康熙政要二十四卷　章梫纂　清宣統二年(1910)鉛印本　十二冊

410000－2206－0002224　804709－720

康熙政要二十四卷　章梫纂　清宣統二年(1910)鉛印本　十二冊

410000－2206－0002225　804721－732

康熙政要二十四卷　章梫纂　清宣統二年(1910)鉛印本　十二冊

410000－2206－0002226　804733－744

康熙政要二十四卷　章梫纂　清宣統二年(1910)鉛印本　十二冊

410000－2206－0002227　11－03425

康熙政要二十四卷　章梫纂　清宣統鉛印本　十二冊

410000－2206－0002228　46585－608

欽定重修兩浙鹽法志三十卷首一卷　（清）延豐等纂修　清嘉慶六年(1801)刻本　二十四冊

410000－2206－0002229　47836－9

清秘述聞十六卷　（清）法式善編　清嘉慶四年(1799)刻本　四冊　存八卷(一至八)

410000－2206－0002230　12－03428

勸止築添寨堡說一卷　（清）祝會亭撰　清同治八年(1869)友益書屋刻本　一冊

410000－2206－0002231　48825－41

山東全省財政說明書不分卷　（清）山東清理財政局編　清宣統三年(1911)鉛印本　十七冊

410000－2206－0002232　48485－790

時事采新彙選四百二十卷　（清）□□輯　清京都擷華書局鉛印本　三百六冊

410000－2206－0002233　12－03433

精選時務策要四卷　（清）□□輯　清末石印本　一冊　存二卷(一至二)

410000－2206－0002234　48791－804

時務分類與國策八卷　（清）李鳳儀編輯　清光緒二十三年（1897）上海書局石印本　十四冊

410000－2206－0002235　48805－23

時務分類續與國策十九卷　（清）李鳳儀編輯　清光緒二十八年（1902）文富樓書局石印本　十九冊

410000－2206－0002236　48435－58

時務通攷三十一卷　（清）王奇英等編　清光緒二十四年(1898)點石齋石印本　二十四冊

410000－2206－0002237　48459－82

時務通攷三十一卷　（清）王奇英等編　清光緒二十三年(1897)點石齋石印本　二十四冊

410000－2206－0002238　48425－34

實政錄七卷　（明）呂坤著　清嘉慶二年
(1797)呂氏刻本　十冊

410000－2206－0002239　48405－8

實政錄七卷　（明）呂坤著　清同治七年
(1868)湖北崇文書局刻本　四冊

410000－2206－0002240　48409－18

實政錄七卷　（明）呂坤著　清道光元年
(1821)刻本　十冊

410000－2206－0002241　中州01164－70

簡貫易引六卷　（清）劉應標著　清光緒二年
(1876)稿本　七冊

410000－2206－0002242　48419－24

實政錄七卷　（明）呂坤著　清道光七年
(1827)栗毓美刻本　六冊

410000－2206－0002243　48824

水運不分卷　（清）楊志洵譯　清宣統二年
(1910)郵傳部圖書通譯局鉛印本　一冊

410000－2206－0002244　45819－20

提牢備考四卷　（清）趙舒翹著　清光緒十一
年(1885)刻本　二冊

410000－2206－0002245　45821－32

天中許子政學合一集不分卷　（清）許三禮撰
　清康熙刻光緒二十三年(1897)重修本　十
二冊

410000－2206－0002246　45833－42

天中許子政學合一集不分卷　（清）許三禮撰
　清康熙刻光緒二十三年(1897)重修本
十冊

410000－2206－0002247　46221－32

通商章程成案彙編三十卷　（清）李鴻章撰
清光緒十年(1884)鐵城廣百宋齋刻本　十
二冊

410000－2206－0002248　46233

同治甲子浙江桐鄉縣辦賑錄二卷　（清）嚴辰
編　清同治三年(1864)刻本　一冊

410000－2206－0002249　46215－20

通行章程四卷遵行章程一卷　（清）王汝礪序

清光緒十七年(1891)京都善成堂刻本
六冊

410000－2206－0002250　48104－5

鄉守外編輯要十卷　（清）許乃釗編　清道光
三十年(1850)刻本　二冊

410000－2206－0002251　12－03471

新譯列國歲計政要不分卷　傅運森　張相文
譯述　清光緒二十七年(1901)海上譯社鉛印
本　十二冊

410000－2206－0002252　12－03473

修正各條清單一卷　（清）憲政編查館編修
清宣統元年(1909)鉛印本　一冊

410000－2206－0002253　48197－220

欽定學政全書八十六卷　（清）童璜纂修　清
嘉慶十七年(1812)刻本　二十四冊

410000－2206－0002254　12－03475

欽定學政全書八十六卷　（清）童璜撰　清乾
隆刻本　二十四冊

410000－2206－0002255　12－03476

延吉邊務報告一卷　（清）吳祿貞輯　清光緒
三十四年(1908)奉天學務公所石印本　二冊

410000－2206－0002256　50901－912

洋務經濟通考十六卷　（清）應祖錫纂　清光
緒二十七年(1901)上海鴻寶書局石印本　十
二冊

410000－2206－0002257　50873－78

郵傳部第一次統計表不分卷　（清）郵傳部編
清光緒三十三年(1907)鉛印本　六冊

410000－2206－0002258　50879－84

郵傳部第一次統計表不分卷　（清）郵傳部編
清光緒三十三年(1907)鉛印本　六冊

410000－2206－0002259　12－03480

原富不分卷　（英國）斯密亞丹著　嚴復譯
清光緒二十七年(1901)南洋公學譯書院鉛印
本　五冊

410000－2206－0002260　中州01191

紹聞堂家集不分卷　（清）徐磊輯　清乾隆二

十三年(1758)抄本　四冊

410000－2206－0002261　中州01195

易學參證不分卷附下學錄　(清)尚子恪撰
清宣統三年(1911)抄本　一冊

410000－2206－0002262　中州01196

視學彙存一卷　(清)尚慶潮著　清同治抄本
一冊

410000－2206－0002263　中州01202－01213

丁文林選編十六種　(清)丁文林編　清光緒
五年至十九年(1879－1893)抄本　十三冊

410000－2206－0002264　中州01214－36

四書逐字發揮三十三卷　(清)丁文林編　清
光緒稿本　二十三冊　存二十五卷(大學二
卷、中庸四卷、論語二至二十)

410000－2206－0002265　50885－892

郵傳部第二次統計表九卷　(清)郵傳部編
清光緒三十四年(1908)鉛印本　八冊

410000－2206－0002266　50893－900

郵傳部第二次統計表九卷　(清)郵傳部編
清光緒三十四年(1908)鉛印本　八冊

410000－2206－0002267　48279－290

浙江海運全案重編八卷原編八卷續編四卷
(清)馬新貽等纂　清同治六年(1867)刻本
十二冊

410000－2206－0002268　48291－302

浙江海運全案重編八卷原編八卷續編四卷
(清)馬新貽等纂　清同治六年(1867)刻本
十二冊

410000－2206－0002269　12－03491

浙江省輔仁局捐輸義掩初屆徵信錄不分卷
(清)浙江省輔仁局輯　清同治六年(1867)刻
本　一冊

410000－2206－0002270　48266

浙江鹽茶捐厘章程不分卷　(清)浙江鹽茶牙
厘總局編　清同治三年(1864)刻本　一冊

410000－2206－0002271　48374－81

政學錄初稿八卷　(清)陸言纂　清道光十三

年(1833)無錫鄒鳴鶴刻本　八冊

410000－2206－0002272　48888

作新末議二卷　潘守廉撰　清光緒三十二年
(1906)刻本　一冊

410000－2206－0002273　51349

奧國通商條款一卷　清刻本　一冊

410000－2206－0002274　中州01245

繼述堂文集一卷　(清)尚開模　(清)尚慶潮
撰　清抄本　一冊

410000－2206－0002275　中州01262－73

纂補周易大全十二卷　(清)劉嗣固纂　清康
熙四十年(1701)稿本　十二冊

410000－2206－0002276　中州01248－51、
01256

孝友堂存稿不分卷附門人詩傳碑帖不分卷
(清)文伯齡著　清光緒抄本　五冊

410000－2206－0002277　中州01252

李憲之奏疏一卷　(清)李嘉樂撰　清抄本
一冊

410000－2206－0002278　中州01254

秦子春遺書六卷　(清)秦同撰　清稿本
一冊

410000－2206－0002279　中州01258

葉望廬遺著一卷　(清)葉知幾著　清咸豐元
年(1851)稿本　一冊

410000－2206－0002280　中州01257

易解宗聖不分卷　(清)王德符撰　清光緒二
十五年(1899)稿本　一冊

410000－2206－0002281　中州01261

衡經堂詩鈔一卷　(清)王心照撰　清咸豐王
氏抄本　一冊

410000－2206－0002282　中州01274－84

墨夢齋詩文集十五卷　(清)馮喜廣著　清抄
本　十一冊

410000－2206－0002283　中州01285

三餘雜錄一卷　(清)王駿烈輯　清抄本

一冊

410000－2206－0002284　中州01294
惜花軒詩集一卷　（清）王駿烈著　清光緒三
十三年(1907)抄本　一冊

410000－2206－0002285　44349－68
北洋公牘類纂二十五卷　（清）甘厚慈輯　清
光緒三十三年(1907)京城益森印刷有限公司
鉛印本　二十冊

410000－2206－0002286　44335－48
駁案新編三十二卷　（清）全士潮纂輯　清乾
隆元年(1736)全士潮刻本　十四冊　缺十二
卷(十至十四、二十三至二十四、二十八至三
十二)

410000－2206－0002287　44423－25
丁未和會類要四卷　（清）□□輯　清光緒三
十三年(1907)鉛印本　三冊

410000－2206－0002288　12－03526
節相壯遊日錄二卷(光緒二十年正月至九月)
　（清）桃谿漁隱　（清）惺新盦主輯　清末刻
本　一冊

410000－2206－0002289　46648－52
公法會通十卷　（德國）步倫撰　（美國）丁韙
良譯　清光緒六年(1880)刻本　五冊

410000－2206－0002290　46645
光緒三十年通商各關華洋貿易論略三卷
（清）上海通商海關造冊處譯　清光緒三十一
年(1905)上海通商海關造冊處鉛印本　一冊

410000－2206－0002291　46641－44
光緒乙巳年交涉要覽二卷　（清）北洋洋務局
纂輯　清宣統北洋官報局鉛印本　四冊

410000－2206－0002292　12－03530
國朝柔遠記不分卷　（清）王之春輯　清光緒
十一年(1885)上海同文書局石印本　一冊

410000－2206－0002293　46567－72
列國歲計政要十二卷　（英國）麥丁富得力編
　（美國）林樂知口譯　（清）鄭昌棪筆述　清
光緒元年(1875)江南製造總局刻本　六冊

410000－2206－0002294　46407－438
列國政要一百三十二卷首一卷　（清）戴鴻慈
　（清）端方輯　清光緒三十三年(1907)商務
印書館石印本　三十二冊

410000－2206－0002295　46439－470
列國政要一百三十二卷首一卷　（清）戴鴻慈
　（清）端方輯　清光緒三十三年(1907)商務
印書館石印本　三十二冊

410000－2206－0002296　46471－502
列國政要一百三十二卷首一卷　（清）戴鴻慈
　（清）端方輯　清光緒三十三年(1907)商務
印書館石印本　三十二冊

410000－2206－0002297　46503－534
列國政要一百三十二卷首一卷　（清）戴鴻慈
　（清）端方輯　清光緒三十三年(1907)商務
印書館石印本　三十二冊

410000－2206－0002298　46535－566
列國政要一百三十二卷首一卷　（清）戴鴻慈
　（清）端方輯　清光緒三十三年(1907)商務
印書館石印本　三十二冊

410000－2206－0002299　51350
美國續增條約不分卷　清刻本　一冊

410000－2206－0002300　44377
明夷待訪錄一卷　（清）黃宗羲撰　清光緒二
十八年(1902)正文齋刻本　一冊

410000－2206－0002301　51351－54
歐美政治要義十八章　（清）戴鴻慈撰　清光
緒三十三年(1907)石印本　四冊

410000－2206－0002302　51355－58
歐美政治要義十八章　（清）戴鴻慈撰　清光
緒三十三年(1907)石印本　四冊

410000－2206－0002303　48863－8
日本統計類表要論十二卷　（清）楊道霖著
清宣統元年(1909)鉛印本　六冊

410000－2206－0002304　51003－51032
萬國政治藝學全書三百八十卷　（清）朱大文
等編輯　清光緒二十八年(1902)上海鴻文書

局石印本　三十冊　存二百卷(藝學叢考一百二十卷、藝學最新文編四十卷、政治最新文編四十卷)

410000－2206－0002305　50989－94

五大洲政治通攷四十八卷　題(清)急先務齋主人等編　清光緒二十七年(1901)石印本　六冊　存二十三卷(一至二十三)

410000－2206－0002306　48052－98

新纂約章大全七十三卷　(清)陸鳳石編　清宣統元年(1909)南洋官書局石印本　四十七冊　缺一卷(七十)

410000－2206－0002307　48051

大清英國新修條約不分卷　清同治八年(1869)刻本　一冊

410000－2206－0002308　12－03549

許竹簣先生出使函稿四卷　(清)許景澄撰　清末鉛印本　一冊

410000－2206－0002309　12－03550

約章分類輯要三十八卷首一卷　(清)蔡乃煌輯　清末刻本　九冊　存十一卷(十三至十七、二十六至三十一)

410000－2206－0002310　中州01302

澹香詩集一卷　(清)文象離撰　清抄本　一冊

410000－2206－0002311　中州01303－05

梧竹隣詩存不分卷　(清)戴澤同撰　清稿本　三冊

410000－2206－0002312　中州01295

雲南會城形勢說不分卷　(清)戴澤同著　清稿本　一冊

410000－2206－0002313　中州01297

楊攉九篇　(清)易運泰著　清抄本　一冊

410000－2206－0002314　中州01299

茫視山房詩集一卷　(清)黃鑅炳撰　清光緒抄本　一冊

410000－2206－0002315　中州01301

張恕堂遺稿一卷　(清)張西銘著　清抄本

一冊

410000－2206－0002316　中州01313

蔣子瀟壬寅雜稿一卷　(清)蔣湘南著　清稿本　一冊

410000－2206－0002317　中州01315

李武愍公傳一卷　(清)方玉潤撰　清抄本　一冊

410000－2206－0002318　中州01323

更生閣詩存一卷　(清)周日新著　清同治二年(1863)抄本　一冊

410000－2206－0002319　中州01333

尹鑑亭譯著一卷　(清)尹成憲著　清耕心堂抄本　一冊

410000－2206－0002320　48256－65

中外約章纂新十卷　(清)時中書局編　清光緒三十年(1904)上海時中書局鉛印本　十冊

410000－2206－0002321　48237－48

中外政治類編十五卷　(清)汪鳳藻撰　清光緒二十八年(1902)石印本　十二冊

410000－2206－0002322　34264－496

[大清皇帝聖訓]八百十二卷　清光緒京都擷華書局鉛印本　二百三十三冊　缺四十一卷(十七至二十七、三十七至四十五、一百八十三至一百八十六、七十至八十四、八十八至八十九)

410000－2206－0002323　34497－618

[大清皇帝聖訓]一百三十卷　清咸豐十一年(1861)刻本　一百二十二冊　缺八卷(四十七、一百十六至一百二十、一百二十三至一百二十四)

410000－2206－0002324　12－03575

聖諭十六條附律易解　(清)夏炘繹　清道光二十八年(1848)刻本　一冊

410000－2206－0002325　12－03576

聖諭十六條附律易解　(清)夏炘繹　清同治七年(1868)刻本　一冊

410000－2206－0002326　35801－36041、

36406－499

諭摺彙存不分卷 （清）□□輯 清刻本 三百三十四冊

410000－2206－0002327 12－03578

諭摺匯存□□卷 （清）□□輯 清光緒二十九年(1903)刻本 四十二冊

410000－2206－0002328 12－03579

硃批諭旨不分卷 （清）世宗胤禛批 清刻朱墨套印本 一百十冊

410000－2206－0002329 35645－704

硃批諭旨三百六十卷 （清）世宗胤禛批 （清）鄂爾泰等輯 清光緒十三年(1887)上海點石齋縮印本 六十冊

410000－2206－0002330 中州01338－43

蔣氏易說六卷 （清）蔣艮著 清光緒二十四年(1898)抄本 六冊

410000－2206－0002331 中州01482

國朝名臣奏議一卷 （清）蔣艮撰 清抄本 一冊

410000－2206－0002332 中州01348

商城吳氏節孝合傳不分卷 （清）周文溥等撰 清抄本 一冊

410000－2206－0002333 中州01349

楊元舟遺稿不分卷 （清）楊京元撰 清道光抄本 一冊

410000－2206－0002334 中州01354

周府丞奏稿一卷 （清）周鉞撰 清抄本 一冊

410000－2206－0002335 73117－22

鴈門集六卷 （元）薩都拉著 清康熙十九年(1680)薩氏半野軒刻本 六冊

410000－2206－0002336 73123

燕石草五卷 （清）蕭瑞苞著 清康熙四十年(1701)刻本 一冊

410000－2206－0002337 73124－9

燕川集十四卷 （清）范泰恒著 清嘉慶十四年(1809)願起廬刻本 六冊

410000－2206－0002338 73130－3

顏魯公集十五卷 （唐）顏真卿撰 清顏氏刻宣統二年(1910)守政書局刻本 四冊

410000－2206－0002339 73139－50

顏魯公文集三十卷首一卷補遺一卷 （唐）顏真卿撰 年譜一卷 （清）黃本驥撰 清道光二十五年(1845)湘陰蔣瑓刻三長物齋叢書本 十二冊

410000－2206－0002340 73155－8

硯食齋詩鈔四卷 （清）彭定瀾著 清同治二年(1863)刻本 四冊

410000－2206－0002341 73165－9

嚴逸山先生文集十三卷 （清）嚴書開著 清初嚴氏寧德堂刻本 五冊

410000－2206－0002342 73185－8

煙霞萬古樓文集六卷古今體詩二卷 （清）王曇著 清光緒二十一年(1895)鴻文書局石印本 五冊

410000－2206－0002343 064863

離騷箋二卷 （清）龔景瀚撰 清光緒三年(1877)湖北崇文書局刻本 一冊

410000－2206－0002344 64864

離騷集傳一卷 （宋）錢杲之集傳 清光緒三年(1877)刻湖北崇文書局彙刻書本 一冊

410000－2206－0002345 64865

離騷集傳一卷 （宋）錢杲之集傳 清光緒三十年(1904)南陵徐乃昌影宋刻隨盦徐氏叢書本 一冊

410000－2206－0002346 64868－73

屈賈文合編不分卷 （清）閏正衡編 清光緒三年(1877)長沙刻本 六冊

410000－2206－0002347 64874－77

楚辭十七卷 （戰國）屈原撰 （宋）洪興祖補注 清光緒九年(1883)長沙書唐山館刻本 四冊

410000－2206－0002348 64867

屈原賦注七卷通釋二卷 （清）戴震撰 音義

三卷　（清）汪梧鳳撰　清光緒十七年（1891）廣雅書局刻廣雅書局叢書本　一冊

410000－2206－0002349　64882－85

楚辭燈四卷　（清）林雲銘編　清文茂堂刻本　四冊

410000－2206－0002350　64901－04

楚辭燈四卷　（清）林雲銘編　清道光刻本　四冊

410000－2206－0002351　中州01358

橘中囈語一卷　（清）周文份撰　清抄本　一冊

410000－2206－0002352　中州01359－60

商原孤嘯二卷　（清）周文份撰　清抄本　二冊

410000－2206－0002353　中州01353

兩難軒詩存十卷　（清）黃籍先著　清咸豐八年（1858）抄本　一冊

410000－2206－0002354　中州01356

商城周氏歷代家傳擇錄不分卷　（清）熊啟陶等撰　清光緒抄本　一冊

410000－2206－0002355　中州01364

黃曉峀雜著一卷　（清）黃殿荃著　清抄本　一冊

410000－2206－0002356　中州01365

律賦合鈔不分卷　（清）黃殿荃　（清）黃殿鈞著　清抄本　一冊

410000－2206－0002357　中州01366

楹聯閒話不分卷　（清）黃殿鈞撰　清抄本　一冊

410000－2206－0002358　中州01367

錫類堂遺集八卷　（清）竇世英撰　清乾隆抄本　一冊

410000－2206－0002359　中州01371－75

大學衍義四十三卷　（宋）真德秀撰　（清）何桂珍輯　清抄本　五冊　存四十二卷（一至十六、十八至四十三）

410000－2206－0002360　73190－7

瀛海探驪集八卷　（清）朱埏之輯　清嘉慶十九年（1814）集錦堂刻本　八冊

410000－2206－0002361　73294－5

印心石屋詩鈔初集四卷二集三卷　（清）陶澍撰　清嘉慶二十三年（1818）刻本　二冊　存四卷（初集四卷）

410000－2206－0002362　73296－9

河南先生文集二十七卷附錄一卷　（宋）尹洙著　清宣統二年（1910）守政書局刻本　四冊

410000－2206－0002363　73300－1

養真文集二卷　（清）張玉堂著　清光緒十一年（1885）張氏崇德堂刻本　二冊

410000－2206－0002364　73308

養鶴堂詩鈔二卷　（清）郝韶景著　清同治五年（1866）陽夏劉氏刻本　一冊

410000－2206－0002365　73302－7

養晦堂文集十卷詩集二卷　（清）劉蓉撰　清光緒三年（1877）思賢講舍刻本　六冊

410000－2206－0002366　73309－21

養一齋全集五十二卷　（清）潘德輿撰　清道光、咸豐間刻本　十三冊　缺十卷（試帖一卷、劄記九卷）

410000－2206－0002367　73431

養一齋李杜詩話三卷　（清）潘德輿撰　清刻本　一冊

410000－2206－0002368　73322－5

楊忠湣公全集四卷　（明）楊繼盛著　清光緒九年（1883）甘肅藩署刻本　四冊

410000－2206－0002369　73344－7

楊忠湣公全集四卷　（明）楊繼盛撰　清光緒二十一年（1895）柏經正堂刻西京清麓叢書本　四冊

410000－2206－0002370　64886－87

楚辭通釋十四卷末一卷　（清）王夫之撰　清同治四年（1865）湘鄉曾國荃金陵節署刻船山遺書本　二冊　存六卷（一至六）

410000 – 2206 – 0002371　64895 – 98

楚辭集注八卷　（宋）朱熹注　清乾隆五十三年(1788)聽雨齋刻朱墨套印本　四冊

410000 – 2206 – 0002372　64906 – 9

楚辭章句十七卷　（漢）王逸章句　清同治十一年(1872)金陵書局刻本　四冊

410000 – 2206 – 0002373　64910

碧山堂全稿三集　（清）柏謙著　清乾隆四十四年(1779)金陵培仁堂刻本　一冊

410000 – 2206 – 0002374　64911 – 19

筆諫堂全集十六種　（清）柳堂撰　清光緒筆諫堂刻本　九冊　存四種三十卷

410000 – 2206 – 0002375　64920 – 32

筆諫堂全集十六種　（清）柳堂撰　清光緒筆諫堂刻本　十三冊　存六種四十六卷

410000 – 2206 – 0002376　64933 – 40

變雅堂集文集四卷詩集十卷附錄一卷　（清）杜濬著　清同治九年(1870)黃岡劉維楨、鄂垣刻本　八冊

410000 – 2206 – 0002377　64945 – 50

邊華泉全集十四卷　（明）邊貢撰　清康熙四十四年(1705)刻嘉慶十年(1805)、咸豐元年(1851)、宣統三年(1911)遞修本　六冊

410000 – 2206 – 0002378　中州 01379

絕妙好詞箋七卷　（宋）周密輯　（清）查為仁（清）厲鶚箋　續鈔一卷　（清）徐棨錄　清劉連魁等抄本　一冊

410000 – 2206 – 0002379　中州 01383

自記事實不分卷　（清）霍松軒撰　清抄本　一冊

410000 – 2206 – 0002380　中州 01384

羅山遺集不分卷　（清）羅澤南著　清抄本　一冊

410000 – 2206 – 0002381　中州 01385

[賈鐸張之洞吳可讀奏稿摘抄]不分卷　（清）賈鐸等撰　清抄本　一冊

410000 – 2206 – 0002382　中州 01386 – 87

白沙陳子語錄四卷　（明）楊起元（明）周汝登輯　清陳遇夫抄本　二冊

410000 – 2206 – 0002383　中州 01392 – 5

禮記析疑不分卷　（清）方苞著　清抄本　四冊

410000 – 2206 – 0002384　中州 01396 – 8

左傳擇選不分卷　（清）湯成彥擇選　清光緒十八年(1892)湯成彥抄本　三冊

410000 – 2206 – 0002385　中州 01429

地理鉛彈子砂水要訣四卷　（清）張鳳藻撰　清抄本　一冊　存一卷(四)

410000 – 2206 – 0002386　中州 01430

周易內傳十二卷　（清）王夫之撰　清抄本　一冊　存一卷(一)

410000 – 2206 – 0002387　中州 01431

朱子大學講義一卷　（清）何桂珍輯　清抄本　一冊

410000 – 2206 – 0002388　73348 – 51

楊忠湣公全集四卷　（明）楊繼盛撰　清道光八年(1828)東昌善成堂刻本　四冊

410000 – 2206 – 0002389　73352 – 5

楊忠湣公全集四卷　（明）楊繼盛著　清宣統二年(1910)守政書局刻本　四冊

410000 – 2206 – 0002390　73429

楊伯漢先生遺稿一卷　（清）楊伯漢著　清光緒二十五年(1899)項城縣四知堂刻本　一冊

410000 – 2206 – 0002391　73329 – 30

陽洛山房文稿六卷　（清）蕭瑞苞著　清康熙四十六年(1707)蕭氏刻本　二冊

410000 – 2206 – 0002392　73341 – 3

楊龜山先生集六卷　（宋）楊時撰　（清）張伯行編　清同治三年(1864)福州正誼書院刻正誼堂全書本　三冊

410000 – 2206 – 0002393　73331 – 40

楊龜山先生集四十二卷首一卷　（宋）楊時著　清康熙四十六年(1707)刻光緒七年(1881)道南祠玉華山館楊氏修補本　十冊

410000－2206－0002394　73364－73

楊忠烈公文集十卷補遺一卷表忠錄一卷
(明)楊漣著　清楊光峻等刻本　十冊　缺二卷(二至三)

410000－2206－0002395　73356－63

楊忠烈公文集四卷補遺一卷　(明)楊漣著
清康熙元年(1662)楊氏刻本　八冊

410000－2206－0002396　73374－401

養知書屋遺集五十五卷　(清)郭嵩燾著　清光緒十八年(1892)郭嵩燾刻本　二十八冊

410000－2206－0002397　64951

汴遊冰玉稾四卷　(清)朱寯瀛撰　清光緒三十三年(1907)鉛印本　一冊

410000－2206－0002398　64952

炳燭室雜文一卷　(清)江藩著　清光緒三年(1877)吳縣潘氏八囍齋刻本　一冊

410000－2206－0002399　64955－60

柏梘山房文集十六卷文續集一卷詩集十卷詩續集二卷駢體文二卷　(清)梅曾亮撰　清光緒二十七年(1901)朱慶元刻本　六冊

410000－2206－0002400　64961－68

柏梘山房文集十六卷文續集一卷詩集十卷詩續集二卷駢體文二卷　(清)梅曾亮撰　清咸豐六年(1856)楊至堂清河刻本　八冊

410000－2206－0002401　64995－00

拜經樓詩集十二卷續編四卷　(清)吳騫撰
清嘉慶十七年(1812)刻本　六冊

410000－2206－0002402　73432

楊椒山先生垂範集一卷　(明)楊繼盛撰　清咸豐六年(1856)河南省城朱聚文齋刻本　一冊

410000－2206－0002403　73413－28

楊園先生全集五十四卷　(清)張履祥撰
(清)姚璉輯　清同治十年(1871)江蘇書局刻本　十六冊

410000－2206－0002404　73433－4

張抱初先生印正稿六卷年譜一卷　(明)張信

民著　清道光八年(1828)刻本　二冊

410000－2206－0002405　73435

迎鑾集不分卷　(清)呂永輝撰　清光緒二十七年(1901)刻本　一冊

410000－2206－0002406　73437－40

楹聯叢話十二卷續話四卷　(清)梁章鉅輯
清道光二十年(1840)桂林署齋刻本　四冊

410000－2206－0002407　73441－6

楹聯叢話十二卷續話四卷　(清)梁章鉅輯
清道光二十五年(1845)長沙省寓刻本　六冊

410000－2206－0002408　74558

喎於館詩草二卷　言敦源撰　清光緒三十四年(1908)許氏家集鉛印本　一冊

410000－2206－0002409　74560－3

葉忠莭公遺稿十二卷　(清)葉映榴撰　(清)葉芳輯錄　清乾隆十年(1745)刻宣統元年(1909)葉秉權印本　四冊

410000－2206－0002410　中州01432

大學講義補編一卷　(清)何桂珍撰　清抄本　一冊

410000－2206－0002411　中州01433

樂府詩敘不分卷　(宋)郭茂倩撰　清劉澤溥抄本　一冊

410000－2206－0002412　中州01434－1435

北溪字義二卷補遺一卷　(宋)陳淳撰　清光緒二十六年(1900)王安瀾抄本　一冊

410000－2206－0002413　中州01472

程鶴樵壽序一卷　(清)程恩澤撰　清道光三年(1823)抄本　一冊

410000－2206－0002414　中州01493

戴氏遺書十五種　(清)戴震撰　清乾隆曲阜孔氏微波榭刻本　一冊　存二種四卷

410000－2206－0002415　中州01494

讀史雜談不分卷　(清)郭衷恒等著　清王安瀾抄本　一冊

410000－2206－0002416　中州01489－91

中州文表三卷 （明）劉昌編 清抄本 三冊

410000－2206－0002417 中州01492

春秋正宗不分卷 （清）嵇璜等纂修 清抄本
一冊

410000－2206－0002418 中州01413

圓機活法詩不分卷 （清）穆善夫輯 清抄本
三冊

410000－2206－0002419 65082－83

金石續錄四卷 （清）劉青藜著 清乾隆四年
(1739)傳經堂刻本 一冊 存一卷（一）

410000－2206－0002420 65050－54

白玉山房集十二卷 （清）張象津撰 清道光
十六年(1836)刻本 五冊

410000－2206－0002421 65061－62

白石道人四種 （宋）姜夔撰 清同治十年
(1871)桂林倪鴻野水閒鷗館刻本 二冊

410000－2206－0002422 中州01418

□庵隨筆不分卷 （清）□□撰 清稿本
四冊

410000－2206－0002423 中州01423

黃彬甫先生日記不分卷(清同治七年至光緒
八年) （清）黃彬甫撰 清稿本 一冊

410000－2206－0002424 中州01426

荔卿舊稿一卷 （清）□□撰 清同治稿本
一冊

410000－2206－0002425 中州01428

孟東野詩集不分卷 （唐）孟郊撰 清宣統元
年(1909)陽谷容齋抄本 一冊

410000－2206－0002426 中州01450－53

禮記節抄不分卷 清抄本 四冊

410000－2206－0002427 中州01454

書經節鈔六卷 （□）□□注 清抄本 一冊
存三卷（四至六）

410000－2206－0002428 中州01456

韻詞淵源一卷 （清）□□撰 清抄本 一冊

410000－2206－0002429 中州01442－1449

觀象玩占五十卷 （唐）李淳風撰 明抄本
八冊 存四十卷（一至五、十一至三十五、四
十一至五十）

410000－2206－0002430 中州01465

左傳分國摘錄不分卷 清光緒十二年(1886)
抄本 一冊

410000－2206－0002431 74557

雍益集一卷 （清）王士禛撰 清康熙三十二
年(1693)刻王漁洋遺書本 一冊

410000－2206－0002432 74109

於湖小集三卷 （清）袁昶撰 清光緒二十年
(1894)水明樓刻本 一冊

410000－2206－0002433 74281－90

漁洋山人精華注十二卷 （清）金榮箋注 清
寶華順刻本 十冊

410000－2206－0002434 65064－65

北海亭集八卷 （明）鹿化麟撰 清末刻本
二冊

410000－2206－0002435 65070－73

葆愚軒詩集一卷文集一卷 （清）英啟著 清
光緒十四年(1888)刻本 四冊

410000－2206－0002436 65088－89

寶綸堂外集十二卷 （清）齊召南撰 清宣統
三年(1911)上海掃葉山房石印 二冊

410000－2206－0002437 65092

葆光堂詩稿不分卷 （清）杜之叢著 清道光
二年(1822)杜桂陵刻本 一冊

410000－2206－0002438 65090－91

高常侍集十卷 （唐）高適撰 清光緒十年
(1884)上海同文書局石印本 二冊 缺一卷
（五）

410000－2206－0002439 65094－105

抱沖齋詩集三十六卷 （清）斌良撰 清道光
五年(1825)袁浦官署刻本 十二冊

410000－2206－0002440 65106－17

抱沖齋詩集三十六卷 （清）斌良撰 清光緒
五年(1879)湘南薇垣官署刻本 十二冊

410000－2206－0002441　74317－24

虞文靖公道園全集六十卷　（元）虞集著　清光緒元年(1875)仁邑公局刻本　八冊　存三十卷(全集一至五、遺稿詩一至八、在朝稿文一至十七)

410000－2206－0002442　74208－10

玉磬山房詩集十三卷文集四卷　（清）劉大觀撰　清嘉慶十五年(1810)刻本　三冊　存八卷(詩集一至八)

410000－2206－0002443　80683－92

玉磬山房詩集十三卷文集四卷　（清）劉大觀撰　清嘉慶十五年(1810)刻本　十冊

410000－2206－0002444　74297－306

玉磬山房詩集十三卷文集四卷　（清）劉大觀著　清嘉慶十五年(1810)刻本　十冊

410000－2206－0002445　74307－16

玉磬山房詩集十三卷文集四卷　（清）劉大觀著　清嘉慶十五年(1810)刻本　十冊

410000－2206－0002446　65118－119

鮑參軍詩注四卷　（南朝宋）鮑照撰　（清）錢振倫注　清同治七年(1868)刻本　二冊

410000－2206－0002447　65120－121

抱潤軒文集十卷　馬其昶撰　清宣統元年(1909)安徽官紙印刷局石印本　二冊

410000－2206－0002448　3744－49

板橋集六卷　（清）鄭燮著　清乾隆司徒文膏刻本　四冊

410000－2206－0002449　65130－131

半舫館賸稿二卷　（清）吳葆晉著　清光緒十一年(1885)固始吳氏刻本　二冊

410000－2206－0002450　65132－135

半舫齋古文八卷　（清）夏之蓉著　（清）戴祖啟批點　清乾隆三十六年(1771)刻本　四冊

410000－2206－0002451　65141－142

皮日休文藪十卷　（唐）皮日休撰　清光緒二十一年(1895)合肥李氏蘭雪堂影宋刻本　二冊

410000－2206－0002452　65157－160

瓶廬詩稿八卷　（清）翁同龢撰　清同治八年(1869)刻本　四冊

410000－2206－0002453　73436

迎鑾集不分卷　（清）呂永輝撰　清光緒二十七年(1901)刻本　一冊

410000－2206－0002454　74104－5

玉楮集八卷　（宋）岳珂著　清同治元年(1862)河南官書局刻本　二冊

410000－2206－0002455　74107－8

玉照集二卷　（清）胡承祝撰　清道光四年(1824)啟英堂刻本　二冊

410000－2206－0002456　74204－7

玉溪生詩箋註三卷　（唐）李商隱撰　（清）馮浩註　清乾隆三十二年(1767)德聚堂刻本　四冊

410000－2206－0002457　74143－54

庚子山集十六卷總釋一卷　（北周）庾信撰　（清）倪璠註釋　清康熙二十六年(1687)崇岫堂刻本　十二冊

410000－2206－0002458　74167－78

庚子山集十六卷　（北周）庾信撰　（清）倪璠註釋　清道光十九年(1839)善成堂刻本　十二冊

410000－2206－0002459　中州 01466

古賦類鈔一卷　（清）□□輯　清抄本　一冊

410000－2206－0002460　中州 01467

消寒詩社詩集不分卷　（清）孫長黌　（清）吳衝謨撰　清稿本　一冊

410000－2206－0002461　中州 01469

琴詩不分卷　（清）□□輯　清抄本　一冊

410000－2206－0002462　中州 01470－1471

周禮不分卷　清抄本　二冊

410000－2206－0002463　中州 01474

詩稿一卷　（清）□□撰　清抄本　一冊

410000－2206－0002464　中州 01496－1497

吏部銓選漢官品級考四卷　（清）吏部編纂
清光緒吏部抄本　二冊

410000－2206－0002465　中州 01495

吏部銓選滿洲官員品級考□□卷　（清）吏部
編纂　清抄本　一冊　存一卷(一)

410000－2206－0002466　65161－164

瓶花齋集十卷　（明）袁宏道撰　清宣統三年
(1911)抱殘守缺齋石印本　四冊

410000－2206－0002467　65165－168

瓶花齋集十卷　（明）袁宏道撰　清宣統三年
(1911)抱殘守缺齋石印本　四冊

410000－2206－0002468　65169－174

平園雜著內編十四卷　（清）林有席著　清道
光六年(1826)分宜林氏刻本　六冊

410000－2206－0002469　65175－180

瓶城山館詩鈔十六卷　（清）周劼撰　清咸豐
七年(1857)守素堂刻本　六冊

410000－2206－0002470　65181－184

屏山先生文集二十卷　（宋）劉子翬著　清光
緒十二年(1886)毘陵新安佩三堂刻本　四冊

410000－2206－0002471　65220－221

澄墨軒詩草六卷　（清）戴鑑著　清道光二十
三年(1843)慎餘堂刻本　二冊

410000－2206－0002472　74179－90

庾子山集十六卷總釋一卷　（北周）庾信撰
(清)倪璠註釋　清道光十九年(1839)大文堂
刻本　十二冊

410000－2206－0002473　74215－26

庾開府全集箋注十六卷　（北周）庾信撰
(清)倪璠註釋　清金閶書業堂刻本　十二冊

410000－2206－0002474　74111－22

庾子山集十六卷總釋一卷　（北周）庾信撰
(清)倪璠註釋　清道光十九年(1839)大文堂
刻本　十二冊

410000－2206－0002475　74395

原圃集一卷　（明）張民表著　清光緒七年
(1881)倉景愉刻本　一冊

410000－2206－0002476　74396

原圃集一卷　（明）張民表著　清光緒七年
(1881)倉景愉刻本　一冊

410000－2206－0002477　74423－32

元豐類稿五十卷　（宋）曾鞏著　（清）曾國光
重修　清康熙四十九年(1710)長嶺曾國光刻
本　十冊

410000－2206－0002478　74453－69

元遺山先生全集十種　（金）元好問撰　清光
緒七年(1881)讀書山房刻本　十七冊

410000－2206－0002479　74470－5

元遺山詩集箋注十四卷　（金）元好問撰
(清)施國祁箋　清道光七年(1827)苕溪吳氏
醉六堂刻本　六冊

410000－2206－0002480　65222－5

佩蘅詩鈔八卷　（清）寶鋆著　清咸豐九年
(1859)刻本　四冊

410000－2206－0002481　65226－9

培蔭軒文集二卷詩集四卷雜記一卷扈從木蘭
行程日記一卷(乾隆四十一年)　（清）胡季堂
撰　清道光二年(1822)胡鏻刻本　四冊

410000－2206－0002482　65230－33

培蔭軒文集二卷詩集四卷雜記一卷扈從木蘭
行程日記一卷(乾隆四十一年)　（清）胡季堂
撰　清道光二年(1822)胡鏻刻本　四冊

410000－2206－0002483　65239

鄱陽集四卷拾遺一卷　（宋）洪皓撰　清同治
九年(1870)金陵三瑞堂刻本　一冊

410000－2206－0002484　65240

培遠堂手札節存三卷　（清）陳宏謀著　清同
治十一年(1872)江蘇書局刻本　一冊

410000－2206－0002485　65241－52

松桂堂全集三十七卷南浧集三卷延露詞三卷
　（清）彭孫遹著　清宣統三年(1911)掃葉山
房石印本　十二冊

410000－2206－0002486　65253－68

彭文敬公集四十八卷　（清）彭蘊章撰　清同

治七年(1868)刻本　十六册

410000－2206－0002487　65268－84

彭文敬公集四十八卷　（清）彭蘊章撰　清同治七年(1868)刻本　十六册

410000－2206－0002488　65285

彭誠之先生文集不分卷　（清）彭九思著　清光緒三十二年(1906)鄧县東順堂刻本　一册

410000－2206－0002489　57700－03

卜法詳考四卷　（清）胡煦輯　清乾隆胡氏葆璞堂刻本　四册

410000－2206－0002490　57704－07

卜法詳考四卷　（清）胡煦輯　清乾隆胡氏葆璞堂刻本　四册

410000－2206－0002491　62941－56

說鈴六十二種　（清）吳震方輯　清康熙四十四年(1705)刻本　十六册

410000－2206－0002492　75032－35

明詩別裁集十二卷　（清）沈德潛　（清）周準輯　清乾隆四年(1739)刻本　四册

410000－2206－0002493　13－03809

明世文宗三十卷　（明）胡時化輯　明萬曆刻本　四册　存六卷(四、六、十一至十二、二十至二十一)

410000－2206－0002494　78887－910

御定全唐詩錄一百卷　（清）徐倬編　清康熙四十五年(1706)內府刻本　二十四册

410000－2206－0002495　65287－8

秣陵集六卷　（清）陳文述著　清嘉慶二十四年(1819)刻本　二册　存五卷(二至六)

410000－2206－0002496　65289

墨花軒詩詞刪存不分卷　（清）張葆謙著　清同治三年(1864)刻本　一册

410000－2206－0002497　65290

靡至吟不分卷　（清）許道基著　清乾隆二十二年(1757)刻本　一册

410000－2206－0002498　65291－5

蟻蠓集五卷　（明）盧柟著　明萬曆三十年(1602)長清張其忠刻清乾隆十年(1745)、同治四年(1865)遞修本　五册

410000－2206－0002499　65296－300

蟻蠓集五卷　（明）盧柟著　明萬曆三十年(1602)長清張其忠刻清乾隆十年(1745)、同治四年(1865)遞修本　五册

410000－2206－0002500　65301－5

蟻蠓集五卷　（明）盧柟著　明萬曆三十年(1602)長清張其忠刻清乾隆十年(1745)、同治四年(1865)遞修本　五册

410000－2206－0002501　65306－11

蟻蠓集五卷　（明）盧柟著　明萬曆三十年(1602)長清張其忠刻清乾隆十年(1745)、同治四年(1865)、光緒二十年(1894)遞修本六册

410000－2206－0002502　65312

妙香菴詩存不分卷　（清）林遇春著　清同治十二年(1873)平遠林希祖刻本　一册

410000－2206－0002503　74476－81

元遺山詩集箋注十四卷　（金）元好問撰(清)施國祁箋注　清道光二年(1822)南潯蔣氏瑞松堂刻本　六册

410000－2206－0002504　74527－32

元遺山詩集箋注十四卷　（金）元好問撰(清)施國祁箋注　清道光七年(1827)菭溪吳氏醉六堂刻本　六册

410000－2206－0002505　74407－8

袁文箋正十六卷　（清）袁枚著　（清）石韞玉箋　清光緒十四年(1888)上海蜚英館石印本二册

410000－2206－0002506　74409－14

袁文箋正十六卷　（清）袁枚著　（清）石韞玉箋　清嘉慶十七年(1812)鶴壽山堂刻本六册

410000－2206－0002507　74482

袁忠節公遺詩三卷　（清）袁昶著　清宣統元

年(1909)上海時中書局鉛印本　一冊

410000－2206－0002508　74511－26

梨雲館類定袁中郎先生全集二十四卷　（明）袁宏道著　清道光九年(1829)培原書屋刻本　十六冊

410000－2206－0002509　74483－6

畫延年室詩稿六卷詩餘三卷遊吳草一卷新安消夏唱酬草一卷小蓬萊吟館酬唱草一卷牌舞燈詞一卷　（清）袁起撰　清同治七年(1868)刻本　四冊

410000－2206－0002510　74397－406

苑洛集二十二卷　（明）韓邦奇撰　清乾隆十六年(1751)刻本　十冊

410000－2206－0002511　74191－6

願學堂詩鈔二十八卷　（清）王宗耀撰　清咸豐四年(1854)王氏刻本　六冊

410000－2206－0002512　74541

芸香館遺詩二卷　（清）那遜蘭保著　清同治十三年(1874)盛昱刻本　一冊

410000－2206－0002513　65447－9

睦州存藁八卷　（清）丁壽昌著　清同治五年(1866)丁氏刻本　三冊　存六卷(一至四、七至八)

410000－2206－0002514　65335－6

茗柯文初編一卷二編二卷三編一卷四編一卷　（清）張惠言著　清光緒七年(1881)刻本　二冊

410000－2206－0002515　65369－71

潛室陳先生木鐘集十一卷　（宋）陳埴撰　清同治六年(1867)東甌郡齋刻本　三冊

410000－2206－0002516　65372－75

潛室陳先生木鐘集十一卷　（宋）陳埴撰　清同治六年(1867)東甌郡齋刻本　四冊

410000－2206－0002517　65376－9

潛室陳先生木鐘集十一卷　（宋）陳埴撰　清同治六年(1867)東甌郡齋刻本　四冊

410000－2206－0002518　74542－4

雲臥堂詩集六卷續集一卷　（清）邵承照撰　清光緒七年(1881)刻本　三冊

410000－2206－0002519　74545－54

雲隱堂文錄十卷　（明）張鏡心著　清光緒十六年(1890)刻本　十冊

410000－2206－0002520　74555－6

筠碧山房詩集四卷　（清）陳宸書著　清同治七年(1868)安盧道署刻本　二冊

410000－2206－0002521　74353－4

月鹿堂文集八卷　（清）張師繹著　清道光六年(1826)蝶花樓刻本　二冊

410000－2206－0002522　74355－8

月鹿堂文集八卷　（清）張師繹著　清道光六年(1826)蝶花樓刻本　四冊

410000－2206－0002523　74359－64

曹月川先生遺書　（明）曹端輯　清咸豐十年(1860)刻本　六冊

410000－2206－0002524　74365－8

越縵堂駢體文四卷散體文一卷　（清）李慈銘撰　清光緒二十三年(1897)刻虛霩居叢書本　四冊

410000－2206－0002525　74369－70

岳忠武王文集七卷　（宋）岳飛著　清刻本　二冊

410000－2206－0002526　74371－4

岳忠武王文集八卷首一卷末一卷　（宋）岳飛撰　（清）黃邦寧纂修　清乾隆三十五年(1770)刻嘉慶二十一年(1816)重修本　四冊

410000－2206－0002527　74375－8

岳忠武王文集八卷首一卷末一卷　（宋）岳飛撰　（清）黃邦寧纂修　清乾隆三十五年(1770)刻本　四冊

410000－2206－0002528　65450

暮悔堂學古文不分卷　（清）馬名駒著　清嘉慶二十五年(1820)暮悔堂刻本　一冊

410000－2206－0002529　65451－4

馬中函奏稿四卷　（清）馬丕瑤撰　清光緒二

十四年(1898)馬氏家廟刻本　　四冊

410000－2206－0002530　65455－6

馬徵君遺集六卷首一卷　(清)馬三俊撰　清
同治三年(1864)刻本　二冊

410000－2206－0002531　65457－60

墨香閣文集十三卷首一卷末一卷　(清)彭維
新著　清道光二年(1822)彭氏刻本　四冊

410000－2206－0002532　65461－2

梅川文衍十二卷　(清)方學成著　清乾隆二
年(1737)松華堂刻本　二冊

410000－2206－0002533　65463

慕友堂詩鈔一卷　(清)張開第著　清乾隆十
一年(1746)陳文裴等刻本　一冊

410000－2206－0002534　74379－81

岳忠武王文集八卷首一卷末一卷　(宋)岳飛
撰　(清)黃邦寧纂修　清乾隆三十五年
(1770)刻嘉慶二十一年(1816)重修同治十二
年(1873)印本　三冊

410000－2206－0002535　74382－5

岳忠武王文集八卷首一卷末一卷　(宋)岳飛
撰　清韓城師長怡刻本　四冊

410000－2206－0002536　74386－9

岳忠武王文集八卷首一卷末一卷　(宋)岳飛
著　(清)黃邦寧修　清乾隆三十五年(1770)
刻嘉慶二十一年(1816)重修本　四冊

410000－2206－0002537　74349

鬱華閣遺集四卷　(清)盛昱著　清光緒三十
一年(1905)刻本　一冊

410000－2206－0002538　74533－40

雲藜稿八卷　(明)何出圖著　清刻本　八冊

410000－2206－0002539　73621

臥雪樓遺文二卷　(清)王作梅著　清嘉慶十
四年(1809)泉塢山房刻本　一冊

410000－2206－0002540　73447－52

武溪集二十卷首一卷　(宋)余靖著　清康熙
三十六年(1697)刻本　六冊

410000－2206－0002541　65468－9

梅花溪詩草四卷續草二卷　(清)錢泳著　清
嘉慶二十四年(1819)履園刻本　二冊

410000－2206－0002542　65495－8

孟東野集十卷　(唐)孟郊撰　清宣統二年
(1910)上海著易堂石印本　四冊

410000－2206－0002543　65499－500

孟襄陽集二卷　(唐)孟浩然撰　清退補齋刻
本　二冊

410000－2206－0002544　65501

夢春廬詞一卷　(清)李貽德著　早花集一卷
　(清)吳筠著　清同治六年(1867)刻本
一冊

410000－2206－0002545　65502－5、6515－8

夢園詩集十六卷文集十二卷公牘文集十二卷
駢體文集六卷　(清)劉曾騄著　清光緒十七
年(1891)刻本　八冊

410000－2206－0002546　73521－36

吳詩集覽二十卷補註二十卷　(清)吳偉業撰
　(清)靳榮藩輯　清蘇州江左書林刻本　十
六冊

410000－2206－0002547　73537－42

無聲詩史七卷　(清)姜紹書撰　清宣統二年
(1910)上海瑞記書局石印本　六冊

410000－2206－0002548　73547－9

吳學士文集四卷詩集五卷　(清)吳鼐撰　清
光緒八年(1882)江寧藩署刻本　三冊

410000－2206－0002549　12－03887

海國圖志續集二十五卷首一卷　(英國)麥高
爾撰　(美國)林樂知　(清)瞿昂來譯　清光
緒二十一年(1895)上海書局石印本　五冊

410000－2206－0002550　73550

吳中袖遺稿一卷　(清)沈恩彤著　清宣統元
年(1909)漢口普通公司鉛印本　一冊

410000－2206－0002551　73552－67

草廬吳文正公集四十九卷首一卷道學基統三
卷　(元)吳澄著　清乾隆二十一年(1756)崇

仁萬璜刻本　十六冊

410000－2206－0002552　73568

無欲齋詩草七卷尋聲譜一卷　（明）鹿善繼著
清光緒二十三年(1897)鹿氏刻本　一冊

410000－2206－0002553　65506－10

孟雲浦先生集八卷附錄一卷　（明）孟化鯉撰
清康熙二十八年(1689)刻本　五冊

410000－2206－0002554　65549－60

復初齋文集三十五卷首一卷　（清）翁方綱撰
清光緒三年(1877)上海同文圖書館石印本
十二冊

410000－2206－0002555　65567－70

傅忠毅公全集八卷首一卷　（明）傅宏烈撰
清咸豐元年(1851)刻本　四冊

410000－2206－0002556　65571

扆青詩鈔四卷　（清）呂永輝著　清同治十年
(1871)刻本　一冊

410000－2206－0002557　65572

扆青詩鈔八卷　（清）呂永輝著　清同治十年
(1871)刻本　一冊

410000－2206－0002558　65573－4

扆青詩鈔八卷　（清）呂永輝著　清同治十年
(1871)刻本　二冊

410000－2206－0002559　65576－9

樊南文集補編十二卷　（唐）李商隱撰　（清）
錢振倫箋　（清）錢振常注　清同治五年
(1866)望三益齋刻本　四冊

410000－2206－0002560　73569

無欲齋詩草七卷尋聲譜一卷　（明）鹿善繼著
清光緒二十三年(1897)鹿氏刻本　一冊

410000－2206－0002561　73551

吳徵士遺詩一卷遺文一卷　（清）吳廷香著
清同治二年(1863)刻本　一冊

410000－2206－0002562　73593－607

吳文節公遺集八十卷　（清）吳文鎔著　（清）
吳養原編　清咸豐七年(1857)吳養原刻本
十五冊　缺五卷(四十二至四十六)

410000－2206－0002563　73608－15

梅村詩集箋注十八卷　（清）吳偉業撰　（清）
吳翌鳳箋注　清嘉慶十九年(1814)滄浪吟榭
刻本　八冊

410000－2206－0002564　73641

味靈華館詩六卷　（清）商廷煥著　清宣統二
年(1910)商氏刻本　一冊

410000－2206－0002565　73647－8

味和堂詩集六卷　（清）高其倬撰　清光緒十
二年(1886)刻本　二冊

410000－2206－0002566　73649－50

味和堂詩集六卷　（清）高其倬著　清光緒十
二年(1886)刻本　二冊

410000－2206－0002567　73662

味經書屋詩存不分卷　（清）寶珣撰　清光緒
二十七年(1901)寶氏刻本　一冊

410000－2206－0002568　65584－7

樊南文集補編十二卷　（唐）李商隱撰　（清）
錢振倫箋　（清）錢振常注　清同治五年
(1866)望三益齋刻本　四冊

410000－2206－0002569　65588－91

樊川詩集四卷別集一卷外集一卷補遺一卷
（唐）杜牧撰　（清）馮集梧注　清嘉慶六年
(1801)德裕堂刻本　四冊

410000－2206－0002570　65630－37

石湖居士詩集三十四卷　（宋）范成大撰　清
宣統二年(1910)中國書畫會社石印本　八冊

410000－2206－0002571　65638－45

石湖居士詩集三十四卷　（宋）范成大撰　清
宣統二年(1910)中國書畫會社石印本　八冊

410000－2206－0002572　65646－53

石湖居士詩集三十四卷　（宋）范成大撰　清
宣統二年(1910)中國書畫會社石印本　八冊

410000－2206－0002573　65694－7

范文正公文集十卷　（宋）范仲淹撰　清光緒
元年(1875)存餘山房刻本　四冊

410000－2206－0002574　65724－5

方雪齋詩集十二卷 （清）何道生著 清嘉慶
十三年(1808)雕藻齋吳德明刻本 二冊

410000－2206－0002575 71014
芸窻存稿不分卷 （清）姚爾申著 清光緒二
十二年(1896)聚三園刻本 一冊

410000－2206－0002576 74351
鬱華閣遺集四卷 （清）盛昱撰 清光緒三十
一年(1905)刻本 一冊

410000－2206－0002577 73570－89
吳摯甫全集十七卷 （清）吳摯甫撰 清光緒
三十年(1904)吳氏刻本 二十冊

410000－2206－0002578 74350
鬱華閣遺集四卷 （清）盛昱著 清光緒二十
八年(1902)武昌刻本 一冊

410000－2206－0002579 73663－4
煨芋巖居文集不分卷 （清）王善寶著 清光
緒十三年(1887)王氏刻本 二冊

410000－2206－0002580 73665
煨芋巖居詩續集五卷 （清）王善寶著 清光
緒十一年(1885)刻本 一冊

410000－2206－0002581 73667－76
宛陵集六十卷 （宋）梅堯臣輯 清宣統二年
(1910)影印本 十冊

410000－2206－0002582 65726
方雅堂詩集五卷 （清）李與瀟撰 清道光十
七年(1837)李紫亭刻本 一冊

410000－2206－0002583 65727
方雅堂詩集五卷 （清）李與瀟撰 清道光十
七年(1837)李紫亭刻本 一冊

410000－2206－0002584 65728－32
方望溪文鈔六卷 （清）方苞撰 清宣統二年
(1910)上海國學扶輪社鉛印本 五冊

410000－2206－0002585 65740－9
望溪先生文集十八卷集外文十卷集外文補遺
二卷 （清）方苞著 方望溪先生[苞]年譜一
卷附錄一卷 （清）蘇惇元輯 清宣統二年
(1910)上海集成圖書公司鉛印本 十冊

410000－2206－0002586 65733
放言百首一卷 （清）史夢蘭著 （清）史履升
箋注 清光緒十六年(1890)止園刻本 一冊

410000－2206－0002587 65734－9
方孩未先生集十六卷 （明）方震孺著 清同
治七年(1868)桐城方氏刻本 六冊

410000－2206－0002588 65750
風樀待月不分卷 （明）理鬯和著 清道光十
八年(1838)中毓堂刻本 一冊

410000－2206－0002589 65752－3
鳳巢山樵求是錄六卷二錄四卷 （清）吳慈鶴
著 清道光五年(1825)刻本 二冊

410000－2206－0002590 65754－9
砥齋集十二卷 （清）王弘撰 清光緒二十七
年(1901)刻本 六冊

410000－2206－0002591 65761－4
飣餖吟十二卷 （清）石贊清撰 清咸豐八年
(1858)刻本 四冊

410000－2206－0002592 73590－2
五柘山房詩集一卷續詩集一卷詩集補遺一卷
文集一卷 （清）車西撰 清道光二十年
(1840)五柘山房刻本 三冊

410000－2206－0002593 73616－20
勿待軒文集存藁十卷大梁蒙學考試偶編不分
卷 （清）馬先登著 清光緒二年(1876)刻本
五冊 缺三卷(一至三)

410000－2206－0002594 73622
臥雲山房詩草一卷 （清）吳邦治著 （清）吳
元漢編 清同治元年(1862)刻本 一冊

410000－2206－0002595 73623
臥雲山房詩草一卷 （清）吳邦治著 （清）吳
元漢編 清同治元年(1862)刻本 一冊

410000－2206－0002596 70622－23
味經書屋詩存不分卷 （清）竇珣撰 清光緒
二十七年(1901)刻本 二冊

410000－2206－0002597 73653－4
韋蘇州詩集二卷 （唐）韋應物著 清康熙三

十四年（1695）天都汪立名刻唐四家詩本
二冊

410000－2206－0002598　73635－6

蔚廬文集四卷詩稿一卷四十五自定詩稿一卷
補過精舍詩草一卷騷賦銘贊一卷　劉艮生
（劉人熙）著　清光緒二十二年（1896）大梁刻
本　二冊　存四卷（文集四卷）

410000－2206－0002599　73658－61

蔚廬文集四卷詩稿一卷四十五自定詩稿一卷
補過精舍詩草一卷騷賦銘贊一卷　劉艮生
（劉人熙）著　清光緒二十二年（1896）大梁刻
本　四冊

410000－2206－0002600　73714－5

溫飛卿詩集七卷別集一卷集外詩一卷　（唐）
溫庭筠著　（明）曾益注　清光緒八年（1882）
泉唐汪氏刻本　二冊

410000－2206－0002601　65765－6

定性齋集六卷　（清）劉自潔著　清乾隆十年
（1745）刻本　二冊

410000－2206－0002602　65767－72

定盒文集三卷續集四卷文集補二卷續集一卷
別集一卷文集補編四卷　（清）龔自珍撰　清
光緒二十三年（1897）萬本書堂刻本　六冊

410000－2206－0002603　65779－80

丁戊之間行卷十卷　易順鼎撰　清光緒五年
（1879）刻琴志樓叢書本　二冊

410000－2206－0002604　11－03955

讀杜心解六卷首二卷　（清）浦起龍講解　清
雍正二年至三年（1724－1725）無錫浦氏寧我
齋刻本　六冊　缺三卷（四至六）

410000－2206－0002605　65808－817

杜工部集二十卷　（唐）杜甫撰　清同治十一
年（1872）致一齋本　十冊

410000－2206－0002606　65818－25

杜工部集二十卷　（唐）杜甫撰　（清）錢謙益
箋注　清宣統三年（1911）上海時中書局石印
本　八冊

410000－2206－0002607　65826－35

杜工部集二十卷　（唐）杜甫撰　清同治十三
年（1874）刻本　十冊

410000－2206－0002608　73737－51

文信國公集二十卷首一卷　（宋）文天祥撰
清光緒二十三年（1897）湘南書局刻四忠遺集
本　十五冊

410000－2206－0002609　73757－76

文章正宗復刻三十卷續十二卷　（宋）真德秀
著　（清）楊仲興重輯　清乾隆三十三年
（1768）刻本　二十冊　存三十卷（文章正宗
復刻三十卷）

410000－2206－0002610　73082－9

文清公薛先生文集二十四卷外集五卷　（明）
薛瑄撰　（明）張鼎編　清雍正十二年（1734）
薛氏刻本　八冊

410000－2206－0002611　73655

蔚廬四十五自定詩稿不分卷　劉艮生（劉人
熙）著　清光緒二十二年（1896）刻本　一冊

410000－2206－0002612　73656－7

蔚廬詩稿不分卷蔚廬四十五自定詩稿不分卷
　劉艮生（劉人熙）著　清光緒二十二年
（1896）刻本　二冊

410000－2206－0002613　73814－8

望溪集不分卷　（清）方苞著　（清）王兆符輯
　清嘉慶十四年（1809）刻本　五冊

410000－2206－0002614　65856－61

杜詩鏡銓二十卷年譜一卷附錄一卷　（唐）杜
甫撰　（清）楊倫編　讀書堂杜工部文集注釋
二卷　（清）張溍評注　清光緒十八年（1892）
鉛印本　六冊

410000－2206－0002615　65873－84

杜詩鏡銓二十卷　（唐）杜甫撰　（清）楊倫編
輯　清同治十一年（1872）望三益齋刻本　十
二冊

410000－2206－0002616　65885－908

杜詩詳注二十五卷首一卷附編二卷　（唐）杜

甫撰 （清）仇兆鰲輯注 清康熙三十二年(1693)刻本 二十四冊

410000－2206－0002617 65909－32

杜詩詳注二十五卷首一卷附編二卷 （唐）杜甫撰 （清）仇兆鰲輯注 清康熙三十二年(1693)刻本 二十四冊

410000－2206－0002618 65933－9

杜詩詳注二十五卷首一卷附編二卷 （唐）杜甫撰 （清）仇兆鰲輯注 清康熙三十二年(1693)刻本 七冊 存十三卷(一至十三)

410000－2206－0002619 65940－9

辟疆園杜詩注解五言律十二卷七言律五卷 （唐）杜甫撰 （清）顧宸注 （清）李壯評 清康熙二年(1663)映旭齋刻本 十冊

410000－2206－0002620 65952－3

獨醒雜誌十卷 （宋）曾敏行著 清乾隆四十年(1775)長塘鮑氏知不足齋刻本 二冊

410000－2206－0002621 65954－7

篤實堂文集八卷 （清）呂永輝著 清光緒三十二年(1906)大梁明道書院刻本 四冊

410000－2206－0002622 65958－61

樊川詩集四卷別集一卷外集一卷補遺一卷 （唐）杜牧撰 （清）馮集梧注 清光緒十六年(1890)湘南書局刻本 四冊

410000－2206－0002623 65962－7

堵文忠公集十卷 （明）堵允錫著 清光緒十三年(1887)刻本 六冊

410000－2206－0002624 65968

篤素堂文集四卷 （清）張英著 清光緒六年(1880)麗山刻本 一冊

410000－2206－0002625 65981

[河南汲縣]杜氏家乘一卷續編一卷 （清）孫桂陵輯 清道光三年(1823)師儉堂刻本 一冊

410000－2206－0002626 65982－7

讀雪山房唐詩三十四卷 （清）管世銘輯 清光緒十二年(1886)湖北官書處刻本 六冊

410000－2206－0002627 65988－91

多歲堂詩集四卷載廣集二卷附集一卷試律詩集一卷 （清）成書撰 清道光十一年(1831)刻本 四冊

410000－2206－0002628 65992

對嵩堂小草不分卷 （清）喬德淵著 清嘉慶二十三年(1818)對嵩堂刻本 一冊

410000－2206－0002629 65993－4

鈍齋詩稿八卷 （清）竇絳著 清乾隆五十九年(1794)紹衣堂刻本 二冊

410000－2206－0002630 65995－8

鈍翁文集十六卷 （清）汪琬著 清宣統二年(1910)國學扶輪社石印本 四冊

410000－2206－0002631 66128－30

東溟全集二十四卷 （清）姚瑩著 清道光二十九年(1849)刻本 三冊

410000－2206－0002632 66139－40

東萊博議四卷 （宋）呂祖謙撰 增補虛字註釋六卷 （清）馮泰松點定 清嘉慶三年(1798)致和堂刻本 二冊

410000－2206－0002633 66141－4

東萊博議四卷 （宋）呂祖謙撰 清光緒十七年(1891)益元堂書局刻本 四冊

410000－2206－0002634 66145－8

東萊博議四卷 （宋）呂祖謙撰 清光緒二十八年(1902)曹郡永元堂刻本 四冊

410000－2206－0002635 66164－7

冬心先生集四卷 （清）金農撰 清宣統二年(1910)石印本 四冊

410000－2206－0002636 66172

東山寓聲樂府一卷補鈔一卷 （宋）賀鑄撰 清宣統三年(1911)河朔藝文石印社石印本 一冊

410000－2206－0002637 66173

東山寓聲樂府一卷補鈔一卷 （宋）賀鑄撰 清宣統三年(1911)河朔藝文石印社石印本 一冊

410000－2206－0002638　66174

東山寓聲樂府一卷補鈔一卷　（宋）賀鑄撰
清宣統三年(1911)河朔藝文石印社石印本
一冊

410000－2206－0002639　66176

東山寓聲樂府一卷補鈔一卷　（宋）賀鑄撰
清宣統三年(1911)河朔藝文石印社石印本
一冊

410000－2206－0002640　66177

東山寓聲樂府一卷補鈔一卷　（宋）賀鑄撰
清宣統三年(1911)河朔藝文石印社石印本
一冊

410000－2206－0002641　66178

東山寓聲樂府一卷補鈔一卷　（宋）賀鑄撰
清宣統三年(1911)河朔藝文石印社石印本
一冊

410000－2206－0002642　66179

東山寓聲樂府一卷補鈔一卷　（宋）賀鑄撰
清宣統三年(1911)河朔藝文石印社石印本
一冊

410000－2206－0002643　66180

東山寓聲樂府一卷補鈔一卷　（宋）賀鑄撰
清宣統三年(1911)河朔藝文石印社石印本
一冊

410000－2206－0002644　66168－71

冬心先生集四卷　（清）金農撰　清宣統二年
(1910)掃葉山房石印本　四冊

410000－2206－0002645　74074－85

王龍谿先生全集二十卷　（明）王畿著　清道
光二年(1822)會稽莫晉刻本　十二冊

410000－2206－0002646　74072

王柳圃先生文集不分卷　（清）王永德撰　清
光緒二十二年(1896)明道書院刻本　一冊

410000－2206－0002647　74071

王柳圃先生文集不分卷　（清）王永德著
（清）曹若枏編　清光緒二十二年(1896)刻本
一冊

410000－2206－0002648　74070

王柳圃先生文集不分卷　（清）王永德著
（清）曹若枏編　清光緒二十二年(1896)刻本
一冊

410000－2206－0002649　74058－69

王文成公全書三十八卷　（明）王守仁撰　清
宣統元年(1909)上海集成圖書公司鉛印本
十二冊

410000－2206－0002650　74035－49

宋王忠文公文集五十卷目錄四卷　（宋）王十
朋撰　（清）唐傳鉁編　清光緒二年(1876)梅
溪書院刻本　十五冊　缺三卷(八至十)

410000－2206－0002651　74012－34

宋王忠文公文集五十卷目錄四卷　（宋）王十
朋撰　（清）唐傳鉁編　清光緒二年(1876)梅
溪書院刻本　二十三冊　缺二卷(二十五至
二十六)

410000－2206－0002652　73931－46

宋王忠文公文集五十卷目錄二卷　（宋）王十
朋撰　（清）唐傳鉁編　清光緒二年(1876)梅
溪書院刻本　十六冊

410000－2206－0002653　73834－7

異方便淨土傳燈歸元鏡三祖實錄二卷　（清）
釋智達錄　清乾隆四十九年(1784)京師龍王
廟刻本　四冊

410000－2206－0002654　73919－30

王臨川全集二十四卷　（宋）王安石撰　清宣
統三年(1911)上海掃葉山房石印本　十二冊

410000－2206－0002655　73891－906

王臨川全集一百卷目錄二卷　（宋）王安石撰
清光緒九年(1883)聽香館刻本　十六冊

410000－2206－0002656　73875－90

王臨川全集一百卷目錄二卷　（宋）王安石撰
清光緒九年(1883)聽香館刻本　十六冊

410000－2206－0002657　74011

望溪文集補遺一卷　（清）方苞撰　清光緒二
十九年(1903)刻本　一冊

125

410000－2206－0002658　73985－96

望溪先生全集三十二卷　（清）方苞著　清咸豐元年(1851)戴鈞衡刻本　十二冊

410000－2206－0002659　66181－2

冬暄草堂遺詩二卷　（清）陳豪著　清宣統三年(1911)刻本　二冊

410000－2206－0002660　66183－90

大復集三十八卷　（明）何景明撰　清咸豐二年(1852)何氏世守堂刻本　八冊

410000－2206－0002661　66191－198

大復集三十八卷　（明）何景明撰　清宣統元年(1909)厚生印書館石印本　八冊

410000－2206－0002662　66199－206

大復集三十八卷　（明）何景明撰　清宣統元年(1909)厚生印書館石印本　八冊

410000－2206－0002663　83833

大潛山房詩鈔一卷　（清）劉銘傳撰　清同治七年(1868)刻本　一冊

410000－2206－0002664　66238－45

大雲山房文稿初集四卷二集四卷　（清）惲敬撰　清光緒十四年(1888)官書處刻本　八冊

410000－2206－0002665　66225－6

戴遯谷先生集十二卷　（明）戴冠著　清光緒二十年(1894)安道堂刻本　二冊

410000－2206－0002666　73965－84

望溪先生全集　（清）方苞撰　清咸豐元年(1851)桐城戴鈞衡刻本　二十冊

410000－2206－0002667　74091－4

王惺所先生文集十卷　（明）王以悟撰　（明）張而訥輯錄　（明）張孔訓編次　明天啓二年(1622)王氏刻清重修本　四冊

410000－2206－0002668　82246－9

汪子文錄十卷詩錄四卷遺書三卷　（清）汪縉著　清光緒七年(1881)刻本　四冊

410000－2206－0002669　74566

愛吟草一卷　（清）常紀著　恩卹道崇慶牧常君殉節錄一卷　（清）張洲撰　清乾隆五十三年(1788)刻本　一冊

410000－2206－0002670　74567－92

甌北全集七種　（清）趙翼撰　清乾隆、嘉慶間湛貽堂刻本　二十六冊　存五種九十三卷

410000－2206－0002671　74593－636

甌北全集七種　（清）趙翼撰　清乾隆、嘉慶間湛貽堂刻本　四十四冊

410000－2206－0002672　74637－44

甌北詩鈔二十卷　（清）趙翼撰　清宣統三年(1911)掃葉山房石印本　八冊

410000－2206－0002673　74645－52

甌北詩鈔二十卷　（清）趙翼撰　清乾隆五十年(1785)湛貽堂刻本　八冊

410000－2206－0002674　74653－60

甌北詩鈔二十卷　（清）趙翼撰　清乾隆五十六年(1791)刻本　八冊

410000－2206－0002675　74661－7

偶齋詩草內集八卷內次集四卷外集四卷外次集十卷　（清）寶廷著　清光緒十九年(1893)刻本　七冊

410000－2206－0002676　66246－61

大雲山房文稿初集四卷二集四卷言事二卷補編一卷　（清）惲敬撰　清光緒十年(1884)刻本　十六冊

410000－2206－0002677　66262－71

大雲山房文稿初集四卷二集四卷言事二卷　（清）惲敬著　清同治二年(1863)運世臨刻本　十冊

410000－2206－0002678　66227－9

戴南山文鈔六卷　（清）戴名世著　清宣統二年(1910)上海國學扶輪社鉛印本　三冊

410000－2206－0002679　66230－1

悅雲山房詩存六卷風泉館詞存一卷　（清）劉敦元著　清光緒二十八年(1902)天津徐氏刻本　二冊

410000－2206－0002680　66234－5

儀顧堂集八卷　（清）陸心源撰　清刻本

二冊

410000－2206－0002681　66272－3

得閒人集二卷　（清）孫望雅著　清乾隆、嘉慶間刻本　二冊

410000－2206－0002682　66319－26

道鄉集四十卷補遺一卷　（宋）鄒浩撰　**鄒道鄉先生年譜一卷**　（清）李兆洛撰　清道光十三年(1833)刻本　八冊

410000－2206－0002683　66339－62

道古堂文集四十八卷詩集二十六卷集外文一卷集外詩一卷軼事一卷　（清）杭世駿著　清光緒十四年(1888)刻本　二十四冊

410000－2206－0002684　74668－9

偶更堂詩稿二卷　（清）徐作肅著　（清）徐世際編　清康熙二十九年(1690)傳盛社刻本　二冊

410000－2206－0002685　74673

藕香館文錄一卷　（清）寶鎮山撰　清光緒三十年(1904)刻本　一冊

410000－2206－0002686　74674

藕香館文錄一卷　（清）寶鎮山撰　清光緒三十年(1904)刻本　一冊

410000－2206－0002687　74679－84

宋大家歐陽文忠公文抄三十二卷　（宋）歐陽修撰　（明）茅坤批評　明萬曆刻本　六冊

410000－2206－0002688　74705－12

歐陽文忠公全集五十卷　（宋）歐陽修撰　清光緒十九年(1893)澹雅書局刻本　八冊

410000－2206－0002689　74753－66

二曲集二十六卷　（清）李顒撰　**歷年紀略一卷**　（清）惠龗嗣摭次　**四書反身錄十四卷**　(清)李顒口授　(清)王心敬錄　清同治五年(1866)隴古牛氏刻本　十四冊

410000－2206－0002690　66363

道華堂詩略四卷　（清）馮焯著　清咸豐十年(1860)笠尉亭刻本　一冊

410000－2206－0002691　66364－79

道園學古錄五十卷　（元）虞集著　清道光刻本　十六冊

410000－2206－0002692　66380－7

道榮堂文集六卷　（清）陳鵬年著　清乾隆二十七年(1762)刻本　八冊

410000－2206－0002693　66388－421

寶靜菴全集五十四卷　（清）寶克勤撰　清乾隆六十年(1795)朱陽書院刻本　三十四冊

410000－2206－0002694　66422－8

擔峯詩六卷　（清）孫詮撰　清康熙三十六年(1697)夏峯刻本　七冊

410000－2206－0002695　66429－32

擔峯詩四卷　（清）孫詮撰　清康熙三十六年(1697)刻本　四冊

410000－2206－0002696　66433－6

擔峯詩四卷　（清）孫詮撰　清康熙三十六年(1697)刻本　四冊

410000－2206－0002697　66437－40

擔峯詩四卷　（清）孫詮撰　清康熙三十六年(1697)刻本　四冊

410000－2206－0002698　66441－4

丹林集六卷　（清）蕭家芝著　清康熙二十七年(1688)刻本　四冊

410000－2206－0002699　73710－3

溫飛卿詩集九卷　（唐）溫庭筠撰　（明）曾益注　（清）顧予咸補注　清宣統二年(1910)上海國學扶輪社石印本　四冊

410000－2206－0002700　82488－95、82505－

二曲集四十六卷　（清）李顒撰　清光緒三年(1877)信述堂刻本　十六冊

410000－2206－0002701　82520－7

二曲集二十八卷　（清）李顒　**四書反身錄十四卷**　(清)李顒口授　（清）王心敬錄　清光緒九年(1883)刻本　八冊

410000－2206－0002702　74751－2

二南文集二卷　（清）周樂著　清道光二十二年(1842)枕湖書屋刻本　二冊

410000－2206－0002703　74767－74

八代詩選二十卷　王闓運編　清光緒七年(1881)四川尊經書局刻本　八冊

410000－2206－0002704　74775－86

八旗文經五十六卷作者攷三卷敘録一卷(清)盛昱　(清)楊鍾義輯　清光緒二十七年(1901)武昌官書局刻本　十二冊

410000－2206－0002705　74787－98

八旗文經五十六卷作者攷三卷敘録一卷(清)盛昱　(清)楊鍾義輯　清光緒二十七年(1901)武昌官書局刻本　十二冊

410000－2206－0002706　74816－9

八家四六文鈔九卷　(清)吳鼒輯　清光緒五年(1879)刻本　四冊

410000－2206－0002707　74821－6

新鐫校正詳註分類百子金丹全書十卷　(清)郭偉選註　清光緒二十九年(1903)玉麟書局石印本　六冊

410000－2206－0002708　75120－5

分類賦學九卷　(清)張維城輯　清道光三十年(1850)聚盛堂刻本　六冊

410000－2206－0002709　66452－63

憺園全集三十六卷　(清)徐乾學撰　(清)金吳瀾編　清光緒九年(1883)鉏月唫館刻本　十二冊

410000－2206－0002710　66464－71

滄靜齋文鈔六卷外篇二卷詩鈔六卷　(清)龔景瀚著　清道光二十年(1840)恩錫堂刻本　八冊

410000－2206－0002711　66472－81

惕夫詩鈔初刻二十三卷續刻二卷三刻七卷四刻三卷　(清)謝棨撰　清道光二十三年(1843)婺源縣署刻本　十冊

410000－2206－0002712　66482－5

鐵橋漫稿八卷　(清)嚴可均撰　清光緒十一年(1885)長洲蔣氏刻心矩齋叢書本　四冊

410000－2206－0002713　66494－8

天根文鈔四卷續集一卷詩鈔二卷　(清)何家琪著　清光緒三十二年(1906)封邱何氏大梁刻本　五冊

410000－2206－0002714　66499－503

天根文鈔四卷續集一卷詩鈔二卷　(清)何家琪著　清光緒三十二年(1906)封邱何氏大梁刻本　五冊

410000－2206－0002715　66492

恬園文鈔不分卷　(清)戴銘著　清道光十七年(1837)集思齋刻本　一冊

410000－2206－0002716　66493

恬園詩鈔不分卷　(清)戴銘著　清道光二年(1822)慎餘堂刻本　一冊

410000－2206－0002717　74835－42

本朝試賦麗則四卷　(清)李光理等輯評　清乾隆三十三年(1768)金陵三多齋刻本　八冊

410000－2206－0002718　74843－50

駢體文鈔三十一卷　(清)李兆洛輯　清同治六年(1867)徐氏刻本　八冊

410000－2206－0002719　74851－8

駢體文鈔三十一卷　(清)李兆洛輯　清光緒三十四年(1908)蘇州振新書社刻本　八冊

410000－2206－0002720　73698－703

文恭集四十卷　(宋)胡宿撰　清乾隆四十三年(1778)刻武英殿聚珍版書本　六冊

410000－2206－0002721　73689－97

眉公先生晚香堂小品二十二卷　(明)陳繼儒撰　清末資益館鉛印本　九冊　缺二卷(二十至二十一)

410000－2206－0002722　74859－66

駢體文鈔三十一卷　(清)李兆洛輯　清光緒八年(1882)合河康氏刻本　八冊

410000－2206－0002723　74867－90

駢文類纂四十六卷　王先謙輯　清光緒二十八年(1902)思賢書局刻本　二十四冊

410000－2206－0002724　74891－902

普天忠憤集十四卷　(清)魯陽生編　清光緒

二十一年(1895)石印本　十二冊

410000－2206－0002725　66534

聽鸝錄存三卷　(清)戴銘著　清道光十七年
(1837)梅影廬刻本　一冊

410000－2206－0002726　66504－7

天開圖書樓試貼四卷文稿四卷首一卷　(清)
郭柏蔭撰　清同治二年(1863)郭氏刻本
四冊

410000－2206－0002727　66512－31

天岳山館文鈔四十卷　(清)李元度撰　清光
緒六年(1880)爽谿精舍刻本　二十冊

410000－2206－0002728　66532

滄秋館遺詩一卷補遺一卷　(清)林毓麟著
清宣統三年(1911)成都鉛印本　一冊

410000－2206－0002729　66533

亭林餘集一卷　(清)顧炎武著　清乾隆三十
八年(1773)刻本　一冊

410000－2206－0002730　66539－42

亭林文集六卷詩集五卷　(清)顧炎武著　清
宣統二年(1910)掃葉山房石印本　四冊

410000－2206－0002731　66543－46

亭林文集六卷詩集五卷　(清)顧炎武著　清
宣統二年(1910)掃葉山房石印本　四冊

410000－2206－0002732　66547－50

亭林文集六卷詩集五卷　(清)顧炎武著　清
宣統二年(1910)掃葉山房石印本　四冊

410000－2206－0002733　66551－54

亭林文集六卷詩集五卷　(清)顧炎武著　清
宣統二年(1910)掃葉山房石印本　四冊

410000－2206－0002734　66555

顧亭林先生遺書二十一種　(清)顧炎武著
清光緒十一年(1885)上海掃葉山房刻本　一
冊　存三種四卷

410000－2206－0002735　74903－6

彭文憲公文集四卷附錄一卷　(明)彭時撰
彭文思公文集六卷附錄一卷　(明)彭華彥撰
　清康熙五年(1666)彭志楨刻本　四冊

410000－2206－0002736　74907－20

篷窗隨錄十四卷末二卷　(清)沈兆澐輯　清
咸豐九年(1859)刻本　十四冊

410000－2206－0002737　74965－5004

明詩綜一百卷　(清)朱彝尊輯錄　清康熙刻
本　四十冊

410000－2206－0002738　75005－14

明文在一百卷　(清)薛熙纂　(清)何焯輯
清光緒十五年(1889)江蘇書局刻本　十冊

410000－2206－0002739　73631－4

韋齋集十二卷首一卷　(宋)朱松著　(宋)朱
玉輯　玉瀾集一卷　(宋)朱槔著　清雍正六
年(1728)刻本　四冊

410000－2206－0002740　75016－7

明詩別裁集十二卷　(清)沈德潛　(清)周準
輯　清乾隆四年(1739)刻本　二冊

410000－2206－0002741　75024－7

明詩別裁集十二卷　(清)沈德潛　(清)周準
輯　清乾隆五十九年(1794)刻本　四冊

410000－2206－0002742　75036－41

明詩別裁集十二卷　(清)沈德潛　(清)周準
輯　清乾隆五十九年(1794)刻本　六冊

410000－2206－0002743　66556－65

託素齋文集六卷詩集四卷　(清)黎士弘著
清長汀衙署刻本　十冊

410000－2206－0002744　66582

通甫類藁四卷　(清)魯一同著　清咸豐九年
(1859)山陽魯氏刻本　一冊

410000－2206－0002745　66583

通甫類藁四卷　(清)魯一同著　清咸豐九年
(1859)山陽魯氏刻本　一冊

410000－2206－0002746　66584

通父詩存四卷詩存之餘二卷　(清)魯一同著
　清咸豐九年(1859)山陽魯氏刻本　一冊

410000－2206－0002747　66585

通父詩存四卷詩存之餘二卷　(清)魯一同著
　清咸豐九年(1859)山陽魯氏刻本　一冊

410000 – 2206 – 0002748　66586 – 9

銅鼓書堂遺稿三十二卷　(清)查禮撰　清乾隆五十三年(1788)刻本　四冊

410000 – 2206 – 0002749　66590 – 3

桐岡存稿八卷　(清)張遠覽著　清光緒十六年(1890)西華縣署刻本　四冊

410000 – 2206 – 0002750　66594 – 602

銅山詩集十卷　(清)王宗嶧著　清同治九年(1870)尚賢齋刻本　九冊

410000 – 2206 – 0002751　66603 – 4

銅官感舊集四卷　(清)章壽麟輯　清宣統二年(1910)長沙章氏盍山舊館石印本　二冊

410000 – 2206 – 0002752　66605 – 6

通雅堂詩鈔十卷續集二卷　(清)施山撰　清光緒元年(1875)荊州刻本　二冊

410000 – 2206 – 0002753　75042 – 7

明詩別裁集十二卷　(清)沈德潛　(清)周準輯　清刻本　六冊

410000 – 2206 – 0002754　75078 – 81

芒山詩社集四卷　(清)顧璽輯　清光緒十年(1884)永城顧氏刻本　四冊

410000 – 2206 – 0002755　75082

婦學古雅詞一卷　(清)劉咸炘選輯　清刻本　一冊

410000 – 2206 – 0002756　75083 – 94

增廣賦海大全三十卷首一卷　(清)張承臚編　清光緒二十三年(1897)慎記書局石印本　十二冊

410000 – 2206 – 0002757　75095 – 102

賦鈔箋畧十五卷　(清)雷琳　(清)張杏濱箋　清乾隆四十四年(1779)雲間九如堂刻本　八冊

410000 – 2206 – 0002758　75104 – 7

賦學蕡錦八卷　(清)翁天游編　清刻本　四冊

410000 – 2206 – 0002759　75126 – 9

賦學正鵠集釋十一卷　(清)李元度編　清光

緒十年(1884)東昌成文堂刻本　四冊

410000 – 2206 – 0002760　72108 – 19

分類賦學雞跖集三十卷附錄一卷　(清)張維城編　清光緒八年(1882)上海淞隱閣刻本　十二冊

410000 – 2206 – 0002761　75130

賦學正鵠集釋十一卷　(清)李元度編　清光緒十八年(1892)上海煥文局石印本　一冊

410000 – 2206 – 0002762　75131

撫寧城工唱和詩草不分卷　(清)許夢蘭撰　清道光二十三年(1843)刻本　一冊

410000 – 2206 – 0002763　75134 – 5

蠡餘集八卷　(清)鹿亢宗著　清光緒二十五年(1899)刻本　二冊

410000 – 2206 – 0002764　81110 – 9

道咸同光四朝詩史甲集八卷　孫雄輯　清宣統二年(1910)孫雄刻本　十冊

410000 – 2206 – 0002765　81120 – 9

道咸同光四朝詩史甲集八卷　孫雄輯　清宣統二年(1910)孫雄刻本　十冊

410000 – 2206 – 0002766　75136 – 7

道咸同光四朝詩史一斑錄三編　孫雄輯　清光緒三十四年(1908)油印本　二冊

410000 – 2206 – 0002767　75138 – 9

道咸同光四朝詩史一斑錄四編　孫雄輯　清光緒三十四年(1908)油印本　二冊

410000 – 2206 – 0002768　75140 – 1

道咸同光四朝詩史一斑錄五編　孫雄輯　清光緒三十四年(1908)油印本　二冊

410000 – 2206 – 0002769　66607 – 12

銅梁山人詩集二十五卷詞四卷芸籠偶存二卷　(清)王汝璧著　清光緒二十年(1894)京師刻本　六冊

410000 – 2206 – 0002770　66613 – 4

銅竹齋雜體文四卷　(清)王驤衢著　清同治十三年(1874)王氏刻本　二冊

410000 - 2206 - 0002771 66615

銅竹齋律賦一卷　（清）王驤衢撰　清同治十二年(1873)刻本　一冊

410000 - 2206 - 0002772 66616

桐城吳先生文集四卷詩集一卷　（清）吳汝綸撰　清光緒三十年(1904)王恩綬等刻桐城吳先生全集本　一冊

410000 - 2206 - 0002773 66617 - 22

太乙舟文集八卷　（清）陳用光撰　清道光二十三年(1843)孝友堂刻本　六冊

410000 - 2206 - 0002774 66623 - 5

陶廬集六卷　王樹枏撰　清光緒二十八年(1902)刻本　三冊　缺二卷(三至四)

410000 - 2206 - 0002775 66642

陶廬後憶一卷　金武祥著　清宣統元年(1909)刻本　一冊

410000 - 2206 - 0002776 66626 - 33

陶菴集二十二卷首一卷末一卷　（清）黃淳耀撰　清光緒上海時中書局鉛印本　八冊

410000 - 2206 - 0002777 66634 - 41

陶菴集二十二卷首一卷末一卷　（清）黃淳耀撰　清光緒五年(1879)刻本　八冊

410000 - 2206 - 0002778 74487 - 510

陶文毅公全集六十四卷首一卷末一卷　（清）陶澍撰　清道光二十年(1840)淮北士民公刻本　二十四冊

410000 - 2206 - 0002779 66645 - 8

陶淵明集十卷　（晉）陶潛撰　清咸豐十一年(1861)皖城行營刻本　四冊

410000 - 2206 - 0002780 66655 - 8

陶淵明集八卷首一卷末一卷　（晉）陶潛撰　清光緒六年(1880)刻本　四冊

410000 - 2206 - 0002781 66665 - 8

陶淵明文集十卷　（晉）陶潛撰　清宣統元年(1909)著易堂石印本　四冊

410000 - 2206 - 0002782 66659 - 64

陶學士文集二十卷　（明）陶安撰　清同治六

年(1867)永甯官廨刻本　六冊

410000 - 2206 - 0002783 66673 - 85

唐堂集五十卷　（清）黃之雋撰　清乾隆六年(1741)刻本　十三冊

410000 - 2206 - 0002784 66686 - 705

御選唐宋文醇五十八卷　（清）高宗弘曆選　清乾隆三年(1738)尊經閣刻本　二十冊

410000 - 2206 - 0002785 66706 - 11

唐確慎公集十卷首一卷末一卷　（清）唐鑑著　清光緒元年(1875)刻本　六冊

410000 - 2206 - 0002786 66712

唐魯泉先生遺稿一卷附錄一卷　（清）唐治著　（清）甘紹盤輯　清刻本　一冊

410000 - 2206 - 0002787 66713 - 22

重刊唐荊川先生文集二十卷　（明）唐順之撰　清光緒三十年(1904)江南書局刻本　十冊

410000 - 2206 - 0002788 66731 - 2

藤花書屋遺稿四卷　（清）吳其彥著　（清）吳集禧編　清咸豐五年(1855)光啟堂刻本　二冊

410000 - 2206 - 0002789 66733 - 6

擬山園文選集十六卷　（明）王鐸著　清康熙五十七年(1718)梁園刻本　四冊

410000 - 2206 - 0002790 66737 - 48

念菴羅先生文集二十四卷　（明）羅洪先撰　清雍正元年(1723)石蓮洞刻本　十二冊

410000 - 2206 - 0002791 66759

南海集二卷　（清）王士禎撰　清康熙二十三年(1684)刻王漁洋遺書本　一冊

410000 - 2206 - 0002792 66760

南遊草詩集不分卷　（清）張果中著　清光緒二十八年(1902)刻本　一冊

410000 - 2206 - 0002793 66761

南遊草詩集不分卷　（清）張果中著　清光緒二十八年(1902)刻本　一冊

410000 - 2206 - 0002794 66762

南遊草詩集不分卷　（清）張果中著　清光緒
二十八年(1902)刻本　一冊

410000－2206－0002795　66763

南遊草詩集不分卷　（清）張果中著　清光緒
二十八年(1902)刻本　一冊

410000－2206－0002796　66786

南遊小草不分卷　（清）劉鐸著　清道光二十
三年(1843)刻本　一冊

410000－2206－0002797　66787

續南遊小草不分卷　（清）劉鐸著　清道光二
十九年(1849)刻本　一冊

410000－2206－0002798　75142－3

道咸同光四朝詩史一斑錄六編　孫雄輯　清
宣統元年(1909)油印本　二冊

410000－2206－0002799　75144－5

道咸同光四朝詩史一斑錄七編　孫雄輯　清
宣統元年(1909)油印本　二冊

410000－2206－0002800　75146－7

道咸同光四朝詩史一斑錄八編　孫雄輯　清
宣統元年(1909)油印本　二冊

410000－2206－0002801　75148－9

道咸同光四朝詩史一斑錄九編　孫雄輯　清
宣統元年(1909)油印本　二冊

410000－2206－0002802　75150－1

道咸同光四朝詩史一斑錄十編　孫雄輯　清
宣統元年(1909)油印本　二冊

410000－2206－0002803　75152－3

道咸同光四朝詩史一斑錄十一編　孫雄輯
清宣統二年(1910)油印本　二冊

410000－2206－0002804　75154－5

道咸同光四朝詩史一斑錄十二編　孫雄輯
清宣統二年(1910)油印本　二冊

410000－2206－0002805　75156－7

道咸同光四朝詩史一斑錄續編　孫雄輯　清
光緒三十年(1904)油印本　二冊

410000－2206－0002806　75158

道咸同光四朝詩史一斑錄補遺　孫雄輯　清
宣統元年(1909)油印本　一冊

410000－2206－0002807　66764

南浦詩集六卷　（清）錢九府著　清道光十四
年(1834)泉上草堂刻本　一冊

410000－2206－0002808　66765

南淳賦稿二卷　（清）錢九韶著　（清）周訪禮
編　清嘉慶十五年(1810)錢氏刻本　一冊

410000－2206－0002809　66789－96

南雷文定前集十一卷後集四卷三集三卷四集
四卷　（清）黃宗羲撰　清康熙二十七年
(1688)黃氏家塾刻本　八冊

410000－2206－0002810　66767－8

南湖詩集十一卷　（清）張雲驤撰　清光緒十
四年(1888)刻本　二冊　存八卷(一至八)

410000－2206－0002811　66769

南宋樂府不分卷　（清）章季英撰　（清）趙葆
燨纂注　清光緒二年(1876)歸安趙氏刻本
一冊

410000－2206－0002812　66788

納書楹南柯記全譜二卷　（清）葉堂撰　清乾
隆五十七年(1792)納書楹刻本　一冊

410000－2206－0002813　66797－810

南陽藝文志文二十四卷詩詞十二卷　（清）劉
拱宸輯　清同治十年(1871)刻本　十四冊
存十五卷(文七至二十一)

410000－2206－0002814　66823－4

離垢集五卷　（清）華嵒著　清光緒十五年
(1889)上杭羅嘉傑鉛印本　二冊

410000－2206－0002815　75163－6

多歲堂詩集四卷載賡集二卷附集一卷　（清）
成書撰　清道光十一年(1831)多歲堂刻本
四冊

410000－2206－0002816　75177－80

多歲堂古詩存八卷附一卷　（清）成書選評
清道光十一年(1831)多歲堂刻本　四冊

410000－2206－0002817　75167－74

道齊正軌二十卷 （清）鄒鳴鶴纂述 （清）蘇
源生編 清道光三十年(1850)刻本 八冊

410000－2206－0002818 75175

帶經舫集鈔二卷 （清）張雲峰選 清光緒十
四年(1888)江西書局刻本 一冊

410000－2206－0002819 66221－4

大梁侯氏詩集四卷 （清）侯資燦編輯 清嘉
慶二十四年(1819)侯氏刻本 四冊

410000－2206－0002820 75181－9

大梁侯氏詩集四卷 （清）侯資燦編輯 清嘉
慶二十四年(1819)侯氏刻本 四冊

410000－2206－0002821 75185－9

天下才子必讀書十五卷末一卷 （清）金人瑞
選評 清敦化堂刻本 五冊

410000－2206－0002822 75196－9

桐城吳氏古文讀本十三卷 （清）吳汝綸選輯
（清）常堉璋編 清光緒三十一年(1905)上
海文明書局石印本 四冊

410000－2206－0002823 75290－301

桐城吳先生點勘諸子七種 （清）吳汝綸撰
清宣統二年(1910)衍星社鉛印本 十二冊

410000－2206－0002824 75206－21

唐文粹一百卷 （宋）姚鉉輯 清光緒九年
(1883)江蘇書局刻本 十六冊

410000－2206－0002825 74678

甌北詠物詩鈔二卷 （清）趙翼著 清刻本
一冊

410000－2206－0002826 75222－61

唐宋詩本七十六卷目錄八卷 （清）戴第元輯
清乾隆三十八年(1773)覽珠堂刻本 四
十冊

410000－2206－0002827 75262－9

御選唐宋詩醇四十七卷目錄二卷 （清）高宗
弘曆選 清光緒五年(1879)兩儀堂刻本 八
冊 缺二十三卷(七至九、二十六至四十五)

410000－2206－0002828 75270－89

御選唐宋詩醇四十七卷目錄二卷 （清）高宗

弘曆選 清光緒七年(1881)浙江書局刻本
二十

410000－2206－0002829 75302－33

御選唐宋詩醇四十七卷目錄二卷 （清）高宗
弘曆選 清乾隆二十五年(1760)紫陽書院刻
本 三十二冊

410000－2206－0002830 74743－50

二曲集二十八卷首一卷 （清）李顒撰 清光
緒九年(1883)盩署刻本 八冊

410000－2206－0002831 75378－81

唐詩約選八卷 （清）曹錫寶選 清乾隆三十
八年(1773)刻本 四冊

410000－2206－0002832 69724

海昌叢載三十二種 （清）羊復禮輯 清光緒
十三年(1887)海昌羊氏傳卷樓粵東刻本 一
冊 存四種七卷

410000－2206－0002833 75382－3

古詩約選二卷 （清）曹錫寶選 清乾隆三十
八年(1773)刻本 二冊

410000－2206－0002834 66872－81

李太白全集三十六卷 （唐）李白撰 （清）王
琦輯注 清光緒三十四年(1908)上海掃葉山
房石印本 十冊 存十九卷(一至十九)

410000－2206－0002835 66882－901

李太白全集三十六卷 （唐）李白撰 （清）王
琦輯注 清光緒三十四年(1908)上海掃葉山
房石印本 二十

410000－2206－0002836 66906－909

李太白全集三十卷 （唐）李白撰 清光緒十
四年(1888)湖北官書局刻本 四冊

410000－2206－0002837 66910－13

李太白全集三十卷 （唐）李白撰 清光緒十
四年(1888)湖北官書局刻本 四冊

410000－2206－0002838 66914－29

李太白文集三十六卷 （唐）李白撰 （清）王
琦輯注 清乾隆二十四年(1759)寶笏樓刻本
十六冊

133

410000－2206－0002839　66962－73

李太白全集三十六卷 （唐）李白撰 （清）王琦輯注 清乾隆二十四年（1759）寶笏樓刻本 十二冊

410000－2206－0002840　66831－5

著花庵集八卷吳門集八卷南歸集四卷 （清）李黼平著 清道光六年（1826）羊城以文堂刻本 五冊

410000－2206－0002841　66838－41

李長吉集四卷 （唐）李賀撰 （清）王琦注 清宣統元年（1909）掃葉山房石印本 四冊

410000－2206－0002842　66842－5

李長吉集四卷 （唐）李賀撰 （清）王琦注 清宣統元年（1909）掃葉山房石印本 四冊

410000－2206－0002843　75492－6

唐四家詩集四種 （清）胡鳳丹編 清宣統三年（1911）掃葉山房石印本 五冊

410000－2206－0002844　75417－24

唐四家詩集四種 （清）汪立名輯 清光緒二十二年（1896）上海古香閣石印本 八冊

410000－2206－0002845　75409－12

王荊公唐百家詩選二十卷 （宋）王安石輯 清康熙四十七年（1708）緯蕭草堂刻本 四冊

410000－2206－0002846　75413－6

唐駢體文鈔十七卷 （清）陳均輯 清嘉慶二十五年（1820）海昌陳氏刻本 四冊

410000－2206－0002847　75425－36

重訂唐詩別裁集二十卷 （清）沈德潛輯 清經綸堂刻本 十二冊

410000－2206－0002848　75437－46

重訂唐詩別裁集二十卷 （清）沈德潛輯 清乾隆二十八年（1763）元新堂刻本 十冊

410000－2206－0002849　75447－56

重訂唐詩別裁集二十卷 （清）沈德潛選 清乾隆二十八年（1763）教忠堂刻本 十冊

410000－2206－0002850　75457－72

唐詩別裁集引典備註二十卷 （清）沈德潛選

（清）俞汝昌註 清道光十六年（1836）富春堂刻本 十六冊

410000－2206－0002851　75473

唐詩三百首不分卷 （清）孫洙編 清末盛德堂刻本 一冊

410000－2206－0002852　75681－6

唐詩三百首補註八卷 （清）陳婉俊編 清光緒十二年（1886）善成堂刻本 六冊

410000－2206－0002853　75687－94

唐詩三百首註釋六卷 （清）孫洙編 **續選一卷姓氏小傳一卷** （清）于慶元編 清光緒十四年（1888）京師龍文閣堂刻本 八冊

410000－2206－0002854　75695－8

唐詩三百首註疏六卷 （清）孫洙編 （清）章燮註 清道光十七年（1837）刻本 四冊

410000－2206－0002855　75474－9

唐詩篋衍集二十卷 （清）秦伯龍輯 清乾隆二十七年（1762）曉樓華氏刻本 六冊

410000－2206－0002856　75539－42

古唐詩合解十六卷 （清）王堯衢注 清康熙五十六年（1717）三多齋刻本 四冊 存十二卷（唐詩十二卷）

410000－2206－0002857　75551－5

古唐詩合解十六卷 （清）王堯衢注 清雍正十年（1732）聚錦堂刻本 五冊

410000－2206－0002858　75556－60

古唐詩合解十六卷 （清）王堯衢注 清同治十一年（1872）三益堂刻本 五冊 存十三卷（唐詩十二卷、古詩一）

410000－2206－0002859　75561－6

古唐詩合解十六卷 （清）王堯衢注 清雍正十年（1732）善成堂刻本 六冊

410000－2206－0002860　75567－71

古唐詩合解十六卷 （清）王堯衢注 清光緒七年（1881）書業德記刻本 五冊 存十二卷（唐詩十二卷）

410000－2206－0002861　75572－4

古唐詩合解十六卷 （清）王堯衢注 清至德堂刻本 三冊

410000－2206－0002862 75575－80

古唐詩合解十六卷 （清）王堯衢注 清雍正十年(1732)兩儀堂刻本 六冊

410000－2206－0002863 75581－6

古唐詩合解十六卷 （清）王堯衢注 清雍正十年(1732)泰山堂刻本 六冊

410000－2206－0002864 75587－94

古唐詩合解十六卷 （清）王堯衢注 清雍正十年(1732)政和堂刻本 八冊

410000－2206－0002865 75595－600

古唐詩合解十六卷 （清）王堯衢注 清雍正十年(1732)忠信堂刻本 六冊 存十二卷(唐詩十二卷)

410000－2206－0002866 75606－11

唐賢三昧集三卷 （清）王士禛選 （清）吳煊 （清）胡棠輯注 清宣統二年(1910)淵古齋石印本 六冊

410000－2206－0002867 75699－708

唐宋八大家類選十四卷 （清）儲欣評選 清乾隆三十八年(1773)譙牧堂刻本 五冊

410000－2206－0002868 75709－13

唐宋八大家類選十四卷 （清）儲欣評選 清乾隆三十八年(1773)譙牧堂刻本 十冊

410000－2206－0002869 75742－77

唐宋八大家文鈔八種 （明）茅坤評選 清康熙四十五年(1706)雲林大盛堂刻本 三十六冊 存二種二十八卷

410000－2206－0002870 66846－7

李長吉集四卷外卷一卷 （唐）李賀撰 （清）黃淳耀評 （清）黎簡批點 清宣統元年(1909)掃葉山房石印本 二冊

410000－2206－0002871 66868－71

增訂笠翁論古四卷 （清）李漁著 清康熙三年(1664)刻本 四冊

410000－2206－0002872 66982－97

宋李忠定公文集選二十九卷目錄二卷首四卷奏議十五卷 （宋）李綱撰 明崇禎十二年(1639)建寧崇本堂刻本 十六冊

410000－2206－0002873 66930－37

宋李忠定文集三十九卷 （宋）李綱著 清光緒三十四年(1908)湘鄉愛日堂刻本 八冊

410000－2206－0002874 67046－49

李忠武公遺書四卷 （清）李續賓撰 清光緒十七年(1891)甌江巡署刻本 四冊

410000－2206－0002875 66938－41

棣華館詩課十二卷 （清）張晉禮輯 清道光三十年(1850)武昌棣華館刻本 四冊

410000－2206－0002876 66942－51

李空同詩集三十三卷附錄一卷 （明）李夢陽著 清宣統二年(1910)掃葉山房石印本 十冊

410000－2206－0002877 66952－61

李空同詩集三十三卷附錄一卷 （明）李夢陽著 清宣統二年(1910)掃葉山房石印本 十冊

410000－2206－0002878 66999

離騷草木疏四卷 （清）吳仁傑撰 清光緒元年(1875)湖北崇文書局刻三年(1877)印本 一冊

410000－2206－0002879 66864－7

李文公集十八卷補遺一卷附錄一卷 （唐）李翱撰 清乾隆刻本 四冊

410000－2206－0002880 67029－30

李文山詩集三卷 （唐）李群玉著 （清）何璘編 清道光二十八年(1848)吳蕓馥刻本 二冊

410000－2206－0002881 67032－35

李文清公遺書八卷補遺一卷志節編二卷 （清）李棠階撰 清光緒八年(1882)河北道署刻本 四冊

410000－2206－0002882 67036－45

李文莊公全集十卷 （明）李騰芳撰 清光緒

135

二年(1876)湘潭高塘李氏祠刻本　十冊

410000－2206－0002883　67064－71

李義山詩文集箋注十一卷　（唐）李商隱撰
（清）馮浩編　清乾隆四十五年(1780)德聚堂
刻本　八冊

410000－2206－0002884　67099－107

養一齋文集二十卷　（清）李兆洛撰　清光緒
四年(1878)刻本　九冊　存十八卷(一至二、
五至二十)

410000－2206－0002885　67108－9

養一齋詩集四卷　（清）李兆洛撰　清光緒八
年(1882)江陰刻本　二冊

410000－2206－0002886　67072

寥寥集四卷　（明）俞安期撰　清光緒十六年
(1890)星沙唐舍刻本　一冊

410000－2206－0002887　67073－4

聊齋文集一卷　（清）蒲松齡著　清宣統三年
(1911)上海國學扶輪社鉛印本　二冊

410000－2206－0002888　67078

劉子二卷　（北齊）劉晝撰　清光緒元年
(1875)湖北崇文書局刻子書百家本　一冊

410000－2206－0002889　67079

苗影集不分卷　（清）韋裒著　清雍正三年
(1725)刻本　一冊

410000－2206－0002890　67110－117

劉孟塗集前集十卷後集二十二卷文集十卷駢
體文二卷　（清）劉開撰　清道光六年(1826)
姚氏檗山草堂刻本　八冊

410000－2206－0002891　67160－5

柳河東文集六卷　（唐）柳宗元撰　清宣統二
年(1910)上海會文堂石印本　六冊

410000－2206－0002892　67166－71

柳河東文集六卷　（唐）柳宗元撰　清宣統二
年(1910)上海會文堂石印本　六冊

410000－2206－0002893　67172－7

柳河東文集六卷　（唐）柳宗元撰　清宣統二
年(1910)上海會文堂石印本　六冊

410000－2206－0002894　67178－83

柳河東文集六卷　（唐）柳宗元撰　清宣統二
年(1910)上海會文堂石印本　六冊

410000－2206－0002895　67156－9

柳河東詩集二卷　（唐）柳宗元撰　清宣統二
年(1910)石印本　四冊

410000－2206－0002896　67122－3

柳橋詩草四卷　（清）周光隣著　清嘉慶八年
(1803)刻本　二冊

410000－2206－0002897　67184－9

柳下堂遺集八卷　（清）鄭廉著　清康熙五十
四年(1715)七松園刻本　六冊

410000－2206－0002898　67196－9

柳下堂文集四卷　（清）鄭廉著　清康熙五十
四年(1715)七松園刻本　四冊

410000－2206－0002899　67190－5

劉氏傳家集二十八種　（清）劉青芝輯　清乾
隆二十年(1755)刻本　六冊　存三種十六卷

410000－2206－0002900　67200－7

柳文四十三卷別集二卷外集二卷附錄一卷
（唐）柳宗元撰　（唐）劉禹錫編　清同治七年
(1868)刻本　八冊

410000－2206－0002901　67208－23

太師誠意伯劉文成公集二十卷　（明）劉基著
　　清光緒元年(1875)刻本　十六冊

410000－2206－0002902　67224－9

太師誠意伯劉文成公集二十卷首一卷　（明）
劉基撰　清康熙四十六年(1707)劉孤與刻雍
正八年(1730)萬里補刻乾隆十一年(1746)南
田劉氏印本　六冊

410000－2206－0002903　67230－3

劉練江先生集八卷　（明）劉永澄撰　清乾隆
寶應劉氏興讓堂刻本　四冊

410000－2206－0002904　67234－45

劉蕺山先生集二十四卷　（明）劉宗周撰　先
君子蕺山先生年譜二卷　（清）劉汋編　清道
光二年(1822)刻本　十二冊

410000 – 2206 – 0002905　67246 – 53

六如居士全集七卷外集六卷墨亭新賦一卷制義一卷畫譜三卷花塢聯吟四卷　（明）唐寅撰　（清）唐仲冕編　清嘉慶六年(1801)長沙唐仲冕刻本　八冊

410000 – 2206 – 0002906　67254 – 65

劉文烈公全集十二卷　（明）劉理順著　清順治刻光緒二十四年(1898)杞縣官廨補刻本　十二冊

410000 – 2206 – 0002907　67136 – 9

柳圃先生集六卷別集四卷　（清）錢廷文著　清乾隆四十四年(1779)刻本　四冊

410000 – 2206 – 0002908　67276 – 83

蓮洋集二十卷　（清）吳雯著　清乾隆三十九年(1774)荊圃草堂刻本　八冊

410000 – 2206 – 0002909　67288 – 91

蓮洋詩鈔十卷附錄一卷　（清）吳雯著　清乾隆二十九年(1764)望雲樓刻本　四冊

410000 – 2206 – 0002910　67292 – 4

吳徵君蓮洋詩鈔不分卷　（清）吳雯著　清乾隆三十二年(1767)仰止軒刻本　三冊

410000 – 2206 – 0002911　67284 – 7

濂亭文集八卷遺詩二卷遺文五卷　（清）張裕釗著　清光緒八年(1882)海寧查氏木漸齋刻本　四冊

410000 – 2206 – 0002912　67297 – 8

林和靖詩集四卷拾遺一卷附錄一卷　（宋）林逋撰　清同治十二年(1873)長洲朱氏刻本　二冊

410000 – 2206 – 0002913　67299 – 304

臨漪園詩集四卷後集四卷文集四卷年譜二卷贅言三卷　（清）湯準著　清雍正刻本　六冊

410000 – 2206 – 0002914　67305 – 8

林嚴文鈔四卷　林紓　嚴復撰　清宣統元年(1909)國學扶輪社鉛印本　四冊

410000 – 2206 – 0002915　67321 – 60

梁溪先生文集一百八十卷年譜一卷行狀三卷

附錄一卷　（宋）李綱撰　清刻本　四十冊

410000 – 2206 – 0002916　75820 – 33

唐宋十大家全集錄十種　（清）儲欣編　清康熙四十四年(1705)京江戴氏刻本　二十四冊　存七種六十三卷

410000 – 2206 – 0002917　75802 – 3

唐人萬首絕句選七卷　（清）王士禎選　清上洋文海堂刻本　二冊

410000 – 2206 – 0002918　75850 – 65

南宋文範七十卷外編四卷　（清）莊仲方編　清光緒十四年(1888)江蘇州書局刻本　十六冊

410000 – 2206 – 0002919　75866 – 71

南宋文錄錄二十四卷　（清）董兆熊輯　清光緒十七年(1891)蘇州書局刻本　六冊

410000 – 2206 – 0002920　75912 – 75

寧都三魏全集六種　（清）林時益輯　清文奎堂刻本　六十四冊

410000 – 2206 – 0002921　75976 – 7

南宋雜事詩七卷　（清）沈嘉轍撰　清康熙武林芹香齋刻本　二冊

410000 – 2206 – 0002922　75978 – 87

南陽藝文志二十四卷　（清）劉拱宸纂輯　清同治十年(1871)刻本　十冊　存十五卷(一至十二、二十二至二十四)

410000 – 2206 – 0002923　75990 – 9

歷朝賦鈔十九卷　（清）沈鈞德輯　清乾隆三十年(1765)然藜閣刻本　十冊

410000 – 2206 – 0002924　76000 – 3

詠物詩選八卷　（清）俞琰輯　清雍正二年(1724)寧儉堂刻本　四冊

410000 – 2206 – 0002925　73851 – 2

王右丞集四卷　（唐）王維撰　清同治九年(1870)永康胡氏退補齋刻唐四家詩集本　二冊

410000 – 2206 – 0002926　76053 – 60

六朝四家全集　（清）胡鳳丹輯　清同治九年

137

（1870）永康胡氏退補齋刻本　　八冊

410000－2206－0002927　76067－9

濂洛關閩書十九卷　（清）張伯行集解　清同治五年（1866）福州正誼書院刻正誼堂全書本　三冊

410000－2206－0002928　76072

濂洛關閩古文辭彙纂不分卷　劉人熙論次　清光緒二十二年（1896）潞河滌塵館刻本　一冊

410000－2206－0002929　76073

濂洛關閩古文辭彙纂不分卷　劉人熙論次　清光緒二十二年（1896）潞河滌塵館刻本　一冊

410000－2206－0002930　76074－7

陸陳二先生文鈔十二卷　（清）葉裕仁編　清同治九年（1870）安道書院刻本　四冊

410000－2206－0002931　76078－81

陸陳二先生詩鈔十六卷　（清）葉裕仁編　清光緒二年（1876）安道書院刻本　四冊

410000－2206－0002932　76085－8

律賦標準四卷　（清）葉祺昌編　清同治十二年（1873）書業德刻本　四冊

410000－2206－0002933　76089－92

律賦行遠集二卷　（清）顧鶘編　清道光二十一年（1841）顧氏刻本　四冊

410000－2206－0002934　76093－8

韻蘭集賦鈔不分卷　（清）陸雲槎輯選　清道光六年（1826）青文堂刻本　六冊

410000－2206－0002935　76103－6

古詩源十四卷　（清）沈德潛評選　清康熙五十八年（1719）霽月山房刻本　四冊

410000－2206－0002936　76107－10

古詩源十四卷　（清）沈德潛選　清道光十三年（1833）寶仁堂刻本　四冊

410000－2206－0002937　76143－6

古文苑二十一卷　（宋）章樵注　清光緒十四年（1888）蘊石齋刻本　四冊

410000－2206－0002938　76163－74

古學鴻裁十五卷詩學鴻裁二卷　（清）范樃（清）周采編　清順治十七年（1660）古吳周采泌樂堂刻文錦堂印本　十二冊

410000－2206－0002939　76231－6

古文析義六卷　（清）林雲銘評點　清同治二年（1863）聚經堂刻本　六冊

410000－2206－0002940　76290－7

聞式堂古文選釋八卷　（清）臧岳輯　清康熙五十六年（1717）刻本　八冊

410000－2206－0002941　76271－5

古文詞略二十四卷　（清）梅曾亮撰　清同治六年（1867）合肥李氏刻本　五冊

410000－2206－0002942　76276－80

古文詞略二十四卷　（清）梅曾亮編　清光緒三十四年（1908）學部圖書局鉛印本　五冊

410000－2206－0002943　76281－5

古文詞略二十四卷　（清）梅曾亮選　清同治六年（1867）合肥李氏刻本　五冊

410000－2206－0002944　76669－72

古文詞略讀本二十四卷　（清）梅曾亮編　清光緒三十三年（1907）陝西學務公所圖書局鉛印本　四冊

410000－2206－0002945　76705－8

古文詞略讀本二十四卷　（清）梅曾亮輯　清末京師宏道學舍鉛印本　四冊

410000－2206－0002946　76298－301

古文釋義新編八卷　（清）余誠評注　清光緒五年（1879）文會堂刻本　四冊

410000－2206－0002947　75358－77

御選唐宋文醇五十八卷　（清）高宗弘曆選　清光緒三年（1877）浙江書局刻本　二十冊

410000－2206－0002948　75103

賦鈔札記六卷　（清）錢人龍記　清刻本　一冊

410000－2206－0002949　76722－9

古文釋義新編八卷　（清）余誠評注　清光緒

五年(1879)同文堂刻本　八冊

410000－2206－0002950　76730－7

古文釋義新編八卷　(清)余誠評注　清同治九年(1870)江寧崇文堂刻本　八冊

410000－2206－0002951　76302－6

有益堂重訂古文釋義新編八卷　(清)余誠評注　清宣統二年(1910)有益堂刻本　五冊

410000－2206－0002952　76307－10

重訂古文釋義新編八卷　(清)余誠評注　清光緒二十八年(1902)文英堂刻本　四冊

410000－2206－0002953　76311－4

古文釋義新編八卷　(清)余誠評選　清嘉慶十年(1805)三多齋刻本　四冊

410000－2206－0002954　76315－20

大文堂重訂古文釋義新編八卷　(清)余誠評選　清嘉慶五年(1800)宏道堂刻本　六冊

410000－2206－0002955　76321－8

桂芳齋重訂古文釋義新編八卷　(清)余誠評選　清嘉慶五年(1800)聚錦堂刻本　八冊

410000－2206－0002956　76329－32

古文雅正十四卷　(清)蔡世遠選輯　清嘉慶九年(1804)刻本　四冊

410000－2206－0002957　76333－8

古文雅正十四卷　(清)蔡世遠選評　清雍正三年(1725)念修堂刻本　六冊

410000－2206－0002958　76339－50

古文雅正十四卷　(清)蔡世遠選評　清雍正三年(1725)念修堂刻本　十二冊

410000－2206－0002959　76351－8

古文雅正十四卷　(清)蔡世遠選評　清同治七年(1868)湘鄉曾氏刻本　八冊

410000－2206－0002960　67378

菱江集不分卷　(清)王慶瀾著　清道光七年(1827)刻本　一冊

410000－2206－0002961　67403－8

嶺南雜事詩鈔八卷　(清)陳坤著　清光緒三

年(1877)粵東省城藝苑樓刻本　六冊

410000－2206－0002962　67414

爐塘集一卷　(清)顧貞觀著　清光緒七年(1881)枕經葄史齋刻本　一冊

410000－2206－0002963　67417－20

陸宣公集二十二卷　(唐)陸贄撰　(清)年羹堯訂　清光緒十三年(1887)上海稷山書局石印本　四冊

410000－2206－0002964　67421－8

唐陸宣公集二十四卷　(唐)陸贄撰　清乾隆五年(1740)雲林懷德堂刻本　八冊

410000－2206－0002965　67433－40

唐陸宣公集二十四卷　(唐)陸贄撰　清道光二十七年(1847)陝西節署刻本　八冊

410000－2206－0002966　67441－8

陸宣公集二十二卷　(唐)陸贄撰　清同治五年(1866)楊氏問竹軒刻本　八冊

410000－2206－0002967　67577－8

唐陸宣公文集四卷首一卷　(唐)陸贄撰　清同治五年(1866)福州正誼書局刻正誼堂全書本　二冊

410000－2206－0002968　67591－96

魯巖所學集十五卷補遺一卷　(清)張宗泰撰　清宣統二年(1910)刻本　六冊

410000－2206－0002969　67603－04

宋左丞相陸公全書八卷　(宋)陸秀夫撰　(清)王夢熊編　**陸忠烈公全書續編二卷**　(宋)陸秀夫撰　(清)陶性堅纂輯　清道光十五年至十六年(1835－1836)鹽瀆五柳堂刻本　二冊

410000－2206－0002970　67605－14

廬陵文丞相全集十六卷　(宋)文天祥撰　(清)文有煥輯　清道光二十八年(1848)黃溪邱恒德堂刻本　十冊

410000－2206－0002971　67615－22

陸象山先生全集三十六卷　(宋)陸九淵撰　清雍正二年(1724)刻本　八冊

410000 - 2206 - 0002972　67623 - 6

宋魯齋王文憲公遺集十三卷補遺一卷　（宋）
王柏撰　清刻本　四冊

410000 - 2206 - 0002973　67627 - 46

陸桴亭先生遺書二十二種　（清）陸世儀撰
清光緒二十六年(1900)唐受祺京師刻本　二
十冊

410000 - 2206 - 0002974　67647 - 53

陸桴亭先生遺書二十二種　（清）陸世儀撰
清光緒二十六年(1900)太倉唐受祺京師刻本
七冊

410000 - 2206 - 0002975　67654 - 55

駱臨海集十卷　（唐）駱賓王撰　清乾隆二十
六年(1761)覺川齋刻本　二冊

410000 - 2206 - 0002976　67656 - 9

蕷藦亭遺詩四卷　（清）喬松年撰　清光緒七
年(1881)劉侍楨皖城刻本　四冊

410000 - 2206 - 0002977　67660 - 61

羅鄂州小集六卷遺文一卷　（宋）羅願撰　清
光緒十九年(1893)黟縣李氏刻本　二冊

410000 - 2206 - 0002978　67664 - 71

羅忠節公遺集八種　（清）羅澤南撰　清同治
二年(1863)長沙刻本　八冊　存七種十七卷

410000 - 2206 - 0002979　67672 - 9

羅忠節公遺集八種　（清）羅澤南撰　清咸豐
刻本　八冊

410000 - 2206 - 0002980　67680

羅整庵先生存稿二卷　（明）羅欽順撰　清同
治五年(1866)正誼書院刻正誼堂全書本
一冊

410000 - 2206 - 0002981　67681 - 706

**欒城集四十八卷目錄二卷後集二十四卷三集
十卷應詔集十二卷**　（宋）蘇轍撰　清道光十
二年(1832)眉州三蘇祠刻三蘇全集本　二十
六冊

410000 - 2206 - 0002982　67713

論孟詩草不分卷　（清）劉鳴琴撰　清道光三

年(1823)劉氏刻本　一冊

410000 - 2206 - 0002983　67714 - 7

隆平集二十卷　（宋）曾鞏撰　清康熙四十年
(1701)南豐彭氏刻本　四冊

410000 - 2206 - 0002984　67719 - 20

龍圖詩集六卷　（清）范正脈著　清咸豐四年
(1854)宗祠刻本　二冊

410000 - 2206 - 0002985　67721 - 4

龍圖詩集六卷　（清）范正脈著　清咸豐四年
(1854)宗祠刻本　四冊

410000 - 2206 - 0002986　67725 - 32

龍川文集三十卷　（宋）陳亮撰　**辨訛考異二
卷附錄一卷**　（清）胡鳳丹撰　清宣統三年
(1911)掃葉山房石印本　八冊

410000 - 2206 - 0002987　67751 - 8

龍川文集三十卷　（宋）陳亮撰　**辨訛考異二
卷附錄一卷**　（清）胡鳳丹撰　清宣統三年
(1911)掃葉山房石印本　八冊

410000 - 2206 - 0002988　67733 - 42

龍川文集三十卷補遺一卷附錄二卷札記一卷
　（宋）陳亮撰　清同治八年(1869)永康應寶
時刻本　十冊

410000 - 2206 - 0002989　67743 - 50

龍川文集三十卷　（宋）陳亮撰　明萬曆聚星
堂刻本　八冊

410000 - 2206 - 0002990　67765

邵亭詩鈔六卷　（清）莫友芝著　清咸豐二年
(1852)遵義湘川講舍刻本　一冊

410000 - 2206 - 0002991　67770

邵亭詩鈔六卷　（清）莫友芝撰　清咸豐二年
(1852)遵義湘川講舍刻同治五年(1866)江甯
三山客舍重修本　一冊

410000 - 2206 - 0002992　67774 - 81

**綠野齋前後集合集六卷制藝一卷太湖詩草一
卷**　（清）劉鴻翱著　清道光二十四年(1844)
刻本　八冊

410000 - 2206 - 0002993　67782 - 9

綠野齋文集八卷　（清）劉鴻翱撰　清道光二十四年(1844)刻本　八冊

410000－2206－0002994　67790－5

綠波樓詩集十四卷　（明）張九一撰　清康熙三十四年(1695)大呂書院刻本　六冊

410000－2206－0002995　67802－13

綠蘿山莊詩集三十三卷　（清）胡浚撰　清乾隆二十七年(1762)刻本　十二冊

410000－2206－0002996　67814－37

綠蘿山莊文集二十四卷　（清）胡浚著　清嘉慶元年(1796)綠蘿山莊刻本　二十四冊

410000－2206－0002997　67838－49

明德先生文集二十六卷　（明）呂維祺撰　清乾隆四十八年(1783)呂氏刻本　十二冊

410000－2206－0002998　67863－72

呂東萊先生文集二十卷　（宋）呂祖謙撰　清同治七年(1868)永康胡氏退補齋刻金華叢書本　十冊

410000－2206－0002999　67873－85

續刻呂涇野先生文集三十八卷　（明）呂柟撰　（清）楊浚編　清道光十二年(1832)關中書院刻本　十三冊

410000－2206－0003000　67888－93

樂道堂文鈔五卷文續鈔一卷　（清）奕訢撰　清光緒三年(1877)刻本　六冊

410000－2206－0003001　67894－905

樂善堂全集定本三十卷　（清）高宗弘曆撰　（清）蔣溥編　清乾隆二十四年(1759)武英殿刻本　十二冊

410000－2206－0003002　67911－8

來鶴堂全集十五卷　（清）于宗英撰　清嘉慶二年(1797)刻本　八冊

410000－2206－0003003　67921－2

來鶯齋詩集二卷古文二卷　（清）張月桂著　清光緒十九年至二十年(1893－1894)盧邑刻本　二冊

410000－2206－0003004　12－04440

續碑傳集八十六卷　繆荃孫纂　清宣統二年(1910)江楚編譯書局刻本　二十四冊

410000－2206－0003005　76359－62

古文雅正十四卷　（清）蔡世遠編　清嘉慶九年(1804)康綸鈞刻本　四冊

410000－2206－0003006　76365－96

古文淵鑒六十四卷　（清）徐乾學編注　清光緒十年(1884)孔氏三十三卷堂刻本　三十二冊

410000－2206－0003007　76421－44

古文淵鑒六十四卷　（清）徐乾學編注　清宣統二年(1910)學部圖書局刻本　二十四冊

410000－2206－0003008　76445－50

古唐詩合解十六卷　（清）王堯衢注　清雍正十年(1732)敬慎堂刻本　六冊　存十二卷（唐詩十二卷）

410000－2206－0003009　75497－504

唐人三家集三種　（清）秦恩復輯　清宣統三年(1911)上海藏古圖書館石印本　八冊

410000－2206－0003010　75505－12

唐人三家集三種　（清）秦恩復輯　清宣統三年(1911)上海藏古圖書館用秦氏石硯齋影宋石印本　八冊

410000－2206－0003011　75513－20

唐人三家集三種　（清）秦恩復輯　清宣統三年(1911)上海藏古圖書館用秦氏石硯齋影宋石印本　八冊

410000－2206－0003012　75521－8

唐人三家集三種　（清）秦恩復輯　清宣統三年(1911)上海藏古圖書館用秦氏石硯齋影宋石印本　八冊

410000－2206－0003013　75529－36

唐人三家集三種　（清）秦恩復輯　清宣統三年(1911)上海藏古圖書館用秦氏石硯齋影宋石印本　八冊

410000－2206－0003014　75676－7

唐詩三百首續選不分卷　（清）于慶元編　清

光緒十四年(1888)有益堂刻本　二冊

410000－2206－0003015　75714－33

唐宋八大家類選八種　(明)茅坤批評　清刻本　二十冊

410000－2206－0003016　75778－89

唐宋八家文讀本三十卷　(清)沈德潛評點　清乾隆十五年(1750)小欌林刻本　十二冊

410000－2206－0003017　73704－7

文心雕龍十卷　(南朝梁)劉勰撰　(清)黃叔琳輯注　清光緒十三年(1887)粵東省城翰墨園刻朱墨套印本　四冊

410000－2206－0003018　76084

論策合鈔簡編不分卷　(清)孫葆田輯　清光緒十六年(1890)刻本　一冊

410000－2206－0003019　67409－13

嶺南三大家詩選二十四卷　(清)王隼選　清刻本　五冊

410000－2206－0003020　76456－71

古文辭類纂七十五卷　(清)姚鼐纂　清同治八年(1869)問竹軒刻本　十六冊

410000－2206－0003021　76472－87

古文辭類纂七十五卷　(清)姚鼐輯　清同治八年(1869)刻本　十六冊

410000－2206－0003022　76488－99

古文辭類纂七十四卷　(清)姚鼐纂　清乾隆四十四年(1779)合河康氏刻本　十二冊

410000－2206－0003023　76500－5

古文辭類纂七十四卷　(清)姚鼐纂集　清光緒三十三年(1907)上海商務印書館鉛印本　六冊　存六十卷(一至六十)

410000－2206－0003024　76557－68

古文辭類纂七十四卷　(清)姚鼐輯　清光緒十九年(1893)王先謙刻本　十二冊

410000－2206－0003025　76530－6

續古文辭類纂三十四卷　王先謙纂　清光緒八年(1882)王氏刻本　七冊　缺五卷(十七至二十一)

410000－2206－0003026　76537－44

續古文辭類纂三十四卷　王先謙纂　清光緒二十八年(1902)屬東善成堂刻本　八冊

410000－2206－0003027　76569－76

續古文辭類纂三十四卷　王先謙纂　清光緒十九年(1893)王先謙刻本　八冊

410000－2206－0003028　76050

六朝文絜四卷　(清)許槤編　清光緒三年(1877)滬上刻本　一冊

410000－2206－0003029　76051

六朝文絜四卷　(清)許槤編　清光緒三年(1877)滬上刻本　一冊

410000－2206－0003030　67923－4

樓山詩集六卷　(清)王恕著　清光緒二十年(1894)京師刻本　二冊

410000－2206－0003031　67971－4

蘭言詩鈔四卷　(清)李瑞輯　清光緒十八年(1892)品文堂刻本　四冊

410000－2206－0003032　67935－40

蘭言集十二卷　(清)趙紹祖輯　清道光趙紹祖刻本　六冊

410000－2206－0003033　67941－5

蘭言集二十卷　(清)謝堃選　清嘉慶刻本　五冊

410000－2206－0003034　67947－70

鹿洲全集八種　(清)藍鼎元著　清雍正十年(1732)刻光緒五年(1879)漳浦藍謙補刻本　二十四冊

410000－2206－0003035　67975

攬青閣詩集二卷　(清)李貽德著　清同治五年(1866)刻本　一冊

410000－2206－0003036　67978－83

艮齋先生薛常州浪語集三十五卷　(宋)薛季宣撰　清同治十年(1871)金陵書局刻本　六冊

410000－2206－0003037　68000－7

冷吟仙館詩稿八卷詩餘一卷附錄一卷　(清)

左錫嘉撰 清光緒十七年(1891)定嘉官署刻本 八冊

410000－2206－0003038 67984－93

艮齋先生薛常州浪語集三十五卷 (宋)薛季宣撰 清同治十一年(1872)瑞安孫氏詒善祠塾刻本 十冊

410000－2206－0003039 67994－9

艮齋先生薛常州浪語集三十五卷 (宋)薛季宣撰 清同治十一年(1872)瑞安孫氏詒善祠塾刻本 六冊

410000－2206－0003040 68015－20

重訂古文雅正十四卷 (清)蔡世遠著 清乾隆四十二年(1777)石竹山房刻本 六冊

410000－2206－0003041 68021－4

古微堂內集三卷外集七卷 (清)魏源著 清光緒四年(1878)淮南書局刻本 四冊

410000－2206－0003042 68025－87

古文淵鑒六十四卷 (清)徐乾學等編注 清康熙淵鑒齋刻本 六十三冊

410000－2206－0003043 68088－93

顧端文公遺書十四種 (明)顧憲成撰 清康熙三十四年(1695)顧氏刻本 六冊 存十三種四十一卷

410000－2206－0003044 68104－17

國朝詞綜五十六卷 (清)王昶纂 清同治四年(1865)亦西齋刻本 十四冊

410000－2206－0003045 68153

乖崖集存六卷 (宋)張詠著 清光緒十五年(1889)潞河李氏代耕堂西安刻本 一冊

410000－2206－0003046 76865－76

欽定國朝詩別裁集三十二卷 (清)沈德潛纂評 清乾隆刻本 十二冊

410000－2206－0003047 83807－10

國朝詩別裁集三十二卷 (清)沈德潛纂評 清乾隆二十年(1755)刻本 四冊 缺二十卷(四至十五、十九至二十四、三十一至三十二)

410000－2206－0003048 76833－64

國朝正雅集九十九卷首一卷 (清)符葆森編輯 清咸豐七年(1857)長洲陶樑刻本 三十二冊

410000－2206－0003049 75018－23

明詩別裁集十二卷 (清)沈德潛 (清)周準輯 清芥子園刻本 六冊

410000－2206－0003050 76823－32

詩萃初集十卷二集十四卷 (清)潘瑛等輯 清嘉慶九年(1804)晉希堂刻本 十冊

410000－2206－0003051 76641－4、76659－64

故友詩錄初編六卷二編八卷 (清)蔡壽祺編輯 清同治八年至九年(1869－1870)京師嫏嬛別館刻本 十冊

410000－2206－0003052 76649－58

故友詩錄初編六卷二編八卷 (清)蔡壽祺編輯 清同治八年至九年(1869－1870)京師嫏嬛別館刻本 十冊

410000－2206－0003053 51454－477

續碑傳集八十六卷 繆荃孫纂 清宣統二年(1910)江楚編譯書局刻本 二十四冊

410000－2206－0003054 76645－8

故友詩錄初編六卷 (清)蔡壽祺編 清同治八年(1869)京師嫏嬛別館刻本 四冊

410000－2206－0003055 76746－63

古香齋鑒賞袖珍施注蘇詩四十二卷補遺二卷 (宋)蘇軾撰 (宋)施元之注 清光緒九年(1883)刻本 十八冊

410000－2206－0003056 76738－45

古文未曾有集八卷 (清)王甫白評選 清嘉慶十九年(1814)留真堂刻本 八冊

410000－2206－0003057 76718－21

古文釋義新編八卷 (清)余誠評注 清嘉慶十五年(1810)致和堂刻本 四冊

410000－2206－0003058 76673－81

古文覺斯全集十卷 (清)過珙選評 清康熙四十八年(1709)紹聞堂刻本 九冊

410000－2206－0003059 76714－7

古文釋義新編八卷　（清）余誠評注　清乾隆
八年（1743）安定堂刻本　四冊

410000－2206－0003060　76682－9

古文喈鳳新編八卷　（清）汪基鈔輯　清光緒
元年（1875）寶興堂刻本　八冊

410000－2206－0003061　76690－97

古文喈鳳新編八卷　（清）汪基鈔輯　清光緒
元年（1875）寶興堂刻本　八冊

410000－2206－0003062　76665－8

古文筆法百篇八卷　（清）李扶九編　清光緒
三十年（1904）上海書局石印本　四冊

410000－2206－0003063　77015－8

古文筆法百篇八卷　（清）李扶九編　清宣統
二年（1910）上海書局石印本　四冊

410000－2206－0003064　76585－96

續古文辭類纂二十八卷　（清）黎庶昌纂　清
光緒二十一年（1895）金陵狀元閣刻本　十
二冊

410000－2206－0003065　76709－13

古文喈鳳新編八卷　（清）汪基輯　清愛日堂
刻本　五冊

410000－2206－0003066　75066－73

明三十家詩選初集八卷二集八卷　（清）汪端
輯　清同治十二年（1873）薀蘭吟館刻本
八冊

410000－2206－0003067　73827－31

望溪集不分卷　（清）方苞撰　（清）王兆符輯
清嘉慶十七年（1812）抗希堂刻本　五冊

410000－2206－0003068　75176

東都鴻爪集不分卷　（清）陸襄鉦撰　清刻本
一冊

410000－2206－0003069　74723－32

安陽集五十卷　（宋）韓琦撰　清乾隆四年
（1739）陳錫輅刻三十五年（1770）黃邦寧重修
本　十冊

410000－2206－0003070　74799－815

八家四六文注八卷補注一卷　（清）許貞幹注

清光緒十七年（1891）刻本　十七冊

410000－2206－0003071　76577－84

續古文辭類纂二十八卷　（清）黎庶昌纂　清
光緒二十一年（1895）金陵狀元閣刻本　八冊
缺九卷（十一至十二、十九至二十三、二十
五至二十六）

410000－2206－0003072　76016－44

憑山閣增輯留青新集三十卷　（清）陳枚選
（清）陳德裕輯　清刻本　二十九冊　缺三卷
（五、十二、二十八）

410000－2206－0003073　74953－64

楓山章先生集九卷實紀八卷　（明）章懋撰
（明）章接輯　文懿公年譜二卷　（明）阮鶚撰
清同治永康胡氏退補齋刻金華叢書本　十
二冊

410000－2206－0003074　75734－41

唐宋八大家文鈔十九卷　（清）張伯行重訂
清同治八年（1869）福州正誼書院刻正誼堂全
書本　八冊

410000－2206－0003075　75612－75

唐詩百名家全集一百種　（清）席啓㝢輯　清
光緒八年（1882）刻本　六十四冊　缺五種一
百五卷

410000－2206－0003076　75601－5

古唐詩合解十六卷　（清）王堯衢注　清光緒
元年（1875）同文堂刻本　五冊　存十二卷
（唐詩十二卷）

410000－2206－0003077　75543－50

古唐詩合解十六卷　（清）王堯衢注　清康熙
五十六年（1717）三多齋刻本　八冊

410000－2206－0003078　75384－90

唐四家詩四種　（清）汪立名輯　清光緒十年
（1884）上海同文書局石印本　七冊　缺三卷
（王維一至三）

410000－2206－0003079　83795－806

古文淵鑒六十四卷　（清）徐乾學等纂　清康
熙二十四年（1685）淵鑑齋刻本　十二冊　存

二十四卷（一至十一、十四至二十四、三十六至三十七）

410000－2206－0003080　76363－4

三通序不分卷　（唐）杜佑撰　清嘉慶九年(1804)康綸鈞刻本　二冊

410000－2206－0003081　79511－26

欽定國朝詩別裁集三十二卷　（清）沈德潛纂評　清乾隆二十六年(1761)刻本　十六冊

410000－2206－0003082　79527－38

欽定國朝詩別裁集三十二卷　（清）沈德潛纂評　清光緒九年(1883)上海點石齋石印本十二冊

410000－2206－0003083　76965－76

欽定國朝詩別裁集三十二卷　（清）沈德潛纂評　清乾隆二十六年(1761)刻本　十二冊

410000－2206－0003084　68154－7

元張文忠公歸田類稿二十卷　（元）張養浩撰　清乾隆五十五年(1790)周永年、毛堃刻本四冊

410000－2206－0003085　68198－233

歸雲別集七十四卷　（明）陳士元撰　清道光十三年(1833)吳氏寶善堂刻本　三十六冊

410000－2206－0003086　68235－46

震川先生集三十卷別集十卷　（明）歸有光著　清光緒六年(1880)常熟歸氏刻本　十二冊存三十卷（震川先生集三十卷）

410000－2206－0003087　68257－72

震川先生集三十卷別集十卷　（明）歸有光撰　清光緒六年(1880)常熟歸氏刻本　十六冊

410000－2206－0003088　68247－56

惇裕堂全集　（清）桂超萬撰　清同治五年(1866)刻本　十冊　存四種二十卷

410000－2206－0003089　68273

館課餘談四卷　（清）余丙捷撰　清乾隆二十七年(1762)念先堂刻本　一冊

410000－2206－0003090　68344－50

精刊龔定盦全集十四卷　（清）龔自珍撰　清

宣統元年(1909)上海國學扶輪社鉛印本七冊

410000－2206－0003091　68326

龔定盦別集不分卷　（清）龔自珍著　清宣統二年(1910)順德鄧氏風雨樓鉛印本　一冊

410000－2206－0003092　68327

觀雨齋詩鈔二卷　（清）張丙熛著　清咸豐三年(1853)刻本　一冊

410000－2206－0003093　68328

觀雨齋詩鈔二卷　（清）張丙熛著　清咸豐三年(1853)刻本　一冊

410000－2206－0003094　68329－30

廣陵詩事十卷　（清）阮元著　清光緒十六年(1890)京師揚州館刻本　二冊

410000－2206－0003095　68342

公餘辯正錄不分卷　張鳳臺著　清光緒三十二年(1906)京師官書局鉛印本　一冊

410000－2206－0003096　68343

公暇墨餘錄不分卷　（清）周鳴鑾著　清同治十年(1871)刻本　一冊

410000－2206－0003097　68351－75

躬恥齋文鈔二十卷後編六卷詩鈔十四卷後編七卷　（清）宗稷辰撰　清咸豐元年(1851)越峴山館刻本　二十五冊

410000－2206－0003098　68405－16

高陽集二十卷　（明）孫承宗撰　（清）孫之洢編　清嘉慶十二年(1807)刻本　十二冊

410000－2206－0003099　76905－10

國朝古文正的七卷　（清）楊彝珍纂輯　清光緒六年(1880)獨山莫氏鉛印本　六冊

410000－2206－0003100　76977－92

國朝金陵文鈔十六卷首一卷末一卷　陳作霖編纂　清光緒二十三年(1897)刻本　十六冊

410000－2206－0003101　77051－4

國朝八家四六文鈔不分卷　（清）吳鼒編　清嘉慶三年(1798)刻嘉慶二十四年(1819)、光緒五年(1879)遞修本　四冊

410000－2206－0003102　77055－62

國朝四家詠物詩鈔七卷　（清）水燿輯　清嘉
慶二十五年(1820)刻本　八冊

410000－2206－0003103　76911－36

國朝中州文徵五十四卷首一卷　（清）蘇源生
編　清道光二十三年至二十五年（1843－
1845）鄢陵蘇氏刻本　二十六冊　缺四卷(十
九至二十、二十七至二十八)

410000－2206－0003104　76937－64

國朝中州文徵五十四卷首一卷　（清）蘇源生
編　清道光二十三年至二十五年（1843－
1845）鄢陵蘇氏刻本　二十八冊

410000－2206－0003105　79291－318

國朝中州文徵五十四卷首一卷　（清）蘇源生
編　清道光二十三年至二十五年（1843－
1845）鄢陵蘇氏刻本　二十八冊

410000－2206－0003106　77537－64

國朝中州文徵五十四卷首一卷　（清）蘇源生
編　清光緒二十九年（1903）刻本　二十八冊

410000－2206－0003107　76993－7004

國朝中州詩鈔三十二卷　（清）楊淮輯　清道
光二十三年（1843）刻本　十二冊

410000－2206－0003108　79275－80

國朝中州詩鈔三十二卷　（清）楊淮輯　清道
光二十三年（1843）刻本　六冊　存十三卷
(一至十三)

410000－2206－0003109　77019－34

國朝中州名賢集文鈔十卷詩鈔三卷語錄事略
九卷講義二卷學規一卷　（清）黃舒昺編　清
光緒十七年（1891）睢陽洛學書院刻本　十
六冊

410000－2206－0003110　77035－50

國朝中州名賢集文鈔十卷詩鈔三卷語錄事略
九卷講義二卷學規一卷　（清）黃舒昺編　清
光緒十七年（1891）睢陽洛學書院刻本　十
六冊

410000－2206－0003111　79319－30

國朝中州名賢集十卷首一卷末一卷　（清）黃
舒昺編　清光緒十八年(1892)中州明道書院
刻本　十二冊

410000－2206－0003112　79331－42

國朝中州名賢集十卷首一卷末一卷　（清）黃
舒昺撰　清光緒十八年(1892)中州明道書院
刻本　十二冊

410000－2206－0003113　77063

圭盦詩錄一卷　（清）吳觀禮撰　清光緒五年
（1879）蕢齋刻本　一冊

410000－2206－0003114　77064－75

國朝閨秀正始集二十卷附錄一卷補遺一卷題
詞一卷　（清）惲珠輯　清道光十一年（1831）
紅香館刻本　十二冊

410000－2206－0003115　82100－1

關中書院課士詩不分卷　（清）路德輯　清光
緒十九年（1893）萬聚豐刻本　二冊

410000－2206－0003116　77086－7

關中書院課士詩四卷　（清）路德輯注　清道
光二十三年（1843）仁在堂刻本　二冊

410000－2206－0003117　77088

三家宮詞三卷二家宮詞二卷　（明）毛晉輯
清同治十二年（1873）淮南書局刻本　一冊

410000－2206－0003118　77089－90

感發集五卷　（清）黃振均輯　清光緒元年
（1875）刻本　二冊

410000－2206－0003119　77111－8

感舊集十六卷　（清）王士禛選　清末鉛印本
八冊

410000－2206－0003120　77119－23

庚辰集五卷　（清）紀昀編　清刻本　五冊

410000－2206－0003121　77124－9

庚辰集五卷　（清）紀昀編　清乾隆刻本
六冊

410000－2206－0003122　77130－5

庚辰集五卷唐人試律說一卷　（清）紀昀編
清刻本　六冊

410000－2206－0003123　　77136－41

庚辰集五卷唐人試律說一卷　（清）紀昀編
清積善堂刻本　　六冊

410000－2206－0003124　　77142－7

庚辰集五卷唐人試律說一卷　（清）紀昀編
清積善堂刻本　　六冊

410000－2206－0003125　　68418－25

高子遺書十六卷　（明）高攀龍撰　清康熙華
希閔劍光閣刻本　　八冊

410000－2206－0003126　　68452－8

甘泉鄉人稿二十四卷餘稿二卷　（清）錢泰吉
撰　警石府君年譜一卷　（清）錢應溥撰　四
水子遺著一卷　（清）錢友泗撰　邠農偶吟稿
一卷　（清）錢炳森撰　清同治十一年(1872)
金陵刻本　　七冊

410000－2206－0003127　　68459－62

甘莊恪公全集十六卷　（清）甘汝來著　清乾
隆五十六年(1791)賜福堂刻本　　四冊

410000－2206－0003128　　68463

庚子劫餘草不分卷　（清）笠僧著　清光緒三
十年(1904)鉛印本　　一冊

410000－2206－0003129　　68466－9

窺園稿六卷　（清）賀振能撰　清道光二年
(1822)雲宿樓刻本　　四冊

410000－2206－0003130　　68464－5

窺園稿二卷　（清）賀振能著　清康熙二十七
年(1688)賀氏刻本　　二冊

410000－2206－0003131　　68472

昆海聯吟不分卷　（清）李元滬著　清嘉慶九
年(1804)刻本　　一冊

410000－2206－0003132　　68473

葵閶先生詩稿不分卷　（清）王辰順著　清刻
本　　一冊

410000－2206－0003133　　68474

困學齋文存不分卷　（清）張承華著　清光緒
三年(1877)許州聚星書院刻本　　一冊

410000－2206－0003134　　68475

崑崙山房詩集殘稿不分卷　（清）張篤慶撰
清刻本　　一冊

410000－2206－0003135　　68476－9

曠廬詩集二十卷　（清）白永修著　清光緒二
十九年(1903)膠東逸園刻本　　四冊

410000－2206－0003136　　68480－7

空同詩集三十四卷　（明）李夢陽撰　清光緒
十五年(1889)渭南嚴氏刻本　　八冊

410000－2206－0003137　　68489－92

空同詩鈔十六卷　（明）李夢陽撰　清道光二
十九年(1849)刻本　　四冊

410000－2206－0003138　　68493－500

空山堂文集十二卷詩集六卷　（清）牛運震著
　清嘉慶空山堂刻本　　八冊

410000－2206－0003139　　68502－3

寇忠愍公詩集三卷　（宋）寇準著　清宣統三
年(1911)中華圖書館影印本　　二冊

410000－2206－0003140　　68518－23

康對山先生文集十卷　（明）康海撰　清乾隆
二十六年(1761)武功縣刻本　　六冊

410000－2206－0003141　　68524－8

太白山人槲葉集五卷南遊草一卷　（清）李柏
撰　清康熙三十四年(1695)刻本　　五冊

410000－2206－0003142　　68529－44

湖海詩傳四十六卷　（清）王昶輯　清嘉慶八
年(1803)三泖漁莊刻本　　十六冊

410000－2206－0003143　　68546－69

湖海樓全集五十一卷　（清）陳維崧撰　清乾
隆六十年(1795)浩然堂刻本　　二十四冊

410000－2206－0003144　　68545

岵屺懷音一卷　（清）奕訢著　清同治元年
(1862)刻本　　一冊

410000－2206－0003145　　68570－1

胡少師總集六卷首一卷附錄一卷　（宋）胡舜
陟著　（清）胡培羹輯　清同治二年(1863)胡
肇智刻本　　二冊

410000－2206－0003146　68572－7

文敬胡先生集三卷胡敬齋先生居業錄十二卷
（明）胡居仁撰　清乾隆二十二年(1757)刻
本　六冊

410000－2206－0003147　68578－85

胡文忠公遺集十卷首一卷　（清）胡林翼撰
（清）閻敬銘輯　清同治五年(1866)山左刻本
八冊

410000－2206－0003148　68586－93

胡文忠公遺集十卷首一卷　（清）胡林翼撰
（清）閻敬銘輯　清同治五年(1866)姑蘇淑芳
齋刻本　八冊

410000－2206－0003149　68594－9

胡文忠公遺集十卷首一卷　（清）胡林翼撰
（清）閻敬銘輯　清同治七年(1868)醉大堂刻
本　六冊

410000－2206－0003150　83097－102

庚辰集五卷唐人試律說一卷　（清）紀昀編
清刻本　六冊

410000－2206－0003151　76698－704

古文啅鳳新編八卷　（清）汪基鈔輯　清光緒
元年(1875)寶興堂刻本　七冊　缺一卷(一)

410000－2206－0003152　76877－98

國朝詩別裁集三十二卷　（清）沈德潛纂評
清乾隆二十六年(1761)刻本　二十二冊

410000－2206－0003153　76451

古唐詩合解十六卷　（清）王堯衢注解　清刻
本　一冊　存四卷(古詩四卷)

410000－2206－0003154　76452

古唐詩合解十六卷　（清）王堯衢注解　清刻
本　一冊　存四卷(古詩四卷)

410000－2206－0003155　76453

古唐詩合解十六卷　（清）王堯衢注解　清刻
本　一冊　存四卷(古詩四卷)

410000－2206－0003156　76454－5

古唐詩合解十六卷　（清）王堯衢注解　清刻
本　二冊　存四卷(古詩四卷)

410000－2206－0003157　76061－6

六朝四家全集　（清）胡鳳丹輯　清同治九年
(1870)永康胡氏退補齋刻本　六冊

410000－2206－0003158　75872－911

寧都三魏全集三種附三種　（清）林時益輯
清康熙十七年(1678)寧都易堂刻本　四十冊

410000－2206－0003159　68658－63

胡文忠公遺集十卷首一卷　（清）胡林翼著
清同治三年(1864)武昌節署刻本　六冊　缺
二卷(一、五)

410000－2206－0003160　68664－71

胡文忠公遺集十卷首一卷　（清）胡林翼著
（清）閻敬銘編輯　清同治三年(1864)武昌節
署刻本　八冊

410000－2206－0003161　68672－9

胡文忠公遺集十卷首一卷　（清）胡林翼撰
（清）閻敬銘編輯　清同治三年(1864)武昌節
署刻本　八冊

410000－2206－0003162　68680－7

胡澹庵先生文集三十二卷　（宋）胡銓著　清
道光十三年(1833)歷原讀書堂刻本　八冊

410000－2206－0003163　68694－5

胡敬齋先生文集三卷　（明）胡居仁撰　清同
治八年(1869)傳經堂刻西京清麓叢書本
二冊

410000－2206－0003164　68696－9

胡敬齋先生居業錄四卷　（明）胡居仁撰　清
同治八年(1869)傳經堂刻西京清麓叢書本
四冊

410000－2206－0003165　68700－1

華泉先生集選四卷　（明）邊貢撰　（清）王士
禎選　清康熙刻本　二冊

410000－2206－0003166　68600－29

胡文忠公遺集八十六卷　（清）胡林翼撰
（清）曾國荃編輯　清同治六年(1867)刻本
三十冊

410000－2206－0003167　68630－57

胡文忠公遺集八十六卷　（清）胡林翼撰
（清）曾國荃編輯　清同治六年（1867）刻本
二十八冊

410000－2206－0003168　68703－4

畫延年室詩稿五卷　（清）袁起撰　清同治四
年（1865）刻本　二冊

410000－2206－0003169　68705－6

華陽山房詩鈔六卷　（清）方元泰撰　清同治
六年（1867）刻本　二冊

410000－2206－0003170　68709－16

淮海集四十卷後集六卷長短句三卷　（宋）秦
觀撰　清同治十二年（1873）秦氏家塾刻本
八冊

410000－2206－0003171　68717－8

槐蔭堂稿不分卷　（清）柏謙著　清乾隆十三
年（1748）刻本　二冊

410000－2206－0003172　68719－40

懷麓堂詩稿二十卷文稿三十卷詩後稿十卷文
後稿三十卷雜記十卷　（明）李東陽撰　年譜
七卷　（清）法式善輯　清嘉慶八年（1803）隴
下學易堂刻本　二十二冊

410000－2206－0003173　68741－60

懷麓堂集詩二十卷文三十卷詩後十卷文後三
十卷雜記十卷　（明）李東陽撰　清康熙二十
年（1681）蒲坂軋世琦刻本　二十冊

410000－2206－0003174　68761－2

懷雅堂詩存四卷　（清）鄭鴻著　清光緒三十
一年（1905）刻本　二冊

410000－2206－0003175　68765－6

晦明軒稿不分卷　楊守敬撰　清光緒二十七
年（1901）宜都楊守敬鄰蘇園刻本　二冊

410000－2206－0003176　70745－86、68771－6

晦庵先生朱文公文集一百卷續集十一卷別集
十卷　（宋）朱熹撰　清道光三十年（1850）陝
西關中書院刻本　四十八冊

410000－2206－0003177　68799－824

黃漳浦集五十卷　（明）黃道周撰　（清）陳壽

祺重編　清道光八年（1828）刻本　二十六冊

410000－2206－0003178　68825－6

皇甫持正集六卷補遺一卷　（唐）皇甫湜撰
清光緒二年（1876）南海馮俊光刻本　二冊

410000－2206－0003179　68827－8

黃琢山房集十卷　（清）吳璜撰　清乾隆四十
三年（1778）刻本　二冊

410000－2206－0003180　68845－68

慈溪黃氏日鈔分類九十七卷　（宋）黃震編輯
清乾隆三十二年（1767）新安汪氏刻本　二
十四冊

410000－2206－0003181　68902－5

卷施閣駢體文八卷續一卷更生齋駢體文四卷
（清）洪亮吉撰　清光緒二十一年（1895）上
海鴻章書局石印本　四冊

410000－2206－0003182　68910－93

洪北江先生遺集二百二十二卷　（清）洪亮吉
撰　清光緒五年（1879）授經堂刻本　八十
四冊

410000－2206－0003183　68996

鶴坪詩集不分卷　（清）李元滬著　清光緒十
三年（1887）刻本　一冊

410000－2206－0003184　68997－9012

鶴山文鈔三十二卷周禮折衷四卷師友雅言一
卷　（宋）魏了翁撰　清同治十三年（1874）望
三益齋刻本　十六冊

410000－2206－0003185　69037－44

何大復先生集三十八卷　（明）何景明撰　清
宣統元年（1909）厚生印書館石印本　八冊

410000－2206－0003186　69045－52

何大復先生集三十八卷　（明）何景明撰　清
乾隆十五年（1750）賜策堂刻本　八冊

410000－2206－0003187　69053－60

何大復先生集三十八卷　（明）何景明撰　清
宣統元年（1909）厚生印書館石印本　八冊

410000－2206－0003188　69061－8

何大復先生集三十八卷　（明）何景明撰　清

乾隆十五年(1750)賜策堂刻本　八冊

410000－2206－0003189　69069－72

河南先生文集二十七卷附錄一卷　（宋）尹洙
著　清宣統二年(1910)守政書局刻本　四冊

410000－2206－0003190　69073－6

河南先生文集二十七卷附錄一卷　（宋）尹洙
著　清宣統二年(1910)守政書局刻本　四冊

410000－2206－0003191　74352

鬱華閣遺集四卷　（清）盛昱撰　清光緒三十
一年(1905)刻本　一冊

410000－2206－0003192　69490

井瓣居文集不分卷　（清）祝澂著　清道光十
四年(1834)太乙舟刻本　一冊

410000－2206－0003193　69491－8

敬恕堂文集紀年十卷　（清）耿介撰　清道光
二十九年(1849)敬恕堂刻本　八冊

410000－2206－0003194　69499－508

敬恕堂文集紀年十卷　（清）耿介撰　清同治
三年(1864)刻本　十冊

410000－2206－0003195　69509－18

敬恕堂文集紀年十卷　（清）耿介撰　清康熙
四十八年(1709)柘城竇氏刻本　十冊

410000－2206－0003196　69554－5

菊夢廬詩鈔四卷　（清）張善恒著　清光緒二
十九年(1903)杭州任有容齋刻本　二冊

410000－2206－0003197　69556－7

隱厚堂遺詩二卷附錄一卷　（清）張在辛著
（清）曹瀚選　清光緒三十一年(1905)杭州任
有容齋刻本　二冊

410000－2206－0003198　69558

菊存樓詩鈔十一卷補遺一卷紀亂草一卷
（清）李振塏撰　清宣統元年(1909)鉛印本
一冊

410000－2206－0003199　69564－73

覺生詩鈔十卷詠物詩鈔四卷詠史詩鈔三卷感
舊詩鈔二卷續鈔四卷[鮑桂星]自訂年譜一卷
　（清）鮑桂星撰　清嘉慶二十五年(1820)刻

同治四年(1865)增刻本　十冊

410000－2206－0003200　69583－92

切問齋文鈔三十卷　（清）陸燿著　清道光五
年(1825)刻本　十冊

410000－2206－0003201　69687－96

切問齋文鈔三十卷　（清）陸燿著　清道光四
年(1824)刻本　十冊

410000－2206－0003202　69679－86

切問齋集十六卷　（清）陸燿著　清嘉慶刻本
　八冊

410000－2206－0003203　69623－8

求志山房文稿六卷　（清）胡具慶撰　清宣統
元年(1909)鉛印本　六冊

410000－2206－0003204　69629－34

求志山房文稿六卷　（清）胡具慶撰　清宣統
元年(1909)鉛印本　六冊

410000－2206－0003205　69598－605

求志居集三十六卷外集一卷　（清）陳世鎔撰
　清道光二十五年(1845)獨秀山莊刻本
八冊

410000－2206－0003206　69606－11

丘邦士文集十七卷　（清）丘維屏著　清康
熙、乾隆間刻本　六冊

410000－2206－0003207　69593－5

秋笳集八卷補遺一卷　（清）吳兆騫著　清宣
統三年(1911)上海國光印刷所鉛印本　三冊

410000－2206－0003208　69596－7

章實齋劄記不分卷　（清）章學誠撰　清宣統
三年(1911)上海國光印刷所鉛印本　二冊

410000－2206－0003209　69613－6

秋浦齋文集五卷　（清）李濬著　清光緒三十
四年(1908)刻本　四冊

410000－2206－0003210　69612

秋浦齋文集五卷　（清）李濬著　清光緒三十
四年(1908)刻本　一冊

410000－2206－0003211　69702－5

歗夫詩文稿二十二卷　（清）李夢松著　清嘉慶六年(1801)裕遠堂刻本　四冊

410000－2206－0003212　69650

漆室吟八卷　（清）王柏心撰　清咸豐七年(1857)刻本　一冊

410000－2206－0003213　69671－4

七經樓文鈔六卷　（清）蔣湘南著　清同治八年(1869)馬氏家塾刻本　四冊

410000－2206－0003214　69697－700

橋水文集四卷　（清）李宏志撰　清道光十七年(1837)雒陽縣署刻本　四冊

410000－2206－0003215　69701

樵谷遺詩不分卷　（清）張素著　清康熙四十八年(1709)張氏刻本　一冊

410000－2206－0003216　69077－80

何文定公文集十一卷　（明）何瑭撰　明萬曆四年(1576)賈待問刻清道光二十八年(1848)補刻本　四冊

410000－2206－0003217　69081－84

何文定公文集十一卷　（明）何瑭撰　明萬曆四年(1576)賈待問刻清道光二十八年(1848)補刻本　四冊

410000－2206－0003218　69085－88

何文定公文集十一卷　（明）何瑭撰　明萬曆四年(1576)賈待問刻清道光二十八年(1848)補刻本　四冊

410000－2206－0003219　69093－102

郝文忠公文集三十九卷　（元）郝經撰　清道光十六年(1836)郝氏刻本　十冊

410000－2206－0003220　69103－12

郝文忠公陵川文集三十九卷　（元）郝經撰　清乾隆三年（1738）高都王鏐刻嘉慶三年(1798)高都張大綏印本　十冊

410000－2206－0003221　69113－24

合肥李氏三世遺集三種　（清）李國傑編　清光緒三十一年(1905)刻本　十二冊

410000－2206－0003222　69125－37

海峰文集八卷詩集十一卷　（清）劉大櫆著　清同治十三年(1874)桐城劉繼刻本　十三冊

410000－2206－0003223　69138

和陸放翁七言律詩二卷睌香書屋詩草二卷冷齋八景一卷　（清）趙育坤著　清道光七年(1827)刻本　一冊

410000－2206－0003224　69139

河間試律矩四卷　（清）紀昀著　清嘉慶七年(1802)刻本　一冊

410000－2206－0003225　69140

海漚集不分卷　劉慶崧撰　清宣統三年(1911)廣州石印本　一冊

410000－2206－0003226　69141－2

海叟詩集四卷外詩一卷附錄一卷　（明）袁凱著　（清）曹炳曾輯　清宣統三年(1911)江西印刷局石印本　二冊

410000－2206－0003227　69143－4

閑齋詩集前編三卷後編四卷　（清）光聰諴著　清同治九年(1870)皖城刻本　二冊

410000－2206－0003228　69145－8

海天樓詩鈔十二卷　（清）喻福基撰　清道光十六年(1836)刻本　四冊

410000－2206－0003229　69154－63

海粟齋詩鈔二卷　（清）郭鑑庚撰　清咸豐六年(1856)刻本　十冊

410000－2206－0003230　9185－90

後山先生集二十四卷　（宋）陳師道撰　清光緒十一年(1885)番禺陶福祥刻本　六冊

410000－2206－0003231　69240－1

韓文考異十卷　（宋）朱熹撰　清光緒十一年(1885)新陽趙氏刻本　二冊

410000－2206－0003232　69213

漢南紀遊不分卷　（清）王志沂著　清刻本　一冊

410000－2206－0003233　69214

韓集點勘四卷　（清）陳景雲輯　清同治九年(1870)江蘇書局刻本　一冊

410000－2206－0003234　69215

韓集點勘四卷　（清）陳景雲輯　清同治九年（1870）江蘇書局刻本　一冊

410000－2206－0003235　69275－8

韓昌黎詩集注十一卷　（唐）韓愈撰　（清）顧嗣立刪補　清光緒九年（1883）廣州翰墨園刻本　四冊

410000－2206－0003236　69228－39

昌黎全集四十卷外集十卷遺文一卷　（唐）韓愈著　（唐）李漢編　**朱子校昌黎先生集傳一卷**　（宋）朱熹編　**韓集點勘四卷**　（清）陳景雲撰　清宣統三年（1911）上海掃葉山房石印本　十二冊

410000－2206－0003237　69279－80

寒石先生文集三卷　（明）理鬯和著　清乾隆十七年（1752）刻本　二冊

410000－2206－0003238　69249－60

寒松堂全集十二卷　（清）魏象樞著　清嘉慶十六年（1811）刻本　十二冊

410000－2206－0003239　69265－8

寒香館詩鈔四卷文鈔八卷　（清）賀熙齡撰　清道光二十八年（1848）刻本　四冊

410000－2206－0003240　69281－4

橫塘集二十卷　（宋）許景衡撰　清光緒二年（1876）瑞安孫氏詒善祠塾刻永嘉叢書本　四冊

410000－2206－0003241　69285－8

橫塘集二十卷　（宋）許景衡撰　清光緒二年（1876）瑞安孫氏詒善祠塾刻永嘉叢書本　四冊

410000－2206－0003242　69297

寄庵雜著二卷　（清）張應昌著　清同治二年（1863）刻本　一冊

410000－2206－0003243　69298－9

記過齋文稿二卷　（清）蘇源生撰　清咸豐三年（1853）刻本　二冊

410000－2206－0003244　69300－1

410000－2206－0003244　69300－1

紀曉嵐詩註釋四卷　（清）紀昀著　（清）郭斌注　清嘉慶二十一年（1816）文富堂刻本　二冊

410000－2206－0003245　69302－5

集虛齋學古文十二卷　（清）方㮄如撰　清乾隆十九年（1754）佩古堂刻本　四冊

410000－2206－0003246　69306－17

紀文遠公遺集十六卷　（清）紀樹馨編　清嘉慶十七年（1812）刻本　十二冊

410000－2206－0003247　69320－7

賈靜子集七卷　（清）賈開宗著　清道光九年（1829）賈洪信刻本　八冊

410000－2206－0003248　69334－7

睫巢集六卷後集不分卷　（清）李鍇撰　清刻本　四冊

410000－2206－0003249　69338－47

鮚埼亭集三十八卷　（清）全祖望撰　清同治十一年（1872）姚江借樹山房刻本　十冊

410000－2206－0003250　69359－74

鮚埼亭集五十卷　（清）全祖望撰　清刻本　十六冊

410000－2206－0003251　69348－55

絜齋集二十四卷宋儒袁正獻公從祀錄六卷　（宋）袁燮撰　清同治十一年（1872）四明袁氏進修堂刻本　八冊

410000－2206－0003252　69725－6

錢南園先生遺集五卷　（清）錢灃撰　清同治十一年（1872）星沙刻本　二冊

410000－2206－0003253　69727－36

鈐山堂集四十卷　（明）嚴嵩撰　清嘉慶十一年（1806）嚴氏刻本　十冊

410000－2206－0003254　69739－42

清尊集十六卷　（清）汪遠孫輯　清道光十九年（1839）錢塘汪氏振綺堂刻本　四冊

410000－2206－0003255　69743－5

清水篇四卷　（明）王玉鉉撰　清咸豐七年（1857）甯城王氏刻本　三冊

410000－2206－0003256　69746－8

清水篇四卷　（明）王玉鉉撰　清咸豐七年(1857)甯城王氏刻本　三冊

410000－2206－0003257　69753－6

試律青雲集四卷　（清）楊逢春撰　清道光十一年(1831)萬元堂刻本　四冊

410000－2206－0003258　69757－79

清麓文集二十三卷日記五卷(咸豐甲寅至光緒辛巳)賀復齋先生行狀一卷　（清）賀瑞麟著　清劉嗣曾傳經堂刻本　二十三冊

410000－2206－0003259　69780－3

清芬樓遺稿四卷天子肆獻裸饋食禮纂三卷　（清）任啟運撰　清光緒十四年(1888)任氏家塾刻本　四冊

410000－2206－0003260　69784

青立軒詩槀不分卷　（清）宋華金著　清康熙宋氏刻本　一冊

410000－2206－0003261　69799

清抱居詩稿不分卷　（清）畢庭傑著　清光緒十七年(1891)刻本　一冊

410000－2206－0003262　69815

楷叟詩存不分卷　（清）言家駒撰　清光緒三十四年(1908)言氏鉛印本　一冊

410000－2206－0003263　69800－5

青虛山房集十一卷　（清）王太岳著　清光緒十九年(1893)定興鹿氏刻本　六冊

410000－2206－0003264　69797－8

青墅詩鈔四卷　（清）鄭大謨撰　清嘉慶三年(1798)桑苧古園刻本　二冊

410000－2206－0003265　69806－9

慶芝堂詩集十八卷　（清）戴亨撰　清道光二十四年(1844)荊道復刻本　四冊

410000－2206－0003266　69810－11

耕煙草堂詩鈔四卷　（清）戴梓著　清道光二十四年(1844)荊道復刻本　二冊

410000－2206－0003267　69785－90

青虛山房集十一卷　（清）王太岳著　清光緒

十九年(1893)定興鹿氏刻本　六冊

410000－2206－0003268　69791－6

青虛山房集十一卷　（清）王太岳著　清光緒十九年(1893)定興鹿氏刻本　六冊

410000－2206－0003269　69816－21

去偽齋集十卷　（明）呂坤著　清道光七年(1827)開封府署刻本　六冊　存五卷(一至五)

410000－2206－0003270　69822－5

瞿忠宣公集十卷　（明）瞿式耜著　清光緒十三年(1887)瞿氏刻本　四冊

410000－2206－0003271　69838－43

唐丞相曲江張文獻公集十二卷千秋金鑑錄五卷　（唐）張九齡著　清光緒十八年(1892)張曉如刻本　六冊

410000－2206－0003272　69848－55

新刊權載之文集五十卷　（唐）權德輿撰　清嘉慶十一年(1806)大興朱氏刻本　八冊

410000－2206－0003273　69859－66

新刊權載之文集五十卷　（唐）權德輿撰　清嘉慶十一年(1806)大興朱氏刻本　八冊

410000－2206－0003274　69868－79

瓊臺會稿詩文集二十四卷　（明）丘濬撰　清光緒五年(1879)刻本　十二冊

410000－2206－0003275　69880

靈鶼閣叢書五十六種　（清）江標輯　清光緒元和江氏湖南使院刻本　一冊　存三種三卷

410000－2206－0003276　69882

習陽集一卷補遺一卷　（清）王雲明著　清光緒三十二年(1906)王守印刻本　一冊

410000－2206－0003277　69883

習陽集一卷補遺一卷　（清）王雲明著　清光緒三十二年(1906)王守印刻本　一冊

410000－2206－0003278　69375－80

節孝先生文集三十卷事實一卷附載一卷語錄一卷　（宋）徐積著　清宣統三年(1911)山陽徐氏刻本　六冊

410000 – 2206 – 0003279　69381 – 4

椒生詩草六卷續草六卷　（清）王之春撰　清光緒二十年(1894)刻本　四冊

410000 – 2206 – 0003280　69392 – 4

蕉雨山房詩集八卷　（清）李家瑞著　清道光三十年(1850)李氏刻本　三冊　存七卷(一至七)

410000 – 2206 – 0003281　69396 – 9

簡齋集十六卷　（宋）陳與義撰　清刻本　四冊

410000 – 2206 – 0003282　69408 – 11

劍虹居文集二卷詩集二卷　（清）秦煥著　清光緒三十一年(1905)秦氏刻本　四冊

410000 – 2206 – 0003283　69412 – 7

健修堂詩集十八卷　（清）邊浴禮撰　清咸豐七年(1857)刻本　六冊

410000 – 2206 – 0003284　69418 – 31

兼濟堂文集選二十卷　（清）魏裔介著　（清）魏荔彤編輯　清康熙五十年(1711)龍江書院刻光緒十年(1884)重修本　十四冊

410000 – 2206 – 0003285　69433

津門詩鈔不分卷　（清）梅成棟著　清咸豐十一年(1861)鮑氏刻本　一冊

410000 – 2206 – 0003286　69432

近科聯捷墨粹不分卷　（清）王亦曾編　清光緒十一年(1885)湖北崇文書局刻本　一冊

410000 – 2206 – 0003287　69443

金麓璩先生文草稿不分卷　（清）璩金麓撰　清康熙五十七年(1718)刻本　一冊

410000 – 2206 – 0003288　69444

薑齋文集十卷補遺三卷　（清）王夫之撰　清同治四年(1865)湘鄉曾國荃金陵刻船山遺書本　一冊　存九卷(一至九)

410000 – 2206 – 0003289　69445

江忠烈公遺集一卷　（清）江忠源撰　清咸豐六年(1856)邵陽橫舍刻本　一冊

410000 – 2206 – 0003290　69446

江忠烈公遺集二卷附錄一卷　（清）江忠源撰　清同治三年(1864)四川藩署刻本　一冊

410000 – 2206 – 0003291　69447

江忠烈公遺集二卷附錄一卷　（清）江忠源撰　清同治三年(1864)四川藩署刻本　一冊

410000 – 2206 – 0003292　69448

江忠烈公遺集二卷附錄一卷　（清）江忠源撰　清同治三年(1864)四川藩署刻本　一冊

410000 – 2206 – 0003293　69449 – 52

敬亭集十卷　（明）姜埰著　清光緒十五年(1889)山東書局刻本　四冊

410000 – 2206 – 0003294　69453 – 64

景文集六十二卷　（宋）宋祁撰　清道光八年(1828)吳榮光刻本　十二冊

410000 – 2206 – 0003295　69471 – 8

敬齋存稿二十卷陶淵明述酒詩解一卷東明紀行一卷　張諧之著　清光緒十四年(1888)為己精舍刻本　八冊

410000 – 2206 – 0003296　69479 – 86

敬齋存稿二十卷陶淵明述酒詩解一卷東明紀行一卷　張諧之著　清光緒十四年(1888)為己精舍刻本　八冊

410000 – 2206 – 0003297　69489

景瞻論草不分卷　（明）賀仲軾著　清道光二年(1822)刻本　一冊

410000 – 2206 – 0003298　69191 – 8

後湖草堂詩鈔三十八卷　（清）王守毅撰　清咸豐四年(1854)刻本　八冊

410000 – 2206 – 0003299　69209 – 12

韓文起十二卷　（唐）韓愈撰　（清）林雲銘評注　清康熙三十二年(1693)西泠挹奎樓刻本　四冊

410000 – 2206 – 0003300　35241 – 88

皇朝經世文編一百二十八卷　題（清）求自強齋主人編　清光緒二十七年(1901)慎記書莊石印本　四十八冊

410000 – 2206 – 0003301　34899 – 922

皇朝經世文編一百二十卷　（清）賀長齡輯
清同治十二年(1873)鉛印本　二十四冊

410000－2206－0003302　34851－98

皇朝經世文編一百二十卷　（清）賀長齡撰
清光緒十四年(1888)上海廣百宋齋鉛印本
四十八冊

410000－2206－0003303　35289－320

皇朝經世文續編一百二十卷　（清）葛士濬輯
　清光緒十四年(1888)上海圖書集成局鉛印
本　三十二冊

410000－2206－0003304　35321－52

皇朝經世文續編一百二十卷　（清）葛士濬輯
　清光緒十四年(1888)上海圖書集成局鉛印
本　三十二冊

410000－2206－0003305　35353－84

皇朝經世文續編一百二十卷　（清）葛士濬輯
　清光緒十四年(1888)上海圖書集成局鉛印
本　三十二冊

410000－2206－0003306　35397－408

皇朝經世文四編五十二卷　（清）何良棟撰
清光緒二十八年(1902)上海鴻寶書局石印本
　十二冊

410000－2206－0003307　35409－20

皇朝經世文四編五十二卷　（清）何良棟撰
清光緒二十八年(1902)上海鴻寶書局石印本
　十二冊

410000－2206－0003308　34923－994

皇朝經世文編一百二十卷　（清）賀長齡輯
清道光七年(1827)刻本　七十二冊

410000－2206－0003309　34995－35054

皇朝經世文編一百二十卷　（清）賀長齡輯
清光緒十二年(1886)思補樓石印本　六十冊

410000－2206－0003310　35055－150

皇朝經世文編一百二十卷　（清）賀長齡輯
清光緒九年(1883)江右翠筠山房刻本　九十
六冊

410000－2206－0003311　35151－230

皇朝經世文編一百二十卷　（清）賀長齡輯
清道光十年(1830)刻本　八十冊

410000－2206－0003312　69884

西隱文藁十卷附錄一卷　（明）宋訥撰　（明）
王崇之編　清乾隆三年(1738)漢川譚養元刻
本　一冊

410000－2206－0003313　69974－85

西堂全集四種附一種　（清）尤侗撰　清康熙
刻本　十二冊

410000－2206－0003314　69970－3

谿田文集十一卷　（明）馬理著　明萬曆十七
年(1589)張泮刻清乾隆十七年(1752)補刻本
　四冊

410000－2206－0003315　69986－95

奚囊寸錦不分卷　（清）張潮撰　清乾隆二十
九年(1764)刻本　十冊

410000－2206－0003316　69996－70001

皙次齋稿十二卷尺牘一卷　（清）梁熙著　清
刻本　六冊

410000－2206－0003317　70002－3

希齋文鈔二卷　（清）高學濂撰　清道光二十
二年(1842)思誠齋刻本　二冊

410000－2206－0003318　70004、70077

西園詩鈔四卷文集一卷遺編四卷文集補遺一
卷　（清）張擴庭著　清同治四年(1865)墨花
軒刻本　二冊

410000－2206－0003319　70560

戚少保［繼光］年譜節要六卷　（明）戚祚國編
　清光緒十七年(1891)山東書局刻本　一冊
　存三卷(一至三)

410000－2206－0003320　83292－6

直省闈墨十卷　（清）大學堂編　清光緒三十
年(1904)上海書局石印本　五冊

410000－2206－0003321　77148－53

庚辰集五卷唐人試律說一卷　（清）紀昀編
清積善堂刻本　六冊

410000－2206－0003322　70094－108

西山先生真文忠公讀書記四十卷 （宋）真德秀撰 清同治刻本 十五冊 存三十卷（十一至四十）

410000－2206－0003323 70110－24

夏峰先生集十四卷補遺二卷 （清）孫奇逢著 清道光二十五年（1845）大梁書院刻本 十五冊

410000－2206－0003324 70125－40

夏峰先生集十四卷補遺二卷 （清）孫奇逢著 清道光二十五年（1845）大梁書院刻本 十六冊

410000－2206－0003325 70141－56

夏峰先生集十四卷補遺二卷 （清）孫奇逢著 清道光二十五年（1845）大梁書院刻本 十六冊

410000－2206－0003326 70157－64

夏峰先生集十四卷補遺二卷 （清）孫奇逢著 清道光二十五年（1845）大梁書院刻本 八冊

410000－2206－0003327 70165－72

夏峰先生集十四卷補遺二卷 （清）孫奇逢著 清道光二十五年（1845）大梁書院刻本 八冊

410000－2206－0003328 70173－80

夏峰先生集十四卷補遺二卷 （清）孫奇逢著 清道光二十五年（1845）大梁書院刻本 八冊

410000－2206－0003329 70181－2

謝宣城詩集五卷 （南朝齊）謝朓撰 清嘉慶元年（1796）海昌吳騫刻拜經樓叢書本 二冊

410000－2206－0003330 70183－4

謝宣城詩集五卷 （南朝齊）謝朓撰 清嘉慶元年（1796）海昌吳騫刻拜經樓叢書本 二冊

410000－2206－0003331 70191－4

謝疊山公文集六卷首一卷末一卷 （宋）謝枋得著 清嘉慶六年（1801）謝氏蘊德堂刻本 四冊

410000－2206－0003332 70195－6

謝康樂先生集四卷 （南朝宋）謝靈運著 清同治六年（1867）刻本 二冊

410000－2206－0003333 70185

斜川集六卷 （宋）蘇過著 清道光七年（1827）眉州三蘇祠刻三蘇全集本 一冊

410000－2206－0003334 70186－90

攜雪堂全集不分卷 （清）吳可讀著 清光緒十九年（1893）刻本 五冊

410000－2206－0003335 70197－8

蕭亭詩選六卷 （清）張實居撰 （清）王士禛批點 清康熙三十四年（1695）孫湘南刻本 二冊

410000－2206－0003336 70203－4

嘯古堂詩集八卷 （清）蔣敦復著 （清）王韜編 清宣統三年（1911）廣益書局石印本 二冊

410000－2206－0003337 70205－6

嘯古堂詩集八卷 （清）蔣敦復著 （清）王韜編 清宣統三年（1911）廣益書局石印本 二冊

410000－2206－0003338 70201－2

孝源詩集二卷補抄二卷 （清）李永茂著 清道光二十四年（1844）刻本 二冊

410000－2206－0003339 70209－12

小倉山房外集七卷 （清）袁枚著 清乾隆三十四年（1769）隨園刻本 四冊

410000－2206－0003340 70213－8

小謨觴館詩集八卷詩續集二卷詩餘一卷詩餘附錄一卷文集四卷文續集二卷 （清）彭兆蓀撰 清同治十三年（1874）刻本 六冊

410000－2206－0003341 65008－19

白香山詩長慶集二十卷後集十七卷別集一卷補遺二卷 （唐）白居易撰 （清）汪立名編訂 **白文公年譜一卷** （宋）陳振孫編 **白香山年譜一卷** （清）汪立名編 清康熙四十二年（1703）汪氏一隅草堂刻本 十二冊

410000－2206－0003342　65002－7

白香山詩長慶集二十卷後集十七卷別集一卷補遺二卷　(唐)白居易撰　(清)汪立名編訂　**白文公年譜一卷**　(宋)陳振孫編　**白香山年譜一卷**　(清)汪立名編　清康熙四十二年(1703)汪氏一隅草堂刻本　六冊

410000－2206－0003343　72197－202

蠶尾集十卷續集二卷後集二卷　(清)王士禎選　清康熙刻重印王漁洋遺書本　六冊

410000－2206－0003344　72191－96

蠶尾集十卷續集二卷後集二卷　(清)王士禎選　清康熙刻重印王漁洋遺書本　六冊

410000－2206－0003345　84001－3

周易例史二卷　(清)惠棟撰　清石印本　三冊

410000－2206－0003346　84030－3

周易集解十七卷　(唐)李鼎祚集解　清同治十二年(1873)敦怡堂刻本　四冊

410000－2206－0003347　84034－7

周易集解十七卷　(唐)李鼎祚集解　清同治十二年(1873)敦怡堂刻本　四冊

410000－2206－0003348　84038－43

周易集解十二卷附學易啟蒙四篇　(清)王眎集解　清咸豐九年(1859)刻本　六冊

410000－2206－0003349　84044－59

周易集注十五卷首一卷末一卷　(明)來知德著　清同治十年(1871)李元度刻本　十六冊

410000－2206－0003350　70247－54

小謨觴館詩文集注十七卷　(清)彭兆蓀著　(清)孫元培纂輯　清光緒二十年(1894)泉唐汪氏刻本　八冊

410000－2206－0003351　70255－66

小謨觴館詩文集注十七卷　(清)彭兆蓀著　(清)孫元培纂輯　清光緒二十年(1894)泉唐汪氏刻本　十二冊

410000－2206－0003352　69653－4

小蝸廬文存二卷　(清)吳其泰著　清咸豐九

年(1859)固始吳氏刻本　二冊

410000－2206－0003353　69655－6

小蝸廬詩鈔二卷　(清)吳其泰著　清同治十二年(1873)固始吳氏刻本　二冊

410000－2206－0003354　70219

校邠廬抗議一卷　(清)馮桂芬撰　清咸豐十一年(1861)刻本　一冊

410000－2206－0003355　70240－3

洤濱蔡先生文集十卷語錄二十卷附錄一卷　(明)蔡靉　(明)李登雲編　清光緒四年(1878)刻本　四冊

410000－2206－0003356　70269

秀野草堂遺詩不分卷　(清)杜壽鵬著　清同治十年(1871)蔣珣刻本　一冊

410000－2206－0003357　70270

先芬集不分卷　(清)李庚乾編　清光緒二十年(1894)思齊堂刻本　一冊

410000－2206－0003358　70273

新樂府詞不分卷　(清)萬斯同撰　清同治八年(1869)陳氏刻本　一冊

410000－2206－0003359　70284－91

香山詩鈔二十卷　(唐)白居易撰　清康熙四十年(1701)刻本　八冊

410000－2206－0003360　70282－3

香山詩選六卷　(唐)白居易撰　(清)曹文埴訂　清光緒十七年(1891)金陵書局刻本　二冊

410000－2206－0003361　70292－7

香樹齋詩集十八卷　(清)錢陳群撰　清乾隆十六年(1751)宋弼刻本　六冊

410000－2206－0003362　70312－23

湘綺樓全集三十卷　王闓運撰　清宣統二年(1910)上海國學扶輪社石印本　十二冊

410000－2206－0003363　70334－7

杏東先生文集十卷　(明)郭維藩著　清乾隆十五年(1750)十笏齋刻道光十八年(1838)重修本　四冊

410000－2206－0003364　70355－62

徐文長集三十卷　（明）徐渭著　（明）袁宏道編　清宣統三年（1911）石印本　八冊

410000－2206－0003365　70354

勘齋詩鈔四卷　（清）馮宬著　敬學堂詩鈔一卷　（清）馮廷丞著　清咸豐十年（1860）刻本　一冊

410000－2206－0003366　70379－80

虛白亭詩鈔不分卷　（清）淳穎撰　清嘉慶二十一年（1816）刻本　二冊

410000－2206－0003367　70387－92

虛直堂文集二十四卷　（清）劉榛著　（清）田蘭芳選　清康熙二十七年（1688）刻本　六冊

410000－2206－0003368　70393－6

虛直軒文集十卷　（清）姚文然著　清道光九年（1829）賢良祠刻本　四冊

410000－2206－0003369　70397－92

虛受堂詩存十六卷　王先謙著　清光緒二十八年（1902）平江蘇氏刻本　三冊

410000－2206－0003370　70400－5

虛受堂文集十六卷　王先謙撰　清宣統二年（1910）上海國學書社石印本　六冊

410000－2206－0003371　70415－22

盱江先生集三十七卷外集三卷　（宋）李覯著　（清）李化鰲輯　清康熙五十四年（1715）李氏家塾刻本　八冊

410000－2206－0003372　70423－30

盱江先生全集三十七卷　（宋）李覯撰　清光緒十九年（1893）盱江書院刻本　八冊

410000－2206－0003373　70431－34

許文正公遺書十二卷首一卷末二卷　（元）許衡著　清乾隆五十五年（1790）許氏刻本　八冊

410000－2206－0003374　70435－42

許文正公遺書十二卷首一卷末二卷　（元）許衡著　清乾隆五十五年（1790）許氏刻本　四冊

410000－2206－0003375　70449

許玉峯先生集三卷附錄一卷　（明）許鼎撰　（清）劉元佐輯　清同治五年（1866）桐城方宗誠刻本　一冊

410000－2206－0003376　70450

學圃詩薈一卷詞賸一卷　（清）鄭德璜著　清光緒二十六年（1900）遺經樓刻本　一冊

410000－2206－0003377　70460－3

薛敬軒先生文集十卷　（明）薛瑄撰　清同治五年（1866）福州正誼書院刻正誼堂全書本　四冊

410000－2206－0003378　70479

尋樂集不分卷　（清）李經世著　清乾隆二十一年（1756）刻本　一冊

410000－2206－0003379　70480－1

遜學齋詩鈔十卷　（清）孫衣言撰　清同治三年（1864）刻本　二冊

410000－2206－0003380　70482－8

遜志齋全集七卷首一卷　（明）方孝孺撰　清同治四年（1865）刻本　七冊

410000－2206－0003381　70489－98

熊襄愍公集十卷首一卷末一卷　（明）熊廷弼著　清同治三年（1864）熊氏刻本　十冊

410000－2206－0003382　70539－48

至正集八十一卷　（元）許有壬著　清宣統三年（1911）河南教育總會石印本　十冊

410000－2206－0003383　70549－58

至正集八十一卷　（元）許有壬著　清宣統三年（1911）河南教育總會石印本　十冊

410000－2206－0003384　70559

職行南稿二卷　（清）職金丹著　清乾隆三十四年（1769）刻本　一冊

410000－2206－0003385　77220－51

宋黃文節公文集三十二卷外集二十四卷別集十九卷首四卷　（宋）黃庭堅撰　黃青社先生伐檀集二卷　（宋）黃庶撰　清乾隆三十年（1765）江右寧州緝香堂刻本　三十二冊

410000－2206－0003386　77154－69

湖海詩傳四十六卷　（清）王昶輯　清嘉慶八年(1803)三泖漁莊刻本　十六冊

410000－2206－0003387　77170－85

湖海詩傳四十六卷　（清）王昶輯　清嘉慶八年(1803)三泖漁莊刻本　十六冊

410000－2206－0003388　77186－201

湖海詩傳四十六卷　（清）王昶輯　清同治四年(1865)綠蔭堂刻本　十六冊

410000－2206－0003389　77252－5

海豐吳氏詩存四卷　吳重熹編輯　清光緒十年(1884)陳州府署刻本　四冊

410000－2206－0003390　77256

後九家詩一卷　（清）高學淇　（清）余廷簡編　清道光十年(1830)鶴守齋刻本　一冊

410000－2206－0003391　83130－4

後七家詩選不分卷　（清）薛春黎輯　（清）王祿書註釋　清光緒二年(1876)京師琉璃廠刻本　五冊

410000－2206－0003392　77257－66

秦漢文歸二十卷　（明）鍾惺選評　清古香齋刻本　十冊

410000－2206－0003393　77267－96

漢魏六朝名家集初刻四十種附一種　丁福保輯　清宣統三年(1911)上海文明書局鉛印本　三十冊

410000－2206－0003394　77297－396

漢魏六朝一百三家集　（明）張溥輯　清光緒十八年(1892)南雅書局刻本　一百冊

410000－2206－0003395　77409－88

漢魏六朝一百三名家集　（明）張溥輯　明婁東張氏刻本　八十冊

410000－2206－0003396　77565

機谷草堂詩集一集　（清）耿巽著　錫類堂詩集一集　（清）耿林鶴著　清嘉慶十年(1805)刻本　一冊

410000－2206－0003397　77566－75

絜齋集二十四卷　（宋）袁燮撰　清乾隆四十年(1775)刻武英殿聚珍版書本　十冊

410000－2206－0003398　77576－611

石蓮盦彙刻九金人集　吳重熹編　清光緒海豐吳氏刻本　三十六冊

410000－2206－0003399　77633－6

試帖九家詩課選注七卷　（清）毛履謙注　清嘉慶十二年(1807)金陵致和堂刻本　四冊

410000－2206－0003400　77612

簡學齋清夜齋手書詩稿合印不分卷　（清）陳沆　（清）魏源撰　清宣統三年(1911)石印本　一冊

410000－2206－0003401　77613－28

金文最六十卷　（清）張金吾輯　清光緒二十一年(1895)蘇州書局刻本　十六冊

410000－2206－0003402　77629－32

金文雅十六卷　（清）莊仲方編　清光緒十七年(1891)江蘇書局刻本　四冊

410000－2206－0003403　79556－9

金源紀事詩八卷　（清）湯運泰著　清同治十二年(1873)淮南書局刻本　四冊

410000－2206－0003404　77675－7

江左三大家詩鈔九卷　（清）顧有孝　（清）趙澐輯　清康熙六年(1667)刻本　三冊

410000－2206－0003405　77678－84

經史鈔不分卷　（清）譚尚忠輯　清嘉慶二十一年(1816)蕓生堂刻本　七冊

410000－2206－0003406　77686－7

經史百家簡編二卷　（清）曾國藩纂　清同治十三年(1874)傳忠書局刻曾文正公全集本　二冊

410000－2206－0003407　77727－30

咀華錄四卷　題(清)凝瑞堂主人輯　清道光二十年(1840)凝瑞堂刻本　四冊

410000－2206－0003408　77731－4

咀華錄四卷　題(清)凝瑞堂主人輯　清道光二十年(1840)凝瑞堂刻本　四冊

410000－2206－0003409　77738－69

二南堂重訂七種文選　（清）儲欣編　清乾隆五十年(1785)二南堂刻本　三十二冊　存七種四十八卷

410000－2206－0003410　77770－94

重訂七種古文選　（清）儲欣評　清乾隆四十九年(1784)金閶書業堂刻本　二十五冊

410000－2206－0003411　77795－8

七十家賦鈔六卷　（清）張惠言輯　清光緒二十三年(1897)江蘇書局刻本　四冊

410000－2206－0003412　77799－806

七家詩詳註七卷　（清）張熙宇輯　（清）石暉甲註　清同治十一年(1872)三益堂刻本　八冊

410000－2206－0003413　83240－3

七家詩選七卷　（清）張熙宇輯　清道光二十二年(1842)敬書堂刻本　四冊

410000－2206－0003414　83244－5

七家詩選七卷　（清）張熙宇編　清道光十二年(1832)張氏刻本　二冊

410000－2206－0003415　83247－54

七家詩輯註彙鈔不分卷　（清）王植桂輯　清同治九年(1870)京師琉璃廠刻本　八冊

410000－2206－0003416　77807－10

七葉棣萼集四卷　（清）耿蕓輯　清雍正四年(1726)刻本　四冊

410000－2206－0003417　77812－3

樵川二家詩六卷　（清）徐榦編輯　清光緒七年(1881)刻本　二冊

410000－2206－0003418　77814－5

絕妙好詞箋七卷續鈔二卷　（宋）周密輯　(清)查為仁　（清）厲鶚箋　清道光八年(1828)錢塘徐楙刻本　二冊

410000－2206－0003419　77816－7

濂洛風雅六卷　（元）金履祥選輯　清雍正十年(1732)婺郡東藕塘賢祠義學刻本　二冊

410000－2206－0003420　77818－78017

乾坤正氣集一百一種　（清）姚瑩輯　（清）顧沅補輯　清道光二十八年(1848)涇縣潘氏袁江節署刻本　二百冊

410000－2206－0003421　78018－177

乾坤正氣集一百一種　（清）姚瑩輯　（清）顧沅補輯　清道光二十八年(1848)涇縣潘氏袁江節署刻本　一百六十冊

410000－2206－0003422　78178－209

乾坤正氣集選鈔九十七卷　（清）吳煥采輯　清光緒十三年(1887)古蓮花池刻本　三十二冊

410000－2206－0003423　70561－4

止止堂集五卷　（明）戚繼光撰　清光緒十四年(1888)山東書局刻本　四冊

410000－2206－0003424　70565－8

止齋文集四卷　（清）馬光裕撰　清康熙二十二年(1683)育德書院刻本　四冊

410000－2206－0003425　70610－6

止齋先生文集五十二卷附一卷　（宋）陳傅良撰　清光緒五年(1879)瑞安孫氏詒善祠塾刻本　七冊

410000－2206－0003426　70619

知足知不足齋詩存一卷　（清）寶琳撰　清光緒二十七年(1901)刻本　一冊

410000－2206－0003427　70589－90

芝山詩稿二卷　（清）吳文豹著　清嘉慶八年(1803)刻本　二冊

410000－2206－0003428　70591－4

自怡悅詩集十二卷　（清）陳簡撰　清光緒二十七年(1901)陳氏刻本　四冊

410000－2206－0003429　70628－35

制義叢話二十四卷　（清）梁章鉅撰　清咸豐九年(1859)知足知不足齋刻本　八冊

410000－2206－0003430　70636－43

燭湖集二十卷附編二卷　（宋）孫應時撰　清嘉慶八年(1803)靜遠軒刻本　八冊

410000－2206－0003431　70644－75

晦庵先生朱文公文集一百卷目錄二卷續集五卷別集七卷 （宋）朱熹撰 （清）臧眉錫（清）蔡方炳訂定 清康熙二十七年(1688)臧眉錫、蔡方炳刻本 三十二冊

410000－2206－0003432 70676－9

鑄史駢言十二卷 （清）孫玉田編 清光緒元年(1875)鑄記書局石印本 四冊

410000－2206－0003433 70680

珠溪存稿不分卷 （清）馬丕瑤著 清光緒二十五年(1899)馬氏家廟刻本 一冊

410000－2206－0003434 70681－6

朱子古文六卷 （宋）朱熹著 （清）周大璋輯 清道光二十八年(1848)長沙小瑯嬛仙山館刻本 六冊

410000－2206－0003435 70687－98

朱子文集十八卷 （宋）朱熹著 （清）張伯行編 清康熙四十七年(1708)儀封張伯行正誼堂刻本 十二冊

410000－2206－0003436 70699－738

晦庵先生朱文公文集一百卷續集五卷別集七卷 （宋）朱熹著 清康熙二十七年(1688)浙江臧氏刻本 四十冊

410000－2206－0003437 70741－4

諸葛武侯集四卷首一卷 （三國蜀）諸葛亮著 清光緒二十三年(1897)湘南書局刻本 四冊

410000－2206－0003438 70787－8

諸葛武侯文集四卷 （三國蜀）諸葛亮著 清同治五年(1866)福州正誼書院刻正誼堂全書本 二冊

410000－2206－0003439 70740

竹問樓文集不分卷 （清）程恩培著 清光緒三十三年(1907)時新書館鉛印本 一冊

410000－2206－0003440 70499－508

至正集八十一卷 （元）許有壬著 清宣統三年(1911)河南教育總會石印本 十冊

410000－2206－0003441 11－04963

至正集八十一卷 （元）許有壬著 清宣統三年(1911)河南教育總會石印本 十冊

410000－2206－0003442 11－04964

至正集八十一卷 （元）許有壬著 清宣統三年(1911)河南教育總會石印本 十冊

410000－2206－0003443 11－04965

至正集八十一卷 （元）許有壬著 清宣統三年(1911)河南教育總會石印本 十冊

410000－2206－0003444 70739

竹問樓文集不分卷 （清）程恩培著 清宣統元年(1909)刻本 一冊

410000－2206－0003445 70813－6

朱文端公文集四卷 （清）朱軾撰 清雍正元年(1723)稽古齋刻本 四冊

410000－2206－0003446 70794－99

朱子古文讀本三卷 （宋）朱熹撰 （清）周大璋編 清康熙五十六年(1717)刻本 六冊

410000－2206－0003447 78240－358

全唐詩不分卷 （清）曹寅等輯 清康熙四十六年(1707)刻本 一百十九冊

410000－2206－0003448 78359－478

全唐詩九百卷目錄十二卷 （清）曹寅等輯 清光緒元年(1875)豫章撫州饒玉成雙峰書屋刻本 一百二十冊

410000－2206－0003449 78599－850

欽定全唐文一千卷總目三卷 （清）董誥等纂 清嘉慶十九年(1814)武英殿刻本 二百五十二冊

410000－2206－0003450 78939－42

全史宮詞二十卷 （清）史夢蘭編 清咸豐六年(1856)刻止園叢書本 四冊

410000－2206－0003451 78943－7904

全上古三代秦漢三國六朝文七百四十六卷 （清）嚴可均輯 清光緒二十年(1894)廣雅書局刻本 一百冊

410000－2206－0003452 70078－87

西泠五布衣遺著五種 （清）丁丙輯 清同治

十二年(1873)錢塘丁氏當歸草堂刻本　　十冊

410000－2206－0003453　79066－105

小題三萬選不分卷　題(清)求是齋主人編
清光緒十八年(1892)上海袖海山房書局石印
本　　四十冊

410000－2206－0003454　79106

國朝小題文濬靈集不分卷　(清)張躍鱗編
清同治十二年(1873)四明茹古齋刻本　　一冊

410000－2206－0003455　79107－12

應試新賦備要初集六卷二集六卷　(清)謝稼
思輯　清嘉慶七年(1802)聚文堂刻本　　六冊

410000－2206－0003456　79113－8

應試新賦備要初集六卷二集六卷　(清)謝稼
思輯　清嘉慶七年(1802)聚文堂刻本　　六冊

410000－2206－0003457　79127－82

項城袁氏家集　丁振鐸輯　清宣統三年
(1911)清芬閣刻本　　五十六冊

410000－2206－0003458　79183－90

續錦機十五卷　(清)劉青芝撰　清乾隆十三
年(1748)刻本　　八冊

410000－2206－0003459　79196－203

學海堂集十六卷　(清)吳蘭修編　清道光五
年(1825)啟秀山房刻本　　八冊

410000－2206－0003460　79204－13

學海堂二集二十二卷　(清)吳蘭修輯　清道
光十八年(1838)啟秀山房刻本　　十二冊

410000－2206－0003461　79216－25

學海堂三集二十四卷　(清)張維屏輯　清咸
豐九年(1859)啟秀山房刻本　　十冊

410000－2206－0003462　79226－43

學海堂四集二十八卷　(清)金錫齡輯　清光
緒十二年(1886)啟秀山房刻本　　十八冊

410000－2206－0003463　79244－5

六朝唐賦讀本不分卷　(清)馬傳庚選注　清
同治十三年(1874)京都馬氏玉燕書巢刻本
二冊

410000－2206－0003464　79264－74

中州集十卷首一卷中州樂府一卷　(金)元好
問輯　清光緒七年(1881)讀書山房刻本　　十
一冊

410000－2206－0003465　79345－50

中州名賢文表三十卷　(明)劉昌輯　清光緒
三十年(1904)鴻文書局石印本　　六冊

410000－2206－0003466　79351－72

續中州名賢文表六十八卷　邵松年輯　清光
緒三十年(1904)鴻文書局石印本　　二十二冊

410000－2206－0003467　79343－4

中州朱玉錄二卷　(清)耿興宗編　清咸豐二
年(1852)賜綺堂刻本　　二冊

410000－2206－0003468　70817

主敬堂近詩偶錄一卷　(清)王嘉生著　　清康
熙十八年(1679)王氏刻本　　一冊

410000－2206－0003469　70818－9

朱止泉先生外集五卷　(清)朱澤澐撰　清道
光二年(1822)桂林呂璜刻本　　二冊

410000－2206－0003470　70820－1

朱止泉先生文集八卷　(清)朱澤澐撰　清乾
隆四年(1739)朱氏顧天齋刻本　　二冊

410000－2206－0003471　70822－25

朱止泉先生文集八卷　(清)朱澤澐著　(清)
朱光進編　清光緒二十七年(1901)朱氏刻本
四冊

410000－2206－0003472　70826－9

朱止泉先生文集八卷　(清)朱澤澐撰　(清)
朱光進編　清光緒二十七年(1901)朱氏刻本
四冊

410000－2206－0003473　70834－7

朱止泉先生文集八卷　(清)朱澤澐撰　(清)
朱光進編　清光緒二十七年(1901)朱氏刻本
四冊

410000－2206－0003474　71400－3

朱止泉先生文集八卷　(清)朱澤澐撰　(清)
朱光進編　清光緒二十七年(1901)朱氏刻本

四冊

410000－2206－0003475　70838－39

朱止泉先生文集八卷　（清）朱澤澐撰　（清）
朱光進編　清光緒二十七年(1901)朱氏刻本
　二冊

410000－2206－0003476　70840－3

拙修集十卷　（清）吳廷棟撰　清同治十年
(1871)六安求我齋刻本　四冊

410000－2206－0003477　70844－47

拙修集十卷　（清）吳廷棟著　清同治十年
(1871)六安求我齋刻本　四冊

410000－2206－0003478　70848－51

拙修集十卷　（清）吳廷棟著　清同治十年
(1871)六安求我齋刻本　四冊

410000－2206－0003479　70852

濯絳宧存藁不分卷　劉毓盤撰　清光緒二十
七年(1901)刻本　一冊

410000－2206－0003480　70857

拙盦詩草一卷　（清）程恩培撰　清宣統三年
(1911)刻本　一冊

410000－2206－0003481　70858

拙盦詩草一卷　（清）程恩培撰　清光緒三十
三年(1907)時新書館鉛印本　一冊

410000－2206－0003482　70853－6

左忠毅公集二卷　（明）左光斗撰　**年譜二卷**
　（清）左宰編　清道光二十九年(1849)左氏
祠堂刻本　四冊

410000－2206－0003483　70859－64

莊子解三十三卷　（清）王夫之撰　清同治四
年(1865)湘鄉曾氏金陵節署刻本　六冊

410000－2206－0003484　79256－63

壯悔堂文集十卷　（清）侯方域撰　清順治十
年(1653)商邱侯氏刻本　八冊

410000－2206－0003485　70877－82

壯悔堂文集十卷　（清）侯方域著　清康熙三
十四年(1695)刻本　六冊

410000－2206－0003486　70883－4

四憶堂詩集六卷遺稿一卷　（清）侯方域著
清康熙三十四年(1695)刻本　二冊

410000－2206－0003487　70885－8

壯悔堂文集十卷　（清）侯方域著　清嘉慶二
十二年(1817)強忍堂刻本　四冊

410000－2206－0003488　79427－42

重訂昭明文選集評十五卷首一卷末一卷
（清）于光華編　清乾隆四十三年(1778)三樂
堂刻本　十六冊

410000－2206－0003489　79443

貞壽堂贈言不分卷　（清）蘇源生錄　清同治
元年(1862)刻本　一冊

410000－2206－0003490　79445－8

張氏詩集合編八卷　（清）張昀輯　清咸豐十
年(1860)中立堂刻本　四冊

410000－2206－0003491　79449－53

張氏詩集合編九卷　（清）張昀輯　清咸豐十
年(1860)中立堂刻本　五冊

410000－2206－0003492　79454－7

箴銘輯要類編前錄一卷後錄三卷　（清）寇守
信輯　清光緒七年(1881)武文炳刻本　四冊

410000－2206－0003493　79458－67

初唐四傑集四種　（清）項家達輯　清同治十
二年(1873)叢雅居鄒氏刻本　十冊

410000－2206－0003494　79468－73

陳太僕批選八家文鈔八種　（清）陳兆崙批選
　清光緒二十六年(1900)天津文美齋石印本
六冊

410000－2206－0003495　79482－9

詩觸十五種附一種　（清）朱琰輯　清乾隆二
十九年(1764)雲經堂刻本　八冊

410000－2206－0003496　79490

時藝引不分卷　（清）路德編　清道光十八年
(1838)呂蓮堂刻本　一冊

410000－2206－0003497　79491－2

詩比興箋四卷　（清）陳沆撰　清咸豐四年

(1854)刻本　二冊

410000－2206－0003498　79551

試律青雲集二卷　（清）楊逢春輯　清道光十一年(1831)萬元堂刻本　一冊

410000－2206－0003499　79552－5

試帖詩課合存九卷　（清）王芑孫編　清嘉慶五年(1800)刻本　四冊

410000－2206－0003500　79588－95

山左明詩鈔三十五卷　（清）宋弼編　清乾隆三十六年(1771)李文藻刻本　八冊

410000－2206－0003501　79604

山城唱和集不分卷　（清）趙廣思輯　清咸豐五年(1855)刻本　一冊

410000－2206－0003502　79605

刪正二馮評閱才調集二卷　（五代）韋縠輯（清）紀昀刪正　清鏡煙堂刻本　一冊

410000－2206－0003503　70889－94

壯悔堂文集十卷遺稿一卷　（清）侯方域著（清）賈開宗選　清同治十三年(1874)商邱侯氏刻本　六冊

410000－2206－0003504　70895－6

四憶堂詩集六卷遺稿一卷　（清）侯方域著（清）賈開宗選注　清同治十三年(1874)侯氏刻本　二冊

410000－2206－0003505　70897－901

壯悔堂文集十卷遺稿一卷　（清）侯方域著（清）賈開宗評點　清光緒四年(1878)舊學山房刻本　五冊　缺一卷(遺稿)

410000－2206－0003506　70925－8

忠正德文集十卷附錄一卷　（宋）趙鼎撰　清道光十一年(1831)會稽吳傑刻本　四冊

410000－2206－0003507　70933－40

忠雅堂詩集二十七卷補遺二卷銅絃詞二卷（清）蔣士銓撰　清同治十年(1871)刻本八冊

410000－2206－0003508　70941－8

忠雅堂詩集二十七卷補遺二卷銅絃詞二卷

（清）蔣士銓撰　清乾隆二十七年(1762)紅杏山房刻本　八冊

410000－2206－0003509　70949－53

忠裕堂詩集十卷文集三卷鷗盟己史一卷（清）申涵盼著　清道光二十七年(1847)廣平申續曾刻本　五冊　缺二卷(忠裕堂詩集三至四)

410000－2206－0003510　70989－1009

續中州名賢文表六十八卷　邵松年編　清光緒三十年(1904)鴻文書局石印本　二十一冊　存六十五卷(四至六十八)

410000－2206－0003511　71010－3

諸葛忠武侯故事四卷火攻心法一卷文集一卷岳法二卷　（三國蜀）諸葛亮撰　（清）張澍輯　清同治元年(1862)聚珍齋刻本　四冊

410000－2206－0003512　71016－9

昭昧詹言十卷續八卷續錄二卷附錄一卷附考一卷　（清）方東樹撰　清宣統元年(1909)安徽官紙印刷局鉛印本　四冊

410000－2206－0003513　71025－30

趙清獻公集十卷　（宋）趙抃撰　清刻本六冊

410000－2206－0003514　71021－4

趙清獻公集十卷　（宋）趙抃撰　清刻本四冊

410000－2206－0003515　71031

呫聞齋文鈔不分卷　（清）周以炘撰　清刻本一冊

410000－2206－0003516　71046－50

周濂溪先生全集十三卷　（宋）周敦頤著（清）張伯行編　清同治五年(1866)福州正誼書院刻正誼堂全書本　五冊

410000－2206－0003517　71051－90

盧陵周益國文忠公集二百卷首一卷末一卷附錄五卷　（宋）周必大著　清光緒二十五年(1899)周日新堂刻本　四十冊

410000－2206－0003518　71091－2

展峯詩草六卷　（清）伍兆鼇著　清光緒二十四年(1898)刻本　二冊

410000－2206－0003519　71093

滄園文集二卷　（清）虞景璜著　清宣統三年(1911)虞氏刻本　一冊

410000－2206－0003520　71181－96

新刻張太岳先生全集四十七卷　（明）張居正著　明萬曆四十年(1612)繡谷唐國達刻清印本　十六冊

410000－2206－0003521　71197－9

張南軒先生文集七卷　（宋）張栻著　清同治五年(1866)福州正誼書院刻正誼堂全書本　三冊

410000－2206－0003522　71108－9

真西山先生集八卷　（宋）真德秀著　清同治五年(1866)福州正誼書院刻正誼堂全書本　二冊

410000－2206－0003523　71110

真志堂文集二卷　（清）全軌著　清宣統三年(1911)教育會刻本(卷下配清刻本)　一冊

410000－2206－0003524　71111－5

真志堂詩集五卷　（清）全軌著　（清）王祖晉輯　清乾隆十一年(1746)尊經閣刻本　五冊

410000－2206－0003525　79602－5

瑞芝山房詩鈔八卷　（清）戴燮元編　清光緒元年(1875)廣陵刻本　四冊

410000－2206－0003526　79625－31

瑞芝山房文鈔八卷　（清）戴燮元編　清光緒三年(1877)廣陵刻本　六冊

410000－2206－0003527　79670－5

蔡氏九儒書九卷首一卷　（明）蔡有鷗輯　清同治七年(1868)盱南蔡學蘇三餘書屋刻本　六冊

410000－2206－0003528　79676－85

曹氏家集九種　（清）曹貞吉　（清）曹申吉等撰　清嘉慶五年(1800)曹庚刻本　十冊

410000－2206－0003529　79690－7

四六法海八卷　（清）蔣士銓評選　清光緒八年(1882)忠雅堂刻本　八冊

410000－2206－0003530　79698－705

評選四六法海八卷　（清）蔣士銓輯　清光緒十年(1884)深柳讀書堂刻本　八冊

410000－2206－0003531　79706－9

四家賦鈔四種　（清）景其濬輯　清咸豐三年(1853)誦芬堂刻本　四冊

410000－2206－0003532　79722－7

國朝四大家詩鈔二十四卷　（清）邵玘　（清）屠德修輯　清乾隆三十一年(1766)玉映堂刻本　六冊

410000－2206－0003533　79728－31

最近四大家古文鈔四卷　（清）梅曾亮編纂　清光緒三十四年(1908)寄古齋鉛印本　四冊

410000－2206－0003534　79748－59

四書題備全文不分卷　（清）胡斐才輯　清咸豐元年(1851)京都琉璃廠刻本　十二冊

410000－2206－0003535　79760－3

四書左國彙纂四卷　（清）高其名　（清）鄭師成纂　清乾隆四十九年(1784)三樂堂刻本　四冊

410000－2206－0003536　79764－71

四書左國彙纂四卷　（清）高其名　（清）鄭師成纂　清乾隆三十五年(1770)百尺樓刻本　八冊

410000－2206－0003537　79772－5

四書左國輯要四卷　（清）周龍官輯　清乾隆二十三年(1758)刻　四冊

410000－2206－0003538　79776－9

四書左國輯要四卷　（清）周龍官輯　清乾隆二十三年(1758)刻本　四冊

410000－2206－0003539　79710－21

斯文精粹不分卷　（清）尹繼善輯　清乾隆七年(1742)關中書院刻本　十二冊

410000－2206－0003540　79732－47

思綺堂文集十卷　（清）章藻功撰注　清康熙

六十一年(1722)刻本　十六冊

410000－2206－0003541　79780－3

蘇黃詩詞小簡四卷　(明)黃嘉惠編　清宣統元年(1909)石印本　四冊

410000－2206－0003542　79785－96

宋四六選二十四卷　(清)彭元瑞輯　(清)曹振鏞編　清乾隆四十一年(1776)曹氏刻本十二冊

410000－2206－0003543　79797－812

宋四六選二十四卷　(清)彭元瑞輯　(清)曹振鏞編　清刻本　十六冊

410000－2206－0003544　79813－20

宋四六選二十四卷　(清)彭元瑞輯　(清)曹振鏞編　清乾隆四十一年(1776)曹氏刻本八冊

410000－2206－0003545　79833－6

宋詩百一鈔八卷　(清)張景星等輯　清乾隆二十六年(1761)文萃堂刻本　四冊

410000－2206－0003546　79837－60

宋詩鈔初集八十四種　(清)吳之振等編　清康熙十年(1671)洲錢吳氏鑑古堂刻本　二十四冊

410000－2206－0003547　79861－6

宋詩鈔二集　(清)吳之振等編　清康熙十年(1671)洲錢吳氏鑑古堂刻本　六冊

410000－2206－0003548　79895

宋元明詩三百首不分卷　(清)朱梓　(清)冷昌言編　清咸豐三年(1853)靈山顧氏家塾刻本　一冊

410000－2206－0003549　79977－80056

三蘇全集四種　(宋)蘇洵等撰　清道光十二年(1832)眉州三蘇祠刻本　八十冊

410000－2206－0003550　79969－76

三蘇全集四種　(宋)蘇洵等撰　(清)邵希雍輯　清宣統元年(1909)上海會文學社石印本八冊

410000－2206－0003551　80069－74

三十家詩鈔六卷　(清)曾國藩纂　(清)王定安增輯　清同治十三年(1874)湖南傳忠書局刻本　六冊

410000－2206－0003552　80095

小石山房叢書三十八種　(清)顧湘輯　清同治十三年(1874)虞山顧氏刻本　一冊　存二種三卷

410000－2206－0003553　12－05109

瑤華集一卷　(清)張邁輯錄　清光緒二十八年(1902)刻本　一冊

410000－2206－0003554　80098

燕都投贈錄一卷　(清)譚國思輯　清刻本一冊

410000－2206－0003555　80119－30

瀛奎律髓刊誤四十九卷　(元)方回編　清嘉慶五年(1800)李氏刻本　十二冊

410000－2206－0003556　80137－42

應試唐詩類釋十九卷　(清)臧岳編　清乾隆二十八年(1763)三樂齋刻本　六冊

410000－2206－0003557　80693－8

漁洋山人古詩選三十二卷　(清)王士禎選清同治七年(1868)湘鄉曾氏刻本　六冊　存二十四卷(五言詩十七卷、七言詩一至七)

410000－2206－0003558　80707－22

樂府詩集一百卷　(宋)郭茂倩編　清同治十三年(1874)刻本　十六冊

410000－2206－0003559　80723－38

樂府詩集一百卷　(宋)郭茂倩輯　清同治十三年(1874)湖北崇文書局刻本　十六冊

410000－2206－0003560　71129－44

震川先生集三十卷別集十卷　(明)歸有光撰清光緒六年(1880)常熟歸氏刻本　十六冊

410000－2206－0003561　71228－41

正氣堂集十六卷餘集四卷續集七卷　(明)俞大猷著　清道光二十一年至二十四年(1841－1844)味古書室刻本　十四冊

410000－2206－0003562　71242－5

正氣堂集十六卷餘集四卷續集七卷　（明）俞大猷著　清道光二十一年至二十四年（1841–1844）味古書室刻本　四冊　存十一卷（餘集四卷、續集七卷）

410000－2206－0003563　71246－65

正誼堂文集四十卷首二卷　（清）張伯行著　（清）張師栻　（清）張師載編　清光緒二年（1876）儀封揚烈堂刻本　二十冊

410000－2206－0003564　71270－2

正誼堂文集十二卷　（清）張伯行著　清同治五年（1866）福州正誼書院刻正誼堂全書本　三冊

410000－2206－0003565　71273－92

正誼堂文集四十卷首二卷　（清）張伯行著　（清）張師栻　（清）張師載編　清光緒二年（1876）儀封揚烈堂刻本　二十冊

410000－2206－0003566　71297－308

曾文正公全集　（清）曾國藩撰　清同治、光緒間傳忠書局刻本　十二冊　存二種十二卷

410000－2206－0003567　71309－16

曾文正公家書十卷家訓二卷　（清）曾國藩著　大事記四卷榮哀錄一卷　清光緒十九年（1893）上海圖書集成印書局刻本　八冊

410000－2206－0003568　71317

楚白詩存一卷　（清）劉玠著　清康熙四十三年（1704）刻道光補刻民國五年（1916）印本　一冊

410000－2206－0003569　71318

楚遊寄意不分卷　（清）趙廣恩著　清咸豐十年（1860）趙氏刻本　一冊

410000－2206－0003570　71319

楚遊寄意不分卷　（清）趙廣恩著　清咸豐十年（1860）趙氏刻本　一冊

410000－2206－0003571　71320

楚遊寄意不分卷　（清）趙廣恩著　清咸豐十年（1860）趙氏刻本　一冊

410000－2206－0003572　71321

琴志樓叢書四十三種　易順鼎撰　清光緒刻本　一冊　存五種五卷

410000－2206－0003573　71322－3

垂香樓詩稿一卷　（清）馬時芳著　清道光十四年（1834）中毓堂刻本　二冊

410000－2206－0003574　71324－9

船山詩草二十卷　（清）張問陶撰　清道光二年（1822）刻本　六冊

410000－2206－0003575　71330－37

椿影集六種　（清）馮春暉著　清道光十六年（1836）基福堂刻椿影集本　六冊

410000－2206－0003576　12－05141

長江水師全案三卷　（清）曾國藩撰　清同治刻本　一冊　存二卷（一至二）

410000－2206－0003577　34260－61

滇事危言三集　楊覲東輯　清宣統三年（1911）北京毓華印書局鉛印本　二冊

410000－2206－0003578　34262－63

滇事危言三集　楊覲東輯　清宣統三年（1911）北京毓華印書局鉛印本　二冊

410000－2206－0003579　34840－46

龔端毅公奏疏八卷　（清）龔鼎孳撰　清道光十四年（1834）慶餘堂刻本　七冊

410000－2206－0003580　34834－39

關中奏議鈔十二卷　（明）楊一清著　清嘉慶二十一年（1816）五華書院刻本　六冊

410000－2206－0003581　12－05146

歷代名臣奏議選三十卷　（清）趙承恩輯　清末刻本　一冊　存一卷（漢名臣奏議選三）

410000－2206－0003582　48273－4

杭嘉湖三府減漕記略不分卷奏稿不分卷　（清）戴槃集　清同治七年（1868）刻本　二冊

410000－2206－0003583　48275－6

杭嘉湖三府減漕記略不分卷奏稿不分卷　（清）戴槃集　清同治七年（1868）刻本　二冊

410000－2206－0003584　34847－50

胡端敏公奏議十卷　（明）胡世寧撰　清光緒
十九年(1893)浙江書局刻本　四冊

410000－2206－0003585　46757－86

華制存攷不分卷　（清）擷華書局輯　清光緒
三十四年(1908)擷華書局鉛印本　三十冊

410000－2206－0003586　71338

春帖子詞一卷　（清）徐用儀編　清光緒四年
(1878)刻本　一冊

410000－2206－0003587　71339－78

春融堂集三種　（清）王昶撰　清嘉慶十二年
至十三年(1807－1808)青浦王氏塾南書舍刻
本　四十冊

410000－2206－0003588　71379

春酒堂文集一卷　（清）周容著　清宣統二年
(1910)上海國學扶輪社鉛印本　一冊

410000－2206－0003589　71966－7

仁山先生金文安公文集四卷　（元）金履祥撰
　清同治十三年(1874)永康胡氏退補齋刻金
華叢書本　二冊

410000－2206－0003590　71381－4

春曦堂詩集四卷　（清）弓翊清著　清道光十
七年(1837)東觀閣刻本　四冊

410000－2206－0003591　71385－6

春暉閣詩鈔選六卷　（清）蔣湘南撰　清同治
八年(1869)馬氏家塾刻本　二冊

410000－2206－0003592　71387－90

春山先生文集四卷　（清）郭善鄰著　清乾隆
五十六年(1791)友鶴山房刻本　四冊

410000－2206－0003593　71391

春閨内簾雜詠一卷　（清）李鴻達著　清光緒
十二年(1886)留餘堂刻本　一冊

410000－2206－0003594　71392－5

蟲鳥吟十卷　（清）蕭德宣著　清同治五年
(1866)刻本　四冊

410000－2206－0003595　71396

崇百藥齋三集十二卷　（清）陸繼輅著　清道
光八年(1828)安徽皋署刻本　一冊　存四卷

(一至四)

410000－2206－0003596　71397－9

崇百藥齋文集二十卷　（清）陸繼輅撰　清嘉
慶二十五年(1820)合肥學舍刻本　三冊

410000－2206－0003597　71404－7

巢經巢詩鈔九卷後集四卷　（清）鄭珍著　清
末北京松筠閣刻本　四冊

410000－2206－0003598　71408－11

巢經巢詩鈔九卷後集四卷　（清）鄭珍撰　清
咸豐二年(1852)刻本　四冊

410000－2206－0003599　71414

蟬雪吟一卷　題（清）自修居士撰　清光緒二
十四年(1898)刻本　一冊

410000－2206－0003600　71415－8

陳伯玉文集三卷詩集二卷附錄一卷　（唐）陳
子昂撰　清咸豐四年(1854)刻本　四冊

410000－2206－0003601　71419－30

陳檢討集二十卷　（清）陳維崧撰　（清）程師
恭注　清康熙三十二年(1693)有美堂刻本
六冊

410000－2206－0003602　71425－30

陳檢討集二十卷　（清）陳維崧撰　（清）程師
恭注　清康熙三十二年(1693)有美堂刻本
六冊

410000－2206－0003603　71431－6

陳檢討集二十卷　（清）陳維崧撰　清道光二
年(1822)蘇州步月樓刻本　六冊

410000－2206－0003604　71437－44

陳檢討集二十卷　（清）陳維崧撰　（清）程師
恭注　清同治十三年(1874)大文堂刻本
八冊

410000－2206－0003605　12－05171

吏部奏議不分卷　（清）□□輯　清光緒刻本
　一冊

410000－2206－0003606　34661－683

歷代名臣奏議選三十卷　（清）趙承恩輯　清
光緒五年(1879)舊學山房刻本　二十三冊

缺一卷（漢名臣奏議選二）

410000－2206－0003607　34684－739

歷代名臣奏議三百十九卷　（明）張溥刪正
明崇禎八年(1635)刻本　五十六冊　存二百
九十五卷（二十五至三百十九）

410000－2206－0003608　12－05174

歷代名臣奏議選三十卷　（清）趙承恩輯　清
光緒五年(1879)刻本　二十冊　存二十二卷
（漢一至四，三國一，南北朝一至三，六朝一，
唐一、三，五代一，宋二至三，明一至八）

410000－2206－0003609　11－05175

**同治丁卯科並補行甲子科浙江鄉試同門硃卷
不分卷**　（清）□□輯　清刻本　一冊　存
（第拾伍房）

410000－2206－0003610　34631－6

黎襄勤公奏議六卷　（清）黎世序撰　清道光
五年(1825)淮海衙署刻本　六冊

410000－2206－0003611　36680－81

李及泉先生奏議二卷首一卷末一卷　（清）李
頤撰　（清）萬石渠編次　清咸豐六年(1856)
刻本　二冊

410000－2206－0003612　34740－59

**宋李忠定公奏議六十九卷首一卷擬撰文字七
卷年譜一卷**　（宋）李綱撰　清光緒二十九年
(1903)愛日堂刻本　二十冊

410000－2206－0003613　34790－95

林文忠公政書四集　（清）林則徐撰　清光緒
二十四年(1898)天津文德堂石印本　六冊

410000－2206－0003614　34796－803

林文忠公政書十卷　（清）林則徐撰　清光緒
二年(1876)鉛印本　八冊

410000－2206－0003615　71462－5

陳檢討四六二十卷　（清）陳維崧撰　（清）程
師恭注　清乾隆三十五年(1770)武進陳明善
亦園刻本　四冊

410000－2206－0003616　71466－71

陳檢討四六二十卷　（清）陳維崧撰　（清）程

師恭注　清乾隆三十五年(1770)漁古山房刻
本　六冊

410000－2206－0003617　71496－503

陳檢討四六箋注二十卷　（清）陳維崧撰
（清）程師恭注　清末上海鴻章書局石印本
八冊

410000－2206－0003618　71490－5

西京清麓叢書八十五種　（清）賀瑞麟輯　清
同治至民國間傳經堂刻本　六冊　存二種十
九卷

410000－2206－0003619　71504

陳文恭公手札節要不分卷　（清）陳宏謀著
清同治三年(1864)四川藩署刻本　一冊

410000－2206－0003620　71505

陳定生先生遺書三種　（明）陳貞慧撰　清光
緒二十一年(1895)刻本　一冊

410000－2206－0003621　71472

塵不到齋詩稿一卷　（清）須彌保著　清刻本
一冊

410000－2206－0003622　71473－81

深寧先生文鈔八卷　（宋）王應麟撰　清道光
九年(1829)紫藤花館刻本　九冊

410000－2206－0003623　71510－5

蒼谷全集十二卷附錄一卷　（明）王尚絅撰
（明）王綖選　清乾隆二十三年(1758)密止堂
刻宣統三年(1911)印本　六冊

410000－2206－0003624　71520－9

昌黎先生集四十卷外集十卷遺文一卷　（唐）
韓愈撰　（唐）李漢編　**朱子校昌黎先生集傳
一卷**　（宋）朱熹編　清同治八年(1869)江蘇
書局刻本　十冊

410000－2206－0003625　71538－43

昌黎先生集四十卷遺文一卷　（唐）韓愈撰
（唐）李漢編　清同治九年(1870)萃文堂刻本
六冊

410000－2206－0003626　71588－97

昌黎先生集四十卷外集十卷遺文一卷　（唐）

韓愈撰 （唐）李漢編 **朱子校昌黎先生集傳一卷** （宋）朱熹編 清同治八年(1869)江蘇書局刻本 十冊

410000－2206－0003627 71598－605

新刊五百家注音辯昌黎先生文集四十卷 （唐）韓愈撰 清乾隆四十九年(1784)刻本 八冊

410000－2206－0003628 71606－21

朱文公校昌黎先生文集四十卷外集十卷遺文一卷 （唐）韓愈撰 （宋）朱熹考異 （明）朱吾弼重編 **集傳一卷** （宋）宋祁撰 清刻本 十六冊

410000－2206－0003629 71636－39

昌黎先生詩集注十一卷 （唐）韓愈著 （清）顧嗣立刪補 （清）朱彝尊 （清）何焯評 清道光十七年(1837)膺德堂刻朱墨套印本 四冊

410000－2206－0003630 71640－43

昌黎先生詩集注十一卷 （唐）韓愈著 （清）顧嗣立刪補 （清）朱彝尊 （清）何焯評 清道光十七年(1837)膺德堂刻朱墨套印本 四冊

410000－2206－0003631 71644－9

櫟華館文集六卷 （清）路德撰 清光緒七年(1881)解梁書院刻本 六冊

410000－2206－0003632 71650－5

晴鶴堂詩鈔十六卷 （清）周體觀撰 清康熙十八年(1679)晴鶴山房刻本 六冊

410000－2206－0003633 71656－8

石堂集十卷 （清）釋元玉著 （清）柘翁霖編 清光緒七年(1881)刻本 三冊

410000－2206－0003634 71659

石閭集一卷 （清）蔣易著 清宣統二年(1910)刻本 一冊

410000－2206－0003635 71660－3

詩藪內編六卷外編四卷雜編六卷 （明）胡應麟撰 清光緒廣雅書局刻本 四冊

410000－2206－0003636 71689－94

石琴詩鈔十二卷 （清）李映棻撰 清同治三年(1864)天香堂刻本 六冊

410000－2206－0003637 80751－8

元詩選癸集十卷 （清）顧嗣立輯 清康熙長洲顧氏秀野草堂刻嘉慶三年(1798)南沙席氏掃葉山房增刻本 八冊 存六卷(甲至己)

410000－2206－0003638 80793－816

元詩選三百種 （清）顧嗣立輯 清康熙長洲顧氏秀野草堂刻本 二十四冊

410000－2206－0003639 80817－22

宋詩別裁八卷元詩別裁八卷補遺一卷 （清）張景星述 （清）姚培謙點閱 清末經綸堂刻本 六冊

410000－2206－0003640 80967－70

元詩百一鈔八卷補遺一卷 （清）姚培謙 （清）張景星編 清道光十三年(1833)文萃堂刻本 四冊

410000－2206－0003641 80983－98

元詩選癸集十卷 （清）顧嗣立輯 （清）席世臣補編 清康熙長洲顧氏秀野草堂刻嘉慶三年(1798)南沙席氏掃葉山房增刻光緒十四年(1888)補修本 十六冊

410000－2206－0003642 12－05220

項城袁氏家集六十五卷 丁振鐸輯 清宣統三年(1911)清芬閣鉛印本 五十六冊

410000－2206－0003643 12－05221

項城袁氏家集六十五卷 丁振鐸輯 清宣統三年(1911)清芬閣鉛印本 五十六冊

410000－2206－0003644 81019－22

韻蘭集賦鈔不分卷 （清）陸雲槎輯 清光緒元年(1875)刻本 四冊

410000－2206－0003645 80155－9

吳氏世德錄五卷 吳重熹輯 清宣統元年(1909)汴梁節署刻本 五冊

410000－2206－0003646 80151－4

明五大家文抄五卷 （明）徐禎卿等著 清康

熙刻本　四册

410000－2206－0003647　80183

新鐫五言千家詩注解二卷七言千家詩注解二卷　（清）王相選注　清末刻本　一册

410000－2206－0003648　12－080184

新鐫五言千家詩會義直解四卷　（清）王相選注　笠翁對韻二卷　（清）李漁撰　清光緒二十四年(1898)彰府聚盛堂刻本　一册

410000－2206－0003649　80224－7

宛南書院課讀經義策論三種　（清）孫葆田選輯　清光緒二十七年(1901)宛南書院刻本　四册

410000－2206－0003650　80228－31

宛南書院課讀經義策論三種　（清）孫葆田選輯　清光緒二十七年(1901)宛南書院刻本　四册

410000－2206－0003651　80232－5

宛南書院課讀經義策論三種　（清）孫葆田選輯　清光緒二十七年(1901)麗澤堂刻本　四册

410000－2206－0003652　80205－8

萬卷讀餘五卷　（清）康基淵輯　清光緒十五年(1889)聚好齋刻本　四册

410000－2206－0003653　80260－71

文選六十卷　（南朝梁）蕭統選　（唐）李善注　清乾隆三十七年(1772)刻本　十二册

410000－2206－0003654　80272－87

文選六十卷　（南朝梁）蕭統選　（唐）李善注　清嘉慶十四年(1809)上海大中華圖書公司石印本　十六册

410000－2206－0003655　80289－304

重刊五百家註音辯昌黎先生文集四十卷　(唐)韓愈撰　清乾隆二十八年(1763)刻本　十六册

410000－2206－0003656　80328－43

文選六十卷　（南朝梁）蕭統選　（唐）李善注　考異十卷　（清）胡克家撰　清宣統三年

(1911)上海會文堂石印本　十六册

410000－2206－0003657　80360－9

文選六十卷　（南朝梁）蕭統選　（唐）李善注　清宣統三年(1911)上海會文書局影印本　十册

410000－2206－0003658　80370－81

文選六十卷　（南朝梁）蕭統選　（唐）李善注　明末毛氏汲古閣刻本　十二册

410000－2206－0003659　80382－97

文選六十卷　（南朝梁）蕭統選　（唐）李善注　清乾隆二十四年(1759)文盛堂刻本　十六册

410000－2206－0003660　80497－520

文選六十卷　（南朝梁）蕭統選　（唐）李善注　清同治八年(1869)湖北崇文書局刻本　二十四册

410000－2206－0003661　80553－60

重訂文選集評十五卷首一卷末一卷　（南朝梁）蕭統選　（清）于光華編　清乾隆五十一年(1786)金閶書業堂刻本　八册

410000－2206－0003662　80651－76

重訂文選集評十五卷首一卷末一卷　（南朝梁）蕭統選　（清）于光華編　清乾隆四十三年(1778)錫山賜錦堂刻本　十六册　存十四卷(一至十四)

410000－2206－0003663　80577－92

重訂文選集評十五卷首一卷末一卷　（南朝梁）蕭統選　（清）于光華編　清乾隆四十三年(1778)金閶書業堂刻本　十六册

410000－2206－0003664　81347－62

重訂文選集評十五卷首一卷末一卷　（南朝梁）蕭統選　（清）于光華編　清乾隆四十三年(1778)于氏刻本　十六册

410000－2206－0003665　80608－23

文選六十卷　（南朝梁）蕭統選　（唐）李善注　考異十卷　（清）胡克家撰　清宣統三年(1911)上海會文書局影印本　十六册

410000－2206－0003666　80604－54

文苑英華選六十卷 （清）宮夢仁選　清康熙刻本　三十一冊　缺一卷(一)

410000－2206－0003667　71697－700

是吾齋集八卷續集四卷 （清）于卿保著　清同治三年(1864)刻本　四冊

410000－2206－0003668　71701－6

春暉堂叢書十二種 （清）徐渭仁輯　清道光、咸豐間上海徐氏刻同治九年(1870)補刻本　十四冊

410000－2206－0003669　71715－6

史忠正公集四卷首一卷末一卷 （明）史可法著　（清）史山清輯　清咸豐六年(1856)史氏追遠堂刻本　二冊

410000－2206－0003670　71717－8

史忠正公集四卷首一卷末一卷 （明）史可法著　（清）史山清輯　清咸豐六年(1856)史氏追遠堂刻本　二冊

410000－2206－0003671　71719－20

史忠正公集四卷首一卷末一卷 （明）史可法著　（清）史山清輯　清咸豐二年(1852)刻本　二冊

410000－2206－0003672　717214

史忠正公集四卷首一卷末一卷 （明）史可法著　清同治十年(1871)繡谷麗澤書屋刻本　四冊

410000－2206－0003673　71725

史忠正公集四卷附錄一卷 （明）史可法著　清光緒五年(1879)謙德堂史氏刻本　二冊

410000－2206－0003674　71727－9

史忠正公集四卷首一卷末一卷 （明）史可法撰　（清）史山清輯　清同治十一年(1872)史氏刻本　三冊

410000－2206－0003675　71730－7

石笥山房文集六卷補遺一卷詩集十一卷詩餘一卷補遺二卷 （清）胡天游著　清咸豐二年(1852)刻本　八冊

410000－2206－0003676　71760－1

石守道先生集二卷 （宋）石介著　清同治五年(1866)福州正誼書院刻正誼堂全書本　二冊

410000－2206－0003677　71740－59

施愚山先生全集六種 （清）施閏章著　清宣統三年(1911)上海國學扶輪社石印本　二十冊

410000－2206－0003678　71762－70

施愚山先生全集六種 （清）施閏章著　清康熙至乾隆間刻本　九冊　存四種三十八卷

410000－2206－0003679　83844－63

施愚山先生全集六種 （清）施閏章著　清康熙至乾隆間刻本　二十冊

410000－2206－0003680　71787－92

樹廬文鈔十卷 （清）彭士望著　清道光四年(1824)刻本　六冊

410000－2206－0003681　71794

述德堂詩稿二卷 （清）慕甲榮著　清道光五年(1825)惜陰書屋刻本　一冊　存一卷(二)

410000－2206－0003682　71798

述德堂詩稿二卷 （清）慕甲榮著　清道光五年(1825)惜陰書屋刻本　一冊　存一卷(一)

410000－2206－0003683　71795－7

舒文靖集二卷校勘記三卷事實擬冊一卷 （宋）舒璘撰　清光緒二十二年(1896)四明七千卷樓刻本　三冊

410000－2206－0003684　7181328

永嘉叢書十三種 （清）孫衣言輯　清同治、光緒間瑞安孫氏詒善祠塾刻本　十六冊　存二種四十六卷

410000－2206－0003685　71829－35

雙桂堂稿十卷 （清）紀大奎撰　清嘉慶十三年(1808)臨川紀氏刻紀慎齋先生全集本　七冊

410000－2206－0003686　71850－4

雙桂堂稿續編十二卷 （清）紀大奎著　清嘉

慶十三年(1808)臨川紀氏刻紀慎齋先生全集本　五冊　缺二卷(十一至十二)

410000－2206－0003687　71848－9

傅徵君霜紅龕詩鈔不分卷　(清)傅山著　清乾隆三十二年(1767)劉贄仰止軒刻本　二冊

410000－2206－0003688　71844－7

雙池文集十卷　(清)汪紱著　清道光十四年(1834)婺源洪鈞刻本　四冊

410000－2206－0003689　71857

邵位西遺文一卷　(清)邵懿辰著　(清)張鉊齋輯錄　清同治四年(1865)望三益齋刻本　一冊

410000－2206－0003690　71860－7

受祺堂文集四卷續刻四卷　(清)李因篤著　(清)馮雲杏輯　清道光九年(1829)刻本　八冊

410000－2206－0003691　71870

山谷別集詩註二卷　(宋)黃庭堅撰　(宋)史季溫註　清宣統二年(1910)雙井祠堂刻本　一冊

410000－2206－0003692　71871－9

山谷外集詩註十七卷　(宋)黃庭堅撰　(宋)史季溫註　清宣統二年(1910)南昌勸業道署刻本　九冊

410000－2206－0003693　71880－9

山谷詩集注二十卷　(宋)黃庭堅撰　(宋)任淵注　清光緒二十五年(1899)陳三立江夏刻本　十冊

410000－2206－0003694　71890－5

善卷堂四六十卷　(清)陸繁弨撰　清光緒元年(1875)漁古山房刻本　六冊

410000－2206－0003695　71896

山曉堂詩選一卷　(清)趙禦眾著　清道光九年(1829)刻本　一冊

410000－2206－0003696　71903

曬齋詩存一卷　(清)段元文著　清乾隆八年(1743)刻本　一冊

410000－2206－0003697　71906－7

商文毅公集六卷　(明)商輅撰　(清)張一魁輯　清順治十五年(1658)刻本　二冊

410000－2206－0003698　71936

慎獨齋毋欺集二卷　(清)竇容瑞著　清康熙三十四年(1695)竇氏刻本　一冊

410000－2206－0003699　71682－8

施註蘇詩四十二卷　(宋)蘇軾撰　(宋)施元之等註　**補遺二卷**　(宋)蘇軾撰　(清)馮景補註　清康熙三十九年(1700)大文堂刻本　七冊

410000－2206－0003700　71922－7

劉氏傳家集二十八種　(清)劉青芝輯　清乾隆三年(1738)榮賜堂刻本　六冊　存二種十二卷

410000－2206－0003701　71908－15

賞雨茅屋詩集十六卷外集一卷　(清)曾燠撰　清嘉慶二十三年(1818)刻本　八冊

410000－2206－0003702　71928－35

劉氏傳家集二十八種　(清)劉青芝輯　清乾隆三年(1738)榮賜堂刻本　八冊　存二種十八卷

410000－2206－0003703　71937－40

生香書屋文集四卷　(清)陳浩撰　清乾隆刻本　四冊

410000－2206－0003704　71941－8

生香書屋詩集七卷文集四卷　(清)陳浩撰　清道光九年(1829)三多齋刻本　八冊

410000－2206－0003705　71664－5

詩比興箋四卷　(清)陳沆撰　清光緒九年(1883)刻本　二冊

410000－2206－0003706　71666－7

詩比興箋四卷　(清)陳沆撰　清光緒九年(1883)長洲彭祖賢武昌刻本　二冊

410000－2206－0003707　71668－9

詩比興箋四卷　(清)陳沆撰　清光緒九年(1883)長洲彭祖賢武昌刻本　二冊

410000－2206－0003708　71670－1

詩比興箋四卷　（清）陳沆撰　清光緒九年
(1883)長洲彭祖賢武昌刻本　二冊

410000－2206－0003709　80663－70

王阮亭古詩選三十二卷　（清）王士禛選　清
乾隆元年(1736)天藜閣刻本　八冊

410000－2206－0003710　80671－5

歐陽文公圭齋集十六卷首一卷末一卷　（元）
歐陽玄撰　（清）鄧顯鶴增訂　清道光二十六
年(1846)新化鄧氏南邨草堂刻本　五冊

410000－2206－0003711　81033－6

永嘉叢書十三種　（清）孫衣言輯　清同治、
光緒間瑞安孫氏詒善祠塾刻本　四冊　存二
種九卷

410000－2206－0003712　81037－40

二程文集十二卷　（宋）程顥　（宋）程頤著
清同治五年(1866)福州正誼書院刻正誼堂全
書本　四冊

410000－2206－0003713　81056－61

二思堂文集四卷詩集二卷葉健菴先生年譜二
卷　（清）葉世倬撰　清道光十四年(1834)浙
江書局刻本　六冊

410000－2206－0003714　81042－7

廿二史策案十二卷　（清）王鎣輯　清道光十
一年(1831)綠蔭山房刻本　六冊

410000－2206－0003715　81066

批點便蒙學文正法詳正二卷　（清）楊永康著
清光緒懷慶四和堂刻本　一冊

410000－2206－0003716　81080－91

帶經堂詩話三十卷首一卷　（清）王士禛著
清同治十二年(1873)廣州藏修堂刻本　十
二冊

410000－2206－0003717　81102－9

帶經堂詩話三十卷首一卷　（清）王士禛撰
清同治十二年(1873)廣州藏修堂刻本　八冊

410000－2206－0003718　81140－1

讀書樂趣八卷　（清）伍涵芬撰　清康熙三十

七年(1698)刻本　二冊

410000－2206－0003719　81275－80

彙纂詩法度鍼十卷首一卷　（清）徐文弼編輯
清乾隆三十年(1765)文茂堂刻本　六冊

410000－2206－0003720　81287－98

四六叢話三十三卷選詩叢話一卷　（清）孫梅
輯　清光緒七年(1881)刻本　十二冊

410000－2206－0003721　81329

歲寒堂詩話二卷　（宋）張戒撰　清乾隆四十
二年(1777)刻武英殿聚珍版書本　一冊

410000－2206－0003722　81330－5

宋四六話十二卷　（清）彭元瑞撰　清嘉慶八
年(1803)刻本　六冊

410000－2206－0003723　81342－5

五代詩話十卷　（清）王士禛輯　（清）鄭方坤
刪補　清咸豐元年(1851)南海伍氏刻粵雅堂
叢書本　四冊　存七卷(四至十)

410000－2206－0003724　81346

小石山房叢書三十八種　（清）顧湘撰　清同
治十三年(1874)虞山顧氏刻本　一冊　存二
種存二卷

410000－2206－0003725　81365－8

文心雕龍十卷　（南朝梁）劉勰撰　（清）黃叔
琳輯注　清道光十三年(1833)翰墨園刻朱墨
套印本　四冊

410000－2206－0003726　81369－73

文心雕龍十卷　（南朝梁）劉勰撰　清光緒二
十一年(1895)學庫山房刻本　五冊

410000－2206－0003727　81392－4

文章軌範七卷　（宋）謝枋得撰　（明）茅坤注
清乾隆二十七年(1762)致和堂刻本　三冊

410000－2206－0003728　83815－6

北江詩話六卷　（清）洪亮吉著　清光緒三十
四年(1908)上海掃葉山房石印本　二冊

410000－2206－0003729　81418－9

註釋拜月亭記二卷　（明）施耐庵撰　（明）羅
懋登註釋　清宣統元年(1909)貴池劉氏暖紅

室刻本　二冊

410000－2206－0003730　82317－20

曝書亭集詞注七卷　（清）朱彝尊撰　（清）李富孫編　清嘉慶十九年(1814)嘉興李富孫校經廎刻本　四冊

410000－2206－0003731　71957

茹古山房詩集四卷　（清）田依渠著　清同治十一年(1872)刻本　一冊

410000－2206－0003732　71956

茹古山房讀史餘吟六卷　（清）田依渠著　清同治十一年(1872)刻本　一冊

410000－2206－0003733　71964－5

字觸六卷　（清）周亮工撰　清咸豐元年(1851)南海伍氏刻粵雅堂叢書本　二冊

410000－2206－0003734　71970－1

紫亭詩鈔四卷　（清）李辰垣著　清道光十六年(1836)開封郡署刻本　二冊

410000－2206－0003735　71972－3

紫藤軒文稿二卷　（清）莫瞻菉著　清咸豐七年(1857)刻本　二冊

410000－2206－0003736　71974－5

楊忠湣公集五卷首一卷末一卷　（明）楊繼盛著　清光緒二十三年(1897)湘南書局刻本　二冊

410000－2206－0003737　71976－7

拙官詩存七卷　（清）史復善著　清同治五年(1866)刻本　二冊

410000－2206－0003738　71980

自樂堂遺文一卷　（清）何桂芬撰　清同治八年(1869)刻本　一冊

410000－2206－0003739　71984－72047

左文襄公全集九種　（清）左宗棠著　清光緒二十一年(1895)刻本　六十四冊

410000－2206－0003740　72058－9

遵汝山房文稿續編四卷　（清）耿興宗撰　清同治六年(1867)刻本　二冊

410000－2206－0003741　72060－1

宋宗忠簡公集七卷　（宋）宗澤著　清同治十年(1871)刻本　二冊

410000－2206－0003742　72065－6

澤雅堂文集十卷　（清）施補華著　清光緒十九年(1893)刻本　二冊

410000－2206－0003743　11－05357

初等小學格致教科書教授法不分卷　杜亞泉編　清宣統元年(1909)上海商務印書館鉛印本　一冊

410000－2206－0003744　11－05358

初等小學格致教科書教授法不分卷　杜亞泉編　清宣統二年(1910)上海商務印書局鉛印本　一冊

410000－2206－0003745　72076－83

曾惠敏公遺集　（清）曾紀澤著　清光緒十九年(1893)江南製造總局刻本　八冊

410000－2206－0003746　72145

寸知齋詩存二卷　（清）丁浩著　清光緒六年(1880)陸應暄刻本　一冊

410000－2206－0003747　46573－84

林文忠公政書甲集九卷乙集十七卷丙集十一卷　（清）林則徐撰　清光緒二年(1876)刻本　十二冊

410000－2206－0003748　34760－69

劉中丞奏議二十卷　（清）劉蓉著　清光緒十一年(1885)思賢講舍刻本　十冊

410000－2206－0003749　34810－13

陸宣公奏議十五卷制誥十卷附錄一卷　（唐）陸贄撰　清光緒十二年(1886)淮南書局刻本　四冊　存二卷(十、十五)

410000－2206－0003750　11－05364

格致課本教授法不分卷　（清）商務印書館編譯所編　清光緒三十四年(1908)上海商務印書局鉛印本　一冊

410000－2206－0003751　34244－47

馬端肅公奏議十六卷首一卷　（明）馬文升著

（明）魏尚綸編　清刻本　四冊

410000－2206－0003752　34248－51

馬端肅公奏議十六卷首一卷　（明）馬文升著
（明）魏尚綸編　清初刻本　四冊

410000－2206－0003753　34252－55

馬端肅公奏議十六卷首一卷　（明）馬文升著
（明）魏尚綸編　清初刻本　四冊

410000－2206－0003754　34256－59

馬端肅公奏議十六卷首一卷　（明）馬文升著
（明）魏尚綸編　清刻本　四冊

410000－2206－0003755　12－05369

馬端肅公奏議十六卷首一卷　（明）馬文升著
清雍正刻本　四冊

410000－2206－0003756　12－05370

馬端肅公奏議十六卷首一卷　（明）馬文升著
清雍正刻本　四冊

410000－2206－0003757　12－05371

馬端肅公奏議十六卷首一卷　（明）馬文升著
清雍正刻本　四冊

410000－2206－0003758　34236－43

明大司馬盧公奏議十卷　（明）盧象昇撰　清
道光九年(1829)盧氏祠堂刻本　八冊

410000－2206－0003759　34619－30

**耐庵奏議存稿十二卷首一卷公牘存稿四卷文
存六卷詩存三卷**　（清）賀長齡撰　清光緒八
年(1882)刻本　十二冊　缺三卷(詩存三卷)

410000－2206－0003760　34204－11

彭剛直公奏稿八卷詩稿八卷　（清）彭玉麟撰
清末鉛印本　八冊

410000－2206－0003761　34212－15

彭剛直公奏稿八卷　（清）彭玉麟撰　清末鉛
印本　四冊

410000－2206－0003762　37303－6

錢敏肅公奏疏七卷　（清）錢鼎銘撰　清光緒
四年(1878)存素堂刻本　四冊

410000－2206－0003763　48848

山東試辦大學堂暫行章程摺稿不分卷　袁世
凱著　清光緒刻本　一冊

410000－2206－0003764　48849

山東試辦大學堂暫行章程摺稿不分卷　袁世
凱著　清光緒刻本　一冊

410000－2206－0003765　81437－440

牡丹亭還魂記二卷　（明）湯顯祖編　清光緒
十二年(1886)同文書局石印本　四冊

410000－2206－0003766　81445－8

牡丹亭還魂記二卷　（明）湯顯祖編　清宣統
二年(1910)上海育文書局石印本　四冊

410000－2206－0003767　81449－50

夢窗詞四卷補遺一卷　（宋）吳文英著　清光
緒三十四年(1908)歸安朱氏刻本　二冊

410000－2206－0003768　81457－8

東郭集二卷　題(清)峨口子評點　清刻本
二冊

410000－2206－0003769　11－05385

國朝中州名賢集十卷首一卷末一卷　（清）黃
舒昺編　清光緒十九年(1893)中州明道書院
刻本　十二冊

410000－2206－0003770　81227－30

古詩源四卷　（清）沈德潛選　清刻本　四冊

410000－2206－0003771　81243－8

全唐詩話六卷　（宋）尤袤著　清宣統三年
(1911)三樂堂石印本　六冊

410000－2206－0003772　81249

修辭鑑衡二卷　（元）王構撰　清觀古堂刻本
一冊

410000－2206－0003773　81285－6

藻川堂譚藝一卷　（清）鄧繹著　清刻本
二冊

410000－2206－0003774　81254

鄭氏詩譜考正一卷　（漢）鄭玄撰　（宋）歐陽
修補修　（清）丁晏重編　清嘉慶二十五年
(1820)刻本　一冊

410000－2206－0003775　81459－60

東坡樂府三卷　（宋）蘇軾著　朱祖謀編　清宣統三年(1911)刻本　二冊

410000－2206－0003776　81468－77

鐵厓三種　（明）楊維楨著　清宣統二年(1910)上海掃葉山房石印本　十冊

410000－2206－0003777　81478－87

鐵厓三種　（明）楊維楨著　清宣統二年(1910)上海掃葉山石印本　十冊

410000－2206－0003778　81488－97

鐵厓三種　（明）楊維楨著　清宣統二年(1910)上海掃葉山石印本　十冊

410000－2206－0003779　81498－501

桃花扇傳奇四卷　（清）孔尚任編　清道光十三年(1833)刻本　四冊

410000－2206－0003780　81502－3

彈指詞三卷　（清）顧貞觀著　清光緒四年(1878)刻本　二冊

410000－2206－0003781　81511－4

納書楹曲譜正集四卷　（清）葉堂訂譜　清乾隆五十七年(1792)刻本　四冊

410000－2206－0003782　81517－36

笠翁十種曲　（清）李漁編　清文立堂刻本　二十冊

410000－2206－0003783　81537－56

笠翁十種曲　（清）李漁編　清末藻文堂刻本　二十冊

410000－2206－0003784　81591－710

六十種曲　（明）毛晉輯　明虞山毛氏汲古閣刻本　一百二十冊

410000－2206－0003785　82080－91

國朝詞綜四十八卷二集八卷　（清）王昶纂　清同治四年(1865)亦西齋刻本　十二冊

410000－2206－0003786　82092－9

國朝詞綜續編二十四卷　（清）黃燮清編纂　清同治十二年(1873)刻本　八冊

410000－2206－0003787　82104

宮詞不分卷　（清）錢位坤撰　清宣統元年(1909)影印本　一冊

410000－2206－0003788　82102

癸甲之間記游草一卷　（□）□□撰　清末石印本　一冊

410000－2206－0003789　82103

癸甲之間記游草一卷　（□）□□撰　清末石印本　一冊

410000－2206－0003790　72170－1

蔡中郎文集十卷外傳一卷　（漢）蔡邕撰　清光緒七年(1881)刻本　二冊

410000－2206－0003791　72178－84

蔡文莊公集八卷　（明）蔡清著　（清）徐居敬編　清乾隆七年(1742)刻本　七冊

410000－2206－0003792　11－05413

大清一統志五百卷　（清）和珅等纂　清光緒二十八年(1902)上海寶善齋石印本　六十冊　存四百十九卷(一至七十六、八十二至四百二十四)

410000－2206－0003793　11－05414

河南先生文集二十七卷附錄一卷　（宋）尹洙著　清宣統二年(1910)守政書局刻本　四冊

410000－2206－0003794　11－05415

五經類編二十八卷　（清）周世樟輯　清光緒八年(1882)掃葉山房刻本　六冊　存二十四卷(一至二十四)

410000－2206－0003795　11－05416

芥子園畫傳初集六卷二集九卷三集六卷　（清）王概等輯并繪　清光緒十四年(1888)鴻文書局石印本　十二冊

410000－2206－0003796　72220

有深致軒集　（清）劉遵海著　清光緒十二年(1886)刻祥符劉氏叢書本　一冊　存六卷(四書存參五卷、經義存參一卷)

410000－2206－0003797　72221

四游詩草四卷　（清）張鳳岡著　清宣統二年

(1910)刻本　一冊

410000－2206－0003798　72228－9
四憶堂詩集六卷遺稿一卷　（清）侯方域著
清刻本　二冊

410000－2206－0003799　72230－3
壯悔堂文集十卷遺稿一卷　（清）侯方域著
清宣統元年（1909）上海掃葉山房石印本
四冊

410000－2206－0003800　72224－7
壯悔堂文集十卷遺稿一卷　（清）侯方域著
清刻本　四冊

410000－2206－0003801　72234－5
四憶堂詩集六卷遺稿一卷　（清）侯方域著
清宣統元年（1909）上海掃葉山房石印本
二冊

410000－2206－0003802　72237－42
壯悔堂文集十卷遺稿一卷　（清）侯方域著
（清）賈開宗評點　清同治十一年（1872）刻本
六冊

410000－2206－0003803　72247－56
思綺堂文集十卷　（清）章藻功撰注　清康熙
六十一年（1722）錢塘章氏刻本　十冊

410000－2206－0003804　72257－76
思綺堂文集十卷　（清）章藻功撰注　清康熙
六十一年（1722）錢塘章氏刻本　二十冊

410000－2206－0003805　72277－97
司馬溫公文集八十二卷　（宋）司馬光著　清
同治四年（1865）刻本　二十冊　存七十一卷
（一至六、十一至四十四、四十八至五十九、六
十四至八十二）

410000－2206－0003806　72298－301
司馬溫公文集十四卷首一卷　（宋）司馬光撰
（清）張伯行重訂　清光緒七年（1881）紅杏
山房刻本　四冊

410000－2206－0003807　72302－25
司馬溫公文集八十二卷　（宋）司馬光著　明
崇禎元年（1628）吳時亮等刻清康熙四十七年

（1708）蔣起龍重修同治九年（1870）遞修本
二十四冊

410000－2206－0003808　72326－49
司馬溫公文集八十二卷　（宋）司馬光撰　明
崇禎元年（1628）吳時亮刻清康熙四十七年
（1708）蔣起龍重修本　二十四冊

410000－2206－0003809　82107－10
懷沙記二卷　（清）張漱石（張堅）撰　（清）
沈學子評點　清乾隆十二年（1747）刻玉燕堂
四種曲本　四冊

410000－2206－0003810　82113－24
洹詞十二卷程志十卷士翼三卷年譜一卷
（明）崔銑撰　清同治二年（1863）刻本　十
二冊

410000－2206－0003811　69330－1
詞選二卷　（清）張惠言輯　**續詞選二卷**
（清）董毅輯　**茗柯詞一卷**　（清）張惠言撰
立山詞一卷　（清）張琦撰　清道光十年
（1830）官書處刻本　二冊

410000－2206－0003812　82250－5
絕妙好詞箋七卷續鈔二卷　（宋）周密輯
（清）查為仁　（清）厲鶚箋　清道光八年
（1828）徐楙刻本　六冊

410000－2206－0003813　82256
香雪亭新編耆英會記二卷　（清）喬萊著　清
光緒二十七年（1901）刻本　一冊

410000－2206－0003814　82338
香雪亭新編耆英會記二卷　（清）喬萊撰　清
光緒二十七年（1901）刻本　一冊

410000－2206－0003815　11－05440
瀛環志略十卷　（清）徐繼畬輯　清同治五年
（1866）總理衙門刻本　四冊　存七卷（一至
七）

410000－2206－0003816　82284
西涯樂府二卷　（明）李東陽著　清光緒十一
年（1885）山陰宋氏懺花盦刻懺花盦叢書本
一冊

410000－2206－0003817　82285－304

袖珍四種曲　（清）沈峙莘輯　清康熙五十五年(1716)环翠山房刻本　二十冊

410000－2206－0003818　82321－2

雪中人傳奇十六齣　（清）蔣士銓著　清乾隆二十七年(1762)刻本　二冊

410000－2206－0003819　82323－4

心日齋詞集六卷　（清）周之琦撰　清刻本二冊

410000－2206－0003820　82325

新安消夏唱酬草一卷　（清）邵享豫著　清同治二年(1863)刻本　一冊

410000－2206－0003821　71506－9

長生殿傳奇二卷　（清）洪昇撰　清康熙十八年(1679)刻本　四冊

410000－2206－0003822　82342－55

詞綜三十八卷　（清）朱彝尊輯　明詞綜十二卷　（清）王昶纂　清同治四年(1865)亦西齋刻本　十四冊

410000－2206－0003823　82356－67

詞綜三十八卷　（清）朱彝尊撰　明詞綜十二卷　（清）王昶纂　清同治四年(1865)亦西齋刻本　十二冊

410000－2206－0003824　72350－1

四大觀樓詩鈔九卷　（清）鄒鍾著　（清）高宅暢　（清）何家琪選　清光緒十二年(1886)刻本　二冊

410000－2206－0003825　72352

司空詩品註釋一卷　（唐）司空圖撰　清光緒二年(1876)刻本　一冊

410000－2206－0003826　11－05453

三才略三卷　蔣德鈞輯　清光緒二十六年(1900)廣雅書局刻本　一冊

410000－2206－0003827　11－05454

五經類編二十八卷　（清）周世樟輯　清刻本十四冊　缺五卷(一、六至九)

410000－2206－0003828　72387－93

四百三十二峰草堂詩九種　（清）黃璟等撰清光緒十八年(1892)鴻文堂刻本　七冊

410000－2206－0003829　72397－416

蘇詩補註五十卷　（宋）蘇軾撰　（清）查慎行補註　清乾隆二十六年(1761)香玉齋刻本二十冊

410000－2206－0003830　72442－89

蘇東坡全集一百十卷　（宋）蘇軾著　清光緒三十四年至宣統元年(1908－1909)刻本　四十八冊

410000－2206－0003831　72490－3

蘇許公文集十二卷首一卷附錄一卷　（唐）蘇環撰　清道光二十三年(1843)同安蘇廷玉刻本　四冊

410000－2206－0003832　11－05460

五經類編二十八卷　（清）周世樟輯　清刻本五冊　存十一卷(十六至二十六)

410000－2206－0003833　11－05461

省軒考古類編十二卷　（清）柴紹炳纂　清刻本　三冊

410000－2206－0003834　11－05462

詩經八卷　（宋）朱熹集傳　清刻本　一冊存一卷(三)

410000－2206－0003835　11－05463

詩經八卷　（宋）朱熹集傳　清刻本　一冊存二卷(四至五)

410000－2206－0003836　11－05464

詩經八卷　（宋）朱熹集傳　清刻本　一冊存四卷(五至八)

410000－2206－0003837　11－05465

四禮翼一卷　（明）呂坤著　清光緒三十三年(1907)石印本　一冊

410000－2206－0003838　72558－60

遼懷堂文集箋註十六卷　（清）袁翼著　（清）朱舲箋註　清咸豐八年(1858)刻本　三冊

410000－2206－0003839　72561－625

孫夏峯全集十二種　（清）孫奇逢撰　清康熙

刻道光至光緒間遞修重印本　六十五冊

410000－2206－0003840　72626－49

宋文鑑一百五十卷目錄三卷　(宋)呂祖謙輯
清光緒十二年(1886)江蘇書局刻本　二十
四冊

410000－2206－0003841　11－05469

儀禮註疏十七卷　(漢)鄭玄註　(唐)陸德明
音義　(唐)賈公彥疏　明崇禎九年(1636)古
虞毛氏汲古閣刻本　八冊　存十二卷(四至
十五)

410000－2206－0003842　72651－2

嵩樓詩草五卷　(明)張應辰著　清刻本　二
冊　存四卷(一至四)

410000－2206－0003843　11－05471

河南鄉試闈墨不分卷　(清)萬世清等撰　清
光緒二十八年(1902)刻本　一冊

410000－2206－0003844　72694－705

新刊宋文憲公詩集二卷文集三十卷潛溪燕書
一卷　(明)宋濂著　(清)傅旭元編　浦江詩
錄一卷外篇一卷　(清)張以培輯　清康熙五
十一年(1712)仙華書院刻本　十二冊

410000－2206－0003845　72719－24

宋邵康節先生伊川擊壤集十卷　(宋)邵雍撰
(明)吳泰增注　清康熙八年(1669)邵養定
刻本　六冊

410000－2206－0003846　72725－32

孫宗伯集十卷首一卷　(明)孫繼皋著　清光
緒十八年(1892)鼎元堂木活字印本　八冊
缺五卷(四至六、九至十)

410000－2206－0003847　72742－3

孫可之文集二卷　(唐)孫樵撰　清宣統二年
(1910)守政書局刻本　二冊

410000－2206－0003848　72748－9

孫可之文集二卷　(唐)孫樵撰　清宣統二年
(1910)守政書局刻本　二冊

410000－2206－0003849　72746－7

孫可之文集二卷　(唐)孫樵撰　清宣統二年

(1910)守政書局刻本　二冊

410000－2206－0003850　72744－5

孫可之文集二卷　(唐)孫樵撰　清宣統二年
(1910)守政書局刻本　二冊

410000－2206－0003851　72750

孫明復小集三卷　(宋)孫復撰　清光緒十五
年(1889)榮成孫氏問經精舍刻本　一冊

410000－2206－0003852　72765－66

掃花詩草五卷　(清)衛慶惊著　清咸豐九年
(1859)衛氏刻本　二冊

410000－2206－0003853　72767－8

掃花詩草五卷　(清)衛慶惊著　清咸豐九年
(1859)衛氏刻本　二冊

410000－2206－0003854　72769－70

掃花詩草五卷　(清)衛慶惊著　清咸豐九年
(1859)衛氏刻本　二冊

410000－2206－0003855　72771－72

掃花詩草五卷　(清)衛慶惊著　清咸豐九年
(1859)衛氏刻本　二冊

410000－2206－0003856　72773－4

掃花詩草五卷　(清)衛慶惊著　清咸豐九年
(1859)衛氏刻本　二冊

410000－2206－0003857　72775－6

掃花詩草五卷　(清)衛慶惊著　清咸豐九年
(1859)衛氏刻本　二冊

410000－2206－0003858　72777－8

掃花詩草五卷　(清)衛慶惊著　清咸豐九年
(1859)衛氏刻本　二冊

410000－2206－0003859　72779－88

掃紅亭吟稿十四卷　(清)馮雲鵬著　清道光
九年(1829)掃紅亭刻本　十冊

410000－2206－0003860　72789－90

三歸草二卷　(明)鹿善繼著　清光緒二十三
年(1897)刻本　二冊

410000－2206－0003861　72792－8

三魚堂文集十二卷　(清)陸隴其著　陸清獻

公年譜一卷　（清）吳光酉輯　清同治七年(1868)武林薇署刻本　七冊

410000－2206－0003862　79646－55

詞律二十卷　（清）萬樹撰　清康熙十六年(1677)尺木堂刻本　十冊

410000－2206－0003863　82368－79

詞律二十卷　（清）萬樹撰　清康熙二十六年(1687)刻本　十二冊

410000－2206－0003864　69328－9

稼軒長短句十二卷　（宋）辛棄疾撰　清光緒十四年(1888)臨桂王氏家塾刻四印齋詞本　二冊

410000－2206－0003865　82339

四印齋所刻詞二十種附一種　（清）王鵬運輯　清光緒十四年(1888)臨桂王氏家塾刻本　一冊　存三種存十卷

410000－2206－0003866　82341

聲調前譜一卷後譜一卷續譜一卷談龍錄一卷　（清）趙執信著　清乾隆二十四年(1759)德州盧氏雅雨堂刻本　一冊

410000－2206－0003867　82384－5

宋經義鈔不分卷　（清）張徵乾輯　清光緒二十四年(1898)刻本　二冊

410000－2206－0003868　82387－90

宋元名家詞十五種　（清）江標輯　清光緒二十一年(1895)湖南思賢書局刻本　四冊

410000－2206－0003869　82405－8

宋元名家詞十五種　（清）江標輯　清光緒二十一年(1895)湖南思賢書局刻本　四冊

410000－2206－0003870　82409－28

宋六十名家詞六十一種　（明）毛晉編　清光緒十四年(1888)錢塘汪氏刻本　二十冊

410000－2206－0003871　82391－402

四印齋所刻詞二十種附一種　（清）王鵬運輯　清光緒十四年(1888)臨桂王氏家塾刻本　十二冊　存三種五十五卷

410000－2206－0003872　82429

遺山樂府三卷校記一卷　（金）元好問著　清末刻本　一冊

410000－2206－0003873　82434

吳梅村詞一卷　（清）吳偉業著　清光緒三十四年(1908)上海掃葉山房石印本　一冊

410000－2206－0003874　82430

亦有秋齋詞鈔二卷　（清）鈕福疇著　清道光二十七年(1847)刻本　一冊

410000－2206－0003875　82435－6

雪韻堂批點燕子箋記二卷　（明）阮大鋮撰　清貴池劉氏暖紅室刻本　二冊

410000－2206－0003876　82437

煙波漁唱四卷　（清）張應昌著　清道光二十四年(1844)刻本　一冊

410000－2206－0003877　82438－45

詩人玉屑二十卷　（宋）魏慶之編　清康熙刻本　八冊

410000－2206－0003878　82446－51

娛萱草彈詞三十二卷　題（清）橘道人撰　清光緒二十年(1894)刻本　六冊

410000－2206－0003879　82452

樂府新編陽春白雪五卷　（元）楊朝英選集　清光緒三十一年(1905)南陵徐乃昌小檀欒室刻本　一冊

410000－2206－0003880　82528－39

廿一史彈詞註十一卷　（明）楊慎編著　（清）張三異增定　（清）張仲璜註　清乾隆五十一年(1786)視履堂刻本　十二冊

410000－2206－0003881　72761－2

掃花詩草五卷　（清）衛慶悰著　清咸豐九年(1859)大梁可青山館刻本　二冊

410000－2206－0003882　72763－4

掃花詩草五卷　（清）衛慶悰著　清咸豐九年(1859)大梁可青山館刻本　二冊

410000－2206－0003883　72751－60

孫淵如先生全集十二種　（清）孫星衍撰　清光緒十一年(1885)吳縣朱氏槐廬家塾刻本

十冊

410000－2206－0003884　72799－814

陸子全書十八種　（清）陸隴其著　清同治七年(1868)刻本　十六冊　存四種四百四十四卷

410000－2206－0003885　72823－32

三魚堂文集十二卷外集六卷膌言十二卷（清）陸隴其著　清同治七年(1868)瑞鱧堂刻本　十冊

410000－2206－0003886　12－05516

增訂河間詩律矩八卷　（清）紀曉嵐（紀昀）著　清嘉慶九年(1804)刻本　一冊　存四卷(一至四)

410000－2206－0003887　72853－8

三魚堂日記十卷(清康熙五年至三十一年)讀禮志疑一卷　（清）陸隴其著　清同治七年(1868)浙江書局刻本　六冊

410000－2206－0003888　72851－2

散原精舍詩二卷　陳三立著　清宣統元年(1909)鉛印本　二冊

410000－2206－0003889　72860－75

逸德軒文集三卷文稿四卷閏一稿一卷遺稿三卷詩集三卷詩一卷遺詩二卷　（清）田蘭芳撰　清康熙十四年(1675)刻本　十六冊

410000－2206－0003890　72879－82

詒晉齋集八卷後集一卷隨筆一卷　（清）永瑆著　清道光二十八年(1848)王氏刻本　四冊

410000－2206－0003891　72883－86

詒晉齋集八卷後集一卷隨筆一卷　（清）永瑆著　清道光二十八年(1848)王氏刻本　四冊

410000－2206－0003892　12－05522

增訂河間試律矩八卷　（清）紀曉嵐（紀昀）著　清嘉慶九年(1804)刻本　一冊　存二卷(一至二)

410000－2206－0003893　12－05523

會試硃卷光緒庚寅不分卷　（清）□□輯　清刻本　一冊

410000－2206－0003894　72070－1

曾南豐文集四卷　（宋）曾鞏輯　清宣統二年(1910)上海會文堂石印本　二冊

410000－2206－0003895　72923－6

藝風堂文集七卷外篇一卷　繆荃孫撰　清光緒二十七年(1901)刻本　四冊

410000－2206－0003896　72927－8

顗顏室詩稿四卷　李瀚昌著　清宣統元年(1909)石印本　二冊

410000－2206－0003897　12－05529

中州課吏錄不分卷　（清）田蘭芳著　清康熙二十九年(1690)刻本　二冊

410000－2206－0003898　12－05530

輶軒語七卷　（清）張之洞著　清光緒三年(1877)刻本　三冊

410000－2206－0003899　12－05531

重訂會試同年齒錄不分卷　（清）□□撰　清同治刻本　三冊

410000－2206－0003900　82544－9

補造化軒試帖十八卷　（清）蔡壽祺著　清光緒八年(1882)京師刻本　六冊

410000－2206－0003901　82550－7

八銘塾鈔初集八卷　（清）吳懋政編　清光緒三年(1877)京都擷華書局鉛印本　八冊

410000－2206－0003902　82558－67

八銘塾鈔初集六卷二集六卷　（清）吳懋政編　清乾隆四十八年(1783)文德堂刻本　十冊

410000－2206－0003903　82568－73

八銘塾鈔初集六卷二集六卷　（清）吳懋政編　清末令德堂刻本　六冊

410000－2206－0003904　82580－2

八銘塾鈔初集六卷　（清）吳懋政編　清末綠蔭堂刻本　三冊

410000－2206－0003905　82576－9

八銘塾鈔二集六卷　（清）吳懋政編　（清）葉伯葒注　清嘉慶十六年(1811)刻本　四冊

410000－2206－0003906　82574－5

名賢手劄不分卷 （清）郭慶藩輯　清光緒十三年(1887)上海鴻文書局石印本　二冊

410000－2206－0003907　82583－90

八科鄉會墨醹不分卷 （清）杜聯選評　清咸豐九年(1859)求是齋刻本　八冊

410000－2206－0003908　82591－622

憑山閣增輯留青新集三十卷 （清）陳枚選　清康熙四十七年(1708)刻本　三十二冊

410000－2206－0003909　82624－6

培遠堂手札節存三卷 （清）陳宏謀著　清同治三年(1864)射雕山館刻本　三冊

410000－2206－0003910　82623

蒲編堂訓蒙草詳註不分卷 （清）路德撰　清道光十七年(1837)善成堂刻本　一冊

410000－2206－0003911　82634－81

名家制義四十八卷 （清）俞長城編　清乾隆三年(1738)刻本　四十八冊

410000－2206－0003912　82632－3

名媛尺牘二卷 （清）陳遹輯　清刻本　二冊

410000－2206－0003913　82682－5

明賢尺牘四卷 （清）王元勳　（清）程化驥輯　清光緒二十六年(1900)仁和許氏榆園刻本　二冊

410000－2206－0003914　82684－7

明文才調集不分卷 （清）許振褘編集　清光緒十七年(1891)大梁東河行署刻本　四冊

410000－2206－0003915　82688－9

明道書院鈔存五卷 （清）黃恕軒撰　清光緒二十五年(1899)刻本　二冊

410000－2206－0003916　82690－1

名人尺牘一卷國朝尺牘一卷 （清）梁同書輯（清）馮瑜刻石　清光緒十七年(1891)石印本　二冊

410000－2206－0003917　82692－3

目耕齋讀本不分卷 （清）徐楷評注　（清）沈叔眉選刊　清道光十八年(1838)文奎堂刻本二冊

410000－2206－0003918　35744－51

沈文肅公政書七卷首一卷 沈葆楨撰　清光緒十八年(1892)刻本　八冊

410000－2206－0003919　35752－56

盛世危言五卷 鄭觀應著　清光緒二十二年(1896)上海書局石印本　五冊

410000－2206－0003920　35757－61

盛世危言續編三卷 （清）杞憂生輯　清光緒二十四年(1898)上海書局石印本　五冊

410000－2206－0003921　35795－6

蘇文忠公奏議二卷 （宋）蘇軾撰　清嘉慶十八年(1813)曾氏刻本　二冊

410000－2206－0003922　12－05555

臺垣疏稿一卷 （清）丁壽昌撰　清同治四年(1865)刻本　一冊

410000－2206－0003923　12－05556

王文敏公奏疏不分卷 （清）王懿榮撰　清宣統三年(1911)江寧印刷廠鉛印本　一冊

410000－2206－0003924　35797－800

吳宮保公奏議六卷 （清）吳其濬撰　清光緒七年(1881)江蘇節署鉛印本　四冊

410000－2206－0003925　35792－4

曾惠敏公奏疏六卷 （清）曾紀澤撰　清光緒十九年(1893)江南製造總局刻曾惠敏公遺集本　三冊

410000－2206－0003926　12－05559

曾中堂原奏清單一卷 （清）曾國藩撰　清末刻本　一冊

410000－2206－0003927　12－05560

浙省鐵路始末述略一卷 （清）孫誦洛等撰清宣統二年(1910)鉛印本　一冊

410000－2206－0003928　35709－16

同治光緒中興奏議八卷 （清）陳弢輯　清光緒元年(1875)京都小酉山房刻本　八冊

410000－2206－0003929　35717－24

同治光緒中興奏議八卷　（清）陳弢輯　清光
緒元年（1875）經訓堂刻本　八冊

410000－2206－0003930　12－05563
祝大宗伯疏稿不分卷　（清）祝慶蕃撰　清光
緒四年（1878）刻本　一冊

410000－2206－0003931　12－05564
祝大宗伯疏稿不分卷　（清）祝慶蕃撰　清光
緒刻本　一冊

410000－2206－0003932　35790
奏摺譜不分卷　（清）饒旬宣纂　清光緒十三
年（1887）京都松華齋刻本　一冊

410000－2206－0003933　12－05566
左文襄公奏疏初編三十八卷續編七十六卷三
編六卷　（清）左宗棠撰　（清）羅大春輯　清
光緒十六年（1890）上海圖書集成局鉛印本
四冊　存二十七卷（初編一至五、十二至二十
四、三十至三十八）

410000－2206－0003934　35770－8912－0
左文襄公奏疏初編三十八卷續編七十六卷三
編六卷　（清）左宗棠撰　（清）羅大春輯　清
光緒十六年（1890）上海圖書集成局鉛印本
二十冊　缺八卷（初編三十一至三十八）

410000－2206－0003935　44372
奉節保甲團練章程一卷　（清）呂新撰　清同
治十一年（1872）刻本　一冊

410000－2206－0003936　12－05569
閣學公文稿拾遺一卷　（清）袁保齡撰　清宣
統三年（1911）清芬閣鉛印本　一冊

410000－2206－0003937　12－05570
河南公立中等蠶桑實業學堂章程不分卷
（清）河南中等蠶桑實業學堂編　清光緒三十
二年（1906）鉛印本　一冊

410000－2206－0003938　12－05571
河南實業社會札文告示章程一卷　（清）河南
布政使司編輯　清光緒三十三年（1907）鉛印
本　一冊

410000－2206－0003939　12－05573

河朔學會公啟及章程一卷　（清）河朔學會編
輯　清末刻本　一冊

410000－2206－0003940　12－05574
河朔學會公啟及章程一卷　（清）河朔學會編
輯　清末刻本　一冊

410000－2206－0003941　46787
華洋義振會報告不分卷　（英國）竇樂安編譯
清光緒三十三年（1907）鉛印本　一冊

410000－2206－0003942　12－05576
江西辦理交涉及民教詞訟檔案四卷　馮汝騤
編　清末刻本　三冊　存三卷（二至四）

410000－2206－0003943　46894
教育統計圖表不分卷　（清）學部總務司編
清光緒三十四年（1908）鉛印本　一冊

410000－2206－0003944　35231－40
經遼疏牘十卷　（明）熊廷弼著　清光緒湖北
通志局刻本　十冊

410000－2206－0003945　48221－4
欽定學堂章程不分卷　（清）張百熙編　清光
緒三十年（1904）鉛印本　四冊

410000－2206－0003946　35791
曾胡批牘不分卷　（清）曾國藩　（清）胡林翼
撰　清宣統三年（1911）上海廣智書局鉛印本
一冊

410000－2206－0003947　48366－9
政事彙存不分卷　（清）□□撰　清宣統二年
（1910）上海商務印書館鉛印本　四冊

410000－2206－0003948　12－05582
中州創辦女學公啟一卷附錄簡章一卷　（清）
中州女學堂編　清刻本　一冊

410000－2206－0003949　12－05583
奏定初等小學堂章程一卷　（清）京師官書局
編　清京師官書局鉛印本　二冊

410000－2206－0003950　12－05584
奏定初等小學堂章程一卷　（清）京師官書局
編　清京師官書局鉛印本　一冊

410000 – 2206 – 0003951　12 – 05585

奏定中學堂章程一卷　（清）京師官書局編
清京師官書局鉛印本　一冊

410000 – 2206 – 0003952　35762 – 9

奏定學堂章程不分卷　（清）張百熙等編　清
光緒二十九年（1903）刻本　八冊

410000 – 2206 – 0003953　44369 – 71

保甲書四卷　（清）徐棟輯　清道光二十八年
（1848）刻本　三冊

410000 – 2206 – 0003954　44183 – 85

保甲書四卷　（清）徐棟輯　清道光二十八年
（1848）刻本　三冊

410000 – 2206 – 0003955　44203 – 5

保甲書四卷　（清）徐棟輯　清道光二十八年
（1848）刻本　三冊

410000 – 2206 – 0003956　44235 – 37

保甲書四卷　（清）徐棟輯　清同治四年
（1865）刻本　三冊

410000 – 2206 – 0003957　82694 – 5

目耕齋二刻不分卷　（清）沈叔眉選　（清）徐
楷評　清道光十一年（1831）文奎堂刻本
二冊

410000 – 2206 – 0003958　82696 – 703

**目耕齋讀本初刻不分卷二刻不分卷三刻不分
卷**　（清）沈叔眉輯　（清）徐楷評注　清光緒
十四年（1888）寶華堂刻本　八冊

410000 – 2206 – 0003959　82706 – 7

馬中丞書牘二卷　（清）馬丕瑤撰　清光緒二
十五年（1899）馬氏家廟刻本　二冊

410000 – 2206 – 0003960　82708 – 9

**夢園制藝六卷律賦一卷試帖一卷經藝一卷書
藝一卷**　（清）劉曾錄著　清光緒二十年
（1894）刻本　二冊　存六卷（夢園制藝六卷）

410000 – 2206 – 0003961　82714 – 7

樊山判牘四卷　樊增祥撰　清末法政學社石
印本　四冊

410000 – 2206 – 0003962　82734 – 43

樊山政書二十卷　樊增祥撰　清宣統二年
（1910）上海政學社鉛印本　十冊

410000 – 2206 – 0003963　82744 – 7

分類詩腋八卷　（清）李楨編　清道光二十年
（1840）酉山堂刻本　四冊

410000 – 2206 – 0003964　83348

分類文腋八卷　（清）李楨選注　清嘉慶二十
五年（1820）刻本　一冊　存一卷（一）

410000 – 2206 – 0003965　82764

分類代言四卷　題（清）爾爾墊人撰　清刻本
一冊

410000 – 2206 – 0003966　82775 – 80

分韻詩賦題解統編一百六卷　（清）王景曾編
清光緒二十年（1894）上海寶善書局石印本
六冊

410000 – 2206 – 0003967　82784 – 9

讀書作文譜十二卷父師善誘法二卷　（清）唐
彪輯著　清康熙三十八年（1699）刻本　六冊

410000 – 2206 – 0003968　82790

搭題易讀一卷小題易讀一卷　（清）史鑑輯
清咸豐十年（1860）刻本　一冊　存一卷（搭
題易讀一卷）

410000 – 2206 – 0003969　82791 – 5

對聯滙海十四卷　（清）邱日虹編輯　清同治
二年（1863）敬業堂刻本　五冊

410000 – 2206 – 0003970　82796 – 805

大題文府二集不分卷　題（清）選讀書齋主人
撰　清光緒十五年（1889）石印本　十冊

410000 – 2206 – 0003971　82806 – 19

道光戊戌科會試硃不分卷　（清）□□輯　清
道光十九年（1839）刻本　十四冊

410000 – 2206 – 0003972　82820 – 1

澹香齋試帖輯注二卷　（清）王廷紹撰　清道
光元年（1821）刻本　二冊

410000 – 2206 – 0003973　82822 – 5

天崇百篇二卷　（清）吳懋政評選　清末吳氏
刻本　四冊

410000－2206－0003974　82826－8

陶廬雜憶不分卷　金武祥撰　清光緒二十四年(1898)刻本　三冊

410000－2206－0003975　82829

桃江日記二卷(清道光十一年至十二年)　(清)武穆淳著　清道光十三年(1833)偃師武氏刻本　一冊

410000－2206－0003976　82830－3

暖春書屋時文略一卷詩刪三卷試律偶存一卷　（清)方俊撰　清同治五年(1866)宏運書院刻本　四冊

410000－2206－0003977　72915－8

義門先生集十二卷附錄一卷　(清)何焯撰(清)吳雲等輯　清宣統三年(1911)中華圖書館影印本　四冊

410000－2206－0003978　72919－22

義門先生集十二卷附錄一卷　(清)何焯撰(清)吳雲等輯　清宣統三年(1911)中華圖書館影印本　四冊

410000－2206－0003979　72937－9

彝壽軒詩鈔十二卷　(清)張應昌著　清同治二年(1863)刻本　三冊　存十卷(一至十)

410000－2206－0003980　72940－51

儀衛軒文集十二卷外集一卷詩集五卷遺書一卷大意尊聞三卷附錄一卷　(清)方東樹著方儀衛先生年譜一卷　(清)鄭福照輯　清同治七年(1868)刻本　十二冊

410000－2206－0003981　72952－63

儀衛軒文集十二卷外集一卷詩集五卷遺書一卷大意尊聞三卷附錄一卷　(清)方東樹著方儀衛先生年譜一卷　(清)鄭福照輯　清同治七年(1868)刻本　十二冊

410000－2206－0003982　72964

一漚集詩鈔六卷　(清)董威著　清咸豐、同治間刻本　一冊

410000－2206－0003983　72965

漪香山館文集一卷　吳曾祺著　清宣統二年

(1910)上海商務印書館鉛印本　一冊

410000－2206－0003984　72968－9

怡志堂文初編六卷　(清)朱琦撰　清同治四年(1865)刻本　二冊

410000－2206－0003985　72970

亦有秋齋詩鈔四卷　(清)鈕福疇著　清道光二十六年(1846)刻本　一冊

410000－2206－0003986　72971－6

宜略識字齋全集十四卷　(清)王敬之著　清道光二十七年(1847)刻本　六冊

410000－2206－0003987　72977－8

尹和靖先生文集四卷　(宋)尹焞撰　清康熙三十三年(1694)刻本　二冊

410000－2206－0003988　72979

粵吟不分卷　(清)許道基著　清乾隆二十一年(1756)刻本　一冊

410000－2206－0003989　72980－3

野香亭集不分卷　(清)李孚青撰　清末刻本四冊

410000－2206－0003990　74559

野香亭集不分卷　(清)李孚青撰　清末刻本一冊

410000－2206－0003991　12－05625

國朝先正事略六十卷　(清)李元度編纂　清同治五年(1866)循陔草堂刻本　二十四冊

410000－2206－0003992　72991－2

姚文敏公遺稿九卷奏議補缺一卷　(明)姚夔撰　校勘記一卷　(清)袁昶撰　清光緒二十四年(1898)桐廬袁氏刻漸西村舍彙刊本二冊

410000－2206－0003993　72993

畫延年室詩稿六卷詩餘三卷遊吳草一卷新安消夏唱酬草一卷小蓬萊吟館酬唱草一卷牌舞燈詞一卷　(清)袁起撰　清咸豐六年(1856)刻本　一冊　存四卷(詩餘三卷、游吳草一卷)

410000－2206－0003994　72994－5

又希齋集四卷　（清）沈范孫著　清咸豐三年
(1853)始言堂沈氏刻本　二冊

410000－2206－0003995　12－05629
歷代名臣言行錄二十四卷　（清）朱桓編　清
光緒二十八年(1902)上海鴻寶書局鉛印本
十二冊

410000－2206－0003996　12－05630
歷代名臣言行錄二十四卷　（清）朱桓編　清
光緒二十八年(1902)上海鴻寶書局鉛印本
八冊　存十七卷(一至九、十二至十五、二十
至二十一、二十三至二十四)

410000－2206－0003997　73002
有深致軒集四卷　（清）劉遵海著　（清）劉曾
騄編　清光緒十二年(1886)刻本　一冊

410000－2206－0003998　73033－4
游定夫先生集六卷首一卷末一卷　（宋）游酢
撰　清同治六年(1867)和州官舍刻本　二冊

410000－2206－0003999　73041－51
有恆心齋集六種　（清）程鴻詔撰　清同治刻
本　十一冊　存四種二十七卷

410000－2206－0004000　73052
有正味齋賦稿一卷　（清）吳錫麒撰　清咸豐
三年(1853)刻本　一冊

410000－2206－0004001　73053－6
有正味齋詩集十六卷詩續集八卷詞集八卷詞
續集二卷駢體文二十四卷駢體文續集八卷外
集五卷　（清）吳錫麒撰　清嘉慶十三年
(1808)吳氏刻本　四冊

410000－2206－0004002　83652－61
有正味齋集三十三卷　（清）吳錫麒撰　清刻
本　十冊

410000－2206－0004003　73057－62
有正味齋駢體文二十四卷　（清）吳錫麒撰
清嘉慶十三年(1808)吳氏刻本　六冊

410000－2206－0004004　73063－70
有正味齋全集二十四卷　（清）吳錫麒撰　清
嘉慶十三年(1808)五風樓刻本　八冊

410000－2206－0004005　70088－93
增補第六才子書釋解八卷末一卷　（元）王德
信撰　（明）唐伯虎(唐寅)編次　清文盛堂刻
本　六冊

410000－2206－0004006　72164－9
蔡中郎集十卷外紀一卷外集四卷　（漢）蔡邕
撰　列傳一卷年表一卷　（清）高均儒輯　清
咸豐二年(1852)楊氏海源閣刻本　六冊

410000－2206－0004007　72158－61
從野堂存稿八卷外集一卷首一卷末一卷
（明）繆昌期著　清同治十三年(1874)刻本
四冊

410000－2206－0004008　72150－7
存研樓文集十六卷　（清）儲大文撰　清光緒
元年(1875)刻本　八冊

410000－2206－0004009　72146－9
存素堂詩薰十三卷文薰四卷補遺一卷　（清）
錢寶琛著　清同治七年(1868)刻本　四冊

410000－2206－0004010　72135－42
存悔齋集二十八卷外集四卷　（清）劉鳳誥著
清道光十年(1830)刻本　八冊

410000－2206－0004011　72129－34
洹詞十二卷　（明）崔銑撰　明趙府味經堂刻
本　六冊

410000－2206－0004012　72109－27
萃錦唫十八卷　（清）奕訢著　清光緒十一年
(1885)刻本　十九冊

410000－2206－0004013　72653
嵩南詩集十卷　（清）胡禮篋著　清道光十九
年(1839)刻本　一冊　存三卷(一至三)

410000－2206－0004014　73071－5
有正味齋續集二十卷　（清）吳錫麒撰　清嘉
慶二年(1797)刻本　五冊

410000－2206－0004015　73090－7
有正味齋詩集十六卷詩續集八卷詞集八卷詞
續集二卷駢體文二十四卷駢體文續集八卷外
集五卷　（清）吳錫麒著　清咸豐九年(1859)

刻本　八冊　存二十四卷(駢體文二十四卷)

410000 － 2206 － 0004016　73108 － 16
有正味齋詩賦合編十卷　(清)吳錫麒著　清
道光八年(1828)同文堂刻本　九冊

410000 － 2206 － 0004017　73076 － 81
游薦山先生集四卷首一卷末一卷　(宋)游酢
著　清乾隆三十七年(1772)薦山書院刻本
六冊

410000 － 2206 － 0004018　70954 － 9
中州名賢文表三十卷　(明)劉昌輯　**續中州
名賢文表六十八卷**　邵松年輯　清光緒三十
年(1904)鴻文書局石印本　六冊　存三十卷
(中州名賢文表三十卷)

410000 － 2206 － 0004019　70960 － 81
中州名賢文表三十卷　(明)劉昌輯　**續中州
名賢文表六十八卷**　邵松年輯　清光緒三十
年(1904)鴻文書局石印本　二十二冊　存六
十八卷(續六十八卷)

410000 － 2206 － 0004020　70982 － 8
中州名賢文表三十卷　(明)劉昌輯　**續中州
名賢文表六十八卷**　邵松年輯　清光緒三十
年(1904)鴻文書局石印本　七冊　存三十三
卷(中州名賢文表三十卷、續一至三)

410000 － 2206 － 0004021　12 － 05661
律例便覽八卷處分則例圖要六卷　(清)蔡嵩
年輯　清光緒元年(1875)刻本　二冊

410000 － 2206 － 0004022　45442 － 83
大清法規大全一百五十九卷　(清)政學社編
清宣統二年(1910)政學社石印本　四十
二冊

410000 － 2206 － 0004023　45625 － 32
大清教育新法令十三編　(清)商務印書館編
譯所編　清宣統二年(1910)商務印書館鉛印
本　八冊

410000 － 2206 － 0004024　12 － 05664
大清律講義二十卷　吉同鈞著　清宣統元年
(1909)法律館鉛印本　五冊

410000 － 2206 － 0004025　44787 － 96
大清律例三十九卷　(清)寶興等修　清咸豐
二年(1852)刻本　十冊

410000 － 2206 － 0004026　45505 － 624
大清律例按語一百四卷　(清)黃思彤編　清
道光二十七年(1847)海山仙館刻本　一百二
十冊

410000 － 2206 － 0004027　45673 － 704
**大清律例彙輯便覽四十卷督捕則例二卷五軍
道里表一卷三流道里表一卷**　(清)湖北讞局
彙輯　清同治十一年(1872)湖北讞局刻本
三十二冊

410000 － 2206 － 0004028　45705 － 736
**大清律例彙輯便覽四十卷督捕則例二卷五軍
道里表一卷三流道里表一卷**　(清)湖北讞局
彙輯　清同治十一年(1872)湖北讞局刻本
三十二冊

410000 － 2206 － 0004029　45737 － 768
**大清律例彙輯便覽四十卷督捕則例二卷五軍
道里表一卷三流道里表一卷**　(清)湖北讞局
彙輯　清同治十一年(1872)湖北讞局刻本
三十二冊

410000 － 2206 － 0004030　45769 － 792
大清律例增修統纂集成四十卷督補則例二卷
(清)姚雨薌(姚潤)纂　(清)胡仰山續纂
清咸豐九年(1859)刻本　二十四冊

410000 － 2206 － 0004031　12 － 05671
大清律例增修統纂集成四十卷督補則例二卷
(清)姚雨薌(姚潤)纂　(清)胡仰山續纂
清咸豐九年(1859)刻本　二十四冊

410000 － 2206 － 0004032　12 － 05672
大清律纂修條例不分卷　(清)刑部輯　清同
治九年(1870)刻本　一冊

410000 － 2206 － 0004033　45633 － 52
大清現行刑律案語一卷　沈家本等編　清宣
統元年(1909)法律館鉛印本　二十冊

410000 － 2206 － 0004034　45484 － 94

大清現行刑律三十六卷首一卷　沈家本等編
清宣統二年(1910)鉛印本　十一冊

410000－2206－0004035　45495－504

大清現行刑律三十六卷首一卷　沈家本等編
清宣統鉛印本　十冊

410000－2206－0004036　45653－72

大清現行刑律案語一卷　沈家本等編　清宣
統元年(1909)法律館鉛印本　二十冊

410000－2206－0004037　44797－802

大清新刑律二編　沈家本等編　清宣統二年
(1910)法政學社石印本　六冊

410000－2206－0004038　45794－811

大清民事訴訟律草案四編刑事訴訟律草案六
編　沈家本等編　清宣統二年(1910)上海政
學社鉛印本　十八冊

410000－2206－0004039　82834

念鞠齋時文賸稿不分卷　(清)薛鑫撰　清同
治九年(1870)金陵吳耀年刻本　一冊

410000－2206－0004040　82837

能與集不分卷　(清)李秬香評改　清刻本
一冊

410000－2206－0004041　82838－9

歷代策論約編不分卷　(清)孫葆田編　清光
緒二十七年(1901)麗澤堂刻本　二冊

410000－2206－0004042　82968－73

李文忠公朋僚函稿二十四卷　(清)李鴻章撰
(清)吳汝編編輯　清光緒二十八年(1902)
蓮池書社鉛印本　六冊

410000－2206－0004043　82974－5

劉忠介公人譜不分卷　(明)劉宗周著　清同
治七年(1868)吳興丁氏濟南公廨刻本　二冊

410000－2206－0004044　82984－7

六梅書屋尺牘四卷　(清)凌丹陛撰　清光緒
五年(1879)文淵堂刻本　四冊

410000－2206－0004045　82976－83

本朝應制琳琅集十卷首一卷　(清)鄒一桂選
評　清乾隆十九年(1754)鴻遠堂刻本　八冊

410000－2206－0004046　82988－9

兩浙宦遊紀略不分卷　(清)戴槃著　清同治
五年(1866)刻本　二冊

410000－2206－0004047　82991－2

洛學課餘偶鈔四卷首一卷末一卷　(清)黃舒
昺編　清光緒二十年(1894)刻本　二冊

410000－2206－0004048　82993－6

律賦標準八卷　(清)葉祺昌評選　清同治十
二年(1873)書業德記刻本　四冊

410000－2206－0004049　83016－8

國朝名人書劄二卷　吳曾祺編纂　清宣統元
年(1909)上海商務印書館鉛印本　三冊　缺
一卷(一下)

410000－2206－0004050　83019－25

國朝文才調集不分卷　(清)許振禕集評　清
光緒十七年(1891)大梁東河行署刻本　七冊

410000－2206－0004051　83026－45

國朝元墨正宗不分卷　(清)胡先琅論次　清
嘉慶十六年(1811)三多齋刻本　二十冊

410000－2206－0004052　83050－9

國朝三十五科同館詩賦解題七卷首一卷
(清)魏茂林輯　清同治三年(1864)文光書屋
刻本　十冊

410000－2206－0004053　83060－1

國朝歷科館選錄不分卷　(清)沈廷芳輯　清
乾隆十一年(1746)翰林院刻本　二冊

410000－2206－0004054　83046－9

關中書院詩課一卷　(清)路德編　清同治五
年(1866)聚盛堂刻本　四冊

410000－2206－0004055　83068－75

觀善堂課藝四集　(清)吳鴻恩選輯　清光緒
五年(1879)刻本　八冊

410000－2206－0004056　83084－96

格致書院課藝八卷　(清)王韜選輯　清光緒
二十三年(1897)上海書局石印本　十三冊

410000－2206－0004057　83103－13

曠視山房制藝不分卷　(清)丁守存撰　清同

治九年(1870)敦本堂刻本　十一冊

410000 – 2206 – 0004058　83114
河南優貢卷一卷　(清)李自辰撰　清宣統元年(1909)刻本　一冊

410000 – 2206 – 0004059　83115
河南鄉試墨卷一卷　(清)謝霈撰　清刻本　一冊

410000 – 2206 – 0004060　83169
湖舫課藝八集　(清)薛時雨輯　清同治六年(1867)刻本　一冊

410000 – 2206 – 0004061　83170
湖舫文會八集　(清)薛時雨輯　清同治六年(1867)刻本　一冊

410000 – 2206 – 0004062　83171
湖舫會課八集　(清)薛時雨輯　清同治六年(1867)刻本　一冊

410000 – 2206 – 0004063　83172
湖舫課藝八集　(清)薛時雨輯　清同治六年(1867)刻本　一冊

410000 – 2206 – 0004064　83173
會試第三房同門硃卷一卷　(清)□□輯　清光緒十六年(1890)刻本　一冊

410000 – 2206 – 0004065　83117 – 24
宦稿不分卷　(清)殷元福撰　清刻本　八冊

410000 – 2206 – 0004066　82748 – 51
試帖指南四卷　(清)張昶著　清同治七年(1868)文萃齋刻本　四冊

410000 – 2206 – 0004067　83432
試律標準二卷　(清)何桂清輯　清道光二十六年(1846)刻本　一冊

410000 – 2206 – 0004068　83125 – 8
黃山谷尺牘十卷　(宋)黃庭堅撰　清宣統元年(1909)石印本　四冊

410000 – 2206 – 0004069　83135
海豐吳氏試藝不分卷作文家法不分卷　吳重熹輯錄　清光緒七年(1881)刻本　一冊

410000 – 2206 – 0004070　83137 – 44
雞跖賦續刻三十卷　(清)應泰泉編輯　清同治十三年(1874)蘭言室刻本　八冊

410000 – 2206 – 0004071　83145
今文達中一卷　(清)王罕皆選評　清刻本　一冊

410000 – 2206 – 0004072　83146
今文小題童試達中一卷　(清)賈鍾麟評選　清道光十九年(1839)蔭香堂刻本　一冊

410000 – 2206 – 0004073　83157 – 62
近科全題新策法程不分卷　(清)劉坦之評點　清乾隆三十二年(1767)天藜閣刻本　六冊

410000 – 2206 – 0004074　83163 – 8
近十七科鄉會墨選不分卷　(清)吳鴻思選　清光緒十一年(1885)品文堂刻本　六冊

410000 – 2206 – 0004075　83174 – 81
近十一科鄉會墨醇不分卷　(清)韋明星編　清光緒五年(1879)求是齋刻本　八冊

410000 – 2206 – 0004076　83194
經義不分卷　(清)□□撰　清光緒二十四年(1898)蘭雪堂刻本　一冊

410000 – 2206 – 0004077　83230 – 9
經藝淵海不分卷　題(清)常安室主人輯　清光緒十一年(1885)上海點石齋石印本　十冊

410000 – 2206 – 0004078　12 – 05721
大清郵政章程　(清)郵政總署編　清光緒三十年(1904)天津廣興印書局鉛印本　一冊

410000 – 2206 – 0004079　44409 – 22
定例彙編不分卷　(清)□□撰　清咸豐元年至同治三年(1851 – 1864)刻本　十四冊

410000 – 2206 – 0004080　44397 – 408
定例線寬編不分卷　(清)□□撰　清刻本　十二冊

410000 – 2206 – 0004081　44426 – 29
冬官紀事一卷漢澤紀事一卷　(明)賀盛瑞撰　(明)賀仲軾輯　明萬曆四十四年(1616)刻本　四冊

410000－2206－0004082　12－05725

讀律一得歌四卷　（清）宗繼增撰　清光緒十四年(1888)刻本　二冊　存二卷(一至二)

410000－2206－0004083　51347－8

俄羅斯刑法十二卷　（清）薩蔭圖譯　清光緒京師官書局鉛印本　二冊

410000－2206－0004084　46630－39

欽定國子監則例四十五卷　（清）汪廷珍等修　清道光四年(1824)刻本　十冊

410000－2206－0004085　12－05728

禁煙條例一卷秋審條款一卷　沈家本等輯　清宣統二年(1910)鉛印本　一冊

410000－2206－0004086　46382－401

欽定吏部處分則例五十二卷　（清）吏部編　清刻本　二十冊

410000－2206－0004087　12－05730

劉文安公呆齋先生策略十卷　（明）劉定之撰　清初刻本　一冊　存一卷(五)

410000－2206－0004088　46622

陸清獻公宰嘉訓俗一卷　（清）陸隴其著　清光緒二年(1876)刻本　一冊

410000－2206－0004089　46615－21

律例便覽八卷處分則例圖要六卷　（清）蔡嵩年　（清）蔡逢年編　清光緒十二年(1886)河東督署刻本　七冊　存八卷(律例便覽八卷)

410000－2206－0004090　46623－25

律例便覽八卷處分則例圖要六卷　（清）蔡嵩年　（清）蔡逢年編　清咸豐九年(1859)刻本　六冊

410000－2206－0004091　46626－28

律例便覽八卷處分則例圖要六卷　（清）蔡嵩年　（清）蔡逢年編　清咸豐九年(1859)刻本　六冊

410000－2206－0004092　47835

秦疆治略不分卷　（清）盧坤撰　清刻本　一冊

410000－2206－0004093　47806－9

410000－2206－0004093（秋審比較條款五卷）　沈家本等編　清光緒三十二年(1906)刻本　四冊

410000－2206－0004094　47810

秋審實緩比較條款不分卷　（清）謝誠鈞撰　清光緒四年(1878)江蘇書局刻本　一冊

410000－2206－0004095　47811－34

秋審實緩比較成案二十四卷　（清）林恩綬輯　清光緒七年(1881)京都琉璃廠刻本　二十四冊

410000－2206－0004096　12－05740

日本警察法概要不分卷　（□）□□撰　清光緒鉛印本　一冊

410000－2206－0004097　48873－5

日本民事訴訟法一卷民法一卷商法一卷　（清）□□譯　清末油印本　三冊

410000－2206－0004098　48869－71

日本鐵路法規彙纂六卷　唐寶鍔輯譯　清宣統二年(1910)石印本　三冊

410000－2206－0004099　46266－77

唐律疏義三十卷　（唐）長孫無忌等撰　清光緒十六年(1890)刻本　十二冊

410000－2206－0004100　46258－65

唐律疏義三十卷　（唐）長孫無忌等撰　**洗冤錄五卷**　（宋）宋慈撰　清光緒十七年(1891)刻本　八冊

410000－2206－0004101　50995－8

萬國公法四卷　（美國）丁韙良譯　清同治三年(1864)京都崇實館刻本　四冊

410000－2206－0004102　12－05746

萬國公法提要四卷附錄一卷　張鳳臺輯　清光緒三十年(1904)石印本　一冊

410000－2206－0004103　48045－8

核訂現行刑律不分卷　沈家本等輯　清宣統元年(1909)鉛印本　四冊

410000－2206－0004104　48049－50

核訂現行刑律不分卷　沈家本等編　清宣統元年(1909)鉛印本　二冊

410000 – 2206 – 0004105　48106 – 85

刑案彙覽六十卷首一卷末一卷續增十六卷
(清)祝慶祺編　清道光十四年(1834)慎思堂
刻本　八十冊

410000 – 2206 – 0004106　48191 – 6

刑部通行條例六卷　(清)刑部編　清同治八
年(1869)刻本　六冊

410000 – 2206 – 0004107　48255

鍾雲亭中丞聽訟緝匪條約不分卷　(清)鍾雲
亭輯　清同治六年(1867)刻本　一冊

410000 – 2206 – 0004108　48190

補宋書刑法志一卷食貨志一卷　(清)郝懿行
撰　清嘉慶二十年(1815)刻本　一冊

410000 – 2206 – 0004109　48186

刑名一得二卷　(清)白如珍編輯　清道光十
二年(1832)刻本　一冊

410000 – 2206 – 0004110　48187 – 9

增訂刑錢指掌四卷　(清)沈辛田等編　清乾
隆二十四年(1759)京都琉璃廠寶名堂刻本
三冊

410000 – 2206 – 0004111　48889

在官法戒錄摘鈔四卷　(清)陳宏謀編輯
(清)劉筆紳摘鈔　清同治七年(1868)楚北崇
文書局刻五種遺規摘鈔本　一冊

410000 – 2206 – 0004112　46801 – 2

安瀾紀要二卷迴瀾紀要二卷　(清)徐端撰
清道光二十二年(1842)豫省聚文齋刻本
二冊

410000 – 2206 – 0004113　50921 – 25

直隸五道成規五卷　(清)工部編　清乾隆八
年(1743)刻本　五冊

410000 – 2206 – 0004114　38979 – 83

令節編珠十二卷首一卷末一卷　(清)郭塽輯
清嘉慶十一年(1806)桂蘭軒刻本　五冊

410000 – 2206 – 0004115　38984 – 88

令節編珠十二卷首一卷末一卷　(清)郭塽輯
清嘉慶十一年(1806)桂蘭軒刻本　五冊

410000 – 2206 – 0004116　83246

戚價人傳文不分卷　(清)李樸村選　清道光
十四年(1834)刻本　一冊

410000 – 2206 – 0004117　83255 – 62

巧搭網珊不分卷　(清)□□輯　清光緒十二
年(1886)上海點石齋石印本　八冊

410000 – 2206 – 0004118　83267 – 8

曲園四書文二卷續刻一卷　(清)俞樾著　清
光緒十九年(1893)刻本　二冊

410000 – 2206 – 0004119　83269

惜抱軒尺牘八卷　(清)姚鼐撰　(清)陳用光
編輯　清光緒三十四年(1908)廣智書局鉛印
本　一冊

410000 – 2206 – 0004120　83271 – 7

小題正鵠三集不分卷　(清)李元度編輯　清
同治十二年(1873)刻本　七冊

410000 – 2206 – 0004121　83278 – 83

小題正鵠三集不分卷　(清)李元度輯　清光
緒八年(1882)益元堂刻本　六冊

410000 – 2206 – 0004122　83284

小題正鵠二集不分卷　(清)李元度編輯　清
光緒七年(1881)經文堂刻本　一冊

410000 – 2206 – 0004123　83285

小題正鵠二集不分卷　(清)李元度編輯　清
道光二十六年(1846)經元堂刻本　一冊

410000 – 2206 – 0004124　83288

弦歌書院課藝不分卷　(清)楊彥修著　清光
緒九年(1883)刻本　一冊

410000 – 2206 – 0004125　83291

香蘋試帖一卷小芙蓉幕詩餘一卷　(清)李家
瑞著　清同治元年(1862)刻本　一冊

410000 – 2206 – 0004126　81253

作義要訣一卷　(元)倪士毅撰　清刻本
一冊

410000 – 2206 – 0004127　83201 – 29

經史辨體不分卷　(清)徐與喬編　清敦化堂
刻本　二十九冊

410000－2206－0004128　82704－5

目耕齋三刻不分卷　（清）徐楷評註　（清）沈叔眉輯　清刻本　二冊

410000－2206－0004129　82257－60

繪像第七才子書琵琶記六卷　（元）高明撰　清末文宣書局石印本　四冊

410000－2206－0004130　81567－90

笠翁十二種曲　（清）李漁編次　清宏道堂刻本　二十四冊

410000－2206－0004131　81451－6

貫華堂第六才子書八卷　（元）王實甫撰　（清）金人瑞批點　清大中堂刻本　六冊

410000－2206－0004132　11－05780

羅忠節公遺集八卷　（清）羅澤南著　清刻本　三冊　存五卷（一至五）

410000－2206－0004133　81327－8

隨園詩話十六卷　（清）袁枚著　清末上海鴻寶書局石印本　二冊

410000－2206－0004134　81048－55

而菴說唐詩二十二卷首一卷　（清）徐增述　清康熙九誥堂刻本　八冊

410000－2206－0004135　80398－405

文選六十卷　（南朝梁）蕭統選　（唐）李善注　清刻本　八冊

410000－2206－0004136　83289

新科鄉會墨裁不分卷　（清）葉錫林評選　清刻本　一冊

410000－2206－0004137　83290

熊襄愍公書牘一卷　（明）熊廷弼撰　**明史本傳一卷**　清光緒三十四年（1908）上海廣智書局鉛印本　一冊

410000－2206－0004138　12－05793

辛亥恩科直省鄉墨不分卷　（清）□□輯　清刻本　一冊

410000－2206－0004139　12－05794

直省鄉墨崇實不分卷　題（清）小蕃輯評　清刻本　一冊

410000－2206－0004140　70005－16

惜抱軒全集十種　（清）姚鼐著　清同治五年（1866）省心閣刻本　十二冊

410000－2206－0004141　70017－32

惜抱軒全集十種　（清）姚鼐著　清同治五年（1866）省心閣刻本　十六冊

410000－2206－0004142　70033－52

惜抱軒全集十種　（清）姚鼐著　清同治五年（1866）省心閣刻本　二十冊

410000－2206－0004143　70053－76

惜抱軒全集十種　（清）姚鼐著　清同治五年（1866）省心閣刻本　二十四冊

410000－2206－0004144　83297－8

直省鄉墨萃珍不分卷　（清）任筱蕃選　清光緒復合堂刻本　二冊

410000－2206－0004145　83307

直省鄉墨葉中不分卷　（清）任金如選　清光緒十一年（1885）復合堂刻本　一冊

410000－2206－0004146　79660－69

評注才子古文大家十七卷歷朝九卷　（清）金聖嘆（金人瑞）選評　（清）王之績評注　清文成堂書坊刻本　十冊

410000－2206－0004147　11－05803

黃勉齋先生文集八卷　（宋）黃榦撰　（清）張伯行訂　清同治五年（1866）正誼書院刻正誼堂全集本　一冊　存二卷（七至八）

410000－2206－0004148　35385－96

皇朝經世文三編八十卷　（清）陳忠倚輯　清末石印本　十二冊　存六十卷（十六至二十、二十六至八十）

410000－2206－0004149　83433－6

試律青雲集四卷　（清）楊逢春輯　清道光十一年（1831）聚三堂刻本　四冊

410000－2206－0004150　83299－302

直省鄉墨文的不分卷續編不分卷　（清）趙霖彙集　清道光二十六年（1846）刻本　四冊

410000－2206－0004151　83303－5

中州課吏錄不分卷 （清）瑞良輯 清光緒二十九年（1903）刻本 三冊

410000－2206－0004152 83308－15

制義約選二編 （清）李錫瓚編 清道光四年（1824）蘇州掃葉山房刻本 八冊

410000－2206－0004153 83325－47

初學辨體不分卷 （清）徐與喬編 清康熙十七年（1678）刻本 二十三冊

410000－2206－0004154 83350－2

出使英法義比四國日記六卷（清光緒十六年元月至十七年二月） （清）薛福成撰 清光緒二十二年（1896）上海圖書集成印書局鉛印本 三冊

410000－2206－0004155 83353－62

雲林別墅纂輯酌世錦囊書啟續編四卷家禮纂要續編五卷對聯雋句續編五卷天下路程二卷 （清）鄒可庭輯 清末崇讓堂刻本 十冊

410000－2206－0004156 83363－72

椏華館試帖彙鈔輯注十卷 （清）路德撰 清道光二十七年（1847）刻本 十冊

410000－2206－0004157 83373－90

程墨所見集八卷 （清）王步青評 清乾隆十年（1745）文盛堂刻本 十八冊

410000－2206－0004158 83391－4

時藝階不分卷 （清）路德選輯 清道光三十年（1850）刻本 四冊

410000－2206－0004159 83395－6

記過齋藏書七種 （清）蘇源生輯 清咸豐、光緒間鄢陵蘇氏刻本 二冊 存二種六卷

410000－2206－0004160 83490

詩聯擷芳四卷 （清）陳同門輯 清經緯堂刻本 一冊

410000－2206－0004161 83398－401

新刻四民便用分類細註捷用珠璣書柬活套二集四卷 （清）□□輯 清刻本 四冊

410000－2206－0004162 83402－21

塾課分編註釋八集 （清）王步青編 清乾隆

五十一年（1786）經正堂刻本 二十冊

410000－2206－0004163 83422－3

雙桂堂時文稿不分卷 （清）紀大奎著 清刻本 二冊

410000－2206－0004164 83424－31

增廣試帖詩海三十二卷 （清）畢沅輯 清光緒十九年（1893）上海積山書局石印本 八冊

410000－2206－0004165 83461－8

試帖詩十四卷 （清）□□輯 清光緒二十年（1894）袖海山房石印本 八冊

410000－2206－0004166 83449－52

試帖玉芙蓉集四卷 題（清）同文書局主人選輯 清光緒十年（1884）上海同文書局石印本 四冊

410000－2206－0004167 83453－60

重訂增廣試帖玉芙蓉七卷 題（清）希古室主人輯 清光緒十六年（1890）上海鴻寶書局石印本 八冊

410000－2206－0004168 83441－8

試帖長城集八卷 （清）袁榘編 清道光三年（1823）崇文堂刻本 八冊

410000－2206－0004169 83648－51

雅正文約四集 （清）舒享熙評選 清同治十二年（1873）刻本 四冊

410000－2206－0004170 83662－4

有正味齋試帖詳註四卷 （清）吳錫麒著 清道光二十九年（1849）刻本 三冊

410000－2206－0004171 83668－71

吟香堂試帖分韻詳註四卷 （清）饒向榮著 清嘉慶十九年（1814）聚錦堂刻本 四冊

410000－2206－0004172 83674－7

楹聯叢話十二卷續話四卷 （清）梁章鉅輯 清道光二十年（1840）桂林署齋刻本 四冊

410000－2206－0004173 83679－4

楹聯叢話十二卷續話四卷 （清）梁章鉅輯 清道光二十二年（1842）長沙府署刻本 六冊

410000 – 2206 – 0004174　83774

滂喜齋叢書五十種　（清）許宗衡著　（清）潘
祖蔭編　清同治、光緒間吳縣潘氏京師刻本
　一冊　存二種二卷

410000 – 2206 – 0004175　83781 – 4

韞山堂時文三集不分卷　（清）管世銘著　清
光緒六年(1880)湖南書局刻本　四冊

410000 – 2206 – 0004176　83785 – 7

韞山堂時文集不分卷　（清）管世銘著　清光
緒六年(1880)湖南書局刻本　三冊

410000 – 2206 – 0004177　83788 – 93

韞山堂時文三集不分卷　（清）管世銘著　清
同治二年(1863)群玉閣刻本　六冊

410000 – 2206 – 0004178　83794

韞山堂時文三集不分卷　（清）管世銘著　清
道光三年(1823)刻本　一冊

410000 – 2206 – 0004179　83694 – 7

五經樓小題拆字不分卷　（清）山仲甫等輯
清嘉慶二十年(1815)蘇州書業堂刻本　四冊

410000 – 2206 – 0004180　83698

務本堂塾課續編不分卷　（清）李冠群撰　清
光緒四年(1878)文德堂刻本　一冊

410000 – 2206 – 0004181　83699 – 721

文園梯雲二十三卷　（清）王廣斌編　清光緒
十一年(1885)刻本　二十三冊

410000 – 2206 – 0004182　83723

問心齋試帖詳註二卷　（清）高亥泉著　清同
治十年(1871)刻本　一冊

410000 – 2206 – 0004183　12 – 05847

萬國歷史彙編一百卷　（清）江子雲輯　清光
緒二十九年(1903)上海官書局石印本　十冊
　　　存六十二卷(一至四、六至十五、三十一至
四十四、六十二至八十二、八十八至一百)

410000 – 2206 – 0004184　中州 00017

郝瑞泉先生事略一卷　（清）郝醴撰　清光緒
抄本　一冊

410000 – 2206 – 0004185　80354 – 9

文選六十卷　（南朝梁）蕭統選　（唐）李善注
　考異十卷　（清）胡克家撰　清末上海鴻文
書局石印本　六冊

410000 – 2206 – 0004186　83437 – 40

試律青雲集四卷　（清）楊逢春輯　清道光十
一年(1831)崇錦堂刻本　四冊

410000 – 2206 – 0004187　83469

試帖百篇最豁解四卷　（清）王澤洼評注　清
同治四年(1865)刻本　一冊

410000 – 2206 – 0004188　83474 – 5

茹古山房試帖初集不分卷　（清）田依渠著
清同治十一年(1872)刻本　二冊

410000 – 2206 – 0004189　83476 – 9

榕村制義二集不分卷　（清）李光地撰　清刻
本　四冊

410000 – 2206 – 0004190　83480

榕村韻書五卷字畫辨訛二卷　（清）李光地撰
　清道光九年(1829)刻本　一冊

410000 – 2206 – 0004191　83481 – 8

仁在堂全集十一集續刻三集　（清）路德評選
　清光緒十八年(1892)積山書局石印本
八冊

410000 – 2206 – 0004192　83493 – 4

紫陽書院課藝不分卷　（清）駱金藻編　清同
治六年(1867)刻本　二冊

410000 – 2206 – 0004193　83491 – 2

紫藤軒文稿不分卷　（清）莫瞻菉著　清咸豐
七年(1857)刻本　二冊

410000 – 2206 – 0004194　83499 – 505

尊經書院課藝四刻六卷　（清）薛時雨撰　清
光緒五年(1879)刻本　七冊　缺一卷(六)

410000 – 2206 – 0004195　83506 – 7

澤古齋文鈔三卷　（清）吳士模著　清道光十
九年(1839)刻本　二冊

410000 – 2206 – 0004196　83317 – 24

曾文正公家書八卷　（清）曾國藩撰　清光緒
五年(1879)傳忠書局刻曾文正公全集本

八冊

410000－2206－0004197　83550

奏摺譜一卷　（清）饒旬宣纂　清光緒十六年
(1890)京都善成堂刻本　一冊

410000－2206－0004198　83551

從軍日記不分卷(清咸豐元年三月至二年二
月)　（清）丁守存撰　清同治元年(1862)鄂
省文秀書坊刻本　一冊

410000－2206－0004199　83552

從軍日記不分卷(清咸豐元年三月至二年二
月)　（清）丁守存撰　清同治元年(1862)鄂
省文秀書坊刻本　一冊

410000－2206－0004200　83553

從軍日記不分卷(清咸豐元年三月至二年二
月)　（清）丁守存撰　清同治元年(1862)鄂
省文秀書坊刻本　一冊

410000－2206－0004201　83554－7

策學全璧四卷　（清）劉之屏輯纂　清同治元
年(1862)京都琉璃廠刻本　四冊

410000－2206－0004202　83558－63

策問新編六卷　題（清）荷香書屋編　清光緒
五年(1879)北京琉璃廠刻本　六冊

410000－2206－0004203　83564－7

采真彙藁四卷　（清）檀萃著　（清）曾力行箋
注　清乾隆四十二年(1777)刻本　四冊

410000－2206－0004204　79656－9＊12＊＊
3－2

采真彙藁四卷　（清）檀萃撰　（清）曾力行箋
注　清乾隆四十二年(1777)刻本　四冊

410000－2206－0004205　83569－88

欽定四書文選不分卷　（清）方苞等編　清末
刻本　二十冊

410000－2206－0004206　83589－612

欽定四書文選不分卷　（清）方苞輯　清乾隆
四年(1739)刻本　二十四冊

410000－2206－0004207　83613－6

蘇黃尺牘二種　（清）黃始輯　清末刻本

四冊

410000－2206－0004208　83617－20

蘇東坡尺牘八卷　（宋）蘇軾著　清宣統元年
(1909)上海掃葉山房石印本　四冊

410000－2206－0004209　83621－3

宋人經義約鈔三卷　（清）孫葆田選評　清光
緒二十八年(1902)覃懷翰墨堂刻本　三冊

410000－2206－0004210　83624－6

宋人經義約鈔三卷　（清）孫葆田選評　清光
緒二十八年(1902)覃懷翰墨堂刻本　三冊

410000－2206－0004211　83627－9

宋人經義約鈔三卷　（清）孫葆田選評　清光
緒二十八年(1902)覃懷翰墨堂刻本　三冊

410000－2206－0004212　83630－2

宋人經義約鈔三卷　（清）孫葆田選評　清光
緒二十八年(1902)覃懷翰墨堂刻本　三冊

410000－2206－0004213　83633

宋人經義約鈔三卷　（清）孫葆田選　清光緒
二十七年(1901)宛南書院刻本　二冊

410000－2206－0004214　83635－40

三元秘授六卷　（明）張溥撰　清光緒元年
(1875)刻本　六冊

410000－2206－0004215　83642－5

儀衛軒文集十二卷外集一卷詩集五卷遺書一
卷大意尊聞三卷附錄一卷　（清）方東樹著
方儀衛先生年譜一卷　（清）鄭福照輯　清同
治七年(1868)刻本　四冊　存十四卷(文集
十二卷、外集一卷、年譜一卷)

410000－2206－0004216　83646－7

以約山房詩稿二卷　（清）易元善著　清光緒
二十一年(1895)刻本　二冊

410000－2206－0004217　39005－16

日涉編十二卷　（明）陳堦輯　清康熙二十七
年(1688)刻本　十二冊

410000－2206－0004218　38989－9004

月令粹編二十四卷　（清）秦嘉謨編　清嘉慶
十七年(1812)江都秦氏刻本　八冊

410000－2206－0004219　38997－39004

月令粹編二十四卷　（清）秦嘉謨編　清嘉慶十七年(1812)江都秦氏刻本　八冊

410000－2206－0004220　88602－8

孟子集註七卷　（宋）朱熹撰　清刻本　七冊

410000－2206－0004221　88616－25

孟子正義三十卷　（清）焦循撰　清道光五年(1825)刻本　十冊

410000－2206－0004222　88626－32

孟子讀法附記十四卷　（清）周人麟著　清道光四年(1824)刻本　七冊

410000－2206－0004223　88633－6

孟子讀法附記十四卷　（清）周人麟著　清嘉慶二十年(1815)刻本　四冊

410000－2206－0004224　88642

四書集編二十六卷　（宋）真德秀撰　清留香室刻本　二冊　存二種十一卷

410000－2206－0004225　88643－6

大學章句句解四卷　（清）王親學輯　清道光二十一年(1841)三槐堂刻本　四冊

410000－2206－0004226　88647－50

大中遵註集解三卷　（清）韓濬輯　清光緒二十二年(1896)刻本　四冊

410000－2206－0004227　88651

讀孟子劄記二卷　（清）羅澤南著　清咸豐九年(1859)刻本　一冊

410000－2206－0004228　88579－80

標孟七卷　（清）汪有光評　（清）汪有聲校　清光緒十三年(1887)刻本　二冊

410000－2206－0004229　64456－7

樸麗子二卷　（清）馬時芳著　清光緒二十一年(1895)大梁證性書屋刻本　二冊

410000－2206－0004230　64458

普通學歌訣不分卷　（清）張一鵬撰　清光緒二十六年(1900)中西小學堂刻本　一冊

410000－2206－0004231　64459－60

名言彙鑑四卷　（清）呂永輝輯　清光緒二年(1876)中州呂氏篤實堂刻本　二冊

410000－2206－0004232　64461－2

名言彙鑑四卷　（清）呂永輝輯　清光緒二年(1876)中州呂氏篤實堂刻本　二冊

410000－2206－0004233　64464－5

明儒粹語四卷　（清）楊聲達著　清道光三十年(1850)刻本　二冊

410000－2206－0004234　64469

目耕堂筆記不分卷　（清）王嗣邵著　清光緒二十年(1894)刻本　一冊

410000－2206－0004235　64470

蒙師箴言不分卷　（清）方瀏生撰　清光緒三十一年(1905)刻本　一冊

410000－2206－0004236　64471

蒙師箴言不分卷　（清）方瀏生撰　清光緒三十一年(1905)刻本　一冊

410000－2206－0004237　12－05913

萬國通商史九章　（英國）瑣米爾士撰　清光緒南洋公學譯書院鉛印本　一冊

410000－2206－0004238　60403－52

佩文韻府一百六卷韻府拾遺一百六卷　（清）張玉書等纂　清光緒十三年(1887)上海點石齋石印本　六十冊

410000－2206－0004239　60453－502

佩文韻府一百六卷韻府拾遺一百六卷　（清）張玉書等纂　清光緒十三年(1887)上海點石齋石印本　六十冊

410000－2206－0004240　60503－26

佩文韻府一百六卷韻府拾遺一百六卷　（清）張玉書等纂　清光緒十九年(1893)上海點石齋石印本　二十四冊

410000－2206－0004241　60527－50

佩文韻府一百六卷韻府拾遺一百六卷　（清）張玉書等纂　清光緒二十四年(1898)上海點石齋石印本　二十四冊

410000－2206－0004242　60551－660

佩文韻府一百六卷　（清）張玉書等纂　清康熙五十年（1711）內府刻本　一百十冊　缺六卷（五至七、九十九至一百一）

410000 – 2206 – 0004243　64472 – 3

婦學一卷　（清）章學誠著　清光緒二十一年（1895）敬親堂刻本　二冊

410000 – 2206 – 0004244　64474 – 7

弟子箴言十六卷　（清）胡達源著　清道光十五年（1835）刻本　四冊

410000 – 2206 – 0004245　64478 – 81

弟子箴言十六卷　（清）胡達源撰　清光緒二十四年（1898）京都官書局刻本　四冊

410000 – 2206 – 0004246　12 – 05924

黃河流域山水土谷表一卷　（□）□□撰　清抄本　一冊

410000 – 2206 – 0004247　64490

程氏家塾讀書分年日程三卷　（元）程端禮撰　清同治八年（1869）江蘇書局刻本　一冊

410000 – 2206 – 0004248　12 – 05926

武英殿本二十三史考證不分卷　（清）孫嘉淦等撰　清刻本　二十冊

410000 – 2206 – 0004249　64503 – 12

大學衍義四十三卷　（宋）真德秀撰　清光緒二十三年（1897）新化三味堂刻本　十冊

410000 – 2206 – 0004250　64513 – 20

大學衍義四十三卷　（宋）真德秀撰　清同治十三年（1874）金陵書局刻本　八冊

410000 – 2206 – 0004251　56176 – 223

本草綱目五十二卷　（明）李時珍撰　萬方鍼線八卷　（清）蔡烈先編　清乾隆三十二年（1767）三樂齋刻本　四十八冊

410000 – 2206 – 0004252　56224 – 71

本草綱目五十二卷　（明）李時珍撰　萬方鍼線八卷　（清）蔡烈先編　清道光十五年（1835）務本堂刻本　四十八冊

410000 – 2206 – 0004253　56284 – 331

本草綱目五十二卷　（明）李時珍撰　萬方鍼線八卷　（清）蔡烈先編　清乾隆四十九年（1784）書業堂刻本　四十八冊

410000 – 2206 – 0004254　56332 – 79

本草綱目五十二卷瀕湖脈學一卷奇經八脈考一卷　（明）李時珍撰　萬方鍼線八卷藥品總目一卷　（清）蔡烈先編　清乾隆四十九年（1784）書業堂刻本　四十八冊

410000 – 2206 – 0004255　56380 – 91

本草綱目五十二卷瀕湖脈學一卷奇經八脈考一卷　（明）李時珍撰　萬方鍼線八卷藥品總目一卷　（清）蔡烈先編　清宣統元年（1909）上海經香閣石印本　十二冊

410000 – 2206 – 0004256　56392 – 4

本草從新十八卷　（清）吳儀洛撰　清光緒二十年（1894）學庫山房刻本　三冊　存十三卷（一至二、八至十八）

410000 – 2206 – 0004257　56395 – 8

增訂本草備要四卷　（清）汪昂著　清光緒七年（1881）刻本　四冊

410000 – 2206 – 0004258　56399 – 404

脈草經絡五種會編　（清）汪昂輯　清光緒十七年（1891）文成堂刻本　六冊

410000 – 2206 – 0004259　56405 – 7

神農本草經讀四卷　（清）陳念祖著　清南雅堂刻本　三冊　存三卷（一至三）

410000 – 2206 – 0004260　56408

本草問答二卷　（清）唐宗海著　清光緒三十四年（1908）上海千頃堂書局石印中西匯通醫書五種本　一冊

410000 – 2206 – 0004261　88597 – 8

孟子讀本二卷　（清）王汝謙輯評　清同治十三年（1874）刻本　二冊

410000 – 2206 – 0004262　88652 – 3

陸批四書不分卷　（清）陸思誠撰　清光緒十一年（1885）同文書局石印本　二冊

410000 – 2206 – 0004263　88658 – 61

論語集註十卷　（宋）朱熹撰　清寶恕堂刻本

四冊

410000－2206－0004264　88662－3

論語注二十卷　（清）戴望注　清同治十年
(1871)刻本　二冊

410000－2206－0004265　88664－73

論語後案二十卷　（清）黃式三撰　清光緒九
年(1883)浙江書局刻本　十冊

410000－2206－0004266　88674－9

論語後案二十卷　（清）黃式三著　清道光二
十四年(1844)魯岐峯木活字印本　六冊

410000－2206－0004267　88680－5

論語正義二十四卷　（清）劉寶楠學　清同治
五年(1866)刻本　五冊

410000－2206－0004268　88692－7

論語古注集箋十卷論語考一卷　（清）潘維城
撰　清光緒七年(1881)江蘇書局刻本　六冊

410000－2206－0004269　64685

大中合一三編　（清）孫觀光著　清光緒二年
(1876)孫氏刻本　一冊

410000－2206－0004270　64686

大意尊聞三卷　（清）方東樹著　清同治五年
(1866)刻本　一冊

410000－2206－0004271　64687

大中一貫錄不分卷　（清）曹存存著　清嘉慶
十三年(1808)刻本　一冊

410000－2206－0004272　64699－702

大學衍義輯要六卷　（宋）真德秀撰　（宋）陳
宏謀纂輯　清刻本　四冊

410000－2206－0004273　60661－2

佩文詩韻釋要五卷　（清）周兆基輯　清同治
三年(1864)琉璃廠寶月齋刻本　二冊

410000－2206－0004274　60663

佩文詩韻釋要五卷　（清）周兆基輯　清同治
三年(1864)刻本　一冊

410000－2206－0004275　60670－789

太平御覽一千卷目錄十五卷　（宋）李昉撰

清嘉慶二十三年(1818)歙縣鮑崇城刻本　一
百二十冊

410000－2206－0004276　60790－885

太平御覽一千卷目錄十五卷　（宋）李昉纂
清光緒十八年(1892)南海李氏刻本　九十
六冊

410000－2206－0004277　60886－7

太平圖話姓氏綜四卷　（清）任若海著　清道
光二十一年(1841)武陟觀我堂刻本　二冊

410000－2206－0004278　60975－90

類林新詠三十六卷　（清）姚之駰撰　清乾隆
十六年(1751)刻本　十六冊

410000－2206－0004279　88702－4

漢詁纂十九卷　（漢）鄭玄注　（唐）孔穎達疏
（明）陳禹謨撰　清刻本　三冊

410000－2206－0004280　88705－10

四書集註二十一卷　（宋）朱熹撰　清刻本
六冊

410000－2206－0004281　88711－6

鄉黨圖考十卷　（清）江永編　清乾隆五十二
年(1787)致和堂刻本　六冊

410000－2206－0004282　88717－22

鄉黨圖考十卷　（清）江永編　清乾隆二十一
年(1756)富裕堂刻本　六冊

410000－2206－0004283　88723－6

鄉黨圖考十卷　（清）江永編　清乾隆五十二
年(1787)致和堂刻本　四冊

410000－2206－0004284　88731－2

古本大學輯解二卷中庸本解二卷　（清）楊亶
驊述　清同治四年(1865)刻本　二冊

410000－2206－0004285　88735－6

學庸噯語二卷　（清）耿垛口授　清雍正十三
年(1735)刻同治九年(1870)重修本　二冊

410000－2206－0004286　64719－30

大學衍義補輯要十二卷首一卷　（明）邱濬撰
（清）陳弘謀纂輯　清道光二十二年(1842)
寶恕堂刻本　十二冊

410000－2206－0004287　64752

聖祖仁皇帝庭訓格言一卷　（清）世宗胤禛述
清雍正八年(1730)刻本　一冊

410000－2206－0004288　64751

寶筠峯先生語錄不分卷　（清）寶靜庵（寶克
勤）輯　清光緒三十年(1904)刻本　一冊

410000－2206－0004289　64753－4

道一錄五卷　（清）張沐撰　清康熙五年
(1666)敦臨堂刻本　二冊

410000－2206－0004290　88739－40

中庸章句質疑二卷　（清）郭嵩燾著　清光緒
十六年(1890)思賢講舍刻本　二冊

410000－2206－0004291　88741－3

中庸章句句解三卷　（清）王親學輯　清道光
二十一年(1841)三槐堂刻本　三冊

410000－2206－0004292　88754－9

說四書四卷　（清）郭善鄰著　清嘉慶十六年
(1811)寶章堂刻本　六冊

410000－2206－0004293　88760－5

監本四書十九卷　（宋）朱熹集註　清嘉慶刻
本　六冊

410000－2206－0004294　88766－71

監本四書十九卷　（宋）朱熹集註　清光緒六
年(1880)掃葉山房刻本　六冊

410000－2206－0004295　88772－7

監本四書十九卷　（宋）朱熹集註　清聚文堂
刻本　六冊

410000－2206－0004296　88778－83

監本四書十九卷　（宋）朱熹集註　清乾隆十
五年(1750)亦致堂刻本　六冊

410000－2206－0004297　88784－90

四書集註十九卷　（宋）朱熹撰　清有益堂刻
本　七冊

410000－2206－0004298　64755

六諭敷言通俗六卷　（清）張沐著　清乾隆三
十二年(1767)敦臨堂刻本　一冊

410000－2206－0004299　64756

為學次第書六卷　（清）張沐著　清康熙十一
年(1672)敦臨堂刻本　一冊

410000－2206－0004300　64761－2

童蒙必讀書不分卷　（清）涂宗瀛集　清光緒
九年(1883)武昌書局刻本　二冊

410000－2206－0004301　64763－8

探本錄二十三卷　（清）雲茂琦著　清咸豐元
年(1851)刻本　六冊

410000－2206－0004302　64773－6

女學六卷　（清）藍鼎元編　清光緒二十六年
(1900)刻本　四冊

410000－2206－0004303　64777－8

女學六卷　（清）藍鼎元編　清光緒二十三年
(1897)京師刻本　二冊

410000－2206－0004304　64791－6

理學正宗十五卷　（清）寶克勤編輯　清光緒
四年(1878)刻本　六冊

410000－2206－0004305　64797

理學要旨不分卷　（清）耿介編輯　清康熙十
七年(1678)嵩陽書院刻本　一冊

410000－2206－0004306　64798－9

理學要旨不分卷　（清）耿介編輯　清康熙十
七年(1678)嵩陽書院刻本　二冊

410000－2206－0004307　64800－811

理學逢源十二卷　（清）汪紱集　清道光十八
年(1838)敬業堂刻本　十二冊

410000－2206－0004308　64812－17

理學宗傳辨正十六卷　（清）劉廷詔著　（清）
吳廷棟校訂　清同治十一年(1872)六安涂氏
求我齋刻洪氏唐石經館叢書本　六冊

410000－2206－0004309　64824

瘳忘編二卷續論一卷附後一卷　（清）李塨著
清光緒三十四年(1908)上海國學保存會鉛
印國粹叢書本　一冊

410000－2206－0004310　64829－32

程子十卷首一卷　（宋）程顥　（宋）程頤撰

（清）張伯行集解　清嘉慶二十四年（1819）程氏四箴堂刻本　四冊

410000－2206－0004311　88791－6

四書集註十九卷　（宋）朱熹撰　清同治十一年（1872）山東書局刻本　六冊

410000－2206－0004312　88797－806

四書集註十九卷　（宋）朱熹撰　清嘉慶刻本　十冊

410000－2206－0004313　88807－12

四書集註十九卷　（宋）朱熹撰　清同治三年（1864）浙江撫署刻本　六冊

410000－2206－0004314　88813－18

四書集註十九卷　（宋）朱熹撰　清同治三年（1864）浙江撫署刻本　六冊

410000－2206－0004315　88827－32

四書說十卷　（清）郝寧愚撰　清道光二十九年（1849）柘園刻本　六冊

410000－2206－0004316　88833－8

四書便抄十九卷　（宋）朱熹集註　清末三多齋刻本　六冊

410000－2206－0004317　88839－45

四書評本十九卷　（清）俞廷鑣撰　清同治十一年（1872）刻本　七冊

410000－2206－0004318　88846－51

四書讀本十九卷　（宋）朱熹集註　清光緒九年（1883）有益堂刻本　六冊

410000－2206－0004319　60991－1006

類林新詠三十六卷　（清）姚之駰撰注　清康熙四十六年（1707）刻本　十六冊

410000－2206－0004320　61007－10

龍文鞭影四卷　（明）蕭良有撰　清光緒十年（1884）文和堂刻本　四冊

410000－2206－0004321　61011－4

龍文鞭影四卷　（明）蕭良有撰　清光緒六年（1880）紫文閣刻本　四冊

410000－2206－0004322　61015－8

訓蒙四字經龍文鞭影初集二卷二集二卷　（明）蕭良有撰　清光緒十年（1884）文和堂刻本　四冊

410000－2206－0004323　61019－22

增注龍文鞭影五卷　（明）蕭良有　（明）劉有廉注　清末有益堂刻本　三冊

410000－2206－0004324　61027－32

古事比五十二卷　（清）方中德輯　清光緒十三年（1887）上海文盛堂石印本　六冊

410000－2206－0004325　61047－54

精選黃眉故事十卷　（明）鄧百拙彙編　清乾隆七年（1742）天德堂刻本　八冊

410000－2206－0004326　61055－6

經傳釋詞十卷　（清）王引之撰　清道光二十七年（1847）刻本　二冊

410000－2206－0004327　61057－8

金壺精粹四卷　（清）郝在田輯　清光緒二年（1876）京師松竹齋刻本　二冊

410000－2206－0004328　64845

綠畦晤言不分卷　（清）王慎餘撰　清光緒二十八年（1902）刻本　一冊

410000－2206－0004329　64846

綠畦晤言不分卷　（清）王慎餘撰　清光緒二十八年（1902）刻本　一冊

410000－2206－0004330　64849－52

呂子節錄四卷補遺二卷　（明）呂坤著　清光緒二十四年（1898）刻本　四冊

410000－2206－0004331　64855

呂氏家規不分卷　（清）呂□編　清刻本　一冊

410000－2206－0004332　64856

呂氏家規不分卷　（清）呂□編　清刻本　一冊

410000－2206－0004333　64858－9

晚邨先生家訓真蹟五卷　（清）呂留良撰　清末上海國學保存會鉛印本　二冊

410000－2206－0004334　64860－61

晚邨先生家訓真蹟五卷 （清）呂留良撰　清末上海國學保存會鉛印本　二冊

410000－2206－0004335　64862

呂近溪先生小兒語不分卷 （明）呂得勝撰　清末天津社會教育辦事處鉛印本　一冊

410000－2206－0004336　56410－13

脈經十卷 （晉）王叔和撰　清光緒十九年（1893）景蘇園刻本　四冊

410000－2206－0004337　11－06052

中西匯通醫書五種 （清）唐宗海撰　清光緒三十四年（1908）上海千頃堂書局石印本　十冊

410000－2206－0004338　56424－27

男科二卷女科二卷產後編二卷 （清）傅山撰　清光緒十三年（1887）湖北官書處刻本　四冊

410000－2206－0004339　56429

王洪緒先生外科證治全生不分卷 （清）王維德撰　清咸豐十一年（1861）武昌節署刻本　一冊

410000－2206－0004340　56430

傷寒審證表不分卷 （清）包誠纂　清同治十年（1871）湖北崇文書局刻本　一冊

410000－2206－0004341　56431－46

馮氏錦囊秘錄九種 （清）馮兆張纂輯　清宏道堂刻本　十六冊　存七種二十五卷

410000－2206－0004342　56448－56

東醫寶鑑二十三卷目錄二卷 （朝鮮）徐浚撰　清刻本　九冊　存八卷（外形篇一、三至四，親證篇六至十）

410000－2206－0004343　56457

達生編不分卷 題（清）亟齋居士著　清蘭州府署刻本　一冊

410000－2206－0004344　56459

痘科集要不分卷 （清）李代桀著　清光緒二十年（1894）刻本　五冊

410000－2206－0004345　61124－9

小學紺珠十卷 （宋）王應麟輯　清嘉慶刻本　六冊

410000－2206－0004346　61130

學文彙典不分卷 （清）鄭文煥輯　清雍正元年（1723）文光堂刻本　一冊

410000－2206－0004347　61147－58

初學記三十卷 （唐）徐堅等編　清刻本　十二冊

410000－2206－0004348　61159－64

春秋左傳釋人十二卷附錄一卷 （清）范照藜撰　清乾隆五十三年（1788）如不及齋刻本　六冊

410000－2206－0004349　61165－6

重訂春秋左傳類對賦不分卷 （宋）徐晉卿著　（清）高士奇注　清嘉慶十一年（1806）刻本　二冊

410000－2206－0004350　61168－71

事類賦三十卷 （宋）吳淑撰并注　清乾隆二十九年（1764）華氏劍光閣刻本　四冊

410000－2206－0004351　61172－75

事類賦三十卷 （宋）吳淑撰并注　清乾隆二十九年（1764）華氏劍光閣刻本　四冊

410000－2206－0004352　53998

了凡四訓不分卷 （明）袁黃撰　清光緒二十七年（1901）進修堂刻本　一冊

410000－2206－0004353　53999

了凡四訓不分卷 （明）袁黃撰　清光緒二十七年（1901）進修堂刻本　一冊

410000－2206－0004354　54000

了凡四訓不分卷 （明）袁黃撰　清光緒二十七年（1901）進修堂刻本　一冊

410000－2206－0004355　54010

古文卭巳錄不分卷 （清）李燾編　清道光八年（1828）楊國楨刻本　一冊

410000－2206－0004356　54011－5

閨範圖說四卷 （明）呂坤著　清刻本　五冊

410000－2206－0004357　54016－7

廣近思録十四卷　（清）張伯行輯　清光緒二
十年(1894)中州學署刻本　二冊

410000－2206－0004358　54018－9

廣近思録十四卷　（清）張伯行輯　清光緒二
十年(1894)中州學署刻本　二冊

410000－2206－0004359　54020－21

廣近思録十四卷　（清）張伯行輯　清光緒二
十年(1894)中州學署刻本　二冊

410000－2206－0004360　88874－913

四書大全四種　（明）胡廣等撰　清嘉會堂刻
本　四十冊

410000－2206－0004361　88914－5

四書體註十九卷　（清）范翔訂　清道光二年
(1822)漱芳軒刻本　二冊

410000－2206－0004362　88916－9

集虛齋四書口義十卷　（清）方楘如撰　清大
文堂刻本　四冊

410000－2206－0004363　88920－31

集虛齋四書口義十卷　（清）方楘如撰　清乾
隆五十三年(1788)書業堂刻本　十二冊

410000－2206－0004364　88932－4

四書或問三十九卷　（宋）朱熹撰　清同治十
二年(1873)刻本　三冊

410000－2206－0004365　88935－41

四書會解四種　（清）綦澧輯　清同治六年
(1867)刻本　七冊　存四種十五卷

410000－2206－0004366　88942－55

四書會解四種　（清）綦澧輯　清同治六年
(1867)務本堂刻本　十四冊　存四種二十卷

410000－2206－0004367　88956－79

四書會解四種　（清）綦澧輯　清光緒九年
(1883)還醇堂刻本　二十四冊　存四種三十
九卷

410000－2206－0004368　88980－92

四書恆解十一卷　（清）劉沅輯注　清光緒十
年(1884)豫誠堂刻本　十冊

410000－2206－0004369　54070

格言聯璧一卷　（清）金纓輯　清光緒六年
(1880)豫省朱聚文齋刻本　一冊

410000－2206－0004370　54071

格言聯璧一卷　（清）金纓輯　清光緒六年
(1880)豫省朱聚文齋刻本　一冊

410000－2206－0004371　54072

感述録六卷續録四卷　（明）趙維新著　清刻
本　一冊　存六卷(感述録六卷)

410000－2206－0004372　54073

困亨録約編二卷　（清）馬時芳輯　清道光九
年(1829)刻本　一冊

410000－2206－0004373　54075

孔叢子二卷　（漢）孔鮒著　清刻本　一冊

410000－2206－0004374　54095－9

孔子家語十卷　（三國魏）王肅注　清光緒十
六年(1890)上海同文書局石印本　五冊

410000－2206－0004375　54100－4

孔子家語十卷　（三國魏）王肅注　清光緒十
六年(1890)上海同文書局石印本　五冊

410000－2206－0004376　54105－8

孔子集語十七卷　（清）孫星衍撰　清光緒三
年(1877)浙江書局刻本　四冊

410000－2206－0004377　88990－5

四書記悟十四卷　（清）王汝謙著　（清）李堂
階評　**孟子論文二卷**　（清）王汝謙輯評　清
同治十年(1871)槐蔭書屋刻本　六冊

410000－2206－0004378　88996－88999

四書記悟十四卷　（清）王汝謙著　（清）李堂
階評　清同治十年(1871)槐蔭書屋刻本
四冊

410000－2206－0004379　89000－9003

四書記悟十四卷　（清）王汝謙著　（清）李堂
階評　清同治十年(1871)槐蔭書屋刻本
四冊

410000－2206－0004380　89004－9

四書記悟十五卷　（清）王汝謙著　（清）李堂

階評　清同治十年（1871）槐蔭書屋刻本
六冊

410000－2206－0004381　89010－5
四書集註十九卷　（宋）朱熹撰　清同治五年
（1866）金陵書局刻本　六冊

410000－2206－0004382　89018－23
四書集註十九卷　（宋）朱熹撰　清同治五年
（1866）金陵書局刻本　六冊

410000－2206－0004383　89024－28
四書近指二十卷　（清）孫奇逢纂　清康熙中
州學署刻本　五冊

410000－2206－0004384　89029－33
四書近指二十卷　（清）孫奇逢纂　清康熙中
州學署刻本　五冊

410000－2206－0004385　89034－38
四書近指二十卷　（清）孫奇逢纂　清康熙中
州學署刻本　五冊

410000－2206－0004386　89039－42
晚年批定四書近指十七卷　（清）孫奇逢纂
清同治三年（1864）孫世玟刻孫夏峰全集本
四冊

410000－2206－0004387　89043－46
晚年批定四書近指十七卷　（清）孫奇逢纂
清同治三年（1864）孫世玟刻孫夏峰全集本
四冊

410000－2206－0004388　89052－60
四書近指二十卷　（清）孫奇逢纂　清康熙中
州學署刻本　九冊

410000－2206－0004389　89061－65
四書近指二十卷　（清）孫奇逢纂　清康熙中
州學署刻本　五冊

410000－2206－0004390　89066－70
四書近指二十卷　（清）孫奇逢纂　清康熙中
州學署刻本　五冊

410000－2206－0004391　89071－75
四書近指二十卷　（清）孫奇逢纂　清康熙中
州學署刻本　五冊

410000－2206－0004392　89076－103
四書訓義三十六卷四書稗疏二卷　（清）王夫
之撰　清光緒十三年（1887）潞河啖柘山房刻
船山遺書本　二十八冊

410000－2206－0004393　89104－89131
四書訓義三十六卷四書稗疏二卷　（清）王夫
之撰　清光緒十三年（1887）潞河啖柘山房刻
船山遺書本　二十八冊

410000－2206－0004394　89132－59
四書訓義三十六卷四書稗疏二卷　（清）王夫
之撰　清光緒十三年（1887）潞河啖柘山房刻
船山遺書本　二十八冊

410000－2206－0004395　89160－5
四書釋義十九卷　（清）李沛霖撰　清雍正二
年（1724）文會堂刻本　六冊

410000－2206－0004396　61177－84
事類賦三十卷　（宋）吳淑撰注　清刻本
四冊

410000－2206－0004397　61176－87
廣事類賦四十卷　（清）華希閔著　清刻本
八冊

410000－2206－0004398　6123
事類賦三十卷　（宋）吳淑撰注　清嘉慶四年
（1799）劍光閣刻本　六冊

410000－2206－0004399　6124
廣事類賦四十卷　（清）華希閔著　清嘉慶四
年（1799）劍光閣刻本　四冊　存十五卷（一
至十五）

410000－2206－0004400　61204－9
事類賦三十卷　（宋）吳淑撰注　清嘉慶四年
（1799）劍光閣刻本　六冊

410000－2206－0004401　61210－19
廣事類賦四十卷　（清）華希閔著　清嘉慶四
年（1799）劍光閣刻本　十冊

410000－2206－0004402　61220－25
事類賦三十卷　（宋）吳淑撰注　清嘉慶四年
（1799）劍光閣刻本　六冊

410000－2206－0004403　61226－35

廣事類賦四十卷　（清）華希閔著　清嘉慶四年(1799)劍光閣刻本　十冊

410000－2206－0004404　61260－307

增補事類統編九十三卷首一卷　（宋）吳淑撰注　（清）黃葆真輯　清光緒石印本　四十八冊

410000－2206－0004405　61308－19

增補事類統編九十三卷首一卷　（宋）吳淑撰注　（清）黃葆真輯　清光緒十四年(1888)上海積山書局石印本　十二冊

410000－2206－0004406　54121

課子遺編一卷　（清）紀大奎修　清嘉慶十三年(1808)刻本　一冊

410000－2206－0004407　54122－5

課子隨筆節抄六卷　（清）張師載輯　（清）徐桐節抄　清同治十二年(1873)京都龍文齋刻本　四冊

410000－2206－0004408　54126－9

開知錄十四卷　（清）張秉直著　清光緒八年(1882)傳經堂刻本　四冊

410000－2206－0004409　54130

懷學編五卷　（清）王嵩德輯　清光緒三十年(1904)懷郡同善堂刻本　一冊

410000－2206－0004410　54131－2

漢儒通義七卷　（清）陳澧撰　清光緒十五年(1889)怡敬齋刻本　二冊

410000－2206－0004411　54138

家庭談話不分卷　（清）學部圖書局編　清光緒三十三年(1907)學部圖書局石印本　一冊

410000－2206－0004412　54139－40

家塾蒙求五卷　（清）康基淵輯　清咸豐七年(1857)文英堂刻本　二冊

410000－2206－0004413　89166－71

四書述要十九卷　（清）楊玉緒著　清嘉慶五年(1800)金陵集義堂刻本　六冊

410000－2206－0004414　89172－6

四書述要十九卷　（清）楊玉緒著　清乾隆二十五年(1760)刻本　五冊

410000－2206－0004415　89177－80

四書說約三十三卷　（明）鹿善繼著　清道光二十八年(1848)刻本　四冊

410000－2206－0004416　89181－92

四書約旨十九卷　（清）任啟運著　清光緒二十年(1894)浙江官書局刻本　十二冊

410000－2206－0004417　89194－7

四書反身錄八卷　（清）李顒著　清嘉慶二十二年(1817)文萃齋刻本　四冊

410000－2206－0004418　89271－8

四書考輯要二十卷　（清）陳宏謀輯　清乾隆三十六年(1771)培遠堂刻本　八冊

410000－2206－0004419　89279－84

四書摭餘說七卷　（清）曹之升輯　清嘉慶三年(1798)刻本　六冊

410000－2206－0004420　89285－304

四書益智錄二十卷　（清）桂含章輯　清光緒八年(1882)石埭務本堂刻本　六冊

410000－2206－0004421　54142－5

檢身錄十二卷　（明）邊有猷纂　清光緒五年(1879)寶善堂刻本　四冊　缺二卷(八至九)

410000－2206－0004422　54146－9

檢身錄十二卷　（明）邊有猷纂　清光緒五年(1879)寶善堂刻本　四冊　缺二卷(八至九)

410000－2206－0004423　54150－3

近思錄十四卷　（宋）朱熹撰　（清）江永集注　清光緒二十七年(1901)上海文瑞樓石印本　四冊

410000－2206－0004424　54154－9

朱子近思錄十四卷　（宋）朱熹撰　（清）朱顯祖輯　清康熙二十九年(1690)刻本　六冊

410000－2206－0004425　54160－3

近思錄十四卷　（宋）朱熹撰　（清）江永集注　清同治七年(1868)楚北崇文書局刻本　四冊

205

410000 – 2206 – 0004426　54164 – 8

五子近思錄發明十四卷　（宋）朱熹撰　（清）施璜纂注　清聚錦堂刻本　五冊

410000 – 2206 – 0004427　54169 – 72

近思錄集注十四卷　（宋）朱熹撰　（清）江永集注　清同治八年(1869)江蘇書局刻本　四冊

410000 – 2206 – 0004428　54173 – 8

近思錄集注十四卷　（宋）朱熹撰　（清）江永集注　清光緒十一年(1885)江西書局刻本　六冊

410000 – 2206 – 0004429　54179 – 80

近思錄集解十四卷　（宋）朱熹撰　（宋）葉采集解　（清）朱顯祖輯　清康熙二十九年(1690)刻本　二冊

410000 – 2206 – 0004430　54181 – 4

近思錄集解十四卷　（宋）朱熹撰　（宋）葉采集解　清刻本　四冊

410000 – 2206 – 0004431　56467 – 70

同壽錄四卷　（清）項天瑞輯　清道光二十八年(1848)東城司署刻本　四冊　存三卷(一至三)

410000 – 2206 – 0004432　56471

同仁堂藥目不分卷　（清）樂鳳鳴輯　清光緒三年(1877)同仁堂刻本　一冊

410000 – 2206 – 0004433　56473 – 74

新刊補注銅人腧穴鍼灸圖經五卷　（宋）王惟一編修　清宣統元年(1909)刻本　二冊

410000 – 2206 – 0004434　56475 – 77

胎產心法二卷　（清）閻純璽著　清咸豐六年(1856)汴省朱聚文齋刻本　三冊

410000 – 2206 – 0004435　56487 – 90

女科二卷產後編二卷　（清）傅山撰　清光緒十三年(1887)來鹿堂刻本　四冊

410000 – 2206 – 0004436　56491

難經本義二卷　（元）滑壽註　明刻本　一冊

410000 – 2206 – 0004437　56692

中藏經八卷　（漢）華佗撰　清刻本　一冊

410000 – 2206 – 0004438　56493 – 96

女科二卷產後編二卷　（清）傅山著　清光緒元年(1875)刻本　四冊

410000 – 2206 – 0004439　56497 – 99

圖注難經脈訣全集四種　（明）張世賢注　清光緒九年(1883)寶興堂刻本　三冊

410000 – 2206 – 0004440　61320 – 35

史姓韻編六十四卷　（清）汪輝祖撰　清光緒十年(1884)慈谿耕餘樓書局鉛印本　十六冊

410000 – 2206 – 0004441　61336 – 51

史姓韻編六十四卷　（清）汪輝祖輯　清光緒十年(1884)慈谿耕餘樓書局鉛印本　十六冊

410000 – 2206 – 0004442　61352 – 63

史姓韻編六十四卷　（清）汪輝祖撰　清光緒十年(1884)鉛印本　十二冊

410000 – 2206 – 0004443　61376 – 80

詩韻合璧五卷　（清）湯文潞撰　**虛字韻藪一卷**　（清）潘維城輯　清咸豐七年(1857)刻本　五冊

410000 – 2206 – 0004444　61381 – 5

詩韻合璧五卷　（清）湯文潞撰　**虛字韻藪一卷**　（清）潘維城輯　清咸豐七年(1857)刻本　五冊

410000 – 2206 – 0004445　61386 – 90

詩韻合璧五卷　（清）湯文潞撰　**虛字韻藪一卷**　（清）潘維城輯　清同治十二年(1873)善成堂刻本　五冊

410000 – 2206 – 0004446　61391 – 2

詩韻含英十八卷　（清）劉文蔚輯　清乾隆五十八年(1793)悔讀齋刻本　二冊

410000 – 2206 – 0004447　61393 – 7

詩韻珠璣五卷　（清）余照輯　清嘉慶五年(1800)刻本　五冊

410000 – 2206 – 0004448　61398 – 9

詩詞韻輯二種　（清）姚詩雅輯　清同治四年(1865)滑臺官舍刻本　二冊

410000－2206－0004449　61400－11

詩韻類錦十二卷　（清）郭化霖編　清咸豐十一年(1861)三讓堂刻本　十二冊

410000－2206－0004450　54185－8

近思錄集解十四卷　（宋）朱熹編　（宋）葉采集解　清文靖書院刻本　四冊

410000－2206－0004451　54189－92

近思錄集註十四卷　（宋）朱熹撰　（清）江永集註　清光緒十五年(1889)刻本　四冊

410000－2206－0004452　54193－6

近思錄集註十四卷　（宋）朱熹撰　（清）江永集註　清同治三年(1864)望三益齋刻本　四冊

410000－2206－0004453　54197－200

近思錄十四卷　（宋）朱熹撰　（清）江永集註　　**考訂朱子世家一卷**　（清）江永撰　清咸豐三年(1853)刻本　四冊

410000－2206－0004454　54201－5

近思錄集注十四卷　（宋）朱熹撰　（清）江永集注　清光緒元年(1875)香山何璟刻本　五冊

410000－2206－0004455　54206－9

近思錄集註十四卷　（宋）朱熹撰　（清）江永集註　清道光二十四年(1844)大梁書院刻本　四冊

410000－2206－0004456　54210

景瞻論草不分卷　（明）賀仲軾撰　清道光二年(1822)賀氏刻本　一冊

410000－2206－0004457　54212－9

涇野子内篇二十七卷　（明）呂柟著　清乾隆五年(1740)呂筠刻本　八冊

410000－2206－0004458　54220－2

菊潭講義四卷　（清）王滌心著　清咸豐四年(1854)尋樂書屋刻本　三冊

410000－2206－0004459　54229－32

淺近錄八卷　（清）張鑑輯　清同治八年(1869)東周慎思堂刻本　四冊

410000－2206－0004460　54236－39

強學錄類編四卷　（清）夏錫疇著　清道光十四年(1834)仕學齋刻本　四冊

410000－2206－0004461　54240－43

強學錄類編四卷　（清）夏錫疇著　清道光十四年(1834)仕學齋刻本　四冊

410000－2206－0004462　54244－7

國朝近思錄十四卷　（清）呂永輝輯　清光緒二十六年(1900)永城鶴湖呂氏刻本　二冊

410000－2206－0004463　54249－56

闕里述聞十四卷補一卷　（清）鄭曉如撰　清同治七年(1868)廣州華文堂刻本　八冊

410000－2206－0004464　54257－63

闕里述聞十四卷補一卷　（清）鄭曉如撰　清同治七年(1868)廣州華文堂刻本　七冊　存十二卷(一至十二)

410000－2206－0004465　54264－5

勸學篇二卷　（清）張之洞撰　清光緒二十四年(1898)金陵留香書屋刻本　二冊

410000－2206－0004466　89305－19

四書味根錄三十七卷　（清）金澂撰　清光緒十三年(1887)善成堂刻本　十五冊　缺二卷(中庸一至二)

410000－2206－0004467　89328－35

四書味根錄三十七卷　（清）金澂撰　清光緒十九年(1893)上海鴻寶書局石印本　八冊

410000－2206－0004468　89336－43

四書味根錄三十七卷　（清）金澂撰　清光緒二十年(1894)袖海山房石印本　八冊

410000－2206－0004469　89344－59

四書味根錄三十七卷　（清）金澂撰　清同治六年(1867)肆雅堂刻本　十六冊

410000－2206－0004470　89360－7

四書味根錄三十七卷　（清）金澂撰　清光緒十一年(1885)聚盛堂刻本　八冊

410000－2206－0004471　89368－75

四書味根錄三十七卷　（清）金澂撰　清光緒

十三年(1887)善成堂刻本　八冊

410000－2206－0004472　89376－91

四書味根錄三十七卷　（清）金澂撰　清光緒
八年(1882)經畬山房刻本　十六冊

410000－2206－0004473　89393－400

四書補註備旨十卷　（明）鄧林著　（清）杜定
基增訂　清上海廣益書局石印本　八冊

410000－2206－0004474　89417－24

四書補註備旨十卷　（明）鄧林著　（清）杜定
基增訂　清光緒九年(1883)善成堂刻本
八冊

410000－2206－0004475　89425－30

四書補註備旨十卷　（明）鄧林著　（清）杜定
基增訂　清光緒元年(1875)正文堂刻本
六冊

410000－2206－0004476　56500－05

圖注八十一難經辨真四卷脈訣辨真四卷脈訣
附方一卷瀕湖脈學一卷奇經八脈考一卷
（明）張世賢圖注　清光緒二十九年(1903)有
益堂刻本　六冊

410000－2206－0004477　56506－25

南雅堂醫書全集二十八種　（清）陳念祖輯
清光緒二十九年(1903)上海錦章書局石印本
二十冊

410000－2206－0004478　56533－34

林屋山人證治全生集二卷　（清）王維德撰
清光緒十六年(1890)刻本　二冊

410000－2206－0004479　56535

珍珠囊指掌補遺藥性賦四卷　（金）李杲編輯
清光緒二十年(1894)上海文瑞樓石印本
一冊

410000－2206－0004480　56536

雷公炮製藥性解六卷　（清）李中梓輯　清光
緒二十年(1894)上海文瑞樓石印本　一冊

410000－2206－0004481　56537－40

珍珠囊指掌補遺藥性賦四卷　（金）李杲編輯
雷公藥性賦六卷　（清）李中梓輯　清善成

堂刻本　四冊

410000－2206－0004482　56541－44

太醫院補遺本草歌訣雷公炮製八卷　（金）李
東垣(李杲)輯　（明）余應奎補遺　清康熙三
十五年(1696)漁古山房刻本　四冊

410000－2206－0004483　56559－68

補注黃帝內經素問二十四卷遺篇一卷靈樞十
二卷　（唐）王冰注　（唐）林億等校正　清光
緒三年(1877)浙江書局刻二十二子本　十冊

410000－2206－0004484　56569－78

補注黃帝內經素問二十四卷遺篇一卷靈樞十
二卷　（唐）王冰注　（唐）林億等校正　清光
緒三年(1877)浙江書局刻二十二子本　十冊

410000－2206－0004485　89439－44

四書補註備旨十卷　（明）鄧林著　（清）杜定
基增訂　清乾隆二十七年(1762)務本堂刻本
六冊

410000－2206－0004486　89445－50

四書補註備旨十卷　（明）鄧林著　（清）杜定
基增訂　清光緒元年(1875)有益堂刻本
六冊

410000－2206－0004487　89451－6

四書補註備旨十卷　（明）鄧林著　（清）杜定
基增訂　清光緒二十三年(1897)書業德記刻
本　六冊

410000－2206－0004488　89457－64

四書補註備旨十卷　（明）鄧林著　（清）杜定
基增訂　清光緒二十三年(1897)書業德記刻
本　八冊

410000－2206－0004489　89465－72

四書補註備旨十卷　（明）鄧林著　（清）杜定
基增訂　清宣統元年(1909)有益堂刻本
八冊

410000－2206－0004490　89473－8

四書補註備旨十卷　（明）鄧林著　（清）杜定
基增訂　清光緒五年(1879)三盛堂刻本
六冊

410000－2206－0004491　89479－84

四書補註備旨十卷　（明）鄧林著　（清）杜定
基增訂　清光緒十二年(1886)聚錦堂刻本
六冊

410000－2206－0004492　89485－90

四書補註備旨十卷　（明）鄧林著　（清）杜定
基增訂　清光緒泰山堂刻本　六冊

410000－2206－0004493　61412－3

詩韻集成十卷　（清）余照輯　清道光十七年
(1837)宏道堂刻本　二冊

410000－2206－0004494　61414－5

詩韻集成十卷　（清）余照輯　清道光三十年
(1850)三味堂刻本　二冊

410000－2206－0004495　61416－9

詩韻集成十卷　（清）余照輯　清光緒八年
(1882)寶芸堂刻本　四冊

410000－2206－0004496　61420－21

詩韻含英十四卷　（清）劉文蔚輯　清道光七
年(1827)武文齋刻本　二冊

410000－2206－0004497　61422

詩韻典要一卷　（清）劉漸逵撰　清咸豐二年
(1852)崇文堂刻本　一冊

410000－2206－0004498　61423－34

增廣詩句題解彙編三十二卷　（清）陳劍芝等
編　清光緒十一年(1885)聚盛堂刻本　十
二冊

410000－2206－0004499　61435－6

詩韻含英題解辨同合刻十卷　（清）甘蘭友輯
清嘉慶十年(1805)文林堂刻本　二冊

410000－2206－0004500　61441－6

尚友錄二十二卷　（明）廖用賢編　清光緒十
二年(1886)暢懷書屋銅活字印本　六冊

410000－2206－0004501　61447－62

校正尚友錄統編二十四卷　題(清)錢湖釣徒
編　清光緒二十九年(1903)通文書局石印本
十六冊

410000－2206－0004502　89498－503

四書補註備旨十卷　（明）鄧林著　（清）杜定
基增訂　清宣統元年(1909)有益堂刻本
六冊

410000－2206－0004503　89504－9

四書補註備旨十卷　（明）鄧林著　（清）杜定
基增訂　清宣統元年(1909)有益堂刻本
六冊

410000－2206－0004504　89530－45

四書大全摘要二十卷　（清）李武纂輯　清雍
正九年(1731)宏道堂刻本　十六冊

410000－2206－0004505　89546－65

四書大全摘要二十卷　（清）李武纂輯　清雍
正九年(1731)宏道堂刻本　二十冊

410000－2206－0004506　89570－74

四書讀註提耳十九卷　（清）耿埰著　清乾隆
元年(1736)屏山堂刻本　九冊　缺三卷(中
庸一卷、論語一至二)

410000－2206－0004507　89575－88

四書經註集證十九卷　（清）吳昌宗輯　清嘉
慶三年(1798)江都汪氏刻本　十四冊

410000－2206－0004508　89607－12

四書集註十九卷　（宋）朱熹撰　清慎詒堂刻
本　六冊

410000－2206－0004509　89619－25

四書集註十九卷　（宋）朱熹撰　清咸豐八年
(1858)崇文堂刻本　七冊

410000－2206－0004510　89626－31

新刻圈點四書章句集註十九卷　（清）李如桂
著　清宣統三年(1911)燕山清廉堂刻本
六冊

410000－2206－0004511　61469－74

人壽金鑑二十二卷　（清）程得齡輯　清光緒
元年(1875)湖北崇文書局刻本　六冊

410000－2206－0004512　61475－82

人壽金鑑二十二卷　（清）程得齡輯　清嘉慶
二十二年(1817)柳衣園刻本　八冊

410000－2206－0004513　61483

日省集類編二卷 （清）盛逢源輯 清道光元年(1821)刻本 一冊

410000－2206－0004514 61485－94

子史精華一百六十卷 （清）張廷玉等纂修 清光緒十三年(1887)上海積山書局石印本 十冊

410000－2206－0004515 61495－542

子史精華一百六十卷 （清）張廷玉等纂修 清雍正五年(1727)刻本 四十八冊

410000－2206－0004516 61543－73

子史精華一百六十卷 （清）張廷玉等纂修 清乾隆五十五年(1790)張松孫刻本 三十一冊

410000－2206－0004517 61574－9

三多齋重訂註釋彩眉故事十卷 （清）李舉條校正 清乾隆三十六年(1771)三多齋刻本 六冊

410000－2206－0004518 61580－3

四字類賦二十七卷 （清）張師載輯 清道光二十九年(1849)樂彼園刻本 四冊

410000－2206－0004519 61584－9

廣增四書典腋二十卷 （清）張維屏撰 清同治五年(1866)京都琉璃廠刻本 六冊

410000－2206－0004520 61590－5

廣增四書典腋二十卷 （清）張維屏撰 清同治五年(1866)京都琉璃廠刻本 六冊

410000－2206－0004521 54266

勸學篇二卷 （清）張之洞撰 清光緒二十四年(1898)河南書局刻本 一冊

410000－2206－0004522 54267

勸學淺語一卷 （清）沈源深著 清光緒二十五年(1899)福州致用書院刻本 一冊

410000－2206－0004523 54268

勸戒士子十則不分卷 （清）廖壽恒著 清光緒五年(1879)刻本 一冊

410000－2206－0004524 54269

勸學淺語一卷 （清）沈源深著 清光緒六年

(1880)求實書院刻本 一冊

410000－2206－0004525 54270

勸學約言二卷 （清）呂永輝輯 清光緒三十年(1904)明道書院刻本 一冊

410000－2206－0004526 54271

西銘一卷 （清）張星煥輯解 清康熙三十二年(1693)天樂堂刻本 一冊

410000－2206－0004527 54272

西川尤先生要語一卷 （明）孟化鯉輯 清刻本 一冊

410000－2206－0004528 54278

小兒語一卷女小兒語一卷續小兒語三卷 （明）呂得勝撰 清呂獲珮刻本 一冊

410000－2206－0004529 54282－8

小學弦歌八卷 （清）李元度著 清光緒二十八年(1902)經綸森寶刻本 七冊

410000－2206－0004530 61596－603

四書類典賦二十四卷 （清）甘紱著 清乾隆十一年(1746)刻本 八冊

410000－2206－0004531 61604－5

四書典制新穎三十五卷 （清）黃濟川輯 清同治八年(1869)馬氏刻本 二冊

410000－2206－0004532 61606－11

四書人物備考十二卷 （明）薛方山(薛應旂)輯 （明）陳仁錫增定 清雍正四年(1726)古吳維新堂刻本 六冊

410000－2206－0004533 61612－9

四書人物備考十二卷 （明）薛方山(薛應旂)輯 （明）陳仁錫增定 清乾隆五十九年(1794)刻本 八冊

410000－2206－0004534 61620－4

四書人物備考十二卷 （明）薛方山(薛應旂)輯 （明）陳仁錫增定 清光緒二十三年(1897)古吳三樂齋刻本 五冊

410000－2206－0004535 61625－32

四書人物備考十二卷 （明）薛方山(薛應旂)輯 （明）陳仁錫增定 清乾隆三十五年

(1770)積秀堂刻本　八冊

410000－2206－0004536　61633－44

四書人物類典串珠四十卷　（清）臧志仁編輯
清嘉慶四年（1799）刻本　十二冊

410000－2206－0004537　61645－56

四書人物類典串珠四十卷　（清）臧志仁輯
清嘉慶四年（1799）周錫堂刻本　十二冊

410000－2206－0004538　61657－68

四書人物類典串珠四十卷　（清）臧志仁輯
清光緒十五年（1889）寶典堂刻本　十二冊

410000－2206－0004539　61669－80

四書人物類典串珠四十卷　（清）臧志仁輯
清光緒十五年（1889）東昌聚盛堂刻本　十二冊

410000－2206－0004540　89632－7

四書章句集註十九卷　（宋）朱熹撰　清同治五年（1866）金陵書局刻本　六冊

410000－2206－0004541　89650－89

寄願堂四書玩註詳說四十卷　（清）冉覲祖輯
清康熙寄願堂刻本　四十冊

410000－2206－0004542　89690－729

寄願堂四書玩註詳說四十卷　（清）冉覲祖輯
清康熙寄願堂刻本　四十冊

410000－2206－0004543　89736－53

四書講義困勉錄三十七卷　（清）陸隴其輯
清乾隆四年（1739）嘉會堂刻本　十八冊

410000－2206－0004544　89754－73

四書講義困勉錄三十七卷　（清）陸隴其輯
清乾隆四年（1739）嘉會堂刻本　二十冊

410000－2206－0004545　89774－93

四書講義困勉錄三十七卷　（清）陸隴其輯
清乾隆四年（1739）嘉會堂刻本　二十冊

410000－2206－0004546　89794－809

四書古註群義彙解九種　（清）□□輯　清光緒十四年（1888）上海點石齋石印本　十六冊

410000－2206－0004547　89810－25

四書古註群義彙解九種　（清）□□輯　清光緒十九年（1893）上洋鴻寶書局石印本　十六冊

410000－2206－0004548　89826－41

四書古註群義彙解九種　（清）□□輯　清光緒二十九年（1903）上海澄衷學堂石印本　十六冊

410000－2206－0004549　54280

小兒語一卷女小兒語一卷續小兒語三卷
（明）呂得勝撰　清刻本　一冊

410000－2206－0004550　54281

小兒語一卷女小兒語一卷續小兒語三卷
（明）呂得勝撰　清刻本　一冊

410000－2206－0004551　54289－94

小學弦歌八卷　（清）李元度著　清光緒八年（1882）群玉閣刻本　六冊

410000－2206－0004552　54295－7

小學弦歌八卷　（清）李元度編　清光緒五年（1879）刻本　四冊

410000－2206－0004553　54298－302

小學弦歌八卷　（清）李元度撰　清光緒十九年（1893）鴻德堂刻本　五冊

410000－2206－0004554　54303－6

小學集解六卷　（清）張伯行纂　清同治十一年（1872）廣州郡署刻本　四冊

410000－2206－0004555　54307－8

小學集解六卷　（清）張伯行纂　清咸豐元年（1851）刻本　二冊

410000－2206－0004556　54309－10

小學集解六卷　（清）張伯行纂　清咸豐元年（1851）刻本　二冊

410000－2206－0004557　54313－4

小學集解六卷　（清）張伯行纂　清道光三十年（1850）大梁學署刻本　二冊

410000－2206－0004558　54315－8

小學集解六卷　（清）張伯行輯注　李蘭汀校訂　清光緒十三年（1887）陝西布政司刻本

四冊

410000－2206－0004559　54322－3

小學集注六卷　（宋）朱熹撰　（明）陳選注
清體元堂刻本　二冊

410000－2206－0004560　54324－26

小學集注六卷總論一卷附錄一卷　（宋）朱熹
撰　（明）陳選注　清同治二年（1863）刻本
三冊　缺一卷（附錄一卷）

410000－2206－0004561　54327－30

小學集注六卷總論一卷附錄一卷　（宋）朱熹
撰　（明）陳選注　清同治二年（1863）刻本
四冊

410000－2206－0004562　54335－39

小學集注六卷　（宋）朱熹撰　（明）陳選注
清乾隆五十三年（1788）文盛堂刻本　五冊

410000－2206－0004563　54340－4

小學集注六卷　（宋）朱熹撰　（明）陳選注
清慎詒堂刻本　五冊

410000－2206－0004564　54345－9

增訂小學體注六卷　（清）仇兆鰲輯　清康熙
三十六年（1697）九如堂刻本　五冊

410000－2206－0004565　54350－3

小學纂注六卷　（清）高愈撰　清光緒十四年
（1888）蘇州掃葉山房刻本　四冊

410000－2206－0004566　54354－5

小學義疏六卷　（清）尹嘉銓撰　清乾隆四十
年（1775）刻本　二冊

410000－2206－0004567　61681－4

四書人物類典串珠四十卷　（清）臧志仁輯
清光緒十九年（1893）寶善書局石印本　四冊

410000－2206－0004568　61685－6

文科大成四卷　（清）□□輯　清光緒十三年
（1887）上海積山書局石印本　二冊

410000－2206－0004569　61687－710

四書五經類典集成三十四卷　（清）戴兆春撰
　清光緒十四年（1888）同文書局石印本　二
十四冊

410000－2206－0004570　61711

三字鑑不分卷　（清）張時中著　清光緒三十
三年（1907）張氏刻本　一冊

410000－2206－0004571　61712－7

詞林分類次韻便讀三字錦九卷末一卷　（清）
趙瑄編　清道光二十二年（1842）宏道堂刻本
　六冊

410000－2206－0004572　61718－23

詞林分類次韻便讀三字錦九卷末一卷　（清）
趙瑄編　清道光二十二年（1842）趙氏家塾刻
本　六冊

410000－2206－0004573　61724－7

異號類編二十卷　（清）史夢蘭輯　清同治五
年（1866）止園刻本　四冊

410000－2206－0004574　61728－9

幼學歌五卷續編一卷　（清）王用臣編　清光
緒十一年（1885）深澤王氏刻本　二冊

410000－2206－0004575　61730－32

幼學歌五卷續編一卷　（清）王用臣編　清光
緒十一年（1885）深澤王氏刻本　三冊

410000－2206－0004576　61733－6

幼學須知句解四卷　（清）錢元龍校　清同治
六年（1867）金陵寶文書局刻本　四冊

410000－2206－0004577　54358

小學弦歌節鈔三卷　（清）劉永亭選輯　清光
緒三十一年（1905）小來青閣刻本　一冊

410000－2206－0004578　54376

小學或問一卷　（清）尹嘉銓輯　清同治十年
（1871）尊道堂刻本　一冊

410000－2206－0004579　54377

孝友堂家規一卷　（清）孫奇逢著　清道光二
十五年（1845）刻本　二冊

410000－2206－0004580　54378

孝友堂家規一卷　（清）孫奇逢著　清道光二
十五年（1845）刻本　一冊

410000－2206－0004581　54382

先正遺規四卷　（清）汪正集錄　清光緒十九

年(1893)浙江書局刻本　一冊　存二卷(一至二)

410000－2206－0004582　54383－4

國朝先正學規彙鈔一卷　(清)黃舒昺編　清光緒十九年(1893)中州學署邵松年刻本　二冊

410000－2206－0004583　54385－6

新書十卷　(漢)賈誼撰　(清)盧文弨校　清光緒元年(1875)浙江書局刻二十二子本　二冊

410000－2206－0004584　54390

新書十卷　(漢)賈誼著　清嘉慶刻本　一冊

410000－2206－0004585　54391

新序十卷　(漢)劉向撰　清嘉慶刻本　一冊

410000－2206－0004586　54392

新語二卷　(漢)陸賈著　清嘉慶刻本　一冊

410000－2206－0004587　54421－24

御纂性理精義十二卷　(清)李光地等纂　清道光三十年(1850)刻本　四冊

410000－2206－0004588　54431－36

御纂性理精義十二卷　(清)李光地等纂　清康熙五十六年(1717)尊經閣刻本　六冊

410000－2206－0004589　54437－42

御纂性理精義十二卷　(清)李光地等纂　清康熙五十六年(1717)尊經閣刻本　六冊

410000－2206－0004590　54443－48

御纂性理精義十二卷　(清)李光地等纂　清康熙五十六年(1717)尊經閣刻本　六冊

410000－2206－0004591　56579－86

黃帝内經素問靈樞合編十卷　(明)馬元臺(馬蒔)　(清)張隱庵(張志聰)注　清宣統二年(1910)石印本　八冊

410000－2206－0004592　56587－92

黃帝内經靈樞註證發微九卷補遺一卷　(明)馬元臺(馬蒔)註　清蕓生堂刻本　六冊

410000－2206－0004593　56594－600

增補士材三書八卷　(清)李中梓撰　(清)尤乘增補　清康熙六年(1667)貴文堂刻本　七冊

410000－2206－0004594　56603

黃帝内經靈樞十二卷　(唐)啟玄子(王冰)注　(宋)林億等校正　清光緒十九年(1893)鴻文書局石印本　一冊

410000－2206－0004595　56604

家居必用方不分卷　(清)姚文田著　清光緒十一年(1885)查氏刻本　一冊

410000－2206－0004596　56607

京都丸散不分卷　(清)□□輯　清宣統三年(1911)抄本　一冊

410000－2206－0004597　56608－643

景岳全書十六種　(明)張介賓撰　清乾隆四十八年(1783)敦化堂刻本　三十六冊

410000－2206－0004598　56645

經絡歌訣一卷　(清)汪昂撰　清老二酉堂刻本　一冊

410000－2206－0004599　56646

驚風辨證必讀書不分卷　(清)劉德馨編　清光緒二十七年(1901)上元江氏刻本　一冊

410000－2206－0004600　56647－82

孫真人千金方衍義三十卷　(清)張璐著　清光緒五年(1879)掃葉山房刻本　三十六冊

410000－2206－0004601　54472－9

性理纂要附訓八卷　(清)冉覲祖輯　清光緒三十二年(1906)寄願堂刻本　八冊

410000－2206－0004602　54506－9

續近思錄十四卷　(清)張伯行集解　邵松年節注　清光緒二十年(1894)中州學署刻本　二冊

410000－2206－0004603　54510

學訓不分卷　(清)鄭二陽著　(清)石成金評　(清)蘇源生較正　清道光十年(1830)刻本　一冊

410000－2206－0004604　54511

孝經疏略一卷　（清）張沐撰　清康熙二十六年(1687)敦臨堂刻本　一冊

410000－2206－0004605　54512－3

學道六書六卷　（清）張沐撰　清康熙十六年(1677)刻本　二冊

410000－2206－0004606　54520

學為人圖說不分卷　邵松年撰　清光緒二十四年(1898)存仁堂刻本　一冊

410000－2206－0004607　54521－4

荀子二十卷　（戰國）荀況撰　（唐）楊倞注　清光緒十年(1884)遵義黎氏日本東京使署影宋刻古逸叢書本　四冊

410000－2206－0004608　54533－8

荀子二十卷　（戰國）荀況撰　（唐）楊倞注校勘記補遺一卷　（清）盧文弨　（清）謝墉校　清光緒二年(1876)浙江書局刻二十二子本　六冊

410000－2206－0004609　54557

訓子筆記一卷　（清）筱樹老人著　清道光十九年(1839)刻本　一冊

410000－2206－0004610　54558

訓學四要不分卷　（清）謝泰階撰　清光緒二十二年(1896)刻本　一冊

410000－2206－0004611　54559

尋常語一卷　（清）劉沅撰　清光緒三十年(1904)刻本　一冊

410000－2206－0004612　54561

尋樂堂劄記一卷　（清）寶克勤著　清刻本　一冊

410000－2206－0004613　56686－98

千金翼方三十卷　（唐）孫思邈撰　清同治七年(1868)掃葉山房刻本　十六冊

410000－2206－0004614　56699

血證論八卷　（清）唐宗海著　清光緒三十四年(1908)上海千頃堂書局石印本　一冊　存五卷(一至五)

410000－2206－0004615　56700－715

徐靈胎醫學全書十六種　（清）徐大椿著　清光緒二十一年(1895)醫學社刻本　十六冊

410000－2206－0004616　56716－24

徐氏醫書八種　（清）徐大椿著　清光緒十九年(1893)上海圖書集成印書局鉛印本　九冊　存五種二十八卷

410000－2206－0004617　56728

福幼編一卷遂生編一卷　（清）莊一夔著　清光緒五年(1879)大梁聚文齋刻本　一冊

410000－2206－0004618　56730－9

鍼灸大成十卷　（明）楊繼洲纂　清綠蔭山房刻本　十冊

410000－2206－0004619　56750－825

六科證治準繩　（明）王肯堂輯　清九思堂刻本　七十六冊

410000－2206－0004620　56740－9

鍼灸大成十卷　（清）楊繼洲纂　（清）李月桂增輯　清光緒元年(1875)經國堂刻本　十冊

410000－2206－0004621　54562

六也堂訓蒙草詳解不分卷　（清）□□撰　清光緒十三年(1887)德茂堂刻本　一冊

410000－2206－0004622　54563

訓蒙千字文一卷　（清）何桂珍撰　清咸豐二年(1852)刻本　一冊

410000－2206－0004623　54570－5

荀子二十卷首一卷　（戰國）荀況撰　（唐）楊倞注　王先謙集解　清光緒十七年(1891)刻本　六冊

410000－2206－0004624　54576

志學編二卷　（清）余寅止編　清光緒元年(1875)刻本　一冊

410000－2206－0004625　54577

知聖篇二卷　廖平撰　清光緒十四年(1888)刻本　一冊

410000－2206－0004626　54578－89

致用精舍講語記略十六卷　（清）王輅著　清光緒十三年(1887)致用精舍刻本　十二冊

410000－2206－0004627　54590－519

御纂朱子全書六十六卷　（清）李光地等纂
清同治八年(1869)四川刻本　三十冊

410000－2206－0004628　89860－891

四書朱子本義匯參四十三卷首四卷　（清）王
步青輯　清乾隆十年(1745)敦復堂刻本　三
十二冊

410000－2206－0004629　89892－923

四書朱子本義匯參四十三卷首四卷　（清）王
步青輯　清乾隆十年(1745)敦復堂刻本　三
十二冊

410000－2206－0004630　89924－955

四書朱子本義匯參四十三卷首四卷　（清）王
步青纂輯　清乾隆十年(1745)敦復堂刻本
三十二冊

410000－2206－0004631　89956－79

四書朱子本義匯參四十三卷首四卷　（清）王
步青輯　清乾隆十年(1745)敦復堂刻本　二
十四冊

410000－2206－0004632　89980－90009

四書朱子本義匯參四十三卷首四卷　（清）王
步青輯　清乾隆十年(1745)敦復堂刻本　三
十冊

410000－2206－0004633　90010－33

四書朱子本義匯參四十三卷首四卷　（清）王
步青輯　清乾隆十年(1745)敦復堂刻本　二
十四冊

410000－2206－0004634　90050－80

四書或問語類集解釋註大全四十一卷　（清）
朱良玉纂輯　清雍正六年(1728)古吳致和堂
刻本　三十一冊

410000－2206－0004635　90081－7

四書補註備旨十卷　（明）鄧林著　清光緒二
十年(1894)書業堂記刻本　七冊

410000－2206－0004636　86164－95

欽定禮記義疏八十二卷首一卷　（清）鄂爾泰
等撰　清光緒十四年(1888)江南書局刻本

三十二冊

410000－2206－0004637　86196－50

欽定禮記義疏八十二卷首一卷　（清）鄂爾泰
等撰　清刻本　五十五冊

410000－2206－0004638　86251－98

欽定禮記義疏八十二卷首一卷　（清）鄂爾泰
等撰　清刻本　四十八冊

410000－2206－0004639　86359－62

禮記音訓不分卷　（清）楊國楨撰　清道光十
年(1830)大梁書院刻十一經音訓本　四冊

410000－2206－0004640　86363－66

禮記音訓不分卷　（清）楊國楨撰　清道光十
年(1830)大梁書院刻十一經音訓本　四冊

410000－2206－0004641　86367－70

禮記音訓不分卷　（清）楊國楨撰　清道光十
年(1830)大梁書院刻十一經音訓本　四冊

410000－2206－0004642　86371－76

禮記約編十卷　（清）汪基鈔撰　清末上海錦
章書局石印本　六冊

410000－2206－0004643　86377－82

禮記約編十卷　（清）汪基鈔撰　清末上海錦
章書局石印本　六冊

410000－2206－0004644　86383－7

禮記約編五卷　（清）汪基鈔撰　清光緒三十
二年(1906)陝西學務公所鉛印本　五冊

410000－2206－0004645　56877－82

士材三書　（清）李中梓著　清刻本　六冊

410000－2206－0004646　56883－86

士材三書附一種　（清）李中梓著　清末上海
掃葉山房石印本　四冊

410000－2206－0004647　56889

十藥神書注解一卷　（清）陳念祖注　清光緒
十八年(1892)上海圖書集成印書局鉛印本
一冊

410000－2206－0004648　56890－94

世補齋醫書六種　（清）陸懋修著　清光緒十

二年(1886)山左書局刻本　五冊　存四種二十三卷

410000－2206－0004649　56898

新刊醫林狀元壽世保元十卷　（明）龔廷賢編　清光緒三十年(1904)有益堂刻本　一冊

410000－2206－0004650　56900－903

新刊醫林狀元壽世保元十卷　（明）龔廷賢編　清光緒三十年(1904)有益堂刻本　四冊

410000－2206－0004651　56904－7

壽親養老新書四卷　（元）鄒鉉編次　清同治九年(1870)刻本　四冊

410000－2206－0004652　56919

神農本草經百種錄一卷醫貫砭二卷　（清）徐大椿著　清刻本　一冊

410000－2206－0004653　56920－23

注解傷寒論四卷　（漢）張仲景著　（金）成無己注解　**傷寒明理論三卷**　（金）成無己撰　清道光三年(1823)貴文堂刻本　四冊

410000－2206－0004654　56924－27

傷寒補亡論二十卷　（宋）郭雍撰　清宣統元年(1909)梁園節署刻本　四冊

410000－2206－0004655　54620－54

古香齋新刻袖珍御纂朱子全書六十六卷（宋）朱熹撰　（清）李光地等編　清光緒九年至十年(1883－1884)南海孔氏三十有三萬卷堂刻本　三十五冊

410000－2206－0004656　54656－9

朱子讀書法四卷　（宋）張洪　（宋）齊熙編　清光緒二十三年(1897)八旗書院刻本　四冊

410000－2206－0004657　54663－6

朱子節要十四卷　（宋）朱熹撰　（明）高攀龍編　清康熙二十八年(1689)無錫張夏刻本　四冊

410000－2206－0004658　54667－714

朱子語類一百四十卷　（宋）朱熹撰　（宋）黎靖德編等輯　清同治十一年(1872)應元書院刻本　四十八冊

410000－2206－0004659　54763－8

朱子語類輯畧八卷　（清）張伯行輯　清康熙四十七年(1708)正誼堂刻本　六冊

410000－2206－0004660　54779

中州試牘二卷　（清）廖壽恒纂　清光緒八年(1882)河南學館刻本　一冊

410000－2206－0004661　54780－91

中庸衍義十七卷　（明）夏良勝撰　清同治十年(1871)刻本　十二冊

410000－2206－0004662　54792－9

中庸衍義十七卷　（明）夏良勝撰　清同治十年(1871)刻本　八冊

410000－2206－0004663　54801－10

周子全書二十二卷　（宋）周敦頤撰　（清）董榕輯　清光緒二十九年(1903)周監刻本　十冊

410000－2206－0004664　54813

周子全書四卷　（宋）周敦頤著　清光緒十三年(1887)傳經堂刻西京清麓叢書本　一冊

410000－2206－0004665　54815－22

張子全書十五卷　（宋）張載撰　（宋）朱熹註　（清）武澄輯　清同治九年(1870)刻本　八冊

410000－2206－0004666　54823－30

張子全書十四卷　（宋）張載撰　（宋）朱熹註　（清）武澄輯　清道光二十二年(1842)張連科刻本　八冊

410000－2206－0004667　54831－8

張子全書十五卷　（宋）張載撰　（宋）朱熹註　（清）武澄輯　清同治九年(1870)刻本　八冊

410000－2206－0004668　56928

傷寒論淺註六卷　（清）陳念祖註　清光緒三十二年(1906)吳閶醫學書會石印本　一冊

410000－2206－0004669　56929－31

傷寒溫疫條辨六卷　（清）楊璿撰　清光緒元年(1875)黔陽藩署刻本　三冊　存三卷(一、

二、六)

410000－2206－0004670　56932－35

儒門事親十五卷　(金)張從正撰　清宣統元
年(1909)梁園節署刻本　四冊

410000－2206－0004671　56941

資生篇不分卷　(清)寶輝撰　清光緒二十九
年(1903)刻本　一冊

410000－2206－0004672　56944

慈濟方不分卷　(明)釋景隆編　清宣統二年
(1910)吳氏刻本　一冊

410000－2206－0004673　56945－50

食物本草會纂十二卷圖一卷　(清)沈李龍纂
輯　清道光元年(1821)蕭山裕文堂刻本
六冊

410000－2206－0004674　56951－58

嵩厓尊生書十五卷　(清)景日昣著　清光緒
六年(1880)上海掃葉山房石印本　八冊

410000－2206－0004675　56959－66

嵩厓尊生書十五卷　(清)景日昣著　清末上
海掃葉山房石印本　八冊

410000－2206－0004676　56967－69

三家醫案合刻三種　(清)吳金壽纂　清道光
十一年(1831)吳氏貯春仙館刻本　三冊

410000－2206－0004677　54839－46

張子全書十五卷　(宋)張載撰　(宋)朱熹註
(清)武澄輯　清同治九年(1870)刻本
八冊

410000－2206－0004678　54847－54

張子全書十四卷　(宋)張載撰　(宋)朱熹註
(清)武澄輯　清道光二十二年(1842)張連
科刻本　八冊

410000－2206－0004679　54855

張氏彊恕堂家規不分卷　(清)張鑑註　清同
治八年(1869)守樸堂刻本　一冊

410000－2206－0004680　54856－7

張抱初先生印正稿六卷　(明)張信民著　年
譜一卷　(明)馮奮庸編　清道光八年(1828)

刻本　二冊

410000－2206－0004681　54858－61

正學編八卷　(清)潘世恩輯　清同治六年
(1867)刻本　四冊

410000－2206－0004682　54862－5

正蒙補訓四卷　(清)冉覲祖著　清康熙四十
一年(1702)刻本　四冊

410000－2206－0004683　54866

持志塾言二卷　(清)劉熙載輯　清同治六年
(1867)刻本　一冊

410000－2206－0004684　54867

聰訓齋語不分卷　(清)張英著　清光緒二十
四年(1898)京都聚文齋刻本　一冊

410000－2206－0004685　54868－69

蒼筤館家訓三卷　(清)賈日壽著　清道光二
十九年(1849)刻本　二冊

410000－2206－0004686　54871－4

傳心要語不分卷　(清)王檢心輯　清道光十
九年(1839)刻本　四冊

410000－2206－0004687　56970－73

圖注脉訣辨真四卷　(晉)王叔和撰　(明)張
世賢注　清刻本　四冊

410000－2206－0004688　56974－80

醫學摘粹五種　(清)慶恕撰　清光緒二十二
年(1896)刻本　八冊

410000－2206－0004689　57040－87

御纂醫宗金鑑六十卷續鑑十四卷　(清)鄂爾
泰等纂　清乾隆七年(1742)內府刻本　四十
八冊　缺一卷(續鑑三)

410000－2206－0004690　57088

醫方捷徑指南全書二卷　(清)王宗顯輯　清
光緒十八年(1892)益智堂刻本　一冊

410000－2206－0004691　57089

醫方擇要二卷　(清)汪廷楷等輯　清道光十
六年(1836)刻本　一冊

410000－2206－0004692　57090－92

217

醫效秘傳三卷　（清）葉桂述　清道光十一年(1831)吳氏貯春仙館刻本　三冊

410000－2206－0004693　57094－7

醫方易簡新編六卷　（清）龔自璋彙輯　清同治五年(1866)京都琉璃廠篆雲齋刻本　四冊

410000－2206－0004694　57098－175

古今醫統正脈全書四十四種　（明）王肯堂彙輯　清光緒二十一年(1895)京師醫局刻本　七十八冊

410000－2206－0004695　57176－85

醫林纂要探源十卷附錄一卷　（清）汪紱輯　清光緒二十三年(1897)江蘇書局刻本　十冊

410000－2206－0004696　54875－78

船山師友記十七卷首一卷　羅正鈞纂　清光緒三十三年(1907)刻本　四冊

410000－2206－0004697　54879

忨行錄一卷　（清）邵懿辰撰　清同治五年(1866)當歸草堂刻本　一冊

410000－2206－0004698　54880－81

程志十卷　（明）崔銑編　清刻本　二冊

410000－2206－0004699　54886－7

師鑒五卷　（清）李庚乾輯　清光緒二十六年(1900)成都刻本　二冊

410000－2206－0004700　54888－9

是菴尊信錄二卷　題（清）蘭心素客輯　清同治九年(1870)愛蓮淨室刻本　二冊

410000－2206－0004701　54890－91

十家語錄摘要二卷　（清）謝蘭生輯　清同治四年(1865)刻本　二冊

410000－2206－0004702　54894

庶人禮略類編一卷　江鍾秀著　清光緒二十九年(1903)山左歷城江氏刻本　一冊

410000－2206－0004703　54905

說性一卷　（清）高驤雲稿　清道光二十六年(1846)漱琴仙館刻本　一冊

410000－2206－0004704　57203－212

驗方新編十卷　（清）鮑相璈編輯　清同治四年(1865)如皋義林堂書坊刻本　十冊

410000－2206－0004705　57239－42

溫熱經緯五卷　（清）王士雄纂　清同治十三年(1874)湖北崇文書局刻本　四冊

410000－2206－0004706　57243

產孕集二卷　（清）張仲遠（張曜孫）著　清同治七年(1868)蘊璞齋刻本　一冊

410000－2206－0004707　57244－51

豫醫雙璧二種　吳重熹輯　清宣統元年(1909)梁園節署鉛印本　八冊

410000－2206－0004708　57252－58

筆算數學不分卷數學教科書及演草不分卷　（清）鄒立文述　清光緒二十四年(1898)上海美華書館鉛印本　七冊

410000－2206－0004709　57259

筆算便覽五卷　（清）紀大奎撰　清同治十二年(1873)鄒拾芥園刻本　一冊

410000－2206－0004710　54895－904

述朱質疑十六卷釋字一卷　（清）夏炘著　清咸豐二年(1852)刻本　六冊

410000－2206－0004711　54906－9

說苑二十卷　（漢）劉向撰　清刻本　四冊

410000－2206－0004712　54910－3

說四書四卷　（清）郭善鄰著　清乾隆四十二年(1777)李樹谷刻本　四冊

410000－2206－0004713　54914

雙節堂庸訓六卷　（清）汪輝祖纂　清乾隆五十九年(1794)刻本　一冊

410000－2206－0004714　54915

少儀外傳二卷　（宋）呂祖謙撰　清同治九年(1870)永康胡鳳丹退補齋刻本　一冊

410000－2206－0004715　57260

步天津梁一卷　（清）□□著　清稿本　一冊

410000－2206－0004716　57261－92

兼濟堂纂刻梅勿菴先生曆算全書七十四卷

（清）梅文鼎著　（清）魏荔彤輯　清光緒十一年(1885)敦懷書屋刻本　三十二冊

410000－2206－0004717　57293－302

梅氏西法筆算十卷　（清）梅啟照輯　清光緒二十四年(1898)文盛書局刻本　十冊

410000－2206－0004718　57303－4

地學大成十一卷　（清）徐濤　（清）王德均譯　清光緒二十三年(1897)刻本　二冊

410000－2206－0004719　57305－18

天學會通一卷　（清）薛鳳祚編輯　清刻本　十四冊

410000－2206－0004720　57320－21

天文揭要二卷　（美國）赫士輯譯　（清）周文源筆述　清光緒二十五年(1899)上海美華書館鉛印本　二冊

410000－2206－0004721　57322－46

御製歷象考成上編十六卷下編十卷　（清）允祿等纂　清光緒二十四年(1898)富強齋石印本　二十五冊

410000－2206－0004722　57347－70

管窺輯要八十卷　（清）黃鼎纂　清順治十年(1653)刻本　二十四冊　存五十一卷(一至十八、二十六至五十八)

410000－2206－0004723　57371－75

高厚蒙求不分卷　（清）徐朝俊纂　清嘉慶十二年(1807)雲間徐氏刻本　五冊

410000－2206－0004724　57376－83

幾何原本十五卷　（希臘）歐幾里得撰　（意大利)利瑪竇口譯　（明）徐光啟筆受　清同治四年(1865)金陵刻本　八冊

410000－2206－0004725　54944－9

呻吟語六卷　（明）呂坤著　清道光七年(1827)刻本　六冊

410000－2206－0004726　54950－5

呻吟語六卷　（明）呂坤著　清道光七年(1827)刻本　六冊

410000－2206－0004727　54956－9

摘錄呻吟語詳說四卷　（明）呂坤撰　（清）沈學博輯　清道光三十年(1850)福仙堂刻本　四冊

410000－2206－0004728　54960－61

身世準繩二卷　（清）李迪光纂輯　清道光二十七年(1847)刻本　二冊

410000－2206－0004729　54962－69

尚書家訓五卷　（清）董色起著　清道光四年(1824)刻本　八冊

410000－2206－0004730　54970

聖門樂誌一卷　（清）孔尚任纂　清光緒十三年(1887)刻本　一冊

410000－2206－0004731　54971

聖門禮誌一卷　（清）孔尚任纂　清光緒十三年(1887)刻本　一冊

410000－2206－0004732　54973

上蔡謝先生語錄三卷　（宋）謝良佐撰　清同治二年(1863)刻本　一冊

410000－2206－0004733　54972

上蔡謝先生語錄三卷　（宋）謝良佐撰　清同治二年(1863)刻本　一冊

410000－2206－0004734　57384－91

幾何原本十五卷　（希臘）歐幾里得撰　（意大利)利瑪竇口譯　（明）徐光啟筆受　清同治四年(1865)金陵刻本　八冊

410000－2206－0004735　57392－401

九數通考十二卷續考十卷　（清）屈曾發著　清光緒二十四年(1898)復古書齋石印本　十冊

410000－2206－0004736　57402－4

九章算術細草圖說九卷　（三國魏）劉徽注　清光緒二十二年(1896)上海文淵山房石印本　三冊　缺二卷(六至七)

410000－2206－0004737　57405－6

學算筆談十二卷　（清）華蘅芳撰　清光緒八年(1882)刻本　二冊

410000－2206－0004738　57407

學算筆談十二卷 （清）華蘅芳撰 清光緒二十三年(1897)慎記書莊石印本 一冊

410000－2206－0004739 57408－9
形學備旨十卷 （美國）狄考文選譯 （清）鄒立文筆述 清光緒二十八年(1902)上海美華書館鉛印本 二冊

410000－2206－0004740 57410－11
代數備旨十三章 （美國）狄考文選譯 （清）鄒立文筆述 清光緒二十八年(1902)上海美華書館鉛印本 一冊

410000－2206－0004741 57414－33
中西算學大成一百卷 （清）陳維祺纂 清光緒十五年(1889)上海同文書局石印本 二十冊

410000－2206－0004742 57436－40
數學精詳十一卷首一卷末一卷 （清）屈曾發撰 清光緒十六年(1890)刻本 五冊

410000－2206－0004743 54974－83
聖諭像解二十卷 （清）梁延年輯 清光緒二十九年(1903)北洋官報局石印本 十冊

410000－2206－0004744 54984－89
儒粹三編六卷 （清）王珍撰 清道光十九年(1839)刻本 六冊

410000－2206－0004745 55006
儒門法語一卷 （清）彭定求編 （清）湯金釗輯要 清嘉慶十九年(1814)湖南撫署刻本 一冊

410000－2206－0004746 55007－8
儒門語要六卷 （清）倪元坦著 清道光二十五年(1845)杭城芹香齋刻本 二冊

410000－2206－0004747 55009－11
榕村講授三卷 （清）李光地編 清刻本 三冊

410000－2206－0004748 55012－5
冉蟫庵先生語錄類編五卷 （清）冉永光(冉覲祖)撰 （清）陳弘謀鑒定 清乾隆十七年(1752)刻本 四冊

410000－2206－0004749 55016－21
人生必讀書十二卷 （清）唐彪撰 清康熙五十三年(1714)刻本 六冊

410000－2206－0004750 55022－25
人生必讀書十二卷 （清）唐彪撰 清康熙五十三年(1714)刻本 四冊

410000－2206－0004751 55026－29
責志約言四卷 （清）王滌心著 清咸豐五年(1855)慎修堂刻本 四冊

410000－2206－0004752 55030－33
責志約言四卷 （清）王滌心著 清咸豐五年(1855)慎修堂刻本 四冊

410000－2206－0004753 55034－39
曾子家語六卷 （清）曾國荃編 清同治、光緒間刻本 六冊

410000－2206－0004754 55043
四禮翼一卷 （明）呂坤輯 清光緒三十三年(1907)陝西學務會所石印本 一冊

410000－2206－0004755 55044
四禮翼一卷 （明）呂坤輯 清光緒三十三年(1907)陝西學務會所石印本 一冊

410000－2206－0004756 55045
四禮翼一卷 （明）呂坤輯 清光緒三十三年(1907)陝西學務會所石印本 一冊

410000－2206－0004757 55046
四禮翼一卷 （明）呂坤輯 清光緒三十三年(1907)陝西學務會所石印本 一冊

410000－2206－0004758 55047－54
天蓋樓四書語錄四十六卷 （清）周在延編次 清康熙二十三年(1684)金陵正中堂刻本 八冊

410000－2206－0004759 55055－62
思辨錄輯要二十二卷後集十三卷 （清）陸世儀著 清光緒三年(1877)江蘇書局刻本 八冊

410000－2206－0004760 55063－68
四書記悟十四卷孟子論文二卷 （清）王汝謙

著 清同治十三年(1874)槐蔭書屋刻本
六冊

410000－2206－0004761 55069－74

四書記悟十四卷孟子論文二卷 (清)王汝謙
著 清同治十三年(1874)槐蔭書屋刻本
六冊

410000－2206－0004762 55075－80

四書述要十九卷 (清)楊玉緒著 清嘉慶二
年(1797)金陵致和堂刻本 六冊

410000－2206－0004763 55081－86

四書記悟十四卷孟子論文二卷 (清)王汝謙
著 清同治十三年(1874)槐蔭書屋刻本
六冊

410000－2206－0004764 55096－101

四書摭餘說七卷 (清)曹之升輯 清嘉慶三
年(1798)曹氏家塾刻本 六冊

410000－2206－0004765 55102

思辨錄疑義一卷 (清)劉蓉撰 清光緒三年
(1877)思賢講舍刻本 一冊

410000－2206－0004766 55107－12

松陽講義十二卷 (清)陸隴其著 清康熙二
十九年(1690)刻本 六冊

410000－2206－0004767 55113－17

松陽講義十二卷 (清)陸隴其著 清同治十
三年(1874)湖南省城書局刻本 五冊

410000－2206－0004768 55118

松陽鈔存二卷 (清)陸隴其著 (清)楊開基
編 清同治十三年(1874)湖南省城書局刻本
一冊

410000－2206－0004769 55119－23

松陽講義十二卷 (清)陸隴其著 清同治十
三年(1874)湖南省城書局刻本 五冊

410000－2206－0004770 55124－27

松陽講義十二卷 (清)陸隴其著 (清)侯銓
編 清光緒十三年(1887)固始張氏刻本
四冊

410000－2206－0004771 55131－8

繹志十九卷 (清)胡承諾撰 清同治十一年
(1872)浙江書局刻本 八冊

410000－2206－0004772 55139－46

繹志十九卷 (清)胡承諾撰 清同治十一年
(1872)浙江書局刻本 八冊

410000－2206－0004773 55147－50

尤西川先生擬學小記六卷續錄七卷附錄二卷
(明)尤時熙著 清同治三年(1864)洛陽秦
竹人刻本 四冊

410000－2206－0004774 55151

詒谷堂家訓二卷 (清)王方伯撰 清光緒十
年(1884)刻本 一冊

410000－2206－0004775 55152

詒谷堂家訓二卷 (清)王方伯撰 清光緒十
年(1884)刻本 一冊

410000－2206－0004776 55153－5

怡養齋制藝不分卷古今體詩鈔不分卷 (清)
聞捷著 清光緒十八年(1892)偃師縣衙刻本
三冊

410000－2206－0004777 55156－7

游藝錄三卷 (清)蔣湘南撰 清光緒十四年
(1888)湘南皋署刻本 二冊

410000－2206－0004778 55162－3

新增幼學故事瓊林四卷 (清)程允升(程登
吉)撰 (清)鄒聖脈增補 清乾隆二十五年
(1760)文盛堂刻本 二冊

410000－2206－0004779 55167－8

顏氏學記十卷 (清)戴望述 清光緒三十一
年(1905)石印本 二冊

410000－2206－0004780 55169－70

言子文學錄三卷首一卷末一卷 (清)言如泗
增輯 清光緒二十三年(1897)刻本 二冊

410000－2206－0004781 55172－3

養蒙金鑑二卷 (清)林之望編輯 清光緒元
年(1875)鄂垣藩署刻本 二冊

410000－2206－0004782 55174－9

養正圖解不分卷附御題養正圖詩 (明)焦竑

221

著　清光緒二十一年（1895）武英殿刻本
六冊

410000－2206－0004783　55181

揚子法言十三卷　（漢）揚雄撰　（晉）李軌注
清光緒二年（1876）浙江書局刻本　一冊

410000－2206－0004784　55182－3

揚子法言十三卷　（漢）揚雄撰　（晉）李軌注
清嘉慶二十四年（1819）江都秦氏石研齋影
宋刻本　二冊

410000－2206－0004785　55188－9

陽明先生集要四卷　（明）王守仁著　（明）施
四明輯　清光緒三十一年（1905）方碩刻本
二冊

410000－2206－0004786　57441－62

御製數理精蘊二編四十五卷表八卷　（清）何
國宗　（清）梅瑴成編　清光緒二十二年
（1896）上海博文書局石印本　二十二冊

410000－2206－0004787　57463－8

則古昔齋算學十三種　（清）李善蘭纂　清同
治六年（1867）李氏刻本　六冊

410000－2206－0004788　57469－504

測海山房中西算學叢刻初編三十五種　（清）
測海山房主人編　清光緒二十二年（1896）上
海璣衡堂石印本　三十六冊

410000－2206－0004789　57505－30

測海山房中西算學叢刻初編三十一種　（清）
測海山房主人編　清光緒二十二年（1896）上
海璣衡堂石印本（四元玉鑑細草三卷配光緒
二十二年上海鴻寶齋石印本）　二十六冊
存十六種一百五十六卷

410000－2206－0004790　57532－4

算學啓蒙三卷　（元）朱世傑撰　清道光十九
年（1839）刻本　三冊

410000－2206－0004791　57535－8

算法一得六卷　（清）董恩新著　清光緒二十
九年（1903）刻本　四冊　存五卷（筆算初階
一卷、代數演題一卷、開方同術一卷、測量指

南一卷、籌算舉隅一卷）

410000－2206－0004792　57539

天演論二卷　（英國）赫胥黎撰　嚴復譯　清
光緒二十七年（1901）富文書局石印本　一冊

410000－2206－0004793　57547－50

格致啓蒙四卷　（英國）羅斯古等撰　（美國）
林樂知　（清）鄭昌棪譯　清刻本　四冊

410000－2206－0004794　57566－81

格致鏡原一百卷　（清）陳元龍撰　清光緒上
海大同書局石印本　十六冊

410000－2206－0004795　57582－5

格物探源六卷　（英國）韋廉臣撰　清光緒六
年（1880）鉛印本　四冊

410000－2206－0004796　90101－10

馬氏文通十卷　（清）馬建忠撰　清光緒二十
四年（1898）刻本　十冊

410000－2206－0004797　90111－4

毛詩辨韻五卷　（清）趙似祖撰　（清）趙星海
訂　清道光二十二年（1842）聽雲山館刻本
四冊

410000－2206－0004798　90115

蒙學識字不分卷　（清）□□編　清光緒三十
二年（1906）金華復梅軒刻本　一冊

410000－2206－0004799　90116－7

孟子字義疏證三卷　（清）戴震注　清乾隆曲
阜孔氏微波榭戴氏遺書本　二冊

410000－2206－0004800　90118－9

復古編二卷　（宋）張有撰　清光緒八年
（1882）淮南書局刻本　二冊

410000－2206－0004801　90120－2

輶軒使者絕代語釋別國方言十三卷首一卷
（漢）揚雄記　（晉）郭璞注　**續方言二卷**
（清）杭世駿纂輯　**續方言補一卷**　（清）程際
盛纂　清光緒十七年（1891）思賢講舍刻本
三冊

410000－2206－0004802　90123－5

輶軒使者絕代語釋別國方言十三卷首一卷

(漢)揚雄記　(晉)郭璞注　**續方言二卷**
(清)杭世駿纂輯　**續方言補一卷**　(清)程際
盛纂　清光緒十七年(1891)思賢講舍刻本
三冊

410000－2206－0004803　90126－7

輶軒使者絕代語釋別國方言十三卷首一卷
(漢)揚雄記　(晉)郭璞注　**續方言二卷**
(清)杭世駿纂輯　**續方言補一卷**　(清)程際
盛纂　清光緒十七年(1891)思賢講舍刻本
二冊

410000－2206－0004804　90129－34

雷刻四種　(清)雷浚撰　清光緒十年(1884)
刻本　六冊

410000－2206－0004805　90169－73

六書通十卷　(明)閔齊伋著　(清)畢弘述篆
訂　清末上海鴻寶書局石印本　五冊

410000－2206－0004806　90174－78

六書通十卷　(明)閔齊伋著　(清)畢弘述篆
訂　清宣統元年(1909)掃葉山房石印本
五冊

410000－2206－0004807　90179－88

六書通十卷　(明)閔齊伋著　(清)畢弘述篆
訂　清光緒十九年(1893)校經山房石印本
五冊

410000－2206－0004808　90189－96

六書通十卷　(明)閔齊伋著　(清)畢弘述篆
訂　清乾隆六十年(1795)刻本　八冊

410000－2206－0004809　90197－206

六書通十卷　(明)閔齊伋著　(清)畢弘述篆
訂　清乾隆六十年(1795)刻本　十冊

410000－2206－0004810　90215－20

六書通十卷　(明)閔齊伋著　(清)畢弘述篆
訂　清乾隆六十年(1795)刻本　六冊

410000－2206－0004811　90221－25

六書通十卷　(明)閔齊伋著　(清)畢弘述篆
訂　清康熙五十九年(1720)刻本　五冊

410000－2206－0004812　90226－38

六書分類十二卷首一卷　(清)傅世垚著　清
乾隆五十四年(1789)聽松閣刻本　十三冊

410000－2206－0004813　57596－99

康熙幾暇格物編二卷　(清)盛昱錄　清末石
印本　四冊

410000－2206－0004814　57600－3

化學鑑原六卷　(英國)韋而司撰　(英國)傅
蘭雅口譯　(清)徐壽筆述　清刻本　四冊

410000－2206－0004815　57604－5

化學分原八卷　(英國)蒲陸山撰　(英國)傅
蘭雅口譯　(清)徐建寅筆述　清刻本　二冊

410000－2206－0004816　57606－9

遠西奇器圖說錄最三卷　(德國)鄧玉函口授
　(明)王徵譯繪　**新製諸器圖說一卷**　(明)
王徵撰　清道光十年(1830)來鹿堂刻本
四冊

410000－2206－0004817　39299

[康熙]封邱縣續志不分卷　(清)王賜魁修
(清)李會生纂　清康熙十九年(1680)刻本
一冊

410000－2206－0004818　57610－13

遠西奇器圖說錄最三卷　(德國)鄧玉函口授
　(明)王徵譯繪　**新製諸器圖說一卷**　(明)
王徵撰　清道光十年(1830)來鹿堂刻本
四冊

410000－2206－0004819　57617－19

器象顯真四卷　(英國)白力蓋輯　(英國)傅
蘭雅口譯　(清)徐建寅筆述　清刻本　三冊

410000－2206－0004820　57620－31

西學大成十二卷　(清)王西清　(清)盧梯青
輯　清光緒二十一年(1895)上海醉六堂書坊
石印本　十二冊

410000－2206－0004821　57632－43

西學大成十二卷　(清)王西清　(清)盧梯青
輯　清光緒二十一年(1895)上海醉六堂書坊
石印本　十一冊　存五十三種一百十六卷

410000－2206－0004822　57644－55

223

西學通考三十六卷　（清）江標輯　清光緒二十七年(1901)上海書局石印本　十二冊

410000－2206－0004823　55190－99
陽明先生集要四種　（明）王守仁著　清乾隆五十二年(1787)濟美堂刻本　十冊

410000－2206－0004824　55202－5
陽明先生集要四種　（明）王守仁著　（清）施邦曜評輯　清宣統三年(1911)明明學社鉛印本　四冊

410000－2206－0004825　55206
穎濱經舍章程一卷　（清）沙廣編　清光緒二十九年(1903)刻本　一冊

410000－2206－0004826　55207
穎濱經舍章程一卷　（清）沙廣編　清光緒二十九年(1903)刻本　一冊

410000－2206－0004827　55208
穎濱經舍章程一卷　（清）沙廣編　清光緒二十九年(1903)刻本　一冊

410000－2206－0004828　55209
文公家禮儀節八卷　（宋）朱熹編　清道光五年(1825)刻本　四冊

410000－2206－0004829　55212－5
文中子中說十卷　（隋）王通撰　（宋）阮逸註　清道光六年(1826)倪氏敬忍居刻本　四冊

410000－2206－0004830　55216－9
文中子中說十卷　（隋）王通撰　（宋）阮逸註　清道光六年(1826)倪氏敬忍居刻本　四冊

410000－2206－0004831　55220－21
于氏中說二卷　（明）于鑑撰　清光緒于馭良刻本　二冊

410000－2206－0004832　55222－25
約書十二卷　（清）謝階樹著　清道光二十四年(1844)宜黃謝氏刻本　四冊

410000－2206－0004833　55226－30
潤亭學鑑六卷　（清）余珆輯注　清同治元年(1862)刻本　五冊

410000－2206－0004834　55231－8
潤亭學鑑二十六卷　（清）余珆輯　清嘉慶十七年(1812)余氏念先堂刻本　八冊

410000－2206－0004835　55240
增訂安樂銘箴便讀二卷　（清）徐鐵珊撰　清光緒十三年(1887)刻本　一冊

410000－2206－0004836　55265－80
二程全書六種　（宋）程顥　（宋）程頤撰　清乾隆石門星沙小嬭嬛山舘刻本　十六冊

410000－2206－0004837　55281－299
二程全書六種　（宋）程顥　（宋）程頤撰　清同治五年(1866)河南嵩邑兩程故里影堂刻本　十九冊

410000－2206－0004838　55300－319
二程全書六種　（宋）程顥　（宋）程頤撰　清同治五年(1866)河南嵩邑兩程故里影堂刻本　二十冊

410000－2206－0004839　90240－1
臨文便覽不分卷　（清）黃鈺等編　清光緒刻本　二冊

410000－2206－0004840　90242－5
律音彙考八卷　（清）邱之稑撰　清光緒十七年(1891)瀏陽禮樂局刻本　四冊

410000－2206－0004841　90246－7
古音類表九卷　（清）傅壽彤撰　清光緒二年(1876)刻本　二冊　存六卷(四至九)

410000－2206－0004842　90248
古音類表九卷　（清）傅壽彤撰　清道光二十七年(1847)刻本　一冊

410000－2206－0004843　90263
國語補音三卷　（宋）宋庠撰　清乾隆曲阜孔氏微波榭刻本　一冊

410000－2206－0004844　90264－5
廣雅十卷　（三國魏）張楫撰　（隋）曹憲音　清刻本　二冊

410000－2206－0004845　90266－7
廣陵通典十卷　（清）汪中撰　清同治八年

(1869)揚州書局刻本　二冊

410000－2206－0004846　90268

廣釋名二卷　（清）張金吾撰　清嘉慶二十一年(1816)刻本　一冊

410000－2206－0004847　90269

廣雅補疏四卷　王樹柟撰　清光緒十六年(1890)青神文莫室刻陶廬叢刻本　一冊

410000－2206－0004848　90270－7

廣雅疏證十卷　（清）王念孫學　（清）王引之述　**博雅音十卷**　（隋）曹憲撰　（清）王念孫校　清光緒五年(1879)淮南書局刻本　八冊

410000－2206－0004849　90278－87

廣雅疏證十卷　（清）王念孫學　（清）王引之述　**博雅音十卷**　（隋）曹憲撰　（清）王念孫校　清嘉慶元年(1796)刻本　十冊

410000－2206－0004850　90288－329

康熙字典十二集三十六卷總目一卷檢字一卷辨似一卷等韻一卷補遺一卷備考一卷　（清）張玉書等纂　清光緒六年(1880)昭陵玉光堂刻本　十冊　存九卷(午中下、未至申,備考一卷)

410000－2206－0004851　90342－58

康熙字典十二集三十六卷總目一卷檢字一卷辨似一卷等韻一卷補遺一卷備考一卷　（清）張玉書等纂　清道光七年(1827)刻本　十七冊　缺一卷(備考一卷)

410000－2206－0004852　90399－438

康熙字典十二集三十六卷總目一卷檢字一卷辨似一卷等韻一卷補遺一卷備考一卷　（清）張玉書等纂　清康熙五十五年(1716)刻本　四十冊

410000－2206－0004853　90439－44

康熙字典十二集三十六卷總目一卷檢字一卷辨似一卷等韻一卷補遺一卷備考一卷　（清）張玉書等纂　清光緒十三年(1887)同文書局刻本　六冊

410000－2206－0004854　90485－524

康熙字典十二集三十六卷總目一卷檢字一卷辨似一卷等韻一卷補遺一卷備考一卷　（清）張玉書等纂　清道光七年(1827)刻本　四十冊

410000－2206－0004855　57667－71

重學二十卷圓錐曲綫說三卷　（英國）胡威立撰　（英國）艾約瑟譯　（清）李善蘭述　清同治五年(1866)刻本　五冊

410000－2206－0004856　57672－77

重學二十卷圓錐曲綫說三卷　（英國）胡威立撰　（英國）艾約瑟譯　（清）李善蘭述　清同治五年(1866)刻本　六冊

410000－2206－0004857　57678－9

聲學八卷　（英國）田大理撰　（英國）傅蘭雅譯　（清）徐建寅筆述　清刻本　二冊

410000－2206－0004858　57681

造化究源二卷　（清）丁守存著　清同治二年(1863)曠視山房刻本　一冊

410000－2206－0004859　57680－81

造化究源二卷　（清）丁守存著　清同治二年(1863)曠視山房刻本　一冊

410000－2206－0004860　57682－3

物詮八卷　（清）汪烜著　清光緒九年(1883)紫陽書院刻本　二冊

410000－2206－0004861　57684－89

物理小識十二卷　（清）方以智撰　清光緒十年(1884)寧靜堂刻本　六冊

410000－2206－0004862　57713－28

地理大全一集三十卷二集二十五卷　（明）李國木輯　清三多齋刻本　十六冊

410000－2206－0004863　57729－32

地理五訣八卷　（清）趙廷棟著　清嘉慶十八年(1813)刻本　四冊

410000－2206－0004864　57733

地理末學六卷　（清）紀大奎撰　清刻本　一冊

410000－2206－0004865　57735

洞樂天心法相命奇門神課不分卷　（清）□□
撰　清同治十一年(1872)開封刻本　一冊

410000－2206－0004866　57736－48

大六壬大全十三卷　（清）郭載騋校訂　清康
熙四十三年(1704)柳溪書屋刻本　十三冊

410000－2206－0004867　57749－60

大六壬大全十三卷　（清）郭載騋校訂　清康
熙四十三年(1704)懷慶楊衙刻本　十二冊

410000－2206－0004868　57761－73

大六壬大全十三卷　（清）郭載騋校訂　清康
熙四十三年(1704)懷慶楊衙刻本　十三冊

410000－2206－0004869　55332－37

二程全書六種　（宋）程顥　（宋）程頤撰
（宋）朱熹輯　清康熙二十五年(1686)河南永
寧刻本　六冊　存二十二卷(一至二十二)

410000－2206－0004870　55338－43

二程全書六種　（宋）程顥　（宋）程頤撰
（宋）朱熹輯　清康熙二十五年(1686)河南永
寧刻本　六冊

410000－2206－0004871　55347

兒童矯弊論七章　（日本）大村仁太郎撰
（清）京師學務處官書局譯　清光緒三十一年
(1905)京師學務處官書局鉛印本　一冊

410000－2206－0004872　55348

皇朝經世文編兵政摘抄不分卷　（清）本固堂
編　清咸豐九年(1859)刻本　一冊

410000－2206－0004873　55349－353

兵家方道指南八卷　（清）彭定瀾撰　清同治
四年(1865)刻本　五冊

410000－2206－0004874　55354－59

兵家方道指南八卷　（清）彭定瀾撰　清同治
四年(1865)刻本　六冊

410000－2206－0004875　55360－2

洴澼百金方十四卷　（清）惠麓酒民(袁宮桂)
編輯　清道光二十年(1840)陳氏刻本　三冊
　　缺八卷(二至四、九至十一、十三至十四)

410000－2206－0004876　55363－82

讀史兵略四十六卷　（清）胡林翼纂　清光緒
二十一年(1895)儷峯書屋刻本　二十冊

410000－2206－0004877　55383－98

讀史兵略四十六卷　（清）胡林翼纂　清咸豐
十一年(1861)武昌節署刻本　十六冊

410000－2206－0004878　55399－414

讀史兵略四十六卷　（清）胡林翼纂　清咸豐
十一年(1861)武昌節署刻本　十六冊

410000－2206－0004879　55415－30

讀史兵略四十六卷　（清）胡林翼纂　清咸豐
十一年(1861)武昌節署刻本　十六冊

410000－2206－0004880　55431－5

東方兵事紀略五卷　姚錫光撰　清光緒二十
三年(1897)刻本　五冊

410000－2206－0004881　55436

德國軍制述要一卷借箸籌防論略一卷　（德
國）來春石泰述　（清）沈敦和譯　清末上海
圖書集成局鉛印本　一冊

410000－2206－0004882　55437－76

登壇必究四十卷　（明）王鳴鶴輯　清刻本
四十冊

410000－2206－0004883　55477

團守心鏡不分卷　（清）邊祖恭撰　清光緒二
十一年(1895)隴州官廨刻本　一冊

410000－2206－0004884　55478

團守心鏡不分卷　（清）邊祖恭撰　清光緒二
十一年(1895)隴州官廨刻本　一冊

410000－2206－0004885　55479

團練實紀一卷　（清）閻漢璞撰　清咸豐十年
(1860)河南省城朱聚文齋刻本　一冊

410000－2206－0004886　55493－8

練兵實紀九卷雜記六卷　（明）戚繼光撰　清
光緒元年(1875)寶林堂刻本　六冊

410000－2206－0004887　39300－1

[康熙]封邱縣續志五卷　（清）孟鏐　（清）
耿紘祚修　（清）李承緩纂　清康熙三十六年
(1697)刻本　二冊

410000 – 2206 – 0004888　90525 – 64

康熙字典十二集三十六卷總目一卷檢字一卷
辨似一卷等韻一卷補遺一卷備考一卷　（清）
張玉書等纂　清康熙五十五年(1716)刻本
四十冊

410000 – 2206 – 0004889　90565 – 604

康熙字典十二集三十六卷總目一卷檢字一卷
辨似一卷等韻一卷補遺一卷備考一卷　（清）
張玉書等纂　清康熙刻本　四十冊

410000 – 2206 – 0004890　90613 – 8

漢隸字源五卷碑目一卷　（宋）婁機輯　清光
緒三年(1877)歸安姚觀元思進齋刻本　六冊

410000 – 2206 – 0004891　90622 – 31

集韻十卷　（宋）丁度等撰　清嘉慶十九年
(1814)經正書舍刻本　十冊

410000 – 2206 – 0004892　90632 – 41

集韻十卷　（宋）丁度等撰　清嘉慶十九年
(1814)刻本　十冊

410000 – 2206 – 0004893　90642

晉宋書故一卷　（清）郝懿行著　清嘉慶二十
一年(1816)刻本　一冊

410000 – 2206 – 0004894　90645 – 6

經韻集字析解二卷　（清）彭良敞集注　清道
光十三年(1833)河南撫署刻本　二冊

410000 – 2206 – 0004895　90650 – 5

小學考五十卷　（清）謝啟昆錄　清光緒十五
年(1889)石印本　六冊

410000 – 2206 – 0004896　63773 – 873、64440 – 8

子書百家一百一種　（清）崇文書局輯　清光
緒元年(1875)湖北崇文書局刻本　一百十冊

410000 – 2206 – 0004897　57782

太極圖辨一卷　（清）姚爾申著　清道光十八
年(1838)聚山園刻本　一冊

410000 – 2206 – 0004898　57783 – 4

太玄經集注十卷　（宋）司馬光撰　清嘉慶三
年(1798)吳門陶氏五柳居刻本　二冊

410000 – 2206 – 0004899　57785 – 7

卦氣表不分卷　（清）蔣湘南著　清光緒十四
年(1888)湘南臬署會心閣刻本　一冊

410000 – 2206 – 0004900　57789

考訂河洛理數便覽一卷　（清）紀大奎著　清
咸豐二年(1852)紀氏刻本　一冊

410000 – 2206 – 0004901　57790 – 95

六壬神課金口訣三卷　（清）周儆弦重訂　清
咸豐三年(1853)書業堂刻本　五冊

410000 – 2206 – 0004902　57796 – 811

皇極經世六十卷　（宋）邵雍撰　清咸豐元年
(1851)洛陽安樂窩刻本　十六冊

410000 – 2206 – 0004903　57812 – 19

皇極經世書傳八卷　（明）黃畿撰　清咸豐七
年(1857)純淵堂刻本　八冊

410000 – 2206 – 0004904　90656 – 75

小學考五十卷　（清）謝啟昆編　清光緒十四
年(1888)浙江書局刻本　二十冊

410000 – 2206 – 0004905　90676 – 85

小學考五十卷　（清）謝啟昆編　清光緒十四
年(1888)浙江書局刻本　十冊　存二十六卷
(二十五至五十)

410000 – 2206 – 0004906　90686 – 9

小學鉤沈十九卷　（清）任大椿纂輯　清光緒
十年(1884)龍氏刻本　四冊

410000 – 2206 – 0004907　90700 – 19

古經解彙函十六種小學彙函十四種　（清）鍾
謙鈞輯　清光緒十五年(1889)湘南書局刻本
二十冊　缺二種五十八卷

410000 – 2206 – 0004908　90720 – 4

小學五種　（清）尹嘉銓輯　清光緒十八年
(1892)刻本　五冊

410000 – 2206 – 0004909　90725 – 28

小學六卷　（清）高愈纂註　清末刻本　四冊

410000 – 2206 – 0004910　90729 – 32

小學六卷　（清）高愈纂註　清末刻本　四冊

410000 – 2206 – 0004911　90733 – 36

小學集解六卷 （清）張伯行輯 （清）李蘭汀校 清咸豐元年(1851)刻本 四冊

410000－2206－0004912 55499－502

練兵實紀九卷雜記六卷 （明）戚繼光撰 清道光二十三年(1843)刻本 四冊

410000－2206－0004913 55503－24

陸軍學典不分卷 （清）南洋公學譯書院譯 清光緒南洋公學鉛印本 二十二冊

410000－2206－0004914 55525

陸戰規條四章 金邦平譯述 清光緒二十九年(1903)鉛印本 一冊

410000－2206－0004915 55531－6

虎鈐經二十卷 （宋）許洞撰 清刻本 六冊

410000－2206－0004916 55537－59

湖北武學不分卷 （清）武備學堂輯 清光緒二十六年(1900)湖北武備學堂刻本 二十三冊

410000－2206－0004917 55560－5

紀效新書十八卷首一卷 （明）戚繼光撰 清光緒元年(1875)京都寶林堂刻本 六冊

410000－2206－0004918 55566－71

紀效新書十八卷首一卷 （明）戚繼光撰 清道光二十一年(1841)虎林西宗氏刻本 六冊

410000－2206－0004919 55572－5

紀效新書十八卷首一卷 （明）戚繼光撰 清光緒二十三年(1897)京都文貴堂刻敏果齋七種本 四冊

410000－2206－0004920 55583－91

金湯借箸十二籌十二卷 （清）李盤著 清抄本 九冊 存十一卷(一至十一)

410000－2206－0004921 57828－37

蔡子洪範皇極名數九卷首二卷 （清）張兆鹿註釋 清光緒二十三年(1897)湘東張氏金陵刻本 十冊

410000－2206－0004922 57876

甄峰先生遺稿二卷 （清）何輝寧著 清光緒二十年(1894)紀氏刻本 一冊

410000－2206－0004923 57883－88

儀度六壬選六卷 （清）張鳳藻撰 清康熙五十八年(1719)啟元松刻本 六冊

410000－2206－0004924 57877－82

參兩通極六卷首一卷 （明）范守己著 清嘉慶刻本 六冊

410000－2206－0004925 57890－1

陰騭文制藝不分卷 （清）馬□著 清光緒三十年(1904)時敏齋刻本 一冊

410000－2206－0004926 57895－6

陽宅三要四卷 （清）趙廷棟著 清同治八年(1869)善成堂刻本 二冊

410000－2206－0004927 55592－609

江南陸師學堂武備課程二十七卷課藝二卷 （清）錢德培纂輯 清光緒二十五年(1899)江南陸師學堂刻本 十六冊

410000－2206－0004928 55608－19

西洋兵書五種後五種 （清）張之洞編定 清光緒江南製造局刻本 十二冊

410000－2206－0004929 55621－26

新建陸軍兵略錄存八卷 袁世凱撰 清光緒二十四年(1898)鉛印本 六冊

410000－2206－0004930 55627－32

新建陸軍兵略錄存八卷 袁世凱撰 清光緒二十四年(1898)鉛印本 六冊

410000－2206－0004931 55633－38

新建陸軍兵略錄存八卷 袁世凱撰 清光緒二十四年(1898)鉛印本 六冊

410000－2206－0004932 55639－44

新建陸軍兵略錄存八卷 袁世凱撰 清光緒二十四年(1898)鉛印本 六冊

410000－2206－0004933 55645

知古錄三卷 （清）恒衿纂輯 清同治二年(1863)恒氏刻本 一冊 存一卷(一)

410000－2206－0004934 55646－7

諸葛忠武侯兵法四卷 （三國蜀）諸葛亮撰 （清）張澍編輯 清刻本 二冊

410000 - 2206 - 0004935　55648 - 9

諸葛忠武侯行兵遁甲金函玉鏡海底眼六卷
(三國蜀)諸葛亮撰　(清)張澍輯　清鉛印本
　二冊

410000 - 2206 - 0004936　55650

長江礮臺芻議一卷　姚錫光著　清光緒二十
二年(1896)刻本　一冊

410000 - 2206 - 0004937　90738

十一經音訓十一種　(清)楊國楨撰　清道光
十年(1830)大梁書院刻本　一冊　存二種
二卷

410000 - 2206 - 0004938　90757 - 64

篆學瑣著　(清)顧湘輯　清道光二十年
(1840)海虞顧氏刻本　八冊

410000 - 2206 - 0004939　90771 - 80

欽定篆文六經四書十種　(清)李光地等編
清光緒九年(1883)上海同文書局石印本
十冊

410000 - 2206 - 0004940　90781 - 90

欽定篆文六經四書十種　(清)李光地等編
清光緒九年(1883)上海同文書局石印本
十冊

410000 - 2206 - 0004941　90808

正字略一卷　(清)王筠撰　清道光十四年
(1834)仕學齋刻本　一冊

410000 - 2206 - 0004942　90809 - 14

正字考四卷　(□)□□撰　清光緒刻本
六冊

410000 - 2206 - 0004943　90815 - 20

正字考四卷　(□)□□撰　清光緒刻本
六冊

410000 - 2206 - 0004944　55652 - 5

射書四卷首一卷　(明)顧煜集　清光緒十四
年(1888)貽經書屋刻本　四冊

410000 - 2206 - 0004945　55656

守城救命書一卷　(明)呂坤著　清光緒二十
六年(1900)封邱學署刻本　一冊

410000 - 2206 - 0004946　55657

守城救命書一卷　(明)呂坤著　清光緒二十
六年(1900)封邱學署刻本　一冊

410000 - 2206 - 0004947　55658

守城救命書一卷　(明)呂坤著　清光緒二十
六年(1900)封邱學署刻本　一冊

410000 - 2206 - 0004948　55659

守城救命書一卷　(明)呂坤著　清光緒二十
六年(1900)封邱學署刻本　一冊

410000 - 2206 - 0004949　55660

守城救命書一卷　(明)呂坤著　清光緒二十
六年(1900)封邱學署刻本　一冊

410000 - 2206 - 0004950　55661 - 4

草廬經略十二卷　(明)□□撰　清光緒二十
四年(1898)山西同文正記書院石印本　四冊

410000 - 2206 - 0004951　55667 - 72

孫子十家注十三卷　(春秋)孫武撰　(宋)吉
天保輯　敘錄一卷　(清)畢以珣撰　**遺說一
卷**　(宋)鄭友賢撰　清光緒三年(1877)浙江
書局刻本　六冊

410000 - 2206 - 0004952　55673 - 8

孫子十家注十三卷　(春秋)孫武撰　(宋)吉
天保輯　敘錄一卷　(清)畢以珣撰　**遺說一
卷**　(宋)鄭友賢撰　清光緒三年(1877)浙江
書局刻本　六冊

410000 - 2206 - 0004953　55679 - 82

趙註孫子不分卷　(春秋)孫武撰　(明)趙本
學註　清光緒三十一年(1905)北洋陸軍學堂
印書局鉛印本　四冊

410000 - 2206 - 0004954　90826 - 31

王先生十七史蒙求十六卷　(宋)王令撰　**李
氏蒙求補注六卷**　(唐)李瀚撰　清道光二十
八年(1848)大文堂刻本　六冊

410000 - 2206 - 0004955　90835 - 40

王先生十七史蒙求十六卷　(宋)王令撰　**李
氏蒙求補注六卷**　(唐)李瀚撰　清道光二十
八年(1848)文奎堂刻本　六冊

410000 – 2206 – 0004956　90841 – 46

王先生十七史蒙求十六卷　（宋）王令撰　**李氏蒙求補注六卷**　（唐）李瀚撰　清道光二十八年(1848)大文堂刻本　六冊

410000 – 2206 – 0004957　90847 – 52

說文通檢十四卷首一卷末一卷　（清）黎永椿編　清光緒九年(1883)群玉山房刻本　二冊

410000 – 2206 – 0004958　90853 – 54

說文通檢十四卷首一卷末一卷　（清）黎永椿編　清光緒五年(1879)番禺陳氏刻本　二冊

410000 – 2206 – 0004959　90855 – 7

說文廣義三卷　（清）王夫之撰　清同治四年(1865)湘鄉曾國荃金陵刻船山遺書本　三冊

410000 – 2206 – 0004960　90858 – 60

說文解字三十卷　（漢）許慎撰　（宋）徐鉉等校訂　清光緒二十二年(1896)朱氏家塾刻本　三冊

410000 – 2206 – 0004961　90865 – 9

說文解字十五卷　（漢）許慎撰　（宋）徐鉉等校訂　清光緒商務印書館石印本　四冊

410000 – 2206 – 0004962　90875 – 8

說文解字十五卷　（漢）許慎撰　（宋）徐鉉等校訂　清光緒七年(1881)刻本　四冊

410000 – 2206 – 0004963　90879 – 82

說文解字十五卷　（漢）許慎撰　（宋）徐鉉等校訂　清嘉慶十四年(1809)刻本　四冊

410000 – 2206 – 0004964　90883 – 910

說文解字十五卷　（漢）許慎撰　（清）段玉裁注　清同治十一年(1872)崇文書局刻本　二十八冊

410000 – 2206 – 0004965　90927 – 32

說文解字通釋四十卷　（五代）徐鍇撰　清道光十九年(1839)刻本　六冊

410000 – 2206 – 0004966　90941 – 54

說文釋例二十卷附補正　（清）王筠撰　清同治四年(1865)刻本　十四冊

410000 – 2206 – 0004967　90955 – 8

說文審音十六卷　（清）張行孚撰　清光緒二十四年(1898)桐廬袁氏刻漸西村舍彙刊本　四冊

410000 – 2206 – 0004968　90959 – 62

說文審音十六卷　（清）張行孚撰　清光緒二十四年(1898)桐廬袁氏刻漸西村舍彙刊本　四冊

410000 – 2206 – 0004969　50958 – 65

五種遺規五種　（清）陳宏謀撰　清末掃葉山房石印本　八冊

410000 – 2206 – 0004970　50942 – 51

五種遺規五種　（清）陳宏謀撰　清同治七年(1868)金陵書局刻本　十冊

410000 – 2206 – 0004971　50934 – 41

五種遺規五種　（清）陳宏謀撰　清道光二年(1822)同文堂刻本　八冊

410000 – 2206 – 0004972　50926 – 33

五種遺規五種　（清）陳宏謀撰　清同治彙文堂刻本　八冊

410000 – 2206 – 0004973　50971 – 76

五種遺規五種　（清）陳宏謀撰　清光緒二十八年(1902)上海古香閣石印本　六冊

410000 – 2206 – 0004974　50966 – 70

五種遺規五種　（清）陳宏謀撰　清宣統三年(1911)商務印書館鉛印本　五冊

410000 – 2206 – 0004975　55697 – 700

野外要務令不分卷　（清）盧永銘譯述　清光緒南洋公學譯書院鉛印本　四冊

410000 – 2206 – 0004976　55723

武備輯要六卷　（清）許學範撰　（清）許乃釗輯　清道光十二年(1832)錢塘許氏廣州刻敏果齋七種本　四冊

410000 – 2206 – 0004977　55724 – 27

武備輯要六卷　（清）許學範撰　（清）許乃釗輯　清道光十二年(1832)錢塘許氏廣州刻敏果齋七種本　四冊

410000 – 2206 – 0004978　57897 – 905

陽宅大成四種　（清）魏青江著　清乾隆三十八年(1773)懷德堂刻本　九冊

410000－2206－0004979　57912－3

板橋先生真墨不分卷　（清）鄭燮書　清光緒三十四年(1908)吳縣鄭熙石印本　二冊

410000－2206－0004980　57920

缾笙館修簫譜四種　（清）舒位撰　清道光十三年(1833)錢塘汪氏振綺堂刻本　一冊

410000－2206－0004981　57921－6

墨林今話十八卷　（清）蔣寶齡撰　續編一卷（清）蔣茝生撰　清同治十一年(1872)映雪草廬刻本　六冊

410000－2206－0004982　57933－8

墨緣彙觀四卷　（清）安歧著　清光緒二十六年(1900)鉛印本　六冊

410000－2206－0004983　57914－9

琵琶譜三卷　（清）王君錫　（清）陳牧夫傳譜　清光緒二年(1876)文琳書屋刻本　六冊

410000－2206－0004984　90996－1015

說文解字注三十卷六書音均表二卷　（清）段玉裁撰　清光緒九年(1883)群玉山房刻本　二十冊

410000－2206－0004985　91040－71

說文解字注三十卷六書音均表二卷汲古閣說文訂一卷　（清）段玉裁撰　清同治十一年(1872)崇文書局刻本　三十二冊

410000－2206－0004986　91072－89

說文解字注三十卷六書音均表二卷汲古閣說文訂一卷　（清）段玉裁撰　清同治十一年(1872)崇文書局刻本　十八冊

410000－2206－0004987　91090

說文本經答問二卷　（清）鄭知同撰　清光緒十六年(1890)廣雅書局刻本　一冊

410000－2206－0004988　91091

唐寫本說文解字木部箋異一卷　（清）莫子偲(莫友芝)撰　清同治三年(1864)刻本　一冊

410000－2206－0004989　91092－115

說文通訓定聲十八卷分部柬韻一卷說雅一卷古今韻準一卷　（清）朱駿聲撰　清道光三十年(1850)臨嘯閣刻同治九年(1870)補刻本　二十四冊

410000－2206－0004990　91116－38

說文通訓定聲十八卷分部柬韻一卷說雅一卷古今韻準一卷　（清）朱駿聲撰　清道光三十年(1850)臨嘯閣刻同治九年(1870)補刻本　二十三冊

410000－2206－0004991　91211－24

說文解字斠詮十四卷　（清）錢坫撰　清刻本　十四冊

410000－2206－0004992　55728

武備輯要六卷　（清）許學範撰　（清）許乃釗輯　清道光二十三年(1843)刻本　一冊

410000－2206－0004993　55729－31

武備輯要續編十卷　（清）許乃釗編輯　清道光二十九年(1849)刻本　三冊

410000－2206－0004994　55732－5

武經三書註不分卷　（清）王晰集註　清康熙五十四年(1715)友琴居刻本　四冊

410000－2206－0004995　55736－9

寧致堂增訂武經體註不分卷　（清）夏振翼纂輯　清康熙五十九年(1720)三多齋刻本　四冊

410000－2206－0004996　55831－6

管子二十四卷　（春秋）管仲撰　（唐）房玄齡注　（明）劉績增注　清光緒二年(1876)浙江書局刻二十二子本　六冊

410000－2206－0004997　55864－9

韓非子二十卷　（春秋）韓非撰　識誤三卷（清）顧廣圻撰　清光緒元年(1875)浙江書局刻二十二子本　六冊

410000－2206－0004998　55877－82

洗冤錄補註全纂六卷　（清）阮其新補註（清）李觀瀾補輯　洗冤錄集證二卷　（清）郎靜谷纂輯　清道光十三年(1833)泗城官閣刻

本　六冊

410000 – 2206 – 0004999　55883 – 8

重刊補註洗冤錄集證六卷　（宋）宋慈撰
（清）王又槐增輯　（清）李觀瀾補輯　（清）
阮其新補註　清光緒八年(1882)京都文寶堂
刻四色套印本　六冊

410000 – 2206 – 0005000　55889 – 92

洗冤錄詳義四卷首一卷　（宋）宋慈撰　（清）
許槤編校　清光緒四年(1878)刻本　四冊

410000 – 2206 – 0005001　91248 – 63

說文解字句讀附補正三十卷　（清）王筠撰集
清同治四年(1865)刻本　十六冊

410000 – 2206 – 0005002　91286 – 317

說文解字義證五十卷　（清）桂馥撰　清同治
九年(1870)崇文書局刻本　三十二冊

410000 – 2206 – 0005003　91318 – 31

**字彙十二卷首一卷末一卷韻法直圖一卷韻法
橫圖一卷**　（明）梅膺祚音釋　清金陵依德堂
刻本　十四冊

410000 – 2206 – 0005004　91336 – 43

澄衷蒙學堂字課圖說四卷　劉樹屏撰　清光
緒三十一年(1905)澄衷學堂刻本　八冊

410000 – 2206 – 0005005　91344

澄衷蒙學堂字課圖說四卷　劉樹屏撰　清光
緒三十年(1904)澄衷蒙學堂石印本　一冊

410000 – 2206 – 0005006　91345 – 8

增廣字學舉隅四卷　（清）鐵珊輯　清光緒元
年(1875)蘭州郡署刻本　四冊

410000 – 2206 – 0005007　91349

字學舉隅不分卷　（清）龍啟瑞輯　清道光二
十四年(1844)刻本　一冊

410000 – 2206 – 0005008　57947 – 50

泛槎圖六集　（清）張寶編繪　清光緒六年
(1880)上海點石齋石印本　四冊

410000 – 2206 – 0005009　57951 – 60

封泥考略十卷　（清）吳式芬　（清）陳介祺輯
清光緒三十年(1904)影印本　十冊

410000 – 2206 – 0005010　57963

端溪硯史三卷　（清）盧坤撰　（清）吳蘭修編
清咸豐九年(1859)刻本　一冊

410000 – 2206 – 0005011　57964

東坡題跋二卷　（宋）蘇軾撰　清刻本　一冊
存一卷(二)

410000 – 2206 – 0005012　57965 – 6

鄧石如印存不分卷　（清）鄧琰篆　清末上海
有正書局石印本　二冊

410000 – 2206 – 0005013　57967

天瓶齋書畫題跋二卷　（清）張照著　清乾隆
三十八年(1773)刻本　一冊

410000 – 2206 – 0005014　57968

天瓶齋書畫題跋二卷　（清）張照著　清乾隆
三十八年(1773)刻本　一冊

410000 – 2206 – 0005015　57969 – 72

**桐陰論畫二卷首一卷附錄一卷畫訣一卷二編
二卷三編二卷**　（清）秦祖永著　清光緒三年
(1877)刻朱墨套印本　四冊

410000 – 2206 – 0005016　57973 – 6

同好軒印存不分卷　（清）欣甫印譜　清光緒
二年(1876)刻本　四冊

410000 – 2206 – 0005017　58005 – 6

擬瑟譜不分卷　（清）邵嗣堯撰　清光緒七年
(1881)李瀚章刻本　二冊

410000 – 2206 – 0005018　91350

字學舉隅不分卷　（清）龍啟瑞輯　清光緒十
一年(1885)刻本　一冊

410000 – 2206 – 0005019　91351 – 8

澤存堂五種　（清）張士俊校　清光緒十四年
(1888)蜚英館石印本　八冊

410000 – 2206 – 0005020　91359 – 64

詞名集解六卷　（清）汪汲撰　清乾隆五十九
年(1794)刻本　六冊

410000 – 2206 – 0005021　91365

草書集成五卷　（清）莊門熙纂輯　清光緒十
二年(1886)上海書局石印本　一冊　存二卷

（一至二）

410000 – 2206 – 0005022　91372

四書正字四卷　（清）錢九韶撰　清聽瀨山房
刻本　一冊

410000 – 2206 – 0005023　91373 – 8

四書集字音義辨不分卷　（宋）朱熹撰　清光
緒十四年（1888）八旗官學刻本　六冊

410000 – 2206 – 0005024　91379

音論三卷　（清）顧炎武撰　清刻本　一冊

410000 – 2206 – 0005025　91380

音論三卷　（清）顧炎武撰　清光緒十六年
（1890）思賢講舍刻音學五書本　一冊

410000 – 2206 – 0005026　91381 – 92

音學五書　（清）顧炎武撰　清光緒十六年
（1890）思賢講舍刻本　十二冊

410000 – 2206 – 0005027　91393

殷商貞卜文字考不分卷　羅振玉撰　清宣統
二年（1910）玉簡齋石印本　一冊

410000 – 2206 – 0005028　55893 – 6

洗冤錄詳義四卷首一卷　（宋）宋慈編　（清）
許梿編校　清光緒四年（1878）刻本　四冊

410000 – 2206 – 0005029　55901 – 4

中西政學問對三十六卷首三卷　（清）王仁俊
著　清光緒二十三年（1897）實學報館石印本
　四冊　缺十三卷（十至十五、二十三至二十
九）

410000 – 2206 – 0005030　55917 – 40

萬國政治藝學全書三百八十卷　（清）朱大文
等編輯　清光緒二十八年（1902）上海鴻文書
局石印本　二十四冊　存一百八十卷（政治
叢考一百八十卷）

410000 – 2206 – 0005031　55941 – 4

豳風廣義三卷桑蠶條陳一卷　（清）楊屾輯
清乾隆刻本　四冊

410000 – 2206 – 0005032　55945 – 6

富民簡易書二卷　（清）郭雲陞輯　清光緒三
十年（1904）刻本　二冊

410000 – 2206 – 0005033　55961

農業全書六卷　（清）賴昌編譯　清宣統三年
（1911）上海新學會社鉛印本　一冊

410000 – 2206 – 0005034　55964 – 7

農政全書六十卷　（明）徐光啓撰　清光緒二
十六年（1900）上海文海書局石印本　四冊

410000 – 2206 – 0005035　55968 – 79

農政全書六十卷　（明）徐光啓撰　清道光十
七年（1837）刻本　十二冊

410000 – 2206 – 0005036　55980 – 95

農政全書六十卷　（明）徐光啓撰　清道光十
八年（1838）任樹森刻本　十六冊

410000 – 2206 – 0005037　55996 – 56011

農政全書六十卷　（明）徐光啓撰　清道光二
十三年（1843）上海曙海樓刻本　十六冊

410000 – 2206 – 0005038　56012 – 30

農政全書六十卷　（明）徐光啓撰　清同治十
三年（1874）山東書局刻本　十九冊

410000 – 2206 – 0005039　56031 – 33

農書三十六卷　（元）王禎撰　清刻本　三冊
　　存十八卷（一至十八）

410000 – 2206 – 0005040　56043 – 66

農學叢書□□種　羅振玉編輯　清北洋官報
局鉛印本　二十一冊　存十五種二十一卷

410000 – 2206 – 0005041　56067 – 121

農學叢書六集　（清）上海農學會譯　清光緒
二十七年至二十九年（1901 – 1903）江南農學
總會石印本　四十六冊

410000 – 2206 – 0005042　56124 – 6

農桑輯要七卷　（元）司農司撰　清咸豐十一
年（1861）介邑文翰堂刻本　三冊

410000 – 2206 – 0005043　58007

敕封大王將軍畫像不分卷　題（清）紫荊樹館
繪　清末上海點石齋石印本　一冊

410000 – 2206 – 0005044　58008 – 13

歷朝史印十卷　（清）黃學圯篆　清道光九年
（1829）楚橋書屋刻鈐印本　六冊

410000－2206－0005045　58018－27

歷代畫史彙傳七十二卷首一卷目錄三卷附錄二卷　(清)彭蘊璨編　清刻本　十冊　存二十五卷(三十四至五十三、六十四至六十六、附錄二卷)

410000－2206－0005046　58028－35

歷代畫史彙傳七十二卷首一卷目錄三卷附錄二卷　(清)彭蘊璨編　清刻本　八冊　存二十五卷(二十六至五十)

410000－2206－0005047　58036－7

論印絕句一卷續編一卷　(清)吳騫輯　(清)葛元煦校訂　清光緒五年(1879)仁和葛氏刻嘯園叢書本　二冊

410000－2206－0005048　58038－9

梅道人遺墨不分卷　(清)吳鎮撰　(清)葛元煦校訂　清光緒二年(1876)仁和葛氏刻嘯園叢書本　二冊

410000－2206－0005049　58046－7

國朝畫徵錄三卷續錄二卷　(清)張庚著　清乾隆四年(1739)睢州蔣泰刻本　二冊

410000－2206－0005050　91394－9

五方元音十二卷　(清)樊騰鳳撰　清衣盛堂刻本　六冊

410000－2206－0005051　91400－1

五經文字三卷　(唐)張參撰　清乾隆曲阜孔繼涵紅榈書屋刻本　二冊

410000－2206－0005052　91412－5

韻辨附文五卷　(清)沈兆霖撰　清同治十二年(1873)東川書院刻本　四冊

410000－2206－0005053　91416－23

新刊校正增補圓機詩韻活法全書十四卷　(明)王世貞增補　(清)蔣先庚重訂　清文盛堂刻本　八冊

410000－2206－0005054　91424－6

爾雅三卷　(晉)郭璞注　(唐)陸德明音義　清嘉慶二十二年(1817)順德張青選清芬閣刻本　三冊

410000－2206－0005055　91427－9

爾雅三卷　(晉)郭璞注　(唐)陸德明音義　清嘉慶二十二年(1817)順德張青選清芬閣刻本　三冊

410000－2206－0005056　91433－5

爾雅三卷　(晉)郭璞注　(唐)陸德明音釋　清同治十一年(1872)山東書局刻本　三冊

410000－2206－0005057　91436－8

爾雅三卷　(晉)郭璞注　(唐)陸德明音釋　清同治十一年(1872)山東書局刻本　三冊

410000－2206－0005058　91439－41

爾雅三卷　(晉)郭璞注　(唐)陸德明音義　清同治十三年(1874)湖南書局刻本　三冊

410000－2206－0005059　56127－31

農桑輯要七卷　(元)司農司撰　清光緒二十四年(1898)時宜書局石印本　五冊　存六卷(一至六)

410000－2206－0005060　56144－49

救荒簡易書十二卷　(清)郭雲陞著　清光緒二十二年(1896)刻本　六冊　存八卷(一至五、七至九)

410000－2206－0005061　56150－53

救荒簡易書十二卷　(清)郭雲陞著　清光緒二十二年(1896)刻本　四冊　存四卷(一至四)

410000－2206－0005062　56154

營田輯要內篇二卷外篇一卷首一卷　(清)黃輔辰述　清同治三年(1864)刻本　一冊

410000－2206－0005063　56155

營田輯要內篇二卷外篇一卷首一卷　(清)黃輔辰述　清同治三年(1864)刻本　一冊

410000－2206－0005064　91445－6

爾雅三卷　(晉)郭璞注　(唐)陸德明音釋　清同治七年(1868)湖北崇文書局刻本　二冊　存二卷(上、下)

410000－2206－0005065　91447－50

爾雅疏十卷　(宋)邢昺校定　清刻本　四冊

存七卷(三至九)

410000－2206－0005066　91451

爾雅補郭二卷　（清）翟灝撰　清光緒八年
(1882)刻本　一冊

410000－2206－0005067　91452－6

爾雅新義二十卷　（宋）陸佃撰　**敘錄一卷**
（清）宋大樽輯　清咸豐三年(1853)南海伍氏
刻粵雅堂叢書本　五冊

410000－2206－0005068　91457－62

爾雅注疏十一卷　（晉）郭璞注　（宋）邢昺疏
　清嘉慶十六年(1811)書業堂刻本　六冊

410000－2206－0005069　91463－8

爾雅注疏十一卷　（晉）郭璞注　（宋）邢昺疏
　清嘉慶七年(1802)刻十三經注疏本　六冊

410000－2206－0005070　91469－72

爾雅注疏十一卷　（晉）郭璞注　清嘉慶七年
(1802)刻十三經注疏本　四冊

410000－2206－0005071　91473－80

爾雅郭注義疏二十卷　（清）郝懿行撰　清光
緒七年(1881)刻本　八冊

410000－2206－0005072　9147－81－88

爾雅郭注義疏二十卷　（清）郝懿行撰　清光
緒七年(1881)刻本　八冊

410000－2206－0005073　91489－90

爾雅音圖三卷　（晉）郭璞注　清光緒十年
(1884)同文書局石印本　二冊

410000－2206－0005074　58059－63

快雪堂法書不分卷　（晉）王羲之等書　清影
印本　五冊

410000－2206－0005075　58072－4

畫禪室隨筆四卷　（明）董其昌著　清宣統元
年(1909)上海掃葉山房石印本　三冊

410000－2206－0005076　58082－4

重編紅雨樓題跋二卷　（明）徐熥撰　繆荃孫
輯　清宣統三年(1911)新陽趙詒琛峭帆樓刻
峭帆樓叢書本　三冊

410000－2206－0005077　58085－8

漢溪書法通解八卷　（清）戈守智著　清道光
十九年(1839)刻本　四冊

410000－2206－0005078　58089－92

漢溪書法通解八卷　（清）戈守智著　清道光
十九年(1839)刻本　四冊

410000－2206－0005079　58101－16

續齊魯古印攈十六卷　（清）郭裕之藏並輯
清光緒十八年(1892)維縣郭氏刻鈐印本　十
六冊

410000－2206－0005080　56156－7

御製耕織圖四十六圖　（清）聖祖玄燁題詩
（清）焦秉貞繪圖　清光緒五年(1879)刻本
二冊

410000－2206－0005081　56159

漸西村舍彙刊四十四種　（清）袁昶輯　清光
緒桐廬袁氏漸西村舍刻本　一冊　存二種
二卷

410000－2206－0005082　56161－2

澤農要錄六卷　（清）吳邦慶撰　清道光四年
(1824)刻本　二冊

410000－2206－0005083　56163－6

蟲薈五卷　（清）方旭著　清光緒十六年
(1890)刻本　四冊

410000－2206－0005084　56167

樗繭譜一卷　（清）鄭珍纂　清光緒八年
(1882)河南臬署刻本　一冊

410000－2206－0005085　56169

蠶桑問答三卷　（清）朱祖榮編輯　清光緒三
十一年(1905)抄本　一冊

410000－2206－0005086　91495

爾雅郭注佚存補訂二十卷　王樹柟撰　清光
緒十八年(1892)新城王氏文莫室資陽刻陶廬
叢刻本　一冊　存三卷(一至三)

410000－2206－0005087　91496－9

爾雅注疏十一卷　（晉）郭璞注　（宋）邢昺疏
　清嘉慶七年(1802)刻十三經注疏本　四冊

410000－2206－0005088　91500－7

爾雅郭注義疏二十卷　（清）郝懿行撰　清光緒十年(1884)榮縣蜀南閣刻本　八冊

410000－2206－0005089　58123

清儀閣題跋不分卷　（清）張廷濟撰　清刻本　四冊

410000－2206－0005090　58127－31

清儀閣題跋不分卷　（清）張廷濟著　清光緒十九年(1893)蘇州振新書社石印本　五冊

410000－2206－0005091　58135－46

清河書畫舫十二卷　（明）張丑撰　清道光三年(1823)刻本　十二冊

410000－2206－0005092　58161－5

辛丑銷夏記五卷　（清）吳榮光撰　清光緒三十一年(1905)長沙葉氏郎園刻本　一冊

410000－2206－0005093　58167

廣藝舟雙楫六卷首一卷　（清）康有為撰　清末鉛印本　一冊

410000－2206－0005094　58170－2

雪廬百印一卷　（清）王琛篆刻　清光緒二十八年(1902)刻本　三冊

410000－2206－0005095　58177

省耕詩圖一卷　（清）曹秀先撰詩　清乾隆三十一年(1766)刻本　一冊

410000－2206－0005096　58183－6

甌鉢羅室書畫過目攷四卷　（清）李玉棻編　清光緒十一年(1885)京都興盛齋刻本　四冊

410000－2206－0005097　58196－7

趙撝叔手刻印存不分卷　（清）趙之謙篆　清末上海有正書局影印本　二冊

410000－2206－0005098　91508－15

爾雅郭注義疏二十卷　（清）郝懿行撰　清同治四年(1865)刻本　八冊

410000－2206－0005099　92094－113

古經解彙函十六種小學彙函十四種　（清）鍾謙鈞等輯　清光緒十四年(1888)鉛印本　二十冊

410000－2206－0005100　92114－472

皇清經解一千四百八卷首一卷　（清）阮元輯　（清）勞崇光補　清道光九年(1829)廣東學海堂科咸豐十一年(1861)補刻本　三百五十九冊　缺十卷(一至十)

410000－2206－0005101　92473－832

皇清經解一千四百八卷首一卷　（清）阮元輯　（清）勞崇光補　清道光九年(1829)廣東學海堂科咸豐十一年(1861)補刻本　三百六十冊

410000－2206－0005102　92833－3181

皇清經解一千四百八卷首一卷　（清）阮元輯　（清）勞崇光補　清道光九年(1829)廣東學海堂科咸豐十一年(1861)補刻本　三百四十九冊

410000－2206－0005103　93182－472

皇清經解一千四百八卷首一卷　（清）阮元輯　（清）勞崇光補　清道光九年(1829)廣東學海堂科咸豐十一年(1861)補刻本　二百九十一冊

410000－2206－0005104　93473－92

九經古義十六卷　（清）惠棟學　清末刻本　二十冊

410000－2206－0005105　93493－6

九經古義十六卷　（清）惠棟撰　清省吾堂刻本　四冊

410000－2206－0005106　93636－712

經苑二十五種　（清）錢儀吉輯　清道光、咸豐間大梁書院刻同治七年(1868)王儒行等印本　七十七冊

410000－2206－0005107　93713－789

經苑二十五種　（清）錢儀吉輯　清道光、咸豐間大梁書院刻同治七年(1868)王儒行等印本　七十七冊

410000－2206－0005108　93790－4109

皇清經解續編一千四百三十卷　王先謙輯　清光緒十四年(1888)南菁書院刻本　三百二十冊

410000－2206－0005109　94110－4429

皇清經解續編一千四百三十卷　王先謙輯
清光緒十四年(1888)南菁書院刻本　三百二
十冊

410000－2206－0005110　94430－5

經典釋文三十卷　（唐）陸德明撰　清康熙十
九年(1680)通志堂刻本　六冊　存十六卷
(十五至三十)

410000－2206－0005111　94446－50

經學通論五卷　（清）皮錫瑞纂　清光緒三十
三年(1907)思賢書局刻皮氏經學叢書本
五冊

410000－2206－0005112　94451－64

皮氏經學叢書九種　（清）皮錫瑞撰　清光緒
思賢書局刻本　十四冊

410000－2206－0005113　94465－72

經典釋文三十卷　（唐）陸德明撰　**釋文考證
三十卷**　（清）盧文弨綴輯　清常州龍城書院
刻本　八冊

410000－2206－0005114　94473－96

御纂七經　清光緒三十年(1904)上海育文書
局石印本　二十四冊

410000－2206－0005115　58268－75

草說十五卷　（清）李濱撰　**草書編類一卷**
（清）李薛撰　清宣統三年(1911)東甌官署石
印本　八冊

410000－2206－0005116　58276－83

草說十五卷　（清）李濱撰　**草書編類一卷**
（清）李薛撰　清宣統三年(1911)東甌官署石
印本　八冊

410000－2206－0005117　58284－8

東坡題跋二卷　（宋）蘇軾著　（清）溫一貞錄
　山谷題跋三卷　（宋）黃庭堅著　（清）溫一
貞錄　清光緒二十年(1894)望三益齋石印本
五冊

410000－2206－0005118　58290－1

松禪老人遺墨不分卷　（清）翁同龢書　清光

緒三十一年(1905)鄒氏石印本　二冊

410000－2206－0005119　58292－3

益智圖二卷　（清）童葉庚著　清光緒四年
(1878)刻本　二冊

410000－2206－0005120　58240－43

御覽書苑菁華二十卷　（宋）陳思纂　清刻本
四冊　存五卷(六至十)

410000－2206－0005121　61737－44

音韻貫珠八卷　（清）賈椿齡編　清嘉慶九年
(1804)雨化堂刻本　八冊

410000－2206－0005122　61745－60

五經類編二十八卷　（清）周世樟編輯　清康
熙二十二年(1683)刻本　十六冊

410000－2206－0005123　61761－6

問奇典註六卷　（清）唐英撰　清嘉慶二十三
年(1818)牧野張晡雄楚樓刻本　六冊

410000－2206－0005124　61767－70

文選集腋六卷　（清）胥斌纂輯　清嘉慶二十
一年(1816)聚錦書屋刻本　四冊

410000－2206－0005125　61771－4

文選集腋六卷　（清）胥斌纂輯　清嘉慶二十
一年(1816)聚錦書屋刻本　四冊

410000－2206－0005126　61817－975

淵鑑類函四百五十卷目錄四卷　（清）張英等
輯　清康熙四十九年(1710)刻本　一百四十
三冊　缺三卷(四百四十八至四百五十)

410000－2206－0005127　61976－2130

淵鑑類函四百五十卷目錄四卷　（清）張英等
輯　清康熙四十九年(1710)刻本　一百五十
三冊

410000－2206－0005128　58309

易筋經外經圖說一卷八段錦圖說一卷　（清）
□□撰　清光緒三十年(1904)石印本　一冊

410000－2206－0005129　58338－9

國朝印識二卷近編一卷　（清）馮承輝纂　清
道光十七年(1837)文學山房刻本　二冊

410000－2206－0005130　58340－3

雙楳景闇叢書十六種　葉德輝輯　清光緒、宣統間長沙葉氏郋園刻本　四冊　存七種十三卷

410000－2206－0005131　61045－6

干支便覽四卷　（清）聶銑敏纂輯　清刻本二冊

410000－2206－0005132　11－07019

書經六卷　（宋）蔡沈集傳　清同治三年（1864）浙江撫署刻本　四冊

410000－2206－0005133　11－07020

淮南子二十一卷　（漢）劉安撰　（漢）高誘注　清嘉慶九年（1804）宏道堂刻本　一冊　存三卷（一至三）

410000－2206－0005134　58344－49

因樹屋書影十卷　（清）周亮工撰　清士林精舍石印本　六冊

410000－2206－0005135　58350－54

五知齋琴譜八卷　（清）徐祺編　（清）周魯封彙輯　清乾隆十一年（1746）懷德堂刻本五冊

410000－2206－0005136　58370－93

苑洛志樂二十卷　（明）韓邦奇著　清康熙二十二年（1683）刻本　十八冊　存十三卷（一至十三）

410000－2206－0005137　58406－7

端溪硯史三卷　（清）吳蘭修撰　清道光三十年（1850）刻本　二冊

410000－2206－0005138　58414－33

古泉匯首集四卷元集十四卷亨集十四卷利集十八卷貞集十四卷續泉匯十四卷補遺二卷　（清）李佐賢撰　清同治三年（1864）利津李佐賢石泉書屋刻本　二十冊

410000－2206－0005139　58434－49

古泉匯首集四卷元集十四卷亨集十四卷利集十八卷貞集十四卷續泉匯十四卷補遺二卷　（清）李佐賢撰　清同治三年（1864）利津李佐賢石泉書屋刻本　十六冊　缺十四卷（續泉匯十四卷）

410000－2206－0005140　58451－97

佩文齋廣群芳譜一百卷目錄二卷　（清）汪灝等編　清康熙四十七年（1708）刻本　四十八冊

410000－2206－0005141　58498－545

佩文齋廣群芳譜一百卷目錄二卷　（清）汪灝等編　清康熙四十七年（1708）刻本　四十八冊

410000－2206－0005142　62151－70

新增說文韻府羣玉二十卷　（元）陰時夫編輯　（元）陰中夫編注　清康熙五十五年（1716）文盛堂刻本　二十冊

410000－2206－0005143　62181－200

新增說文韻府羣玉二十卷　（元）陰時夫編輯　（元）陰中夫編注　清乾隆二十四年（1759）敦化堂刻本　二十冊

410000－2206－0005144　62171－80

新增說文韻府羣玉二十卷　（元）陰時夫編輯　（元）陰中夫編注　清康熙五十五年（1716）文盛堂刻本　十冊　存十卷（十一至二十）

410000－2206－0005145　62201－20

新增說文韻府羣玉二十卷　（元）陰時夫編輯　（元）陰中夫編注　清謙益堂刻本　二十冊

410000－2206－0005146　62221－8

新增說文韻府羣玉二十卷　（元）陰時夫編輯　（元）陰中夫編注　清乾隆七年（1742）明善堂刻本　八冊

410000－2206－0005147　62229－44

廿一史四譜五十四卷　（清）沈炳震鈔　清刻本　十六冊

410000－2206－0005148　62265－8

碧血錄五卷　（清）莊仲方著　清咸豐二年（1852）刻本　四冊

410000－2206－0005149　58546－77

佩文齋廣群芳譜一百卷目錄二卷　（清）汪灝

等编　清康熙四十七年（1708）刻本　　三十二
册　存八十一卷（一至八十一）

410000－2206－0005150　58587－610

二如亭群芳譜三十卷首十三卷　（明）王象晉
纂輯　明末刻本　二十四册

410000－2206－0005151　58613－4

隨園食單一卷　（清）袁枚撰　清乾隆五十七
年（1792）小倉山房刻本　二册

410000－2206－0005152　58615－38

欽定協紀辨方書三十六卷　（清）允祿等纂
清乾隆六年（1741）刻本　二十四册

410000－2206－0005153　58641－2

象數論六卷　（清）黃宗羲撰　清光緒廣雅書
局刻本　二册

410000－2206－0005154　58643－50

調疾飲食辯六卷諸方鍼線一卷　（清）章穆著
　清道光三年（1823）經國堂刻本　八册

410000－2206－0005155　58652－81

植物名實圖考三十八卷長編二十二卷　（清）
吳其濬著　清道光二十八年（1848）陸應穀刻
光緒六年（1880）山西濬文書局重修本　三十
册　存三十八卷（植物名實圖考三十八卷）

410000－2206－0005156　94497－510

七經精義七種　（清）黃淦撰　清嘉慶十三年
（1808）刻本　十四册

410000－2206－0005157　94511－24

七經精義七種　（清）黃淦撰　清嘉慶十五年
（1810）刻本　十四册

410000－2206－0005158　94525－9

周易義海撮要十二卷　（宋）李衡撰　清康熙
十九年（1680）通志堂刻本　五册

410000－2206－0005159　94530－6

春秋釋例十五卷　（晉）杜預撰　清嘉慶七年
（1802）刻本　七册

410000－2206－0005160　94561－85

重刊宋本十三經注疏附校勘記十四種　（清）
阮元編　清光緒十三年（1887）脈望仙館石印

本　二十五册

410000－2206－0005161　94658－83

十一經音訓十一種　（清）楊國楨撰　清光緒
三年（1877）湖北崇文書局刻本　二十六册

410000－2206－0005162　94826－51

十一經音訓十一種　（清）楊國楨撰　清道光
十年（1830）大梁書院刻本　二十六册

410000－2206－0005163　94852－77

十一經音訓十一種　（清）楊國楨撰　清道光
十年（1830）大梁書院刻本　二十六册

410000－2206－0005164　94878－85

十三經讀本附校刊記十三種　（清）丁寶楨等
校并撰校刊記　清同治十一年（1872）山東書
局刻本　八册　存二種十四卷

410000－2206－0005165　94896－905

五經五種　（唐）孔穎達等撰　清刻本　十册

410000－2206－0005166　94906－17

五經備旨四十六卷　（清）鄒聖脈纂輯　清光
緒上海文盛書局石印本　十二册

410000－2206－0005167　94918－43

增廣五經備旨五種　（清）鄒聖脈纂輯　清光
緒十三年（1887）善成堂刻本　二十六册

410000－2206－0005168　94944－65

五經備旨四十五卷　（清）鄒聖脈撰　清光緒
十三年（1887）義德堂刻本　二十二册　存四
十二卷（易經一至七，書經一至七，詩經一至
三、五至八，禮記一至二、五至十一，春秋一至
十二）

410000－2206－0005169　94966－79

五經旁訓讀本五種　（清）徐立綱撰　清乾隆
五十四年（1789）三多齋刻本　十四册

410000－2206－0005170　58682－711

植物名實圖考三十八卷長編二十二卷　（清）
吳其濬著　清道光二十八年（1848）陸應穀刻
同治五年（1866）印本　三十册　存二十二卷
（長編二十二卷）

410000－2206－0005171　58712－5

239

蠕範八卷　（清）李元撰　清同治十三年
(1874)傳經堂刻本　四冊

410000－2206－0005172　58716－9
白虎通四卷　（漢）班固撰　清嘉慶四年
(1799)味經堂刻本　四冊

410000－2206－0005173　58720－22
白虎通四卷　（漢）班固撰　清乾隆刻本
三冊

410000－2206－0005174　58724－5
避暑錄話二卷　（宋）葉夢得撰　清刻本
二冊

410000－2206－0005175　58726
炳燭里談三卷　陳作霖著　清宣統三年
(1911)刻本　一冊

410000－2206－0005176　58727－34
北東園筆錄初編六卷續編六卷三編六卷四編
六卷　（清）梁恭辰撰　清同治五年(1866)刻
本　八冊

410000－2206－0005177　58735－6
萍海墨雨四卷　（清）李匡濟輯　清光緒刻本
二冊

410000－2206－0005178　58737－49
篷窗隨錄十四卷續錄二卷　（清）沈兆澐輯
清咸豐九年(1859)刻本　十三冊　缺一卷
(六)

410000－2206－0005179　83887－90
費氏古易訂文十二卷　王樹柟撰　清光緒十
七年(1891)新城王氏刻本　四冊

410000－2206－0005180　83891－3
讀易備忘四卷　（清）王潄心輯　清道光二十
九年(1849)刻本　三冊

410000－2206－0005181　83894－7
讀易大旨五卷　（清）孫奇逢撰　清康熙二十
七年(1688)刻本　四冊

410000－2206－0005182　83898－901
讀易大旨五卷　（清）孫奇逢撰　清康熙二十
七年(1688)刻本　四冊

410000－2206－0005183　83902－10
讀易淺說十卷　（清）李步瀛著　清光緒二年
(1876)忠恕堂刻本　九冊　缺一卷(二)

410000－2206－0005184　83926－9
清風易注四卷　（清）魏閥著　清光緒十八年
(1892)刻本　五冊

410000－2206－0005185　83936－40
湘薌漫錄二卷易經集說一卷　（清）查彬著
清道光十九年(1839)有懷堂刻本　五冊

410000－2206－0005186　83941－2
周易四卷　（宋）朱熹本義　清嘉慶十一年
(1806)明善堂刻本　二冊

410000－2206－0005187　62292
說郛續四十六弓　（明）陶珽輯　清刻本　一
冊　存七種八卷

410000－2206－0005188　62331－2
夢蕉亭雜記二卷　陳夔龍撰　清宣統三年
(1911)刻本　二冊

410000－2206－0005189　62335－54
新刻鍾伯敬先生批評封神演義十九卷一百回
　（明）許仲琳著　（明）鍾惺評　清康熙三十
四年(1695)善成堂刻本　二十冊

410000－2206－0005190　62389－412
東周列國志二十三卷一百八回　（清）蔡昇評
點　清光緒十四年(1888)善成堂刻本　二十
四冊

410000－2206－0005191　62413－9
東周列國志二十三卷一百八回　（清）蔡昇評
點　清光緒十三年(1887)刻本　七冊　缺三
回(九至十一)

410000－2206－0005192　62420－31
東周列國全志二十三卷一百八回　（清）蔡昇
評點　清乾隆十七年(1752)致和堂刻本　十
二冊

410000－2206－0005193　62433－4
譚誤四卷　（清）馬僕撰　清同治八年(1869)
刻本　二冊

410000－2206－0005194　94980－5

五經揭要五種 （清）周蕙田輯錄　清乾隆五十四年(1789)刻本　六冊　存四種存十九卷

410000－2206－0005195　94986－97

五經揭要五種 （清）周蕙田輯錄　清乾隆五十四年(1789)刻本　十二冊

410000－2206－0005196　94998－5009

五經揭要五種 （清）周蕙田輯錄　清乾隆五十四年(1789)刻本　十二冊

410000－2206－0005197　95010－353

五經詳說附二種首一卷 （清）冉覲祖撰　清光緒七年(1881)大梁書局刻本　三百四十四冊　存五種四百五十五卷

410000－2206－0005198　95354－95

五經四書疏畧九種 （清）張沐著　清康熙三十三年(1694)敦臨堂刻本　四十二冊　存四種一百十一卷

410000－2206－0005199　95396－403

晦庵先生朱文公易說二十三卷 （宋）朱熹著　清康熙十九年(1680)通志堂刻本　八冊

410000－2206－0005200　86118－25

禮記纂言三十六卷 （元）吳澄撰　（清）朱軾校補　清雍正刻朱文端公藏書本　八冊

410000－2206－0005201　86130－1

禮記釋注四卷 （清）丁晏學　清道光二年(1822)刻本　二冊

410000－2206－0005202　86132－63

欽定禮記義疏八十二卷首一卷 （清）鄂爾泰等纂　清刻本　三十二冊

410000－2206－0005203　83943－4

周易四卷 （宋）朱熹本義　清光緒十三年(1887)有益堂刻本　二冊

410000－2206－0005204　83948－9

周易四卷 （宋）朱熹本義　清光緒元年(1875)善成堂刻本　二冊

410000－2206－0005205　83950－1

周易四卷 （宋）朱熹本義　清光緒四年(1878)刻本　二冊

410000－2206－0005206　83952－3

周易四卷 （宋）朱熹本義　清同治十二年(1873)刻本　二冊

410000－2206－0005207　83954－5

周易四卷 （宋）朱熹本義　清同治八年(1869)刻本　二冊

410000－2206－0005208　11－07116

新增說文韻府群玉二十卷 （元）陰時夫編輯　（元）陰中夫編注　清刻本　五冊　存五卷(一至五)

410000－2206－0005209　11－07117

新增說文韻府群玉二十卷 （元）陰時夫編輯　（元）陰中夫編注　清刻本　十三冊　存十三卷(三至九、十四至十九)

410000－2206－0005210　83966－9

周易四卷 （宋）朱熹本義　清刻本　四冊

410000－2206－0005211　11－07119

新增說文韻府群玉二十卷 （元）陰時夫編輯　（元）陰中夫編注　清刻本　十二冊　存十二卷(二至十二、十五)

410000－2206－0005212　83972－3

周易四卷 （宋）朱熹本義　清刻本　二冊

410000－2206－0005213　58754

名原二卷 （清）孫詒讓記　清光緒三十一年(1905)刻本　一冊

410000－2206－0005214　58755－6

墨子十六卷 （戰國）墨翟撰　（清）畢沅注　清光緒二十三年(1897)上海圖書集成局鉛印本　二冊

410000－2206－0005215　58766－9

墨子十六卷 （戰國）墨翟撰　（清）畢沅注　**篇目考一卷**　清光緒二年(1876)浙江書局刻二十二子本　四冊

410000－2206－0005216　58770－73

墨子三卷佚文一卷 （戰國）墨翟撰　王闓運注　清光緒三十年(1904)江西官書局刻本

四册

410000－2206－0005217　58779－86

墨子閒詁十五卷目錄一卷附錄一卷後語二卷
　（清）孫詒讓撰　清光緒十九年(1893)刻本
　八册

410000－2206－0005218　58787－94

墨子閒詁十五卷目錄一卷附錄一卷後語二卷
　（清）孫詒讓撰　清光緒十九年(1893)刻本
　八册

410000－2206－0005219　58795－802

墨子閒詁十五卷目錄一卷附錄一卷後語二卷
　（清）孫詒讓撰　清光緒二十一年(1895)掃
　葉山房石印本　八册

410000－2206－0005220　55805－6

孟子論文七卷　（清）牛運震著　清雍正空山
堂刻本　二册

410000－2206－0005221　58808－9

孟子讀本二卷　（清）王汝謙輯　清同治十三
年(1874)刻本　二册

410000－2206－0005222　86388－91

禮記約編十卷　（清）汪基鈔撰　清道光二十
三年(1843)刻本　四册

410000－2206－0005223　86392－6

禮記約編十卷　（清）汪基鈔撰　清道光二十
三年(1843)刻本　五册

410000－2206－0005224　86400

禮經通論二卷　（清）邵懿辰著　清同治二年
(1863)望三益齋刻本　一册　存一卷(上)

410000－2206－0005225　86401－2

禮經會元四卷　（宋）葉時撰　清刻本　二册

410000－2206－0005226　86403－6

禮經會元四卷　（宋）葉時撰　清嘉慶五年
(1800)瘦竹山房刻本　四册

410000－2206－0005227　86407－12

禮經釋例十三卷首一卷　（清）凌廷堪著　清
嘉慶十四年(1809)揚州文選樓阮氏刻本
六册

410000－2206－0005228　86413－36

禮書綱目八十五卷首三卷　（清）江永編　清
嘉慶十五年(1810)鏤恩堂刻本　二十四册

410000－2206－0005229　86437－72

禮書綱目八十五卷首三卷　（清）江永編　清
嘉慶十五年(1810)鏤恩堂刻本　三十六册

410000－2206－0005230　11－07142

欽定禮記義疏八十二卷首一卷　（清）鄂爾泰
等撰　清尊經閣刻本　四十八册　存六十三
卷(一至五十、六十二、七十二至八十二,首一
卷)

410000－2206－0005231　83984－5

周易四卷　（宋）朱熹本義　圖說一卷筮儀一
卷卦歌一卷　清綠蔭堂異記刻本　二册

410000－2206－0005232　83986－7

易經十二卷首一卷末一卷　（宋）朱熹本義
清同治四年(1865)金陵書局刻十三經讀本
二册

410000－2206－0005233　83988－9

易經十二卷首一卷末一卷　（宋）朱熹本義
清同治四年(1865)金陵書局刻十三經讀本
二册

410000－2206－0005234　83990－1

周易四卷　（宋）朱熹本義　清同治十一年
(1872)山東書局刻十三經讀本附校刊記本
二册

410000－2206－0005235　83992－3

周易四卷　（宋）朱熹本義　清道光二十年
(1840)勉行堂劉氏刻本　二册

410000－2206－0005236　83994－5

周易四卷　（宋）朱熹本義　清同治三年
(1864)浙江撫署刻本　二册

410000－2206－0005237　83996

周易平說二卷　（清）郭程先著　（清）郭珠焌
補注　清咸豐五年(1855)刻本　一册

410000－2206－0005238　83997

周易平說二卷　（清）郭程先著　（清）郭珠焌

補注　清咸豐五年(1855)刻本　一冊

410000－2206－0005239　58814－21

讀書錄十一卷續錄十二卷　(明)薛瑄著　清乾隆十一年(1746)刻本　八冊

410000－2206－0005240　58822－31

讀書錄十一卷續錄十二卷　(明)薛瑄著　清乾隆十一年(1746)刻本　十冊

410000－2206－0005241　11－07153

字典考證十二集三十六卷　(清)奕繪等輯　清光緒二年(1876)崇文書局刻本　三冊　存六集(一至六)

410000－2206－0005242　58836－9

讀書錄十一卷續錄十二卷　(明)薛瑄著　清乾隆十一年(1746)刻本　四冊

410000－2206－0005243　58840－63

西山先生真文忠公讀書記四十卷　(宋)真德秀輯　清同治七年(1868)刻本　二十四冊

410000－2206－0005244　58864－7

讀史辨道四卷　(清)張大復纂　清乾隆四十九年(1784)刻本　四冊

410000－2206－0005245　58868－9

讀書紀略不分卷　(清)祝雲書著　清乾隆五十九年(1794)瑞蔭堂刻本　二冊

410000－2206－0005246　58870－75

讀書樂趣八卷　(清)伍涵芬撰　清乾隆十年(1745)刻本　六冊

410000－2206－0005247　58876－9

讀易大旨五卷　(清)孫奇逢撰　清康熙二十七年(1688)刻本　四冊

410000－2206－0005248　58892－931

讀例存疑五十四卷　(清)薛允升撰　清光緒三十一年(1905)刻本　四十冊

410000－2206－0005249　62455－6

唐開元小說六種　葉德輝輯　清宣統三年(1911)葉氏觀古堂刻本　二冊

410000－2206－0005250　62489－504

聊齋志異新評十六卷　(清)蒲松齡著　(清)王士正評　(清)但明倫新評　清道光二十二年(1842)廣順但氏刻朱墨套印本　十六冊

410000－2206－0005251　62556－63

兩般秋雨盦隨筆八卷　(清)梁紹壬撰　清道光十七年(1837)文德堂刻本　八冊

410000－2206－0005252　62564

客座贅語十卷　(明)顧起元輯　(明)周亮工訂　清初刻本　一冊　存一卷(一)

410000－2206－0005253　62599－633

廣博物志五十卷　(明)董斯張纂　清乾隆四十年(1775)高琿堂刻本　三十五冊　缺一卷(四十九)

410000－2206－0005254　62439－54

唐人說薈十六集一百六十四種　題(清)蓮塘居士輯　清宣統三年(1911)掃葉山房石印本　十六冊

410000－2206－0005255　58932－3

羅忠節公遺集八種　(清)羅澤南著　清咸豐、同治間刻本　二冊　存二種三卷

410000－2206－0005256　58935

通志堂經解一百四十種　(清)成德輯　清同治十二年(1873)粵東書局刻本　一冊　存二種四卷

410000－2206－0005257　58936

讀書記疑四卷　張諧之撰　清光緒二十二年(1896)刻為己精舍藏書本　一冊

410000－2206－0005258　58938

讀春秋穀梁傳札記五卷　李經野撰　清末鉛印本　一冊

410000－2206－0005259　58939－42

東塾讀書記十五卷　(清)陳澧撰　清光緒二十四年(1898)紉蘭書館刻本　四冊

410000－2206－0005260　58943－46

東塾讀書記十五卷　(清)陳澧撰　清光緒二十四年(1898)江左書林石印本　四冊

410000－2206－0005261　58947－50

東塾讀書記十五卷 (清)陳澧撰 清光緒二十四年(1898)江左書林石印本 四冊

410000－2206－0005262 58951－4

東塾讀書記十五卷 (清)陳澧撰 清同治十年(1871)刻本 四冊

410000－2206－0005263 58956－67

丹鉛總錄二十七卷 (明)楊慎著 清乾隆五十九年(1794)刻本 十二冊

410000－2206－0005264 58970－75

天方性理圖傳五卷首一卷 (清)劉智撰 清乾隆二十五年(1760)京江談氏刻本 六冊

410000－2206－0005265 85537－51

欽定詩經傳說彙纂二十一卷首二卷詩序二卷 (清)王鴻緒等纂 清刻本 十六冊

410000－2206－0005266 85552－71

欽定詩經傳說彙纂二十一卷首二卷詩序二卷 (清)王鴻緒等纂 清尊經閣刻本 二十冊

410000－2206－0005267 85572－83

欽定詩經傳說彙纂二十一卷首二卷詩序二卷 (清)王鴻緒等纂 清尊經閣刻本 十二冊

410000－2206－0005268 85584－99

欽定詩經傳說彙纂二十一卷詩序二卷 (清)王鴻緒等纂 清尊經閣刻本 十五冊

410000－2206－0005269 85600－15

欽定詩經傳說彙纂二十一卷首二卷詩序二卷 (清)王鴻緒等纂 清尊經閣刻本 十六冊

410000－2206－0005270 85616－39

欽定詩經傳說彙纂二十一卷首二卷詩序二卷 (清)王鴻緒等纂 清尊經閣刻本 二十四冊

410000－2206－0005271 85640－55

欽定詩經傳說彙纂二十一卷首二卷詩序二卷 (清)王鴻緒等纂 清光緒十四年(1888)戶部刻御纂七經本 十六冊

410000－2206－0005272 85656－67

欽定詩經傳說彙纂二十一卷首二卷詩序二卷 (清)王鴻緒等纂 清雍正五年(1727)刻本

十二冊

410000－2206－0005273 85668－71

詩經融註大全體要八卷 (清)高朝瓔定 (清)沈世楷輯 清嘉慶四年(1799)三多齋刻本 四冊

410000－2206－0005274 85672－5

詩經喈鳳詳解八卷圖說一卷 (清)陳抒孝輯著 (清)汪基增訂 清光緒十七年(1891)魁文堂刻本 四冊

410000－2206－0005275 58980－90

通俗編三十八卷 (清)翟灝撰 清乾隆十六年(1751)武林無不宜齋刻本 十一冊 缺九卷(十至十三、三十四至三十八)

410000－2206－0005276 58991

桐花齋自警錄六卷 (清)彭啟商著 清光緒十四年(1888)鴻文書局石印本 一冊

410000－2206－0005277 58994

蠡測偶記二卷 (清)胡贊采著 清宣統元年(1909)刻本 一冊

410000－2206－0005278 59009－24

重訂路史全本四十七卷 (宋)羅泌輯 清嘉慶六年(1801)刻本 十六冊

410000－2206－0005279 59025

綠畦晤言二卷 (清)王慎餘撰 清光緒二十八年(1902)刻本 一冊

410000－2206－0005280 59029－32

蘿藦亭劄記八卷 (清)喬松年撰 清同治二年(1863)刻本 四冊

410000－2206－0005281 59045－8

論語隨筆二十卷 (清)牛運震撰 清嘉慶六年(1801)空山堂刻本 四冊

410000－2206－0005282 59049－50

呂子節錄四卷 (明)呂坤著 (清)陳宏謀輯 清道光七年(1827)刻本 二冊

410000－2206－0005283 62643－66

紅樓夢一百二十回 (清)曹雪芹著 清乾隆三十二年(1767)刻本 二十四冊

410000－2206－0005284　62667－74

續紅樓夢三十回　（清）秦子忱著　清刻本
八冊　存二十四回(四至二十七)

410000－2206－0005285　62576－98

紅樓夢一百二十回　（清）曹雪芹著　清程偉
文刻本　二十三冊

410000－2206－0005286　62699－732

紅樓夢一百二十回　（清）曹雪芹著　清光緒
三年(1877)刻本　三十四冊　缺七回(七十
八至八十四)

410000－2206－0005287　11－07207

說文解字十五卷　（漢）許慎記　清同治十二
年(1873)刻本　五冊　缺四卷(六至九)

410000－2206－0005288　62764

祕書廿一種　（清）汪士漢輯　明刻清康熙七
年(1668)新安汪氏重編印本　一冊　存三種
六卷

410000－2206－0005289　62765

見聞偶記一卷外紀一卷　（清）蘇元善著　清
宣統元年(1909)刻本　一冊

410000－2206－0005290　59051

孝弟錄二卷　（清）李文耕輯　清嘉慶十九年
(1814)墾石書堂刻本　一冊

410000－2206－0005291　11－07212

忠武祠墓志七卷首一卷末一卷　題(清)虛白
道人彙輯　清同治五年(1866)刻本　四冊

410000－2206－0005292　11－07213

皇朝經世文編一百二十卷　（清）賀長齡輯
清道光七年(1827)刻本　四十冊　存五十六
卷(一至五十六)

410000－2206－0005293　59067－72

呂氏春秋二十六卷　（秦）呂不韋撰　（漢）高
誘注　附考一卷　清光緒元年(1875)浙江書
局刻二十二子本　六冊

410000－2206－0005294　59083－92

郎潛紀聞初筆七卷郎潛紀聞二筆八卷郎潛紀
聞三筆六卷　（清）陳康祺著　清宣統二年

(1910)掃葉山房石印本　十冊

410000－2206－0005295　59093－4

冷廬雜識八卷　（清）陸以湉注　清咸豐六年
(1856)刻本　四冊

410000－2206－0005296　59114－21

癸巳類稿十五卷　（清）俞正燮著　清道光十
三年(1833)求日益齋刻本　八冊

410000－2206－0005297　59130－37

癸巳類稿十五卷　（清）俞正燮著　清道光十
六年(1836)求日益齋刻本　八冊

410000－2206－0005298　59122－29

癸巳存稿十五卷　（清）俞正燮撰　清光緒十
年(1884)刻本　八冊

410000－2206－0005299　86473－6

禮記大全傳本三卷　（清）胡瑤光輯　清刻本
四冊

410000－2206－0005300　86477－80

禮記心典傳本四卷　（清）胡瑤光輯　清康熙
三十二年(1693)宏道堂刻本　四冊

410000－2206－0005301　86485－8

禮記約編偕鳳十卷　（清）汪基鈔撰　清道光
二十三年(1843)崇順堂刻本　四冊

410000－2206－0005302　86489－92

禮記陳氏集說補正三十八卷　（清）納蘭成德
補正　清同治十二年(1873)粵東書局刻通志
堂經解本　四冊

410000－2206－0005303　86493

家禮五卷　（宋）朱熹撰　清刻本　一冊

410000－2206－0005304　86494

家禮酌一卷　（清）孫奇逢著　清光緒十年
(1884)兼山堂刻本　一冊

410000－2206－0005305　86494－503

朱子家禮八卷首一卷　（宋）朱熹撰　（明）丘
濬輯　四禮初稿四卷　（明）宋纁輯　四禮約
言四卷　（明）李維祺撰　清乾隆三十八年
(1773)博雅堂刻本　八冊

410000 – 2206 – 0005306　86504 – 11

朱子家禮八卷首一卷　（宋）朱熹撰　（明）丘
濬輯　四禮初稿四卷　（明）宋纁輯　四禮約
言四卷　（明）李維祺撰　清康熙四十年
(1701)三多齋刻本　八冊

410000 – 2206 – 0005307　86512 – 8

朱子家禮八卷首一卷　（宋）朱熹撰　（明）丘
濬輯　清康熙四十年(1701)刻本　七冊

410000 – 2206 – 0005308　59138

公餘隨錄二卷　（清）王德茂撰　清光緒十五
年(1889)刻本　一冊

410000 – 2206 – 0005309　59139

公餘隨錄二卷　（清）王德茂撰　清光緒十五
年(1889)刻本　一冊

410000 – 2206 – 0005310　59140

公餘辯正錄一卷　張鳳臺著　清光緒三十二
年(1906)京師官書局鉛印本　一冊

410000 – 2206 – 0005311　59141 – 5

廣治平略三十六卷續八卷　（清）蔡方炳撰
清刻本　五冊

410000 – 2206 – 0005312　59154 – 5

困學錄四卷　張諧之撰　清光緒二十九年
(1903)刻為己精舍藏書本　二冊

410000 – 2206 – 0005313　59156 – 7

困學錄四卷　張諧之撰　清光緒二十九年
(1903)刻為己精舍藏書本　二冊

410000 – 2206 – 0005314　11 – 07238

時務通攷三十一卷首一卷　（清）杞廬主人撰
　清光緒二十三年(1897)點石齋石印本　八
冊　存十三卷(一、五至九、十三、十七至二十
二)

410000 – 2206 – 0005315　86519 – 24

朱子家禮八卷首一卷　（宋）朱熹著　（明）丘
濬輯　清康熙四十年(1701)刻本　六冊

410000 – 2206 – 0005316　86525 – 30

周禮六卷　（漢）鄭玄注　（唐）陸德明音義
清宣統元年(1909)學部圖書局影印本　六冊

410000 – 2206 – 0005317　86539 – 42

周禮四十二卷　（漢）鄭玄注　（明）金蟠訂
清刻本　四冊

410000 – 2206 – 0005318　86543 – 48

周禮六卷　（漢）鄭玄注　（唐）陸德明音義
清嘉慶十一年(1806)清芬閣刻本　六冊

410000 – 2206 – 0005319　86549 – 54

周禮六卷　（漢）鄭玄注　（唐）陸德明音義
清嘉慶十一年(1806)清芬閣刻本　六冊

410000 – 2206 – 0005320　86555 – 60

周禮六卷　（漢）鄭玄注　（唐）陸德明音義
清嘉慶十一年(1806)清芬閣刻本　六冊

410000 – 2206 – 0005321　86561 – 6

周禮十二卷　（漢）鄭玄注　（唐）陸德明音義
　清同治七年(1868)崇文書局刻本　六冊

410000 – 2206 – 0005322　86573 – 8

周禮六卷　（漢）鄭玄注　（唐）陸德明音義
校刊記一卷　（清）丁寶楨撰　清同治十一年
(1872)山東書局刻十三經讀本附校刊記本
六冊

410000 – 2206 – 0005323　62840 – 3

青泥蓮花記十三卷　（明）梅鼎祚著　清宣統
二年(1910)北京自強書局石印本　四冊

410000 – 2206 – 0005324　86585 – 94

周禮正義八十六卷　（清）孫詒讓撰　清光緒
三十一年(1905)鉛印本　十冊　存七十一卷
(一至七十一)

410000 – 2206 – 0005325　62766 – 7

戒庵老人漫筆八卷　（清）李詡撰　清光緒二
十二年(1896)刻本　二冊

410000 – 2206 – 0005326　62801

秋燈夜錄一卷　（清）程恩培著　清光緒三十
四年(1908)刻本　一冊

410000 – 2206 – 0005327　62802 – 9

秋燈叢話十八卷　（清）王椷著　清同治十年
(1871)文盛堂刻本　八冊

410000 – 2206 – 0005328　62844 – 7

青泥蓮花記十三卷　（明）梅鼎祚著　清宣統
二年(1910)北京自強書局石印本　四冊

410000－2206－0005329　62869－70

勸戒近錄六卷　（清）梁恭辰撰　清同治六年
(1867)刻本　二冊

410000－2206－0005330　62883－902

西遊記真詮一百回　題（明）長春真人撰
（清）陳士斌註解　清康熙三十五年(1696)致
和堂刻本　二十冊

410000－2206－0005331　62907－8

行素齋雜記二卷　（清）李佳繼昌著　清光緒
二十一年(1895)刻本　二冊

410000－2206－0005332　62909

俗語典略一卷　（清）耿方叔識　清道光二十
一年(1841)刻本　一冊

410000－2206－0005333　62937－40

王先生十七史蒙求十六卷　（宋）王令撰　**李
氏蒙求補注六卷**　（唐）李翰注　（清）金三俊
補注　清乾隆四十八年(1783)大文堂刻本
四冊

410000－2206－0005334　62826－31

繪圖情史二十四卷　題（清）詹詹外史評輯
清宣統元年(1909)北京自強書局石印本
六冊

410000－2206－0005335　86595－6

周禮節訓六卷　（清）黃叔琳撰　（清）姚培謙
訂　清光緒李光明莊刻本　二冊

410000－2206－0005336　86597－8

周禮節訓六卷　（清）黃叔琳撰　（清）姚培謙
訂　清乾隆四十二年(1777)刻本　二冊

410000－2206－0005337　86599－604

周禮精華六卷　（清）陳龍標編輯　清嘉慶二
十一年(1816)文盛堂刻本　六冊

410000－2206－0005338　86605－10

周禮精華六卷首一卷　（清）陳龍標編輯　清
嘉慶二十一年(1816)益美堂刻本　六冊

410000－2206－0005339　86611－6

周禮精華六卷　（清）陳龍標編輯　清光緒十
八年(1892)刻本　六冊

410000－2206－0005340　86617－8

周禮音訓不分卷　（清）楊國楨撰　清道光十
年(1830)大梁書院刻十一經音訓本　二冊

410000－2206－0005341　86619－20

周禮音訓不分卷　（清）楊國楨撰　清道光十
年(1830)大梁書院刻十一經音訓本　二冊

410000－2206－0005342　86621－22

周禮音訓不分卷　（清）楊國楨撰　清道光十
年(1830)大梁書院刻十一經音訓本　二冊

410000－2206－0005343　86623－4

周禮政要二卷　（清）孫詒讓著　清光緒二十
八年(1902)刻本　二冊

410000－2206－0005344　86625－6

三禮約編三種　（清）汪基鈔撰　清康熙五十
九年(1720)刻本　二冊　存二種九卷

410000－2206－0005345　86627－8

三禮約編三種　（清）汪基鈔撰　清康熙五十
九年(1720)刻本　二冊　存二種九卷

410000－2206－0005346　86629－30

三禮約編三種　（清）汪基鈔撰　清康熙五十
九年(1720)刻本　二冊　存二種九卷

410000－2206－0005347　86637－40

周官精義十二卷　（清）連斗山編　清乾隆四
十一年(1776)刻本　四冊

410000－2206－0005348　86641－6

周官精義十二卷　（清）連斗山纂輯　清嘉慶
二十三年(1818)刻本　六冊

410000－2206－0005349　86647－52

周官精義十二卷　（清）連斗山編　清嘉慶二
十二年(1817)三益堂刻本　六冊

410000－2206－0005350　86653－8

周官精義十二卷　（清）連斗山編　清乾隆四
十一年(1776)刻本　六冊

410000－2206－0005351　86659－64

周官精義十二卷　（清）連斗山編　清乾隆四十一年(1776)刻本　六冊

410000 – 2206 – 0005352　86665 – 70

周官精義十二卷　（清）連斗山編　清乾隆五十九年(1794)崇義書院刻本　六冊

410000 – 2206 – 0005353　86671 – 6

周官精義十二卷　（清）連斗山編　清乾隆五十九年(1794)崇義書院刻本　六冊

410000 – 2206 – 0005354　11 – 07281

三國志六十五卷　（晉）陳壽撰　（南朝宋）裴松之注　清光緒二十六年(1900)煥文書局刻本　四冊

410000 – 2206 – 0005355　59180 – 95

困學紀聞注二十卷　（宋）王應麟撰　（清）翁元圻輯注　清咸豐元年(1851)經緯堂刻本　十六冊

410000 – 2206 – 0005356　59196 – 211

困學紀聞注二十卷　（宋）王應麟撰　（清）翁元圻輯注　清咸豐元年(1851)小嬛嬛山館刻本　十六冊

410000 – 2206 – 0005357　11 – 07284

康熙字典十二集三十六卷總目一卷檢字一卷辨似一卷等韻一卷補遺一卷備考一卷　（清）張玉書等撰　清道光七年(1827)刻本　十七冊　存二十一卷（子至丑、辰至巳、申上下、酉，總目一卷,檢字一卷,辨似一卷,等韻一卷）

410000 – 2206 – 0005358　59218 – 33

校訂困學紀聞集證二十卷　（宋）王應麟撰　（清）萬希槐輯　清嘉慶八年(1803)會友堂刻本　十六冊

410000 – 2206 – 0005359　59236

孔氏三出辨一卷　（清）沈畏堂著　清咸豐十一年(1861)刻本　一冊

410000 – 2206 – 0005360　59237

孔氏三出辨一卷　（清）沈畏堂著　清光緒二年(1876)刻本　二冊

410000 – 2206 – 0005361　59238

孔氏三出辨一卷　（清）沈畏堂著　清光緒二年(1876)刻本　一冊

410000 – 2206 – 0005362　59241 – 2

康熙幾暇格物編二卷　（清）聖祖玄燁著　（清）盛昱輯　清光緒石印本　二冊

410000 – 2206 – 0005363　11 – 07290

康熙字典十二集三十六卷總目一卷檢字一卷辨似一卷等韻一卷補遺一卷備考一卷　（清）張玉書等纂　清道光七年(1827)刻本　三十一冊　缺九卷（戌下、亥,總目一卷,檢字一卷,辨似一卷,等韻一卷,備考一卷）

410000 – 2206 – 0005364　11 – 07291

策學總纂大成四十六卷目錄二卷　（清）蔡壽祺輯　清光緒十年(1884)京都琉璃廠刻本　十三冊　存三十七卷（一至四、九至三十七、四十二至四十五）

410000 – 2206 – 0005365　59249 – 54

淮南子二十一卷　（漢）劉安撰　（漢）高誘注　清光緒二年(1876)浙江書局刻二十二子本　六冊

410000 – 2206 – 0005366　59255 – 60

淮南子二十一卷　（漢）劉安撰　（漢）高誘注　清光緒二年(1876)浙江書局刻二十二子本　六冊

410000 – 2206 – 0005367　59261 – 6

淮南子二十一卷　（漢）劉安撰　（漢）高誘注　清嘉慶九年(1804)姑蘇聚文堂刻本　六冊

410000 – 2206 – 0005368　59267 – 8

淮南雜著二卷　曹允源撰　清光緒十七年(1891)刻本　二冊

410000 – 2206 – 0005369　59269 – 76

淮南鴻烈解二十一卷　（漢）劉安撰　（漢）高誘注　清緝柳齋刻本　八冊

410000 – 2206 – 0005370　59283

富陽夏氏叢刻七種　（清）夏震武　（清）夏鼎武撰　清光緒刻本　一冊　存三種五卷

410000－2206－0005371　59284

悔言六卷　夏震武著　清光緒七年（1881）刻本　一冊

410000－2206－0005372　59285

哀說考誤一卷　夏震武著　清光緒十三年（1887）刻本　一冊

410000－2206－0005373　59286

庭聞憶略二卷　（清）寶廷著　清光緒二十二年（1896）刻本　一冊

410000－2206－0005374　86677－82

周官精義十二卷　（清）連斗山編　清嘉慶二年（1797）致和堂刻本　六冊

410000－2206－0005375　86683－8

周官精義十二卷　（清）連斗山編　清嘉慶二年（1797）致和堂刻本　六冊

410000－2206－0005376　86689－94

周官精義十二卷　（清）連斗山編　清嘉慶二年（1797）致和堂刻本　六冊

410000－2206－0005377　86703－7

周官新義十六卷考工記解二卷　（宋）王安石撰　清咸豐三年（1853）南海伍氏刻本　五冊

410000－2206－0005378　86708－31

欽定周官義疏四十八卷首一卷　（清）鄂爾泰等撰　清乾隆十九年（1754）刻本　二十四冊

410000－2206－0005379　86732－43

欽定周官義疏四十八卷首一卷　（清）鄂爾泰等纂　清光緒十四年（1888）戶部刻御纂七經本　十二冊

410000－2206－0005380　86780－827

欽定周官義疏四十八卷首一卷　（清）鄂爾泰等纂　清乾隆十九年（1754）刻本　四十八冊

410000－2206－0005381　63059－78

隋唐演義二十卷一百回　（清）褚人穫撰　清嘉慶十四年（1809）刻本　二十冊

410000－2206－0005382　63087－90

孫龐演義四卷新編批評繡像後七國樂田演義四卷　（清）□□撰　清宣統元年（1909）上海文元書莊石印本　四冊　存四卷（孫龐演義一至二、樂田演義一至二）

410000－2206－0005383　63091－3

山海經十八卷　（晉）郭璞傳　清光緒三年（1877）浙江書局刻二十二子本　三冊

410000－2206－0005384　11－07316

歸田瑣記八卷　（清）梁章鉅撰　清道光二十五年（1845）刻本　三冊　存六卷（一至六）

410000－2206－0005385　63103－8

山海經廣註十八卷圖五卷　（清）吳任臣註　清寶仁堂刻本　六冊

410000－2206－0005386　63109－12

山海經箋疏十八卷圖讚一卷訂譌一卷敘錄一卷　（晉）郭璞傳　（清）郝懿行箋疏　清嘉慶十四年（1809）刻本　四冊

410000－2206－0005387　63121－4

閱微草堂筆記五種　（清）紀昀著　清嘉慶二十一年（1816）刻本　四冊　存十卷（一至十）

410000－2206－0005388　63125－30

儒林外史六十回　（清）吳敬梓著　清光緒三十二年（1906）海左書局石印本　六冊

410000－2206－0005389　86828－51

欽定周官義疏四十八卷首一卷　（清）鄂爾泰等纂　清同治六年（1867）浙江書局刻御撰七經本　二十四冊

410000－2206－0005390　86852－75

欽定周官義疏四十八卷首一卷　（清）鄂爾泰等纂　清同治六年（1867）浙江書局刻御撰七經本　二十四冊

410000－2206－0005391　86876－99

欽定周官義疏四十八卷首一卷　（清）鄂爾泰等纂　清同治六年（1867）浙江書局刻御撰七經本　二十四冊

410000－2206－0005392　86900－48

欽定周官義疏四十八卷首一卷　（清）鄂爾泰等纂　清乾隆十九年（1754）刻本　四十九冊

410000－2206－0005393　86949－52

周禮旁訓經疏節要六卷　（清）孟一飛輯錄
清道光六年（1826）來清軒刻本　四冊

410000－2206－0005394　86953－9

孔叢伯說經五稿五種附一種　（清）孔廣林著
清光緒十六年（1890）山東書局刻本　七冊

410000－2206－0005395　86960

四禮翼一卷　（明）呂坤撰　清末刻本　一冊

410000－2206－0005396　86962

四禮翼一卷　（明）呂坤撰　清康熙五十八年
（1719）刻本　一冊

410000－2206－0005397　86963

四禮翼一卷　（明）呂坤撰　清光緒三十三年
（1907）陝西學務公所石印本　一冊

410000－2206－0005398　84060－5

周易兼義九卷　（三國魏）王弼註　（唐）孔穎
達正義　清乾隆四十年（1775）刻本　六冊

410000－2206－0005399　84066－7

周易八卷　（宋）程頤傳　清同治五年（1866）
金陵書局刻十三經讀本本　二冊

410000－2206－0005400　84068－9

周易十二篇音訓二卷　（宋）呂祖謙傳　清光
緒二十九年（1903）榮城孫氏刻本　二冊

410000－2206－0005401　84070－1

周易八卷　（宋）程頤傳　清同治五年（1866）
金陵書局刻十三經讀本本　二冊

410000－2206－0005402　84072－3

周易八卷　（宋）程頤傳　清同治五年（1866）
金陵書局刻十三經讀本本　二冊

410000－2206－0005403　84076－81

滋德堂彙纂周易淺解四卷　（清）張步瀛輯著
清康熙三十年（1691）滋德堂刻本　六冊

410000－2206－0005404　84082－5

周易淺說不分卷　（清）耿極著　清康熙二十
七年（1688）刻本　四冊

410000－2206－0005405　11－07339

習苦齋畫絮十卷　（清）戴熙記　清光緒十九

年（1893）刻本　四冊

410000－2206－0005406　84096－101

周易洗心十卷　（清）任啟運傳　清光緒八年
（1882）刻本　六冊

410000－2206－0005407　86964

四禮翼一卷　（明）呂坤撰　清同治二年
（1863）刻本　一冊

410000－2206－0005408　86965

四禮翼一卷　（明）呂坤撰　清同治二年
（1863）刻本　一冊

410000－2206－0005409　86966

四禮翼八卷　（明）呂坤撰　清光緒二十一年
（1895）湖北官書處刻本　一冊

410000－2206－0005410　86967

四禮翼一卷　（明）呂坤著　清末刻本　一冊

410000－2206－0005411　86969

四禮從宜一卷　（清）任若海著　清道光二十
二年（1842）武陟觀我堂刻本　一冊

410000－2206－0005412　86970

四禮從宜一卷　（清）任若海著　清道光二十
二年（1842）武陟觀我堂刻本　一冊

410000－2206－0005413　86971

四禮從宜一卷　（清）任若海著　清道光二十
二年（1842）武陟觀我堂刻本　一冊

410000－2206－0005414　86972

四禮從宜一卷　（清）任若海著　清道光二十
二年（1842）武陟觀我堂刻本　一冊

410000－2206－0005415　86973

四禮從宜一卷　（清）任若海著　清道光二十
二年（1842）觀我堂刻本　一冊

410000－2206－0005416　63189－96

三國志演義十六卷一百二十回　（明）羅本著
清宣統元年（1909）上海章福記石印本　七
冊　存十四卷（一至八、十一至十六）

410000－2206－0005417　63197－205

異聞總錄四卷集異新抄八卷　（明）商濬校

清嘉慶元年(1796)刻本　九冊　缺一卷(集異新抄三)

410000－2206－0005418　63226－9

虞初續志十二卷　(清)鄭澍若編　清咸豐元年(1851)小嫏嬛山館刻本　四冊

410000－2206－0005419　63230－39

虞初新志二十卷　(清)張潮撰　清康熙二十二年(1683)刻本　十冊

410000－2206－0005420　63240－9

閱微草堂筆記五種　(清)紀昀撰　清光緒三年(1877)唐文星堂刻本　十冊

410000－2206－0005421　63250－9

閱微草堂筆記五種　(清)紀昀著　清乾隆五十四年(1789)刻本　十冊

410000－2206－0005422　11－07360

讀易備忘四卷　(清)王滌心集註　清道光二十九年(1849)刻本　二冊　存二卷(一至二)

410000－2206－0005423　86974－5

新定三禮圖二十卷　(宋)聶崇義集註　清末上海同文書局石印本　二冊

410000－2206－0005424　86976

四禮初稿四卷　(明)宋纁輯　清末刻本　一冊

410000－2206－0005425　11－07363

周易兼義九卷　(三國魏)王弼注　(唐)孔穎達正義　經典釋文一卷　(唐)陸德明撰　清刻本　四冊　存九卷(二至九、經典釋文一卷)

410000－2206－0005426　86986－91

儀禮鄭註句讀十七卷監本正誤一卷石經正誤一卷　(漢)鄭玄註　(清)張爾岐句讀　清刻本　六冊

410000－2206－0005427　86992－5

儀禮十七卷　(漢)鄭玄註　(唐)陸德明音義　明崇禎十二年(1639)永懷堂刻清同治八年(1869)浙江書局補修十三經古注本　四冊

410000－2206－0005428　11－07367

周易質實講義四卷　(清)劉鳳翰著　清嘉慶八年(1803)刻本　一冊　存二卷(一至二)

410000－2206－0005429　86998－7000

儀禮圖六卷　(清)張惠言述　清同治九年(1870)楚北崇文書局刻本　三冊

410000－2206－0005430　86701－3

儀禮圖六卷　(清)張惠言述　清同治九年(1870)楚北崇文書局刻本　三冊

410000－2206－0005431　11－07370

周易爻辨二卷　(清)李逢源註　清光緒二年(1876)刻本　一冊

410000－2206－0005432　59287－8

黃谷瑣談四卷　(明)李裒著　清光緒三十一年(1905)陶然齋刻本　二冊

410000－2206－0005433　59297－304

鴻苞節錄七卷　(明)屠隆撰　清咸豐七年(1857)保硯齋刻本　八冊

410000－2206－0005434　59305

鶡冠子三卷　(宋)陸佃解　清光緒元年(1875)湖北崇文書局刻子書百家本　一冊

410000－2206－0005435　59306

鶡冠子三卷　(宋)陸佃解　(明)王宇評　清光緒二十三年(1897)上海圖書集成局鉛印本　一冊

410000－2206－0005436　59307

鬼谷子一卷　(春秋)鬼谷子著　清光緒三十四年(1908)上海圖書集成公司鉛印本　一冊

410000－2206－0005437　59309－20

陔餘叢考四十三卷　(清)趙翼輯　清乾隆五十五年(1790)湛貽堂刻本　十二冊

410000－2206－0005438　11－07377

周易說略四卷　(清)張爾岐著　清嘉慶十年(1805)敬文堂刻本　二冊　存二卷(一、三)

410000－2206－0005439　59323－6

漢學商兌三卷　(清)方東樹編　清光緒八年(1882)刻本　四冊

410000 - 2206 - 0005440　59327 - 9

國朝漢學師承記八卷國朝經師經義目錄一卷
（清）江藩纂　清光緒二十二年（1896）刻本
三冊

410000 - 2206 - 0005441　59330 - 33

漢學商兑三卷　（清）方東樹撰　清光緒十年
（1884）刻本　四冊

410000 - 2206 - 0005442　84088 - 91

周易淺義四卷　（清）耿極撰　清康熙二十七
年（1688）觀象軒刻本　四冊

410000 - 2206 - 0005443　84092 - 5

周易淺義四卷　（清）耿極撰　清康熙二十七
年（1688）觀象軒刻本　四冊

410000 - 2206 - 0005444　84102 - 7

周易註略不分卷　（清）□□註　清同治三年
（1864）刻本　六冊

410000 - 2206 - 0005445　84108 - 12

御纂周易折中二十二卷首一卷　（清）李光地
等編　清光緒十四年（1888）戶部刻御纂七經
本　五冊

410000 - 2206 - 0005446　84113 - 8

御纂周易折中二十二卷首一卷　（清）李光地
等編　清尊經閣刻本　六冊

410000 - 2206 - 0005447　84119 - 30

御纂周易折中二十二卷首一卷　（清）李光地
等編　清光緒四年（1878）廣州翰墨園刻本
十二冊

410000 - 2206 - 0005448　84131 - 42

御纂周易折中二十二卷首一卷　（清）李光地
等編　清康熙五十四年（1715）刻本　十二冊

410000 - 2206 - 0005449　84143 - 54

御纂周易折中二十二卷首一卷　（清）李光地
等編　清康熙五十四年（1715）刻本　十二冊

410000 - 2206 - 0005450　84155 - 66

御纂周易折中二十二卷首一卷　（清）李光地
等編　清康熙五十四年（1715）刻本　十二冊

410000 - 2206 - 0005451　11 - 07391

周易傳六卷　（宋）程頤傳　**晦庵先生校正周
易繫辭精義二卷**　（宋）呂祖謙編　清光緒九
年（1883）遵義黎氏影元刻古逸叢書本　一冊
缺四卷（一至四）

410000 - 2206 - 0005452　87020 - 39

儀禮正義四十卷　（清）胡培翬撰　清咸豐二
年（1852）刻本　二十冊

410000 - 2206 - 0005453　87044 - 49

儀禮章句十七卷　（清）吳廷華撰　清乾隆五
十九年（1794）金閶書業堂刻本　六冊

410000 - 2206 - 0005454　87050 - 55

禮儀章句十七卷　（清）吳廷華撰　清乾隆五
十九年（1794）金閶書業堂刻本　六冊

410000 - 2206 - 0005455　87056 - 61

儀禮章句十七卷　（清）吳廷華撰　清嘉慶四
年（1799）文會堂刻本　六冊

410000 - 2206 - 0005456　11 - 07396

周易集解十七卷　（唐）李鼎祚輯　清刻本
三冊　存十卷（八至十七）

410000 - 2206 - 0005457　87074

儀禮釋注二卷　（清）丁晏學　清道光三年
（1823）刻本　一冊

410000 - 2206 - 0005458　87075 - 8

儀禮易讀十七卷　（清）馬駉輯　清乾隆三十
八年（1773）刻本　四冊

410000 - 2206 - 0005459　87079 - 128

欽定儀禮義疏四十八卷首二卷　（清）允祿等
撰　清刻本　五十冊　存二十四卷（九至十、
十二、二十一至四十一）

410000 - 2206 - 0005460　87129 - 68

欽定儀禮義疏四十八卷首二卷　（清）允祿等
撰　清刻本　四十冊　存十八卷（一至十六、
首二卷）

410000 - 2206 - 0005461　84167 - 82

御纂周易折中二十二卷首一卷　（清）李光地
等編　清康熙五十四年（1715）刻本　十六冊

410000 - 2206 - 0005462　11 - 07402

周易疏略四卷 （清）張沐撰 清康熙十九年(1680)張氏刻本 四冊

410000－2206－0005463 84193－202

御纂周易折中二十二卷首一卷 （清）李光地等編 清同治六年(1867)馬新貽刻本 二十冊

410000－2206－0005464 84203－12

御纂周易折中二十二卷首一卷 （清）李光地等編 清同治六年(1867)馬新貽刻本 二十冊

410000－2206－0005465 84213－22

御纂周易折中二十二卷首一卷 （清）李光地等編 清光緒十九年(1893)湖南省城漱芳閣刻本 十冊

410000－2206－0005466 84223－32

御纂周易折中二十二卷首一卷 （清）李光地撰 清光緒十四年(1888)戶部刻御纂七經本 十冊

410000－2206－0005467 84233－40

御纂周易述義十卷 （清）傅恒等纂 清道光十八年(1838)刻本 八冊

410000－2206－0005468 84241

周易說約一卷 （清）盧浙著 清刻本 一冊

410000－2206－0005469 84242－9

御纂周易述義十卷 （清）傅恒等纂 清同治十二年(1873)味經書院刻本 八冊

410000－2206－0005470 11－07410

易學啟蒙通釋二卷圖一卷 （宋）胡方平撰 清康熙十九年(1680)通志堂刻本 二冊

410000－2206－0005471 84255－81

兩儀堂新訂周易備旨詳解四卷 （清）黃淳耀撰 （清）鄒聖脈輯 清雍正十三年(1735)兩儀堂刻本 四冊

410000－2206－0005472 84259－66

周易本義啓蒙十四卷 （清）吳世尚輯 清嘉慶七年(1802)敦化堂刻本 八冊

410000－2206－0005473 84267－76

周易本義正解二十二卷首一卷 （清）丁鼎時（清）吳瑞麟纂輯 清康熙三十二年(1693)賜書堂刻本 八冊 缺十二卷(十一至二十二)

410000－2206－0005474 11－07414

易經旁訓辨體合訂三卷 （清）徐立綱輯 清乾隆五十四年(1789)孝思堂刻本 一冊

410000－2206－0005475 84283－90

周易函書補義八卷 （清）胡煦著 （清）李源春補義 清光緒元年(1875)大梁刻本 八冊

410000－2206－0005476 806222－5

書經體註大全合參六卷 （清）范翔鑒定（清）錢希祥纂輯 清嘉慶四年(1799)三多齋刻本 四冊

410000－2206－0005477 84301－4

周易質實講義四卷 （清）劉鳳翰著 清嘉慶八年(1803)刻本 四冊

410000－2206－0005478 84305－12

周易傳義音訓八卷首一卷末一卷 （宋）程頤傳 （宋）朱熹本義 （宋）呂祖謙音訓 清咸豐六年(1856)刻本 八冊

410000－2206－0005479 84313－20

周易傳義音訓八卷首一卷末一卷 （宋）程頤傳 （宋）朱熹本義 （宋）呂祖謙音訓 清光緒十五年(1889)江南書局刻本 八冊

410000－2206－0005480 84321－8

周易傳義音訓八卷首一卷末一卷 （宋）程頤傳 （宋）朱熹本義 （宋）呂祖謙音訓 清咸豐四年(1854)浦城祝氏與古齋刻本 八冊

410000－2206－0005481 84074－5

易經十二卷首一卷末一卷 （宋）朱熹本義 清同治四年(1865)金陵書局刻本 二冊

410000－2206－0005482 84335－40

周易參同契集韻六卷末一卷悟真篇三卷俞氏參同契發揮五言註摘錄一卷 （清）紀大奎輯訂 清咸豐二年(1852)刻本 六冊

410000－2206－0005483 84341－6

新鐫增補周易備旨一見能解六卷 （清）黃淳耀撰 （清）嚴而寬增補 清嘉慶元年（1796）致和堂刻本 六冊

410000－2206－0005484 84347－52

雙桂堂易說二種 （清）紀大奎撰 清嘉慶十三年（1808）刻本 六冊

410000－2206－0005485 84353－9

任氏易學錄八卷 （清）任啟元撰 清光緒十二年（1886）任氏刻本 七冊

410000－2206－0005486 11－07426

易經體註會解大全□□卷 （清）來爾繩纂輯 清光緒九年（1883）文英堂刻本 一冊

410000－2206－0005487 84362－4

孫氏周易集解十卷 （清）孫星衍撰 清咸豐五年（1855）南海伍氏刻粵雅堂叢書本 三冊

410000－2206－0005488 84365－70

易經八卷 （宋）程頤傳 清宣統元年（1909）學部圖書局影印本 六冊

410000－2206－0005489 84371－2

易經十二卷首一卷末一卷 （宋）朱熹本義 清同治四年（1865）金陵書局刻本 二冊

410000－2206－0005490 84373－5

易經八卷 （宋）程頤傳 清同治五年（1866）金陵書局刻本 三冊

410000－2206－0005491 84376－9

易旨四卷 （清）朱澤澐著 清雍正九年（1731）刻本 四冊

410000－2206－0005492 84380－93

易酌十四卷 （清）刁包撰 清道光二十三年（1843）刻本 十四冊

410000－2206－0005493 84394－62

易圖明辨十卷 （清）胡渭著 清咸豐二年（1852）南海伍氏刻粵雅堂叢書本 三冊 缺五卷（一至五）

410000－2206－0005494 84397－84400

易經體註四卷 （清）李兆賢著 清刻本 四冊

410000－2206－0005495 84401－8

易經講義八卷 （清）莨仕周撰 清乾隆五十四年（1789）刻本 八冊

410000－2206－0005496 84409

易經衷論二卷 （清）張英著 清光緒桐城張氏刻本 一冊

410000－2206－0005497 11－07437

來瞿唐先生易註十五卷首一卷末一卷 （明）來知德著 清嘉慶十九年（1814）刻本 三冊 存四卷（八至九、十二至十三）

410000－2206－0005498 11－07438

周易廓二十四卷 （清）陳世鎔學 清咸豐元年（1851）刻本 五冊 存二十卷（一至四、九至二十四）

410000－2206－0005499 84417－8

易傳新註二卷 （清）陳燦如著 清光緒二十年（1894）周南書院刻本 二冊

410000－2206－0005500 84419－22

伊川易傳四卷 （宋）程頤撰 清刻本 四冊

410000－2206－0005501 11－07441

周易四卷 （宋）朱熹本義 校刊記一卷 （清）丁寶楨撰 清同治十一年（1872）山東書局刻十三經讀本附校刊記本 二冊

410000－2206－0005502 11－07442

周易四卷 （宋）朱熹本義 圖說一卷筮儀一卷卦歌一卷 清同治三年（1864）浙江撫署刻本 一冊 缺三卷（二至四）

410000－2206－0005503 84451－6

易經補注附考備旨六卷 （清）鄒梧岡（鄒聖脈）輯 清光緒二十七年（1901）善成堂刻本 六冊

410000－2206－0005504 84457－9

增補易經備旨一見能解六卷 （清）黃淳耀撰 （清）嚴而寬增補 清光緒二十五年（1899）書業德刻本 三冊

410000－2206－0005505 84460－5

新鐫增補周易備旨一見能解六卷 （清）黃淳

耀撰　（清）嚴而寬增補　清文盛堂刻本
六冊

410000－2206－0005506　11－07446

讀易自考錄一卷續編一卷　（清）胡具慶劄記
清光緒二十四年(1898)刻本　二冊

410000－2206－0005507　84469

寫定尚書一卷　（清）吳汝綸錄　清光緒十八
年(1892)桐城吳氏家塾石印本　一冊

410000－2206－0005508　84474－9

書經六卷　（宋）蔡沈集傳　清光緒十七年
(1891)刻本　六冊

410000－2206－0005509　84571－6

書經六卷　（宋）蔡沈集傳　清光緒十七年
(1891)刻本　六冊

410000－2206－0005510　84480－3

書經六卷　（宋）蔡沈集傳　清光緒十二年
(1886)掃葉山房刻本　四冊

410000－2206－0005511　84484－7

書經六卷　（宋）蔡沈集傳　清善成堂刻本
四冊

410000－2206－0005512　84488－93

書經六卷　（宋）蔡沈集傳　清末李光明莊刻
本　六冊

410000－2206－0005513　84494－7

書經六卷　（宋）蔡沈集傳　清光緒十五年
(1889)綠蔭堂刻本　三冊　存五卷(二至六)

410000－2206－0005514　84498－501

書經六卷　（宋）蔡沈集傳　清光緒十五年
(1889)綠蔭堂刻本　四冊

410000－2206－0005515　84502－5

書經六卷　（宋）蔡沈集傳　清光緒七年
(1881)金陵書局刻本　四冊

410000－2206－0005516　84506－9

書經六卷　（宋）蔡沈集傳　清光緒十二年
(1886)湖北官書處刻本　四冊

410000－2206－0005517　84510－3

書經六卷　（宋）蔡沈集傳　明崇禎十四年
(1641)刻本　四冊

410000－2206－0005518　84514－6

書經二十卷　（漢）孔安國傳　（唐）陸德明音
義　清永懷堂刻本　三冊

410000－2206－0005519　84517－20

書經六卷　（宋）蔡沈集釋　清乾隆四十一年
(1776)鴻文堂刻本　四冊

410000－2206－0005520　84521－4

書經六卷首一卷末一卷　（宋）蔡沈集傳　清
同治五年(1866)金陵書局刻十三經讀本本
四冊

410000－2206－0005521　84525－8

書經六卷首一卷末一卷　（宋）蔡沈集傳　清
同治五年(1866)金陵書局刻十三經讀本本
四冊

410000－2206－0005522　84529－32

書經六卷　（宋）蔡沈集傳　清末刻本　四冊

410000－2206－0005523　84533－6

書經六卷　（宋）蔡沈集傳　清末刻本　四冊

410000－2206－0005524　84537－40

書經六卷　（宋）蔡沈集傳　清乾隆十五年
(1750)亦政堂刻本　四冊

410000－2206－0005525　84541－2

書經六卷　（宋）蔡沈集傳　（清）艾千子評點
清嘉慶四年(1799)桂林堂刻本　二冊

410000－2206－0005526　84543－4

尚書約註四卷末一卷　（清）任啟運撰　清光
緒十二年(1886)刻本　二冊

410000－2206－0005527　84545－52

書集傳六卷　（宋）蔡沈撰　清光緒善成堂刻
本　四冊

410000－2206－0005528　84549－52

書集傳六卷　（宋）蔡沈撰　清光緒善成堂刻
本　四冊

410000－2206－0005529　11－07469

書經六卷　（宋）蔡沈集傳　清崇文堂刻本
四冊

410000－2206－0005530　11－07470
書經六卷　（宋）蔡沈集傳　清康熙三十七年
(1698)刻本　四冊

410000－2206－0005531　84553－6
書集傳六卷　（宋）蔡沈撰　清光緒六年
(1880)掃葉山房刻本　四冊

410000－2206－0005532　84557－60
書集傳六卷　（宋）蔡沈撰　清光緒二十五年
(1899)衡水三義堂刻本　四冊

410000－2206－0005533　84561－4
書集傳六卷　（宋）蔡沈集傳　清光緒十九年
(1893)鮑乾元刻本　四冊

410000－2206－0005534　84577－80
書經體註大全合參六卷　（清）錢希祥纂輯
清大文堂刻本　四冊

410000－2206－0005535　84581－4
書經體註大全合參六卷　（清）錢希祥纂輯
清經文堂刻本　四冊

410000－2206－0005536　84585－6
書經體註大全合參六卷　（清）錢希祥纂輯
清乾隆四十二年(1777)致和堂刻本　二冊

410000－2206－0005537　84587－90
書經體註大全合參六卷　（清）錢希祥纂輯
清文德堂刻本　四冊

410000－2206－0005538　84591－4
書經體註大全合參六卷　（清）錢希祥纂輯
清上海掃葉山房石印本　四冊

410000－2206－0005539　84595－8
書經體註大全合參六卷　（清）錢希祥纂輯
清同治十三年(1874)刻本　四冊

410000－2206－0005540　84599－602
書經體註大全合參六卷　（清）錢希祥纂輯
清光緒十二年(1886)聚盛堂刻本　四冊

410000－2206－0005541　84603－6

書經體註大全合參六卷　（清）錢希祥纂輯
清乾隆四十二年(1777)致和堂刻本　四冊

410000－2206－0005542　84607－10
書經體註大全合參六卷　（清）錢希祥纂輯
（清）朱雲龍纂訂　清乾隆四十二年(1777)致
和堂刻本　四冊

410000－2206－0005543　84611－4
書經體註大全合參六卷　（清）錢希祥纂輯
清雍正三年(1725)刻本　四冊

410000－2206－0005544　84615－8
書經體註大全合參六卷　（清）錢希祥纂輯
清光緒三年(1877)三盛堂刻本　四冊

410000－2206－0005545　84619－22
書經體註大全合參六卷　（清）錢希祥纂輯
清雍正三年(1725)刻本　四冊

410000－2206－0005546　84623－6
書經體註大全合參六卷　（清）錢希祥纂輯
清道光二十八年(1848)聚三堂刻本　四冊

410000－2206－0005547　63313－4
夢綠詩存一卷迂菴詩存一卷迂菴文存一卷迂
菴語存一卷迂菴牋存一卷　（清）釋野韻
（清）釋明慧著　清道光九年(1829)刻本
二冊

410000－2206－0005548　63325
東林蓮社十八高賢傳一卷　（晉）□□撰　清
刻本　一冊

410000－2206－0005549　63326－30
大佛頂首楞嚴經纂註十卷　（唐）釋般刺密帝
譯　（明）釋真界纂註　清刻本　五冊

410000－2206－0005550　63331
天理主敬圖一卷　（清）冉覲祖著　清道光二
十七年(1847)刻本　一冊

410000－2206－0005551　63339
大乘起信論義記七卷別記一卷　（唐）釋法藏
撰　清光緒二十四年(1898)金陵刻經處刻本
一冊

410000－2206－0005552　63340

大佛頂首楞嚴經十卷　（唐）釋般剌密帝譯
清同治八年(1869)金陵刻經處刻本　一冊

410000－2206－0005553　63341－2
大佛頂首楞嚴經十卷　（唐）釋般剌密帝譯
清宣統元年(1909)桐城吳芝瑛寫本　二冊

410000－2206－0005554　59342－57
寄園寄所寄十二卷　（清）趙吉士輯　清康熙
三十五年(1696)刻本　十六冊

410000－2206－0005555　59358
見聞偶記一卷外記一卷　（清）蘇元善著　清
宣統元年(1909)蘇氏刻本　一冊

410000－2206－0005556　59360
金壺七墨六種　（清）黃鈞宰著　清光緒二十
一年(1895)掃葉山房石印本　四冊

410000－2206－0005557　59410－13
經言拾遺十四卷　（清）徐文靖學　清乾隆二
十一年(1756)志寧堂刻本　四冊

410000－2206－0005558　59414－19
經義述聞十五卷　（清）王引之撰　清嘉慶二
十二年(1817)綠柳山房刻本　六冊

410000－2206－0005559　59426－33
居易錄三十四卷　（清）王士禎著　清康熙四
十年(1701)刻本　八冊

410000－2206－0005560　11－07510
資治通鑑綱目五十九卷　（宋）朱熹撰　（明）
陳仁錫評閱　清刻本　八冊　存六卷(六至
十一)

410000－2206－0005561　87197－224
欽定儀禮義疏四十八卷首二卷　（清）允祿等
撰　清光緒十四年(1888)戶部刻御纂七經本
　二十八冊

410000－2206－0005562　87225－36
儀禮要義五十卷　（宋）魏了翁撰　清光緒十
年(1884)江蘇書局刻五經要義本　十二冊

410000－2206－0005563　87273－8
儀禮音訓不分卷　（清）楊國楨撰　清道光十
年(1830)大梁書院刻十一經音訓本　二冊

410000－2206－0005564　87239－40
儀禮音訓不分卷　（清）楊國楨撰　清道光十
年(1830)大梁書院刻十一經音訓本　二冊

410000－2206－0005565　87241
儀禮約編三卷　（清）汪基鈔撰　清光緒鉛印
本　一冊

410000－2206－0005566　87242－9
儀禮經傳通解三十七卷　（宋）朱熹撰　清刻
本　八冊

410000－2206－0005567　87250－7
儀禮經傳通解三十七卷　（宋）朱熹撰　清刻
本　八冊

410000－2206－0005568　87258－93
朱子儀禮經傳通解六十九卷　（宋）朱熹撰
清乾隆十五年(1750)衣錦堂刻本　三十六冊

410000－2206－0005569　87294－305
儀禮經傳通解續二十九卷　（宋）黃榦撰　清
刻本　十二冊

410000－2206－0005570　87306－21
儀禮經傳通解續二十九卷　（宋）黃榦撰　清
刻本　十六冊

410000－2206－0005571　84863－72、84789－98
欽定書經傳說彙纂二十一卷首二卷書序一卷
　（清）王頊齡等撰　清雍正八年(1730)刻本
二十冊

410000－2206－0005572　84873－87
欽定書經傳說彙纂二十一卷首二卷書序一卷
　（清）王頊齡等撰　清雍正八年(1730)刻本
十六冊

410000－2206－0005573　84889－904
欽定書經傳說彙纂二十一卷首二卷書序一卷
　（清）王頊齡撰　清雍正八年(1730)刻本
十六冊

410000－2206－0005574　84908－18
尚書說七卷　（宋）黃度著　清道光九年
(1829)沃洲黃氏家塾刻本　十一冊

410000－2206－0005575　84919－20

257

尚書大傳四卷　（漢）伏勝撰　（漢）鄭玄注
（清）陳壽祺輯　補遺一卷續補遺一卷　（清）
盧文弨撰　清刻本　二冊

410000－2206－0005576　84921

尚書大傳四卷　（漢）伏勝撰　（漢）鄭玄注
補遺一卷續補遺一卷考異一卷　（清）盧文弨
輯撰　清乾隆二十一年(1756)德州盧氏刻雅
雨堂藏書本　一冊

410000－2206－0005577　84922

尚書大傳四卷　（漢）伏勝撰　（漢）鄭玄注
補遺一卷續補遺一卷考異一卷　（清）盧文弨
輯撰　清乾隆二十一年(1756)德州盧氏刻雅
雨堂藏書本　一冊

410000－2206－0005578　84627－30

書經體註大全合參六卷　（清）范翔編訂　清
乾隆十一年(1746)致和堂刻本　四冊

410000－2206－0005579　87328－32

儀禮鄭註句讀十七卷監本正誤一卷石經正誤
一卷　（清）張爾岐撰　校刊記一卷　（清）丁
寶楨撰　清同治十一年(1872)山東書局刻十
三經讀本附校刊記本　五冊

410000－2206－0005580　87333－432

五禮通考二百六十二卷總目二卷首四卷
（清）秦蕙田撰　清光緒六年(1880)江蘇書局
刻本　一百冊

410000－2206－0005581　87437－9

王會篇箋釋三卷　（清）何秋濤撰　清光緒十
七年(1891)江蘇書局刻本　三冊

410000－2206－0005582　87169－96

欽定儀禮義疏四十八卷首二卷　（清）允祿等
撰　清刻本　二十八冊

410000－2206－0005583　87440－3

公羊穀梁春秋合編十二卷　（漢）何休學
（晉）范甯集解　（明）朱泰禎纂述　清乾隆五
十八年(1793)致和堂刻本　四冊

410000－2206－0005584　87460－75

讀左補義五十卷首二卷　（清）姜炳璋輯　清

乾隆三十三年(1768)三多堂刻本　十二冊

410000－2206－0005585　87448－59

讀左補義五十卷首二卷　（清）姜炳璋輯　清
乾隆三十三年(1768)三多堂刻本　十六冊

410000－2206－0005586　87484－91

春秋三十卷　（宋）胡安國傳　（宋）林堯叟注
清致和堂刻本　八冊

410000－2206－0005587　87492－9

春秋三十卷　（宋）胡安國傳　（宋）林堯叟注
清致和堂刻本　八冊

410000－2206－0005588　84631－4

書經六卷　（宋）蔡沈集傳　清乾隆明善堂刻
本　四冊

410000－2206－0005589　84643－6

書經近指六卷　（清）孫奇逢撰　清康熙十五
年(1676)刻本　四冊

410000－2206－0005590　84647－50

書經近指六卷　（清）孫奇逢纂　清康熙十五
年(1676)刻本　四冊

410000－2206－0005591　84651－4

書經近指六卷　（清）孫奇逢纂　清康熙十五
年(1676)刻本　四冊

410000－2206－0005592　84655－8

書經近指六卷　（清）孫奇逢纂　清康熙十五
年(1676)刻本　四冊

410000－2206－0005593　84673－8

書傳音釋六卷首一卷末一卷　（宋）蔡沈集傳
（元）鄒季友音釋　清光緒十五年(1889)江
南書局刻本　六冊

410000－2206－0005594　84947－52

尚書要義二十卷序一卷　（宋）魏了翁撰　清
刻本　六冊

410000－2206－0005595　84953－4

尚書因文六卷首一卷末一卷　（清）武士選撰
清約六家塾刻本　二冊

410000－2206－0005596　84955－8

尚書因文六卷首一卷末一卷　（清）武士選撰
　清約六家塾刻本　四冊

410000－2206－0005597　84959－62

尚書因文六卷首一卷末一卷　（清）武士選撰
　清約六家塾刻本　四冊

410000－2206－0005598　84963－6

尚書因文六卷首一卷末一卷　（清）武士選撰
　清約六家塾刻本　四冊

410000－2206－0005599　84967－78

尚書古文辨惑二十二卷目錄二卷　張諧之撰
　清光緒三十年（1904）為己精舍刻本　十
二冊

410000－2206－0005600　84979－86

尚書古文疏證八卷附朱子古文書疑一卷
（清）閻若璩撰　清同治六年（1867）錢塘汪氏
振綺堂刻本　八冊

410000－2206－0005601　84987－94

尚書古文疏證八卷　（清）閻若璩撰　朱子古
文書疑一卷　（清）閻詠復輯　清同治六年
（1867）錢塘汪氏振綺堂刻本　八冊

410000－2206－0005602　84995－85004

尚書古文疏證八卷　（清）閻若璩撰　朱子古
文書疑一卷　（清）閻詠復輯　清嘉慶元年
（1796）吳人驥天津刻本　十冊

410000－2206－0005603　85005－8

禹貢會箋十二卷山水總目一卷圖一卷　（清）
徐文靖箋　（清）趙弁訂　清同治十三年
（1874）慈谿何氏刻本　四冊

410000－2206－0005604　85023－30

毛鄭詩三十卷　（漢）毛亨傳　（漢）鄭玄箋
詩譜一卷　（漢）鄭玄撰　毛詩音義三卷
（唐）陸德明音義　清嘉慶二十一年（1816）木
瀆周氏枕經樓刻本　八冊

410000－2206－0005605　85031－42

毛詩要義二十卷　（宋）魏了翁撰　清光緒八
年（1882）刻本　十二冊

410000－2206－0005606　85043－50

毛詩稽古編三十卷附攷一卷　（清）陳啟源述
　（清）龐佑清校　清光緒九年（1883）上海同
文書局影印本　八冊

410000－2206－0005607　85051－2

毛詩品物圖考七卷　（日本）岡元鳳纂輯　清
宣統二年（1910）掃葉山房石印本　二冊

410000－2206－0005608　87500－7

春秋三十卷　（宋）胡安國傳　（宋）林堯叟注
　清乾隆五十五年（1790）芥子園刻本　八冊

410000－2206－0005609　87508－13

春秋三十卷　（宋）胡安國傳　（宋）林堯叟注
　清乾隆五十七年（1792）文會堂刻本　六冊

410000－2206－0005610　87518－9

西疇居士春秋本例二十卷　（宋）崔子方撰
清康熙十九年（1680）通志堂刻本　二冊

410000－2206－0005611　87520－25

春秋繁露十七卷　（漢）董仲舒撰　（明）孫鑛
評　漢廣川董子集一卷　（漢）董仲舒撰　下
馬陵詩文集二卷　（漢）□□撰　清康熙二十
七年（1688）守醇堂刻本　六冊

410000－2206－0005612　38291

［康熙］封邱縣續志不分卷　（清）王賜魁修
（清）李會生纂　清康熙十九年（1680）刻本
一冊

410000－2206－0005613　38292－3

［康熙］封邱縣續志五卷　（清）孟鏐　（清）
耿紘祚修　（清）李承綏纂　清康熙三十六年
（1697）刻本　二冊

410000－2206－0005614　87526－9

春秋繁露十七卷附錄一卷　（漢）董仲舒譔
清嘉慶二十年（1815）刻本　四冊

410000－2206－0005615　87530－1

春秋繁露十七卷　（漢）董仲舒撰　清刻本
二冊

410000－2206－0005616　63344－7

觀楞伽阿跋多羅寶經記四卷　（南朝宋）釋求
那跋陀羅譯　（明）釋德清筆記　清道光十一

年(1831)紅香館刻本　　四冊

410000－2206－0005617　63348

觀世音菩薩經咒不分卷　　（唐）釋玄奘等譯
清蔣三徑堂刻本　　一冊

410000－2206－0005618　63349－52

高僧傳初集十五卷　　（南朝梁）釋慧皎撰　　清
光緒十年(1884)金陵刻經處刻本　　四冊

410000－2206－0005619　63353－62

高僧傳二集四十卷　　（唐）釋道宣撰　　清光緒
十六年(1890)江北刻經處刻本　　十冊

410000－2206－0005620　63363－70

高僧傳三集三十卷　　（宋）贊寧等撰　　清光緒
十三年(1887)江北刻經處刻本　　八冊

410000－2206－0005621　63371－2

高僧傳四集六卷　　（明）釋如惺撰　　清光緒十
八年(1892)江北刻經處刻本　　二冊

410000－2206－0005622　63376－9

救生船四卷新增卷末一卷　　（清）誼雲壇眾弟
子編　　清光緒二年(1876)養玉齋普迪吉刻本
四冊

410000－2206－0005623　59434－7

居業錄八卷　　（明）胡居仁撰　　（明）張有譽編
清康熙十一年(1672)刻本　　四冊

410000－2206－0005624　59438

菊潭講義三種　　（清）王滌心著　　清咸豐六年
(1856)銅山復性書屋刻本　　三冊

410000－2206－0005625　59449－54

求志居經說二十四卷　　（清）陳世鎔撰　　清同
治四年(1865)脈望齋刻本　　六冊

410000－2206－0005626　59456－9

潛書四篇　　（清）唐甄著　　（清）王聞遠編　　西
蜀唐圃亭先生行略一篇　　（清）王聞遠述　　清
光緒九年(1883)中江李氏刻本　　四冊

410000－2206－0005627　59521－30

群經平議三十五卷　　（清）俞樾著　　清同治五
年(1866)杭州刻本　　十冊

410000－2206－0005628　59511－20

群經平議三十五卷　　（清）俞樾著　　清同治五
年(1866)杭州刻本　　十冊

410000－2206－0005629　87532－3

董子春秋繁露十七卷　　（漢）董仲舒撰　　附錄
一卷　　清光緒二年(1876)浙江書局刻二十二
子本　　二冊

410000－2206－0005630　87534－5

春秋繁露十七卷　　（漢）董仲舒撰　　清光緒元
年(1875)湖北崇文書局刻本　　二冊

410000－2206－0005631　87537－9

春秋通說十三卷　　（宋）黃仲炎著　　清康熙十
九年(1680)通志堂刻本　　三冊

410000－2206－0005632　87540－51

春秋歸義十二卷　　（明）賀仲軾著　　清道光八
年(1828)見山堂刻本　　十二冊

410000－2206－0005633　87552－63

春秋歸義十二卷　　（明）賀仲軾著　　清道光八
年(1828)見山堂刻本　　十二冊

410000－2206－0005634　87564－75

春秋歸義十二卷　　（明）賀仲軾著　　清道光八
年(1828)見山堂刻本　　十二冊

410000－2206－0005635　87576－87

春秋歸義十二卷　　（明）賀仲軾著　　清道光八
年(1828)見山堂刻本　　十二冊

410000－2206－0005636　87588－607

春秋歸義三十二卷　　（明）賀仲軾著　　清順治
刻本　　二十冊

410000－2206－0005637　87608－9

止齋先生春秋後傳十二卷　　（宋）陳傅良著
清同治十二年(1873)粵東書局刻通志堂經解
本　　二冊

410000－2206－0005638　87623

春秋精義四卷　　（清）黃淦輯　　清嘉慶九年
(1804)同文堂刻本　　一冊

410000－2206－0005639　87626－8

春秋權衡十七卷　　（宋）劉敞撰　　清康熙十九

年(1680)通志堂刻本　三冊

410000－2206－0005640　87629－36

御纂春秋直解十二卷　（清）傅恒等撰　清乾隆二十三年(1758)刻本　八冊

410000－2206－0005641　87637－44

御纂春秋直解十二卷　（清）傅恒等撰　清乾隆二十三年(1758)刻本　八冊

410000－2206－0005642　87653－6

春秋直解十二卷　（清）方苞著　清桐城方氏抗希堂刻抗希堂十六種本　四冊　存九卷（四至十二）

410000－2206－0005643　59472－510

權衡一書四十一卷　（清）王植撰　清刻本　三十九冊　缺二卷(一至二)

410000－2206－0005644　59531－33

群經平議三十五卷　（清）俞樾撰　清光緒十九年(1893)味腴書屋石印本　三冊

410000－2206－0005645　59534－7

群學肄言十六卷　（英國）斯賓塞爾撰　嚴復譯　清光緒二十九年(1903)上海文明編譯書局鉛印本　四冊

410000－2206－0005646　59538－41

群學肄言十六卷　（英國）斯賓塞爾撰　嚴復譯　清光緒二十九年(1903)上海文明編譯書局鉛印本　四冊

410000－2206－0005647　59543

西泠偶筆一卷　（清）殷元福著　清康熙五十七年(1718)刻本　一冊

410000－2206－0005648　59545－7

消暑隨筆四卷　（清）潘世恩著　清宣統三年(1911)上海海左書局鉛印本　三冊

410000－2206－0005649　59563

學解摘要錄一卷　（清）梁元太輯　清光緒二十七年(1901)河南光州刻本　一冊

410000－2206－0005650　63381

金剛經演說一卷　題(清)存惺居士著　清末石印本　一冊

410000－2206－0005651　63382

金剛經石註一卷　（清）石成金撰　清刻本　一冊

410000－2206－0005652　63389－92

金剛般若波羅密經三卷　（後秦）釋鳩摩羅什譯　清道光十六年(1836)刻本　三冊

410000－2206－0005653　63392

金剛般若波羅密經淺註不分卷　（□）□□撰　清廣州超華齋刻本　二冊

410000－2206－0005654　63397－400

一切經音義二十五卷　（唐）釋玄應撰　**華嚴經音義敍錄一卷補訂新譯大方廣佛華嚴經音義二卷**　（唐）釋慧苑撰　清同治八年(1869)武林張氏寶晉齋刻本　四冊

410000－2206－0005655　63423－32

覺世正宗省心經十卷　（清）曹鵬齡校　清光緒五年(1879)刻本　十冊

410000－2206－0005656　59564

薛文清公讀書錄鈔一卷續一卷　（明）薛瑄撰　（清）紀大奎節鈔　清嘉慶二十一年(1816)臨川紀大奎刻本　一冊

410000－2206－0005657　59565－70

訓俗遺規六卷　（清）陳弘謀編　清乾隆七年(1742)培遠堂刻五種遺規本　六冊

410000－2206－0005658　59571－82

智囊補二十八卷　（明）馮夢龍輯　明刻本　十二冊

410000－2206－0005659　59583－92

智囊補二十八卷　（明）馮夢龍輯　清積秀堂刻本　十冊

410000－2206－0005660　59593－4

知新膚語四卷　（明）范守己著　清光緒十五年(1889)洧上姚勳崇信堂刻本　二冊

410000－2206－0005661　59605－12

諸子平議三十五卷　（清）俞樾撰　清同治十年(1871)刻本　八冊

410000－2206－0005662　59613

諸子粹言二卷 （清）丁晏述 清道光二十六
年(1846)頤志齋刻本 一冊

410000－2206－0005663 59614

竹葉亭雜記四卷 （清）姚元之撰 清宣統二
年(1910)掃葉山房石印本 一冊

410000－2206－0005664 59615－19

札樸十卷 （清）桂馥撰 清光緒九年(1883)
長洲蔣氏心矩齋刻本 五冊

410000－2206－0005665 87665－72

春秋左傳五十卷 （晉）杜預註 （宋）林堯叟
補註 （唐）陸德明音義 清末刻本 八冊
存二十四卷(一至二十四)

410000－2206－0005666 87689－700

春秋左傳五十卷 （晉）杜預註 （宋）林堯叟
補註 （唐）陸德明音義 清善成堂刻本 十
二冊

410000－2206－0005667 87701－16

春秋左傳五十卷 （晉）杜預註 （宋）林堯叟
補註 （唐）陸德明音義 清嘉慶二十一年
(1816)山淵堂刻本 十六冊

410000－2206－0005668 87717－26

春秋左傳三十卷 （晉）杜預集解 （唐）陸德
明音義 明崇禎十二年(1639)永懷堂刻同治
八年(1869)浙江書局補修十三經古注本
十冊

410000－2206－0005669 87727－38

春秋左傳五十卷 （晉）杜預註 （宋）林堯叟
補註 （唐）陸德明音義 清光緒三十四年
(1908)商務印書館石印本 十二冊

410000－2206－0005670 87739－54

春秋左傳十八卷 （晉）杜預註 （宋）林堯叟
補註 （唐）陸德明音義 清致和堂刻本 十
六冊

410000－2206－0005671 87755－70

春秋左傳五十卷 （晉）杜預註 （宋）林堯叟
補註 （唐）陸德明音義 清刻本 十六冊

410000－2206－0005672 87771－86

春秋左傳五十卷 （晉）杜預註 （宋）林堯叟
補註 （唐）陸德明音義 清光緒李光明莊刻
本 十六冊

410000－2206－0005673 87787－92

春秋左傳五十卷 （晉）杜預註 （宋）林堯叟
補註 （唐）陸德明音義 清懷德堂刻本
六冊

410000－2206－0005674 84679－84

書傳音釋六卷首一卷末一卷 （宋）蔡沈集傳
（元）鄒季友音釋 清咸豐五年(1855)浦城
與古齋祝氏刻本 六冊

410000－2206－0005675 84690－93

新刻書經備旨善本輯要六卷 （清）馬大猷輯
清光緒善成堂刻本 四冊

410000－2206－0005676 84698－701

書經備旨輯要六卷 （清）馬大猷輯 清光緒
善成堂刻本 四冊

410000－2206－0005677 84694－97

書經備旨輯要六卷 （清）馬大猷輯 清光緒
善成堂刻本 四冊

410000－2206－0005678 84702－6

書經備旨輯要六卷 （清）馬大猷輯 清文玉
堂刻本 四冊 存四卷(三至六)

410000－2206－0005679 84707－12

新刻書經備旨輯要六卷 （清）馬大猷輯 清
文成堂刻本 六冊

410000－2206－0005680 84719－24

重訂申文定公書經講義會編十二卷 （明）申
時行撰 清末石印本 六冊 存十卷(一至
六、九至十二)

410000－2206－0005681 84725－36

欽定書經傳說彙纂二十一卷首二卷書序一卷
（清）王頊齡等纂 清光緒十四年(1888)戶
部刻御纂七經本 十二冊

410000－2206－0005682 84737－56

欽定書經傳說彙纂二十一卷首二卷書序一卷
（清）王頊齡等纂 清雍正八年(1730)刻本

二十冊

410000－2206－0005683　84757－72

欽定書經傳說彙纂二十一卷首二卷書序一卷
（清）王頊齡等纂　清雍正八年（1730）刻本
十六冊

410000－2206－0005684　84773－88

欽定書經傳說彙纂二十一卷首二卷書序一卷
（清）王頊齡等纂　清雍正八年（1730）刻本
十六冊

410000－2206－0005685　84855－62

欽定書經傳說彙纂二十一卷首二卷書序一卷
（清）王頊齡等纂　清雍正八年（1730）刻本
十冊　存九卷（一至九）

410000－2206－0005686　7678

欽定書經傳說彙纂二十一卷首二卷書序一卷
（清）王頊齡等纂　清雍正八年（1730）刻本
二十六冊

410000－2206－0005687　84815－26

欽定書經傳說彙纂二十一卷首二卷書序一卷
（清）王頊齡等纂　清同治七年（1868）馬新
貽等刻本　十二冊

410000－2206－0005688　84827－38

欽定書經傳說彙纂二十一卷首二卷書序一卷
（清）王頊齡等纂　清同治七年（1868）馬新
貽等刻本　十二冊

410000－2206－0005689　87793－806

春秋三傳十六卷首一卷附經傳一卷　（清）
□□輯　清光緒二年（1876）衡陽刻本　十
四冊

410000－2206－0005690　87807－20

春秋十六卷首一卷　（清）□□輯　清同治十
年（1871）刻本　十四冊

410000－2206－0005691　87821－34

春秋十六卷首一卷　（清）□□輯　清同治三
年（1864）浙江撫署刻本　十四冊

410000－2206－0005692　87835－48

春秋十六卷首一卷　（清）□□輯　清同治三

年（1864）浙江撫署刻本　十四冊

410000－2206－0005693　87849－62

春秋十六卷首一卷　（清）□□輯　清同治三
年（1864）浙江撫署刻本　十四冊

410000－2206－0005694　87863－74

春秋十六卷首一卷　（清）□□輯　**陸氏三傳
釋文音義十六卷**　（唐）陸德明音義　清嘉慶
十年（1805）揚州鮑氏榤園刻五經四書讀本本
十二冊

410000－2206－0005695　87875－9

春秋五傳十七卷首一卷春秋二十國年表一卷
（明）張岐然　（清）張璞輯　清刻本　五冊
存五卷（四至八）

410000－2206－0005696　87881－900

春秋大事表五十卷輿圖一卷附錄一卷　（清）
顧棟高輯　清同治十二年（1873）平遠丁寶楨
刻本　二十冊

410000－2206－0005697　87901－4

春秋穀梁傳十二卷　（晉）范寧集解　（唐）陸
德明音義　**校刊記一卷**　（清）丁寶楨撰　清
同治十一年（1872）山東書局刻十三經讀本附
校刊記本　四冊

410000－2206－0005698　59628－9

鄭齋漢學文編六卷　孫雄撰　清光緒三十四
年（1908）鉛印師鄭叢書本　二冊

410000－2206－0005699　59637－44

池北偶談二十六卷　（清）王士禎撰　清康熙
四十年（1701）文萃堂刻本　八冊

410000－2206－0005700　59645－52

池北偶談二十六卷　（清）王士禎著　清康熙
四十年（1701）文萃堂刻本　八冊

410000－2206－0005701　59653－8

池北偶談二十六卷　（清）王士禎著　清光緒
二十二年（1896）上海慎記書莊石印本　六冊

410000－2206－0005702　59659－90

**重刻添補傳家寶俚言新本初集八卷二集八卷
三集八卷四集八卷**　（清）石成金撰　清乾隆

四年(1739)愛蓮堂刻本　　三十二冊

410000－2206－0005703　59692

茶香室經說十六卷　（清）俞樾撰　清光緒十九年(1893)上海味腴書屋石印本　　一冊

410000－2206－0005704　59693－6

常談四卷　（清）劉玉書著　清光緒二十五年(1899)遼陽劉達斌刻本　　四冊

410000－2206－0005705　59697－700

十駕齋養新錄二十卷餘錄三卷　（清）錢大昕撰　清光緒十四年(1888)上海同文書局石印本　　四冊

410000－2206－0005706　59701－2

述學內篇三卷外篇一卷別錄一卷補遺一卷（清）汪中撰　清同治八年(1869)揚州書局刻本　　二冊

410000－2206－0005707　59703－8

述記四卷　（清）任兆麟述　清乾隆五十三年(1788)映雪草堂刻本　　六冊

410000－2206－0005708　63433

西藏宗教源流考不分卷　（清）張其勤編輯陳錫民校訂　清宣統二年(1910)官印局鉛印本　　一冊

410000－2206－0005709　63442

相宗八要解八卷　（唐）釋玄奘譯　（明）釋明昱集解　清光緒二十八年(1902)金陵刻經處刻本　　一冊

410000－2206－0005710　63446

相國妙空瀚禪師語錄不分卷　（清）釋了泰筆錄　清嘉慶十三年(1808)刻本　　一冊

410000－2206－0005711　63452－3

充裕有禪師語錄四卷　（清）釋實有述　（清）釋際泰等編　清嘉慶三年(1798)刻本　　二冊

410000－2206－0005712　63471

緇門崇行錄一卷　（明）釋袾宏輯　清嘉慶四年(1799)京都拈花寺刻本　　一冊

410000－2206－0005713　63472－5

釋氏稽古錄四卷　（元）覺岸禪師編　清光緒

十二年(1886)刻本　　四冊

410000－2206－0005714　63476

釋鑑稽古略續集三集　（明）釋大聞彙編　清光緒十二年(1886)刻本　　一冊

410000－2206－0005715　63477－96

宗鏡錄一百卷　（宋）釋延壽集　清雍正十二年(1734)武英殿刻本　　二十冊

410000－2206－0005716　87921－4

春秋公羊傳十一卷　（漢）何休學　（唐）陸德明音義　清光緒十二年(1886)星沙文昌書局刻本　　四冊

410000－2206－0005717　87925－8

春秋穀梁傳十二卷　（晉）范寧集解　（唐）陸德明音義　清光緒十二年(1886)星沙文昌書局刻本　　四冊

410000－2206－0005718　87927－31

春秋公羊傳二十八卷　（漢）何休撰　（唐）陸德明音義　清永懷堂刻本　　三冊

410000－2206－0005719　87942－5

春秋公羊傳十一卷　（漢）何休撰　（唐）陸德明音義　**校刊記一卷**　（清）丁寶楨撰　清同治十一年(1872)山東書局刻十三經讀本附校刊記本　　四冊

410000－2206－0005720　87952－63

春秋歸義摘要十二卷　（明）賀仲軾著　清道光八年(1828)見山堂刻本　　十二冊

410000－2206－0005721　87964－75

春秋歸義摘要十二卷　（明）賀仲軾著　清道光八年(1828)見山堂刻本　　十二冊

410000－2206－0005722　87978

春秋經傳類聯不分卷　（清）萬壽彭輯　清乾隆十八年(1753)刻本　　一冊

410000－2206－0005723　87991－002

春秋經傳集解三十卷　（晉）杜預集解　（唐）陸德明音義　清揚州片善堂惜字書局刻本　　十二冊

410000－2206－0005724　59709－24

少室山房集六十四卷　(明)胡應麟撰　清光緒二十二年(1896)廣雅書局刻本　十六冊

410000－2206－0005725　59731－50

日知錄三十二卷之餘四卷　(清)顧炎武著　清乾隆六十年(1795)刻本　二十冊

410000－2206－0005726　59751－70

日知錄三十二卷　(清)顧炎武著　清乾隆五十八年(1793)刻本　二十冊

410000－2206－0005727　59771－80

日知錄三十二卷　(清)顧炎武撰　清康熙三十四年(1695)遂初堂刻本　十冊

410000－2206－0005728　59781

日知錄不分卷　(清)姚岳生著　清道光十八年(1838)聚山園刻本　一冊

410000－2206－0005729　59782

日知錄不分卷　(清)姚岳生著　清道光十八年(1838)聚山園刻本　一冊

410000－2206－0005730　59783－8

增補如面談新集十卷首一卷　(清)李光祚纂註　清藜照堂刻本　六冊

410000－2206－0005731　59789－804

日知錄集釋三十二卷　(清)顧炎武著　(清)黃汝成集解　清光緒元年(1875)湖北崇文書局刻本　十六冊

410000－2206－0005732　84839－54

欽定書經傳說彙纂二十一卷首二卷序一卷　(清)王頊齡等纂　清刻本　十六冊

410000－2206－0005733　85053－64

呂氏家塾讀詩記三十二卷　(宋)呂祖謙撰　清嘉慶十六年(1811)谿上聽彝堂刻本　十二冊

410000－2206－0005734　85065－6

韓詩外傳十卷　(漢)韓嬰著　清光緒元年(1875)望三益齋刻本　二冊

410000－2206－0005735　85067－70

詩集傳八卷　(宋)朱熹撰　清光緒三十四年(1908)書業德刻本　四冊

410000－2206－0005736　85071－4

詩集傳八卷　(宋)朱熹撰　清光緒善成堂刻本　四冊

410000－2206－0005737　85079－82

詩集傳八卷　(宋)朱熹撰　清同治十年(1871)大會書屋刻本　四冊

410000－2206－0005738　85083－90

詩集傳八卷　(宋)朱熹撰　清刻本　四冊

410000－2206－0005739　85087－90

詩集傳八卷　(宋)朱熹撰　清刻本　四冊

410000－2206－0005740　85091－6

詩集傳八卷　(宋)朱熹撰　清刻本　六冊

410000－2206－0005741　85097－104

詩集傳八卷　(宋)朱熹撰　清同治八年(1869)書業德記刻本　四冊

410000－2206－0005742　85105－9

韓詩外傳十卷　(漢)韓嬰著　清光緒元年(1875)望三益齋刻本　四冊

410000－2206－0005743　85110－1

韓詩外傳十卷　(漢)韓嬰著　清嘉慶四年(1799)味經堂刻本　二冊

410000－2206－0005744　85112－3

朱子詩義補正八卷　(清)方苞著　清光緒三年(1877)南海馮氏刻本　二冊

410000－2206－0005745　85131－42

詩緝三十六卷　(宋)嚴粲述　清光緒十六年(1890)雛園刻本　十二冊

410000－2206－0005746　85143－6

詩經八卷　(宋)朱熹集傳　清恕堂刻本　四冊

410000－2206－0005747　85151－4

詩經八卷　(宋)朱熹集傳　清乾隆十五年(1750)亦政堂刻本　四冊

410000－2206－0005748　88003－16

春秋經傳集解三十卷　(晉)杜預集解　(唐)陸德明音義　清片善堂刻本　十四冊

410000 - 2206 - 0005749　88133 - 42

欽定春秋傳說彙纂三十八卷首二卷　（清）王
掞等纂　清光緒十年(1884)江南書局刻御纂
七經本　十冊

410000 - 2206 - 0005750　88162 - 71

欽定春秋傳說彙纂三十八卷首二卷　（清）王
掞等撰　清同治九年(1870)浙江撫署刻本
十冊　存十七卷(一至十五、二十至二十一)

410000 - 2206 - 0005751　88172 - 83

欽定春秋傳說彙纂三十八卷首二卷　（清）王
掞等撰　清刻本　二十四冊

410000 - 2206 - 0005752　59825 - 6

日知錄之餘四卷　（清）顧炎武著　清刻本
二冊

410000 - 2206 - 0005753　59829 - 35

子遷雜著四卷吟草七卷　（清）謝益撰　清道
光十九年(1839)刻本　七冊

410000 - 2206 - 0005754　40610 - 3

[嘉慶]續濟源縣志十二卷　（清）何荇芳修
（清）劉大觀纂　清嘉慶十八年(1813)刻本
四冊

410000 - 2206 - 0005755　59840 - 1

存齋偶錄四卷　（清）余塙著　清道光十八年
(1838)余家良刻本　一冊

410000 - 2206 - 0005756　59841

存齋偶錄四卷　（清）余塙著　清道光十八年
(1838)余家良刻本　四冊

410000 - 2206 - 0005757　59842

崇儉編不分卷　（清）□□編　清咸豐元年
(1851)京都王氏刻本　一冊

410000 - 2206 - 0005758　59843 - 58

粟香隨筆四十卷　金武祥撰　清光緒二十四
年(1898)掃葉山房石印本　十六冊

410000 - 2206 - 0005759　59861 - 3

宋瑣語不分卷　（清）郝懿行撰　清同治刻本
三冊

410000 - 2206 - 0005760　59864 - 6

崧臺隨筆不分卷　（清）景日昣撰　清康熙四
十二年(1703)刻本　三冊

410000 - 2206 - 0005761　59870 - 73

意林注五卷附編一卷　（唐）馬總著　（清）周
廣業注　清刻本　四冊

410000 - 2206 - 0005762　63506

原人論一卷　（唐）釋宗密述　清同治十三年
(1874)鷄園刻經處刻本　一冊

410000 - 2206 - 0005763　63507 - 18

閱藏知津四十四卷總目四卷　（明）釋智旭編
次　清乾隆五十七年(1792)刻本　十二冊

410000 - 2206 - 0005764　63519

玉歷鈔傳警世一卷　（清）李宗敏參訂　清嘉
慶十三年(1808)刻本　一冊

410000 - 2206 - 0005765　63520

圓明寶筏一卷　題(清)未染子著　清同治四
年(1865)刻本　一冊

410000 - 2206 - 0005766　63521 - 2

永明心賦註四卷　（宋）釋智覺述　清光緒二
十二年(1896)刻本　二冊

410000 - 2206 - 0005767　63523 - 30

新鋟葛稚川內篇四卷外篇四卷　（晉）葛洪著
（明）張可大評校　清柏筠堂刻本　八冊

410000 - 2206 - 0005768　63531

**古佛應驗明聖經序解三卷靈應實錄一卷附經
驗百方一卷**　題(清)純陽子書　清道光二十
六年(1846)刻本　一冊

410000 - 2206 - 0005769　63532

道源精微歌二卷　（清）劉名瑞著　清光緒十
五年(1889)永盛齋刻本　一冊

410000 - 2206 - 0005770　63533 - 4

道德經輯註二卷首一卷末一卷　（清）鄧䚈纂
輯　清嘉慶八年(1803)刻本　二冊

410000 - 2206 - 0005771　63539

文昌帝君天戒錄一卷　（清）釋蓮池注　清咸
豐三年(1853)刻本　一冊

410000－2206－0005772　88184－207

欽定春秋傳說彙纂三十八卷首二卷　（清）王
掞等纂　清康熙六十年(1721)刻本　二十
四冊

410000－2206－0005773　88208－17

春秋左傳杜注三十卷首一卷　（清）姚培謙學
　清光緒二十二年(1896)三味堂刻本　十冊

410000－2206－0005774　88227－32

春秋左傳句解六卷　（清）韓葵重訂　清古香
閣刻本　六冊

410000－2206－0005775　88243－50

春秋左傳杜注三十卷首一卷　（清）姚培謙學
　清同治五年(1866)金陵書局刻本　八冊

410000－2206－0005776　88251－60

春秋左傳杜注三十卷首一卷　（清）姚培謙學
　清同治五年(1866)金陵書局刻本　十冊

410000－2206－0005777　88261－5

春秋左傳杜注三十卷首一卷　（清）姚培謙學
　清刻本　五冊　存十六卷(十五至三十)

410000－2206－0005778　88266－75

春秋左傳杜注三十卷首一卷　（清）姚培謙學
　清光緒十五年(1889)江南書局刻本　十冊

410000－2206－0005779　88276－8

太史張天如詳節春秋綱目左傳句解六卷
(清)韓葵重訂　清光緒四年(1878)有益堂刻
本　三冊

410000－2206－0005780　85155－8

詩經八卷　（宋）朱熹集傳　清泰山堂書莊石
印本　四冊

410000－2206－0005781　85159－62

詩經八卷　（宋）朱熹集傳　清泰山堂書莊石
印本　四冊

410000－2206－0005782　85163－6

詩經八卷　（宋）朱熹集傳　清宣統三年
(1911)上海章福記石印本　四冊

410000－2206－0005783　85171－4

詩經八卷　（宋）朱熹集傳　清光緒十三年

(1887)文英堂刻本　四冊

410000－2206－0005784　87175－8

詩經八卷　（宋）朱熹集傳　清光緒十三年
(1887)文英堂刻本　四冊

410000－2206－0005785　85179－82

詩經八卷　（宋）朱熹集傳　清宣統元年
(1909)泰和堂刻本　四冊

410000－2206－0005786　85183－6

詩經八卷詩序辨說一卷　（宋）朱熹集傳　清
同治五年(1866)金陵書局刻十三經讀本本
四冊

410000－2206－0005787　85187－90

詩經八卷　（宋）朱熹集傳　清同治三年
(1864)浙江撫署刻本　四冊

410000－2206－0005788　85191－94

詩經八卷　（宋）朱熹集傳　清同治三年
(1864)浙江撫署刻本　四冊

410000－2206－0005789　85195－8

詩經八卷　（宋）朱熹集傳　清聚三堂刻本
四冊

410000－2206－0005790　85199－201

詩經二十卷　（漢）毛萇傳　（漢）鄭玄箋　清
永懷堂刻本　三冊

410000－2206－0005791　85202－3

詩經不分卷　（□）□□撰　清末都門印書局
鉛印本　二冊

410000－2206－0005792　85204－8

詩經八卷　（宋）朱熹集傳　清光緒七年
(1881)金陵書局刻本　五冊

410000－2206－0005793　85209－13

詩經八卷詩序辨說一卷　（宋）朱熹集傳　清
同治五年(1866)金陵書局刻十三經讀本本
五冊

410000－2206－0005794　85214－8

詩經八卷詩序辨說一卷　（宋）朱熹集傳　清
同治五年(1866)金陵書局刻本　五冊

410000－2206－0005795　85219－22

詩志八卷　（清）牛運震學　清嘉慶五年
(1800)空山堂刻本　四冊

410000－2206－0005796　85023－7

詩志八卷　（清）牛運震學　清嘉慶五年
(1800)空山堂刻本　五冊

410000－2206－0005797　85228－35

仇滄柱先生增補詩經備旨十二卷　（清）祁文
友　（清）尹源進增定　清乾隆二十八年
(1763)三樂齋刻本　八冊

410000－2206－0005798　85239－48

黃太史粲補古今大方詩經大全十五卷序一卷
首一卷　（明）葉向高編纂　清康熙五十年
(1711)郁郁堂刻本　十冊

410000－2206－0005799　85101－4

詩集傳八卷　（宋）朱熹撰　清同治八年
(1869)刻本　四冊

410000－2206－0005800　88279－84

太史張天如詳節春秋綱目左傳句解六卷
（清）韓菼重訂　清光緒善成堂刻本　六冊

410000－2206－0005801　88285－9

太史張天如詳節春秋綱目左傳句解六卷
（清）韓菼重訂　清光緒善成堂刻本　五冊

410000－2206－0005802　88290－95

如酉所刻諸名家評點春秋綱目左傳句解彙雋
六卷　（清）韓菼重訂　清光緒二十二年
(1896)王四和記刻本　六冊

410000－2206－0005803　88296－301

太史張天如詳節春秋綱目左傳句解六卷
（清）韓菼重訂　清光緒二十二年(1896)王四
和記刻本　六冊

410000－2206－0005804　88308－10

太史張天如詳節春秋綱目左傳句解六卷
（清）韓菼重訂　清光緒十三年(1887)文英堂
刻本　三冊

410000－2206－0005805　88311－5

太史張天如詳節春秋綱目左傳句解六卷

（清）韓菼重訂　清光緒四年(1878)有益堂刻
本　五冊　缺一卷(三)

410000－2206－0005806　88316－20

太史張天如詳節春秋綱目左傳句解六卷
（清）韓菼重訂　清刻本　五冊　缺一卷(四)

410000－2206－0005807　88321－6

太史張天如詳節春秋綱目左傳句解六卷
（清）韓菼重訂　清崇文堂刻本　六冊

410000－2206－0005808　88327－32

太史張天如詳節春秋綱目左傳句解六卷
（清）韓菼重訂　清光緒四年(1878)有益堂刻
本　六冊

410000－2206－0005809　63541

感應篇贅言一卷太微仙君功過格一卷　（清）
于鉄樵（于覺世）撰　清同治五年(1866)刻本
一冊

410000－2206－0005810　63542

感應篇引經箋注不分卷　（清）惠棟箋注　清
光緒十九年(1893)石印本　一冊

410000－2206－0005811　63544－6

太上感應篇一卷　（清）惠棟注　清同治六年
(1867)刻本　一冊

410000－2206－0005812　63547－52

南華經十六卷　（晉）郭象注　（宋）林希逸口
義　（宋）劉辰翁點校　（明）王世貞評點　明
刻四色套印本　六冊　存十二卷(一至十二)

410000－2206－0005813　63553－60

南華經十六卷　（晉）郭象注　（宋）林希逸口
義　（宋）劉辰翁點校　（明）王世貞評點　明
萬曆三十三年(1605)刻四色套印本　八冊

410000－2206－0005814　63561－6

南華發覆八卷　（戰國）莊周撰　（明）釋性通
注　明萬曆四十二年(1614)文秀堂刻本
六冊

410000－2206－0005815　63567－72

南華經解三十三卷　（清）宣穎撰　清同治五
年(1866)刻本　六冊

410000－2206－0005816　63573－78

南華發覆八卷　（戰國）莊周撰　（明）釋性通注　清末文奎堂刻本　六冊

410000－2206－0005817　63583－88

南華真經解內篇一卷外篇一卷雜篇一卷　(清)宣穎撰　清康熙六十年(1721)經國堂刻本　六冊

410000－2206－0005818　88333－8

評點春秋綱目左傳句解彙雋六卷　(清)韓菼重訂　清道光九年(1829)務本堂刻本　六冊

410000－2206－0005819　88339－44

評點春秋綱目左傳句解彙雋六卷　(清)韓菼重訂　清刻本　六冊

410000－2206－0005820　88389－98

春秋左傳音訓不分卷　(清)楊國楨撰　清道光十年(1830)大梁書院刻十一經音訓本　十冊

410000－2206－0005821　88399－400

春秋公羊經傳解詁十二卷　(漢)何休注　(唐)陸德明音義　清道光四年(1824)揚州汪氏問禮堂刻本　二冊

410000－2206－0005822　88402－7

春秋左氏傳賈服註輯述二十卷　(清)李貽德學　清同治六年(1867)刻本　六冊

410000－2206－0005823　88408－13

春秋左氏傳賈服註輯述二十卷　(清)李貽德學　清同治六年(1867)刻本　六冊

410000－2206－0005824　88414－29

左繡三十卷首一卷　（清）馮李驊　(清)陸浩評輯　清康熙五十九年(1720)刻本　十六冊

410000－2206－0005825　88430－45

左繡三十卷首一卷　（清）馮李驊　(清)陸浩評輯　清康熙五十九年(1720)刻本　十六冊

410000－2206－0005826　88446－57

左繡三十卷首一卷　（清）馮李驊　(清)陸浩評輯　清嘉慶七年(1802)華川書屋刻本　十二冊

410000－2206－0005827　88458－61

左繡三十卷首一卷　（清）馮李驊　(清)陸浩評輯　清末刻本　四冊　存十五卷(十六至三十)

410000－2206－0005828　88462－9

左繡三十卷首一卷　（清）馮李驊　(清)陸浩評輯　清末刻本　八冊　存十五卷(十六至三十)

410000－2206－0005829　88470－7

左繡三十卷首一卷　（清）馮李驊　(清)陸浩評輯　清末刻本　八冊　存十五卷(十六至三十)

410000－2206－0005830　88478－85

左傳十二卷　（春秋)左丘明撰　清末都門印書局鉛印本　八冊

410000－2206－0005831　88486－93

左傳選十四卷　(清)儲欣評　清乾隆三十八年(1773)謙牧堂刻本　八冊

410000－2206－0005832　63589－96

南華真經八卷　(明)黃正位重校　清乾隆四十一年(1776)大成齋刻本　八冊

410000－2206－0005833　63597－600

南華真經八卷　(明)黃正位重校　清嘉慶十一年(1806)友誼堂刻本　四冊

410000－2206－0005834　63601－4

南華全經分章句解四卷　(明)陳榮選著　清乾隆三年(1738)世德堂刻本　四冊

410000－2206－0005835　63605－12

南華真經本義十六卷附錄八卷　(晉)郭璞註　(明)陳治安輯　清道光十五年(1835)紅蘭山房刻本　八冊

410000－2206－0005836　63613－16

南華全經分章句解四卷　(明)陳榮選著　清乾隆三年(1738)世德堂刻本　四冊

410000－2206－0005837　63621

道德真經註四卷　（元)吳澄述　清光緒元年(1875)湖北崇文書局刻子書百家本　一冊

269

410000 – 2206 – 0005838　63622 – 5

老子翼八卷首一卷　（明）焦竑輯　（明）王元
貞校　清光緒二十一年（1895）漸西村舍刻本
四冊

410000 – 2206 – 0005839　63626 – 9

老子元翼二卷　（明）焦竑輯　清乾隆五年
（1740）三多齋刻本　四冊

410000 – 2206 – 0005840　88494 – 501

左傳翼三十八卷　（清）周大璋輯評　清同治
五年（1866）務本堂刻本　八冊

410000 – 2206 – 0005841　88509 – 14

**如酉所刻諸名家評點春秋綱目左傳句解彙雋
六卷**　（清）韓葵訂　清光緒二十二年（1896）
刻本　六冊

410000 – 2206 – 0005842　88515 – 20

左傳事緯十二卷　（清）馬驌撰　清光緒三十
四年（1908）上海文瑞樓石印本　六冊

410000 – 2206 – 0005843　88521 – 30

左傳事緯十二卷　（清）馬驌撰　清刻本
十冊

410000 – 2206 – 0005844　88531 – 6

左傳易讀六卷　（清）司徒修選訂　清光緒七
年（1881）書業德記刻本　六冊

410000 – 2206 – 0005845　88537 – 42

左傳易讀六卷　（清）司徒修選訂　清同治五
年（1866）聚盛堂刻本　六冊

410000 – 2206 – 0005846　88543 – 7

左傳易讀六卷　（清）司徒修選訂　清光緒二
十七年（1901）有益堂刻本　五冊　缺一卷
（五）

410000 – 2206 – 0005847　88548 – 53

左傳易讀六卷　（清）司徒修輯　清光緒二十
年（1894）刻本　六冊

410000 – 2206 – 0005848　88554 – 7

左氏傳說二十卷首一卷　（宋）呂祖謙撰　清
同治八年（1869）胡氏退補齋刻本　四冊

410000 – 2206 – 0005849　88558 – 60

左氏傳說二十卷　（宋）呂祖謙撰　清同治十
二年（1873）粵東書局刻通志堂經解本　三冊

410000 – 2206 – 0005850　85249 – 60

御纂詩義折中二十卷　（清）傅恒等撰　清乾
隆二十年（1755）刻本　六冊

410000 – 2206 – 0005851　85255 – 60

御纂詩義折中二十卷　（清）傅恒等撰　清乾
隆二十年（1755）刻本　六冊

410000 – 2206 – 0005852　85261 – 8

御纂詩義折中二十卷　（清）傅恒等撰　清乾
隆二十年（1755）刻本　八冊

410000 – 2206 – 0005853　85269 – 72

御纂詩義折中二十卷　（清）傅恒等撰　清乾
隆二十年（1755）刻本　四冊

410000 – 2206 – 0005854　85273 – 82

御纂詩義折中二十卷　（清）傅恒等纂　清經
元堂刻本　十冊

410000 – 2206 – 0005855　85283 – 94

御纂詩義折中二十卷　（清）傅恒等撰　清乾
隆二十年（1755）刻本　十二冊

410000 – 2206 – 0005856　85295 – 318

御纂詩義折中二十卷　（清）傅恒等纂　清文
光堂刻本　十二冊

410000 – 2206 – 0005857　85319 – 42

詩毛氏傳疏三十卷　（清）陳奐著　清末鴻章
書局石印本　十二冊

410000 – 2206 – 0005858　85331 – 42

詩毛氏傳疏三十卷　（清）陳奐著　清末鴻章
書局石印本　十二冊

410000 – 2206 – 0005859　88561 – 8

左傳分國纂略十六卷　（清）盧元昌撰　清康
熙二十八年（1689）思美廬刻本　八冊

410000 – 2206 – 0005860　88569 – 72

石林先生春秋傳二十卷　（宋）葉夢得撰　清
康熙十九年（1680）通志堂刻本　四冊

410000 – 2206 – 0005861　59876 – 9

尤西川先生擬學小記六卷續錄七卷附錄二卷
　（明）尤時熙著　清咸豐二年(1852)刻本
四冊

410000－2206－0005862　59880－87

藝林述記六卷續記一卷　（清）任兆麟撰　清
嘉慶十五年(1810)刻本　八冊

410000－2206－0005863　59902－13

義門讀書記五十八卷　（清）何焯撰　清乾隆
三十四年(1769)刻本　十二冊　存三十六卷
（一至三十六）

410000－2206－0005864　59914

輶車雜錄二卷　（清）朱軾撰　清嘉慶十八年
(1813)刻本　一冊

410000－2206－0005865　59915－6

游定夫先生集六卷首一卷末一卷　（宋）游酢
著　清同治六年(1867)和州官舍刻本　二冊

410000－2206－0005866　59917－8

游定夫先生集六卷首一卷末一卷　（宋）游酢
著　清同治六年(1867)和州官舍刻本　二冊

410000－2206－0005867　85343－6

詩毛氏傳疏三十卷　（清）陳奐撰　清光緒七
年(1881)刻本　四冊

410000－2206－0005868　85347－50

詩集傳音釋二十卷　（宋）朱熹集傳　（元）許
謙音釋　清光緒十五年(1889)江南書局刻本
四冊

410000－2206－0005869　85351－54

詩集傳音釋二十卷　（宋）朱熹集傳　（元）許
謙音釋　清光緒十五年(1889)江南書局刻本
四冊

410000－2206－0005870　85355－8

詩經體註大全體要八卷　（清）沈世楷輯　清
康熙五十年(1711)聚奎堂刻本　四冊

410000－2206－0005871　85359－62

詩經體註圖考八卷　（清）高朝瓔定　（清）沈
世楷輯　清乾隆十五年(1750)刻本　四冊

410000－2206－0005872　85363－6

詩經喈鳳詳解八卷圖說一卷　（清）陳抒孝輯
著　清乾隆三十年(1765)三多齋刻本　四冊

410000－2206－0005873　85367－70

詩經喈鳳詳解八卷圖說一卷　（清）陳抒孝輯
著　清光緒十年(1884)有益堂刻本　四冊

410000－2206－0005874　85371－4

詩經喈鳳詳解八卷圖說一卷　（清）陳抒孝輯
著　清光緒十年(1884)有益堂刻本　四冊

410000－2206－0005875　85375－80

詩經喈鳳詳解八卷圖說一卷　（清）陳抒孝輯
著　清光緒十年(1884)有益堂刻本　六冊

410000－2206－0005876　85381－6

詩經喈鳳詳解八卷圖說一卷　（清）陳抒孝輯
著　清光緒十年(1884)有益堂刻本　六冊

410000－2206－0005877　85387－92

詩經喈鳳詳解八卷圖說一卷　（清）陳抒孝輯
著　清光緒十七年(1891)寶興堂刻本　六冊

410000－2206－0005878　85393－6

詩經喈鳳詳解八卷圖說一卷　（清）陳抒孝輯
著　清嘉慶十六年(1811)三多齋刻本　四冊

410000－2206－0005879　85397－416

欽定詩經傳說彙纂二十一卷首二卷詩序二卷
　（清）王鴻緒等纂　清道光十八年(1838)刻
本　二十冊

410000－2206－0005880　85417－40

欽定詩經傳說彙纂二十一卷首二卷詩序二卷
　（清）王鴻緒等纂　清雍正五年(1727)刻本
二十四冊

410000－2206－0005881　85441－8

欽定詩經傳說彙纂二十一卷首二卷詩序二卷
　（清）王鴻緒等纂　清同治七年(1868)刻本
八冊

410000－2206－0005882　85449－56

欽定詩經傳說彙纂二十一卷首二卷詩序二卷
　（清）王鴻緒等纂　清同治七年(1868)刻本
八冊

410000－2206－0005883　85457－72

欽定詩經傳說彙纂二十一卷首二卷詩序二卷
　　（清）王鴻緒等纂　清同治七年（1868）刻本
　　十六冊

410000－2206－0005884　85473－88

欽定詩經傳說彙纂二十一卷首二卷詩序二卷
　　（清）王鴻緒等纂　清雍正五年（1727）刻本
　　十六冊

410000－2206－0005885　85489－512

欽定詩經傳說彙纂二十一卷首二卷詩序二卷
　　（清）王鴻緒等纂　清雍正五年（1727）刻本
　　二十四冊

410000－2206－0005886　85513－36

欽定詩經傳說彙纂二十一卷首二卷詩序二卷
　　（清）王鴻緒等纂　清雍正五年（1727）刻本
　　二十四冊

410000－2206－0005887　63636－7

老子本義二卷　（清）魏源撰　清光緒二十六
年（1900）刻本　二冊

410000－2206－0005888　63638

老子道德經二卷　（三國魏）王弼注　音義一
卷　（唐）陸德明撰　清宣統三年（1911）上海
掃業山房石印本　一冊

410000－2206－0005889　63639

老子道德經二卷　（三國魏）王弼注　音義一
卷　（唐）陸德明撰　清宣統三年（1911）上海
掃葉山房石印本　一冊

410000－2206－0005890　63640

老子道德經二卷　（三國魏）王弼注　清乾隆
四十年（1775）刻武英殿聚珍版書本　一冊

410000－2206－0005891　63641

老子道德經二卷　（三國魏）王弼注　音義一
卷　（唐）陸德明撰　清光緒元年（1875）浙江
書局刻二十二子本　一冊

410000－2206－0005892　63667

太上感應篇直講一卷　（宋）李昌齡撰　清宣
統元年（1909）刻本　一冊

410000－2206－0005893　63669

戒淫功過格一卷　題（清）常存敬畏齋主人識
清同治五年（1866）姑蘇元妙觀刻本　一冊

410000－2206－0005894　63670

戒談闈闈詩一卷　（清）魏錫光著　清末鉛印
本　一冊

410000－2206－0005895　63671

惜字三善說一卷惜字論一卷　（清）彭福保著
清同治十一年（1872）刻本　一冊

410000－2206－0005896　63673－6

性命圭旨五卷　（明）□□撰　清康熙八年
（1669）一山房刻本　四冊

410000－2206－0005897　63678－81

莊子十卷　（戰國）莊周撰　（晉）郭象注
（唐）陸德明音義　清光緒二十三年（1897）上
海圖書集成局鉛印本　四冊

410000－2206－0005898　63706－13

莊子集釋十卷　（戰國）莊周撰　（清）郭慶藩
輯　清光緒二十二年（1896）思賢書局刻本
四冊

410000－2206－0005899　85676－9

詩經融註大全體要八卷　（清）高朝瓔定
（清）沈世楷輯　清康熙五十年（1711）刻本
四冊

410000－2206－0005900　85680－3

詩經融註大全體要八卷　（清）高朝瓔定
（清）沈世楷輯　清光緒二十七年（1901）善成
堂刻本　四冊

410000－2206－0005901　85684－7

詩經融註大全體要八卷　（清）高朝瓔定
（清）沈世楷輯　清光緒二十七年（1901）善成
堂刻本　四冊

410000－2206－0005902　85688－91

詩經融註大全體要八卷　（清）高朝瓔定
（清）沈世楷輯　清同治八年（1869）聚錦堂刻
本　四冊

410000－2206－0005903　85692－5

詩經融註大全體要八卷　（清）高朝瓔定

（清）沈世楷輯　清咸豐二年(1852)蔭香堂刻本　四冊

410000－2206－0005904　85696－9

詩經融註大全體要八卷　（清）高朝瓔定（清）沈世楷輯　清宣統二年(1910)寶興堂刻本　四冊

410000－2206－0005905　85700－3

詩經融註大全體要八卷　（清）高朝瓔定（清）沈世楷輯　清康熙五十年(1711)大文堂刻本　四冊

410000－2206－0005906　85736－67

讀禮通考一百二十卷　（清）徐乾學撰　清光緒七年(1881)江蘇書局刻本　三十二冊

410000－2206－0005907　85768－75

黃氏讀禮記日抄十六卷　（宋）黃震撰　清光緒三十四年(1908)問經精舍刻本　八冊

410000－2206－0005908　59919－20

簷曝雜記六卷　（清）趙翼撰　清光緒二十一年(1895)刻本　二冊

410000－2206－0005909　59921－2

顏氏家訓七卷　（北齊）顏之推撰　**考證一卷**（宋）沈揆撰　清光緒十六年(1890)刻本二冊

410000－2206－0005910　59923

顏氏家訓二卷　（北齊）顏之推撰　清光緒元年(1875)湖北崇文書局刻子書百家本　一冊

410000－2206－0005911　59927－9

養一齋劄記九卷　（清）潘德輿撰　清同治十年(1871)刻本　三冊

410000－2206－0005912　59930－37

吾學錄初編二十四卷　（清）吳榮光撰　清同治十一年(1872)刻本　八冊

410000－2206－0005913　59938－45

吾學錄初編二十四卷　（清）吳榮光撰　清道光十二年(1832)刻本　八冊

410000－2206－0005914　59946－51

吾學錄初編二十四卷　（清）吳榮光撰　清同治九年(1870)江蘇書局刻本　六冊

410000－2206－0005915　59952－9

吾學錄初編二十四卷　（清）吳榮光撰　清道光二十九年(1849)刻本　八冊

410000－2206－0005916　59960－7

吾學錄初編二十四卷　（清）吳榮光撰　清同治七年(1868)金陵書局刻本　八冊

410000－2206－0005917　59968－79

吾學錄初編二十四卷　（清）吳榮光撰　清光緒七年(1881)刻本　十二冊

410000－2206－0005918　64133－64142

經餘必讀續編八卷三編四卷合編八卷　（清）錢樹堂（清）雷琳輯　清嘉慶十一年(1806)大文堂刻本　十冊

410000－2206－0005919　64143－50

經餘必讀八卷　（清）雷琳等輯　清嘉慶十一年(1806)咸裕堂刻本　八冊

410000－2206－0005920　64151－4

經餘必讀八卷　（清）雷琳等輯　清嘉慶八年(1803)致和堂刻本　四冊

410000－2206－0005921　64155－94

十子全書十種　（清）王子興輯　清嘉慶九年(1804)姑蘇王氏聚文堂刻本　四十冊

410000－2206－0005922　64275－359

二十二子二十二種　（清）浙江書局輯　清光緒浙江書局刻本　八十五冊

410000－2206－0005923　64360－439

二十二子二十二種　（清）浙江書局輯　清光緒浙江書局刻本　七十一冊

410000－2206－0005924　12－07961

聖武記十四卷　（清）魏源撰　清道光二十二年(1842)古微堂刻本　十二冊

410000－2206－0005925　85777－80

大戴禮記補注十三卷序錄一卷　（清）孔廣森補注　清光緒九年(1883)謙德堂刻本　四冊

410000－2206－0005926　85784－6

大戴禮記解詁十三卷目錄一卷 （清）王聘珍撰 清光緒十三年（1887）廣雅書局刻本 三冊

410000－2206－0005927　85789－90

泰泉鄉禮七卷 （明）黃佐撰 清道光二年（1822）刻本 二冊

410000－2206－0005928　85819－28

禮記十卷 （元）陳澔集說 清刻本 十冊

410000－2206－0005929　85839－48

禮記十卷 （元）陳澔集說 清同治五年（1866）金陵書局刻十三經讀本本 十冊

410000－2206－0005930　59980－87

衛濟餘編十八卷 （清）王纕堂編 清道光二十二年（1842）經國堂刻本 八冊

410000－2206－0005931　59994

晚翠軒筆記不分卷 （清）張丙煐著 清咸豐三年（1853）刻本 一冊

410000－2206－0005932　59995－60010

王船山經史論八種 （清）王夫之撰 清光緒二十五年（1899）慎記書莊石印本 十六冊

410000－2206－0005933　60011－16

愚一錄十二卷 （清）鄭獻甫撰 清光緒二年（1876）黔南道署刻本 六冊

410000－2206－0005934　60017－22

漁隱叢話前集六十卷後集四十卷 （宋）胡仔纂 清刻本 六冊 存六十卷（前集六十卷）

410000－2206－0005935　60023

石渠閣校刻庭訓閱古隨筆二卷 （明）穆文熙纂輯 清刻本 一冊

410000－2206－0005936　60026

運程錄不分卷 （清）介安堂學人撰 清江南呂公遠刻本 一冊

410000－2206－0005937　60031－42

庸閒齋筆記十二卷 （清）陳其元著 清同治十三年（1874）吳下刻本 十二冊

410000－2206－0005938　60043

偶存集不分卷 （清）董貽清撰 清同治十一年（1872）刻本 一冊

410000－2206－0005939　85859－68

監本禮記十卷 （元）陳澔集說 清世德堂刻本 十冊

410000－2206－0005940　85869－78

禮記十卷 （元）陳澔集說 清刻本 十冊

410000－2206－0005941　85879－88

禮記十卷 （元）陳澔集說 清同治五年（1866）金陵書局刻十三經讀本本 十冊

410000－2206－0005942　85889－98

禮記十卷 （元）陳澔集說 清致和堂刻本 十冊

410000－2206－0005943　85899－908

禮記十卷 （元）陳澔集說 清同治三年（1864）浙江撫署刻本 十冊

410000－2206－0005944　85973－82

禮記二十卷附考證 （漢）鄭玄註 （唐）陸德明音義 清乾隆四十八年（1783）武英殿刻仿宋相臺五經附考證本 十冊

410000－2206－0005945　85909－18

禮記十卷 （元）陳澔集說 清初內府刻本 十冊

410000－2206－0005946　85919－28

禮記十卷 （元）陳澔集說 清刻本 十冊

410000－2206－0005947　85929－38

禮記十卷 （元）陳澔集說 清李光明莊刻本 十冊

410000－2206－0005948　86087－40

禮記體註大全四卷 （清）徐旦參訂 （清）曹士璋參訂 清雍正三年（1725）有益堂刻本 四冊

410000－2206－0005949　86041－4

漱房軒合纂禮記體註四卷 （清）范翔參訂 清康熙五十二年（1713）刻本 四冊

410000－2206－0005950　86045－8

漱房軒合纂禮記體註四卷 （清）范翔參訂

清康熙五十二年(1713)刻本　四冊

410000－2206－0005951　86049－52

漱房軒合纂禮記體註四卷　(清)范翔參訂
清康熙五十二年(1713)刻本　四冊

410000－2206－0005952　86053－6

漱房軒合纂禮記體註四卷　(清)范翔參訂
清道光三十年(1850)聚三堂刻本　四冊

410000－2206－0005953　86057－60

漱房軒合纂禮記體註四卷　(清)范翔參訂
清道光三十年(1850)聚三堂刻本　四冊

410000－2206－0005954　86061－4

禮記或問八卷　(清)汪紱著　清光緒二十二
年(1896)刻本　四冊

410000－2206－0005955　86065－80

禮記集解六十一卷　(清)孫希旦著　清咸豐
十年(1860)瑞安孫氏盤谷草堂刻本　十六冊

410000－2206－0005956　86089－91

禮記節本十卷　(清)汪基鈔撰　清宣統三年
(1911)彪蒙書室石印本　三冊

410000－2206－0005957　63714－21

莊子集釋十卷　(戰國)莊周撰　(清)郭慶藩
輯　清光緒二十年(1894)思賢書局刻本
八冊

410000－2206－0005958　63722－5

至寶錄內篇二卷外篇二卷　題(清)凝瑞堂主
人輯　清道光二十年(1840)刻本　四冊

410000－2206－0005959　63730－3

老子翼八卷首一卷　(明)焦竑輯　清光緒二
十一年(1895)漸西村舍刻本　四冊

410000－2206－0005960　63734

陰隲果報圖注一卷　(清)吳友如繪　清光緒
十七年(1891)北京悟善社石印本　一冊

410000－2206－0005961　63740－53

玉準輪科輯要二十七卷　(清)王了一輯　清
光緒十年(1884)北京天華館鉛印本　十四冊
　缺一卷(二十二)

410000－2206－0005962　63765－72

新鐫校正詳註分類百子金丹全書十卷　(清)
郭偉選註　清光緒二十九年(1903)上海書局
石印本　八冊

410000－2206－0005963　63874－982

子書百家一百一種　(清)崇文書局輯　清光
緒元年(1875)湖北崇文書局刻本　一百九冊

410000－2206－0005964　85983－92

禮記十卷　(元)陳澔集說　清同治五年
(1866)金陵書局刻十三經讀本本　十冊

410000－2206－0005965　85993－6000

禮記四十九卷　(漢)鄭玄註　(明)金蟠校
清永懷堂刻本　八冊

410000－2206－0005966　86009－12

從宜禮記讀本四卷　(清)荊壽峒輯注　清光
緒三十三年(1907)河南刻本　四冊

410000－2206－0005967　86013－6

從宜禮記讀本四卷　(清)荊壽峒輯注　清光
緒三十三年(1907)河南刻本　四冊

410000－2206－0005968　86017－26

全本禮記體註十卷　(清)范紫登(范翔)定
(清)徐瑄補輯　清乾隆三十一年(1766)致和
堂刻本　十冊

410000－2206－0005969　64129－32

經餘必讀八卷　(清)雷琳等輯　清嘉慶十一
年(1806)聚秀堂刻本　四冊

410000－2206－0005970　60044－6

任兆麟述記三卷　(清)任兆麟撰　清光緒二
十九年(1903)玉麟書局石印本　三冊

410000－2206－0005971　60047－8

任兆麟述記三卷　(清)任兆麟撰　清光緒二
十九年(1903)玉麟書局石印本　二冊

410000－2206－0005972　86092－7

禮記析疑四十八卷　(清)方苞著　清康熙、
嘉慶間桐城方氏抗希堂刻抗希堂十六種本
六冊

410000－2206－0005973　86098－107

275

禮記訓纂四十九卷 （清）朱彬輯 清咸豐元年(1851)宜祿堂刻本 十冊

410000－2206－0005974 86108－17

禮記章句十卷 （清）汪紱撰 清光緒二十二年(1896)刻本 十冊

410000－2206－0005975 37827－36

國朝詩人徵略六十卷 （清）張維屏輯 清道光十年(1830)粵東省城富文齋刻本 十冊

410000－2206－0005976 12－08029

[通遠]岳氏族譜三卷 （清）岳在巘修 清同治五年(1866)刻本 四冊

410000－2206－0005977 38735－42

左傳選不分卷 （清）儲欣評 清嘉慶十年(1805)文盛堂刻本 八冊

410000－2206－0005978 38785－96

文獻通考詳節二十四卷 （元）馬端臨著 （清）嚴虞惇錄 清光緒二十五年(1899)刻本 十二冊

410000－2206－0005979 12－08032

書經體註大全合參六卷 （清）錢希祥纂輯 清嘉慶十七年(1812)刻本 三冊 存四卷（一、四至六）

410000－2206－0005980 38639－42

皇朝政典撮要八卷 （日本）增田貢著 清光緒二十八年(1902)鉛印本 四冊

410000－2206－0005981 44289－96

學仕錄十六卷 （清）戴肇辰輯 清同治六年(1867)刻本 八冊

410000－2206－0005982 12－08036

治豫芻言不分卷 王印川述 清末鉛印本 一冊

410000－2206－0005983 34770－789

林文忠公政書三十七卷 （清）林則徐撰 清刻本 二十冊

410000－2206－0005984 34814－29

駱大司馬奏稿十六卷 （清）駱秉章撰 清刻本 十六冊

410000－2206－0005985 34830－33

張大司馬奏稿四卷 （清）張亮基撰 清刻本 四冊

410000－2206－0005986 12－08040

律例便覽八卷處分則例圖要六卷 （清）蔡嵩年 （清）蔡逢年編輯 清光緒十四年(1888)江蘇書局刻本 四冊 存八卷（律例便覽八卷）

410000－2206－0005987 12－08041

律例便覽八卷處分則例圖要六卷 （清）蔡嵩年 （清）蔡逢年編輯 清光緒十四年(1888)江蘇書局刻本 二冊 存六卷（處分則例圖要六卷）

410000－2206－0005988 43259－74

增訂廣輿記二十四卷 （明）陸應陽纂 （清）蔡方炳增輯 清乾隆九年(1744)四美堂刻本 十六冊

410000－2206－0005989 65751

蔚水詩鈔四卷 （清）□□撰 清刻本 一冊

410000－2206－0005990 36222－5

范忠貞公集五卷首一卷 （清）范承謨撰 清刻本 四冊

410000－2206－0005991 12－08045

重校十三經貳字一卷 （清）李鴻藻輯 清光緒元年(1875)京都刻本 一冊

410000－2206－0005992 12－08046

詠梅軒仰觀錄二卷 （清）謝蘭生續編 清刻本 一冊

410000－2206－0005993 12－08047

歷代輿地沿革險要圖說一卷 楊守敬 （清）饒敦秩編 清光緒二十四年(1898)石印本 一冊

410000－2206－0005994 65333－4

名學八篇 （英國）穆勒約翰著 嚴復譯 清光緒三十一年(1905)金粟齋鉛印本 二冊

410000－2206－0005995 65484－93

眉公先生晚香堂小品二十二卷 （明）陳繼儒

撰　清末鉛印本　十册

410000－2206－0005996　43994－44001

深州風土記二十二卷表五卷　（清）吳汝綸撰
　　清光緒二十六年（1900）文瑞書院刻本
八册

410000－2206－0005997　42153－58

[康熙]商邱縣志二十卷首一卷　（清）劉德昌
修　（清）葉澐編輯　清光緒十一年（1885）刻
本　六册

410000－2206－0005998　42683－86

[乾隆]溫縣志十二卷首一卷　（清）王其華修
　（清）苗于京纂　清乾隆二十四年（1759）刻
本　四册

410000－2206－0005999　39473－80

[乾隆]登封縣志三十二卷　（清）陸繼萼修
（清）洪亮吉纂　清乾隆五十二年（1787）刻本
　八册

410000－2206－0006000　66535－8

亭林詩集六卷文集六卷　（清）顧炎武撰　清
刻本　四册

410000－2206－0006001　66570－81

吞松閣集四十卷　（清）鄭虎文撰　（清）馮敏
昌編　清刻本　十二册

410000－2206－0006002　42419－22

[康熙]延津縣志十卷　（清）余心孺纂修　清
康熙四十一年（1702）刻本　四册

410000－2206－0006003　42393－400

[道光]鄢陵縣志十八卷　（清）何鄂聯修
（清）洪符孫纂　清道光十二年（1832）刻本
八册

410000－2206－0006004　67850－61

明德先生文集二十六卷　（明）呂維祺撰　清
康熙二年（1663）呂氏刻乾隆四十八年（1783）
重修本　十二册

410000－2206－0006005　68118－52

國朝金陵詩徵四十八卷　（清）朱緒曾編　清
光緒十二年（1886）刻本　三十五册　缺二卷

（一、四十）

410000－2206－0006006　79636－45

詞律二十卷　（清）萬樹撰　清刻本　十册

410000－2206－0006007　67585－90

鹿忠節公集二十一卷　（明）鹿善繼著　清刻
本　六册

410000－2206－0006008　66811－8

南軒先生文集四十四卷　（宋）張栻撰　清乾
隆、嘉慶間刻本　八册

410000－2206－0006009　67662－3

洛閒山人文鈔二卷　（清）薛寧廷著　清刻本
　二册

410000－2206－0006010　40163－70

[同治]滑縣志十二卷　（清）姚錕修　（清）
徐光第纂　清同治六年（1867）刻本　八册

410000－2206－0006011　67295－6

傅徵君霜紅龕詩鈔不分卷　（清）傅山著　清
乾隆三十二年（1767）劉贊仰止軒刻本　二册

410000－2206－0006012　12－08074

金石索十二卷首一卷　（清）馮雲鵬　（清）馮
雲鷃輯　清末石印本　十册　存五卷（石索
一、三至六）

410000－2206－0006013　70363－70

徐文長集三十集　（明）徐渭著　（明）袁宏道
編　清宣統三年（1911）石印本　八册

410000－2206－0006014　70371－8

徐文長集三十集　（明）徐渭著　（明）袁宏道
編　清宣統三年（1911）石印本　八册

410000－2206－0006015　8077

松泉文集二十卷　（清）汪由敦撰　清乾隆二
十三年（1758）刻本　八册

410000－2206－0006016　67374

兩忘齋詩鈔不分卷　（清）邢伊著　清道光二
十六年（1846）李郎川刻本　一册

410000－2206－0006017　43771

印度新志不分卷　（清）學部圖書局編纂　清

光緒三十三年（1907）學部圖書局鉛印本
一冊

410000－2206－0006018　43772
印度新志不分卷　（清）學部圖書局編纂　清
光緒三十三年（1907）學部圖書局鉛印本
一冊

410000－2206－0006019　67377
菱江集不分卷　（清）王慶瀾著　清刻本
一冊

410000－2206－0006020　68688－93
胡石莊先生文集不分卷　（清）胡承諾撰　清
刻本　五冊

410000－2206－0006021　68708
懷歸詩一卷　（明）文徵明撰　清末影印本
一冊

410000－2206－0006022　68763－4
懷仁堂遺稿徵存十二卷　（清）許三禮撰　清
刻本　二冊

410000－2206－0006023　79191－5
徐州二遺民集十卷　（清）馮煦編　清光緒十
九年（1893）刻本　五冊

410000－2206－0006024　80634
宋人經義約鈔三卷　（清）孫葆田輯　清光緒
二十七年（1901）宛南書院刻本　一冊

410000－2206－0006025　67862
楚辭通釋十四卷末一卷　（清）王夫之撰　清
同治四年（1865）湘鄉曾國荃金陵節署刻船山
遺書本　一冊　存八卷（七至十四）

410000－2206－0006026　51795
簡莊隨筆一卷　（清）陳鱣撰　清抄本　一冊

410000－2206－0006027　66848－51
李長吉集四卷外卷一卷　（唐）李賀撰　（清）
黃淳耀　（清）黎簡評點　清宣統元年（1909）
掃葉山房石印本　四冊

410000－2206－0006028　66723－30
唐荊川先生文集十二卷　（明）唐順之撰　明
秣陵唐國達刻清印本　八冊

410000－2206－0006029　69035－6
河汾諸老詩集八卷　（元）房祺編　清末刻本
二冊

410000－2206－0006030　12－08092
唐大家韓文公文抄十六卷　（唐）韓愈撰
（明）茅坤批評　明崇禎四年（1631）茅著刻本
三冊

410000－2206－0006031　12－08093
後山居士文集二十卷　（宋）陳師道撰　清刻
本　六冊

410000－2206－0006032　69219－27
昌黎先生集四十卷外集十卷遺文一卷　（唐）
韓愈撰　朱子校昌黎先生集傳一卷韓集點勘
四卷　（清）陳景雲撰　清刻本　九冊　缺四
卷（昌黎先生集一至四）

410000－2206－0006033　82631
舒園時文稿一卷鶴坪詩集一卷　（清）□□輯
清刻本　一冊

410000－2206－0006034　82781－2
方百川詩文一卷方椒塗遺文一卷　（清）□□
輯　清刻本　二冊

410000－2206－0006035　52145－60
校正尚友錄統編二十四卷　題（清）錢湖釣徒
編　清末上海文瑞樓石印本　十六冊

410000－2206－0006036　80344－53
文選六十卷　（南朝梁）蕭統選　（唐）李善註
考異十卷　（清）胡克家撰　清末上海鴻文
書局石印本　十冊

410000－2206－0006037　51921－40
攟古錄二十卷　（清）吳式芬撰　清海豐吳氏
刻本　二十冊

410000－2206－0006038　12－08101
集古錄十卷　（宋）歐陽修著　清刻本　三冊
存八卷（三至十）

410000－2206－0006039　67449－98
陸放翁全集六種　（宋）陸游撰　明末海虞毛
氏汲古閣刻本　六十冊

410000 – 2206 – 0006040　830023 – 4

詞林韻輯二種　（清）戈載輯　清同治刻本
二冊

410000 – 2206 – 0006041　69400 – 407

劍南詩鈔六卷　（宋）陸游著　（清）楊芝田選
清刻本　八冊

410000 – 2206 – 0006042　65066 – 7

北海亭詩集四卷文集四卷　（明）鹿化麟撰
清刻本　二冊

410000 – 2206 – 0006043　70207 – 8

小倉山房外集六卷補遺一卷　（清）袁枚撰
清刻本　二冊

410000 – 2206 – 0006044　65760

笛漁小藁十卷　（清）朱昆田撰　清刻本
一冊

410000 – 2206 – 0006045　70232 – 5

小倉山房外集七卷　（清）袁枚著　清刻本
四冊

410000 – 2206 – 0006046　70271

先稿存遺四卷　（清）梁廷拭著　清康熙二年
(1663)刻本　一冊

410000 – 2206 – 0006047　70278 – 81

香屑集十八卷　（清）黃之雋撰　清刻本
四冊

410000 – 2206 – 0006048　70332 – 3

香蘇山館古體詩鈔五卷今體詩鈔六卷　（清）
吳嵩梁著　清刻本　二冊

410000 – 2206 – 0006049　70244 – 5

小羅浮山館詩鈔十五卷　（清）吳昇撰　清光
緒刻本　二冊　存七卷(一至七)

410000 – 2206 – 0006050　69826 – 37

呂新吾先生去偽齋文集十卷　（明）呂坤著
清康熙十三年(1674)呂慎多刻本　十二冊

410000 – 2206 – 0006051　69719 – 2

前川樓文集二卷詩集一卷　（清）張沐著　清
刻本　三冊

410000 – 2206 – 0006052　69722

六論敷言通俗六卷　（清）張沐著　（清）金冕
衡校　清乾隆三十二年(1767)刻本　一冊

410000 – 2206 – 0006053　12 –081206

金正希先生文集輯略九卷　（明）金聲撰　清
乾隆二十四年(1759)刻本　五冊

410000 – 2206 – 0006054　12 – 08121

孝經疏略一卷　（清）張沐著　清康熙十一年
(1672)刻本　一冊

410000 – 2206 – 0006055　69926 – 49

西堂全集　（清）尤侗撰　清順治十二年
(1655)刻本　二十四冊

410000 – 2206 – 0006056　82513 – 9、82496 – 504

二曲集四十六卷　（清）李顒撰　清光緒三年
(1877)信述堂刻本　十六冊

410000 – 2206 – 0006057　66669 – 72

陶淵明詩集五種　（晉）陶潛撰　清刻本
四冊

410000 – 2206 – 0006058　67000 – 23

禮山園文集八卷後編五卷續集一卷詩集十卷
（清）李來章撰　清康熙二十九年(1690)刻
禮山園全集本　十二冊　存十六卷(文集八
卷、後編五卷、詩集四至六)

410000 – 2206 – 0006059　67095 – 8

天問閣文集十九卷　（清）李長祥著　清刻本
四冊　存十一卷(三至四、六至十一、十七
至十九)

410000 – 2206 – 0006060　69646 – 9

杞田集十四卷　（清）張貞著　清刻本　四冊

410000 – 2206 – 0006061　71094 – 105

湛園未定藁六卷　（清）姜宸英撰　清刻本
十二冊

410000 – 2206 – 0006062　70569 – 88

知足齋詩集二十卷詩續集四卷文集六卷進呈
文稿二卷年譜三卷　（清）朱珪著　清同治十
一年(1872)刻本　二十冊

410000 – 2206 – 0006063　12 – 08135

漢鏡歌釋文箋正不分卷　王先謙學　清同治十一年(1872)虛受堂王氏刻本　一冊

410000－2206－0006064　74073

王柳圃先生文集不分卷　（清）王永德撰　清光緒二十二年(1896)明道書院刻本　一冊

410000－2206－0006065　12－08140

湘綺樓詩十四卷　王闓運著　清光緒三十三年(1907)東州講舍刻湘綺樓全書本　四冊

410000－2206－0006066　70471－8

選寒喜集二卷選寒耘集二卷寒枝集選五卷　(明)陳函煇著　清刻本　八冊

410000－2206－0006067　72072－3

曾南豐文集四卷　（宋）曾鞏撰　清宣統二年(1910)上海會文堂石印本　二冊

410000－2206－0006068　72074－5

曾南豐文集四卷　（宋）曾鞏撰　清宣統二年(1910)上海會文堂石印本　二冊

410000－2206－0006069　70604－9

志遠堂文集十卷　（清）鄒鍾著　清刻本　六冊

410000－2206－0006070　70509－18

至正集八十一卷　（元）許有壬著　清宣統三年(1911)河南教育總會石印本　十冊

410000－2206－0006071　70529－38

至正集八十一卷　（元）許有壬著　清宣統三年(1911)河南教育總會石印本　十冊

410000－2206－0006072　83397

貞壽堂贈言不分卷　（清）蘇源生撰　清道光十八年(1838)刻本　一冊

410000－2206－0006073　70809－12

朱文端公文集四卷　（清）朱軾撰　清刻本　四冊

410000－2206－0006074　71868－69

守柔齋詩鈔初集四卷續集四卷　（清）蘇廷魁著　清同治三年(1864)都門刻本　二冊

410000－2206－0006075　66750

訥庵詩草二卷　（清）劉太平著　清末石印本　一冊

410000－2206－0006076　66488－91

天根文鈔四卷　（清）何家琪著　清光緒二十九年(1903)刻本　四冊

410000－2206－0006077　70519－28

至正集八十一卷　（元）許有壬著　清宣統三年(1911)河南教育總會石印本　十冊

410000－2206－0006078　66766

南雷詩曆四卷　（清）黃宗羲著　清末石印本　一冊

410000－2206－0006079　68430－9

高陽山人詩集二十卷附錄一卷補遺一卷文集十二卷補遺一卷　（清）劉青藜撰　清康熙傳經堂刻本　十冊

410000－2206－0006080　71015

衷聖齋文集不分卷　（清）劉光第撰　清刻本　一冊

410000－2206－0006081　70908－11

莊靖先生遺集十卷　（金）李俊民撰　清光緒二十九年(1903)刻本　六冊　存六卷(三至八)

410000－2206－0006082　70902－7

壯悔堂文集十卷遺稿一卷　（清）侯方域著　(清)賈開宗　（清）徐作肅選　清順治刻本　六冊

410000－2206－0006083　72243－4

四憶堂詩集六卷遺稿一卷　（清）侯方域著　(清)賈開宗　（清）徐作肅選　清初刻本　二冊

410000－2206－0006084　72245－6

四憶堂詩集六卷遺稿一卷　（清）侯方域著　(清)賈開宗　（清）徐作肅選　清初刻本　二冊　存六卷(一至六)

410000－2206－0006085　66149－52

增批輯註東萊博議四卷　（宋）呂祖謙撰　清末石印本　四冊

410000－2206－0006086　72143－4

寸田詩草八卷詩餘一卷　（清）呂公溥著　清乾隆五十五年(1790)江寧刻本　二冊

410000－2206－0006087　72718

松蔭精舍文集三卷詩集一卷　（清）李洲著　清道光十八年(1838)刻本　一冊

410000－2206－0006088　72654－55

蘭山課業松厓詩錄二卷　（清）吳鎮著　清乾隆五十七年(1792)刻本　二冊

410000－2206－0006089　69391

椒馨堂詩集一卷淮陽詩草楚游草一卷　（清）黃甲雲著　清刻本　一冊

410000－2206－0006090　69546－9

矩庵詩質十二卷末一卷　（清）高一麟著　清乾隆高氏莫及刻本　四冊

410000－2206－0006091　11－08172

樊山政書二十卷　樊增祥撰　清宣統二年(1910)上海政學社鉛印本　五冊　存十卷（一至十）

410000－2206－0006092　11－08173

求治管見一卷　（清）戴肇辰撰　清同治二年(1863)刻本　一冊

410000－2206－0006093　11－08174

從公錄一卷　（清）戴肇辰撰　清同治二年(1863)刻本　一冊

410000－2206－0006094　76397－420

古文淵鑒六十四卷　（清）徐乾學編　清宣統二年(1910)學部圖書局石印本　二十四冊

410000－2206－0006095　812724－27、29－32

傳家寶初集八卷二集八卷三集八卷四集八卷　（清）石成金撰　清乾隆四年(1739)刻本　八冊　存八卷(初集八卷)

410000－2206－0006096　71482－9

浮石集七卷耦耕集五卷水東集三卷淮海集三卷武夷集二卷蒿廬集三卷于山集二卷香山集二卷朐山集二卷秣陵集四卷喝月詞六卷　（清）陳鵬年撰　清刻本　八冊

410000－2206－0006097　72172－7

蔡文莊公集八卷　（明）蔡清著　（清）徐居敬編　清遜敏齋刻本　六冊　存七卷(二至八)

410000－2206－0006098　11－08179

古唐詩合解十六卷　（清）王堯衢註　清雍正十年(1732)大道堂刻本　三冊　存六卷(一至六)

410000－2206－0006099　11－08180

唐詩解五十卷　（明）唐汝詢選釋　清刻本　一冊　存五卷(二十九至三十三)

410000－2206－0006100　76630－1

古今詩話選雋二卷　（清）盧衍仁輯　清抱青閣刻本　二冊

410000－2206－0006101　75678－80

唐詩三百首補註六卷　（清）陳婉俊輯　清光緒十四年(1888)有益堂刻本　一冊

410000－2206－0006102　72162－3

測海集六卷　（清）彭紹升撰　清嘉慶二十四年(1819)刻本　二冊

410000－2206－0006103　53963－68

洹詞十二卷首一卷　（明）崔銑撰　清同治二年(1863)刻本　六冊　存十一卷(一至十、首一卷)

410000－2206－0006104　11－08185

皇朝文獻通考輯要二十六卷　湯壽潛輯　清通雅堂刻本　九冊　存二十四卷(一至二十四)

410000－2206－0006105　11－08186

皇朝掌故彙編內編六十卷首一卷外編四十卷首一卷　張壽鏞輯　清光緒二十八年(1902)求實書社鉛印本　十一冊　存二十三卷(內編四十九至六十,外編一至七、十二、十六至十七,首一卷)

410000－2206－0006106　55870－5

二十二子二十二種　（清）浙江書局輯　清光緒浙江書局刻本　六冊　存二種二十六卷

410000－2206－0006107　55087－95

四書融貫十卷 （清）胡炳南輯 清稿本
九冊

410000－2206－0006108 11－08189

熙朝紀政六卷 （清）王慶雲述 清光緒二十
七年(1901)上海天章書局石印本 五冊 缺
一卷(三)

410000－2206－0006109 11－08190

熙朝紀政六卷 （清）王慶雲述 清光緒二十
七年(1901)上海天章書局石印本 二冊 存
二卷(二、四)

410000－2206－0006110 11－08191

古文雅正十四卷 （清）蔡世遠選評 清道光
六年(1826)許氏刻本 七冊 缺二卷(四至
五)

410000－2206－0006111 11－08192

天下郡國利病書一百二十卷 （清）顧炎武輯
清光緒二十七年(1901)上海圖書集成局鉛
印本 十六冊 存六十四卷(一至二十二、二
十七至三十六、八十四至八十七、九十三至一
百二十)

410000－2206－0006112 11－08193

夢溪筆談二十六卷續筆談一卷補筆談三卷
(宋)沈括撰 清刻本 二冊 存十九卷(十
二至二十六、續一卷、補三卷)

410000－2206－0006113 11－08194

綱鑑易知錄九十二卷明鑑易知錄十五卷
(清)吳乘權等輯 清宏道堂刻本 十二冊
存二十卷(綱鑑易知錄一至八、二十至二十
一、六十四至七十三)

410000－2206－0006114 11－08195

東華錄三十二卷(天命至雍正朝) （清）蔣良
騏修 清如不及齋刻本 七冊 存十四卷
(十九至三十二)

410000－2206－0006115 11－08196

四書反身錄八卷 （清）李顒撰 清嘉慶二十
二年(1817)刻本 四冊

410000－2206－0006116 55128

增補三字經體註一卷 （清）黃子岑增補 清
刻本 一冊

410000－2206－0006117 11－08198

宋史四百九十六卷目錄三卷 （元）脫脫等撰
清光緒二十九年(1903)五洲同文局影印二
十四史本 七十九冊 存三百八十六卷(一
至七十二、一百三十一至一百五十四、一百八
十二至三百十七、三百四十一至四百二十、四
百二十六至四百九十六,目錄三卷)

410000－2206－0006118 11－08199

說文解字十五卷 （漢）許慎記 （宋）徐鉉等
校定 清石印本 四冊

410000－2206－0006119 11－08200

經藝宏括不分卷 （清）同文書局輯 清光緒
十一年(1885)同文書局石印本 四冊

410000－2206－0006120 11－08202

陵陽先生詩四卷 （宋）韓駒撰 校勘記一卷
傅增湘撰 清宣統二年至民國四年(1910
－1915)姚埭沈氏刻西江詩派韓饒二集本
一冊

410000－2206－0006121 11－08203

近思錄十四卷考訂朱子世家一卷 （清）江永
撰 清光緒二十七年(1901)上海文瑞樓石印
本 四冊

410000－2206－0006122 11－08204

唐書二百二十五卷 （宋）歐陽修 （宋）宋祁
等撰 釋音二十五卷 （宋）董衝撰 清光緒
同文書局影印二十四史本 三十五冊 存一
百七十九卷(一至四十五、七十至七十四、九
十八至一百九十一、二百十六至二百二十五,
釋音二十五卷)

410000－2206－0006123 11－08205

通志二百卷考證三卷 （宋）鄭樵撰 清光緒
二十七年(1901)上海圖書集成局鉛印本 五
十卷 缺五十五卷(二十五至七十九)

410000－2206－0006124 11－08206

清河書畫舫十二卷 （明）張丑撰 清乾隆二
十八年(1763)仁和吳長元池北草堂刻本 十

二冊

410000 - 2206 - 0006125　11 - 08207

御批歷代通鑑輯覽一百二十卷　(清)傅恒等編纂　清光緒二十七年(1901)慎記書莊石印本　五冊　存六十二卷(一至六十二)

410000 - 2206 - 0006126　11 - 08208

資治通鑑綱目前編二十五卷　(明)南軒撰　(明)陳仁錫評閱　資治通鑑綱目五十九卷　(宋)朱熹撰　(明)陳仁錫評閱　續資治通鑑綱目二十七卷　(明)商輅等撰　(明)陳仁錫評閱　清崇道堂刻本　八十八冊　存六十五卷(正編一至十四、十六至四十二、四十八至五十五,續編一至五、十七至二十七)

410000 - 2206 - 0006127　55526 - 7

陸操新義四卷附錄一卷　(德國)康貝撰　(清)李鳳苞譯　清光緒上海同文書局影印本　二冊

410000 - 2206 - 0006128　11 - 08210

新建陸軍兵略錄存八卷　袁世凱撰　清光緒二十四年(1898)石印本　五冊　存七卷(一至七)

410000 - 2206 - 0006129　11 - 08211

新建陸軍兵略錄存八卷　袁世凱撰　清光緒二十四年(1898)石印本　六冊

410000 - 2206 - 0006130　11 - 08212

資治通鑑綱目前編二十五卷　(明)南軒撰　(明)陳仁錫評閱　資治通鑑綱目五十九卷　(宋)朱熹撰　(明)陳仁錫評閱　續資治通鑑綱目二十七卷　(明)商輅等撰　(明)陳仁錫評閱　清嘉慶八年(1803)宏道堂刻本　七十三冊　存七十三卷(前編二十五卷,正編三至四十二、四十八至五十五)

410000 - 2206 - 0006131　11 - 08213

新建陸軍兵略錄存八卷　袁世凱撰　清光緒二十四年(1898)石印本　六冊

410000 - 2206 - 0006132　11 - 08214

武備輯要續編十卷　(清)許乃釗編輯　清刻本　一冊　存三卷(八至十)

410000 - 2206 - 0006133　814642

江南陸師學堂武備課程不分卷　(清)錢德培纂　清刻本　一冊

410000 - 2206 - 0006134　11 - 08216

綱鑑會纂三十九卷首一卷　(明)王世貞編　清書業德刻本　十八冊　存十七卷(一至十七)

410000 - 2206 - 0006135　11 - 08217

大清律例增修統纂集成四十卷督補則例二卷　(清)姚潤纂　清刻本　五冊　存九卷(四至七、十一至十五)

410000 - 2206 - 0006136　11 - 08218

古文辭類纂七十四卷　(清)姚鼐纂輯　清乾隆四十四年(1779)合河康氏刻本　六冊　存三十卷(一至三十)

410000 - 2206 - 0006137　11 - 08129

唐宋八大家類選十四卷　(清)儲欣評　清乾隆五十年(1785)二南堂刻本　八冊

410000 - 2206 - 0006138　11 - 08220

昭明文選集成六十卷首二卷　(南朝梁)蕭統選　(清)方廷珪評點　清傲范軒刻本　六冊　存十四卷(三十至四十三)

410000 - 2206 - 0006139　11 - 08221

讀史兵略四十六卷　(清)胡林翼纂　清咸豐十一年(1861)武昌節署刻本　十六冊

410000 - 2206 - 0006140　11 - 08222

御批歷代通鑑輯覽一百二十卷　(清)傅恒等纂修　清光緒二十四年(1898)上洋圖書集成局鉛印本　十二冊　存六十卷(一至六十)

410000 - 2206 - 0006141　11 - 08224

震川先生集三十卷別集十卷附錄一卷　(明)歸有光撰　清宣統二年(1910)上海集成圖書公司鉛印本　十冊

410000 - 2206 - 0006142　11 - 08225

皇朝經世文編一百二十卷　(清)賀長齡輯　清刻本　六冊　存三十三卷(八十八至一百二十)

資治通鑑綱目五十九卷　（宋）朱熹撰　清秉信堂刻本　六冊　存六卷（十三至十八）

410000－2206－0006144　11－08227

善本書室藏書志四十卷附錄一卷　（清）丁丙輯　清光緒二十七年（1901）錢塘丁氏刻本　十六冊

410000－2206－0006145　11－08228

彙刻書目初編十卷續編二卷　（清）顧修編　清同治九年（1870）群玉齋刻本　十冊

410000－2206－0006146　11－08229

蓉城文靖劉先生文集四卷　（元）劉因撰　清康熙十八年（1679）刻本　六冊

410000－2206－0006147　11－08230

文獻通考三百四十八卷考證三卷　（元）馬端臨著　清光緒二十七年（1901）上海圖書集成局鉛印本　四十二冊　缺十六卷（一百四十九至一百六十四）

410000－2206－0006148　11－08231

通典二百卷考證一卷　（唐）杜佑纂　清光緒二十七年（1901）上海圖書集成局鉛印本　十四冊　缺二十四卷（一百四十八至一百七十、考證一卷）

410000－2206－0006149　11－08232

欽定大清會典一百卷　（清）崑岡等纂修　（清）吳中欽等續修　清刻本　十二冊　存四十二卷（五十九至一百）

410000－2206－0006150　11－08233

本草綱目五十二卷圖三卷瀕湖脈學一卷奇經八脈考一卷　（明）李時珍纂輯　萬方鍼線八卷本草藥品總目一卷　（清）蔡烈先撰　清刻本　三十三冊　缺十九卷（一至七、二十七至三十八）

410000－2206－0006151　56458

達生編二卷救急神方一卷　題（清）亟齋居士編　清刻本　一冊

410000－2206－0006152　11－08235

左氏春秋紀事本末十四卷首一卷　（清）熊為霖撰　清心松書屋刻本　六冊　存八卷（三至十）

410000－2206－0006153　56644

經驗良方一卷　（清）□□輯　清翰元樓刻本　一冊

410000－2206－0006154　11－08237

皇朝掌故彙編內編六十卷首一卷外編四十卷首一卷　張壽鏞撰　清光緒求實書社刻本　六冊　存十一卷（內編十一至十五、十七至十八、二十五至二十八）

410000－2206－0006155　11－08238

朱子古文讀本六卷　（宋）朱熹撰　（清）周大璋編次　清康熙五十六年（1717）寶旭齋刻本　六冊　缺一卷（五）

410000－2206－0006156　11－08239

欽定續文獻通考二百五十二卷　（清）嵇璜等纂　清末鉛印本　四冊　存五十五卷（一百三十五至一百八十九）

410000－2206－0006157　11－08240

御批歷代通鑑輯覽一百二十卷　（清）傅恒等纂　清末鉛印本　五冊　存十九卷（九十七至一百十五）

410000－2206－0006158　11－08241

欽定續通典一百五十卷　（清）嵇璜等纂　清光緒二十七年（1901）上海圖書集成局鉛印本　九冊　缺三十九卷（六十八至一百六）

410000－2206－0006159　31483－96

資治通鑑二百九十四卷　（宋）司馬光編　（元）胡三省音注　清刻本　十四冊　存五十六卷（一百六十七至二百二十二）

410000－2206－0006160　11－08243

唐書二百二十五卷　（宋）歐陽修　（宋）宋祁等撰　清刻本　十二冊　存三十三卷（六十二至九十四）

410000－2206－0006161　11－08244

皇朝通典一百卷　（清）嵇璜等纂　清光緒二

十七年(1901)上海圖書集成局鉛印本　七冊
　　存六十二卷(一至六十二)

410000－2206－0006162　11－08245

資治通鑑二百九十四卷　(宋)司馬光編集
(元)胡三省音註　**通鑑釋文辯誤十二卷**
(元)胡三省撰　清刻本　八十三冊　存二百
四十四卷(一至三十、六十二至一百一十一、一
百二十八至二百七十四、二百九十至二百九
十四,辯誤十二卷)

410000－2206－0006163　11－08246

綱鑑會編九十八卷　(清)劉德芳訂正　(清)
葉澐輯錄　清刻本　七冊　存十九卷(十七
至三十五)

410000－2206－0006164　11－08247

文選六十卷　(南朝梁)蕭統選　(唐)李善注
　　清同治八年(1869)潯陽萬本儀刻本　六冊
　　存十七卷(一至十七)

410000－2206－0006165　11－08248

宋史四百九十六卷　(元)脫脫等修　清刻本
　　二十五冊　存一百三十卷(七十一至九十、
九十六至一百七十三、一百七十九至二百一十)

410000－2206－0006166　56942－43

雜癥類方不分卷　(清)項天瑞輯　清刻本
二冊

410000－2206－0006167　11－08250

[道光]武陟縣志三十六卷　(清)王榮陛修
(清)方履籛纂　清道光九年(1829)刻本　五
冊　存二十四卷(一至十一、二十四至三十
六)

410000－2206－0006168　52127－40

善本書室藏書志四十卷附錄一卷　(清)丁丙
輯　清刻本　十四冊　缺五卷(一至五)

410000－2206－0006169　11－08252

三魚堂文集十二卷外集六卷賸言六卷　(清)
陸隴其著　清宣統三年(1911)掃葉山房石印
本　八冊

410000－2206－0006170　11－08253

驗方新編十六卷　(清)鮑相璈輯　(清)張紹
棠增輯　清光緒十二年(1886)合肥味古齋刻
本　七冊

410000－2206－0006171　11－08254

明史三百三十二卷　(清)張廷玉等修　清刻
本　八冊　存二十四卷(一百八十一至二百
一、二百八至二百一十)

410000－2206－0006172　11－08255

明季北略二十四卷　(清)計六奇編輯　清刻
本　八冊　存七卷(十八至二十四)

410000－2206－0006173　11－08257

明儒學案六十二卷　(清)黃宗羲輯著　(清)
賈潤糸閱　清刻本　六冊　存二十四卷(三
十四至五十七)

410000－2206－0006174　11－08258

歷代名臣言行錄二十四卷　(清)朱桓編輯
清刻本　十二冊　存九卷(五至十三)

410000－2206－0006175　11－08259

楊忠湣公全集四卷　(明)楊繼盛撰　(清)毛
大可鑒定　清尚友堂刻本　二冊

410000－2206－0006176　11－08260

漁洋山人精華錄箋注十二卷注補一卷　(清)
王士禛撰　(清)金榮箋注　**年譜一卷**　清康
熙吳縣金榮鳳翽堂刻本　六冊　存六卷(一
至六)

410000－2206－0006177　73098－107

有正味齋駢體文二十四卷外集五卷　(清)吳
錫麒撰　清道光刻本　十冊　存二十五卷
(一至二十、外集五卷)

410000－2206－0006178　11－08262

欽定詩經傳說彙纂二十一卷首二卷詩序二卷
　　(清)王鴻緒等纂　清雍正五年(1727)刻本
　　十二冊　存十二卷(一至四、十八至二十
一,首二卷,詩序二卷)

410000－2206－0006179　57874－5

諏吉便覽不分卷　(清)費淳編　清嘉慶二年
(1797)蘇州寶善堂刻本　二冊

410000－2206－0006180　57891

陰騭文制藝不分卷　（清）馬□著　清光緒三十年(1904)時敏齋刻本　一冊

410000－2206－0006181　57858－61

相理衡真十卷首一卷　（清）陳釗著　清道光十三年(1833)善成堂刻本　四冊　存五卷（一至三、六至七）

410000－2206－0006182　57873

造化究源二卷　（清）丁守存著　清同治二年(1863)曠視山房刻本　一冊

410000－2206－0006183　87040－3

儀禮釋官九卷首一卷　（清）胡匡衷著　清同治八年(1869)績溪胡肇智刻本　四冊

410000－2206－0006184　57868－71

入地眼全書十卷　（宋）釋靜道著　清光緒三十一年(1905)上海錦章圖書局石印本　四冊

410000－2206－0006185　57872

子平用神輯要一卷　（清）吳其泰著　清抄本　一冊

410000－2206－0006186　58075－7

畫禪室隨筆四卷　（明）董其昌著　清宣統元年(1909)上海掃葉山房石印本　三冊

410000－2206－0006187　88585－91

孟子七卷　（清）楊立先輯　清刻本　七冊

410000－2206－0006188　11－08274

四書或問語類集解釋註大全四十一卷　（清）朱良玉纂輯　清古吳光裕堂刻本　八冊

410000－2206－0006189　11－08275

家常準營室詳例不分卷家常準牧畜詳例不分卷　（清）李舜德撰　清刻本　一冊

410000－2206－0006190　58578－83

秘傳花鏡六卷　（清）陳淏子輯　清文會堂刻本　六冊

410000－2206－0006191　67886－7

樂飢集二卷　（清）竇克勤著　清刻本　二冊

410000－2206－0006192　11－08278

青霞館論畫絕句一百首一卷　（清）吳修撰　清光緒二年(1876)錢江葛氏刻本　一冊

410000－2206－0006193　11－08279

岳忠武王文集八卷首一卷末一卷　（宋）岳飛撰　（清）黃邦寧纂修　清乾隆三十五年(1770)刻本　二冊　存三卷（一、首一卷、末一卷）

410000－2206－0006194　11－08280

續山東考古錄三十二卷首一卷　（清）葉圭綬撰　清咸豐元年(1851)刻本　六冊

410000－2206－0006195　39056－63

[萬曆]濮州志八卷　（明）李先芳纂修　清刻本　八冊

410000－2206－0006196　11－08282

大清現行刑律講義八卷　吉同鈞纂輯　清宣統二年(1910)石印本　七冊　存七卷（二至八）

410000－2206－0006197　11－08283

圖民錄四卷　（清）袁守定著　清光緒三十三年(1907)刻本　一冊　存二卷（一至二）

410000－2206－0006198　11－08284

呂新吾先生實政錄七卷　（明）呂坤撰　清光緒二十九年(1903)刻本　八冊

410000－2206－0006199　11－08286

鄗南郭氏家集十二集　（清）□□輯　清刻本　十冊

410000－2206－0006200　11－08287

麗廔叢書九種　葉德輝輯　清光緒三十二年至宣統元年(1906－1909)長沙葉氏刻本　八冊

410000－2206－0006201　58880－3＊11＊14－1

讀易大旨五卷　（清）孫奇逢撰　清康熙二十七年(1688)耿極刻本　四冊

410000－2206－0006202　58884－7

讀易大旨五卷　（清）孫奇逢撰　清康熙二十七年(1688)耿極刻本　四冊

410000－2206－0006203　58888－91

讀易大旨五卷　（清）孫奇逢撰　清康熙二十七年(1688)耿極刻本　四冊

410000－2206－0006204　58807
風俗通義四卷　（漢）應劭著　**三墳一卷**（明）吳琯校　清刻本　一冊

410000－2206－0006205　59052
呂氏四禮翼四卷　（明）呂坤撰　（清）朱可亭（朱軾）評　清康熙五十八年(1719)刻本　一冊

410000－2206－0006206　58934
獨斷一卷　（漢）蔡邕著　**忠經一卷**　（漢）馬融撰　清刻本　一冊

410000－2206－0006207　55947－60
農學報三百十五期　（清）農學報館編輯　清光緒石印本　十九冊　存二百七十九期(一至二百七十九)

410000－2206－0006208　11－08295
[張仁黼手冊]不分卷　（清）張孝攸輯　清宣統元年(1909)懿文齋石印本　一冊

410000－2206－0006209　11－08296
龍文鞭影二卷　（明）蕭良有著　（清）楊臣諍增訂　清道光同文齋刻本　四冊

410000－2206－0006210　11－08297
廣漢魏叢書八十種　（明）何允中輯　清嘉慶刻本　十七冊　存十四種九十七卷

410000－2206－0006211　11－08298
孝經大全二十八卷首一卷或問三卷本義二卷首一卷　（明）呂維祺撰　**孝經翼一卷**　（明）呂維祮著　明崇禎十一年(1638)刻本　八冊

410000－2206－0006212　11－08299
經典釋文三十卷　（唐）陸德明撰　清同治八年(1869)湖北崇文書局刻本　六冊　存十七卷(一至十七)

410000－2206－0006213　11－08300
朱子文集十八卷　（宋）朱熹著　（清）張伯行編訂　清同治五年(1866)福州正誼書院刻正誼堂全書本　十二冊

410000－2206－0006214　11－08301
宋文鑑一百五十卷　（宋）呂祖謙編　清光緒十二年(1886)江蘇書局刻本　三冊　存十七卷(一至十四、目錄一至三)

410000－2206－0006215　11－08302
南宋文範七十卷外編四卷作者考二卷采取書目一卷　（清）莊仲方編　清光緒十四年(1888)江蘇書局刻本　一冊　存四卷(三十一至三十四)

410000－2206－0006216　59867－9
崧臺學製書九卷攝篆半月錄一卷薦後錄三卷　（清）景日昣撰　清康熙刻崧臺書本　三冊　存三卷(薦後錄三卷)

410000－2206－0006217　11－08304
責志約言四卷　（清）王滌心著　清咸豐五年(1855)慎修堂刻本　四冊

410000－2206－0006218　11－08305
張佩渠所著書三種　（清）張調元著　清光緒七年(1881)刻本　十一冊　存三種二十三卷

410000－2206－0006219　11－08306
御纂性理精義十二卷　（清）李光地撰　清刻本　四冊　存九卷(四至十二)

410000－2206－0006220　11－08307
曾文正公全集十六種　（清）曾國藩撰　清光緒二十九年(1903)上海鴻寶書局石印本　三十冊

410000－2206－0006221　11－08308
資治通鑑二百九十四卷　（宋）司馬光編集（元）胡三省音註　**通鑑釋文辯誤十二卷**（元）胡三省撰　清同治八年(1869)江蘇書局刻本　七十八冊　存二百四十卷(一至六十九、七十九至一百十七、一百四十五至一百六十八、一百八十七至二百七十三、二百八十六至二百九十四,辯誤十二卷)

410000－2206－0006222　11－08309
資治通鑑綱目前編二十五卷　（明）南軒撰（明）陳仁錫評閱　**資治通鑑綱目五十九卷**（宋）朱熹撰　（明）陳仁錫評閱　**續資治通鑑**

綱目二十七卷　(明)商輅等撰　(明)陳仁錫評閱　清刻本　九十冊　存九十八卷(前編二十五卷,正編一至十一、十三至三十六、四十七至五十九,續編一至二十五)

410000－2206－0006223　11－08310

七言詩歌行鈔十五卷　(清)王士禎選　七言今體詩鈔九卷　(清)姚鼐輯　清刻本　五冊

410000－2206－0006224　57862－78

新訂崇正闢謬通書十四卷　(清)李奉來編輯　清光緒二十年(1894)宏道堂刻本　六冊

410000－2206－0006225　11－08312

分類詩腋八卷　(清)李楨編　清道光八年(1828)刻本　四冊

410000－2206－0006226　11－08313

笠翁文集四卷　(清)李漁著　清芥子園刻本　六冊

410000－2206－0006227　11－08314

漢魏六朝名家集四十種　丁福保輯　清宣統三年(1911)上海文明書局鉛印本　十六冊　存二十四種九十三卷

410000－2206－0006228　11－08315

舊唐書二百卷　(五代)劉昫等撰　清光緒十年(1884)上海同文書局影印二十四史本　三十三冊　存一百三十二卷(一至十七、三十五至七十八、九十八至一百五十、一百八十三至二百)

410000－2206－0006229　11－08316

明史三百三十二卷目錄四卷　(清)張廷玉等修　清光緒二十九年(1903)五洲同文書局影印二十四史本　七十一冊　存二百六十一卷(一至三十四、三十八至七十一、一百九至一百三十三、一百七十二至二百七十一、二百六十九至三百三十二,目錄四卷)

410000－2206－0006230　11－08317

舊唐書二百卷　(五代)劉昫等撰　清光緒十年(1884)上海同文書局影印二十四史本　五冊　存二十八卷(一百十八至一百四十五)

410000－2206－0006231　11－08318

資治通鑑綱目前編二十五卷　(明)南軒撰　(明)陳仁錫評閱　資治通鑑綱目五十九卷　(宋)朱熹撰　(明)陳仁錫評閱　續資治通鑑綱目二十七卷　(明)商輅等撰　(明)陳仁錫評閱　清嘉慶十三年(1808)刻本　六十三冊　存三十七卷(正編一至七、十二至十五、二十二至二十六、三十三至三十八、四十五至四十九、五十五至五十九,續編七至十一)

410000－2206－0006232　11－08320

可恨人五卷人義二卷不義人一卷　(明)賀仲軾著　清刻本　三冊　缺二卷(二至三)

410000－2206－0006233　11－08321

重訂七種文選　(清)儲欣評　清乾隆五十年(1785)二南堂刻本　六冊　存四種十六卷

410000－2206－0006234　11－08322

重訂七種文選　(清)儲欣評　清乾隆五十年(1785)二南堂刻本　十二冊　存五種三十卷

410000－2206－0006235　11－08323

文選二種　(清)儲欣評　清乾隆三十八年(1773)謙牧堂刻本　八冊

410000－2206－0006236　11－08324

理學宗傳二十六卷　(清)孫奇逢輯　清刻本　十冊　存十四卷(九至二十二)

410000－2206－0006237　11－08325

大清律例增修統纂集成四十卷督捕則例二卷　(清)姚潤纂　(清)沈之奇註　清光緒二十年(1894)刻本　四冊　存五卷(一至三、五、二十三)

410000－2206－0006238　11－08326

龍門綱鑑正編二十卷要箋四卷　(清)蔣先庚纂輯　清康熙玉芝園刻本　十七冊　存十七卷(一至五、十、十四至二十,要箋四卷)

410000－2206－0006239　11－08327

資治通鑑綱目五十九卷　(明)南軒撰　(明)陳仁錫評閱　資治通鑑綱目五十九卷　(宋)朱熹撰　(明)陳仁錫評閱　續資治通鑑綱目二十七卷末一卷　(明)商輅等撰　(明)陳仁

錫評閱　清刻本　三十冊　存二十七卷(正編五十六至五十九、續編六至二十七、末一卷)

410000－2206－0006240　61463－8

人壽金鑑二十二卷　(清)程得齡輯　清光緒元年(1875)湖北崇文書局刻本　六冊

410000－2206－0006241　11－08329

詩韻合璧五卷　(清)湯文潞編　**虛字韻藪一卷補遺一卷**　(清)潘維城輯　清光緒四年(1878)上海淞隱閣鉛印本　五冊

410000－2206－0006242　11－08330

新增廣廣策府統宗七十九卷　(清)劉昌齡輯　清光緒二十年(1894)上海鴻文書局石印本　二十四冊　存四十卷(一至四十)

410000－2206－0006243　11－08331

詩韻全璧五卷　題(清)惜陰主人輯　**虛字韻藪一卷**　(清)潘維城輯　**初學檢韻袖珍十二卷**　(清)姚文登輯　清光緒十九年(1893)上海點石齋石印本　一冊　存一卷(詩韻全璧一)

410000－2206－0006244　11－08332

四書典制類聯音註三十三卷　(清)閻其淵輯　清刻本　六冊　存十五卷(十九至三十三)

410000－2206－0006245　11－08333

策學淵萃四十六卷目錄二卷　(清)□□輯　**策學總纂大成四十六卷**　(清)蔡壽祺輯　清刻本　十冊　存二十一卷(策學淵萃二、二十一至三十五、四十至四十三,策學總纂大成三)

410000－2206－0006246　11－08334

精選策學四百卷金石續編二十一卷首一卷　(清)陸耀通纂　清光緒二十年(1894)文盛堂石印本　四十八冊

410000－2206－0006247　11－08335

近科經文彙海十卷補編一卷　(清)□□輯　清刻本　五冊　存五卷(一至五)

410000－2206－0006248　11－08336

試律智慧海後編三十卷　(清)慕維德輯　清崇文堂刻本　四冊

410000－2206－0006249　11－08337

御批歷代通鑑輯覽一百二十卷　(清)傅恒等纂　清同治十三年(1874)湖南書局刻本　四十八冊　存九十三卷(一至二十、三十七至六十八、八十至一百二十)

410000－2206－0006250　11－08338

資治通鑑綱目前編二十五卷　(明)南軒撰　(明)陳仁錫評閱　**資治通鑑綱目五十九卷**　(宋)朱熹撰　(明)陳仁錫評閱　**續資治通鑑綱目二十七卷末一卷**　(明)商輅等撰　(明)陳仁錫評閱　清康熙四十年(1701)刻本　七十一冊　存八十二卷(前編二十五卷,正編一至十、十二、二十一至三十、五十一至五十九,續編二十七卷)

410000－2206－0006251　11－08339

憑山閣增輯留青新集三十卷　(清)陳枚選　(清)陳德裕增輯　清郁郁堂刻本　二十四冊　存二十三卷(一至二十二、二十五)

410000－2206－0006252　11－08340

古文淵鑒六十四卷　(清)徐乾學編注　清康熙四十九年(1710)刻四色套印本　十六冊　存三十卷(九至二十四、三十五至四十八)

410000－2206－0006253　11－08341

舊唐書二百卷　(五代)劉昫等撰　清刻本　十八冊　存六十五卷(十一至七十五)

410000－2206－0006254　55701－2

營工要覽四卷　(英國)傅蘭雅　(清)汪振聲譯　清光緒江南製造局鉛印本　二冊

410000－2206－0006255　62272－91

品花寶鑒六十回　(清)陳森著　清刻本　二十冊

410000－2206－0006256　63036－45

說岳全傳二十卷八十回　(清)錢彩編著　清光緒刻本　十冊

410000－2206－0006257　62375－70

東漢演義十卷 （明）謝昭撰 清刻本 六冊

410000－2206－0006258 62749－60

後西遊記二十卷 （清）□□撰 清刻本 十二冊

410000－2206－0006259 11－08348

欽定四書文選不分卷 （清）方苞輯 清刻本 五冊

410000－2206－0006260 63131－4

涷水記聞十六卷補遺一卷 （宋）司馬光撰 清光緒三年（1877）湖北崇文書局刻本 四冊

410000－2206－0006261 11－08354

四書味根錄三十七卷首二卷 （清）金澂輯 清刻本 七冊 存十三卷（孟子一至十三）

410000－2206－0006262 11－08355

廣事類賦四十卷 （清）華希閔著 （清）鄒兆升糸 清康熙三十八年（1699）刻本 三冊 存二十一卷（一至十二、三十二至四十）

410000－2206－0006263 62932－35

世說新語六卷 （南朝宋）劉義慶撰 （南朝梁）劉孝標注 清光緒三年（1877）湖北崇文書局刻本 四冊

410000－2206－0006264 63094－96

山海經十八卷篇目攷一卷 （晉）郭璞傳 清光緒三年（1877）浙江書局刻二十二子本 三冊 存十八卷（一至十八）

410000－2206－0006265 62903－6

諧鐸十二卷 （清）沈起鳳著 清同治五年（1866）刻本 四冊

410000－2206－0006266 11－08359

東周列國全志二十三卷一百八回 （清）蔡昪評點 清乾隆十七年（1752）刻本 二十四冊

410000－2206－0006267 11－08360

四書人物類典串珠四十卷 （清）臧志仁編輯 清嘉慶四年（1799）刻本 五冊 存十四卷（一至十四）

410000－2206－0006268 11－08361

四書人物類典串珠四十卷首一卷 （清）臧志仁編輯 清嘉慶十八年（1813）刻本 十冊 存三十五卷（四至二十、二十四至四十，首一卷）

410000－2206－0006269 11－08362

四書通典備考十二卷 （清）唐光爕著 清刻本 五冊 存三卷（十至十二）

410000－2206－0006270 11－08363

新刻重校增補圓機活法詩學全書二十四卷 （明）王世貞校正 （清）蔣先庚重訂 清文錦堂刻本 十冊 存十四卷（一至十四）

410000－2206－0006271 11－08364

四書典制類聯音註三十三卷 （清）閻其淵輯 清刻本 八冊 存二十二卷（十二至三十三）

410000－2206－0006272 11－08365

新增說文韻府羣玉二十卷 （元）陰時夫編輯 （元）陰中夫編注 清致和堂刻本 八冊 存十卷（十一至二十）

410000－2206－0006273 11－08366

子史精華一百六十卷 （清）吳襄等纂修 清光緒十三年（1887）上海積山書局石印本 九冊 存一百四十四卷（一至四十八、六十五至一百六十）

410000－2206－0006274 11－08367

尚友錄二十二卷 （明）廖用賢編 清刻本 三冊 存十一卷（五至十五）

410000－2206－0006275 11－08368

尚友錄二十二卷 （明）廖用賢編纂 （清）張伯琮補輯 清光緒十六年（1890）掃葉山房刻本 五冊 存十八卷（一至十一、十六至二十二）

410000－2206－0006276 11－08369

新增說文韻府羣玉二十卷 （元）陰時夫編輯 （元）陰中夫編注 清康熙五十五年（1716）萃華堂刻本 十冊

410000－2206－0006277 11－08370

廣治平略三十六卷 （清）蔡方炳纂定 清刻

本　四冊　存二十卷(十七至三十六)

410000－2206－0006278　11－08371

事類賦三十卷　(宋)吳淑撰註　清刻本　四
冊　存十九卷(六至十八、二十五至三十)

410000－2206－0006279　11－08372

韻府拾遺一百六卷　(清)張廷玉等纂修　清
刻本　六冊　存二十二卷(一至三、五至十
五、二十至二十二、二十六至三十)

410000－2206－0006280　11－08373

廣廣事類賦三十二卷　(清)吳世旃撰注　清
刻本　七冊

410000－2206－0006281　11－08374

尚友錄二十二卷　(明)廖用賢編纂　(清)張
伯琮補輯　清刻本　十冊　缺十二卷(一、
八、十一至十四、十六至十七、十九至二十二)

410000－2206－0006282　11－08375

四書典制類聯音註三十三卷　(清)閻其淵編
輯　清刻本　十一冊　存三十卷(一至二十
三、二十七至三十三)

410000－2206－0006283　11－08376

廣事類賦四十卷　(清)華希閔著　(清)鄒兆
升糸　清刻本　八冊　存三十三卷(四至六、
十一至四十)

410000－2206－0006284　11－08377

韻府約編二十四卷　(清)鄧愷輯　清刻本
五冊　存五卷(二十至二十四)

410000－2206－0006285　11－08378

詩韻合璧五卷分韻文選題解擇要一卷　(清)
湯文潞撰　清光緒三年(1877)刻本　四冊

410000－2206－0006286　11－08379

增補事類統編九十三卷首一卷　(清)黃葆真
增輯　清末石印本　六冊　存五十一卷(四
十三至九十三)

410000－2206－0006287　11－08380

詩韻集成十卷　(清)余照輯　清道光二十年
(1840)萬元堂刻本　四冊

410000－2206－0006288　11－08381

詩料干支便覽□□卷　(清)聶銑敏纂輯
(清)魏閏象編　清嘉慶二十三年(1818)新聚
堂刻本　五冊　存五卷(一至五)

410000－2206－0006289　11－08382

佩文韻府一百六卷　(清)蔡升元等纂修　清
嶺南潘氏海山仙館刻本　四冊　存十卷(七
十七至七十九、八十二至八十四、八十六至八
十九)

410000－2206－0006290　11－08383

兒女英雄傳評話八卷四十回首一回　(清)文
康撰　題(清)還讀我書室主人評　清光緒鉛
印本　六冊　存六卷(二至三、五至八)

410000－2206－0006291　11－08384

結水滸全傳七十卷　(清)俞萬春著　清刻本
十七冊　存五十一卷(十七至四十七、五十
一至七十)

410000－2206－0006292　11－08385

香祖樓二卷　(清)蔣士銓撰　清經綸堂刻本
二冊

410000－2206－0006293　11－08386

里乘十卷　(清)許奉恩撰　清刻本　四冊
存四卷(二至三、六、十)

410000－2206－0006294　11－08387

批點聊齋志異十六卷　(清)蒲松齡撰　(清)
王士正評　(清)何守奇批點　清乾隆五年
(1740)知不足齋刻本　五冊　存十卷(五至
六、九至十六)

410000－2206－0006295　11－08388

繡像馬潛龍走國全傳十二卷圖□□卷　(清)
□□撰　清宣統元年(1909)上海茂記書莊石
印本　六冊　存十二卷(一至六、圖一至六)

410000－2206－0006296　11－08389

繡像京本雲合奇蹤玉茗英烈全傳十卷八十回
　(明)徐渭編　清經國堂刻本　五冊　存八
卷(一至七、十)

410000－2206－0006297　11－08390

繪圖官場現形記三十六卷　(清)李寶嘉著

(清)歐陽鉅元增註　清宣統元年(1909)崇本堂石印本　九冊

410000－2206－0006298　11－08391

賦學指南十六卷　(清)余丙照輯　(清)余榮耀等注　清道光二十八年(1848)文質堂刻本　六冊

410000－2206－0006299　11－08392

聊齋志異十六卷　(清)蒲松齡著　(清)王士正評　清乾隆五年(1740)刻本　八冊　存八卷(九至十六)

410000－2206－0006300　11－08393

聊齋志異評註十六卷　(清)蒲松齡著　(清)王士正評　(清)呂湛恩註　清刻本　十冊　存十卷(六至十五)

410000－2206－0006301　11－08394

鏡花緣二十卷一百回　(清)李汝珍著　清刻本　八冊　存八卷(三、五至六、九、十三、十五、十九至二十)

410000－2206－0006302　11－08395

東周列國全志二十三卷一百八回　(清)蔡昇評點　清宏道堂刻本　二十四冊

410000－2206－0006303　11－08396

東周列國全志二十三卷一百八回　(清)蔡昇評點　清善成堂刻本　十冊　存九卷(一、四至十一)

410000－2206－0006304　11－08397

西湖佳話古今遺跡十六卷　題(清)墨浪子輯　清乾隆芥子園刻本　四冊　存十二卷(一至十二)

410000－2206－0006305　11－08398

海南一勺合編內函十卷首二卷外函三十二卷　題(清)鶴洞子纂輯　清四香草堂刻本　五冊　存二十六卷(外函一至十五、二十二至三十二)

410000－2206－0006306　11－08399

四大奇書第一種五十一卷一百二十回　(明)羅本撰　(清)金人瑞　(清)毛宗崗評　清宏

道堂刻本　五冊　存二十八卷(一至二十八)

410000－2206－0006307　11－08400

東周列國全志二十三卷一百八回　(清)蔡昇評點　清刻本　九冊　存九卷(四至十一、十九)

410000－2206－0006308　11－08401

繪像紅樓夢□□卷　(清)曹雪芹撰　清刻本　六冊　存三十卷(三十一至六十)

410000－2206－0006309　11－08402

增評補像全圖金玉緣□□卷　(清)曹雪芹著　清末石印本　八冊　存八卷(八至十五)

410000－2206－0006310　63310－12

妙法蓮華經七卷　(後秦)釋鳩摩羅什譯　清乾隆元年(1736)刻本　三冊

410000－2206－0006311　11－08404

天演論二卷　(英國)赫胥黎著　嚴復譯　清光緒二十八年(1902)成都書局刻本　二冊

410000－2206－0006312　11－08405

醒世姻緣傳一百回　題(清)西周生輯著　清同治九年(1870)刻本　十一冊　存四十六回(一至四十六)

410000－2206－0006313　11－08406

湯子遺書十卷附錄一卷　(清)湯斌撰　(清)湯沆等述　清愛日堂刻本　四冊

410000－2206－0006314　11－08407

四雪草堂重訂通俗隋唐演義二十卷一百回　(清)褚人穫著　清文奎堂刻本　十三冊　存六十五回(一至三十、五十一至八十五)

410000－2206－0006315　11－08408

閱微草堂筆記五種　(清)紀昀撰　清刻本　九冊　存五種十七卷

410000－2206－0006316　11－08409

虞初新志二十卷　(清)張潮撰　清康熙二十二年(1683)刻本　六冊　存十卷(一至十)

410000－2206－0006317　11－08410

鏡花緣二十卷一百回　(清)李汝珍著　清刻本　五冊　存十一卷(十至二十)

410000－2206－0006318　11－08411

東周列國全志二十三卷一百八回　（清）蔡昇
評點　清善成堂刻本　二冊　存二卷(十八
至十九)

410000－2206－0006319　11－08412

太平廣記五百卷目錄十卷　（宋）李昉等撰
清刻本　三十二冊　存二百五十七卷(八十
四至九十八、一百四十五至一百五十八、一百八
十七至二百九、二百二十五至二百三十五、二
百四十二至二百五十九、三百十五至三百二
十三、三百三十一至三百四十、三百四十九至
五百)

410000－2206－0006320　63535

復陽帝君趙仙乩訓壇規一卷附光緒十三年訓
一卷　（清）王莊請乩　清刻本　一冊

410000－2206－0006321　11－08414

聊齋志異新評十六卷　（清）蒲松齡著　（清）
王士正評　（清）但明倫新評　清刻本　八冊
存八卷(一至八)

410000－2206－0006322　11－08415

說鈴六十二種　（清）吳震方輯　清刻本
八冊

410000－2206－0006323　11－08416

二程先生語錄五十一卷拾遺一卷　（宋）程顥
（宋）程頤撰　（清）湯斌校正　清康熙二十
五年(1686)刻本　十六冊

410000－2206－0006324　63064－68

四雪草堂重訂通俗隋唐演義二十卷一百二十
回　（明）林瀚撰　（清）褚人穫彙編　清同文
堂刻本　五冊　存五卷(六至十)

410000－2206－0006325　11－08418

蟫史二十卷繡像二卷　（清）屠紳著　清屠氏
磊砢山房刻本　六冊　存十卷(一至八、繡像
二卷)

410000－2206－0006326　11－08419

東周列國全志二十三卷一百八回　（清）蔡昇
評點　清刻本　六冊　存十二卷(八至十三、
十六至二十一)

410000－2206－0006327　11－08420

聊齋誌異十八卷　（清）蒲松齡著　清刻本
七冊　存八卷(七、十至十一、十三至十五、十
七至十八)

410000－2206－0006328　11－08421

閱微草堂筆記五種　（清）觀弈道人(紀昀)撰
清光緒二十四年(1898)宏文閣鉛印本　三
冊　存十六卷(一至十六)

410000－2206－0006329　63342－3

大乘止觀法門釋要六卷　（明）釋智旭述　清
光緒二十二年(1896)刻本　二冊

410000－2206－0006330　11－08423

評論出像水滸傳二十卷七十回　（明）施耐庵
著　（明）金人瑞評　清順治十四年(1657)刻
本　十冊　存十卷(一至十)

410000－2206－0006331　63337－8

大乘起信論義記七卷別記一卷　（唐）釋法藏
撰　清光緒二十三年(1897)刻本　二冊

410000－2206－0006332　11－08425

醒世姻緣傳一百回　題(清)西周生輯著　清
刻本　四冊　存二十一回(十五至二十五、四
十六至五十、五十六至六十)

410000－2206－0006333　11－08426

暗室燈二卷　題(清)深山居士著　清光緒九
年(1883)聚文齋刻本　一冊

410000－2206－0006334　11－08427

蜃中樓傳奇二卷　（清）湖上笠翁(李漁)編次
題(清)疊菴居士批評　清刻本　一冊　存
一卷(上)

410000－2206－0006335　11－08428

博物志十卷　（晉）張華撰　（明）汪士漢校
清康熙七年(1668)刻本　一冊

410000－2206－0006336　11－08429

一切經音義二十五卷　（唐）釋元應撰　補訂
新譯大方廣佛華嚴經音義二卷華嚴經音義敘
錄一卷　（唐）釋慧苑述　清同治八年(1869)
武林張氏寶晉齋刻本　三冊　存十九卷(一

至七、十四至二十五）

410000－2206－0006337　11－08430

金剛經句解易知二卷　（後秦）釋鳩摩羅什譯
　（南朝梁）蕭統分章　（清）王澤洼註解　清
光緒五年(1879)刻本　一冊

410000－2206－0006338　63393

金剛般若波羅密經次詁一卷　（後秦）釋鳩摩
羅什譯　馬其昶次詁　清刻本　一冊

410000－2206－0006339　11－08432

批點聊齋志異十六卷　（清）蒲松齡著　（清）
王士正評　（清）何守奇批點　清知不足齋刻
本　二冊　存二卷(一至二)

410000－2206－0006340　11－08433

四大奇書第一種五十一卷一百二十回　（明）
羅本撰　（清）毛宗崗評　（清）鄒聖脈糸訂
清有益堂刻本　三冊　存九卷(三十三至三
十九、四十四至四十五)

410000－2206－0006341　11－08434

山海經十八卷　（晉）郭璞傳　（明）吳中珩校
　清刻本　一冊　存五卷(一至五)

410000－2206－0006342　11－08435

山海經十八卷　（晉）郭璞傳　（清）吳志伊註
清海清樓刻本　二冊　存二卷(三至四)

410000－2206－0006343　11－08436

山海經十八卷　（晉）郭璞傳　清刻本　五冊
　存十七卷(二至十八)

410000－2206－0006344　11－08437

粵雅堂叢書一百八十四種　（清）伍崇曜輯
清道光、光緒間南海伍氏刻本　三百四十冊

410000－2206－0006345　11－08438

芥子園畫傳五卷　（清）李漁論定　（清）王概
等編繪　清康熙十八年(1679)刻本　一冊
存一卷(一)

410000－2206－0006346　11－08440

莊子二卷　（戰國）莊周著　王闓運注　清同
治八年(1869)刻本　二冊

410000－2206－0006347　11－08441

丹桂籍圖解四卷　（清）□□著　清嘉慶十一
年(1806)刻本　三冊　存三卷(一、三至四)

410000－2206－0006348　11－08442

太上感應篇一卷　（清）惠棟箋注　清道光三
十年(1850)刻本　六冊

410000－2206－0006349　11－08443

薰風瑤琴實錄八集　（清）夢元魯輯　清宣統
元年(1909)中州樂善局刻本　四冊　存四集
(一至四)

410000－2206－0006350　11－08444

五子近思錄發明十四卷　（宋）朱熹　（宋）呂
祖謙編　（清）施璜纂註　清刻本　八冊

410000－2206－0006351　11－08445

六祖大師法寶壇經一卷　（唐）釋法海録
（唐）釋惠能述　清同治十一年(1872)刻本
一冊

410000－2206－0006352　11－08446

基督教會綱領一卷　季理斐著　清宣統元年
(1909)廣學會鉛印本　一冊

410000－2206－0006353　11－08447

兩友相論不分卷　（清）□□撰　清光緒十二
年(1886)華北書會鉛印本　一冊

410000－2206－0006354　11－08448

南華真經十卷　（晉）郭象注　（唐）陸德明音
義　清刻本　一冊　存一卷(七)

410000－2206－0006355　11－08449

老子約說四篇　（清）紀大奎撰　清刻本
一冊

410000－2206－0006356　11－08450

梓潼帝君陰騭文敷言二卷　（清）丁詠淇撰
（清）王士桓　（清）高錦瀾校　清道光十五年
(1835)刻本　一冊　存一卷(二)

410000－2206－0006357　11－08451

感應篇圖說一集　（清）陶箴丹輯　清刻本
一冊　存一集(信集)

410000－2206－0006358　11－08452

救生船四卷末一卷　（清）□□輯　清同治二

年(1863)刻本 一冊 存二卷(三至四)

410000－2206－0006359 11－08453

觀楞伽阿跋多羅寶經記四卷 (南朝宋)釋求那跋陀羅釋 (明)釋德清筆記 清道光十一年(1831)紅香館刻本 七冊

410000－2206－0006360 11－08454

呂氏春秋二十六卷 (秦)呂不韋撰 (漢)高誘注 附考一卷 清光緒元年(1875)浙江書局刻二十二子本 五冊 存二十卷(一至二十)

410000－2206－0006361 11－08455

增廣四體字法六種 (清)□□撰 清嘉慶十六年(1811)新聚堂刻本 四冊

410000－2206－0006362 11－08456

嘯亭雜錄十卷續錄三卷 (清)昭槤著 清光緒六年(1880)九思堂刻本 五冊 存五卷(一、三至六)

410000－2206－0006363 11－08458

宣講拾遺六卷 題(清)莊跛仙輯 清刻本 一冊 存一卷(四)

410000－2206－0006364 63454－69

佛經二十種 (□)□□輯 明末清初刻本 十六冊

410000－2206－0006365 11－08460

繪圖增像第五才子書水滸全傳七十回 (明)施耐庵撰 (明)金人瑞評釋 清光緒十三年(1887)上海同文書局鉛印本 二冊 存八回(一至八)

410000－2206－0006366 11－08461

繪圖增像第五才子書水滸全傳十卷七十回 (明)施耐庵撰 (明)金人瑞評釋 清光緒十三年(1887)上海鴻文書局鉛印本 四冊 存五卷(一至二、五、八、十)

410000－2206－0006367 11－08462

繪圖增像第五才子書水滸全傳八卷七十回 (明)施耐庵撰 (明)金人瑞評釋 清末鉛印本 三冊 存三卷(五至六、八)

410000－2206－0006368 11－08463

廿一史約編八卷首一卷前編一卷後編一卷 (清)鄭元慶述 清刻本 四冊 缺八卷(廿一史約編八卷)

410000－2206－0006369 11－08464

[乾隆]衛輝府志五十三卷首一卷末一卷 (清)德昌修 (清)徐郎齋等纂 清乾隆五十三年(1788)刻本 十八冊 存四十三卷(一至二十七、四十至五十三,首一卷,末一卷)

410000－2206－0006370 11－08465

武英殿聚珍版書一百五十種 (清)高宗弘曆敕輯 清同治十三年(1874)江西書局刻本 一百二十八冊

410000－2206－0006371 11－08466

泊宅詩鈔十一卷 (清)潘汝龍撰 清乾隆二年(1737)刻本 二冊

410000－2206－0006372 11－08467

[乾隆]衛輝府志五十三卷首一卷末一卷 (清)德昌修 (清)徐郎齋等纂 清刻本 六冊 存十三卷(十五至二十七)

410000－2206－0006373 11－08468

憑山閣增輯留青新集三十卷 (清)陳枚選 (清)陳德裕增輯 清刻本 六冊 存八卷(十六至二十三)

410000－2206－0006374 11－08469

綱鑑會纂三十九卷首一卷 (明)王世貞編 甲子紀元一卷 (清)陳宏謀輯 清刻本 三十冊 存三十六卷(一至三十四、首一卷)

410000－2206－0006375 11－08470

理學宗傳二十六卷附一卷 (清)孫奇逢輯 清康熙五年(1666)刻本 十六冊

410000－2206－0006376 11－08471

時務分類興國策八卷 (清)李鳳儀編輯 清光緒二十三年(1897)上海書局石印本 八冊 存三卷(一至三)

410000－2206－0006377 11－08472

理學宗傳二十六卷附一卷 (清)孫奇逢輯

清康熙五年(1666)刻本　十六冊

410000－2206－0006378　11－08473

資治通鑑綱目正編五十九卷續編二十七卷
(明)陳仁錫評閱　清刻本　二十二冊　存十
七卷(正編三十九至四十二,續編一至六、十
一至十七)

410000－2206－0006379　11－08474

綱鑑會纂三十九卷首一卷　(明)王世貞編
清刻本　十八冊　存十七卷(五至十、二十九
至三十三、三十四至三十九)

410000－2206－0006380　11－08475

江上小蓬萊吟舫詩存十八卷詩餘二卷　(清)
葉坤厚撰　清光緒九年(1883)陝西藩署刻本
十冊　存十卷(一至十)

410000－2206－0006381　11－08476

子書百家一百一種　(清)崇文書局輯　清光
緒元年(1875)湖北崇文書局刻本　一百五冊
存九十五種五百三卷

410000－2206－0006382　11－08477

東華錄三十二卷(天命至雍正朝)　(清)蔣良
騏纂修　清乾隆三十年(1765)刻本　八冊
存十六卷(一至十六)

410000－2206－0006383　11－08478

子書百家一百一種　(清)崇文書局輯　清光
緒元年(1875)湖北崇文書局刻本　三十三冊
存三十三種一百九十一卷

410000－2206－0006384　11－08479

東華錄三十二卷(天命至雍正朝)　(清)蔣良
騏纂修　清光緒刻本　六冊　存十二卷(三
至四、七至十六)

410000－2206－0006385　11－08480

國朝中州詩鈔三十二卷　(清)楊淮輯　清道
光二十三年(1843)刻本　六冊　存十七卷
(十六至三十二)

410000－2206－0006386　11－08481

文獻通考三百四十八卷　(元)馬端臨著　清
刻本　十冊　存二十八卷(二百六十四至二

百九十一)

410000－2206－0006387　11－08482

藝林約選十二卷　(清)□□撰　清道光四年
(1824)柳蔭書屋刻本　六冊　存六卷(七至
十二)

410000－2206－0006388　11－08483

武英殿聚珍版書一百五十種　(清)□□輯
清光緒二十五年(1899)廣雅書局刻本　七百
七十八冊　存一百四十三種二千八百二十
七卷

410000－2206－0006389　11－08484

高士傳三卷　(晉)皇甫謐著　清光緒三年
(1877)刻本　一冊

410000－2206－0006390　11－08485

揚子法言一卷　(漢)揚雄撰　**方言十三卷**
(漢)揚雄撰　(晉)郭璞解　清光緒元年
(1875)刻本　一冊

410000－2206－0006391　11－08486

理學宗傳二十六卷附一卷　(清)孫奇逢撰
清康熙五年(1666)夏峯刻本　十二冊

410000－2206－0006392　11－08487

文選六十卷　(南朝梁)蕭統撰　清刻本　八
冊　存三十一卷(三十至六十)

410000－2206－0006393　11－08488

子書百家一百一種　(清)崇文書局輯　清光
緒元年(1875)湖北崇文書局刻本　六十六冊
存五十二種三百七十七卷

410000－2206－0006394　11－08489

李義山詩文全集箋注十一卷　(唐)李商隱撰
(清)馮浩編訂　清乾隆四十五年(1780)刻
本　四冊　存三卷(一至三)

410000－2206－0006395　11－08490

歷朝綱鑑會纂三十九卷首一卷　(明)王世貞
編輯　清文淵堂刻本　六冊　存四卷(一至
四)

410000－2206－0006396　11－08491

增訂古文集解八卷　(清)程念伊評注　清乾

隆四年(1739)懷德堂刻本　八冊

410000－2206－0006397　11－08492

宛南書院課讀經義策論三種　(清)孫葆田編
清光緒二十七年(1901)麗澤堂刻本　三冊
存二種二卷

410000－2206－0006398　11－08493

歷代策論約編不分卷　(清)孫葆田編　清光
緒二十七年(1901)麗澤堂刻本　一冊

410000－2206－0006399　11－08494

鴻雪因緣圖記三集　(清)麟慶著　清道光二
十九年(1849)刻本　六冊

410000－2206－0006400　11－08495

綱鑑正史約三十六卷　(明)顧錫疇撰　清同
治八年(1869)浙江書局刻本　八冊　存十六
卷(一至四、七至八、十一至二十)

410000－2206－0006401　11－08496

子書百家一百一種　(清)崇文書局輯　清光
緒元年(1875)湖北崇文書局刻本　十七冊
存十八種存九十一卷

410000－2206－0006402　11－08497

綱鑑會編九十八卷　(清)劉德芳訂正　(清)
葉澐輯錄　清刻本　十七冊　存二十八卷
(三至十四、八、六十一至七十五)

410000－2206－0006403　11－08498

續資治通鑑綱目二十七卷　(明)商輅等撰
(明)陳仁錫評閱　清郁郁堂刻本　十冊　存
八卷(十至十七)

410000－2206－0006404　11－08499

忠武誌八卷　(清)張鵬翮輯　**臥龍崗志二卷**
(清)羅景撰　清康熙四十年(1701)冰雪堂
刻本　九冊　缺一卷(忠武誌四)

410000－2206－0006405　11－08500

**新鐫趙田了凡袁先生編纂古本歷史大方綱鑑
補三十九卷首一卷**　(明)袁黃撰　清刻本
八冊　存十一卷(十二至二十二)

410000－2206－0006406　11－08501

資治通鑑綱目前編二十五卷　(明)南軒撰

(明)陳仁錫評閱　**資治通鑑綱目五十九卷**
(宋)朱熹撰　(明)陳仁錫評閱　**續資治通鑑
綱目二十七卷**　(明)商輅等撰　(明)陳仁錫
評閱　清刻本　三十五冊　存二十九卷(資
治通鑑綱目一至七、三十一至三十六、四十四
至五十九)

410000－2206－0006407　11－08502

宋詩鈔初集八十四種　(清)呂留良等輯　清
康熙十年(1671)州錢吳氏鑑古堂刻本　十
八冊

410000－2206－0006408　11－08503

資治通鑑綱目前編二十五卷　(明)南軒撰
(明)陳仁錫評閱　**資治通鑑綱目五十九卷**
(宋)朱熹撰　(明)陳仁錫評閱　**續資治通鑑
綱目二十七卷**　(明)商輅等撰　(明)陳仁錫
評閱　清刻本　四冊　存三卷(資治通鑑綱
目四十五至四十七)

410000－2206－0006409　11－08504

**御批資治通鑑綱目前編十八卷舉要三卷首一
卷**　(元)金履祥撰　清康熙四十六年(1707)
刻本　九冊　存十八卷(前編一至十二、十七
至十八,舉要三卷,首一卷)

410000－2206－0006410　11－08505

經餘必讀八卷　(清)雷琳輯　清嘉慶八年
(1803)致和堂刻本　三冊　缺二卷(三至四)

410000－2206－0006411　11－08506

文子纘義十二卷　(元)杜道堅撰　清光緒三
年(1877)浙江書局刻二十二子本　二冊

410000－2206－0006412　11－08507

資治通鑑二百九十四卷　(宋)司馬光編集
(元)胡三省音註　清末鉛印本　七冊　存七
十卷(一百六十一至二百三十)

410000－2206－0006413　11－08508

夏峯先生集十四卷首一卷補遺二卷　(清)孫
奇逢著　清道光大梁書院刻本　十一冊　存
十一卷(四至十四)

410000－2206－0006414　11－08509

夏峯先生集補遺二卷　(清)孫奇逢著　(清)

郭程先補輯　清刻本　一冊

410000 – 2206 – 0006415　11 – 08510

小題三集行機二卷　(清)王步青評　清刻本
　五冊

410000 – 2206 – 0006416　11 – 08511

古香齋新刻袖珍淵鑑類函四百五十卷目錄四
卷　(清)張英等纂　清光緒南海孔氏刻古香
齋十種本　七冊　存二十七卷(六十五至九
十一)

410000 – 2206 – 0006417　11 – 08512

徵君孫先生[奇逢]年譜二卷　(清)湯斌等編
　清康熙刻本　二冊

410000 – 2206 – 0006418　11 – 08513

金史一百三十五卷　(元)脱脱等修　欽定國
語解一卷　清乾隆十二年(1747)刻本　十八
冊　存一百七卷(二十九至一百三十五)

410000 – 2206 – 0006419　11 – 08514

遊譜一卷　(清)孫奇逢著　(清)馬爾楹編
(清)孫望雅編　清刻本　一冊

410000 – 2206 – 0006420　11 – 08515

歷代名臣言行錄二十四卷　(清)朱桓編輯
清刻本　二十四冊　存十六卷(五至十四、十
九至二十四)

410000 – 2206 – 0006421　11 – 08516

答問一卷　(清)孫奇逢著　(清)孫望雅等編
　清順治十三年(1656)刻本　一冊

410000 – 2206 – 0006422　11 – 08517

國朝先正事略六十卷　(清)李元度纂　清刻
本　六冊　存二十六卷(三十五至六十)

410000 – 2206 – 0006423　11 – 08518

孝友堂家規一卷　(清)孫奇逢著　清刻本
一冊

410000 – 2206 – 0006424　11 – 08519

重訂文選集評十五卷首一卷末一卷　(清)于
光華編　清乾隆三十七年(1772)刻本　八冊
　存九卷(八至十五、末一卷)

410000 – 2206 – 0006425　11 – 08520

二十四史約編不分卷　(清)鄭元慶述　清刻
本　五冊

410000 – 2206 – 0006426　11 – 08521

晚明制義選不分卷　(清)□□輯　清刻本
四冊

410000 – 2206 – 0006427　11 – 08522

重編留青新集二十四卷　(清)馮善長編　清
光緒十六年(1890)刻本　七冊　存十一卷
(一至十一)

410000 – 2206 – 0006428　11 – 08523

虛受堂文集十六卷　王先謙撰　清宣統二年
(1910)刻本　六冊

410000 – 2206 – 0006429　11 – 08524

御選唐宋詩醇四十七卷目錄二卷　(清)高宗
弘曆輯　清刻本　八冊　存二十三卷(七至
九、二十六至四十五)

410000 – 2206 – 0006430　11 – 08525

孫徵君日譜錄存三十六卷　(清)孫奇逢撰
清光緒十一年(1885)兼山堂刻本　四冊　存
六卷(一至六)

410000 – 2206 – 0006431　11 – 08526

孫徵君日譜錄存三十六卷　(清)孫奇逢撰
清刻本　十三冊　存十七卷(六至十一、十八
至二十一、三十至三十六)

410000 – 2206 – 0006432　11 – 08527

孫徵君日譜錄存三十六卷　(清)孫奇逢撰
清刻本　四冊　存七卷(三十至三十六)

410000 – 2206 – 0006433　11 – 08528

重訂文選集評十五卷首一卷末一卷　(清)于
光華編　清刻本　十六冊

410000 – 2206 – 0006434　11 – 08530

綱鑑易知錄九十二卷　(清)吳乘權等輯　清
刻本　五冊　存十卷(三十至三十一、八十五
至九十二)

410000 – 2206 – 0006435　11 – 08531

續資治通鑑二百二十卷　(清)畢沅編　清刻
本　九冊　存六十八卷(一百五十三至二百

二十)

410000－2206－0006436　11－08532

尺木堂綱鑑易知錄九十二卷　（清）吳乘權等
輯　清刻本　一冊　存七卷(七十五至八十
一)

410000－2206－0006437　11－08533

皇朝經世文續編一百二十卷　（清）葛士濬輯
　清刻本　六冊　存二十八卷(九十三至一
百二十)

410000－2206－0006438　11－08534

皇朝經世文續編一百二十卷　（清）葛士濬輯
　清刻本　十二冊　存五十七卷(六十四至
一百二十)

410000－2206－0006439　11－08535

國朝文錄八十二卷　（清）姚椿輯　清末石印
本　八冊　存四十七卷(三十六至八十二)

410000－2206－0006440　11－08536

皇朝經世文編一百二十卷　（清）賀長齡輯
清刻本　三十冊　存四十七卷(五十七至一
百三)

410000－2206－0006441　11－08537

皇朝經世文編一百二十卷　（清）賀長齡輯
清光緒二十四年(1898)鉛印本　六冊　存二
十九卷(一至二十九)

410000－2206－0006442　11－08538

試律智慧海不分卷　（清）慕維德輯　清刻本
　四冊

410000－2206－0006443　11－08539

試律青雲集四卷　（清）楊逢春輯　清同治十
三年(1874)書業堂刻本　四冊

410000－2206－0006444　11－08540

讀雪山房唐詩三十四卷　（清）管世銘輯　清
刻本　六冊　存十九卷(十六至三十四)

410000－2206－0006445　11－08541

皇朝經世文編一百二十卷　（清）賀長齡輯
清末鉛印本　二十四冊　存一百十四卷(一
至五十、五十七至八十七、八十八至一百二

410000－2206－0006446　11－08542

李文清公日記十六卷(清道光十四年至同治
四年)　（清）李棠階撰　清刻本　八冊　存
八卷(一至八)

410000－2206－0006447　11－08543

歷朝紀事本末九種　（清）陳如升　（清）朱記
榮輯　清光緒二十五年(1899)上海慎記書莊
石印本　二十一冊

410000－2206－0006448　11－08544

古文辭類纂七十四卷　（清）姚鼐纂輯　續古
文辭類纂三十四卷　王先謙輯　清末商務印
書館鉛印本　六冊　存四十八卷(古文辭類
纂六十一至七十四、續三十四卷)

410000－2206－0006449　11－08545

天下郡國利病書一百二十卷　（清）顧炎武撰
　清刻本　九冊

410000－2206－0006450　11－08546

後漢書九十卷　（南朝宋）范曄撰　（唐）李賢
注　志三十卷　（晉）司馬彪撰　（南朝梁）劉
昭注　清末點石齋石印本　五冊　存八十九
卷(一至八十九)

410000－2206－0006451　11－08547

[雍正]河南通志八十卷　（清）田文鏡等纂修
　清刻本　五冊　存八卷(七十三至八十)

410000－2206－0006452　11－08550

詩觀初集十二卷　（清）鄧漢儀撰　清康熙鄧
漢儀慎墨堂刻乾隆仲之琮深柳讀書堂重修本
　六冊　存六卷(一至六)

410000－2206－0006453　11－08551

蘭言詩鈔四卷　（清）李瑞輯　清光緒十六年
(1890)德元堂刻本　三冊　存三卷(一至二、
四)

410000－2206－0006454　11－08552

蘭言詩鈔四卷　（清）李瑞輯　清同治四年
(1865)許昌二酉堂刻本　三冊　存三卷(一、
三至四)

410000－2206－0006455　11－08553

李太白文集三十六卷　（唐）李白撰　（清）王琦輯註　清乾隆二十三年(1758)文聚堂刻本　十六冊

410000－2206－0006456　11－08554

太玄經十卷　（漢）揚雄撰　（宋）司馬光集注　清光緒元年(1875)湖北崇文書局刻子書百家本　一冊　存四卷(一至四)

410000－2206－0006457　11－08555

讀史方輿紀要一百三十卷　（清）顧祖禹輯著　清光緒二十七年(1901)上海圖書集成局鉛印本　二十四冊　存一百六卷(一至四、十六至五十九、六十六至一百十二、一百二十至一百三十)

410000－2206－0006458　11－08556

舊唐書二百卷　（五代）劉昫等撰　清刻本六冊　存三十九卷(四十六至八十四)

410000－2206－0006459　11－08557

白虎通德論二卷　（漢）班固撰　（明）程榮校　明嘉靖元年(1522)刻本　一冊

410000－2206－0006460　11－08558

國朝文才調集不分卷　（清）許振禕集評　清刻本　三冊

410000－2206－0006461　11－08559

項城袁氏家集　丁振鐸編輯　清宣統三年(1911)清芬閣鉛印本　三十八冊

410000－2206－0006462　11－08560

士禮居藏書題跋記六卷　（清）黃丕烈著　清刻本　三冊

410000－2206－0006463　11－08561

晚邨先生八家古文精選八卷　（清）呂留良輯　清刻本　五冊　存四卷(歐陽文一卷、曾文一卷、蘇老泉文一卷、蘇東坡文一卷)

410000－2206－0006464　11－08563

邵亭知見傳本書目十六卷　（清）莫友芝撰　清末鉛印本　六冊

410000－2206－0006465　11－08564

正字通十二卷　（明）張自烈撰　（清）廖文英輯　清康熙九年(1670)刻本　四十二冊

410000－2206－0006466　11－08565

古文析義十六卷　（清）林雲銘評注　清經元堂刻本　十四冊　存十四卷(一至八、十一至十六)

410000－2206－0006467　11－08566

欽定四庫全書總目二百卷首一卷　（清）紀昀等撰　清刻本　六冊　存十二卷(三十二至三十七、四十至四十五)

410000－2206－0006468　11－08567

宋百家詩存二十卷　（清）曹庭棟編　清乾隆六年(1741)刻本　六冊　存五卷(十六至二十)

410000－2206－0006469　11－08569

海國圖志一百卷　（清）魏源撰　清光緒六年(1880)邵陽急當務齋刻本　十八冊　存七十八卷(一至二十三、四十六至一百)

410000－2206－0006470　11－08570

分體辨類利試文中六卷　（清）郝朝昇選　清乾隆刻本　五冊　存五卷(一至五)

410000－2206－0006471　11－08571

紀文達公遺集十六卷　（清）紀昀撰　清刻本八冊　存十二卷(一至十二)

410000－2206－0006472　11－08572

魏書一百十四卷　（北齊）魏收撰　清乾隆四年(1739)武英殿刻二十四史本　二十冊　存一百四卷(一至九十四、一百五至一百十四)

410000－2206－0006473　11－08573

皇朝經世文編一百二十卷　（清）賀長齡輯　清光緒十二年(1886)石印本　五十冊　存九十八卷(一至十八、四十一至一百二十)

410000－2206－0006474　11－08574

資治通鑑綱目前編二十五卷　（明）南軒撰（明）陳仁錫評閱　資治通鑑綱目五十九卷（宋）朱熹撰　（明）陳仁錫評閱　續資治通鑑綱目二十七卷　（明）商輅等撰　（明）陳仁錫

評閱　清刻本　四十二冊　存四十五卷(資治通鑑綱目十三至四十九、續編十五至二十二)

410000－2206－0006475　11－08575

閱微草堂筆記二十四卷　(清)觀弈道人(紀昀)撰　清刻本　一冊　存五卷(十三至十七)

410000－2206－0006476　11－08576

閣學公公牘十卷　(清)袁保齡撰　清宣統三年(1911)清芬閣鉛印本　一冊　存一卷(四)

410000－2206－0006477　11－08578

籌濟編三十二卷首一卷　(清)楊景仁輯　清道光四年(1824)刻本　八冊

410000－2206－0006478　11－08579

喉科秘旨二卷　(清)吳張氏撰　清光緒十九年(1893)慎獨書屋刻本　二冊

410000－2206－0006479　11－08580

喉科秘旨二卷　(清)吳張氏撰　清光緒十九年(1893)慎獨書屋刻本　二冊

410000－2206－0006480　11－08581

喉科秘旨二卷　(清)吳張氏撰　清光緒十九年(1893)慎獨書屋刻本　二冊

410000－2206－0006481　11－08582

喉科秘旨二卷　(清)吳張氏撰　清光緒十九年(1893)慎獨書屋刻本　二冊

410000－2206－0006482　11－08583

廣治平畧三十六卷續集八卷　(清)蔡方炳定本　清光緒十四年(1888)上海點石齋影印本　四冊

410000－2206－0006483　11－08584

易經講義八卷　(清)莨仕周纂　清乾隆五十四年(1789)刻本　四冊

410000－2206－0006484　11－08585

[道光]河內縣志三十六卷　(清)袁通修(清)方履籛　(清)吳育纂　清道光五年(1825)刻本　九冊　缺三卷(二十四至二十六)

410000－2206－0006485　11－08586

試律青雲集四卷　(清)楊逢春輯　清道光二十五年(1845)崇德堂刻本　二冊

410000－2206－0006486　11－08587

[道光]河內縣志三十六卷　(清)袁通修(清)方履籛　(清)吳育纂　清道光五年(1825)刻本　六冊　存二十一卷(一至二十一)

410000－2206－0006487　11－08588

論語訓不分卷　王闓運撰　清光緒、宣統間刻湘綺樓叢書本　二冊

410000－2206－0006488　11－08589

詩集傳八卷　(宋)朱熹撰　清刻本　四冊

410000－2206－0006489　11－08590

温病條辨六卷　(清)吳瑭著　清光緒三十二年(1906)上海千頃堂書局石印本　二冊

410000－2206－0006490　11－08591

潛菴先生遺稿五卷　(清)湯斌撰　清刻本　二冊

410000－2206－0006491　11－08593

安徽試牘不分卷　(清)□□輯　清同治三年(1864)刻本　三冊

410000－2206－0006492　11－08594

從政遺規摘鈔二卷補鈔一卷　(清)陳宏謀著　清同治四年(1865)刻本　二冊

410000－2206－0006493　11－08595

明安陽崔文敏公洹词十二卷首一卷　(明)崔銑撰　清刻本　一冊　存一卷(首一卷)

410000－2206－0006494　11－08596

士翼三卷　(明)崔銑撰　清刻本　三冊

410000－2206－0006495　11－08597

潛菴先生擬明史稿二十卷疏稿一卷　(清)湯斌擬　清刻本　六冊

410000－2206－0006496　11－08598

子書百家一百一種　(清)崇文書局輯　清光緒元年(1875)湖北崇文書局刻本　九十七冊存九十四種四百七十卷

410000 – 2206 – 0006497　11 – 08599

居易錄三十四卷　（清）王士禛著　清康熙刻
本　八冊

410000 – 2206 – 0006498　11 – 08600

舊唐書二百卷　（五代）劉昫等撰　清刻本
五冊　存二十八卷(五十一至七十八)

410000 – 2206 – 0006499　11 – 08601

豫醫雙璧二種　吳重熹輯　清宣統元年
(1909)海豐吳氏梁園節署鉛印本　八冊

410000 – 2206 – 0006500　11 – 08602

豫醫雙璧二種　吳重熹輯　清宣統元年
(1909)海豐吳氏梁園節署鉛印本　八冊

410000 – 2206 – 0006501　11 – 08603

城鎮鄉地方自治章程演說不分卷　（□）□□
輯　清宣統二年(1910)刻本　一冊

410000 – 2206 – 0006502　52967

欽定四庫全書總目提要四部類敘一卷　（清）
江標輯　清光緒二十年(1894)貴州官書局刻
本　一冊

410000 – 2206 – 0006503　11 – 08605

國朝閨秀正始集二十卷附錄一卷補遺一卷續
集十卷附錄一卷補遺一卷　（清）完顏惲珠輯
　清道光十一年(1831)紅香館刻本　十冊

410000 – 2206 – 0006504　11 – 08606

藝風藏書記八卷　繆荃孫著　清光緒二十六
年(1900)刻本　二冊

410000 – 2206 – 0006505　11 – 08607

鐵琴銅劍樓藏書目錄二十四卷　（清）瞿鏞撰
　清光緒二十四年(1898)常熟瞿氏罟里家塾
刻本　五冊　存十二卷(一至十二)

410000 – 2206 – 0006506　11 – 08608

舊唐書二百卷　（五代）劉昫等撰　清刻本
四冊　存二十九卷(九十四至一百二十二)

410000 – 2206 – 0006507　11 – 08609

唐宋八家文讀本三十卷　（清）沈德潛編次
清乾隆十五年(1750)刻本　六冊　存十五卷
(一至十五)

410000 – 2206 – 0006508　11 – 08610

[雍正]河南通志八十卷　（清）田文鏡等纂修
　清雍正刻乾隆、道光、同治、光緒遞修本
二十六冊　存四十七卷(一、七至八、二十一
至二十九、四十六至八十)

410000 – 2206 – 0006509　11 – 08611

重訂王鳳洲先生綱鑑會纂四十六卷　（明）王
世貞纂　（明）陳仁錫訂　清聚和堂刻本　十
二冊　存二十卷(一至十二、二十九至三十
三、三十六至三十七、四十三)

410000 – 2206 – 0006510　11 – 08612

重訂王鳳洲先生綱鑑會纂四十六卷　（明）王
世貞纂　（明）陳仁錫訂　清善成堂刻本　六
冊　存十一卷(一至十一)

410000 – 2206 – 0006511　11 – 08613

啟蒙古文讀本六卷　（清）鄧丙彙選　（清）邢
儀鳳參訂　清康熙四十二年(1703)金陵梁大
守刻本　四冊　存四卷(一至四)

410000 – 2206 – 0006512　11 – 08614

唐宋八家文讀本三十卷　（清）沈德潛編次
清刻本　六冊　存十六卷(六至八、十六至二
十八)

410000 – 2206 – 0006513　11 – 08615

中州人物考八卷　（清）孫奇逢輯　清道光二
十四年(1844)刻本　六冊

410000 – 2206 – 0006514　54397 – 420

新刻性理大全書七十卷　（明）胡廣等撰　清
刻本　二十四冊

410000 – 2206 – 0006515　11 – 08617

評選古詩源四卷　（清）沈德潛選　清光緒二
十年(1894)上海圖書集成印書局鉛印本　四
冊　存三卷(一、三至四)

410000 – 2206 – 0006516　11 – 08618

貳臣傳十二卷　（清）國史館編　清刻本　七
冊　存七卷(六至十二)

410000 – 2206 – 0006517　11 – 08619

洛如華廨詩冊八卷　（清）何仁鏡著　清同治

元年(1862)刻本　四冊　存六卷(一至五、八)

410000－2206－0006518　11－08620

笠翁詩集十卷　(清)李漁著　清康熙十七年(1678)刻本　十二冊　存六卷(五至十)

410000－2206－0006519　11－08621

吳詩集覽二十卷　(清)吳偉業撰　(清)靳榮藩輯　清乾隆刻本　五冊　存八卷(一至三、十至十四)

410000－2206－0006520　11－08622

重訂王鳳洲先生會纂綱鑑二十三卷　(明)王世貞纂　(明)陳仁錫訂　清聚和堂刻本　十二冊

410000－2206－0006521　11－08623

御撰資治通鑑綱目三編二十卷　(清)張廷玉等撰　清光緒二十六年(1900)善成堂刻本　六冊

410000－2206－0006522　11－08624

欽定大清會典一百卷　(清)允祹等撰　清刻本　五冊　存十九卷(五十九至七十七)

410000－2206－0006523　11－08625

十國春秋一百十六卷　(清)吳任臣撰　清刻本　六冊　存二十六卷(一至二十六)

410000－2206－0006524　11－08626

書林清話十卷　葉德輝述　清宣統三年(1911)刻本　五冊

410000－2206－0006525　11－08627

許文正公遺書十二卷首一卷末一卷　(元)許衡撰　清乾隆五十五年(1790)刻本　八冊

410000－2206－0006526　11－08628

武備輯要六卷　(清)許乃濟輯　清道光十二年(1832)刻本　一冊　存四卷(三至六)

410000－2206－0006527　11－08629

深州風土記二十二卷　(清)吳汝綸撰　清光緒二十六年(1900)文瑞書院刻本　八冊

410000－2206－0006528　11－08630

玉磬山房文集四卷詩集十三卷　(清)劉大觀

撰　清刻本　八冊

410000－2206－0006529　11－08631

元詩選三集　(清)顧嗣立輯　清康熙長洲顧氏秀野草堂刻本　五冊

410000－2206－0006530　11－08632

玉磬山房詩集十三卷　(清)劉大觀撰　清刻本　四冊　存八卷(一至八)

410000－2206－0006531　11－08633

夏峯先生集十六卷　(清)孫奇逢著　清道光二十五年(1845)大梁書院刻本　四冊　存三卷(一至三)

410000－2206－0006532　11－08634

列國政要續編九十四卷首一卷　(清)戴鴻慈　(清)端方輯　清宣統三年(1911)上海商務印書館石印本　八冊　存二十五卷(七十至九十四)

410000－2206－0006533　11－08637

文中子中說十卷　(隋)王通撰　(宋)阮逸註　清光緒十九年(1893)鴻文書局石印二十五子彙函本　一冊

410000－2206－0006534　11－08638

小學弦歌八卷　(清)李元度輯　清光緒十九年(1893)鴻德堂刻本　五冊

410000－2206－0006535　11－08639

武備輯要六卷　(清)許乃濟輯　清道光十二年(1832)刻本　三冊　存五卷(一至二、四至六)

410000－2206－0006536　11－08640

武備輯要六卷　(清)許乃濟輯　清道光十二年(1832)刻本　二冊　存四卷(一、四至六)

410000－2206－0006537　11－08641

武備輯要六卷　(清)許乃濟輯　清道光十二年(1832)刻本　三冊　存五卷(一至二、四至六)

410000－2206－0006538　11－08643

讀史兵略四十六卷　(清)胡林翼纂　清刻本　十七冊　存三十五卷(二至三、六至七、十

三至十七、十九至四十、四十三至四十六）

410000－2206－0006539　11－08644

商君書五卷附考一卷　（戰國）商鞅撰　（清）
嚴萬里校　清光緒二年(1876)浙江書局刻二
十二子本　一冊

410000－2206－0006540　11－08645

景岳全書六十四卷　（明）張介賓撰　清刻本
四冊　存八卷（十七至二十二、二十五至二
十六）

410000－2206－0006541　11－08646

守城救命書不分卷　（明）呂坤著　清光緒二
十六年(1900)封邱學署刻本　一冊

410000－2206－0006542　11－08647

驗方新編十六卷　（清）鮑相璈輯　清光緒五
年(1879)經綸堂刻本　十一冊　存十五卷
（一至十五）

410000－2206－0006543　11－08648

本草綱目五十二卷　（明）李時珍撰　清刻本
十三冊　存十九卷（三十四至五十二）

410000－2206－0006544　11－08649

本草綱目五十二卷　（明）李時珍撰　清同人
堂刻本　三十二冊　存四十七卷（五至十二、
十四至十六、十七下至三十四、三十五下至五
十二）

410000－2206－0006545　11－08650

本草綱目五十卷　（明）李時珍撰　清刻本
一冊　存一卷（十二）

410000－2206－0006546　11－08651

**創建穎濱經舍章程不分卷師範功課條例不分
卷蒙養功課條例不分卷穎濱經舍地畝清冊二
卷**　曹廣權撰　清刻本　一冊

410000－2206－0006547　11－08652

校正增廣驗方新編十八卷　（清）鮑相璈輯
清光緒三十二年(1906)上海文盛書局石印本
四冊　存十一卷（一至三、十一至十八）

410000－2206－0006548　11－08653

登壇必究四十卷　（明）王鳴鶴編輯　（明）袁

世忠校正　清刻本　三冊　存三卷（一、三、
七）

410000－2206－0006549　54466－71

御纂性理精義十二卷　（清）李光地撰　清康
熙五十六年(1717)尊經閣刻本　六冊

410000－2206－0006550　11－08655

御纂醫宗金鑑十六種　（清）吳謙等輯　清光
緒十八年(1892)上海五彩書局石印本　二十
四冊

410000－2206－0006551　11－08656

修齊要語六卷　（清）王嗣邵輯　清光緒二十
三年(1897)刻本　二冊

410000－2206－0006552　54394

程蒙齋性理字訓一卷　（宋）程端蒙撰　清刻
本　一冊

410000－2206－0006553　54396

皋蘭課業經訓約編不分卷　（清）盛元珍撰
清刻本　一冊

410000－2206－0006554　11－08660

省身四要錄一卷　（□）孫士林輯　清末館豫
石印局石印本　一冊

410000－2206－0006555　11－08661

訓子語一卷　（□）□□撰　清刻本　一冊

410000－2206－0006556　54560

尋樂堂學規不分卷　（清）竇克勤述　清康熙
十六年(1677)刻本　一冊

410000－2206－0006557　11－08663

欽定天祿琳琅書目十卷後編二十卷　（清）于
敏中等輯　清光緒十年(1884)長沙王氏刻本
十冊

410000－2206－0006558　11－08664

獨學齋文集四卷詩集二卷　（清）劉伯川著
清乾隆二十二年(1757)刻本　四冊

410000－2206－0006559　11－08665

大學衍義四十三卷　（宋）真德秀輯　（明）陳
仁錫評　清同治十三年(1874)夔州府雲邑郭
氏家塾刻本　十二冊

410000－2206－0006560　11－08666

四書語錄五卷　（清）艾南英著　清嘉慶十八年(1813)夢筠山房刻本　二冊　存三卷(一至二、五)

410000－2206－0006561　11－08667

四書會要錄三十卷　（清）黃瑞輯　清乾隆三十四年(1769)懷德堂刻本　五冊　存十一卷(大學一至二,中庸一,論語四至五、七,孟子四至八)

410000－2206－0006562　11－08668

呻吟語六卷　（明）呂坤著　清道光十七年(1837)刻本　六冊

410000－2206－0006563　11－08669

程志十卷　（明）崔銑編　清刻本　二冊

410000－2206－0006564　11－08670

士翼三卷　（明）崔銑著　（明）崔汲編次　明萬曆九年(1581)安陽崔氏家塾刻本　三冊

410000－2206－0006565　11－08671

洹詞十二卷　（明）崔銑撰　清刻本　一冊　存二卷(十一至十二)

410000－2206－0006566　11－08672

女學六卷　（清）藍鼎元編　清刻本　二冊

410000－2206－0006567　11－08673

功過格不分卷　（清）□□撰　清刻本　一冊

410000－2206－0006568　11－08674

淵鑒齋御纂朱子全書六十六卷　（清）李光地等纂　清刻本　四十冊　存五十三卷(一至四十四、五十八至六十六)

410000－2206－0006569　11－08675

王文成公全書三十八卷　（明）王守仁撰　清刻本　六冊　存二十卷(十九至三十八)

410000－2206－0006570　11－08676

身世金箴不分卷　題(清)蕊崖老人輯　清光緒十六年(1890)宏文永盛齋刻本　一冊

410000－2206－0006571　11－08677

致用精舍講語記略十六卷　（清）王軺撰　清刻本　四冊

410000－2206－0006572　54449－54

御纂性理精義十二卷　（清）李光地等纂　清咸豐二年(1852)文光堂刻本　六冊

410000－2206－0006573　54455－60

御纂性理精義十二卷　（清）李光地等纂　清咸豐二年(1852)文豐堂刻本　六冊

410000－2206－0006574　11－08680

授硯餘談□□卷　（清）耿廸吉著　清同治七年(1868)刻本　一冊　存一卷(一)

410000－2206－0006575　11－08681

致用精舍講語記略十六卷　（清）王軺撰　清光緒十一年(1885)致用精舍刻本　三冊　缺一卷(論語類解上)

410000－2206－0006576　11－08682

八德須知初集八卷　（清）蔡振紳編輯　（清）陳燮樞校正　清刻本　一冊　存一卷(五)

410000－2206－0006577　11－08683

小學弦歌八卷　（清）李元度撰　清刻本　五冊　存六卷(三至八)

410000－2206－0006578　11－08684

近思錄集解十四卷　（宋）朱熹編　（宋）葉采集解　清道光二十六年(1846)文靖書院刻本　二冊

410000－2206－0006579　11－08685

近思錄十四卷　（宋）朱熹　（宋）呂祖謙編　清刻本　二冊

410000－2206－0006580　11－08686

了凡四訓一卷　（明）袁黃撰　清同治六年(1867)漱芳齋刻本　一冊

410000－2206－0006581　11－08687

袁了凡先生四訓一卷　（明）袁黃撰　清光緒元年(1875)陳貽安堂刻本　一冊

410000－2206－0006582　11－08688

章實齋論修志摘要不分卷　（清）章學誠撰　清刻本　一冊

410000－2206－0006583　11－08689

上蔡謝先生語錄三卷　（宋）谢良佐撰　清同

治二年(1863)上蔡學署刻本　二冊

410000－2206－0006584　11－08690

廣理學備考八十一種 （清）范鄗鼎輯　清康熙二十四年(1685)五經堂彙編刻本　九冊　存八種八卷

410000－2206－0006585　11－08691

小學弦歌八卷 （清）李元度輯　清光緒八年(1882)大雅書局刻本　六冊

410000－2206－0006586　11－08692

朱子語類一百四十卷 （宋）朱熹撰　（宋）黎靖德輯　清同治十一年(1872)應元書院刻本　三十三冊　缺二十四卷(七十一至七十九、八十七至一百一)

410000－2206－0006587　11－08693

聖經要錄一卷賢傳要錄一卷格言要錄一卷 （清）賈之彥錄　清刻本　四冊

410000－2206－0006588　11－08694

大學衍義四十三卷 （宋）真德秀輯　清同治十三年(1874)金陵書局刻本　八冊

410000－2206－0006589　11－08695

大學衍義四十三卷 （宋）真德秀彙輯　（明）陳仁錫評閱　清京都文錦堂刻本　八冊

410000－2206－0006590　11－08696

小學集解六卷 （清）張伯行纂輯　（清）李蘭汀校訂　清道光三十年(1850)大梁學署刻本　二冊

410000－2206－0006591　11－08697

大學衍義補一百六十卷首一卷 （明）丘濬撰　（明）陳仁錫評閱　清刻本　十六冊　存一百十四卷(一至三十五、四十五至四十七、五十一至七十、七十八至八十、一百九至一百六十,首一卷)

410000－2206－0006592　11－08698

王文成公集要八卷 （明）王守仁撰　清刻本　二冊　存三卷(二、四至五)

410000－2206－0006593　11－08699

文公家禮儀節八卷 （宋）朱熹編　（明）楊慎

輯　清刻本　一冊　存二卷(一至二)

410000－2206－0006594　11－08700

聖諭像解二十卷 （清）梁延年輯　清刻本（有圖）　一冊　存一卷(三)

410000－2206－0006595　11－08701

式古編二卷聲韻易知二卷小琅嬛館古近體詩一卷 （清）莊瑤撰　清刻本　一冊　缺二卷(式古編二卷)

410000－2206－0006596　11－08702

勸學篇二卷 （清）張之洞撰　清光緒二十四年(1898)兩湖書院刻本　一冊

410000－2206－0006597　11－08703

註釋塾課分編八集 （清）王步青論次　清敦復堂刻本　六冊　存三集(六至八)

410000－2206－0006598　11－08704

松陽講義十二卷 （清）陸隴其著　（清）侯銓等編次　清光緒十三年(1887)固始張氏刻朱印本　一冊　存二卷(一至二)

410000－2206－0006599　11－08705

小學六卷 （宋）朱熹撰　（明）陳選集註　清乾隆十年(1745)刻本　一冊　存一卷(六)

410000－2206－0006600　11－08706

周易淺義四卷 （清）耿極撰　清康熙二十七年(1688)觀象軒刻本　四冊

410000－2206－0006601　11－08707

易經體註大全合㕤四卷 （清）來爾繩纂訂　清貴文堂刻本　二冊

410000－2206－0006602　11－08708

四書測六卷 題（清）養真山人錄　清光緒二十二年(1896)崇德堂刻本　三冊　存四卷(論語一卷、補遺一卷,孟子一卷、補遺一卷)

410000－2206－0006603　11－08709

左傳經世鈔二十三卷 （清）魏禧評點　（清）彭家屏參訂　清刻本　九冊　存九卷(二至四、六、八至十二)

410000－2206－0006604　11－08710

易經體註大全合㕤六卷 （清）范翔鑒定

（清）張聖度訂　清宏道堂刻本　四冊

410000－2206－0006605　11－08711

春秋經傳集解三十卷　（晉）杜預注　清華川書屋刻本　八冊　存十三卷（十六至二十八）

410000－2206－0006606　11－08712

四書朱子大全經傳蘊萃四十卷　（清）朱良玉纂輯　清三多齋刻本　八冊　存七卷（一至七）

410000－2206－0006607　11－08713

尚書注疏二十卷　（漢）孔安國傳　（唐）陸德明音義　（唐）孔穎達疏　明崇禎五年（1632）古虞毛氏汲古閣刻十三經注疏本　十二冊

410000－2206－0006608　11－08714

塾課小題分編八集　（清）王步青論次　（清）于光華註釋　清桂月樓刻本　四冊　存一集（二）

410000－2206－0006609　11－08715

塾課小題分編八集　（清）王步青論次　（清）于光華註釋　清刻本　三冊　存一集（四）

410000－2206－0006610　11－08716

御纂周易折中二十二卷首一卷　（清）李光地等編　清同治六年（1867）刻本　四冊　存十卷（一至四、十三至十五、二十一至二十二，首一卷）

410000－2206－0006611　11－08717

毛詩注疏二十卷　（漢）毛亨傳　（漢）鄭玄箋　（唐）陸德明音義　（唐）孔穎達疏　明崇禎三年（1630）古虞毛氏汲古閣刻十三經注疏本　二十四冊

410000－2206－0006612　11－08718

陔餘叢考四十三卷　（清）趙翼輯　清刻本　三冊　存七卷（二至三、六至七、八至十）

410000－2206－0006613　11－08719

四書講義大全二十六卷　（清）史廷輝輯　清刻本　四冊　存十四卷（大學中庸四卷、論語十卷）

410000－2206－0006614　11－08720

五經鴻裁二十卷　（清）□□輯　清刻本　七冊　存七卷（禮記四卷、詩經二至四）

410000－2206－0006615　11－08721

十三經策案二十二卷首一卷　（清）王謨輯　清嘉慶三年（1798）寶田齋刻本　十一冊　存十九卷（一至十九）

410000－2206－0006616　11－08722

儀禮注疏十七卷　（漢）鄭玄注　（唐）陸德明音義　（唐）賈公彥疏　明崇禎九年（1636）古虞毛氏汲古閣刻十三經注疏本　八冊　存八卷（九至十六）

410000－2206－0006617　11－08723

四書味根錄三十七卷首二卷　（清）金澂輯
四書人物串珠四十卷　（清）臧志仁輯　清光緒元年（1875）刻本　四冊　存四十五卷（大學一卷，中庸二卷，論語一至二十、首一卷；人物串珠一至二十一）

410000－2206－0006618　11－08724

四書人物類典串珠四十卷　（清）臧志仁編輯　清刻本　五冊　存二十二卷（十九至四十）

410000－2206－0006619　11－08725

詩經體註大全體要八卷　（清）高朝瓔定　清萬元堂刻本　四冊

410000－2206－0006620　11－08726

欽定四書文選不分卷　（清）方苞等評選　清刻本　五冊

410000－2206－0006621　11－08727

致用精舍講語記略十六卷　（清）王輅撰　清光緒十一年（1885）致用精舍刻本　四冊

410000－2206－0006622　11－08728

增訂註釋塾課分編八集　（清）王步青論次　清乾隆五十一年（1786）金陵崇文堂刻本　十冊　存三集（初集、二集下、六集上）

410000－2206－0006623　11－08729

論語注疏解經二十卷　（三國魏）何晏集解　（唐）陸德明音義　（宋）邢昺疏　明崇禎十年（1637）古虞毛氏汲古閣刻十三經注疏本　十

六冊　存十四卷(一至十四)

410000－2206－0006624　11－08730

致用精舍講語記略十六卷　（清）王輅撰　清
光緒十一年(1885)致用精舍刻本　四冊

410000－2206－0006625　11－08731

康熙字典十二集三十六卷總目一卷檢字一卷
辨似一卷等韻一卷補遺一卷備考一卷　（清）
張玉書等纂　清康熙五十五年(1716)刻本
十六冊　存十六卷(丑上中、寅至卯、酉上中、
戌至亥)

410000－2206－0006626　11－08732

北溪先生字義二卷補遺一卷　（宋）陳淳撰
（宋）王儁集編　清光緒二十六年(1900)刻本
二冊

410000－2206－0006627　11－08733

北溪先生字義二卷補遺一卷　（宋）陳淳撰
（宋）王儁集編　清光緒二十六年(1900)刻本
二冊

410000－2206－0006628　11－08734

禮記十卷　（元）陳澔集說　清同治五年
(1866)金陵書局刻十三經讀本本　五冊　存
五卷(一至五)

410000－2206－0006629　11－08735

欽定春秋傳說彙纂三十八卷首二卷　（清）王
掞等撰　清刻御纂七經本　六冊　存十卷
(十八至二十七)

410000－2206－0006630　11－08736

北溪先生字義二卷補遺一卷　（宋）陳淳撰
（宋）王儁集編　清光緒二十六年(1900)刻本
二冊

410000－2206－0006631　11－08737

春秋左傳注疏六十卷　（晉）杜預注　（唐）陸
德明音義　（唐）孔穎達疏　明崇禎十一年
(1638)古虞毛氏汲古閣刻十三經注疏本　十
冊　存十五卷(一至十五)

410000－2206－0006632　11－08738

五經類編二十八卷　（清）周世樟輯　清刻本

六冊　存十四卷(十五至二十八)

410000－2206－0006633　11－08739

二程全書六種　（宋）程顥　（宋）程頤撰　清
同治十年(1871)河南嵩邑兩程故里影堂刻本
十二冊

410000－2206－0006634　11－08740

塾課小題分編八集　（清）王步青論次　（清）
于光華註釋　清桂月樓刻本　七冊　存一集
(五)

410000－2206－0006635　11－08741

塾課小題分編八集　（清）王步青論次　（清）
于光華註釋　清文光堂刻本　九冊　存四集
(三下、四至六)

410000－2206－0006636　11－08742

塾課小題分編八集　（清）王步青論次　（清）
于光華註釋　清敦復堂刻本　九冊　存四集
(五至八)

410000－2206－0006637　11－08743

十一經音訓十一種　（清）楊國楨撰　清道光
十年(1830)大梁書院刻本　二十六冊

410000－2206－0006638　11－08744

十一經音訓十一種　（清）楊國楨撰　清道光
十年(1830)大梁書院刻本　二十冊　存七種
七卷

410000－2206－0006639　11－08745 ＊11＊
10－3

崇文書院課藝不分卷　（清）薛慰農鑒定
（清）高人驥等編次　清同治六年(1867)刻本
二冊

410000－2206－0006640　11－08746

成均課藝不分卷　（清）汪廷珍編　清嘉慶四
年至十六年(1799－1811)國子監刻本　三冊

410000－2206－0006641　11－08747

大梁書院課藝六卷　（清）倉景愉輯　清刻本
二冊　存二卷(二至三)

410000－2206－0006642　11－08748

西夏經義七種　（清）何志高撰　清光緒十四

年(1888)南浦三塗邱刻本　十冊　存六種十四卷

410000－2206－0006643　11－08749

四書記悟十四卷　（清）王汝謙著　（清）李棠階評　（清）王蓮青等校　清同治十年(1871)槐蔭書屋刻本　四冊

410000－2206－0006644　11－08750

四書記悟十四卷　（清）王汝謙著　（清）李棠階評　（清）王蓮青等校　清同治十年(1871)槐蔭書屋刻本　四冊

410000－2206－0006645　11－08751

北溪先生字義二卷補遺一卷附錄三卷　（宋）陳淳撰　（宋）王儁集編　清光緒二十六年(1900)刻本　二冊

410000－2206－0006646　11－08752

北溪先生字義二卷補遺一卷附錄三卷　（宋）陳淳撰　（宋）王儁集編　清光緒二十六年(1900)刻本　二冊

410000－2206－0006647　11－08753

北溪先生字義二卷補遺一卷附錄三卷　（宋）陳淳撰　（宋）王儁集編　清光緒二十六年(1900)刻本　二冊

410000－2206－0006648　11－08754

北溪先生字義二卷補遺一卷附錄三卷　（宋）陳淳撰　（宋）王儁集編　清光緒二十六年(1900)刻本　二冊

410000－2206－0006649　11－08755

北溪先生字義二卷補遺一卷附錄三卷　（宋）陳淳撰　（宋）王儁集編　清光緒二十六年(1900)刻本　一冊　缺二卷(北溪先生字義上、附錄一)

410000－2206－0006650　11－08756

北溪先生字義二卷補遺一卷附錄三卷　（宋）陳淳撰　（宋）王儁集編　清光緒二十六年(1900)刻本　一冊　缺二卷(北溪先生字義上、附錄一)

410000－2206－0006651　11－08757

北溪先生字義二卷補遺一卷附錄三卷　（宋）陳淳撰　（宋）王儁集編　清光緒二十六年(1900)刻本　一冊　缺二卷(北溪先生字義上、附錄一)

410000－2206－0006652　11－08758

北溪先生字義二卷補遺一卷附錄三卷　（宋）陳淳撰　（宋）王儁集編　清光緒二十六年(1900)刻本　一冊　缺二卷(北溪先生字義上、附錄一)

410000－2206－0006653　11－08759

北溪先生字義二卷補遺一卷附錄三卷　（宋）陳淳撰　（宋）王儁集編　清光緒二十六年(1900)刻本　一冊　缺二卷(北溪先生字義上、附錄一)

410000－2206－0006654　11－08760

致用精舍講語記略十六卷　（清）王輅撰　清光緒十三年(1887)刻本　四冊

410000－2206－0006655　11－08761

致用精舍講語記略十六卷　（清）王輅撰　清光緒十一年(1885)致用精舍刻本　四冊　缺六卷(孟子類解七至十二)

410000－2206－0006656　11－08762

致用精舍講語記略十六卷　（清）王輅撰　清光緒十一年(1885)致用精舍刻本　四冊

410000－2206－0006657　11－08763

致用精舍講語記略十六卷　（清）王輅撰　清光緒十一年(1885)致用精舍刻本　四冊

410000－2206－0006658　11－08764

致用精舍講語記略十六卷　（清）王輅撰　清光緒十一年(1885)致用精舍刻本　五冊

410000－2206－0006659　11－08765

十三經古注十三種　明崇禎古虞毛氏汲古閣刻本　四十八冊　存七種九十五卷

410000－2206－0006660　57614－15

遠西奇器圖說錄最三卷　（德國）鄧玉函口授　（明）王徵譯繪　清嘉慶二十一年(1816)刻本　二冊　存二卷(一至二)

410000 - 2206 - 0006661　57616

新製諸器圖說一卷　（德國）鄧玉函口授
（明）王徵譯繪　清刻本　一冊

410000 - 2206 - 0006662　57586 - 95

礦務叢鈔十二卷　（英國）士密德輯　（英國）
傅蘭雅口譯　清光緒二十三年（1897）上海六
先書局鉛印本　十冊　存八卷（一至六、九至
十）

410000 - 2206 - 0006663　57434 - 35

數學啟蒙二卷　（英國）偉烈亞力撰　**九章翼
一卷**　（清）吳嘉善述　清光緒二十四年
（1898）上海書局石印本　二冊

410000 - 2206 - 0006664　11 - 08770

御纂醫宗金鑑九十卷　（清）吳謙等輯　清刻
本　三十四冊　存六十九卷（一至六十九）

410000 - 2206 - 0006665　11 - 08771

御纂醫宗金鑑九十卷　（清）吳謙等輯　清刻
本　六冊　存十卷（七十九至八十八）

410000 - 2206 - 0006666　11 - 08772

御纂醫宗金鑑九十卷　（清）吳謙等輯　清刻
本　二十五冊　存四十八卷（一至二十一、三
十五至四十八、六十二至七十四）

410000 - 2206 - 0006667　11 - 08773

御纂醫宗金鑑九十卷　（清）吳謙等輯　清三
讓堂刻本　六冊　存十卷（七至十六）

410000 - 2206 - 0006668　11 - 08775

濟陰綱目十四卷　（明）武之望輯著　（清）汪
淇評釋　清天德堂刻本　六冊　存十一卷
（二至六、九至十四）

410000 - 2206 - 0006669　11 - 08776

陳修園醫書全集二十五種　（清）陳念祖著
清光緒十九年（1893）江左書林刻本　十六冊
　存六種四十九卷

410000 - 2206 - 0006670　11 - 08777

陳修園七十種　（清）陳念祖著　清光緒三十
四年（1908）上海章福記石印本　十三冊　存
十六種六十五卷

410000 - 2206 - 0006671　57551 - 7

格物入門七卷　（清）徐繼畬著　清光緒二十
二年（1896）上海寶善書局石印本　七冊

410000 - 2206 - 0006672　11 - 08780

增輯陳修園醫書七十種　（清）陳念祖撰　清
上海廣益書局石印本　五冊　存三種二十卷

410000 - 2206 - 0006673　57540 - 46

格致彙編七卷　（英國）傅蘭雅輯　清光緒二
年至十八年（1876 - 1892）上海格致書室鉛印
本　七冊

410000 - 2206 - 0006674　11 - 08782

書經六卷　（宋）蔡沈集傳　清同治三年
（1864）浙江撫署刻本　三冊　存五卷（一至
三、五至六）

410000 - 2206 - 0006675　57558 - 65

格致須知十六種　（英國）傅蘭雅輯　清光緒
刻本　八冊　存八種八卷

410000 - 2206 - 0006676　11 - 08784

十三經策案二十二卷首一卷　（清）王謨彙輯
（清）喻祥麟編次　清刻本　六冊　存十四
卷（五至六、九至十四、十七至二十二）

410000 - 2206 - 0006677　11 - 08785

經義考三百卷　（清）朱彝尊編　**目錄二卷**
（清）盧見曾編　清光緒二十三年（1897）浙江
書局刻本（原缺卷二百八十六、二百九十九至
三百）　十八冊　存一百七卷（三十五至四十
六、五十七至六十七、七十四至七十九、一百
十至一百二十六、一百五十一至一百五十七、
一百六十三至一百六十八、一百七十五至一
百八十七、二百十二至二百十八、二百六十二
至二百六十七、二百七十二至二百八十五、二
百八十七至二百九十四）

410000 - 2206 - 0006678　11 - 08786

欽定詩經傳說彙纂二十一卷首二卷詩序二卷
（清）王鴻緒等撰　清漱芳閣刻本　一冊
存一卷（詩序上）

410000 - 2206 - 0006679　11 - 08787

詩疑二卷　（宋）王柏撰　（清）胡鳳丹校　清

同治八年(1869)永康胡氏退補齋刻金華叢書本 一冊

410000－2206－0006680 11－08788
本草綱目五十二卷 (明)李時珍撰 清刻本 九冊 存十八卷(二十三至二十六、二十九至四十二)

410000－2206－0006681 11－08789
詩經八卷 (宋)朱熹集傳 清光緒十七年(1891)山東書局刻本 一冊 存二卷(一至二)

410000－2206－0006682 11－08790
永樂南藏六千三百三十一卷續藏四百十卷 明永樂十年至十五年(1412－1417)刻萬曆十二年(1584)續刻本 六千四十一冊 存六千五十三卷

410000－2206－0006683 11－08791
周官禮注十二卷 (漢)鄭玄注 清乾隆五十一年(1786)揚州一得齋刻本 七冊 存七卷(一、三至七、十一)

410000－2206－0006684 11－08792
景岳全書六十四卷 (明)張介賓著 清刻本 十六冊 存二十五卷(十八至二十六、四十二至五十七)

410000－2206－0006685 11－08793
大學衍義補一百六十卷首一卷 (明)丘濬撰 (明)陳仁錫評閱 清刻本 一冊 存四卷(一百十二至一百十五)

410000－2206－0006686 11－08794
大學衍義四十三卷 (宋)真德秀彙輯 (明)陳仁錫評閱 清刻本 一冊 存一卷(四十三)

410000－2206－0006687 11－08795
寄傲山房塾課新增幼學故事瓊林四卷首一卷 (明)程允升(程登吉)撰 (清)鄒聖脈增補 清刻本 一冊 存二卷(三至四)

410000－2206－0006688 11－08796
致用精舍講語記略十六卷 (清)王輅撰 清

光緒十一年(1885)致用精舍刻本 一冊 存二卷(大學講語記略一卷、中庸講語記略一卷)

410000－2206－0006689 11－08797
致用精舍講語記略十六卷 (清)王輅撰 清刻本 一冊 存一卷(論語類解下)

410000－2206－0006690 11－08798
授經圖二十卷 (明)朱睦㮮撰著 (清)李錫齡校刊 清道光二十六年(1846)宏道書院刻惜陰軒叢書本 二冊

410000－2206－0006691 11－08799
繪圖識字實在易不分卷 (清)施崇恩編 清光緒三十年(1904)石印本 七冊

410000－2206－0006692 11－08800
欽定書經傳說彙纂二十一卷首二卷書序一卷 (清)王頊齡等纂 清雍正八年(1730)刻本 十四冊 缺一卷(首下)

410000－2206－0006693 11－08801
欽定書經傳說彙纂二十一卷首二卷書序一卷 (清)王頊齡等纂 清刻本 十二冊 缺十二卷(三、九至十四、十七至十九,首二卷)

410000－2206－0006694 11－08802
武英殿聚珍版書一百五十種 (清)□□輯 清刻本 六冊 存二種八卷

410000－2206－0006695 11－08803
尚書離句六卷 (清)劉梅垞鑒定 (清)錢在培輯解 清雍正八年(1730)崇文堂刻本 四冊

410000－2206－0006696 11－08804
古文尚書一卷 (漢)伏勝傳 清光緒二十九年(1903)問經精舍刻本 二冊

410000－2206－0006697 11－08805
新刻書經備旨善本輯要四卷 (清)汪右衡鑒定 (清)馬大猷輯 清光緒善成堂刻本 三冊

410000－2206－0006698 11－08806
毛詩二十卷 (漢)毛亨傳 (漢)鄭玄箋 清

311

金陵書局刻本　三冊　存十七卷(四至二十)

410000－2206－0006699　11－08807
詩本音十卷　(清)顧炎武撰　清光緒十六年
(1890)思賢講舍刻音學五書本　三冊

410000－2206－0006700　11－08808
詩本音十卷　(清)顧炎武撰　清刻本　三冊

410000－2206－0006701　11－08809
詩集傳八卷　(宋)朱熹集傳　清刻本　三冊
　　存六卷(三至八)

410000－2206－0006702　11－08810
欽定詩經傳說彙纂二十一卷首二卷詩序二卷
　　(清)王鴻緒等纂　清刻本　四冊　存五卷
(三至七)

410000－2206－0006703　11－08811
欽定詩經傳說彙纂二十一卷首二卷詩序二卷
　　(清)王鴻緒等纂　清刻本　十冊　存十三
卷(九至二十一)

410000－2206－0006704　11－08812
欽定詩經傳說彙纂二十一卷首二卷詩序二卷
　　(清)王鴻緒等纂　清刻本　五冊　存五卷
(一至四、六)

410000－2206－0006705　11－08813
詩序二卷　(宋)朱熹撰　清刻本　一冊

410000－2206－0006706　11－08814
詩序二卷　(宋)朱熹撰　清刻本　一冊

410000－2206－0006707　11－08815
御纂詩義折中二十卷　(清)傅恒等撰　清乾
隆二十年(1755)刻本　五冊　存十二卷(一
至十二)

410000－2206－0006708　11－08816
經史鈔不分卷　(清)譚尚忠撰　清紉芳齋刻
本　一冊

410000－2206－0006709　11－08817
詩經融註大全體要八卷　(清)高朝瓔定
(清)沈世楷輯　(清)沈存仁条　清善成堂刻
本　二冊　存四卷(五至八)

410000－2206－0006710　11－08818
詩經融註大全體要八卷　(清)高朝瓔定
(清)沈世楷輯　(清)沈存仁条　清三多齋刻
本　二冊　存五卷(三至四、六至八)

410000－2206－0006711　11－08819
周禮註疏刪翼三十卷　(明)葉培恕定　(明)
王志長輯　清刻本　十三冊　存二十六卷
(四至七、九至三十)

410000－2206－0006712　11－08820
古經解彙函三十一種　(清)鍾謙鈞等輯　清
咸豐五年(1855)山陽丁氏刻本　二冊　存二
種十二卷

410000－2206－0006713　11－08821
附釋音毛詩注疏二十卷　(漢)毛亨傳　(漢)
鄭玄注　(唐)陸德明音義　(唐)孔穎達疏
校勘記二十卷　(清)阮元撰　清古芸書屋刻
本　十冊　存十四卷(毛詩注疏十四至二十、
校勘記十四至二十)

410000－2206－0006714　11－08822
新增詩經補註附考備旨八卷　(清)鄒聖脉纂
輯　(清)鄒廷猷編次　清善成堂刻本　五冊
　　存六卷(三至八)

410000－2206－0006715　11－08823
欽定詩經傳說彙纂二十一卷首二卷詩序二卷
　　(清)王鴻緒等纂　清光緒十四年(1888)戶
部刻御纂七經本　八冊　存十一卷(一至七、
首二卷、詩序二卷)

410000－2206－0006716　11－08824
毛詩注疏二十卷　(漢)毛亨傳　(漢)鄭玄注
　　(唐)陸德明音義　(唐)孔穎達疏　清刻本
　　一冊　存二卷(十七至十八)

410000－2206－0006717　11－08825
續呂氏家塾讀詩記三卷　(宋)戴溪撰　清乾
隆四十一年(1776)刻武英殿聚珍版書本
三冊

410000－2206－0006718　11－08826
欽定禮記義疏八十二卷首一卷　(清)允祿等
撰　清紫陽書院刻本　三十二冊　存三十八

卷(一至二十八、六十三至七十一,首一卷)

410000－2206－0006719　11－08827
周易四卷　(宋)朱熹本義　清刻本　一冊
存三卷(二至四)

410000－2206－0006720　11－08828
經典釋文三十卷　(唐)陸德明撰　清刻本
一冊　存一卷(七)

410000－2206－0006721　11－08829
御纂詩義折中二十卷　(清)傅恒等纂　清刻
本　一冊　存三卷(十八至二十)

410000－2206－0006722　11－08830
御纂詩義折中二十卷　(清)傅恒等纂　清善
成堂刻本　一冊　存三卷(十五至十七)

410000－2206－0006723　11－08831
詩集傳八卷　(宋)朱熹撰　清寶寧堂刻本
二冊　存五卷(三至四、六至八)

410000－2206－0006724　11－08832
詩經朱傳八卷　(宋)朱熹撰　(清)孫慶甲校
述　清刻本　二冊　存五卷(三至四、六至
八)

410000－2206－0006725　11－08833
欽定詩經傳說彙纂二十一卷首二卷詩序二卷
(清)王鴻緒等纂　清刻本　一冊　存一卷
(五)

410000－2206－0006726　11－08834
欽定詩經傳說彙纂二十一卷首二卷詩序二卷
(清)王鴻緒等纂　清雍正五年(1727)刻本
一冊　存二卷(首二卷)

410000－2206－0006727　11－08835
欽定詩經傳說彙纂二十一卷首二卷詩序二卷
(清)王鴻緒等纂　清尊經閣刻本　一冊
存一卷(首上)

410000－2206－0006728　11－08836
欽定詩經傳說彙纂二十一卷首二卷詩序二卷
(清)王鴻緒等纂　清刻本　二冊　存二卷
(十四、十九)

410000－2206－0006729　11－08838

詩經喈鳳詳解八卷備考一卷圖說一卷　(清)
陳抒孝輯著　(清)汪基增訂　清嘉慶十六年
(1811)三多齋刻本　一冊　存三卷(一、備考
一卷、圖說一卷)

410000－2206－0006730　11－08839
詩經喈鳳詳解八卷備考一卷圖說一卷　(清)
陳抒孝輯著　(清)汪基增訂　清嘉慶十六年
(1811)三多齋刻本　一冊　存三卷(一、備考
一卷、圖說一卷)

410000－2206－0006731　11－08840
詩經喈鳳詳解八卷備考一卷圖說一卷　(清)
陳抒孝纂錄　清三多齋刻本　一冊　存三卷
(三至四、備考一卷)

410000－2206－0006732　11－08841
詩經喈鳳詳解八卷備考一卷圖說一卷　(清)
陳抒孝纂錄　清三多齋刻本　二冊　存三卷
(六、八,備考一卷)

410000－2206－0006733　11－08842
禮記十卷　(元)陳澔集說　清致和堂刻本
五冊　存五卷(一至五)

410000－2206－0006734　11－08843
禮記旁訓辨體合訂六卷　(清)徐立綱輯　清
循陔堂刻本　五冊　存五卷(二至六)

410000－2206－0006735　11－08844
禮記十卷　(元)陳澔集說　清刻本　五冊
存五卷(五至九)

410000－2206－0006736　11－08845
禮記訓纂四十九卷　(清)朱彬輯　清宣統元
年(1909)學部圖書局翻印朱氏原刻本　七冊
存二十六卷(一至十、十九至三十四)

410000－2206－0006737　11－08846
禮記十卷　(元)陳澔集說　**校刊記一卷**
(清)丁寶楨撰　清同治十一年(1872)山東書
局刻十三經讀本附校刊記本　十冊

410000－2206－0006738　11－08847
全本禮記體註十卷　(清)范紫登(范翔)定
(清)徐旦糸訂　(清)徐瑄補輯　清刻本　五

冊　存五卷(一至五)

410000－2206－0006739　11－08848
全本禮記體註十卷　(清)范紫登(范翔)定
(清)徐旦糸訂　(清)徐瑄補輯　清乾隆三十
一年(1766)三多齋刻本　五冊　存六卷(一
至六)

410000－2206－0006740　11－08849
全本禮記體註十卷　(清)范紫登(范翔)定
(清)徐旦糸訂　(清)徐瑄補輯　清致和堂刻
本　五冊　存五卷(六至十)

410000－2206－0006741　11－08850
禮記音訓不分卷　(清)楊國楨撰　清道光十
年(1830)大梁書院刻十一經音訓本　四冊

410000－2206－0006742　94831－34
禮記音訓不分卷　(清)楊國楨撰　清道光十
年(1830)大梁書院刻十一經音訓本　四冊

410000－2206－0006743　11－08852
禮器約編不分卷　(□)□□撰　清光緒三十
三年(1907)陝西學務公所鉛印本　一冊

410000－2206－0006744　11－08853
欽定禮記義疏八十二卷首一卷　(清)允祿等
撰　清刻本　四十八冊　存六十七卷(一至
八、十七至五十九、六十八至八十二,首一卷)

410000－2206－0006745　11－08854
欽定儀禮義疏四十八卷首二卷　(清)允祿等
撰　清刻本　三十六冊

410000－2206－0006746　11－08855
周官精義十二卷　(清)連斗山編次　清嘉慶
二年(1797)致和堂刻本　六冊

410000－2206－0006747　11－08856
周禮註疏刪翼三十卷　(明)葉培恕定　(明)
王志長輯　清天德堂刻本　十冊　存十四卷
(一至十四)

410000－2206－0006748　11－08857
周禮音訓不分卷　(清)楊國楨撰　清刻本
二冊

410000－2206－0006749　11－08858

周禮精華六卷　(清)陳龍標編輯　清同治八
年(1869)刻本　五冊　存五卷(一至四、六)

410000－2206－0006750　11－08859
周官精義十二卷　(清)連斗山編次　清乾隆
五十九年(1794)崇義書院刻本　六冊　存十
卷(一至五、七至十一)

410000－2206－0006751　11－08860
周官精義十二卷　(清)連斗山編次　清刻本
二冊　存四卷(八至十一)

410000－2206－0006752　11－08861
欽定周官義疏四十八卷首一卷　(清)允祿等
撰　清刻本　一冊　存三卷(二十二至二十
四)

410000－2206－0006753　11－08862
三禮約編皆鳳三種　(清)汪基鈔撰　清刻本
一冊　存二種五卷

410000－2206－0006754　11－08863
欽定周官義疏四十八卷首一卷　(清)允祿等
撰　清光緒十四年(1888)戶部刻御纂七經本
十二冊　存二十八卷(一至二十七、首一
卷)

410000－2206－0006755　11－08864
欽定周官義疏四十八卷首一卷　(清)允祿等
撰　清乾隆十九年(1754)刻本　二十四冊
存三十八卷(一至十二、二十四至四十八,首
一卷)

410000－2206－0006756　11－08865
儀禮章句十七卷　(清)吳廷華撰　清刻本
五冊　存十三卷(五至十七)

410000－2206－0006757　11－08866
天方典禮擇要解二十卷後編一卷　(清)劉智
纂述　(清)馬汝爲閱訂　清康熙四十九年
(1710)刻本　三冊　存十六卷(六至二十、後
編一卷)

410000－2206－0006758　11－08867
奩史一百卷拾遺一卷　(清)王初桐纂述
(清)王昶　(清)阮元閱定　清嘉慶二年

(1797)古香堂刻本　一册　存四卷(一至四)

410000－2206－0006759　11－08868

禮書通故五十卷　(清)黃以周述　清刻本
二十九册　存四十七卷(三至四十九)

410000－2206－0006760　11－08869

欽定儀禮義疏四十八卷首二卷　(清)允祿等
撰　清刻本　十五册　存三十卷(五至十二、
十五至二十、二十三至三十八)

410000－2206－0006761　11－08870

五禮通考二百六十二卷總目二卷首四卷
(清)秦蕙田編輯　(清)方觀承訂　清刻本
九册　存三十四卷(四十一至四十四、一百四
十五至一百七十一、二百十五至二百十七)

410000－2206－0006762　11－08871

五禮通考二百六十二卷總目二卷首四卷
(清)秦蕙田編輯　(清)方觀承訂　清乾隆十
八年(1753)刻本　四十八册　存二百三十四
卷(一至三十、四十二至一百四十七、一百七
十至二百二十六、二百二十八至二百六十二,
總目二卷,首四卷)

410000－2206－0006763　11－08872

讀禮通考一百二十卷　(清)徐乾學撰　清刻
本　六册　存二十四卷(七十二至七十五、八
十二至八十九、九十六至一百七)

410000－2206－0006764　54514－5

學道六書六卷　(清)張沐撰　清康熙十六年
(1677)刻本　二册

410000－2206－0006765　11－08874

三禮約編三種　(清)汪基鈔撰　(清)江永校
纂　清刻本　六册　存二種存十三卷

410000－2206－0006766　11－08875

全本禮記體註十卷　(清)范紫登(范翔)定
(清)徐旦糸訂　(清)徐瑄補輯　清乾隆三十
一年(1766)百尺樓刻本　一册　存一卷(一)

410000－2206－0006767　11－08876

全本禮記體註十卷　(清)范紫登(范翔)定
(清)徐旦糸訂　(清)徐瑄補輯　清百尺樓刻

本　二册　存二卷(三至四)

410000－2206－0006768　11－08877

禮記體註大全四卷　(清)范紫登(范翔)鑒定
(清)徐旦糸訂　清一經堂刻本　二册　存
二卷(一、三)

410000－2206－0006769　11－08878

漱芳軒合纂禮記體註四卷　(清)范翔糸訂
清刻本　三册　存三卷(二至四)

410000－2206－0006770　11－08879

漱芳軒合纂禮記體註四卷　(清)范翔糸訂
清刻本　一册　存一卷(四)

410000－2206－0006771　11－08880

漱芳軒合纂禮記體註四卷　(清)范翔糸訂
清嘉慶二十三年(1818)刻本　二册　存二卷
(一、四)

410000－2206－0006772　11－08881

欽定春秋傳說彙纂三十八卷首二卷　(清)王
掞等撰　清刻本　十二册　存二十卷(十九
至三十八)

410000－2206－0006773　66233

拙軒集六卷　(金)王寂撰　清刻本　一册
存四卷(三至六)

410000－2206－0006774　11－08883

禮記二十卷附考證　(漢)鄭玄註　(唐)陸德
明音義　清乾隆四十八年(1783)武英殿刻仿
宋相臺五經附考證本　一册　存二卷(三至
四)

410000－2206－0006775　11－08884

御纂春秋直解十二卷　(清)傅恒等撰　清刻
本　六册　存七卷(三、七至十二)

410000－2206－0006776　11－08885

春秋啖趙集傳纂例十卷　(唐)陸淳纂　清嘉
興錢氏經苑刻本　四册

410000－2206－0006777　803117－24

春秋左傳音訓不分卷　(清)楊國楨撰　清刻
本　八册

410000－2206－0006778　11－08887

春秋金鎖匙一卷　（明）趙汸著　清紅櫚書屋刻本　一冊

410000－2206－0006779　11－08888

全本禮記體註十卷　（清）范紫登（范翔）定　（清）徐旦糸訂　（清）徐瑄補輯　清致和堂刻本　一冊　存一卷（六）

410000－2206－0006780　87917－20

十一經音訓十一種　（清）楊國楨撰　清刻本　四冊　存二種二卷

410000－2206－0006781　11－08890

春秋左傳五十卷　（晉）杜預　（宋）林堯叟註釋　（唐）陸德明音義　清刻本　八冊　存二十六卷（三至七、十二至十四、十八至二十、二十四至二十九、三十三至三十八、四十二至四十四）

410000－2206－0006782　11－08891

春秋左傳五十卷　（晉）杜預　（宋）林堯叟註釋　（唐）陸德明音義　清崇文堂刻本　二冊　存六卷（一至六）

410000－2206－0006783　11－08892

春秋左傳五十卷　（晉）杜預　（宋）林堯叟註釋　（唐）陸德明音義　清懷德堂刻本　二冊　存十二卷（二十七至三十八）

410000－2206－0006784　11－08893

春秋十七卷　（明）秦鑌訂正　清刻本　五冊　缺二卷（十一至十二）

410000－2206－0006785　11－08894

春秋左傳五十卷　（晉）杜預　（宋）林堯叟註釋　（唐）陸德明音義　清芥子園刻本　六冊　存十九卷（十一至十七、二十一至二十三、三十至三十八）

410000－2206－0006786　11－08895

春秋左傳五十卷　（晉）杜預　（宋）林堯叟註釋　（唐）陸德明音義　清刻本　四冊　存十四卷（七至二十）

410000－2206－0006787　11－08896

四書左國彙纂四卷　（清）高其名　（清）鄭師

成纂　清乾隆三十五年（1770）立本堂刻本　八冊

410000－2206－0006788　11－08897

尚書註疏二十卷　（漢）孔安國傳　（唐）陸德明音義　（唐）孔穎達疏　明崇禎五年（1632）古虞毛氏汲古閣刻十三經注疏本　五冊　存十二卷（七至十五、十八至二十）

410000－2206－0006789　806905－10

左傳翼三十八卷　（清）周大璋輯評　清遂初堂刻本　六冊　存十六卷（一至十六）

410000－2206－0006790　11－08899

讀左補義五十卷首二卷　（清）姜炳璋輯　清刻本　一冊　存三卷（二十九至三十一）

410000－2206－0006791　11－08900

讀左補義五十卷首二卷　（清）姜炳璋輯　清三多堂刻本　七冊　存二十一卷（一至十四、十八至二十三,首一）

410000－2206－0006792　11－08901

曲江書屋新訂批註左傳快讀十八卷首一卷　（清）李紹崧選訂　清經元堂刻本　五冊　存七卷（一、四至六、十四至十五,首一卷）

410000－2206－0006793　87913－6

十一經音訓十一種　（清）楊國楨撰　清光緒三年（1877）湖北崇文書局刻本　十六冊　存八種八卷

410000－2206－0006794　94839－41

春秋左傳音訓不分卷　（清）楊國楨撰　清道光十年（1830）大梁書院刻十一經音訓本　三冊

410000－2206－0006795　11－08904

新訂四書補註備旨十卷　（明）鄧林著　（清）鄧煜編次　（清）杜定基增訂　清刻本　三冊　存五卷（論語三至四、孟子一至三）

410000－2206－0006796　88395－8

春秋左傳音訓不分卷　（清）楊國楨撰　清刻本　四冊

410000－2206－0006797　11－08906

欽定春秋傳說彙纂三十八卷首二卷　（清）王
掞等撰　清刻本　十三冊　存二十一卷（九
至十六、十八、二十七至三十八）

410000－2206－0006798　11－08907

欽定春秋左傳讀本三十卷　（清）英和等撰
清道光二年(1822)武英殿刻本　六冊　存十
卷（十九至二十二、二十五至三十）

410000－2206－0006799　11－08908

春秋左傳五十卷　（晉）杜預　（宋）林堯叟註
釋　（唐）陸德明音義　清崇文堂刻本　十冊
存三十一卷（十四至十九、二十三至三十
五、三十九至五十）

410000－2206－0006800　11－08909

春秋公羊註疏二十八卷　（漢）何休學　（唐）
陸德明音義　（□）□□疏　明崇禎七年
(1634)古虞毛氏汲古閣刻十三經注疏本
十冊

410000－2206－0006801　11－08910

欽定春秋傳說彙纂三十八卷首二卷　（清）王
掞等撰　清刻本　十二冊　存十六卷（一至
八、十一至十八）

410000－2206－0006802　11－08911

春秋紀傳五十一卷　（清）李鳳雛纂輯　清刻
本　五冊　存十六卷（二至五、二十二至二十
四、三十四至三十六、四十六至五十一）

410000－2206－0006803　11－08912

左繡三十卷首一卷　（清）馮李驊　（清）陸浩
評輯　清華川書屋刻本　十四冊

410000－2206－0006804　11－08913

新訂四書補註備旨十卷　（明）鄧林著　（清）
鄧煜編次　（清）杜定基增訂　清正文堂刻本
五冊

410000－2206－0006805　11－08914

四書疏註撮言大全三十七卷　（清）胡蓉芝輯
清宏道堂刻本　十二冊

410000－2206－0006806　11－08915

新訂四書補註備旨十卷　（明）鄧林著　（清）

鄧煜編次　（清）杜定基增訂　清刻本　四冊
存四卷（孟子四卷）

410000－2206－0006807　11－08916

新訂四書補註備旨十卷　（明）鄧林著　（清）
鄧煜編次　（清）杜定基增訂　清宣統元年
(1909)有益堂刻本　七冊

410000－2206－0006808　89842－59

校正四書古註群義十種　清末簡青書局石印
本　十八冊

410000－2206－0006809　11－08918

四書反身錄六卷續補一卷　（清）二曲先生
(李顒)口授　（清）王心敬錄　清光緒十一年
(1885)刻本　四冊

410000－2206－0006810　11－08919

新訂四書補註備旨十一卷　（明）鄧林著
（清）鄧煜編次　（清）杜定基增訂　清同治十
年(1871)刻本　五冊

410000－2206－0006811　11－08920

新訂四書補註備旨十一卷　（明）鄧林著
（清）鄧煜編次　（清）杜定基增訂　清刻本
一冊　存二卷（論語一至二）

410000－2206－0006812　11－08921

四書合參析疑□□卷　（□）□□撰　清刻本
三冊　存二卷（孟子二至三）

410000－2206－0006813　11－08922

新訂四書補註備旨十一卷　（明）鄧林著
（清）鄧煜編次　（清）杜定基增訂　清刻本
五冊　存八卷（論語一至四、孟子一至四）

410000－2206－0006814　11－08923

增補四書精繡圖像人物備考十二卷　（明）薛
應旂輯　（明）陳仁錫增定　清乾隆二十八年
(1763)古吳聚秀堂刻本　八冊

410000－2206－0006815　11－08924

四書大全三十六卷　（清）陸隴其輯　清刻本
二十四冊　存三十四卷（論語二十卷、孟子
十四卷）

410000－2206－0006816　11－08925

四書大全三十六卷　（明）周世顯校正　清刻本　十冊　存十一卷(大學或問二,論語五至九,孟子十至十一、十四至十六)

410000－2206－0006817　11－08926

四書題鏡三十六卷總論一卷　（清）汪鯉翔纂述　清刻本　三冊　存五卷(中庸一卷、孟子七至十)

410000－2206－0006818　11－08927

四書玩註詳說四十卷　（清）冉覲祖輯　清康熙寄願堂刻本　八冊　存十卷(論語一至十)

410000－2206－0006819　11－08928

四書大全摘要二十卷　（清）黃際飛鑒定(清)李武纂輯　清光緒煥文堂刻本　三冊　存六卷(論語一至五、大學一卷)

410000－2206－0006820　11－08929

四書玩註詳說四十卷　（清）冉覲祖輯　清康熙寄願堂刻本　二十九冊　存二十卷(大學二卷,中庸四卷,上孟一至六、下孟一至八)

410000－2206－0006821　822930－41

四書大全摘要二十卷　（清）黃際飛鑒定(清)李武纂輯　清煥文堂刻本　十二冊

410000－2206－0006822　11－08931

四書玩註詳說四十卷　（清）冉覲祖輯　清康熙寄願堂刻本　二十二冊　存二十卷(大學二卷,中庸四,論語七、九至十,上孟一至六、下孟一至八)

410000－2206－0006823　11－08932

四書大全說約合㕝正解三十卷　（清）吳荃彙輯　清深柳堂刻本　三冊　存四卷(中庸一至三、下孟二)

410000－2206－0006824　11－08933

四書玩註詳說四十卷　（清）冉覲祖輯　清康熙寄願堂刻本　六冊　存六卷(上孟一至六)

410000－2206－0006825　11－08934

四書玩註詳說四十卷　（清）冉覲祖輯　清康熙寄願堂刻本　十一冊　存十卷(上論一至十)

410000－2206－0006826　11－08936

四書讀註提耳十八卷　（宋）朱熹集註　（清）耿垛手著　清屏山堂刻本　五冊　存三卷(下論二,上孟三、下孟四)

410000－2206－0006827　11－08937

四書玩註詳說四十卷　（清）冉覲祖撰　清寄願堂刻本　四冊　存三卷(下孟六至八)

410000－2206－0006828　11－08938

欽定四書文選不分卷　（清）方苞編　清刻本　四冊

410000－2206－0006829　11－08940

四書味根錄三十七卷　（清）金澂輯　清光緒十年(1884)聚盛堂刻本　八冊　存十九卷(大學一卷,中庸一、論語十至二十、孟子五至十)

410000－2206－0006830　11－08941

新訂四書補註備旨十卷　（明）鄧林著　（清）鄧煜編次　（清）杜定基增訂　清光緒十八年(1892)聚盛堂刻本　四冊　存八卷(大學一卷、中庸一卷、論語一至二、孟子四卷)

410000－2206－0006831　11－08942

四書味根錄三十七卷　（清）金澂輯　清同治四年(1865)同文堂刻本　十四冊　存三十二卷(大學一卷、中庸二卷、論語五至二十、孟子一至十三)

410000－2206－0006832　51038－67、51078－157

文獻通考三百四十八卷　（元）馬端臨著　明嘉靖三年(1524)刻本　一百十冊　缺二十四卷(八十至一百三)

410000－2206－0006833　11－08944

四書大全四種　（清）汪份輯　清康熙四十二年(1703)遄喜齋刻本　二十三冊　存二種三十四卷

410000－2206－0006834　13－08945

史記評林一百三十卷　（唐）司馬貞補撰并注　（明）凌稚隆輯　明崇禎懷德堂刻本　二十四冊　存八十二卷(一至四十三、九十二至一百三十)

410000－2206－0006835　13－08946

史記評林一百三十卷　（明）凌稚隆輯　明末刻本　十二冊　存六十六卷（十九至八十、一百二十七至一百三十）

410000－2206－0006836　11－08947

四書會要錄三十卷　（清）黃瑞輯　（清）談仕麟糸　清刻本　六冊　存六卷（論語一至三、五至七）

410000－2206－0006837　11－08948

四書會要錄三十卷　（清）黃瑞輯　（清）談仕麟糸　清三多齋刻本　二十冊

410000－2206－0006838　11－08949

新訂四書補註備旨十卷　（明）鄧林著　（清）鄧煜編次　（清）杜定基增訂　清光緒十八年（1892）聚盛堂刻本　四冊　缺二卷（論語三至四）

410000－2206－0006839　11－08950

四書或問語類集解釋註大全四十一卷　（清）朱良玉纂輯　（清）黃際飛鑒定　清雍正六年（1728）古吳光裕堂刻本　二十四冊　存二十七卷（大學三卷、中庸四卷、論語二十卷）

410000－2206－0006840　11－08951

四書講義養正編□□卷　（清）史廷煇輯　清光緒十七年（1891）寶興堂刻本　六冊　存十四卷（大學中庸講義一至四，二論講義養正編一至三、六至十，孟子講義一至二）

410000－2206－0006841　11－08952

四書或問語類集解釋註大全四十一卷　（清）朱良玉纂輯　清光裕堂刻本　七冊　存九卷（論語十二至二十）

410000－2206－0006842　11－08953

四書會要錄三十卷　（清）黃瑞著　（清）談仕麟糸　清述善堂刻本　五冊　存九卷（大學一至二、中庸一至四、論語八至十）

410000－2206－0006843　11－08954

四書或問語類集解釋註大全十一卷　（清）朱良玉纂輯　清古吳光裕堂刻本　八冊　存十卷（論語十一至二十）

410000－2206－0006844　11－08955

孟子講義大全十二卷　（清）史廷煇輯　清同治七年（1868）聚盛堂刻本　六冊

410000－2206－0006845　11－08956

朱子四書或問三十九卷中庸輯略二卷　（宋）朱熹撰　清墨瀾齋刻本　八冊

410000－2206－0006846　11－08957

孟子會解十四卷　（宋）朱熹集註　（清）綦灃輯　清還醇堂刻本　八冊　存八卷（七至十四）

410000－2206－0006847　11－08958

四書或問語類大全合訂四十一卷　（清）張榕端輯　清刻本　九冊　存十七卷（論語三至四、十一至二十,孟子七至十、十四）

410000－2206－0006848　11－08959

四書講義大全二十六卷　（清）史可亭（史廷煇）輯　清光緒十八年（1892）聚盛堂刻本　三冊　存十二卷（孟子講義一至十二）

410000－2206－0006849　11－08960

四書或問語類大全合訂四十一卷　（清）張榕端閱　清康熙三十七年（1698）古吳光裕堂刻本　四冊　存五卷（大學一、中庸一至二、論語一至二）

410000－2206－0006850　11－08961

集虛齋四書口義十卷　（清）方犖如著　（清）于光華編次　清芸盛堂刻本　五冊　存六卷（一至六）

410000－2206－0006851　11－08962

四書或問語類集解釋註大全四十一卷　（清）朱良玉輯　清古吳光裕堂刻本　八冊　存八卷（論語二至九）

410000－2206－0006852　11－08963

欽定隆萬四書文不分卷　（清）方苞評選　清刻本　五冊

410000－2206－0006853　11－08964

四書或問語類集解釋註大全四十一卷　（清）朱良玉輯　清古吳光裕堂刻本　五冊　存六

卷(論語四至五、十二至十三、十六至十七)

410000－2206－0006854　11－08965
晚年批定四書近指十七卷　（清）孫奇逢纂
清同治三年(1864)孫世玟刻孫夏峰全集本
一冊　存七卷(一至七)

410000－2206－0006855　11－08966
四書講義大全二十六卷　（清）史廷煇輯　清
刻本　十冊　存十卷(孟子三至十二)

410000－2206－0006856　11－08967
四書記悟十四卷　（清）王汝謙著　（清）李堂
階評　清同治十年(1871)刻本　三冊　存十
卷(一至十)

410000－2206－0006857　11－08968
四書講義困勉錄三十七卷續錄六卷　（清）陸
隴其纂輯　（清）陸公鏐編次　清乾隆四年
(1739)嘉會堂刻本　八冊　存二十三卷(大
學一卷、中庸二卷、論語二十卷)

410000－2206－0006858　11－08969
四書朱子大全經傳蘊萃四十卷　（清）朱良玉
纂輯　清三多齋刻本　八冊　存二十一卷
(論語十四至二十、孟子十四卷)

410000－2206－0006859　11－08970
四書朱子本義匯叅四十三卷首四卷　（清）王
步青輯　清敦復堂刻本　十五冊　存二十卷
(論語三至十三、孟子六至十四)

410000－2206－0006860　11－08971
四書朱子本義匯叅四十三卷首四卷　（清）王
步青輯　清敦復堂刻本　八冊　存十二卷
(論語九至二十)

410000－2206－0006861　11－08972
四書遵註合講十九卷　（清）翁復編　清刻本
五冊

410000－2206－0006862　11－08973
四書恆解十一卷　（清）劉沅輯註　清刻本
十冊

410000－2206－0006863　11－08974
四書章句集注二十六卷　（宋）朱熹撰　清光

緒十五年(1889)京都善成堂刻本　六冊　存
十九卷(大學一卷、中庸一卷、論語十卷、孟子
七卷)

410000－2206－0006864　11－08975
大學中庸講義四卷　（清）史廷煇輯　清道光
十年(1830)刻本　二冊　存三卷(一至三)

410000－2206－0006865　11－08976
四書朱子本義匯叅四十三卷首四卷　（清）王
步青輯　清敦復堂刻本　二十冊　存二十九
卷(大學三卷、首一卷,中庸六,論語一、十四
至二十、首一卷,孟子十四卷、首一卷)

410000－2206－0006866　11－08977
涇野先生四書因問六卷　（明）呂柟撰　（明）
魏廷萱會集　清刻本　三冊　存四卷(三至
六)

410000－2206－0006867　11－08978
四書朱子本義匯叅四十三卷首四卷　（清）王
步青輯　清乾隆十年(1745)敦復堂刻本　十
七冊　存二十五卷(大學三卷、首一卷,中庸
六卷、首一卷,孟子一至五、七至十四、首一
卷)

410000－2206－0006868　11－08979
四書朱子本義匯叅四十三卷首四卷　（清）王
步青輯　清敦復堂刻本　十一冊　存二十四
卷(中庸三至六,論語二至十二,孟子一、七至
十四)

410000－2206－0006869　11－08980
四書朱子本義匯叅四十三卷首四卷　（清）王
步青輯　清敦復堂刻本　三冊　存三卷(中
庸三,孟子九、十四)

410000－2206－0006870　11－08981
四書朱子本義匯叅四十三卷首四卷　（清）王
步青輯　清敦復堂刻本　九冊　存十八卷
(論語一至七、九至十二、十五至二十,首一
卷)

410000－2206－0006871　11－08982
四書朱子本義匯叅四十三卷首四卷　（清）王
步青輯　清敦復堂刻本　七冊　缺一卷(中

庸六）

410000－2206－0006872　11－08983

四書朱子本義匯叅四十三卷首四卷　（清）王
步青輯　清敦復堂刻本　五冊　存八卷（中
庸一至二、六，首一卷，論語七至八、十三至十
四）

410000－2206－0006873　11－08984

四書朱子本義匯叅四十三卷首四卷　（清）王
步青輯　清敦復堂刻本　五冊　存二十五卷
（大學三卷、首一卷，中庸一至五、首一卷，孟
子十四卷、首一卷）

410000－2206－0006874　11－08985

四書朱子大全精言四十一卷　（清）魏學誠鑒
定　（清）周大璋編輯　清康熙四十七年
(1708)刻本　六冊　存十一卷（大學三卷、中
庸四卷、論語一至四）

410000－2206－0006875　11－08986

四書諸儒輯要四十卷　（清）李沛霖叅訂　清
三樂齋刻本　十六冊　存十九卷（大學三卷，
中庸三卷，論語一至九、十一至十四）

410000－2206－0006876　88592－3

孟子疏略七篇　（清）張沐著　清刻五經四書
疏略本　二冊

410000－2206－0006877　800814－15

孟子十四卷　（漢）趙岐註　（明）金蟠訂　清
永懷堂刻本　二冊

410000－2206－0006878　88594－6

孟子七卷　（宋）朱熹集注　清刻本　三冊

410000－2206－0006879　11－08990

孟子講義十卷　（清）史廷煇輯　清寸知堂刻
本　五冊

410000－2206－0006880　11－08991

孟子字義疏證三卷　（清）戴震撰　清末鉛印
本　二冊

410000－2206－0006881　11－08992

四書貫解十九卷　（清）朱良玉纂輯　清刻本
　一冊　存六卷（大學一卷、中庸一卷、論語

一至四）

410000－2206－0006882　11－08993

通雅五十二卷首三卷　（清）方以智著　清
浮山此藏軒刻本　十三冊　存四十六卷（一
至三、七至四十六、五十至五十二）

410000－2206－0006883　11－08994

釋孟七卷　（清）吳文翰課存　清道光二十六
年(1846)刻本　四冊

410000－2206－0006884　11－08995

學庸囈語二卷　（清）耿埰口授　清雍正十三
年(1735)刻本　二冊

410000－2206－0006885　88600－1

孟子讀本二卷　（清）王汝謙輯評　清咸豐二
年(1852)刻本　二冊

410000－2206－0006886　11－08997

四書正本十九卷　（宋）朱熹集註　（清）童栻
校輯　清同治四年(1865)忠恕堂刻本　六冊
　存十三卷（論語四至十、孟子二至七）

410000－2206－0006887　11－08998

孟子五卷　（宋）朱熹集註　清刻本　二冊

410000－2206－0006888　11－08999

監本四書十九卷　（宋）朱熹集註　清武進陳
氏亦園刻本　六冊

410000－2206－0006889　11－09000

孟子集注十四卷　（宋）朱熹撰　（清）吳志忠
校　清刻本　四冊

410000－2206－0006890　11－09001

孟子七卷　（宋）朱熹集註　清刻本　六冊

410000－2206－0006891　11－09002

論語十卷　（宋）朱熹集註　清刻本　二冊

410000－2206－0006892　11－09003

論語正義二十四卷　（清）劉寶楠學　清同治
五年(1866)刻本　五冊

410000－2206－0006893　11－09004

論語二十卷　（三國魏）何晏集解　（明）金蟠
校訂　清永懷堂刻本　一冊

410000－2206－0006894　11－09005

五經旁訓讀本五種 　（清）徐立綱輯　清乾隆
五十四年(1789)孝思堂刻本　八冊　存四種
十五卷

410000－2206－0006895　11－09006

中庸一卷 　（宋）朱熹章句　清刻本　一冊

410000－2206－0006896　11－09007

論語補註三卷 　（清）劉開撰　清同治七年
(1868)桐城劉氏刻本　一冊

410000－2206－0006897　11－09008

論語十卷 　（宋）朱熹集註　清刻本　四冊

410000－2206－0006898　11－09009

古律經傳附考五卷 　（清）紀大奎著　清乾隆
五十六年(1791)刻本　三冊

410000－2206－0006899　11－09010

十三經集字摹本不分卷 　（清）彭玉雯篆
（清）萬青銓校正　清刻本　八冊

410000－2206－0006900　808242

唐寫本說文解字木部箋異一卷 　（清）莫友芝
撰　清同治二年(1863)刻影山草堂六種本
一冊

410000－2206－0006901　11－09012

六書分類十二卷首一卷 　（清）傅世垚輯篆
清乾隆五十四年(1789)傅應奎刻本　一冊

410000－2206－0006902　11－09013

五方元音二卷 　（清）樊騰鳳撰　（清）年希堯
增補　清康熙四十九年(1710)刻本　一冊

410000－2206－0006903　11－09014

書學慎餘二卷 　（清）李子金著　清康熙二十
一年(1682)刻本　一冊

410000－2206－0006904　11－09015

百家姓三編一卷 　（清）丁晏著　清咸豐五年
(1855)頤志齋刻本　一冊

410000－2206－0006905　11－09016

十一經音訓十一種 　（清）楊國楨撰　清道光
十年(1830)大梁書院刻本　五冊　存三種
三卷

410000－2206－0006906　11－09017

禮記揭要六卷 　（清）周蕙田輯錄　清刻本
六冊

410000－2206－0006907　11－09018

致用精舍論語類解二卷孟子類解十二卷
（清）王輅撰　清刻本　三冊

410000－2206－0006908　811933

音韻原始不分卷 　（清）郭汝昇口授　（清）郭
琬石纂述　清道光三年(1823)刻本　一冊

410000－2206－0006909　11－09020

新訂四書補註備旨十卷 　（明）鄧林著　（清）
鄧煜編次　（清）杜定基增訂　清崇文堂刻本
三冊　存五卷(論語四卷、孟子四)

410000－2206－0006910　11－09021

爾雅註疏十一卷 　（晉）郭璞註　（宋）邢昺疏
（□）□□音義　清嘉慶七年(1802)刻十三
經注疏本　六冊

410000－2206－0006911　88302－6

評點春秋綱目左傳句解彙雋六卷 　（清）韓炎
重訂　清崇文堂刻本　五冊　存五卷(一至
五)

410000－2206－0006912　11－09023

萬言肄雅不分卷 　（清）屈曾發撰　清同治九
年(1870)亦園刻本　五冊

410000－2206－0006913　11－09024

五經合纂大成五種 　（清）同文書局主人輯
清光緒十一年(1885)石印本　八冊　存四種
十六卷

410000－2206－0006914　11－09025

五種遺規五種 　（清）陳宏謀編輯　清同治七
年(1868)金陵書局刻本　三冊　存二種四卷

410000－2206－0006915　11－09026

四書讀本十九卷 　（宋）朱熹集註　清刻本
二冊　存五卷(孟子一至三、六至七)

410000－2206－0006916　11－09027

康熙字典十二集三十六卷總目一卷檢字一卷
辨似一卷等韻一卷補遺一卷備考一卷 　（清）

張玉書等纂修　清刻本　二十五冊　存二十五卷(子至卯、午至酉,等韻一卷)

410000－2206－0006917　11－09028
周易解九卷　(宋)張根撰　清嘉慶空山堂刻本　三冊

410000－2206－0006918　11－09029
五種遺規五種　(清)陳宏謀撰　清同治七年(1868)楚北崇文書局刻本　二冊　存二種二卷

410000－2206－0006919　11－09030
書經體註大全合叅六卷　(清)錢希祥叅　清雍正三年(1725)刻本　四冊

410000－2206－0006920　11－09031
周禮註疏四十二卷　(漢)鄭玄註　(唐)賈公彥疏　清刻本　十二冊

410000－2206－0006921　11－09032
毛詩故訓傳鄭箋三十卷　(漢)毛亨傳　(漢)鄭玄箋　清同治十一年(1872)五雲堂刻本　四冊

410000－2206－0006922　11－09033
新刻書經備旨善本輯要六卷　(清)汪右衡鑒定　(清)馬大猷撰　清文光堂刻本　四冊　存四卷(一至三、六)

410000－2206－0006923　11－09034
四書左國彙纂四卷　(清)高其名　(清)鄭師成纂　清乾隆三十九年(1774)百尺樓刻本　八冊

410000－2206－0006924　11－09035
康熙字典十二集三十六卷總目一卷檢字一卷辨似一卷等韻一卷補遺一卷備考一卷　(清)張玉書等纂修　清康熙五十五年(1716)刻本　二十八冊　缺十二卷(丑至寅、卯中下、辰中下、巳中,補遺一卷)

410000－2206－0006925　11－09036
康熙字典十二集三十六卷總目一卷檢字一卷辨似一卷等韻一卷補遺一卷備考一卷　(清)張玉書等纂修　清刻本　十二冊　存十二卷(寅至巳)

410000－2206－0006926　11－09037
全本禮記體註十卷　(清)范翔定　(清)徐瑄補輯　清通志堂刻本　五冊

410000－2206－0006927　11－09038
康熙字典十二集三十六卷總目一卷檢字一卷辨似一卷等韻一卷補遺一卷備考一卷　(清)張玉書等纂修　清道光七年(1827)刻本　三十四冊　缺六卷(寅至卯)

410000－2206－0006928　11－09039
康熙字典十二集三十六卷總目一卷檢字一卷辨似一卷等韻一卷補遺一卷備考一卷　(清)張玉書等纂修　清康熙五十五年(1716)刻本　三十四冊　缺六卷(申至酉)

410000－2206－0006929　11－09040
書經體註大全合叅六卷　(清)范翔鑒定　(清)錢希祥纂輯　清雍正三年(1725)刻本　四冊

410000－2206－0006930　11－09041
五種遺規五種　(清)陳宏謀撰　清同治七年(1868)楚北崇文書局刻本　四冊　存二種六卷

410000－2206－0006931　11－09042
欽定詩經傳說彙纂二十一卷首二卷詩序二卷　(清)王鴻緒等撰　清雍正五年(1727)刻本　十一冊　存十二卷(五至六、八至十七)

410000－2206－0006932　11－09043
小學考五十卷　(清)謝啟昆錄　清光緒十四年(1888)浙江書局刻本　二冊　存五卷(一至五)

410000－2206－0006933　11－09044
爾雅直音二卷　(清)孫偁輯　清光緒六年(1880)福山王氏刻天壤閣叢書本　二冊　存一卷(上)

410000－2206－0006934　11－09045
省軒考古類編十二卷　(清)柴紹炳纂　清刻本　二冊　存二卷(十一至十二)

410000－2206－0006935 11－09046

新訂四書補注備旨十一卷 （明）鄧林著
（清）鄧煜編次 （清）杜定基增訂 清刻本
二冊 存二卷(孟子三至四)

410000－2206－0006936 11－09047

四書朱子本義匯叅四十三卷首四卷 （清）王
步青撰 清敦復堂刻本 一冊 存一卷(大
學三)

410000－2206－0006937 11－09048

四書朱子本義匯叅四十三卷首四卷 （清）王
步青撰 清敦復堂刻本 一冊 存一卷(中
庸六)

410000－2206－0006938 11－09049

新訂四書補注備考十卷 （明）鄧林著 （清）
鄧煜編次 （清）杜定基增訂 清文英堂刻本
三冊 存六卷(論語三至四、孟子四卷)

410000－2206－0006939 11－09050

新訂四書補注備旨十卷 （明）鄧林著 （清）
鄧煜編次 （清）杜定基增訂 清光緒十年
(1884)文英堂刻本 一冊 存二卷(大學一
卷、中庸一卷)

410000－2206－0006940 11－09051

新訂四書備旨十卷 （明）鄧林著 （清）鄧煜
編次 （清）杜定基增訂 清刻本 一冊 存
二卷(論語一至二)

410000－2206－0006941 11－09052

監本四書十九卷 （宋）朱熹集註 清刻本
二冊 存四卷(孟子四至七)

410000－2206－0006942 11－09053

孟子講義十二卷 （清）史廷輝輯 清刻本
一冊 存一卷(十一)

410000－2206－0006943 11－09054

中庸直指不分卷 （明）史德清述 清刻本
一冊

410000－2206－0006944 11－09055

十三經注疏附考證十三種 清乾隆四年
(1739)武英殿刻本 一百十冊 缺十七卷

(禮記一至三,毛詩一至二、五至八、十六至二
十、二十三至二十五)

410000－2206－0006945 88599

致用精舍孟子類解十二卷 （清）王輅撰 清
刻本 一冊

410000－2206－0006946 11－09057

論語正義二十四卷 （清）劉寶楠學 清末石
印本 一冊 存六卷(七至十二)

410000－2206－0006947 11－09058

御纂七經 清光緒十九年(1893)湖南省城漱
芳閣刻本 一百二十一冊 存六種二百六十
九卷

410000－2206－0006948 11－09059

新訂四書補註備旨十卷 （明）鄧林著 （清）
鄧煜編次 （清）杜定基增訂 清薈玉堂刻本
一冊 存二卷(孟子三至四)

410000－2206－0006949 11－09060

十三經古注十三種 （明）金蟠 （明）葛鼐校
明崇禎十二年(1639)永懷堂刻清同治八年
(1869)浙江書局校修印本 四十八冊

410000－2206－0006950 11－09061

欽定三禮義疏五種 （清）允祿等撰 清道光
十八年(1838)刻本 一百二十六冊

410000－2206－0006951 11－09062

重刊宋本十三經註疏附校勘記十四種 （清）
阮元撰校勘記 （清）盧宣旬摘錄 清嘉慶二
十年(1815)南昌府學刻本 一百四十七冊
存十三種六百二十二卷

410000－2206－0006952 11－09063

十一經音訓十一種 （清）楊國楨撰 清道光
十年(1830)大梁書院刻本 二十六冊

410000－2206－0006953 11－09064

重刊宋本十三經註疏附校勘記十四種 （清）
阮元撰校勘記 （清）盧宣旬摘錄 清嘉慶二
十年(1815)南昌府學刻本 一百五十一冊
存十一種五百六十四卷

410000－2206－0006954 11－09065

春秋左傳音訓不分卷 （清）楊國楨撰 清道光十年（1830）大梁書院刻十一經音訓本 四冊

410000－2206－0006955 11－09066

通志堂經解一百四十種 （清）成德輯 清康熙十九年（1680）通志堂刻本 七十六冊 存二十二種一百七十六卷

410000－2206－0006956 11－09067

十三經古注十三種 明崇禎古虞毛氏汲古閣刻本 三十六冊 存二種一百二卷

410000－2206－0006957 11－09068

附釋音春秋左傳注疏六十卷 （晉）杜預注 （唐）陸德明音義 （唐）孔穎達疏 校勘記六十卷 （清）阮元撰 （清）盧宣旬摘錄 清刻本 五冊 存二十卷（三至四、十五至二十二，校勘記三至四、十五至二十二）

410000－2206－0006958 11－09069

經典釋文三十卷 （唐）陸德明撰 清通志堂刻本 六冊 存十二卷（一至十二）

410000－2206－0006959 822177－80

童溪王先生易傳三十卷 （宋）王宗傳撰 清通志堂刻本 四冊

410000－2206－0006960 11－09071

三易備遺十卷 （宋）朱元昇撰 清通志堂刻本 三冊

410000－2206－0006961 11－09072

童溪王先生易傳三十卷 （宋）王宗傳撰 清通志堂刻本 八冊

410000－2206－0006962 11－09073

木訥先生春秋經筌十四卷 （清）趙鵬飛撰 清通志堂刻本 九冊

410000－2206－0006963 11－09074

周易注疏十三卷附考證 （三國魏）王弼 （晉）韓康伯注 （唐）陸德明音義 （唐）孔穎達疏 略例一卷 （三國魏）王弼撰 （唐）邢璹注 （唐）陸德明音義 清乾隆四年（1739）武英殿刻本 五冊

410000－2206－0006964 11－09075

尚書表注二卷 （元）金履祥著 清通志堂刻本 一冊

410000－2206－0006965 11－09076

春秋左氏傳事類始末五卷附錄一卷 （宋）章沖撰 清通志堂刻本 三冊

410000－2206－0006966 94537－8、94544－51

通志堂經解一百四十種 （清）成德輯 清通志堂刻本 十冊 存二種六十卷

410000－2206－0006967 11－09079

欽定古今圖書集成一萬卷 （清）陳夢雷等輯 清雍正四年（1726）銅活字印本 二冊 存四卷（五十七至五十八、四百九十九至五百）

410000－2206－0006968 11－09080

通志堂經解一百四十種 （清）成德輯 清康熙十九年（1680）通志堂刻本 二十二冊 存七種三十七卷

410000－2206－0006969 11－09081

通志堂經解一百四十種 （清）成德輯 清通志堂刻本 一百七十冊 存四十六種六百十一卷

410000－2206－0006970 11－09082

程尚書禹貢論二卷後論一卷 （宋）程大昌撰 清通志堂刻本 一冊

410000－2206－0006971 11－09083

通志堂經解一百四十種 （清）蔡模集疏 清通志堂刻本 二冊 存二種十一卷

410000－2206－0006972 94552－6、94560

通志堂經解一百四十種 （清）成德輯 清通志堂刻本 六冊 存三種三十卷

410000－2206－0006973 11－09085

春秋名號歸一圖二卷 （五代）馮繼先撰 清通志堂刻本 一冊

410000－2206－0006974 11－09086

四書味根錄三十七卷首二卷 （清）金澂輯 清刻本 八冊 存十五卷（孟子十四卷、首一卷）

325

410000－2206－0006975　11－09088

大學集編一卷中庸集編一卷論語集編十卷孟
子集編十四卷　（宋）真德秀撰　清通志堂刻
本　六冊

410000－2206－0006976　11－09090

春秋或問二十卷　（宋）呂大圭述　清通志堂
刻本　一冊　存五卷(一至五)

410000－2206－0006977　94557－9

通志堂經解一百四十種　（清）成德輯　清通
志堂刻本　五冊　存三種二十四卷

410000－2206－0006978　11－09092

程尚書禹貢論二卷後論一卷　（宋）程大昌撰
　清通志堂刻本　一冊

410000－2206－0006979　11－09094

十一經音訓十一種　（清）楊國楨撰　清光緒
三年(1877)湖北崇文書局刻本　二十冊　存
八種八卷

410000－2206－0006980　11－09095

水道提綱二十八卷　（清）齊召南編錄　清刻
本　四冊　存十四卷(一至十四)

410000－2206－0006981　11－09096

平定粵匪紀略十八卷附記四卷　（清）杜文瀾
撰　清同治十年(1871)京都聚珍齋刻本　五
冊　存十二卷(一至八、附記四卷)

410000－2206－0006982　11－09097

舊唐書二百卷　（五代）劉昫等撰　清刻本
二十一冊　存一百十八卷(二十一至二十五、
三十二至三十五、九十二至二百)

410000－2206－0006983　11－09098

東華錄三十二卷(天命至雍正朝)　（清）蔣良
騏撰　清乾隆三十年(1765)刻本　五冊　存
十卷(十五至十六、二十三至三十)

410000－2206－0006984　11－09100

常州先哲遺書七十六種　（清）盛宣懷輯　清
光緒武進盛氏刻本　四十六冊　存二十九種
一百四十二卷

410000－2206－0006985　11－09101

詩經八卷　（宋）朱熹集傳　清刻本　一冊

410000－2206－0006986　11－09102

欽定儀禮義疏四十八卷首二卷　（清）允祿等
撰　清乾隆十三年(1748)刻本　四冊　存四
卷(八至十一)

410000－2206－0006987　11－09103

詩學含英十四卷　（清）劉文蔚輯　清刻本
一冊　存三卷(六至八)

410000－2206－0006988　11－09104

新訂四書補註備旨十卷　（明）鄧林著　（清）
鄧煜編次　（清）杜定基增訂　清刻本　一冊
　存二卷(孟子一至二)

410000－2206－0006989　11－09105

四書朱子本義匯參四十三卷首四卷　（清）王
步青撰　清敦復堂刻本　二冊　存二卷(論
語二、孟子七)

410000－2206－0006990　11－09106

論語十卷　（宋）朱熹集注　清刻本　一冊
存五卷(六至十)

410000－2206－0006991　11－09107

四書味根錄三十七卷首二卷　（清）金澂撰
清刻本　五冊　存二十六卷(論語一至六、十
三至二十、首一卷,孟子一至四、九至十四、首
一卷)

410000－2206－0006992　11－09108

增補左繡三十卷首一卷　（清）馮李驊　（清）
陸浩評輯　清乾隆十四年(1749)嵩山書屋刻
本　二冊　存八卷(一至三、十二至十五,首
一卷)

410000－2206－0006993　11－09109

左繡三十卷首一卷　（清）馮李驊　（清）陸浩
評輯　清華川書屋刻本　二冊　存五卷(十
二至十三、十六至十八)

410000－2206－0006994　11－09110

春秋質疑二卷　（清）彭迂道著　清光緒二年
(1876)刻本　一冊　存一卷(二)

410000－2206－0006995　11－09111

春秋穀梁傳音訓不分卷 （清）楊國楨撰 清道光十年(1830)大梁書院刻十一經音訓本 一冊

410000－2206－0006996 11－09112

春秋左傳五十卷 （晉）杜預 （宋）林堯叟註 （唐）陸德明音義 清刻本 六冊 存二十卷(三至六、十至二十二、三十八至四十)

410000－2206－0006997 11－09113

左傳選十四卷 （清）儲欣評 （清）儲芝条述 清二南堂刻本 二冊 存八卷(一至八)

410000－2206－0006998 11－09114

左繡三十卷首一卷 （清）馮李驊 （清）陸浩評輯 清華川書屋刻本 四冊 存七卷(七至八、十三至十四、二十四至二十五、三十)

410000－2206－0006999 11－09115

春秋公羊疏七卷 （漢）何休學 清刻本 一冊 存三卷(四至六)

410000－2206－0007000 11－09116

欽定春秋傳說彙纂三十八卷首二卷 （清）王掞等撰 清康熙三十八年(1699)刻本 六冊 存九卷(一至二、五至六、十一至十四,首二卷)

410000－2206－0007001 11－09117

重訂春秋左傳類對賦不分卷 （宋）徐晉卿著 清嘉慶十一年(1806)刻本 二冊

410000－2206－0007002 11－09118

太史張天如詳節春秋綱目句解左傳彙雋六卷 （清）韓葵重訂 清刻本 一冊 存一卷(二)

410000－2206－0007003 11－09119

春秋左傳音訓不分卷 （清）楊國楨撰 清刻本 一冊

410000－2206－0007004 11－09120

四書朱子大全經傳蘊萃十四卷 （清）朱良玉纂輯 清三多齋刻本 一冊 存一卷(孟八)

410000－2206－0007005 11－09121

批點春秋左傳綱目句解彙雋六卷 （清）韓葵

重訂 清刻本 一冊 存一卷(二)

410000－2206－0007006 11－09122

如酉所刻諸名家評點春秋綱目左傳句解彙雋六卷 （清）韓葵重訂 清刻本 一冊 存二卷(一至二)

410000－2206－0007007 11－09123

重刊宋本十三經註疏附校勘記十四種 （清）阮元撰校勘記 （清）盧宣旬摘錄 清光緒十三年(1887)上海脈望仙館石印本 三十三冊

410000－2206－0007008 11－09124

資治通鑑二百九十四卷 （宋）司馬光編 清刻本 五冊 存十三卷(二百三至二百四、二百二十三至二百二十四、二百三十九至二百四十四、二百八十至二百八十二)

410000－2206－0007009 11－09125

毛詩註疏二十卷 （漢）毛亨傳 （漢）鄭玄箋 （唐）陸德明音義 （唐）孔穎達疏 清刻本 十四冊

410000－2206－0007010 84639－84642

書經近指六卷 （清）孫奇逢撰 清康熙十五年(1676)一鶴軒刻本 四冊

410000－2206－0007011 11－09127

寄傲山房塾課纂輯書經備旨蔡註捷錄七卷 （清）鄒聖脈纂輯 （清）鄒廷猷編次 清刻本 一冊 存一卷(一)

410000－2206－0007012 11－09128

碩松堂讀易記十六卷首一卷 （清）邱仰文輯 清乾隆刻本 六冊 存十二卷(一至二、五至十四)

410000－2206－0007013 11－09129

禮記集說十卷 （元）陳澔集說 清光緒李光明莊刻本 三冊 存三卷(一至三)

410000－2206－0007014 11－09130

船山經義不分卷 （清）王夫之撰 清光緒二十二年(1896)潞河滌塵館刻本 一冊

410000－2206－0007015 11－09131

重刊宋本十三經註疏附校勘記十四種 （清）

阮元撰校勘記　（清）盧宣旬摘錄　清嘉慶二十年(1815)南昌府學刻本　一百十冊　存十一種五百十九卷

410000－2206－0007016　11－09132

康熙字典十二集三十六卷總目一卷檢字一卷辨似一卷等韻一卷補遺一卷備考一卷　（清）張玉書等纂修　清道光七年(1827)刻本　四十冊

410000－2206－0007017　84713－7

書集傳六卷首一卷　（宋）蔡沈撰　（清）鄒季友音釋　清光緒十五年(1889)刻本　四冊　存五卷(一至四、首一卷)

410000－2206－0007018　87976

春秋集傳辯疑十卷　（唐）陸淳纂　清刻本　一冊　存五卷(一至五)

410000－2206－0007019　11－09135

書經六卷　（宋）蔡沈集傳　清光緒李光明莊刻本　一冊　存一卷(五)

410000－2206－0007020　87880

春秋微旨三卷　（唐）陸淳譔　清刻本　一冊

410000－2206－0007021　11－09137

欽定書經傳說彙纂二十一卷首二卷書序一卷　（清）王頊齡等纂　清刻本　一冊　存七卷(一、七至八、十六至十七、十九至二十)

410000－2206－0007022　11－09138

春秋左傳五十卷　（晉）杜預　（宋）林堯叟註　（唐）陸德明音義　清光緒李光明莊刻本　一冊　存四卷(七至十)

410000－2206－0007023　11－09139

唐寫本說文解字木部箋異一卷　（清）莫友芝撰　清同治二年(1863)刻影山草堂六種本　一冊

410000－2206－0007024　11－09140

書經六卷　（宋）蔡沈集傳　校刊記一卷　（清）丁寶楨撰　清刻本　二冊　存三卷(三、五,校刊記一卷)

410000－2206－0007025　64466－7

馬氏心書四卷　（清）馬時芳著　清宣統三年(1911)石印本　二冊

410000－2206－0007026　11－09142

袖珍十三經註　清同治十二年(1873)稽古樓刻本　八十四冊　存十五種一百六十五卷

410000－2206－0007027　11－09143

綱鑑會纂三十九卷首一卷　（明）王世貞編　清敬業堂刻本　五冊　存五卷(三十五至三十九)

410000－2206－0007028　11－09144

皇清經解續編一千四百三十卷　王先謙輯　清光緒十四年(1888)南菁書院刻本　五十八冊　存二百八十卷(九百四十一至一千五十、一千七十五至一千一百七十二、一千一百七十四至一千二百九、一千二百十五至一千二百三十五、一千二百四十三至一千二百四十七、一千三百二十三至一千三百二十七、一千三百三十四至一千三百三十八)

410000－2206－0007029　11－038746

春秋大事表摘要四卷　（清）顧棟高輯　清刻本　一冊　存一卷(四)

410000－2206－0007030　11－09146

東谷鄭先生易翼傳二卷　（宋）鄭汝諧撰　清通志堂刻本　二冊

410000－2206－0007031　11－09147

胡文忠公政書十四卷　（清）胡林翼著　清光緒二十五年(1899)湖南糧儲道署刻本　十三冊　缺二卷(二、十二)

410000－2206－0007032　11－09148

李氏五種　（清）李兆洛撰　清同治九年(1870)合肥李鴻章金陵刻本　七冊　存三種二十卷

410000－2206－0007033　11－09149

牧令書二十三卷　（清）徐棟輯　清道光二十八年(1848)刻本　五冊　存八卷(一、四至十)

410000－2206－0007034　11－09150

茶山集八卷　(宋)曾幾撰　清乾隆四十一年
(1776)刻武英殿聚珍版書本　一冊　存四卷
(一至四)

410000－2206－0007035　11－09151
南越遊記三卷　(清)陳徽言撰　清咸豐七年
(1857)刻本　一冊

410000－2206－0007036　11－09152
八旗文經五十六卷作者攷三卷敍錄一卷
(清)盛昱　(清)楊鍾義輯　清光緒二十七年
(1901)武昌刻本　五冊　存二十二卷(一至
二十二)

410000－2206－0007037　11－09153
戰國策三十三卷　(漢)高誘注　札記三卷
(清)黃丕烈撰　清同治八年(1869)湖北崇文
書局刻本　二冊　存十八卷(一至十八)

410000－2206－0007038　11－09154
金文最六十卷首一卷　(清)張金吾輯　清光
緒二十一年(1895)蘇州書局刻本　三冊　存
十一卷(一至三、四十一至四十八)

410000－2206－0007039　11－09155
战國策補注三十三卷　(漢)高誘註　(宋)姚
宏續註　吳曾祺補注　清宣統二年(1910)商
務印書館鉛印本　一冊　存八卷(二十六至
三十三)

410000－2206－0007040　11－09156
新鑴趙田了凡袁先生編纂古本歷史大方綱鑑
補三十九卷首一卷　(明)袁黃撰　清刻本
一冊　存二卷(六至七)

410000－2206－0007041　11－09157
吳越春秋十卷　(漢)趙曄撰　清乾隆四十九
年(1784)南陵徐氏刻本　二冊

410000－2206－0007042　11－09158
鄉黨圖考十卷　(清)江永著　清乾隆五十二
年(1787)致和堂刻本　四冊

410000－2206－0007043　11－09159
二十二子二十二種　(清)浙江書局輯　清光
緒浙江書局刻本　二十七冊　存八種一百

七卷

410000－2206－0007044　11－09160
微波榭遺書十五種　(清)孔繼涵輯　清刻本
三冊　存四種十六卷

410000－2206－0007045　11－09161
增補萬寶全書二十卷　(明)陳繼儒輯　清嘉
慶十六年(1811)刻本　五冊　缺四卷(十一
至十四)

410000－2206－0007046　11－09162
聲律啓蒙撮要二卷　(清)車萬育著　清道光
七年(1827)安國堂刻本　一冊

410000－2206－0007047　11－09163
老子道德經二卷　(春秋)李耳撰　(三國魏)
王弼注　清刻本　一冊　存一卷(下)

410000－2206－0007048　11－09164
憲政論三篇　(日本)菊池學而著　林棨譯
清光緒二十九年(1903)上海商務印書館鉛印
本　一冊

410000－2206－0007049　11－09165
地球韻言四卷　張士瀛撰　清光緒二十七年
(1901)酉山書院刻本　一冊　存二卷(一至
二)

410000－2206－0007050　11－09166
重訂王鳳洲先生綱鑑會纂四十六卷　(明)王
世貞纂　(明)陳仁錫訂　清刻本　二百十二
冊　存三十四卷(一至二十九、三十二至三十
六)

410000－2206－0007051　11－09167
綱鑑會纂三十九卷首一卷　(明)王世貞編
清刻本　一冊　存一卷(一)

410000－2206－0007052　11－09168
陶廬叢刻二十種　王樹枬撰　清光緒至民國
間新城王氏刻本　九冊　存三種二十八卷

410000－2206－0007053　11－09169
勸學篇二篇　(清)張之洞撰　清光緒二十四
年(1898)兩湖書院刻本　一冊

410000－2206－0007054　57671

圓錐曲線說三卷　(英國)艾約瑟口譯　(清)李善蘭筆述　清刻本　一冊

410000－2206－0007055　11－09171

御案詩經備旨八卷　(清)鄒聖脈纂輯　(清)鄒廷猷編次　清刻本　四冊　存五卷(三、五至八)

410000－2206－0007056　11－09172

皇朝輿地韻編二卷　(清)李兆洛輯　清刻本　一冊

410000－2206－0007057　59439

菊潭講義三種　(清)王滌心著　清咸豐六年(1856)銅山復性書屋刻本　一冊

410000－2206－0007058　11－09174

寄傲山房塾課纂輯書經備旨蔡註捷錄七卷　(清)鄒聖脈纂輯　(清)鄒廷猷編次　清義德堂刻本　三冊

410000－2206－0007059　11－09175

御纂周易述義十卷　(清)傅恒等纂　清乾隆二十年(1755)刻本　二冊　存五卷(一至二、八至十)

410000－2206－0007060　57656－64

西學啟蒙十六種　(英國)艾約瑟譯　清刻本　九冊　存九種一百三十八卷

410000－2206－0007061　11－09177

古香齋新刻袖珍淵鑑類函四百五十卷目錄四卷　(清)張英等纂　清康熙四十九年(1710)刻本　七冊　存二十六卷(一至十八、一百六十二至一百六十五,目錄四卷)

410000－2206－0007062　11－09178

淵鑑類函四百五十卷　(清)張英等撰　清康熙四十九年(1710)刻本　六冊　存九十八卷(二百六十五至三百六十二)

410000－2206－0007063　11－09179

字彙十二卷首一卷末一卷韻法直圖一卷韻法橫圖一卷　(明)梅膺祚集　清乾隆四十年(1775)崇文堂刻本　七冊　存七卷(一至七)

410000－2206－0007064　11－09180

二如亭群芳譜三十卷首十三卷　(明)王象晉纂輯　清刻本　八冊　存十卷(棉譜一、首一卷,藥譜一至二、首一卷,木譜一、首一卷,花譜四,卉譜一、首一卷)

410000－2206－0007065　11－09181

二如亭群芳譜三十卷首十三卷　(明)王象晉纂輯　明沙村草堂刻本　十八冊　存二十八卷(天譜一至三、首一卷,歲譜一至四、首一卷,穀譜一、首一卷,蔬譜一至二、首一卷,果譜一至四、首一卷,花譜一至四、首一卷,卉譜一至二,鶴魚譜一、首一卷)

410000－2206－0007066　11－09182

馮少墟集二十二卷續集五卷　(明)馮從吾撰　清刻本　十八冊

410000－2206－0007067　11－09183

孟晉齋文集五卷　(清)顧壽楨著　清同治五年(1866)見素抱樸齋刻本　一冊　存一卷(一)

410000－2206－0007068　11－09184

甌北集五十三卷　(清)趙翼撰　清刻本　二冊　存九卷(三至八、二十至二十二)

410000－2206－0007069　11－09185

依隱齋詩鈔十二卷　(清)陳鍾祥撰　清刻本　一冊　存三卷(五至七)

410000－2206－0007070　11－09186

順天鄉試闈墨不分卷　(清)梁庭華等撰　清光緒二十八年(1902)刻本　一冊

410000－2206－0007071　11－09187

堅瓠集首集四卷二集四卷三集四卷四集四卷　(清)褚人穫輯　清康熙二十九年(1690)刻本　八冊

410000－2206－0007072　11－09188

佩文齋廣群芳譜一百卷目錄二卷　(明)王象晉編　(清)汪灝等重編　清康熙四十七年(1708)刻本　一冊　存四卷(十八至二十一)

410000－2206－0007073　11－09189

蘇文忠公詩合註五十卷首一卷　(宋)蘇軾撰

（清）馮應榴輯訂　清乾隆五十八年（1793）
桐鄉馮氏踵息齋刻同治九年（1870）重修本
一冊　存一卷（首一卷）

410000－2206－0007074　11－09190
胡文忠公遺集八十六卷　（清）胡林翼撰
（清）鄭敦謹　（清）曾國荃編輯　清刻本　四
冊　存十卷（二十六至二十八、三十二至三十
六、四十二至四十三）

410000－2206－0007075　11－09191
胡文忠公遺集十卷首一卷　（清）胡林翼撰
（清）閻敬銘等輯　清同治五年（1866）刻本
四冊　存六卷（一至三、九至十，首一卷）

410000－2206－0007076　11－09193
游定夫先生集六卷首一卷末一卷　（宋）游酢
撰　清同治六年（1867）和州官舍刻本　一冊

410000－2206－0007077　11－09194
紫陽家塾詩鈔二十四卷　（清）朱琦編輯　清
道光十二年（1832）培風閣刻本　五冊　存二
十卷（一至二十）

410000－2206－0007078　11－09195
全上古三代秦漢三國六朝文七百四十六卷
（清）嚴可均輯　清光緒二十年（1894）廣雅書
局刻本　一百十八冊　存三百三十四卷（上
古一至八、九至十六，秦一，三國一至六十二、
七十至七十五，晉一至一百六十七，後周一至
十八，宋一至六十四）

410000－2206－0007079　11－09196
近思錄十四卷　（宋）朱熹　（宋）呂祖謙編
（清）江永集註　**考訂朱子世家一卷**　（清）江
永撰　清咸豐三年（1853）刻本　四冊

410000－2206－0007080　11－09197
資治通鑑地理今譯十六卷　（清）吳熙載撰
清光緒二十三年（1897）經史閣刻本　四冊

410000－2206－0007081　11－09198
資治通鑑地理今譯十六卷　（清）吳熙載撰
清光緒八年（1882）江蘇書局刻本　四冊

410000－2206－0007082　11－09199

歷代地理志韻編今釋二十卷　（清）李兆洛輯
清刻本　一冊　存三卷（六至八）

410000－2206－0007083　12－09200
歷代名臣言行錄二十四卷　（清）朱桓編　清
光緒二十八年（1902）上海鴻寶書局鉛印本
十二冊

410000－2206－0007084　12－09201
歷代名臣言行錄二十四卷　（清）朱桓編　清
光緒二十八年（1902）上海鴻寶書局鉛印本
八冊　存十七卷（一至十二、十五、二十至二
十一、二十三至二十四）

410000－2206－0007085　11－09202
長白彙徵錄八卷　張鳳臺等纂修　清宣統二
年（1910）鉛印本　四冊

410000－2206－0007086　11－09203
古文辭類纂七十五卷　（清）姚鼐纂　清同治
八年（1869）刻本　九冊　存五十二卷（一至
十九、二十一至二十四、三十九至四十四、四
十九至五十五、六十至七十五）

410000－2206－0007087　11－09204
隨盦徐氏叢書十種　徐乃昌輯　清光緒至民
國間南陵徐氏刻本　四冊　存四種十五卷

410000－2206－0007088　11－09205
韓君翼先生一本論不分卷　（清）韓錫瓚撰
清光緒二十四年（1898）孝友堂刻本　一冊

410000－2206－0007089　11－09206
焦氏易林四卷　（漢）焦贛撰　清光緒元年
（1875）湖北崇文書局刻子書百家本　四冊

410000－2206－0007090　11－09207
經義約選不分卷　王錫蕃選輯　清光緒二十
七年（1901）刻本　一冊

410000－2206－0007091　11－09208
繡像三國志二十卷　（明）羅本撰　（清）金人
瑞評　清順治元年（1644）刻本　七冊　存七
卷（一、五至六、十四至十七）

410000－2206－0007092　11－09209
小學或問不分卷　（清）尹嘉銓輯　清同治十

年(1871)尊道堂刻本　一冊

410000－2206－0007093　11－09210

高厚蒙求不分卷　(清)徐朝俊纂　清嘉慶十二年(1807)雲間徐氏刻本　一冊

410000－2206－0007094　11－09211

欽定儀禮義疏四十八卷首二卷　(清)允祿等撰　清刻本　七冊　存十四卷(十二至十四、十七、二十四至二十九、三十二至三十五)

410000－2206－0007095　11－09212

四大奇書第一種五十一卷　(明)羅本撰　(清)毛宗崗評　(清)鄒聖脈糸訂　清刻本　十一冊　存四十九卷(三至五十一)

410000－2206－0007096　11－09213

明史三百三十二卷　(清)張廷玉等撰　清刻本　八冊　存二十六卷(二百十八至二百四十三)

410000－2206－0007097　11－09214

元史二百十卷　(明)宋濂等修　清光緒十年(1884)刻本　三十七冊　存一百四十二卷(一至九、二十至三十一、三十六至九十二、一百二十一至一百二十八、一百三十三至二百七十二、一百八十四至一百八十八、一百九十五至二百一、二百七至二百十)

410000－2206－0007098　11－09215

宗朱子要法一卷　(清)朱澤澐撰　清光緒二十五年(1899)刻本　一冊

410000－2206－0007099　11－09216

金史一百三十五卷　(元)脱脱等修　清刻本　一冊　存六卷(一百十六至一百二十一)

410000－2206－0007100　40211－6

[乾隆]獲嘉縣志十六卷首一卷　(清)吳喬齡修　(清)李棟纂　清乾隆二十一年(1756)刻本　六冊

410000－2206－0007101　11－09218

讀史方輿紀要一百三十卷　(清)顧祖禹輯著　清敷文閣刻本　二十九冊　存五十九卷(二至四、十四、三十至三十七、四十一至四十

二、四十七、四十九至五十、五十三至五十七、七十五至七十九、八十二至八十四、八十九至一百十二、一百十五至一百十九)

410000－2206－0007102　11－09219

御批歷代通鑑輯覽一百二十卷　(清)傅恒等撰　清光緒十年(1884)石印本　八冊

410000－2206－0007103　11－09220

孔子家語十卷　(三國魏)王肅注　清乾隆四十九年(1784)汲古閣刻本　一冊　存五卷(一至五)

410000－2206－0007104　11－09221

古文辭類纂七十五卷　(清)姚鼐編　清光緒二十七年(1901)刻本　十二冊

410000－2206－0007105　11－09222

荀子三卷　(戰國)荀況撰　清光緒元年(1875)湖北崇文書局刻子書百家本　一冊　存一卷(上)

410000－2206－0007106　11－09223

淵鑒齋御纂朱子全書六十六卷　(宋)朱熹撰　(清)李光地等編　清刻本　六冊　存十六卷(十三至二十五、三十至三十二)

410000－2206－0007107　11－09224

御纂性理精義十二卷　(清)李光地等纂修　清刻本　二冊　存六卷(三至八)

410000－2206－0007108　11－09225

歐陽文忠公全集一百五十三卷附錄五卷　(宋)歐陽修撰　清刻本　十冊　存七十六卷(四十八至一百二十三)

410000－2206－0007109　11－09226

三魚堂全集　(清)陸隴其撰　清宣統三年(1911)石印本　六冊

410000－2206－0007110　11－09227

西堂全集　(清)尤侗撰　清刻本　十冊　存二種三十卷

410000－2206－0007111　11－09228

安陽集五十卷　(宋)韓琦撰　別錄三卷遺事一卷忠獻韓魏王家傳十卷　清咸豐元年

(1851)刻本　十册

410000－2206－0007112　11－09229
柳文四十三卷別集二卷外集二卷附錄一卷
(唐)劉禹錫纂　清同治七年(1868)刻本　九
册　缺十五卷(二至十一、十六至二十)

410000－2206－0007113　11－09230
陸宣公翰苑集二十四卷首一卷末一卷　(唐)
陸贄撰　清光緒十八年(1892)柏經正堂刻本
九册　存十九卷(一至十九)

410000－2206－0007114　11－09231
樂道堂古近體詩續鈔二卷末一卷　(清)奕訢
撰　清光緒三年(1877)刻本　二册

410000－2206－0007115　11－09232
詩韻集成十卷　(清)余照輯　清咸豐三年
(1853)維經堂刻本　一册　存四卷(一至四)

410000－2206－0007116　11－09233
分類詳註飲香尺牘四卷　題(清)飲香居士撰
清乾隆五十二年(1787)至誠堂刻本　三册
缺一卷(二)

410000－2206－0007117　11－09234
三國志六十五卷　(晉)陳壽撰　(南朝宋)裴
松之注　清光緒十三年(1887)刻本　十三册
存五十三卷(一至八、十二至四十五、五十
五至六十五)

410000－2206－0007118　11－09235
小題正鵠三集不分卷　(清)李元度編輯　清
道光二十七年(1847)刻本　一册

410000－2206－0007119　11－09236
保甲書輯要四卷　(清)徐棟輯　清同治七年
(1868)江蘇書局刻牧令全書本　一册

410000－2206－0007120　11－09237
**白香山詩長慶集二十卷後集十七卷別集一卷
補遺二卷**　(唐)白居易著　(清)汪立名編訂
　年譜二卷　(宋)陳振孫編　清康熙四十二
年(1703)古歙汪立名一隅草堂刻本　一册
存二卷(年譜二卷)

410000－2206－0007121　11－09238

板橋集六卷　(清)鄭燮著　清乾隆十四年
(1749)刻本　一册　存二卷(家書一卷、題畫
一卷)

410000－2206－0007122　11－09239
**龐魯山時藝自怡集一卷自娛集一卷自愛集一
卷**　(清)□□撰　清咸豐四年(1854)毓芝堂
刻本　三册

410000－2206－0007123　11－09240
三國志六十五卷　(晉)陳壽撰　(南朝宋)裴
松之注　清光緒十三年(1887)刻本　三册
存十七卷(一至十七)

410000－2206－0007124　11－09241
擊鉢吟存稿四卷末一卷　(清)□□撰　清刻
本　一册

410000－2206－0007125　11－09242
目耕帖三十卷　(清)馬國翰撰　清湘遠堂刻
本　三册　存五卷(十九至二十二、二十九)

410000－2206－0007126　11－09243
**李衛公會昌一品集二十卷別集十卷外集四十
卷補遺一卷**　(唐)李德裕撰　清光緒五年
(1879)定州王氏謙德堂刻本　五册　缺六卷
(一品集一至六)

410000－2206－0007127　11－09244
海峰文集八卷詩集十一卷　(清)劉大櫆著
清同治十三年(1874)刻本　四册　存九卷
(文集一、六至八,詩集一至五)

410000－2206－0007128　11－09245
榕園全集五種　(清)李彥章撰　清刻本　十
九册　缺二卷(潤經堂自治官書四至五)

410000－2206－0007129　11－09246
聞式堂明文小題傳薪五卷　(清)臧岳評釋
清文富堂刻本　一册　存一卷(上論)

410000－2206－0007130　11－09247
[光緒]鹿邑縣志十六卷首一卷　(清)于滄瀾
(清)馬家彥修　(清)蔣師轍纂　清光緒二
十二年(1896)刻本　五册　缺六卷(八至十
三)

410000－2206－0007131　11－09248

四書味根錄三十七卷　（清）金澂撰　清同治
四年(1865)同文堂刻本　一冊　存一卷(大
學一卷)

410000－2206－0007132　11－09249

東山酬唱二卷　（清）張問陶撰　清道光十六
年(1836)基福堂刻本　一冊　存一卷(上)

410000－2206－0007133　11－09250

大學原文集解一卷中庸原文集解一卷　（清）
胡清瑞著　清光緒二十三年(1897)梁垣文潤
齋刻本　一冊

410000－2206－0007134　11－09251

西橋詩草六卷首一卷　（清）吳英樾著　清道
光三十年(1850)西泠寓舍刻本　一冊　存四
卷(一至三、首一卷)

410000－2206－0007135　11－09252

後湖草堂詩鈔□□卷　（清）王守毅撰　清刻
本　一冊　存三卷(三十九至四十一)

410000－2206－0007136　11－09253

雪鴻堂詩集二卷　（清）彭嘉寅著　清同治十
年(1871)刻本　一冊　存一卷(上)

410000－2206－0007137　11－09254

珠巢存課二卷　（清）周之琦著　清刻本
一冊

410000－2206－0007138　11－09255

斯文精萃補四卷　（清）陳預選輯　清嘉慶十
五年(1810)刻本　二冊　存一卷(大學一卷)

410000－2206－0007139　11－09256

伊川文集八卷　（宋）程頤撰　清刻本　一冊
缺三卷(一至三)

410000－2206－0007140　11－09257

策對名文約選不分卷　（清）□□輯　清刻本
一冊

410000－2206－0007141　11－09259

二泉遺稿二卷　（清）王珍撰　清刻本　一冊
存一卷(二)

410000－2206－0007142　11－09260

後湖草堂詩鈔□□卷　（清）王守毅撰　清刻
本　四冊　存十卷(三十九至四十八)

410000－2206－0007143　11－09261

王聖田傳一卷　（清）王輅撰　清刻本　一冊

410000－2206－0007144　11－09262

孫徵君日譜錄存三十六卷　（清）孫奇逢撰
清刻本　三冊　存四卷(七至十)

410000－2206－0007145　11－09263

策對名文約選不分卷　（清）□□輯　清刻本
一冊

410000－2206－0007146　11－09264

理學宗傳二十六卷　（清）孫奇逢撰　清刻本
六冊　存十四卷(六至十七、二十二至二十
三)

410000－2206－0007147　11－09265

二泉遺稿二卷　（清）王珍撰　清刻本　一冊
存一卷(二)

410000－2206－0007148　11－09266

孫夏峰全集　（清）孫奇逢撰　清刻本　二冊
存二種三卷

410000－2206－0007149　11－09267

理學宗傳二十六卷　（清）孫奇逢輯　清刻本
二冊　存四卷(二十一至二十四)

410000－2206－0007150　11－09268

理學宗傳二十六卷　（清）孫奇逢輯　清刻本
五冊　存十一卷(十二至十四、十八至二
十、二十二至二十六)

410000－2206－0007151　11－09269

竹軒詩草不分卷　（清）杜桂陵著　清道光二
年(1822)師儉堂刻本　一冊

410000－2206－0007152　11－09270

春秋左傳註疏六十卷　（晉）杜預注　（唐）陸
德明音義　（唐）孔穎達疏　清刻本　八冊
存十五卷(一至十五)

410000－2206－0007153　11－09271

高縣團練章程不分卷　（清）□□撰　清同治
三年(1864)刻本　一冊

410000－2206－0007154　11－09272

聞式堂古文選釋八卷　（清）臧岳輯　清刻本
一冊　存二卷（五至六）

410000－2206－0007155　11－09273

半舫館賸稿二卷填詞一卷　（清）吳葆晉著
清光緒十一年（1885）固始吳氏刻本　一冊
存一卷（二）

410000－2206－0007156　11－09274

禮記十卷　（元）陳澔集說　清同治三年
（1864）浙江撫署刻本　十冊

410000－2206－0007157　11－09275

晚悔堂詩集八卷　（清）李西堂撰　清光緒十
八年（1892）刻本　三冊

410000－2206－0007158　11－09276

夏峯先生集十四卷首一卷補遺二卷　（清）孫
奇逢著　清道光二十五年（1845）大梁書院刻
本　十二冊　存十二卷（一至十一、首一卷）

410000－2206－0007159　11－09277

十三經注疏附校勘記十三種　（清）阮元撰校
勘記　（清）盧宣旬摘錄　清光緒十三年
（1887）點石齋石印本　一冊　存二種六卷

410000－2206－0007160　11－09278

中州人物考八卷　（清）孫奇逢輯　清道光二
十四年（1844）刻本　七冊　缺一卷（五）

410000－2206－0007161　11－09279

中州人物考八卷　（清）孫奇逢輯　清道光二
十四年（1844）刻本　三冊　存三卷（一至二、
四）

410000－2206－0007162　11－09280

中州人物考八卷　（清）孫奇逢輯　清道光二
十四年（1844）刻本　一冊　存一卷（四）

410000－2206－0007163　11－09281

通志堂經解一百四十種　（清）成德輯　清通
志堂刻本　二十冊　存七種六十八卷

410000－2206－0007164　11－09282

後漢書九十卷　（南朝宋）范曄撰　（唐）李賢
注　志三十卷　（晉）司馬彪撰　（南朝梁）劉

昭注　清末石印本　一冊　存十五卷（四十
一至五十五）

410000－2206－0007165　11－09283

新增象吉備要通書二十九卷　（清）魏鑑彙述
清大文堂刻本　六冊　存十一卷（一至十
一）

410000－2206－0007166　11－09285

十一經音訓十一種　（清）楊國楨撰　清光緒
三年（1877）湖北崇文書局刻本　五冊　存三
種三卷

410000－2206－0007167　11－09286

十一經音訓十一種　（清）楊國楨撰　清道光
十年（1830）大梁書院刻本　五冊　存三種
三卷

410000－2206－0007168　11－09287

仿宋相臺五經附考證　（三國魏）王弼註　清
乾隆四十八年（1783）武英殿刻本　十二冊
存三種四十三卷

410000－2206－0007169　11－09288

朱子遺書十五種　（宋）朱熹撰　清康熙呂氏
寶誥堂刻本　十二冊　存八種七十一卷

410000－2206－0007170　11－09289

[乾隆]續河南通志八十卷首四卷　（清）阿思
哈等纂修　清乾隆三十二年（1767）刻本　十
冊　缺四十二卷（三十九至八十）

410000－2206－0007171　11－09290

李文清公遺書八卷首一卷志節編二卷　（清）
李棠階撰　清光緒八年（1882）河北道署刻本
四冊

410000－2206－0007172　11－09291

李忠武公遺書四卷　（清）李續賓撰　清光緒
十七年（1891）甌江巡署刻本　四冊

410000－2206－0007173　11－09292

李文清公遺書八卷首一卷志節編二卷　（清）
李棠階撰　清光緒八年（1882）河北道署刻本
四冊

410000－2206－0007174　11－09293

呂新吾全集二十種 （明）呂坤著 明萬曆刻
清同治、光緒遞修本 二十四冊 存六種三
十一卷

410000－2206－0007175 11－09294

論語隨筆二十卷 （清）牛運震學 清嘉慶六
年(1801)空山堂刻本 十三冊 存十一卷
(一至九、十一至十二)

410000－2206－0007176 11－09295

四書朱子本義匯叅四十三卷首四卷 （清）王
步青輯 清敦復堂刻本 七冊 存八卷(孟
子一至七、首一卷)

410000－2206－0007177 11－09296

劉端臨先生遺書九種 （清）劉台拱撰 清道
光十四年(1834)世德堂刻本 四冊 存九種
九卷

410000－2206－0007178 11－09297

空山堂全集八種 （清）牛運震撰 清嘉慶二
十三年(1818)空山堂刻本 十二冊

410000－2206－0007179 11－09298

四書朱子本義匯叅四十三卷首四卷 （清）王
步青輯 清敦復堂刻本 六冊 存七卷(孟
子八至十四)

410000－2206－0007180 11－09299

李文清公遺書八卷首一卷志節編二卷 （清）
李棠階撰 清光緒八年(1882)河北道署刻本
四冊

410000－2206－0007181 11－09300

羅忠節公遺集七種 （清）羅澤南撰 清咸
豐、同治間刻本 九冊 存五種十五卷

410000－2206－0007182 11－09301

李文清公遺書八卷首一卷志節編二卷 （清）
李棠階撰 清光緒八年(1882)河北道署刻本
五冊

410000－2206－0007183 11－09302

五經精義五種 （清）黃淦撰 清嘉慶刻本
七冊 存四種二十卷

410000－2206－0007184 11－09303

體微齋遺編三種 （清）祝塏撰 清光緒十八
年(1892)刻本 五冊

410000－2206－0007185 11－09304

續藏書二十七卷 （明）李贄撰 清刻本
十冊

410000－2206－0007186 11－09305

湯子遺書十卷首一卷續編二卷 （清）湯斌撰
清同治九年(1870)蘇廷魁等刻湯文正公全
集本 八冊 缺五卷(八至十、續編二卷)

410000－2206－0007187 11－09306

呂新吾全集二十種 （明）呂坤撰 清道光七
年(1827)刻本 六冊 存五種十四卷

410000－2206－0007188 11－09307

湯文正公全集四種 （清）湯斌撰 清同治九
年(1870)蘇廷魁等刻本 三十二冊

410000－2206－0007189 11－09308

呂新吾先生實政錄七卷 （明）呂坤撰 清道
光七年(1827)開封府署刻本 六冊

410000－2206－0007190 11－09309

陸桴亭先生遺書二十二種 （清）陸世儀撰
清光緒二十五年(1899)太倉唐受祺京師刻本
二十冊

410000－2206－0007191 11－09310

嶺南遺書六十種 （清）伍元薇 （清）伍崇曜
輯 清道光、同治間南海伍氏粵雅堂文字歡
娛室刻本 五十六冊 存四十一種二百八
十卷

410000－2206－0007192 11－09311

湯文正公全集四種 （清）湯斌撰 清同治九
年(1870)蘇廷魁等刻本 三十二冊

410000－2206－0007193 11－09312

靈鶼閣叢書五十六種 （清）江標輯 清光緒
元和江氏湖南師院刻本 四十八冊

410000－2206－0007194 11－09313

體微齋遺編三種 （清）祝塏撰 清光緒十八
年(1892)刻本 五冊

410000－2206－0007195 11－09314

祝爽亭觀察事略一卷歸德閣郡公紀一卷
（清）黃振河撰　清光緒十四年（1888）刻本
一冊

410000－2206－0007196　11－09315

靈鶼閣叢書五十六種　（清）江標輯　清光緒
元和江氏湖南使院刻本　四十七冊

410000－2206－0007197　11－09316

拜經樓叢書七種　（清）吳騫輯　清乾隆、嘉
慶間海昌吳氏刻本　八冊　存七種二十四卷

410000－2206－0007198　11－09317

亭林遺書十種　（清）顧炎武著　清刻本
六冊

410000－2206－0007199　11－09318

陶廬叢刻二十二種　王樹枏撰　清光緒至民
國間新城王氏刻本　十六冊　存六種四十卷

410000－2206－0007200　11－09319

惜抱軒遺書三種　（清）姚鼐撰　清光緒五年
（1879）桐城徐宗亮刻本　四冊

410000－2206－0007201　11－09320

躬自厚齋叢書十二種　（清）賈臻輯　清道
光、咸豐間賈氏躬自厚齋刻本　十二冊

410000－2206－0007202　11－09321

高子全書八種　（明）高攀龍撰　清乾隆十一
年（1746）劍光閣刻本　八冊

410000－2206－0007203　11－09322

重訂七種古文選　（清）孫琮輯　清乾隆四十
九年（1784）受祉堂刻本　三十一冊　缺二卷
（穀梁傳選一卷、唐宋八大家選五）

410000－2206－0007204　11－09323

重訂七種古文選　（清）孫琮輯　清乾隆四十
九年（1784）受祉堂刻本　一冊　存二種二卷

410000－2206－0007205　11－09324

味檗齋遺書十六種　（明）趙南星撰　清光緒
六年（1880）趙瑜刻本　十二冊

410000－2206－0007206　11－09325

番禺陳氏東塾叢書四種　（清）陳澧撰　清咸
豐至光緒間刻本　六冊

410000－2206－0007207　11－09326

當歸草堂叢書八種　（清）丁丙輯　清同治錢
塘丁氏刻本　八冊

410000－2206－0007208　11－09327

讀書雜誌十種　（清）王念孫撰　清同治九年
（1870）刻本　二十四冊

410000－2206－0007209　11－09328

當歸草堂叢書八種　（清）丁丙輯　清同治錢
塘丁氏刻本　五冊　存五種九卷

410000－2206－0007210　11－09329

貸園叢書初集十三種　（清）周永年輯　清乾
隆間青州李文藻刻五十四年（1789）重編刻本
　八冊　存六種十七卷

410000－2206－0007211　11－09330

嘉定錢氏潛研堂全書二十一種　（清）錢大昕
撰　清光緒十年（1884）長沙龍氏家塾刻本
五十四冊　存二十一種二百二十七卷

410000－2206－0007212　11－09331

李文忠公全集　（清）李鴻章撰　（清）吳汝綸
編　清光緒三十一年（1905）刻本　一百一冊

410000－2206－0007213　11－09332

中復堂全集十種　（清）姚瑩撰　清同治六年
（1867）姚濬昌安福縣署刻本　二十五冊　缺
十三卷（康八至十六、識一至四）

410000－2206－0007214　11－09333

曝書亭集八十卷附錄一卷　（清）朱彝尊撰
笛漁小稿十卷　（清）朱昆田撰　清光緒十五
年（1889）陶氏刻本　八冊　缺三十八卷（一
至三十八）

410000－2206－0007215　11－09334

呂新吾全集二十種　（明）呂坤撰　明萬曆刻
本　八冊

410000－2206－0007216　11－09335

榕村全集四十卷別集五卷　（清）李光地撰
清乾隆元年（1736）李清植刻本　十二冊　缺
五卷（別集五卷）

410000－2206－0007217　11－09336

小蝸廬文存二卷詩鈔二卷試帖一卷　（清）吳其泰著　清咸豐九年(1859)固始吳氏刻本　五冊

410000－2206－0007218　11－09337

高郵胡氏四種　（清）胡泉撰　清咸豐八年(1858)刻本　九冊

410000－2206－0007219　11－09338

顨軒孔氏所著書七種　（清）孔廣森撰　清嘉慶二十二年(1817)曲阜孔氏儀鄭堂刻本　十冊

410000－2206－0007220　11－09339

榕村全書四十二種　（清）李光地撰　清道光九年(1829)安溪李維迪刻本　五十八冊

410000－2206－0007221　11－09340

榕村全書四十二種　（清）李光地撰　清道光九年(1829)安溪李維迪刻本　九十九冊

410000－2206－0007222　11－09341

嘯園叢書五十七種　（清）葛元煦輯　清光緒九年(1883)仁和葛氏嘯園刻本　三十六冊

410000－2206－0007223　11－09342

高子遺書十二卷附錄一卷　（明）高攀龍撰　清光緒二年(1876)刻本　八冊

410000－2206－0007224　11－09343

躬自厚齋叢書十二種　（清）賈臻輯　清同治元年(1862)析津徐思穆署刻本　十四冊

410000－2206－0007225　11－09344

躬自厚齋叢書十二種　（清）賈臻輯　清同治元年(1862)析津徐思穆署刻本　六冊　存五種十七卷

410000－2206－0007226　11－09345

功順堂叢書十八種　（清）潘祖蔭輯　清光緒吳縣潘氏刻本　二十四冊

410000－2206－0007227　11－09346

函海一百五十九種　（清）李調元輯　清光緒八年(1882)廣漢鍾氏樂道齋刻本　一百五十九冊

410000－2206－0007228　11－09347

增訂漢魏叢書九十六種　（清）王謨輯　清乾隆五十六年(1791)金谿王氏刻本　七十冊　存七十六種三百九十二卷

410000－2206－0007229　11－09348

抗希堂十六種　（清）方苞撰　清光緒二十四年(1898)娜嬛閣刻本　六十四冊

410000－2206－0007230　11－09349

湖北叢書三十種　（清）趙尚輔輯　清光緒十七年(1891)三餘草堂刻本　一百冊

410000－2206－0007231　11－09350

曾文正公全集　（清）曾國藩撰　清光緒十四年(1888)鴻文書局鉛印本　四十七冊

410000－2206－0007232　11－09351

槐廬叢書二十六種　（清）朱記榮輯　清刻本　八十冊

410000－2206－0007233　11－09352

景紫堂全書十一種　（清）夏炘撰　清咸豐刻同治元年(1862)王光甲等彙印本　十二冊　存七種八十二卷

410000－2206－0007234　11－09353

廣漢魏叢書八十種　（明）何允中輯　清嘉慶刻本　十冊　存七種五十三卷

410000－2206－0007235　11－09354

何文貞公遺書七卷　（清）何桂珍撰　清光緒十年(1884)六安求我齋刻本　三冊

410000－2206－0007236　11－09355

皇清經解續編一千四百三十卷　王先謙輯　清光緒十四年(1888)南菁書院刻本　五十冊　存一百七十二卷（一千五十五至一千一百一、一千二百三十四至一千二百九十九、一千三百五十至一千四百八）

410000－2206－0007237　11－09356

洪刻五種　（清）張伯行編訂　清道光二十七年(1847)歙縣洪氏至德堂刻本　十二冊

410000－2206－0007238　11－09357

增訂漢魏叢書九十六種　（清）王謨輯　清宣統三年(1911)上海大通書局石印本　十六冊

存四十四種二百七十二卷

410000－2206－0007239　11－09358
海山仙館叢書五十六種　（清）潘仕成輯　清道光、咸豐間番禺潘氏刻光緒補刻本　一百二十冊

410000－2206－0007240　11－09359
聚學軒叢書六十種　劉世珩輯　清光緒貴池劉氏刻本　二十冊

410000－2206－0007241　11－09360
景文堂五種　（清）戚學標著　清乾隆、嘉慶間刻本　十二冊

410000－2206－0007242　11－09361
湘輶叢刻十二卷　吳樹梅撰　清光緒二十六年（1900）吳氏長沙節署刻　六冊

410000－2206－0007243　11－09362
躬自厚齋叢書十二種　（清）賈臻輯　清同治元年（1862）析津徐思穆署刻本　十冊　缺一卷（退厓公牘文字三）

410000－2206－0007244　11－09363
別下齋叢書二十七種　（清）蔣光煦輯　清道光二十六年（1846）海昌蔣氏刻本　八冊　存十種三十一卷

410000－2206－0007245　11－09364
臺海使槎錄八卷　（清）黃叔璥撰　清光緒五年（1879）謙德堂刻本　二冊

410000－2206－0007246　11－09365
結一廬朱氏賸余叢書四種　（清）朱澂輯　清光緒三十一年（1905）仁和朱氏刻本　二十冊

410000－2206－0007247　11－09366
李衛公會昌一品集二十卷別集十卷外集四十卷補遺一卷　（唐）李德裕撰　清光緒五年（1879）定州王氏謙德堂刻本　六冊

410000－2206－0007248　11－09367
閩務全書續刊二卷　（清）平衡撰　清稿本　二冊

410000－2206－0007249　11－09368
西學啟蒙十六種　（英國）艾約瑟譯　清光緒

二十四年（1898）上海圖書集成印書局石印本　十六冊

410000－2206－0007250　11－09369
求實齋叢書十五種　蔣德鈞輯　清光緒湘鄉蔣氏龍安郡署刻本（聲調前譜一卷、後譜一卷、續譜一卷配清刻本）　十二冊

410000－2206－0007251　11－09370
船山遺書六十八種　（清）王夫之撰　清同治四年（1865）湘鄉曾國荃金陵刻本　一百四十七冊　存五十三種二百七十九卷

410000－2206－0007252　11－09371
孫夏峰全集　（清）孫奇逢撰　清刻本　十三冊

410000－2206－0007253　11－09372
富陽夏氏叢刻七種　（清）夏震武　（清）夏鼎武撰　清光緒刻本　四冊

410000－2206－0007254　11－09373
許文正公遺書十二卷首一卷末二卷　（元）許衡撰　清乾隆五十五年（1790）刻本　八冊

410000－2206－0007255　11－09374
許文正公遺書十二卷首一卷末一卷　（元）許衡撰　清光緒十三年（1887）傳經堂刻西京清麓叢書本　四冊

410000－2206－0007256　11－09375
記過齋藏書七種　（清）蘇源生撰　清咸豐、光緒間鄢陵蘇氏刻本　十一冊　存五種十三卷

410000－2206－0007257　11－09376
古逸叢書二十五種　（清）黎庶昌輯　清光緒遵義黎氏日本東京使署刻本　七冊　存四種三十四卷

410000－2206－0007258　11－09377
守約篇叢書六十三種　（清）李光廷撰　清同治十三年（1874）粵東富文齋刻本　四十冊　存五十六種一百四十八卷

410000－2206－0007259　11－09378
船山遺書六十八種　（清）王夫之撰　清同治

四年(1865)湘鄉曾國荃金陵刻本　五十四冊

410000－2206－0007260　11－09379

沈余遺書三種　(清)趙舒翹輯　清同治十二年(1873)浙江書局刻本　二冊

410000－2206－0007261　11－09380

聖譯樓叢書三種　李祖年輯　清光緒三十四年(1908)武進李氏刻本　七冊

410000－2206－0007262　11－09381

花雨樓叢鈔二十二種　(清)張壽榮輯　清光緒蛟川張氏花雨樓刻本　二十四冊　存十種四十五卷

410000－2206－0007263　11－09382

述記四十六種　(清)任兆麟輯　清嘉慶十五年(1810)遂古堂刻本　二冊　存三十四種三十六卷

410000－2206－0007264　11－09383

止園叢書二十四種　(清)史夢蘭撰　清道光、光緒刻本　四冊　存二種六卷

410000－2206－0007265　11－09384

守山閣叢書一百十二種　(清)錢熙祚輯　清光緒十五年(1889)上海鴻文書局影印本　九十九冊

410000－2206－0007266　11－09385

經濟實學考八卷　(清)江標輯　清光緒二十三年(1897)上海博濟書局石印本　十二冊

410000－2206－0007267　11－09386

澤存堂五種　(清)張士俊輯　清光緒十四年(1888)蜜英館石印本　八冊

410000－2206－0007268　11－09387

隨園三十種　(清)袁枚撰　清同治五年(1866)三讓睦記刻本　十五冊　存二種五十二卷

410000－2206－0007269　11－09388

孟子講義十二卷　(清)史廷煇輯　清末敬文堂刻本　六冊

410000－2206－0007270　11－09389

授堂遺書八種　(清)武億撰　清道光二十三

年(1843)偃師武氏刻本　十六冊

410000－2206－0007271　11－09390

邵武徐氏叢書二十三種　(清)徐榦輯　清光緒刻本　三十冊　存二十種一百三十三卷

410000－2206－0007272　11－09391

石齋先生經傳九種　(明)黃道周撰　清康熙三十二年(1693)刻本　二十五冊

410000－2206－0007273　11－09392

小石山房叢書三十八種　(清)顧湘輯　清同治十三年(1874)虞山顧氏刻本　十六冊

410000－2206－0007274　11－09393

校經山房叢書二十七種　(清)朱記榮輯　清光緒三十年(1904)孫谿朱氏槐廬家塾刻本　三十二冊

410000－2206－0007275　11－09394

小石山房叢書三十八種　(清)顧湘輯　清同治十三年(1874)虞山顧氏刻本　九冊　存十八種二十七卷

410000－2206－0007276　11－09395

謝疊山先生評註四種合刻　(宋)謝枋得撰　清光緒八年(1882)京都豫章別業刻本　四冊

410000－2206－0007277　11－09396

孫夏峰全集　(清)孫奇逢撰　清康熙刻道光至光緒間遞刻本　五冊　存四種五卷

410000－2206－0007278　11－09397

竹書紀年統箋十二卷前編一卷雜述一卷　(南朝梁)沈約注　(清)徐文靖統箋　清光緒三年(1877)刻本　四冊

410000－2206－0007279　11－09398

夏氏三書　(清)夏炘撰　清咸豐、同治間刻本　六冊

410000－2206－0007280　11－09399

味檗齋遺書十六種　(明)趙南星撰　清同治十一年(1872)刻本　十冊　存七種九卷

410000－2206－0007281　11－09400

枕碧樓叢書十二種　沈家本輯　清宣統至民國間歸安沈氏刻本　十八冊

410000－2206－0007282　11－09401

湘綺樓全書十八種　王闓運撰　清光緒、宣統間刻本　八十四册

410000－2206－0007283　11－09402

夏氏三書　（清）夏炘撰　清咸豐、同治間刻本　六册

410000－2206－0007284　11－09403

隸辨八卷　（清）顧藹吉撰　清乾隆八年（1743）刻天都黄晟本　八册

410000－2206－0007285　11－09404

章氏遺書二種　（清）章學誠撰　清光緒三年（1877）刻本　六册

410000－2206－0007286　11－09405

許學叢書十四種　張炳翔輯　清光緒長州張氏儀鄦廬刻本　二十四册

410000－2206－0007287　11－09406

惜陰軒叢書三十五種　（清）李錫齡輯　清道光二十六年（1846）宏道書院刻咸豐八年（1858）續刻本　一百二册　存三十種三百四卷

410000－2206－0007288　11－09407

融經館叢書十一種　（清）徐友蘭輯　清光緒會稽徐氏八杉齋刻本　三十二册

410000－2206－0007289　11－09408

正誼堂全書六十八種　（清）張伯行輯　（清）楊浚重輯　清同治五年（1866）福州正誼書院刻八年至九年（1869－1870）續刻本　三百一册

410000－2206－0007290　11－09409

咫進齋叢書三十七種　（清）姚覲元輯　清光緒九年（1883）歸安姚氏刻本　二十四册

410000－2206－0007291　11－09410

曾文正公全集　（清）曾國藩撰　清同治、光緒間傳忠書局刻本　一百七册　存十三種一百七十二卷

410000－2206－0007292　11－09411

玉簡齋叢書十二種　羅振玉輯　清宣統二年（1910）上虞羅氏刻本　八十一册

410000－2206－0007293　11－09412

顧端文公遺書十三種　（明）顧憲成撰　清光緒三年（1877）涇里宗祠刻本　十四册

410000－2206－0007294　11－09413

畿輔叢書一百二十六種　（清）王灝輯　清光緒五年（1879）刻本　二十五册　存二種九十二卷

410000－2206－0007295　11－09414

隨山館全集七種　（清）王瑔撰　清光緒刻本　十三册

410000－2206－0007296　11－09415

曾文正公全集　（清）曾國藩撰　清同治、光緒間傳忠書局刻本　三十三册　存十三種四十卷

410000－2206－0007297　11－09416

正誼堂全書六十八種　（清）張伯行輯　（清）楊浚重輯　清同治五年（1866）福州正誼書院刻八年至九年（1869－1870）續刻本　一百十九册　存五十一種三百五十三卷

410000－2206－0007298　11－09417

宜稼堂叢書七種　（清）郁松年輯　清道光上海郁氏刻本　六十册　缺十七卷（續後漢書六十七至八十三）

410000－2206－0007299　11－09418

宜稼堂叢書七種　（清）郁松年輯　清道光上海郁氏刻本　五十六册　缺二十三卷（清容居士集一至二十三）

410000－2206－0007300　11－09419

周易口訣義六卷　（唐）史徵撰　清乾隆四十五年（1780）武英殿木活字印本　二册

410000－2206－0007301　11－09420

西臺集二十卷　（宋）畢仲游撰　清乾隆四十二年（1777）福建刻道光、同治遞修光緒二十一年（1895）增刻武英殿聚珍版書本　七册

410000－2206－0007302　11－09421

龍莊遺書四種　（清）汪輝祖著　清光緒十二

年(1886)山東書局刻本　六冊

410000－2206－0007303　11－09422

龍莊遺書四種　（清）汪輝祖著　清光緒十二
年(1886)山東書局刻本　六冊

410000－2206－0007304　11－09423

午亭文編五十卷　（清）陳廷敬撰　（清）林佶
輯錄　清康熙四十七年(1708)林佶刻乾隆四
十三年(1778)印本　十六冊

410000－2206－0007305　11－09424

倭文端公遺書八卷首二卷末一卷續刻三卷
（清）倭仁撰　清光緒元年(1875)六安求我齋
刻本　四冊

410000－2206－0007306　11－09425

龍莊遺書四種　（清）汪輝祖著　清同治元年
(1862)望三益齋刻本　五冊　存三種九卷

410000－2206－0007307　11－09426

王文成公全書三十八卷　（明）王守仁撰　清
刻本　二十四冊

410000－2206－0007308　11－09427

湯文正公全集四種　（清）湯斌撰　清道光七
年(1827)刻本　九冊　存四種十三卷

410000－2206－0007309　11－09428

雅雨堂藏書十二種　（清）盧見曾輯　清乾隆
二十一年(1756)德州盧氏雅雨堂刻本　十六
冊　存八種六十九卷

410000－2206－0007310　11－09429

授堂遺書八種　（清）武億撰　清乾隆、嘉慶
間武穆淳刻本　八冊　存四種三十七卷

410000－2206－0007311　11－09430

雅雨堂藏書十二種　（清）盧見曾輯　清乾隆
二十一年(1756)德州盧氏雅雨堂刻本　二十
八冊　存十種一百三十六卷

410000－2206－0007312　11－09431

倭文端公遺書八卷首二卷末一卷續刻三卷
（清）倭仁撰　清光緒元年(1875)六安求我齋
刻本　四冊　缺三卷(續刻三卷)

410000－2206－0007313　11－09432

玉函山房輯佚書五百九十三種　（清）馬國翰
輯　清光緒九年(1883)長沙瑯嬛館刻本　九
十九冊

410000－2206－0007314　11－09433

王文成公全書三十八卷　（明）王守仁撰　清
刻本　二十四冊

410000－2206－0007315　11－09434

倭文端公遺書十一卷首二卷　（清）倭仁輯
清光緒刻本　八冊

410000－2206－0007316　11－09435

藝海珠塵二百五種　（清）吳省蘭輯　清嘉慶
南匯吳氏聽彝堂刻本　六十二冊　存一百二
十三種二百三十二卷

410000－2206－0007317　11－09436

讀書雜誌十種　（清）王念孫撰　清末鉛印本
二十二冊

410000－2206－0007318　11－09437

玉函山房輯佚書五百九十三種　（清）馬國翰
輯　清光緒十五年(1889)刻本　八十冊

410000－2206－0007319　11－09438

玉函山房輯佚書五百九十三種　（清）馬國翰
輯　清光緒十八年(1892)鉛印本　十冊　存
六十六種八十五卷

410000－2206－0007320　11－09439

玉函山房輯佚書目耕帖續補十六卷附二卷
（清）馬國翰輯　（清）蔣式璭重輯　清光緒十
五年(1889)章邱李元璀刻本　四冊

410000－2206－0007321　11－09440

東西洋攷十二卷　（明）張燮撰　清光緒二十
二年(1896)長沙刻本　四冊

410000－2206－0007322　11－09441

中復堂全集十種　（清）姚瑩撰　清道光刻本
七冊　存四種二十卷

410000－2206－0007323　11－09442

頤志齋叢書二十一種　（清）丁晏撰　清咸豐
至同治間山陽丁氏六藝堂刻同治元年(1862)
彙印本　十三冊　存七種十七卷

410000 – 2206 – 0007324　11 – 09443

十三經古注十三種　（明）金蟠　（明）葛鼐校
明崇禎十二年(1639)永懷堂刻清同治八年
(1869)浙江書局重修本　九冊　存三種五十
三卷

410000 – 2206 – 0007325　11 – 09444

半厂叢書初編十一種　（清）譚獻輯　清光緒
仁和譚氏刻本　十六冊

410000 – 2206 – 0007326　11 – 09445

玉海二百卷辭學指南四卷附刻十三種　（宋）
王應麟撰　清嘉慶十一年(1806)刻本　九十
六冊

410000 – 2206 – 0007327　11 – 09446

平津館叢書三十八種　（清）孫星衍輯　清嘉
慶蘭陵孫氏刻本　五十二冊　存三十一種一
百八十四卷

410000 – 2206 – 0007328　11 – 09447

授堂遺書八種　（清）武億撰　清乾隆、嘉慶
間武穆淳刻本　十二冊　存四種三十四卷

410000 – 2206 – 0007329　11 – 09448

戰國策校注十卷　（宋）鮑彪校註　（元）吳師
道重校　清光緒二十二年(1896)刻本　八冊

410000 – 2206 – 0007330　11 – 09449

說鈴六十二種　（清）吳震方輯　清道光五年
(1825)聚秀堂刻本　十五冊　存二十六種三
十四卷

410000 – 2206 – 0007331　11 – 09450

群書拾補三十九卷　（清）盧文弨撰　清光緒
十三年(1887)上海蜚英館石印本　八冊　存
三十七種三十七卷

410000 – 2206 – 0007332　11 – 09451

朱子四書正宗四十五卷　（清）丁文林編輯
清光緒十一年(1885)抄本　三十五冊　缺十
卷(下論一至十)

410000 – 2206 – 0007333　11 – 09452

四書逐字發揮□□卷　（清）丁文林編集　清
光緒抄本　八冊　存九卷(孟子一至八、首一

卷)

410000 – 2206 – 0007334　11 – 09453

項城袁氏家集　丁振鐸編輯　清宣統三年
(1911)清芬閣鉛印本　五十五冊

410000 – 2206 – 0007335　11 – 09454

玉函山房輯佚書五百九十三種　（清）馬國翰
輯　清光緒九年(1883)長沙瑯嬛館刻本　十
九冊　存一百二十六種一百五十六卷

410000 – 2206 – 0007336　11 – 09455

玉海二百卷辭學指南四卷附刻十三種　（宋）
王應麟撰　清嘉慶十一年(1806)刻本　八十
冊　存十三種二百六十六卷

410000 – 2206 – 0007337　11 – 09456

海嶽軒叢刻十種　杜俞撰　清光緒三十三年
(1907)鉛印本　八冊

410000 – 2206 – 0007338　11 – 09457

二曲全集二十六卷　（清）李顒撰　清咸豐四
年(1854)永寧刻本　四冊

410000 – 2206 – 0007339　11 – 09458

史記菁華錄六卷　（清）姚苧田摘錄　清光緒
九年(1883)廣州翰墨園刻朱墨套印本　六冊

410000 – 2206 – 0007340　11 – 09459

二酉堂叢書二十一種　（清）張澍輯　清道光
元年(1821)武威張氏二酉堂刻本　十冊

410000 – 2206 – 0007341　11 – 09460

景紫堂全書十一種　（清）夏炘撰　清咸豐刻
同治元年(1862)王光甲等彙印本　十冊　存
四種四十一卷

410000 – 2206 – 0007342　11 – 09461

安吳四種　（清）包世臣撰　清同治十一年
(1872)包誠刻本　八冊

410000 – 2206 – 0007343　11 – 09462

雙楳景闇叢書十六種　葉德輝輯　清光緒、
宣統間長沙葉氏郋園刻本　五冊　存十種十
八卷

410000 – 2206 – 0007344　11 – 09463

安吳四種　（清）包世臣撰　清光緒十四年

(1888)刻本　十六冊

410000－2206－0007345　11－09464

二曲集四十六卷　（清）李顒著　清光緒三年
(1877)信述堂刻本　十五冊　缺三卷（四十
二至四十四）

410000－2206－0007346　11－09465

行素草堂金石叢書十六種　（清）朱記榮輯
清光緒吳縣朱氏刻十四年(1888)彙印本　四
十四冊　缺九卷（訪碑錄五至十一、補訪碑錄
四至五）

410000－2206－0007347　11－09466

朱文端公藏書十三種　（清）朱軾撰　清康熙
至乾隆間刻本　六十四冊

410000－2206－0007348　11－09467

貸園叢書初集十三種　（清）周永年輯　清乾
隆間青州李文藻刻五十四年(1789)重編本
八冊　存五種三十一卷

410000－2206－0007349　11－09468

禮山園全集　（清）李來章撰　清康熙刻乾隆
印本　二十四冊　存十二種五十四卷

410000－2206－0007350　11－09469

畜德錄二十卷　（清）席啟圖纂輯　清康熙二
十三年(1684)繩武堂刻本　十冊

410000－2206－0007351　11－09470

呂新吾全集二十種　（明）呂坤撰　明萬曆刻
清同治、光緒間遞修本　三十八冊　存十九
種四十八卷

410000－2206－0007352　11－09471

呂新吾全集二十種　（明）呂坤撰　明萬曆刻
清同治、光緒間遞修本　三十六冊　存十七
種四十五卷

410000－2206－0007353　11－09472

春在堂全書二十三種　（清）俞樾撰　清同治
十年(1871)刻本　六十冊

410000－2206－0007354　11－09473

洛陽曹氏叢書九種　（清）曹曾矩撰　清同
治、光緒間刻本　八冊

410000－2206－0007355　11－09474

記過齋藏書七種　（清）蘇源生撰　清咸豐、
光緒間鄢陵蘇氏刻本　十二冊

410000－2206－0007356　11－09475

玉函山房輯佚書五百九十三種　（清）馬國翰
輯　清光緒十年(1884)楚南書局刻本　四十
一冊　存一百二十三種一百八十五卷

410000－2206－0007357　11－09476

船山遺書六十八種　（清）王夫之撰　清同治
四年(1865)湘鄉曾國荃金陵刻本　一百二十
冊　存六十一種三百二卷

410000－2206－0007358　11－09477

正誼堂全書六十八種　（清）張伯行輯　（清）
楊浚重輯　清同治五年(1866)福州正誼書院
刻八年至九年(1869－1870)續刻本　一百五
十冊　存六十六種四百九十卷

410000－2206－0007359　11－09479

政藝叢書六十六卷　鄧實著　清光緒二十九
年(1903)石印本　一百六冊

410000－2206－0007360　11－09480

知不足齋叢書一百九十六種　（清）鮑廷博輯
清道光二年(1822)刻本　二百二十冊

410000－2206－0007361　11－09481

四書大全四種　（清）汪份輯　清康熙四十二
年(1703)遄喜齋刻本　六冊　存二種三卷

410000－2206－0007362　11－09482

周官精義十二卷　（清）連斗山編　清嘉慶二
年(1797)致和堂刻本　五冊　缺一卷（十二）

410000－2206－0007363　11－09483

春在堂詩編二十三卷詞錄三卷　（清）俞樾撰
清同治七年(1868)刻本　一冊　存三卷
（詩編一至三）

410000－2206－0007364　11－09484

小兒語一卷　（明）呂得勝著　續小兒語一卷
（明）呂坤著　清光緒三十二年(1906)刻本
一冊

410000－2206－0007365　11－094853

守城救命書不分卷　（明）呂坤著　（明）喬允訂　清光緒二十六年(1900)封邱學署刻本　一冊

410000－2206－0007366　11－09486

朱文端公藏書十三種　（清）朱軾撰　清康熙至乾隆間刻本　八十冊

410000－2206－0007367　11－09487

湖船錄一卷　（清）萬鶚輯　清道光二十七年(1847)錢塘汪氏振綺堂刻本　一冊

410000－2206－0007368　11－09488

附釋音尚書註疏二十卷　（漢）孔安國傳　（唐）陸德明音義　（唐）孔穎達疏　校勘記二十卷　（清）阮元撰　清嘉慶二十年(1815)南昌府學刻道光六年(1826)印重刊宋本十三經注疏附校勘記本　一冊　存四卷(註疏一至二、校勘記一至二)

410000－2206－0007369　11－09489

司馬氏書儀十卷　（宋）司馬光撰　清同治七年(1868)江蘇書局刻本　一冊

410000－2206－0007370　11－09490

江氏音學十書八種　（清）江有誥撰　清嘉慶、道光間江氏刻本(原缺三種)　八冊

410000－2206－0007371　11－09491

孝經註疏九卷　（唐）玄宗李隆基注　（宋）邢昺校　校勘記二十卷　（清）阮元撰　清嘉慶二十年(1815)南昌府學刻道光六年(1826)印重刊宋本十三經注疏附校勘記本　二冊

410000－2206－0007372　11－09492

司馬氏書儀十卷　（宋）司馬光撰　清同治七年(1868)江蘇書局刻本　一冊

410000－2206－0007373　11－09493

翊翊齋遺書二十五卷　（清）馬翮飛撰　清刻本　一冊

410000－2206－0007374　11－09494

鏡煙堂十種　（清）紀昀輯　清刻本　三冊　存三種十卷

410000－2206－0007375　11－09495

仿宋相臺五經附考證　（三國魏）王弼註　清乾隆四十八年(1783)武英殿刻本　十二冊　存三種三十卷

410000－2206－0007376　11－09496

功順堂叢書十八種　（清）潘祖蔭輯　清光緒吳縣潘氏刻本　八冊　存五種十六卷

410000－2206－0007377　11－09497

山堂肆考二百四十卷　（明）彭大翼纂著　明萬曆二十三年(1595)刻四十七年(1619)張幼學重修本　十六冊　存四十六卷(徵一至二十二、商二十五至四十八)

410000－2206－0007378　11－09498

弘簡錄二百五十四卷　（明）邵經邦學　清康熙刻本　九冊　存四十一卷(二百十四至二百五十四)

410000－2206－0007379　11－09499

江南製造局所刻書一百五十六種　（清）江南製造局編譯　清同治至民國間江南機器製造總局刻本　五冊　存三種四卷

410000－2206－0007380　11－09500

欽定春秋傳說彙纂三十八卷首二卷　（清）王掞等纂　清刻本　十冊　存十五卷(一至四、十八至二十六,首二卷)

410000－2206－0007381　809284－99

朱子遺書十五錘　（宋）朱熹撰　清刻本　十六冊　存六種二十二卷

410000－2206－0007382　11－09502

韓詩外傳校注十卷補遺一卷　（清）周廷寀校注　校注拾遺一卷　（清）周宗杬輯　清光緒二十五年(1899)望三益齋刻本　一冊

410000－2206－0007383　11－09503

崇文書局彙刻書三十三種　（清）崇文書局輯　清光緒元年(1875)湖北崇文書局刻三年(1877)印本　十七冊　存五種五十九卷

410000－2206－0007384　11－09504

廿二史攷異一百卷　（清）錢大昕撰　清光緒十年(1884)長沙龍氏家塾刻本　六冊　存三

十九卷(十八至五十六)

410000－2206－0007385　11－09505
尚書簡餘錄三卷　(清)王嗣邵著　清抄本
三冊

410000－2206－0007386　11－09506
抗希堂十六種　(清)方苞撰　清刻本　九冊
存五種十一卷

410000－2206－0007387　11－09507
春在堂全書三十四種　(清)俞樾撰　清刻本
四十九冊

410000－2206－0007388　11－09508
**重刊校正笠澤叢書四卷補遺詩一卷續補遺一
卷**　(唐)陸龜蒙撰　清雍正九年(1731)陸鍾
輝刻本　五冊

410000－2206－0007389　11－09509
榆園叢刻十六種　(清)許增輯　清光緒十年
(1884)娛園刻本　二十冊

410000－2206－0007390　11－09510
御選唐宋詩醇四十七卷目錄二卷　(清)高宗
弘曆輯　清刻朱墨套印本　五冊　存十二卷
(二十四至三十五)

410000－2206－0007391　11－09512
聽潤堂詩草七卷　(清)郭順成著　清光緒二
年(1876)刻本　二冊

410000－2206－0007392　11－09513
重刊拜經樓叢書七種　(清)吳騫輯　清光緒
十一年(1885)會稽章氏鄂渚刻本　八冊

410000－2206－0007393　11－09514
銅竹齋詩賦鈔八卷　(清)王驤衢撰　清同治
十三年(1874)刻本　三冊　存三卷(一至三)

410000－2206－0007394　11－09515
半厂叢書初編十一種二編五種　(清)譚獻輯
清光緒仁和譚氏刻本　二十冊

410000－2206－0007395　11－09516
滂喜齋叢書五十種　(清)潘祖蔭輯　清同
治、光緒間吳縣潘氏京師刻本　三十二冊

410000－2206－0007396　11－09517
應試唐詩類釋十九卷　(清)臧岳編次　清刻
本　六冊

410000－2206－0007397　11－09518
平津館叢書三十八種　(清)孫星衍輯　清嘉
慶蘭陵孫氏刻本　四十七冊　存三十四種一
百八十四卷

410000－2206－0007398　11－09519
滂喜齋叢書　(清)潘祖蔭輯　清同治、光緒
間吳縣潘氏京師刻本　三十二冊

410000－2206－0007399　11－09520
祕書廿一種　(清)汪士漢輯　清嘉慶九年
(1804)新安汪氏刻本　十冊　存五種四十
六卷

410000－2206－0007400　11－09521
重訂文選集評十五卷首一卷末一卷　(清)于
光華編次　清咸豐九年(1859)刻本　十冊

410000－2206－0007401　11－09522
唐文粹一百卷　(宋)姚鉉編　**補遺二十六卷**
　(清)郭麐編　清光緒十六年(1890)許氏榆
園刻本　六冊　存三十六卷(四至十四、十八
至二十八,補遺十三至二十六)

410000－2206－0007402　11－09523
御選唐宋文醇五十八卷　(清)高宗弘曆選
清刻本　十六冊　缺九卷(一、四至五、五十
三至五十八)

410000－2206－0007403　11－09524
崇文書局彙刻書三十三種　(清)崇文書局輯
清光緒元年(1875)湖北崇文書局刻三年
(1877)刻本　四冊　存二種十六卷

410000－2206－0007404　11－09525
唐詩三百首註釋六卷　(清)孫洙編　**唐詩三
百首續選一卷**　(清)于慶元編　清光緒十三
年(1887)湖南共賞書局刻本　三冊　存四卷
(三、五至六,續選一卷)

410000－2206－0007405　11－09526
詠物詩選八卷　(清)俞琰輯　清寧儉堂刻本

三冊　缺二卷(三至四)

410000－2206－0007406　808499－508

敬軒薛先生文集二十四卷　(明)薛瑄撰
(明)張鼎編輯　明刻本　十冊

410000－2206－0007407　11－09528

白芙堂算學叢書二十二種　(清)丁取忠輯
清同治、光緒間長沙古荷花池精舍刻本　三
十四冊

410000－2206－0007408　11－09529

唐人五十家小集五十種　(清)江標輯　清光
緒二十一年(1895)元和江氏靈鶼閣刻本　八
冊　存十八種二十八卷

410000－2206－0007409　11－09530

小嫏嬛山館彙刊類書十二種　(清)□□輯
清同治六年(1867)刻本　十二冊

410000－2206－0007410　11－09531

忠雅堂詩集二十七卷補遺二卷詞集二卷
(清)蔣士銓撰　清嘉慶三年(1798)揚州刻本
四冊　存二十二卷(一至二十二)

410000－2206－0007411　11－09532

劉武慎公遺書二十五卷　(清)劉長佑撰
(清)劉思詢輯　年譜三卷　(清)鄧輔
(清)王政慈編　清光緒二十六年(1900)鉛印
本　二十八冊

410000－2206－0007412　11－09533

詩韻集成十卷　(清)余照輯　清光緒七年
(1881)文會堂刻本　四冊

410000－2206－0007413　11－09534

詩賦駢字類珠八卷　(清)蕭爌編　清嘉慶二
十二年(1817)刻本　三冊　缺二卷(三至四)

410000－2206－0007414　11－09535

寄傲山房塾課新增幼學故事瓊林四卷首一卷
(清)程允升(程登吉)撰　(清)鄒聖脈增
補　清光緒二十年(1894)煮字山房刻本
四冊

410000－2206－0007415　11－09536

昌黎先生全集四十卷外集十卷遺文一卷
(唐)韓愈著　(唐)李漢編　朱子校昌黎先生
集傳一卷　(宋)朱熹撰　韓集點勘四卷
(清)陳景雲撰　清宣統二年(1910)掃葉山房
石印本　十二冊

410000－2206－0007416　11－09537

陳太僕批選八家文鈔八種　(清)陳兆崙批選
清光緒二十六年(1900)天津文美齋石印本
一冊

410000－2206－0007417　11－09538

玉海纂二十二卷　(宋)王應麟撰　(明)劉鴻
訓纂　清光緒五年(1879)八杉齋刻本　十
六冊

410000－2206－0007418　11－09539

南嶽總勝集三卷　(宋)陳田夫撰　清光緒三
十三年(1907)長沙葉氏刻本　三冊

410000－2206－0007419　11－09540

任氏述記四卷　(清)任兆麟述　清光緒十年
(1884)蜀西廖氏閑雲精舍刻本　四冊

410000－2206－0007420　11－09542

古唐詩合解十六卷　(清)王堯衢註　(清)李
模　(清)李恒校　清光緒十三年(1887)刻本
六冊

410000－2206－0007421　11－09543

西圃叢辨三十二卷　(清)田同之纂集　清乾
隆四十年(1775)刻本　六冊

410000－2206－0007422　11－09544

稗海七十種　(明)商濬輯　清刻本　三冊
存二種十八卷

410000－2206－0007423　11－09545

世界近世史五編　(日本)松平康國編著
(清)中國國民叢書社譯述　清光緒二十八年
(1902)上海商務印書館鉛印本　二冊

410000－2206－0007424　11－09546

周易兼義九卷　(三國魏)王弼　(晉)韓康伯
注　(唐)陸德明音義　(唐)孔穎達正義　周
易略例一卷　(三國魏)王弼撰　(唐)邢璹注
(唐)陸德明音義　清嘉慶三年(1798)金閶

書業堂刻十三經注疏本　四冊

410000－2206－0007425　11－09547
胡子知言六卷疑義一卷附錄一卷　（宋）胡宏撰　清道光三十年（1850）南海伍氏刻粵雅堂叢書本　四冊

410000－2206－0007426　11－09548
草廬經略十二卷　（明）□□撰　清道光三十年（1850）南海伍氏粵雅堂叢書刻本　四冊

410000－2206－0007427　11－09549
咸淳遺事二卷　（宋）□□撰　清道光三十年（1850）南海伍氏粵雅堂叢書刻本　二冊

410000－2206－0007428　11－09550
韓柳年譜八卷　（清）馬曰璐輯　清咸豐五年（1855）刻粵雅堂叢書本　二冊

410000－2206－0007429　11－09551
學庸脉解串珠六卷　（清）臧志仁纂輯　清道光五年（1825）金陵周錫堂刻本　六冊

410000－2206－0007430　11－09552
李楊二先生集要　（清）張傳詁輯　清光緒三年（1877）申浦刻本　二冊

410000－2206－0007431　11－09553
戰史叢書二十四卷　（日本）澁江保著　清道光二十八年（1848）上海商務印書館鉛印本　三冊

410000－2206－0007432　11－09554
惜抱軒遺書三種　（清）姚鼐撰　清光緒五年（1879）桐城徐宗亮刻本　四冊

410000－2206－0007433　11－09555
孫夏峰全集　（清）孫奇逢撰　清刻本　五冊　存四種五卷

410000－2206－0007434　11－09556
呻吟語六卷　（明）呂坤著　清咸豐八年（1858）刻本　六冊

410000－2206－0007435　11－09557
御製文二集四十四卷目錄二卷　（清）高宗弘曆撰　清乾隆五十一年（1786）刻本　六冊　存二十二卷（一至二十、目錄二卷）

410000－2206－0007436　11－09558
止堂集十八卷　（宋）彭龜年撰　清刻本　四冊

410000－2206－0007437　70920－4
中峯古文不分卷　（清）馬一山著　清木卜堂刻本　五冊

410000－2206－0007438　11－09561
後漢書九十卷　（南朝宋）范曄撰　（唐）李賢注　志三十卷　（晉）司馬彪撰　（南朝梁）劉昭注　清光緒十四年（1888）上海集成印書局鉛印本　十冊　存六十九卷（一至四、四十五至九十，志一至十四、二十一至二十五）

410000－2206－0007439　11－09562
明詩綜一百卷　（清）朱彝尊錄　（清）汪森輯評　清刻本　三十二冊

410000－2206－0007440　11－09563
茗柯文初編一卷二編二卷三編一卷四編一卷　（清）張惠言撰　清光緒七年（1881）刻本　二冊

410000－2206－0007441　11－09564
杜詩提要十四卷　（清）吳瞻泰評述　清刻本　八冊

410000－2206－0007442　11－09565
後漢書九十卷　（南朝宋）范曄撰　（唐）李賢注　志三十卷　（晉）司馬彪撰　（南朝梁）劉昭注　清光緒十四年（1888）上海集成印書局鉛印本　一冊　存五卷（志二十一至二十五）

410000－2206－0007443　11－09566
滿洲名臣傳四十八卷漢名臣傳三十二卷欽定宗室王公功績表傳十二卷　（清）國史館編　清京都琉璃廠榮錦書坊刻本　八十八冊

410000－2206－0007444　68336－41
定盦文集三卷續集四卷文集補編四卷文集補二卷又一卷　（清）龔自珍撰　清光緒三十四年（1908）刻本　六冊

410000－2206－0007445　43752－9
長白徵存錄八卷首一卷　張鳳臺等輯　清宣

統二年(1910)鉛印本 八冊

410000－2206－0007446 11－09569

萬國公法提要四卷附錄一卷 張鳳臺輯 清
光緒三十年(1904)石印本 四冊

410000－2206－0007447 50999－51002

萬國公法提要四卷附錄一卷 張鳳臺輯 清
光緒三十年(1904)石印本 四冊

410000－2206－0007448 11－09571

皇朝政典挈要八卷 (日本)增田貢著 (清)
毛濬補編 清光緒石印本 一冊 存四卷
(三至六)

410000－2206－0007449 28504－19

東華錄三十二卷(天命至雍正朝) (清)蔣良
騏輯 清刻本 十六冊

410000－2206－0007450 30189

歷代甲子紀元表一卷 (清)董醇輯 清咸豐
五年(1855)東昌書堂刻本 一冊

410000－2206－0007451 11－09574

御批資治通鑒綱目三編二十卷 (清)張廷玉
等編 清末石印本 一冊

410000－2206－0007452 11－09575

御撰資治通鑒綱目三編二十卷 (清)張廷玉
等編 清刻本 一冊 存四卷(一至四)

410000－2206－0007453 11－09576

禮記音訓不分卷 (清)楊國楨撰 清道光十
年(1830)大梁書院刻十一經音訓本 四冊

410000－2206－0007454 11－09578

欽定六部處分則例五十二卷 (清)文孚等編
 清光緒二十一年(1895)紫英山房石印本
十二冊

410000－2206－0007455 11－09579

泰西新史攬要二十四卷 (英國)馬懇西撰
(英國)李提摩太譯 清光緒二十八年(1902)
鉛印本 一冊 存四卷(十至十三)

410000－2206－0007456 11－09580

史記論文一百三十卷 (漢)司馬遷撰 (清)
吳見思評點 (清)吳興祚參訂 清康熙二十

五年(1686)尺木堂刻本 十二冊 存六十四
卷(一至三十、六十六至九十九)

410000－2206－0007457 11－09581

大清一統史略十一卷 (日本)佐藤楚材輯
清光緒二十八年(1902)石印本 九冊 存四
卷(七至八、十至十一)

410000－2206－0007458 11－09582

萬國通商史提要九章 (英國)瑣米爾士撰
(日本)古城貞士譯 清光緒南洋公學譯書院
鉛印本 一冊

410000－2206－0007459 11－09583

續資治通鑑綱目二十七卷 (明)商輅等撰
清刻本 六冊 存六卷(十一至十六)

410000－2206－0007460 11－09584

戰國策校注三十三卷 (宋)鮑彪校註 (元)
吳師道重校 清乾隆三十年(1765)刻本 八
冊 存十卷(一至十)

410000－2206－0007461 11－09585

春秋王霸列國世紀編三卷 (宋)李琪編 清
同治十二年(1873)粵東書局刻通志堂經解本
一冊

410000－2206－0007462 11－09586

唐詩合解箋註十二卷 (清)王翼雲註 清雍
正致和堂刻本 三冊 存六卷(一至六)

410000－2206－0007463 11－09587

北溪字義二卷嚴陵講義一卷
補遺一卷附錄一卷 (宋)陳淳撰
(宋)王雋集編 清光緒
二十六年(1900)刻本 二冊

410000－2206－0007464 11－09588

北溪字義二卷嚴陵講義一卷
補遺一卷附錄一卷 (宋)陳淳撰
(宋)王雋集編 清光緒
二十六年(1900)刻本 二冊

410000－2206－0007465 813074－5

北溪字義二卷嚴陵講義一卷
補遺一卷附錄一卷 (宋)陳淳撰
(宋)王雋集編 清光緒
二十六年(1900)刻本 二冊

410000－2206－0007466 821359－60

北溪字義二卷嚴陵講義一卷　（宋）陳淳撰
補遺一卷附錄一卷　（宋）王雋集編　清光緒
二十六年(1900)刻本　二冊

410000－2206－0007467　11－09591
北溪字義二卷嚴陵講義一卷　（宋）陳淳撰
補遺一卷附錄一卷　（宋）王雋集編　清光緒
二十六年(1900)刻本　二冊

410000－2206－0007468　11－09592
北溪字義二卷嚴陵講義一卷　（宋）陳淳撰
補遺一卷附錄一卷　（宋）王雋集編　清光緒
二十六年(1900)刻本　二冊

410000－2206－0007469　11－09593
北溪字義二卷嚴陵講義一卷　（宋）陳淳撰
補遺一卷附錄一卷　（宋）王雋集編　清光緒
二十六年(1900)刻本　二冊

410000－2206－0007470　11－09595
北溪字義二卷嚴陵講義一卷　（宋）陳淳撰
補遺一卷附錄一卷　（宋）王雋集編　清光緒
二十六年(1900)刻本　二冊

410000－2206－0007471　11－09594
北溪字義二卷嚴陵講義一卷　（宋）陳淳撰
補遺一卷附錄一卷　（宋）王雋集編　清光緒
二十六年(1900)刻本　二冊

410000－2206－0007472　813100－1
北溪字義二卷嚴陵講義一卷　（宋）陳淳撰
補遺一卷附錄一卷　（宋）王雋集編　清光緒
二十六年(1900)刻本　二冊

410000－2206－0007473　813102－3
北溪字義二卷嚴陵講義一卷　（宋）陳淳撰
補遺一卷附錄一卷　（宋）王雋集編　清光緒
二十六年(1900)刻本　二冊

410000－2206－0007474　813082－3
北溪字義二卷嚴陵講義一卷　（宋）陳淳撰
補遺一卷附錄一卷　（宋）王雋集編　清光緒
二十六年(1900)刻本　二冊

410000－2206－0007475　813098－99
北溪字義二卷嚴陵講義一卷　（宋）陳淳撰

補遺一卷附錄一卷　（宋）王雋集編　清光緒
二十六年(1900)刻本　二冊

410000－2206－0007476　11－09600
北溪字義二卷嚴陵講義一卷　（宋）陳淳撰
補遺一卷附錄一卷　（宋）王雋集編　清光緒
二十六年(1900)刻本　二冊

410000－2206－0007477　11－09601
北溪字義二卷嚴陵講義一卷　（宋）陳淳撰
補遺一卷附錄一卷　（宋）王雋集編　清光緒
二十六年(1900)刻本　二冊

410000－2206－0007478　813090－1
北溪字義二卷嚴陵講義一卷　（宋）陳淳撰
補遺一卷附錄一卷　（宋）王雋集編　清光緒
二十六年(1900)刻本　二冊

410000－2206－0007479　813092－3
北溪字義二卷嚴陵講義一卷　（宋）陳淳撰
補遺一卷附錄一卷　（宋）王雋集編　清光緒
二十六年(1900)刻本　二冊

410000－2206－0007480　813094－5＊11＊＊
20－3
北溪字義二卷嚴陵講義一卷　（宋）陳淳撰
補遺一卷附錄一卷　（宋）王雋集編　清光緒
二十六年(1900)刻本　二冊

410000－2206－0007481　813078－93
北溪字義二卷嚴陵講義一卷　（宋）陳淳撰
補遺一卷附錄一卷　（宋）王雋集編　清光緒
二十六年(1900)刻本　二冊

410000－2206－0007482　11－09606
北溪字義二卷嚴陵講義一卷　（宋）陳淳撰
補遺一卷附錄一卷　（宋）王雋集編　清光緒
二十六年(1900)刻本　二冊

410000－2206－0007483　11－09607
北溪字義二卷嚴陵講義一卷　（宋）陳淳撰
補遺一卷附錄一卷　（宋）王雋集編　清光緒
二十六年(1900)刻本　二冊

410000－2206－0007484　813084－5
北溪字義二卷嚴陵講義一卷　（宋）陳淳撰

補遺一卷附錄一卷　（宋）王雋集編　清光緒
二十六年（1900）刻本　二冊

410000－2206－0007485　813086－7
北溪字義二卷嚴陵講義一卷　（宋）陳淳撰
補遺一卷附錄一卷　（宋）王雋集編　清光緒
二十六年（1900）刻本　二冊

410000－2206－0007486　813088－9
北溪字義二卷嚴陵講義一卷　（宋）陳淳撰
補遺一卷附錄一卷　（宋）王雋集編　清光緒
二十六年（1900）刻本　二冊

410000－2206－0007487　813104－5
北溪字義二卷嚴陵講義一卷　（宋）陳淳撰
補遺一卷附錄一卷　（宋）王雋集編　清光緒
二十六年（1900）刻本　二冊

410000－2206－0007488　813076－7
北溪字義二卷嚴陵講義一卷　（宋）陳淳撰
補遺一卷附錄一卷　（宋）王雋集編　清光緒
二十六年（1900）刻本　二冊

410000－2206－0007489　11－09613
北溪字義二卷嚴陵講義一卷　（宋）陳淳撰
補遺一卷附錄一卷　（宋）王雋集編　清光緒
二十六年（1900）刻本　二冊

410000－2206－0007490　11－09614
北溪字義二卷嚴陵講義一卷　（宋）陳淳撰
補遺一卷附錄一卷　（宋）王雋集編　清光緒
二十六年（1900）刻本　二冊

410000－2206－0007491　11－09615
北溪字義二卷嚴陵講義一卷　（宋）陳淳撰
補遺一卷附錄一卷　（宋）王雋集編　清光緒
二十六年（1900）刻本　二冊

410000－2206－0007492　11－09616
北溪字義二卷嚴陵講義一卷　（宋）陳淳撰
補遺一卷附錄一卷　（宋）王雋集編　清光緒
二十六年（1900）刻本　二冊

410000－2206－0007493　11－09617
北溪字義二卷嚴陵講義一卷　（宋）陳淳撰
補遺一卷附錄一卷　（宋）王雋集編　清光緒

二十六年（1900）刻本　二冊

410000－2206－0007494　11－09618
北溪字義二卷嚴陵講義一卷　（宋）陳淳撰
補遺一卷附錄一卷　（宋）王雋集編　清光緒
二十六年（1900）刻本　二冊

410000－2206－0007495　11－09619
北溪字義二卷嚴陵講義一卷　（宋）陳淳撰
補遺一卷附錄一卷　（宋）王雋集編　清光緒
二十六年（1900）刻本　二冊

410000－2206－0007496　11－09620
北溪字義二卷嚴陵講義一卷　（宋）陳淳撰
補遺一卷附錄一卷　（宋）王雋集編　清光緒
二十六年（1900）刻本　二冊

410000－2206－0007497　11－09621
北溪字義二卷嚴陵講義一卷　（宋）陳淳撰
補遺一卷附錄一卷　（宋）王雋集編　清光緒
二十六年（1900）刻本　二冊

410000－2206－0007498　11－09622
歐陽文忠公全集一百五十三卷　（宋）歐陽修
撰　附錄五卷　清嘉慶二十四年（1819）友善
書屋刻本　二十四冊　缺五十卷（一至五十）

410000－2206－0007499　11－09623
御製詩二集九十卷目錄十卷　（清）高宗弘曆
撰　清刻本　二十冊　存五十四卷（一至二
十二、二十六至四十八、五十二至五十四，目
錄三至八）

410000－2206－0007500　11－09624
御製詩初集四十四卷目錄四卷　（清）高宗弘
曆撰　清刻本　一冊　存三卷（四十二至四
十四）

410000－2206－0007501　11－09625
天壤閣叢書二十九種　（清）王懿榮輯　清同
治、光緒間福山王氏刻本（有圖）　九冊　存
十種二十八卷

410000－2206－0007502　11－09626
逢吉堂焚餘稿一卷　（清）黃錫深撰　題詞一
卷　（清）黃春編　清光緒三十年（1904）南海

黄氏刻本　一册

410000－2206－0007503　11－09627

霄鵬先生遺著　（清）黃保康撰　清宣統三年
(1911)南海黃氏刻本　三册

410000－2206－0007504　11－09628

御製詩初集四十八卷目錄六卷　（清）仁宗顒
琰撰　清嘉慶八年(1803)刻本　十九册　缺
二十二卷(一至十二、十七至二十六)

410000－2206－0007505　11－09629

歐陽文忠公全集一百五十三卷　（宋）歐陽修
撰　**附錄五卷**　清嘉慶二十四年(1819)刻本
三十八册　缺十一卷(二十一至三十一)

410000－2206－0007506　11－09630

兩漢策要十二卷　（宋）陶叔獻撰　清光緒十
三年(1887)同文書局石印本　八册

410000－2206－0007507　11－09631

鹿洲全集八種　（清）藍鼎元撰　清刻本　十
六册　存六種三十一卷

410000－2206－0007508　11－09632

二十二子二十二種　（清）浙江書局輯　清光
緒浙江書局刻本　八册　存三種四十二卷

410000－2206－0007509　11－09633

古經解彙函三十一種　（清）鍾謙鈞等輯　清
光緒十五年(1889)湘南書局刻本　二十册
存十一種五十八卷

410000－2206－0007510　11－09634

小石山房叢書三十八種　（清）顧湘輯　清同
治十三年(1874)虞山顧氏刻本　四册　存七
種十一卷

410000－2206－0007511　11－09636

朱文端公藏書十三種　（清）朱軾撰　清康熙
至乾隆間刻本　八册

410000－2206－0007512　11－09637

子書百家一百一種　（清）崇文書局輯　清光
緒元年(1875)湖北崇文書局刻本　十二册
存二十一種九十四卷

410000－2206－0007513　11－09638

正誼堂全書六十八種　（清）張伯行輯　（清）
楊浚重輯　清同治五年(1866)福州正誼書院
刻八年至九年(1869－1870)增刻本　九册
存四種二十九卷

410000－2206－0007514　11－09639

復性齋叢書十三種　（清）王檢心輯　清咸豐
六年(1856)慎修堂刻本　十册　存六種十
六卷

410000－2206－0007515　11－09640

小石山房叢書三十八種　（清）顧湘輯　清同
治十三年(1874)虞山顧氏刻本　二册　存二
種八卷

410000－2206－0007516　11－09641

御選唐宋文醇五十八卷　（清）高宗弘曆輯
清刻本　二十三册　存五十六卷(一、四至五
十八)

410000－2206－0007517　11－09642

**目耕齋讀本初集不分卷二集不分卷三集不分
卷**　（清）徐楷評注　（清）沈叔眉選　清光緒
十八年(1892)刻本　三册

410000－2206－0007518　11－09643

崇文書院課藝不分卷續編不分卷　（清）薛慰
農鑒定　（清）高人驥等編次　清同治六年
(1867)刻本　三册

410000－2206－0007519　11－09644

文選音義八卷　（清）余蕭客輯　清刻本　五
册　存五卷(四至八)

410000－2206－0007520　11－09645

許文正公遺書十二卷首一卷末二卷　（元）許
衡撰　清刻本　六册　存十一卷(四至十二、
末二卷)

410000－2206－0007521　11－09646

番禺陳氏東塾叢書四種附一種　（清）陳澧撰
清刻本　九册

410000－2206－0007522　11－09647

御選唐宋詩醇四十七卷目錄二卷　（清）高宗
弘曆輯　清乾隆二十五年(1760)紫陽書院刻

本　八冊　存十卷(一至十)

410000－2206－0007523　11－09648

荀子補注二卷　(清)郝懿行撰　清刻齊魯先
喆遺書本　一冊

410000－2206－0007524　11－09649

惜抱軒集十種　(清)姚鼐著　清刻本　十八
冊　存七種五十九卷

410000－2206－0007525　11－09650

馮少墟集二十二卷續集五卷　(明)馮從吾撰
清康熙十二年(1673)洪琮刻光緒二十二年
(1896)修補本　十八冊

410000－2206－0007526　11－09651

偶齋詩草內集八卷內次集十卷外集八卷外次
集十卷　(清)寶廷著　清光緒十九年(1893)
刻本　三冊　存十卷(內次集五至十、外集一
至四)

410000－2206－0007527　11－09652

惜抱軒文集十六卷文後集十卷　(清)姚鼐撰
清光緒九年(1883)刻本　六冊

410000－2206－0007528　11－09653

御選唐宋詩醇四十七卷目錄二卷　(清)高宗
弘曆輯　清刻本　九冊　存十九卷(十三至
二十五、三十四至三十七、四十至四十一)

410000－2206－0007529　11－09654

容齋隨筆十六卷首一卷續筆十六卷三筆十六
卷四筆十六卷五筆十卷　(宋)洪邁撰　清同
治十一年(1872)新豐洪氏十三公祠刻光緒九
年(1883)印本　八冊　存五十五卷(隨筆十
六卷、續筆六至十六、三筆六至十一、四筆十
六卷、五筆五至十)

410000－2206－0007530　822639－44

庾子山集十六卷　(北周)庾信撰　(清)倪璠
註釋　年譜一卷　(清)倪璠編　庾信本傳一
卷　(清)倪璠注釋　清道光十九年(1839)大
文堂刻本　六冊　缺十卷(庾子山集七至十
六)

410000－2206－0007531　11－09656

古唐詩合解十六卷　(清)王堯衢注　清刻本
二冊　存四卷(古詩四卷)

410000－2206－0007532　11－09657

致用精舍講語記略十六卷　(清)王軺撰　清
光緒十一年(1885)致用精舍刻本　二冊　存
二卷(大學講語記略一卷、中庸講語記略一
卷)

410000－2206－0007533　11－09658

南遊吟草四卷　(清)王發越撰　清刻本　一
冊　存二卷(一至二)

410000－2206－0007534　11－09659

文選補遺四十卷　(宋)陳仁子輯　(宋)譚紹
烈纂類　清乾隆二年(1737)陳文煜刻本　十
一冊　缺二卷(十二至十三)

410000－2206－0007535　11－09660

曼陀羅華閣叢書十六種　(清)杜文瀾輯　清
咸豐、同治間秀水杜氏刻光緒十八年(1892)
上海掃葉山房重修本　四十冊

410000－2206－0007536　11－09661

御選唐宋詩醇四十七卷目錄二卷　(清)高宗
弘曆輯　清乾隆刻本　三冊　存七卷(十一
至十七)

410000－2206－0007537　11－09662

木屑集十種　(清)伍兆鼇編　清刻本　八冊

410000－2206－0007538　830152－5

經訓堂叢書二十一種　(清)畢沅輯　清乾隆
鎮洋畢氏刻本　四冊　存三種二十卷

410000－2206－0007539　11－09664

木屑集十種續集一種三集三種　(清)伍兆鼇
撰　清刻本　十三冊

410000－2206－0007540　11－09665

子書百家一百一種　(清)崇文書局輯　清光
緒元年(1875)湖北崇文書局刻本　三冊　存
三種二十卷

410000－2206－0007541　11－09666

子書百家一百一種　(清)崇文書局輯　清光
緒元年(1875)湖北崇文書局刻本　三冊　存

三種二十卷

410000－2206－0007542　11－09667

陽明先生文錄五卷外集九卷別錄十四卷
(明)王守仁撰　明嘉靖三十六年(1557)新安
胡宗憲刻本　九冊　存十二卷(文錄一、三,
外集五至八,別錄一至五、七)

410000－2206－0007543　11－09668

陶廬叢刻二十一種　王樹枏撰　清光緒至民
國間新城王氏刻本　八冊　存二種二十七卷

410000－2206－0007544　59162－65

困學紀聞二十卷　(宋)王應麟撰　清同治九
年(1870)揚州書局刻本　四冊

410000－2206－0007545　813621－351

祕書廿一種　(清)汪士漢輯　明刻清康熙七
年(1668)新安汪氏重編印本　十五冊　存二
十種八十四卷

410000－2206－0007546　11－09671

五經類編二十八卷　(清)周世樟編輯　清乾
隆十四年(1749)刻本　六冊　存十五卷(一
至十五)

410000－2206－0007547　11－09672

船山詩草二十卷　(清)張問陶撰　清刻本
六冊　存十六卷(五至二十)

410000－2206－0007548　11－09673

仿潛齋詩鈔十五卷　(清)李嘉樂撰　清光緒
十四年(1888)刻本　三冊　存十一卷(一至
八、十三至十五)

410000　－2206－0007549　808491－98、
808509－10

薛文清公讀書全錄類編二十卷　(明)薛瑄撰
明萬曆刻本　十冊

410000－2206－0007550　11－09675

梅氏叢書輯要六十二卷　(清)梅文鼎撰　清
刻本　十二冊　存三十三卷(十五至三十三、
四十九至六十二)

410000－2206－0007551　11－09676

桴亭先生詩鈔八卷　(清)陸世儀撰　(清)葉

裕仁編次　清光緒二十年(1894)刻本　二冊

410000－2206－0007552　11－09677

御製詩二集九十卷目錄十卷　(清)高宗弘曆
撰　清刻本　八冊　存二十四卷(十五至三
十八)

410000－2206－0007553　11－09678

煙霞萬古樓文集六卷　(清)王曇撰　清道光
二十年(1840)刻本　二冊

410000－2206－0007554　11－09680

唐宋十大家全集錄十種　(清)儲欣輯　清刻
本　二十冊　存六種三十卷

410000－2206－0007555　11－09681

同館賦鈔二集四十七卷首二卷　(清)汪鳴相
等輯　清刻本　五冊　存四卷(二十五至二
十六、二十八、三十三)

410000－2206－0007556　11－09682

同館賦鈔二集四十七卷首二卷　(清)汪鳴相
等輯　清刻本　十三冊　存十五卷(一至五、
九至十五、十七至十八、三十)

410000－2206－0007557　11－09683

欽定禮記義疏八十二卷首一卷　(清)允祿等
纂　清刻本　十三冊　存二十二卷(五十一
至七十二)

410000－2206－0007558　11－09684

芙蓉山館文鈔一卷詞鈔三卷　(清)楊芳燦撰
清刻本　二冊　存三卷(文鈔一卷、詞鈔一
至二)

410000－2206－0007559　11－09685

欽定禮記義疏八十二卷首一卷　(清)允祿等
纂　清刻本　三十二冊　存四十五卷(二十
九至六十二、七十二至八十二)

410000－2206－0007560　11－09686

欽定禮記義疏八十二卷首一卷　(清)允祿等
纂　清同治刻本　二十四冊　存五十一卷
(三十二至八十二)

410000－2206－0007561　11－09687

四書述義家訓三十卷　(清)許淇園輯　清嘉

慶八年(1803)刻本　二十三册

410000－2206－0007562　11－09688

金華叢書七十種　（清）胡鳳丹輯　清同治、光緒間永康胡氏退補齋刻本　十册　存六種三十七卷

410000－2206－0007563　11－09689

李文清公遺書八卷首一卷志節編二卷　（清）李棠階撰　清光緒八年(1882)河北道署刻本　三册　存八卷(遺書八卷)

410000－2206－0007564　11－09690

欽定春秋左傳讀本三十卷　（清）英和等撰　清道光二年(1822)武英殿刻本　一册　存二卷(十至十一)

410000－2206－0007565　11－09691

湯子遺書十卷附錄一卷　（清）湯斌撰　清刻本　八册

410000－2206－0007566　11－09692

東萊先生左氏博議二十五卷　（宋）呂祖謙撰　清清吟閣刻本　三册　存十四卷(三至十六)

410000－2206－0007567　11－09693

劉氏傳家集二十八種　（清）劉青芝輯　清乾隆二十年(1755)刻本　四十四册　存十八種一百十卷

410000－2206－0007568　11－09694

杜詩詳注二十五卷　（唐）杜甫撰　（清）仇兆鰲輯注　首一卷附編二卷　（清）仇兆鰲輯　清刻本　三册　存三卷(十至十一、二十二)

410000－2206－0007569　11－09695

仿潛齋詩鈔十五卷　（清）李嘉樂撰　清光緒十四年(1888)刻本　三册　存十二卷(一至十二)

410000－2206－0007570　11－09696

仿潛齋詩鈔十五卷　（清）李嘉樂撰　清光緒十四年(1888)刻本　一册　存四卷(九至十二)

410000－2206－0007571　11－09697

知不足齋叢書一百九十六種　（清）鮑廷博輯　清刻本　三册　存三種十三卷

410000－2206－0007572　11－09698

孫子十家注十三卷　（春秋）孫武撰　遺說一卷　（宋）鄭友賢撰　敘錄一卷　（清）畢以珣撰　清咸豐五年(1855)刻本　二册　缺七卷(二至八)

410000－2206－0007573　11－09699

十一經音訓十一種　（清）楊國楨撰　清道光十年(1830)大梁書院刻本　二十六册

410000－2206－0007574　11－09700

十一經音訓十一種　（清）楊國楨撰　清道光十年(1830)大梁書院刻本　五册　存三種三卷

410000－2206－0007575　11－09701

禮記十卷　（元）陳澔集說　清刻本　五册　存五卷(六至十)

410000－2206－0007576　11－09702

欽定春秋傳說彙纂三十八卷首二卷　（清）王掞等撰　清刻本　二十二册

410000－2206－0007577　11－09703

二曲集二十六卷　（清）李顒撰　清刻本　八册

410000－2206－0007578　11－09704

祕書廿一種　（清）汪士漢輯　清文盛堂刻本　八册

410000－2206－0007579　11－09705

擔峯詩四卷　（清）孫詮撰　得閒人集二卷　(清)孫望雅撰　清康熙刻本　五册　缺一卷(擔峯詩一)

410000－2206－0007580　11－09706

夏峰先生集十四卷補遺二卷首一卷　（清）孫奇逢著　清道光二十五年(1845)大梁書院刻孫夏峰全集本　四册　存五卷(十二至十四、補遺二卷)

410000－2206－0007581　11－09707

李文貞公全集　（清）李光地著　清刻本　十

三冊　存十四種三十四卷

410000－2206－0007582　11－09708

楞伽阿跋多羅寶經□□卷　（南朝宋）釋求那
跋陀羅譯　清刻本　四冊　存四卷（五至八）

410000－2206－0007583　11－09709

孫夏峰全集　（清）孫奇逢撰　清刻本　六冊
存九種十卷

410000－2206－0007584　11－09710

小題正鵠初集不分卷二集不分卷三集不分卷
（清）李元度輯　清道光二十六年（1846）李
氏家塾刻本　二冊

410000－2206－0007585　11－09711

小題正鵠三集不分卷　（清）李元度輯　清刻
本　一冊

410000－2206－0007586　11－09712

禮記集說一百六十卷　（宋）衛湜撰　清同治
十二年（1873）粤東書局刻通志堂經解本　四
十冊

410000－2206－0007587　11－09713

神仙傳十卷　（晉）葛洪著　清刻本　一冊
存三卷（一至三）

410000－2206－0007588　11－09714

小題拾芥二編不分卷　（清）宋清壽　（清）吳
鍾駿選　清道光十一年（1831）刻本　一冊

410000－2206－0007589　11－09715

**國朝中州名賢集文鈔十卷詩鈔三卷語錄事略
九卷講義二卷學規一卷**　（清）黃舒昺輯　清
光緒十七年（1891）睢陽洛學書院刻本　十二
冊　存十三卷（文鈔一至三、六至八、十,語錄
事略三卷,講義二卷,學規一卷）

410000－2206－0007590　11－09716

至正集八十一卷　（元）許有壬著　清宣統三
年（1911）河南教育總會石印本　十冊

410000－2206－0007591　11－09717

至正集八十一卷　（元）許有壬著　清宣統三
年（1911）河南教育總會石印本　十冊

410000－2206－0007592　11－09718

至正集八十一卷　（元）許有壬著　清宣統三
年（1911）河南教育總會石印本　十冊

410000－2206－0007593　11－09719

至正集八十一卷　（元）許有壬著　清宣統三
年（1911）河南教育總會石印本　十冊

410000－2206－0007594　11－09720

至正集八十一卷　（元）許有壬著　清宣統三
年（1911）河南教育總會石印本　十冊

410000－2206－0007595　11－09721

至正集八十一卷　（元）許有壬著　清宣統三
年（1911）河南教育總會石印本　十冊

410000－2206－0007596　11－09722

至正集八十一卷　（元）許有壬著　清宣統三
年（1911）河南教育總會石印本　十冊

410000－2206－0007597　11－09723

至正集八十一卷　（元）許有壬著　清宣統三
年（1911）河南教育總會石印本　十冊

410000－2206－0007598　11－09724

至正集八十一卷　（元）許有壬著　清宣統三
年（1911）河南教育總會石印本　十冊

410000－2206－0007599　11－09725

至正集八十一卷　（元）許有壬著　清宣統三
年（1911）河南教育總會石印本　十冊

410000－2206－0007600　11－09726

至正集八十一卷　（元）許有壬著　清宣統三
年（1911）河南教育總會石印本　十冊

410000－2206－0007601　11－09727

至正集八十一卷　（元）許有壬著　清宣統三
年（1911）河南教育總會石印本　十冊

410000－2206－0007602　11－09728

至正集八十一卷　（元）許有壬著　清宣統三
年（1911）河南教育總會石印本　十冊

410000－2206－0007603　11－09729

至正集八十一卷　（元）許有壬著　清宣統三
年（1911）河南教育總會石印本　十冊

410000－2206－0007604　11－09730

至正集八十一卷　(元)許有壬著　清宣統三年(1911)河南教育總會石印本　十冊

410000－2206－0007605　11－09731

心白日齋集六卷　(清)尹耕雲著　清光緒二十一年(1895)刻本　四冊

410000－2206－0007606　804944－59

續弘簡錄元史類編四十二卷　(清)邵遠平撰　清刻本　十六冊

410000－2206－0007607　11－09733

弘簡錄二百五十四卷　(明)邵經邦撰　清康熙刻本　四十八冊　缺五十六卷(一至五十六)

410000－2206－0007608　11－09734

廣漢魏叢書八十種　(明)何允中輯　清嘉慶刻本　四十九冊　存三十九種二百十八卷

410000－2206－0007609　11－09735

家蔭堂彙刻七種　(清)周際華撰　清咸豐八年(1858)刻本　四冊　存四種五卷

410000－2206－0007610　11－09736

增訂漢魏叢書九十六種　(清)王謨輯　清乾隆五十六年(1791)金谿王氏刻本　八十八冊　存八十一種四百九卷

410000－2206－0007611　11－09737

湘綺樓全書十八種　王闓運撰　清光緒、宣統間刻本　六十四冊　存十四種一百七十三卷

410000－2206－0007612　11－09738

漸西村舍彙刊四十四種　(清)袁昶輯　清光緒桐廬袁氏刻本　四十冊　存二十一種一百六十八卷

410000－2206－0007613　11－09740

朱子遺書十五鍾　(宋)朱熹撰　清康熙禦兒呂氏寶誥堂刻本　二十四冊

410000－2206－0007614　11－09741

朱子遺書十五鍾　(宋)朱熹撰　清康熙禦兒呂氏寶誥堂刻本　十六冊　存七種三十二卷

410000－2206－0007615　11－09742

朱子遺書十五鍾　(宋)朱熹撰　清康熙禦兒呂氏寶誥堂刻本　九冊　存七種三十二卷

410000－2206－0007616　11－09743

功順堂叢書十八種　(清)潘祖蔭輯　清光緒吳縣潘氏刻本　二十四冊

410000－2206－0007617　11－09744

朱子遺書十五鍾　(宋)朱熹撰　清康熙禦兒呂氏寶誥堂刻本　十冊　存八種七十一卷

410000－2206－0007618　11－09745

湯文正公遺書四種　(清)湯斌撰　清刻本　六冊　存三種十一卷

410000－2206－0007619　11－09746

湯子遺書十卷　(清)湯斌撰　附錄一卷　(清)湯沆等撰　潛菴先生年譜一卷　(清)王廷燦編　輓詩一卷　(清)彭定求等撰　清刻本　八冊

410000－2206－0007620　11－09747

繡虎軒第三集詩十一卷文二十卷　(清)曹煜著　清刻本　八冊

410000－2206－0007621　11－09748

聚學軒叢書六十種　劉世珩輯　清光緒貴池劉氏刻本　九十八冊　存五十九種二百六十一卷

410000－2206－0007622　11－09749

南菁書院叢書四十一種　王先謙　繆荃孫輯　清光緒十四年(1888)江陰南菁書院刻本　三十冊　存三十三種一百十五卷

410000－2206－0007623　11－09750

江南陸師學堂學案二卷　(清)羅長裿撰　清光緒刻本　一冊

410000－2206－0007624　11－09751

江蘇參謀處兵學一卷　(清)羅長裿撰　清光緒刻本　一冊

410000－2206－0007625　11－09752

江蘇法正學堂學案一卷　(清)羅長裿撰　清光緒刻本　一冊

410000－2206－0007626　11－09753

江蘇任學館學案一卷手札節要一卷　（清）羅
長裿撰　清光緒刻本　一冊

410000－2206－0007627　11－09754

江南將弁學堂學案一卷測繪儀器考一卷
（清）羅長裿撰　清光緒刻本　一冊

410000－2206－0007628　11－09755

先大夫［羅信南］行述一卷國史羅閣學公列傳
一卷　（清）羅長裿撰　清光緒刻本　一冊

410000－2206－0007629　11－09756

茂苑吟秋集一卷　（清）羅長裿撰　清光緒三
十二年（1906）刻本　一冊

410000－2206－0007630　11－09757

陶龕語錄二卷　（清）羅信南書　（清）羅信北
編　清光緒三十二年（1906）吳門刻本　一冊

410000－2206－0007631　11－09758

孫夏峰全集　（清）孫奇逢撰　清刻本　五十
一冊　存八種一百二十六卷

410000－2206－0007632　11－09759

國朝文錄八十二卷　（清）姚椿輯　清光緒二
十六年（1900）上海掃華山房石印本　八冊
存三十五卷（一至三十五）

410000－2206－0007633　11－09760

國朝中州文徵五十四卷首一卷　（清）蘇源生
編　清道光二十三年（1843）刻本　七冊　存
十五卷（一至十四、首一卷）

410000－2206－0007634　814467－70

校經山房叢書二十七種　（清）朱記榮輯　清
光緒三十年（1904）孫谿朱氏槐廬家塾刻本
四冊　存三種五卷

410000－2206－0007635　11－09762

新輯各國政治藝學全書五十三種　題（清）東
山主人輯　清光緒二十八年（1902）上海鴻寶
書局石印本　十六冊　存三十三種三十三卷

410000－2206－0007636　826447－518

增訂漢魏叢書九十六種　（清）王謨輯　清光
緒六年（1880）三餘堂刻本　七十二冊

410000－2206－0007637　11－09764

策學備纂三十二卷首一卷　（清）吳穎炎等輯
清光緒十四年（1888）上海點石齋石印本
十二冊　存十五卷（一、六、八至九、十二至十
四、二十一至二十四、二十六、三十一至三十
二,首一卷）

410000－2206－0007638　11－09765

元詩選　（清）顧嗣立輯　（清）席世臣補　清
嘉慶三年（1798）席氏掃葉山房刻本　八冊
存四集（庚、辛、壬、癸）

410000－2206－0007639　11－09766

至正集八十一卷　（元）許有壬著　清宣統三
年（1911）河南教育總會石印本　十冊

410000－2206－0007640　11－09767

至正集八十一卷　（元）許有壬著　清宣統三
年（1911）河南教育總會石印本　十冊

410000－2206－0007641　11－09768

至正集八十一卷　（元）許有壬著　清宣統三
年（1911）河南教育總會石印本　十冊

410000－2206－0007642　11－09769

至正集八十一卷　（元）許有壬著　清宣統三
年（1911）河南教育總會石印本　十冊

410000－2206－0007643　11－09770

至正集八十一卷　（元）許有壬著　清宣統三
年（1911）河南教育總會石印本　十冊

410000－2206－0007644　11－09771

至正集八十一卷　（元）許有壬著　清宣統三
年（1911）河南教育總會石印本　十冊

410000－2206－0007645　11－09772

至正集八十一卷　（元）許有壬著　清宣統三
年（1911）河南教育總會石印本　十冊

410000－2206－0007646　11－09773

至正集八十一卷　（元）許有壬著　清宣統三
年（1911）河南教育總會石印本　十冊

410000－2206－0007647　11－09774

乾道稿二卷淳熙稿二十卷章泉稿五卷　　（宋）
趙蕃撰　清刻武英殿聚珍版書本　十二冊

410000－2206－0007648　11－09775

唐人說薈二十卷 （清）陳世熙輯 清翰寶樓
刻本 二十冊

410000－2206－0007649 11－09776

二思堂叢書六種 （清）梁章鉅撰 清光緒元
年(1875)福州梁氏刻本 十六冊

410000－2206－0007650 11－09777

檀幾叢書一百五十七種 （清）王晫 （清）張
潮輯 清刻本 十一冊

410000－2206－0007651 11－09778

行素草堂金石叢書 （清）朱記榮輯 清光緒
吳縣朱氏刻十四年(1888)彙印本 八冊 存
六種二十四卷

410000－2206－0007652 11－09779

至正集八十一卷 （元）許有壬著 清宣統三
年(1911)河南教育總會石印本 十冊

410000－2206－0007653 11－09780

至正集八十一卷 （元）許有壬著 清宣統三
年(1911)河南教育總會石印本 十冊

410000－2206－0007654 11－09781

至正集八十一卷 （元）許有壬著 清宣統三
年(1911)河南教育總會石印本 十冊

410000－2206－0007655 11－09782

桐城吳先生全書二種 （清）吳汝綸撰 清刻
本 十三冊

410000－2206－0007656 11－09783

桐城吳先生全書二種 （清）吳汝綸撰 清刻
本 六冊 存四種十五卷

410000－2206－0007657 11－09784

桐城吳先生文集四卷詩集一卷 （清）吳汝綸
撰 清刻桐城吳先生全書本 二冊 存三卷
（文集一至二、四）

410000－2206－0007658 11－09785

春秋穀梁傳十二卷 （晉）范寧集解 （唐）陸
德明音義 考異一卷 楊守敬撰 清光緒九
年(1883)遵義黎氏日本東京使署影宋刻古逸
叢書本 二冊

410000－2206－0007659 11－09786

古逸叢書二十五種 （清）黎庶昌輯 清光緒
遵義黎氏日本東京使署影刻本 十六冊 存
十七種七十四卷

410000－2206－0007660 11－09788

字典四書十九卷 （宋）朱熹集注 清同治刻
本 四冊 缺四卷(孟子四至七)

410000－2206－0007661 11－09789

英軺日記十二卷（清光緒二十七年十二月至
二十八年四月） 載振撰 清光緒二十九年
(1903)上海文明編譯書局鉛印本 一冊 存
三卷(一至三)

410000－2206－0007662 11－09790

觀音濟度本願真經二卷 （□）□□撰 清宣
統二年(1910)刻本 一冊

410000－2206－0007663 11－09791

身世準繩二卷 （清）李迪光纂輯 清道光十
年(1830)蘇州會文堂刻本 二冊

410000－2206－0007664 11－09792

經史百家雜鈔二十六卷首一卷 （清）曾國藩
輯 清光緒三十二年(1906)上海商務印書館
鉛印本 五冊 存十卷(一至二、五至十二)

410000－2206－0007665 11－09793

增補事類統編九十三卷首一卷 （清）黃葆真
增輯 清光緒九年(1883)谷經國堂刻本 四
冊 存十三卷(一至十三)

410000－2206－0007666 11－09794

呻吟語六卷 （明）呂坤撰 清道光十三年
(1833)刻本 六冊

410000－2206－0007667 11－09795

國朝畫徵錄三卷續錄二卷 （清）張庚著 清
光緒十九年(1893)上海積山書局石印本 一
冊 存三卷(畫徵錄三卷)

410000－2206－0007668 11－09796

至寶錄內篇二卷外篇二卷 題（清）凝瑞堂主
人輯 清光緒二十九年(1903)刻本 二冊
存二卷(內篇二卷)

410000－2206－0007669 11－09797

大題文府不分卷　（清）□□輯　清光緒十二年(1886)上海同文書局石印本　十五冊

410000－2206－0007670　11－09798

大題文府二集不分卷　（清）□□輯　清光緒十二年(1886)上海同文書局石印本　一冊　存(中庸)

410000－2206－0007671　11－09799

東三省政略十二卷　徐世昌編　清宣統三年(1911)鉛印本　四十冊

410000－2206－0007672　11－09800

小嫏嬛山館彙刊類書十二種　（清）□□輯　清咸豐元年(1851)刻本　八冊

410000－2206－0007673　11－09801

文章遊戲四編三十二卷　（清）繆艮選　（清）李監校　清刻本　六冊　存十一卷(初編八卷、二編一至三)

410000－2206－0007674　11－09802

蒙師箴言一卷　（清）方瀏生撰　清光緒三十一年(1905)鉛印本　一冊

410000－2206－0007675　11－09803

曾文正公書札三十三卷　（清）曾國藩撰　清光緒十三年(1887)申報館鉛印本　四冊　存七卷(一至二、十一至十二、十四至十六)

410000－2206－0007676　11－09804

胭脂牡丹六卷　（清）韓鄂輯　清刻本　三冊　存三卷(二至三、五)

410000－2206－0007677　11－09805

子書二十二種　（清）浙江書局輯　清光緒二十三年(1897)上海圖書集成局鉛印本　三十八冊

410000－2206－0007678　11－09806

讀書好六卷　（□）□□撰　清末石印本　一冊

410000－2206－0007679　11－09807

三字經註解備要一卷　（宋）王應麟撰　（清）賀興思註解　清光緒三十一年(1905)有益堂刻本　一冊

410000－2206－0007680　11－09808

易經講義二卷月卦圖說一卷　張鳴岐撰　清光緒三十二年(1906)稿本　三冊

410000－2206－0007681　11－09809

關聖帝君真經像註四卷　（清）□□撰　清咸豐六年(1856)刻本　四冊

410000－2206－0007682　11－09810

冶梅梅譜不分卷　（清）王寅繪　清光緒十八年(1892)上海五彩公司石印本　四冊

410000－2206－0007683　11－09811

五經類編二十八卷　（清）周世樟編輯　清嘉慶十五年(1810)刻本　十二冊

410000－2206－0007684　814506－11

分類賦學雞跖集三十卷附錄一卷　（清）張維城編　清刻本　六冊　存二十二卷(十至三十、附錄一卷)

410000－2206－0007685　11－09813

蔣鉛山九種曲　（清）蔣士銓撰　清刻本　九冊　存八種十卷

410000－2206－0007686　11－09814

各盡其道一卷　（清）□□撰　清光緒十五年(1889)刻本　一冊

410000－2206－0007687　11－09815

光明路一卷　（清）□□撰　清光緒三十四年(1908)刻本　一冊

410000－2206－0007688　11－09816

文倉會規一卷　（清）□□撰　清光緒三十一年(1905)仁和堂刻本　一冊

410000－2206－0007689　11－09817

張百川先生塾課八卷　題(清)張百川撰　清同治九年(1870)刻本　一冊　存三卷(一至三)

410000－2206－0007690　11－09818

算法全書四卷　（清）□□撰　清道光二十五年(1845)聚三堂刻本　一冊

410000－2206－0007691　11－09819

農政全書六十卷　（明）徐光啓撰　清道光貴

州刻本　二十一冊　存三十八卷(一至十五、三十一至三十三、三十六至四十一、四十七至六十)

410000 - 2206 - 0007692　11 - 09820
韓非子集解二十卷首一卷　(清)王先慎撰　清刻本　四冊　存十四卷(四至六、十至二十)

410000 - 2206 - 0007693　11 - 09821
三國志六十五卷　(晉)陳壽撰　(南朝宋)裴松之注　清刻本　四冊　存三十六卷(六至十七、三十一至五十四)

410000 - 2206 - 0007694　11 - 09822
三國志六十五卷　(晉)陳壽撰　(南朝宋)裴松之注　清光緒十三年(1887)刻本　四冊　存二十八卷(一至五、十八至三十一、四十六至五十四)

410000 - 2206 - 0007695　11 - 09823
船山遺書六十八種　(清)王夫之撰　清同治四年(1865)湘鄉曾國荃金陵刻本　一百三十四冊　存六十種三百一卷

410000 - 2206 - 0007696　11 - 09824
讀四書大全說十卷　(清)王夫之撰　清同治四年(1865)湘鄉曾國荃金陵刻船山遺書本　十冊

410000 - 2206 - 0007697　11 - 09825
禮記章句四十九卷　(清)王夫之撰　清同治四年(1865)湘鄉曾國荃金陵刻船山遺書本　二十四冊

410000 - 2206 - 0007698　11 - 09826
永曆實錄二十六卷　(清)王夫之撰　清同治四年(1865)湘鄉曾國荃金陵刻船山遺書本(原缺卷十六)　四冊

410000 - 2206 - 0007699　11 - 09827
讀通鑑論三十卷末一卷　(清)王夫之撰　清同治四年(1865)湘鄉曾國荃金陵刻船山遺書本　六冊　存九卷(三至四、八至十、十四至十五、十八至十九)

410000 - 2206 - 0007700　11 - 09828
船山遺書六十八種　(清)王夫子撰　清同治四年(1865)湘鄉曾國荃金陵刻本　二十八冊　存九種六十一卷

410000 - 2206 - 0007701　11 - 09829
船山遺書六十八種　(清)王夫之撰　清同治四年(1865)湘鄉曾國荃金陵刻本　九十五冊　存五十四種二百六十八卷

410000 - 2206 - 0007702　11 - 09830
船山遺書六十八種　(清)王夫之撰　清同治四年(1865)湘鄉曾國荃金陵刻本　四十八冊　存二十二種七十四卷

410000 - 2206 - 0007703　11 - 09831
船山遺書六十八種　(清)王夫之撰　清同治四年(1865)湘鄉曾國荃金陵刻本　九十冊　存二十四種一百七十三卷

410000 - 2206 - 0007704　11 - 09832
船山遺書六十八種　(清)王夫之撰　清同治四年(1865)湘鄉曾國荃金陵刻本　四十五冊　存十八種一百十卷

410000 - 2206 - 0007705　11 - 09833
東三省政略十二卷　徐世昌編　清宣統三年(1911)鉛印本　四十冊

410000 - 2206 - 0007706　11 - 09834
東三省政略十二卷　徐世昌編　清宣統三年(1911)鉛印本　四十冊

410000 - 2206 - 0007707　11 - 09835
道咸同光四朝詩史甲集八卷首一卷　孫雄輯　清宣統二年(1910)孫雄刻本　十冊

410000 - 2206 - 0007708　11 - 09836
廣理學備考八十一種　(清)范鄗鼎彙編　清康熙五經堂刻道光五年(1825)洪洞張恢等修補印本　四十八冊

410000 - 2206 - 0007709　11 - 09837
增訂集錄十二卷　(清)于光華編輯　清乾隆四十四年(1779)刻本　十一冊　存十一卷(一至八、十至十二)

410000 – 2206 – 0007710　　11 – 09839

劉文安公呆齋先生策畧十卷　　（明）劉定之撰
（明）劉稼注　清乾隆十三年(1748)劉世選
崇恩閣刻本　七冊

410000 – 2206 – 0007711　　11 – 09840

國學萃編十一卷　　沈宗畸等編　清光緒三十
四年至宣統元年(1908 – 1909)國學萃編社廣
益印字局鉛印本　一冊

410000 – 2206 – 0007712　　11 – 09841

明史三百三十二卷　　（清）張廷玉等修　清刻
本　十冊　存三十一卷(二百五十至二百八
十)

410000 – 2206 – 0007713　　11 – 09842

三國志六十五卷　　（晉）陳壽撰　（南朝宋）裴
松之注　清刻本　八冊　存三十五卷(四至
十二、十六至二十、二十六至二十八、四十至
五十七)

410000 – 2206 – 0007714　　11 – 09843

欽定春秋傳說彙纂三十八卷首二卷　　（清）王
掞等撰　清刻本　八冊　存十一卷(二十八
至三十八)

410000 – 2206 – 0007715　　11 – 09844

資治通鑑綱目五十九卷　　（宋）朱熹撰　（明）
陳仁錫評定　清乾隆崇道堂刻本　六冊　存
二卷(一至二)

410000 – 2206 – 0007716　　11 – 09845

學津討原一百七十三種　　（清）張海鵬輯　清
嘉慶十年(1805)虞山張氏照曠閣刻本　一百
九十三冊　存一百六十八種一千十一卷

410000 – 2206 – 0007717　　11 – 09846

佩文齋廣群芳譜一百卷目錄二卷　　（清）汪灝
等編　清康熙四十七年(1708)刻本　三十
二冊

410000 – 2206 – 0007718　　11 – 09847

稗海七十種　　（明）商濬輯　（清）李孝源重訂
明萬曆會稽商氏半埜堂刻清康熙振鷺堂重
編補刻乾隆遞修本　一百冊　存六十九種四
百二十七卷

410000 – 2206 – 0007719　　11 – 09848

唐代叢書一百六十四種　　（清）王文誥輯　清
刻本　十八冊　存八十六種八十六卷

410000 – 2206 – 0007720　　11 – 09849

萬善花室文稿七卷　　（清）方履籛撰　清光緒
五年(1879)定州王氏謙德堂刻本　四冊

410000 – 2206 – 0007721　　11 – 09850

奇賞齋古文彙編二百三十六卷　　（明）陳仁錫
評選　明崇禎七年(1634)刻本　一百三冊
缺九卷(八十五至八十六、一百二十七至一百
二十八、一百四十、二百三十至二百三十三)

410000 – 2206 – 0007722　　11 – 09851

黃氏逸書考二百八十種　　（清）黃奭輯　清道
光甘泉黃氏刻民國二十三年(1934)江都朱長
圻重修本　九十五冊

410000 – 2206 – 0007723　　11 – 09853

東三省政略十二卷　　徐世昌編　清宣統三年
(1911)鉛印本　四十冊

410000 – 2206 – 0007724　　11 – 09854

東三省政略十二卷　　徐世昌編　清宣統三年
(1911)鉛印本　四十冊

410000 – 2206 – 0007725　　11 – 09855

東三省政略十二卷　　徐世昌編　清宣統三年
(1911)鉛印本　四十冊

410000 – 2206 – 0007726　　11 – 09856

知不足齋叢書一百九十六種　　（清）鮑廷博輯
（清）鮑志祖續輯　清乾隆、道光間長塘鮑
氏刻本　二百十四冊　存一百七十九種七百
十一卷

410000 – 2206 – 0007727　　11 – 09858

讀畫齋叢書四十六種　　（清）顧修輯　清嘉慶
四年(1799)桐川顧氏刻本　六十冊

410000 – 2206 – 0007728　　11 – 09859

知不足齋叢書一百九十六種　　（清）鮑廷博輯
（清）鮑志祖續輯　清乾隆、道光間長塘鮑
氏刻本　八冊　存十二種十九卷

410000 – 2206 – 0007729　　11 – 09860

知不足齋叢書一百九十六種　（清）鮑廷博輯
（清）鮑志祖續輯　清乾隆、道光間長塘鮑
氏刻本　八冊　存五種二十卷

410000－2206－0007730　11－09861

續知不足齋叢書十七種　（清）高承勳輯　清
渤海高氏刻本　八冊　存十一種二十二卷

410000－2206－0007731　11－09862

武英殿聚珍版書一百五十種　（清）高宗弘曆
敕輯　清刻本　八十六冊　存三十五種二百
十九卷

410000－2206－0007732　11－09863

通志堂經解一百四十種　（清）成德輯　清刻
本　十九冊　存八種五十一卷

410000－2206－0007733　11－09864

欽定學政全書八十六卷首一卷　（清）童璜等
纂修　清嘉慶十七年(1812)刻本　十七冊
存八十三卷(一至八十二、首一卷)

410000－2206－0007734　11－09865

黃氏醫書八種　（清）黃元御著　清刻本　六
冊　存四種三十四卷

410000－2206－0007735　11－09866

康熙政要二十四卷　章梫纂　清宣統鉛印本
十二冊

410000－2206－0007736　11－09867

康熙政要二十四卷　章梫纂　清宣統鉛印本
十二冊

410000－2206－0007737　11－09868

康熙政要二十四卷　章梫纂　清宣統鉛印本
十二冊

410000－2206－0007738　11－09869

康熙政要二十四卷　章梫纂　清宣統鉛印本
十二冊

410000－2206－0007739　11－09870

康熙政要二十四卷　章梫纂　清宣統鉛印本
十二冊

410000－2206－0007740　11－09871

康熙政要二十四卷　章梫纂　清宣統鉛印本
十二冊

410000－2206－0007741　11－09872

康熙政要二十四卷　章梫纂　清宣統鉛印本
十二冊

410000－2206－0007742　11－09873

禮記十卷　（元）陳澔集說　清刻本　五冊
存五卷(六至十)

410000－2206－0007743　11－09874

東三省政略十二卷　徐世昌編　清宣統三年
(1911)鉛印本　四十冊

410000－2206－0007744　11－09875

東三省政略十二卷　徐世昌編　清宣統三年
(1911)鉛印本　四十冊

410000－2206－0007745　11－09876

東三省政略十二卷　徐世昌編　清宣統三年
(1911)鉛印本　二十三冊　存六卷(一、五至
七、十一至十二)

410000－2206－0007746　11－09877

東三省政略十二卷　徐世昌編　清宣統三年
(1911)鉛印本　二十六冊　存七卷(一、三至
五、七、十一至十二)

410000－2206－0007747　11－09878

東三省政略十二卷　徐世昌編　清宣統三年
(1911)鉛印本　四十冊

410000－2206－0007748　11－09879

東三省政略十二卷　徐世昌編　清宣統三年
(1911)鉛印本　四十冊

410000－2206－0007749　11－09880

東三省政略十二卷　徐世昌編　清宣統三年
(1911)鉛印本　三十三冊　存十一卷(一至
三、五至十二)

410000－2206－0007750　11－09881

東三省政略十二卷　徐世昌編　清宣統三年
(1911)鉛印本　二十四冊　存八卷(一至三、
八至十二)

410000－2206－0007751　11－09882

御纂詩義折中二十卷　（清）傅恒等撰　清乾

隆二十年(1755)刻本　八冊

410000 – 2206 – 0007752　11 – 09883

十三經古注十三種　明崇禎古虞毛氏汲古閣刻本　六十冊　存二種一百二十三卷

410000 – 2206 – 0007753　11 – 09884

爾雅注疏十一卷　(晉)郭璞注　(宋)邢昺疏　清積秀堂刻本　四冊

410000 – 2206 – 0007754　11 – 09885

左繡三十卷首一卷　(清)馮李驊　(清)陸浩評輯　清道光五年(1825)華川書屋刻本　八冊　存十六卷(一至十五、首一卷)

410000 – 2206 – 0007755　11 – 09886

四書朱子本義匯糸四十三卷首四卷　(清)王步青輯　清敦復堂刻本　八冊　存十卷(論語十一至二十)

410000 – 2206 – 0007756　11 – 09887

東萊先生左氏博議二十五卷　(宋)呂祖謙撰　清光緒十四年(1888)雲陽義秀書屋刻本六冊

410000 – 2206 – 0007757　11 – 09888

孟子講義十二卷　(清)史廷煇輯　清刻本五冊

410000 – 2206 – 0007758　11 – 09889

四書味根錄三十七卷首二卷　(清)金澂撰清光緒二年(1876)刻本　十六冊　缺一卷(論語二十)

410000 – 2206 – 0007759　11 – 09890

欽定詩經傳說彙纂二十一卷首二卷詩序二卷　(清)王鴻緒等纂　清刻本　六冊　存六卷(一至四、首二卷)

410000 – 2206 – 0007760　12 – 09895

續支那通史三卷　(日本)山峰峻臺著　漢陽青年編譯　清光緒石印本　一冊　存一卷(三上)

410000 – 2206 – 0007761　中州 00277

丁以松雜論一卷　(清)丁以松著　清刻本一冊

410000 – 2206 – 0007762　34172 – 83

豫軍紀略十二卷　(清)尹耕雲　(清)李汝鈞纂　清同治十一年(1872)刻本　十二冊

410000 – 2206 – 0007763　40068

[乾隆]高苑縣志十卷　(清)張耀璧纂修　清乾隆二十三年(1758)刻本　一冊　存一卷(一)

410000 – 2206 – 0007764　39711 – 713

[順治]臨潁縣志八卷　(清)李馥先修　(清)吳中奇纂　清順治十七年(1660)刻乾隆十二年(1747)重修本　三冊　存五卷(四至八)

410000 – 2206 – 0007765　39714

[順治]臨潁縣志八卷　(清)李馥先修　(清)吳中奇纂　清順治十七年(1660)刻乾隆十二年(1747)重修本　一冊　存一卷(八)

410000 – 2206 – 0007766　中州 00923

喪事十戒一卷　(清)李棠階撰　清稿本一冊

410000 – 2206 – 0007767　中州 01198

爾雅章句類編不分卷　(清)丁文林編　清光緒五年(1879)抄本　一冊

410000 – 2206 – 0007768　中州 01390

鄧杏村文稿一卷　(清)鄧楚翹撰　清抄本一冊

410000 – 2206 – 0007769　中州 01388

清鄱陽縣知事沈衍庋李仁元事略一卷　(清)□□撰　清刻本　一冊

410000 – 2206 – 0007770　中州 01391

[周顯琴語]不分卷　(清)周顯撰　清嘉慶二十四年(1819)抄本　一冊

410000 – 2206 – 0007771　中州 01399

填詞圖譜一卷　賴以邠撰　清抄本　一冊

410000 – 2206 – 0007772　中州 01255

銕盦詩錄一卷　(清)胡義贊著　清抄本一冊

410000 – 2206 – 0007773　中州 01352

商城亂畧一卷 （清）黃陶庵著 清末石印本
一冊

410000－2206－0007774 中州 01330
固始張氏七節事略一卷 （清）王思爲撰 清
抄本 一冊

410000－2206－0007775 中州 01355
商城周氏家傳一卷 （清）周□輯 清抄本
一冊

410000－2206－0007776 中州 01473
吉光片羽一卷 清抄本 一冊

410000－2206－0007777 中州 01475
李孔山先生事略一卷 （清）□□撰 清抄本
一冊

410000－2206－0007778 中州 01427
讀詞小錄麗句摘穎一卷 題（清）琴秋輯 清
抄本 一冊

410000－2206－0007779 中州 01468
篆刻略說一卷 （清）□□撰 清抄本 一冊

410000－2206－0007780 中州 01457
讀史論畧一卷 （清）□□撰 清抄本 一冊

410000－2206－0007781 中州 01438
晚唐詩鈔一卷 清抄本 一冊

410000－2206－0007782 中州 01439－41
兵家火藥神方不分卷 清抄本 三冊

410000－2206－0007783 中州 01455
江蘇各縣吏政民情調查錄不分卷 （清）□□
輯 清抄本 一冊

410000－2206－0007784 11－09965
大學古本說一卷 （清）郭階平著 清刻本
一冊

410000－2206－0007785 11－09968
字鑑五卷 （元）李文仲編 清光緒十一年
（1885）吳郡徐元圃刻本 六冊

410000－2206－0007786 11－09970
南宋羣賢小集七十四種 （宋）陳起輯 （清）
顧修重輯 清嘉慶六年（1801）石門顧氏讀畫

齋刻本 十六冊

410000－2206－0007787 11－09972
圭塘小稿十三卷附錄一卷續集一卷 （元）許
有壬撰 清刻本 三冊 缺二卷（一至二）

410000－2206－0007788 11－09974
貫華堂才子書彙藁四卷 （清）金人瑞撰 清
刻本 四冊

410000－2206－0007789 11－09975
黃梨洲遺書八種 （清）黃宗羲撰 清光緒三
十一年（1905）杭州群學社石印本 十四冊

410000－2206－0007790 11－09976
借月山房彙鈔一百三十四種 （清）張海鵬輯
清刻本 一百十八冊

410000－2206－0007791 11－09977
黃梨洲遺書八種 （清）黃宗羲撰 清光緒三
十一年（1905）杭州群學社石印本 十四冊

410000－2206－0007792 11－09979
香豔叢書三百二十七種 題（清）蟲天子輯
清宣統國學扶輪社鉛印本 七十二冊 存二
百三十五種二百九十二卷

410000－2206－0007793 11－09981
續墨客揮犀十卷 （宋）彭乘撰 清末影印本
一冊 存五卷（一至五）

410000－2206－0007794 11－09982
王文選不分卷曾文選不分卷 （清）□□輯
清刻本 一冊

410000－2206－0007795 11－09983
漢魏叢書三十八種 （明）程榮輯 清刻本
九冊

410000－2206－0007796 11－09987
經濟類考約編二卷 （清）顧九錫著 清末鉛
印本 四冊

410000－2206－0007797 11－09988
河南程氏遺書二十五卷附錄一卷 （宋）程顥
（宋）程頤著 清刻本 一冊 存二卷（二
至三）

410000－2206－0007798　11－09993

德州田氏叢書十三種　（清）田雯等撰　清康熙、乾隆間刻本　二十二冊　存十二種七十一卷

410000－2206－0007799　11－09995

士禮居黃氏叢書　（清）黃丕烈輯　清嘉慶、道光間吳縣黃氏刻本　二十五冊　存十六種一百七十一卷

410000－2206－0007800　11－09996

三長物齋叢書二十六種　（清）黃本驥輯　清道光湘陰蔣瓌刻本　四冊　存二種十三卷

410000－2206－0007801　11－09998

洪氏晦木齋叢書二十一種　（清）洪汝奎輯　清同治至宣統間刻本　一冊　存二種七卷

410000－2206－0007802　10000

寄嶽雲齋試帖詳註四卷　（清）聶銑敏著（清）張學蘇箋註　清刻本　一冊　存二卷（三至四）

410000－2206－0007803　10001

賞奇軒四種合編　（清）□□輯　清刻本四冊

410000－2206－0007804　10002

香豔叢書三百二十七種　題（清）蟲天子輯清宣統國學扶輪社鉛印本　六冊　存二十四種二十六卷

410000－2206－0007805　10007

隨園三十八種　（清）袁枚撰　清光緒十八年（1892）勤裕堂鉛印本　十六冊　存二十三種七十四卷

410000－2206－0007806　10013

知不足齋叢書一百九十六種　（清）鮑廷博輯　（清）鮑志祖續輯　清乾隆、道光間長塘鮑氏刻本　一百三十九冊　存一百五十八種四百六十二卷

410000－2206－0007807　10014

士禮居黃氏叢書　（清）黃丕烈輯　清嘉慶、道光間吳縣黃氏刻本　十五冊　存九種一百卷

410000－2206－0007808　10015

士禮居黃氏叢書　（清）黃丕烈輯　清嘉慶、道光間吳縣黃氏刻本　十二冊　存四種六十卷

410000－2206－0007809　13－42151

[嘉慶]商城縣志十四卷首一卷末一卷　（清）武開吉修　（清）周之驥纂　清嘉慶八年（1803）刻本　一冊　存一卷（末一卷）

410000－2206－0007810　11－10036

休沐集二卷歸舟紀行一卷　（清）許作梅撰清康熙刻本　二冊

410000－2206－0007811　11－10037

熊氏遺集四卷　熊賓纂訂　清宣統元年（1909）鉛印本　二冊　存二卷（文類上、詩類上）

410000－2206－0007812　11－10038

熊氏遺集四卷　熊賓纂訂　清宣統元年（1909）鉛印本　二冊　存二卷（文類上、詩類上）

410000－2206－0007813　11－10039

熊氏遺集四卷　熊賓纂訂　清宣統元年（1909）鉛印本　一冊　存一卷（詩類上）

410000－2206－0007814　11－10040

唐詩正聲二十二卷　（明）高棅輯　古詩正聲七卷　（南朝梁）蕭統選　明萬曆七年（1579）計謙亨刻本　二冊　存十卷（唐詩七至十五、古詩一）

410000－2206－0007815　11－10042

易經說約四卷　（清）王檢心學　清咸豐八年（1858）抄本　四冊

410000－2206－0007816　11－10043

太極音韻二卷圖說一卷　（清）楊金標著　清抄本　三冊

410000－2206－0007817　11－10053

困憲瑣言八卷　（清）張松圃撰　清道光稿本四冊

410000 – 2206 – 0007818　11 – 10054

正覺樓叢刻二十九種　（清）崇文書局輯　清
光緒崇文書局刻本　三十六冊　存二十七種
二十三卷

410000 – 2206 – 0007819　11 – 10056

周易記困十八卷首一卷末一卷　（清）楚作楫
撰　清咸豐三年(1853)抄本　十一冊　缺一
卷(末一卷)

410000 – 2206 – 0007820　11 – 10058

春秋傳錄不分卷　（清）蔣良撰　清光緒二十
二年(1896)抄本　四冊

410000 – 2206 – 0007821　11 – 10066

榕村全書四十二種　（清）李光地撰　清道光
九年(1829)李維迪刻本　五十八冊

410000 – 2206 – 0007822　11 – 10067

九朝東華錄一百二十卷　王先謙編　周瀹蕃
校　清光緒石印本　三十七冊　缺四十七卷
(雍正十一至十三,乾隆一至十八、四十一至
四十二,嘉慶二至四、七至十四,道光一至十
三)

410000 – 2206 – 0007823　11 – 10068

咸豐東華續錄一百卷　王先謙編　陶瀹宣校
清光緒二十年(1894)上海積山書局石印本
十八冊

410000 – 2206 – 0007824　11 – 10069

鹿洲全集八種　（清）藍鼎元撰　清雍正十年
(1732)刻本　十四冊　存七種三十三卷

410000 – 2206 – 0007825　11 – 10072

新文牘十卷　（清）□□輯　清末石印本　六
冊　存六卷(五至十)

410000 – 2206 – 0007826　11 – 10077

詳註試帖指南集四卷　（清）張昶編次　清道
光二十四年(1844)啟文堂刻本　四冊

410000 – 2206 – 0007827　11 – 10078

鄉黨應酬六卷　（清）鄧炳震編輯　清光緒二
十二年(1896)刻本　五冊　缺一卷(二)

410000 – 2206 – 0007828　11 – 10079

唐宋八大家類選十四卷　（清）儲欣評　清乾
隆四十九年(1784)受祉堂刻本　八冊　存十
一卷(一至二、四至五、八至十四)

410000 – 2206 – 0007829　11 – 10081

經史鈔不分卷　（清）徐與喬輯　（清）譚尚忠
增輯　清刻本　十六冊　存(禮記、國語、史
記、漢書)

410000 – 2206 – 0007830　11 – 10082

名家制義不分卷　（清）俞長城論次　清刻本
六冊

410000 – 2206 – 0007831　11 – 10083

貫華堂選批唐才子詩集八卷　（清）金人瑞選
批　清宣統三年(1911)國學扶輪社石印本
六冊　缺二卷(五、八)

410000 – 2206 – 0007832　11 – 10084

重訂唐詩別裁集二十卷　（清）沈德潛輯　清
刻本　三冊

410000 – 2206 – 0007833　11 – 10087

西學大成十二卷　（清）王西清　（清）盧梯青
輯　清光緒二十一年(1895)上海醉六堂書坊
石印本　三冊　存四卷(丑、酉至亥)

410000 – 2206 – 0007834　11 – 10092

評註唐宋八家古文讀本三十卷　（清）沈德潛
評註　清末掃葉山房石印本　九冊　缺七卷
(一至二、十至十一、二十一至二十三)

410000 – 2206 – 0007835　11 – 10094

同館試律續鈔二集□□卷　（清）王家相等輯
清刻本　二冊　存二卷(三至四)

410000 – 2206 – 0007836　11 – 10095

同館賦鈔二集四十七卷首二卷　（清）汪鳴相
等輯　清刻本　四冊　存二卷(三至四)

410000 – 2206 – 0007837　11 – 10096

小倉山房文鈔□□卷　（清）袁枚編　清刻本
三冊　存三卷(二至四)

410000 – 2206 – 0007838　11 – 10097

御選唐宋詩醇四十七卷目錄二卷　（清）高宗
弘曆選　清刻本　五冊　存五卷(三六、三

十八、四十、四十二、四十四)

410000－2206－0007839　11－10098

何大復先生集三十八卷　（明)何景明撰　**附**
錄一卷　（明)喬世寧等撰　清宣統元年
(1909)厚生印書館石印本　八冊　存二十六
卷(三至十八、三十至三十八,附錄一卷)

410000－2206－0007840　11－10099

同館試律續鈔二集□□卷　（清)王家相等輯
清刻本　六冊　存二卷(三十七至三十八)

410000－2206－0007841　11－10100

東坡詩鈔不分卷　（宋)蘇軾撰　清刻本
一冊

410000－2206－0007842　38099

宋史列傳一卷明史列傳一卷　（清)孫崇晉撰
清刻本　一冊

410000－2206－0007843　38100

宋史列傳一卷明史列傳一卷　（清)孫崇晉撰
小學集注六卷　（宋)朱熹撰　（明)陳選注
清刻本　一冊

410000－2206－0007844　11－10122

讀例存疑五十四卷　（清)薛允升撰　清光緒
三十一年(1905)刻本　十冊　存十一卷(二
十九至三十九)

410000－2206－0007845　12－10129

崔文林行述一卷　（清)□□撰　清刻本
一冊

410000－2206－0007846　38221

遊譜一卷　（清)孫奇逢著　清順治十二年
(1655)刻本　一冊

410000－2206－0007847　76506－17

續古文辭類纂二十八卷　（清)黎庶昌編　清
光緒十五年(1889)商務印書館鉛印本　十
二冊

410000－2206－0007848　12－10244

後漢書九十卷　（南朝宋)范曄撰　（唐)李賢
注　志三十卷　（晉)司馬彪撰　（南朝梁)劉
昭注　清刻本　四冊　存三十二卷(八十九

至九十、志三十卷)

410000－2206－0007849　12－10266

[河南南陽]李氏宗譜附錄一卷　（清)□□撰
清刻本　一冊

410000－2206－0007850　44239

牧民忠告二卷　（元)張養浩著　清同治七年
(1868)姑蘇書局刻牧令全書本　一冊

410000－2206－0007851　12－10296

英國水師律例四卷　（英國)德麟　（英國)極
福德撰　（清)舒高第　（清)鄭昌棪譯　清光
緒三年(1877)刻本　二冊

410000－2206－0007852　39092－95

[光緒]蓬萊縣續志十四卷　（清)鄭錫鴻
(清)江瑞采修　（清)王爾植等纂　清光緒八
年(1882)刻本　四冊

410000－2206－0007853　69217－8

昌黎先生集四十卷外集十卷遺文一卷　（唐)
韓愈撰　清刻本　二冊　存十六卷(十八至
二十二、外集十卷、遺文一卷)

410000－2206－0007854　56040

山居瑣言一卷　（清)王晉之著　清光緒二十
九年(1903)北洋官報局石印本　一冊

410000－2206－0007855　10305＊42492

[乾隆]陽武縣志十二卷　（清)談諟曾修
(清)楊仲震纂　清刻本　一冊　存二卷(五
至六)

410000－2206－0007856　67105－6、67108

養一齋文集二十卷　（清)李兆洛著　清光緒
四年(1878)刻本　三冊　存六卷(十五至二
十)

410000－2206－0007857　11－10307

古香齋新刻袖珍淵鑑類函四百五十卷目錄四
卷　（清)張英等纂　清刻本　五冊　存十五
卷(三百八十二至三百八十五、三百八十八至
三百九十八)

410000－2206－0007858　38499－504

御撰資治通鑑綱目三編二十卷　（清)張廷玉

等纂　清乾隆十一年(1746)刻本　六冊

410000 - 2206 - 0007859　40620 - 3

[嘉慶]續濟源縣志十二卷　（清）何荇芳修
（清）劉大觀纂　清嘉慶十八年(1813)刻本

四冊

410000 - 2206 - 0007860　22122 - 22217

明史三百三十二卷目錄四卷　（清）張廷玉等
纂　清刻本　九十六冊

書名筆畫字頭索引

九畫

十一畫

十二畫

十三畫

書名筆畫索引

一畫

二畫

三畫

四畫

398

五畫

413

七畫

416

八畫

423

九畫

432

437

十畫

445

452

十二畫

十三畫

475

十五畫

477

十六畫

十七畫

十八畫

十九畫

二十畫

二十一畫

二十二畫

二十三畫

二十四畫

二十九畫